Cámara de gas

Cámara de gas

John Grisham

Traducción de Enric Tremps

Planeta

Título original: The Chamber

Primera edición en esta colección: mayo de 1997
Segunda edición en esta colección: julio de 1998
Tercera edición en esta colección: noviembre de 2000

© John Grisham, 1994
© por la traducción: Enric Tremps, 1994
© Editorial Planeta, S. A., 2000
Córcega, 273-279 - 08008 Barcelona (España)
Edición especial para Bestselia, S. A.

Diseño de cubierta: Estudi Propaganda
Fotografía de cubierta: © PhotoDisc
Fotografía de autor: © Marion Vance

ISBN 84-08-02094-3
Depósito legal: B. 48.983 - 2000
Impresor: Litografía Rosés
Impreso en España - Printed in Spain

AGRADECIMIENTOS

En otra época fui abogado y representé a personas acusadas de toda clase de delitos. Afortunadamente, nunca tuve a ningún cliente acusado de asesinato y condenado a la pena capital. Nunca tuve que visitar el patíbulo ni realizar las gestiones de los abogados de este relato.

Puesto que detesto la investigación, he hecho lo que suelo hacer cuando escribo una novela: buscar abogados con experiencia y trabar amistad con ellos. Les he llamado a todas horas para estrujarles los sesos, y desde aquí les expreso mi agradecimiento.

Leonard Vincent, que ha sido desde hace años el abogado del Departamento de Corrección de Mississippi, me abrió su despacho; me ayudó con la jurisprudencia, me mostró sus archivos, me llevó a la sección de los condenados a muerte y me mostró el extenso centro penitenciario estatal conocido simplemente como Parchman. Me contó, asimismo, muchas anécdotas que de algún modo han hallado un lugar en este relato. Leonard y yo luchamos todavía con las perplejidades morales de la pena de muerte, y sospecho que nunca dejaremos de hacerlo. Gracias también a su personal, y a los guardias y funcionarios de Parchman.

Jim Craig es un hombre de gran compasión y un excelente abogado. Como director ejecutivo del Capital Defense Resource Center de Mississippi, es defensor oficial de casi todos los condenados a muerte. Con extraordinaria destreza, me condujo por el laberinto impenetrable de los recursos posteriores a la sentencia y las escaramuzas de habeas corpus. Los inevitables errores son míos, no suyos.

Fui compañero de facultad de Tom Freeland y Guy Gillespie, a quienes agradezco su incondicional ayuda. Marc Smirnoff es mi amigo y redactor en jefe de The Oxford American *y, como de costumbre, trabajó en el manuscrito antes de mandarlo a Nueva York.*

Gracias también a Robert Warren y William Ballard por su ayuda. Y, como siempre, mi profundo agradecimiento a mi mejor amiga, Renee, que todavía lee todos los capítulos por encima de mi hombro.

UNO

La decisión de colocar una bomba en el despacho del judío radical se tomó con bastante facilidad. Sólo tres personas participaron en el proceso. El primero era el hombre del dinero. El segundo era un operador local que conocía el terreno. Y el tercero un joven patriota fanático, experto en explosivos y con una habilidad extraordinaria para desaparecer sin dejar rastro. Después de la explosión abandonó el país y se ocultó durante seis años en Irlanda del Norte.

Su nombre era Marvin Kramer, judío de Mississippi de cuarta generación, cuyos predecesores habían prosperado como comerciantes en el delta. Vivía en una casa de antes de la guerra civil situada en Greenville, una agradable y pequeña ciudad junto al río, con una sólida comunidad y una historia de escasos conflictos raciales. Ejercía como abogado porque le aburría el comercio. Al igual que la mayoría de los judíos de ascendencia alemana, su familia se había adaptado maravillosamente a la cultura sureña y se consideraban a sí mismos típicos meridionales, con la única diferencia de que practicaban otra religión. Raramente afloraba el antisemitismo. En general, estaban integrados en el resto de la sociedad establecida y se ocupaban de sus asuntos.

Marvin era diferente. Su padre le mandó al norte, a Brandeis, a finales de los años cincuenta. Pasó allí cuatro años, seguidos de otros tres en la Facultad de Derecho de Columbia, y cuando en mil novecientos sesenta y cuatro regresó a Greenville, Mississippi se había convertido en el centro del movimiento de defensa de los derechos civiles. Marvin se sumergió en el mismo. Después de menos de un mes de abrir su pequeño bufete, le detuvieron junto con dos de sus compañeros de estudios de Brandeis por intentar registrar a electores negros. Su padre estaba furioso. Su familia estaba avergonzada, pero a Marvin le importaba un comino. Recibió su primera amenaza de muerte a los veinticinco años y empezó a circular armado. Le compró una pistola a su esposa, una chica de Memphis, y le ordenó a su sirvienta negra que llevara un revólver en el bolso. Los Kramer tenían dos hijos gemelos de dos años.

En la primera denuncia que en mil novecientos sesenta y cinco presentó el bufete de Marvin B. Kramer y compañía (la compañía era todavía inexistente), se alegaban multitud de irregularidades electorales discriminatorias por parte de los funcionarios locales. La denuncia se divulgó en titulares por todo el estado y la fotografía de Marvin apareció en los periódicos. Su nombre se incluyó también en la lista del Klan, en la de los judíos a los que había que atosigar. Se trataba de un abogado judío radical, barbudo y sentimentaloide, educado por judíos en el norte, que ahora confraternizaba con los negros y los defendía en el delta del Mississippi. Era intolerable.

Luego empezaron a circular rumores de que el abogado Kramer utilizaba su propio dinero para pagar la fianza de libertarios y obreros que luchaban por los derechos civiles. Presentó denuncias contra instituciones reservadas a los blancos, financió la reconstrucción de una iglesia negra, destruida por una bomba del Klan, e incluso se le había visto recibiendo a negros en su casa. Pronunciaba discursos ante grupos judíos del norte, a los que instigaba a intervenir en la lucha y escribía cartas a los periódicos, pocas de las cuales se publicaban. El abogado Kramer avanzaba con valentía hacia su perdición.

La presencia de un vigilante nocturno, que patrullaba discretamente entre los parterres, evitaba un ataque contra la residencia de los Kramer. Hacía dos años que Marvin había contratado al vigilante. Era un ex policía, armado hasta los dientes, y los Kramer se aseguraron de que todo el mundo en Greenville supiera que les protegía un experto. Por supuesto, el Klan sabía lo del vigilante y que no debía meterse con él, por lo que se decidió colocar una bomba en el despacho de Marvin Kramer en lugar de hacerlo en su casa.

La organización de la operación en sí ocupó muy poco tiempo, debido principalmente al reducido número de personas involucradas en la misma. El hombre del dinero, un fanático y ostentoso profeta sureño llamado Jeremiah Dogan, ocupaba en aquel momento el cargo de brujo imperial del Klan en

Mississippi. Su predecesor estaba en la cárcel y Jerry Dogan se lo pasaba de maravilla organizando las explosiones. No tenía un pelo de estúpido. En realidad, el FBI reconoció más adelante que Dogan era eficaz como terrorista porque delegaba el trabajo sucio a pequeños grupos autónomos, asesinos que actuaban con completa independencia los unos de los otros. El FBI había adquirido mucha experiencia en la infiltración de chivatos en el Klan y Dogan no confiaba en nadie, a excepción de sus parientes y un puñado de cómplices. Era propietario del mayor negocio de coches usados de Meridian, Mississippi, y había ganado mucho dinero en numerosos negocios turbios. A veces predicaba en iglesias rurales anabaptistas.

El segundo miembro del equipo era un miembro del Klan llamado Sam Cayhall, de Clanton, Mississippi, en el condado de Ford, a tres horas al norte de Meridian y una hora al sur de Memphis. Cayhall era conocido del FBI, pero no su vínculo con Dogan. El FBI le consideraba inofensivo, porque vivía en una zona del estado con escasa actividad por parte del Klan. Últimamente se habían quemado algunas cruces en el condado de Ford, pero no había habido bombas ni asesinatos. El FBI sabía que el padre de Cayhall había sido miembro del Klan, pero en general la familia parecía bastante pasiva. El reclutamiento de Sam Cayhall por parte de Dogan fue una movida brillante.

La colocación de la bomba en el despacho de Kramer empezó con una llamada telefónica, el diecisiete de abril de mil novecientos sesenta y siete. Con buenas razones para sospechar que sus teléfonos estaban intervenidos, Jeremiah Dogan esperó hasta la medianoche y cogió el coche para dirigirse a una cabina telefónica en una gasolinera al sur de Meridian. También sospechaba, con razón, que le seguía el FBI. Le observaron, pero sin tener ni idea del destino de su llamada.

Sam Cayhall le escuchó en silencio al otro extremo de la línea, hizo un par de preguntas y colgó. Luego volvió a acostarse, sin decirle una palabra a su esposa. Era lo suficientemente sensata para no preguntar. Al día siguiente, salió de casa por la mañana temprano y se dirigió en coche hasta Clanton. Desayunó como de costumbre en The Coffee Shop y, a continuación, hizo una llamada desde un teléfono público situado en el interior del juzgado del condado de Ford.

Tres días más tarde, el veinte de abril, Cayhall abandonó Clanton a la hora del crepúsculo y condujo durante dos horas hasta Cleveland, Mississippi, una ciudad universitaria del delta a una hora de Greenville. Esperó cuarenta minutos en el aparcamiento de un ajetreado centro comercial, pero no vio ni rastro del Pontiac verde. Comió pollo frito en un restaurante barato y luego condujo hasta Greenville, con el fin de observar el bufete de Marvin B. Kramer y compañía. Dos semanas antes, Cayhall había pasado un día en Greenville y conocía bastante bien la ciudad. Encontró el despacho de Kramer, a continuación pasó frente a su soberbia residencia y luego volvió a la sinagoga. Dogan había dicho que la sinagoga podría ser su próximo objetivo, pero antes debían ocuparse del abogado judío. A las once Cayhall había regresado a Cleveland y el Pontiac verde no estaba aparcado en el centro comercial sino en un estacionamiento reservado a camiones en la autopista sesenta y uno. Encontró la llave del contacto bajo la alfombra del conductor y fue a dar un paseo en coche por los fértiles campos del delta. Se detuvo en un camino secundario y abrió el maletero. En una caja de cartón cubierta de periódicos encontró quince cilindros de dinamita, tres detonadores y un fusible. Regresó a la ciudad y esperó en un café que permanecía abierto toda la noche.

A las dos en punto de la madrugada, el tercer miembro del equipo entró en el concurrido local de camioneros y se sentó frente a Sam Cayhall. Se llamaba Rollie Wedge y tenía a lo sumo veintidós años, pero era un veterano de confianza de la guerra de los derechos civiles. Dijo que procedía de Louisiana, que vivía ahora en algún lugar de las montañas donde nadie podría encontrarle y, a pesar de que nunca alardeaba, le repitió varias veces a Sam Cayhall que estaba perfectamente dispuesto a derramar su sangre en la lucha por la supremacía blanca. Su padre tenía un negocio de demolición y de él había aprendido a utilizar explosivos. Dijo que su padre pertenecía también al Klan y que le había inculcado la doctrina del odio.

Sam sabía poco acerca de Rollie Wedge y no creía mucho de lo que contaba. Nunca le preguntó a Dogan dónde le había encontrado.

Tomaron café y charlaron durante media hora. De vez en cuando la taza de Cayhall temblaba al estremecerse, pero el pulso de Rollie permanecía firme y tranquilo. Nunca parpadeaba. Habían trabajado juntos varias veces y a Cayhall le maravillaba el temple de alguien tan joven. Le había comentado a Jeremiah Dogan que aquel jovenzuelo nunca se excitaba, ni siquiera cuando se acercaban a su objetivo y manipulaba la dinamita.

El coche de Wedge había sido alquilado en el aeropuerto de Memphis. Cogió una pequeña bolsa del asiento trasero, cerró el vehículo y lo dejó en el estacionamiento de camiones. El Pontiac verde que conducía Cayhall salió de Cleveland hacia el sur, por la autopista sesenta y uno. Eran casi las tres de la madrugada y no había tráfico. A unos pocos kilómetros al sur de un pueblo llamado Shaw, Cayhall entró en un camino oscuro sin asfaltar y paró el coche. Rollie le indicó que se quedara en el vehículo mientras él inspeccionaba los explosivos. Sam le obedeció. Rollie se llevó la bolsa al maletero, donde hizo inventario del material. Dejó la bolsa en el maletero, lo cerró y le dijo a Sam que se dirigiese a Greenville.

Pasaron por primera vez frente al despacho de Kramer a eso de las cuatro de la madrugada. La calle estaba oscura y desierta, y Rollie dijo algo respecto a que aquél sería el trabajo más fácil que habían hecho hasta entonces.

—Es una pena que no podamos volar su casa —susurró Rollie, cuando pasaban frente a la residencia de Kramer.

—Sí, una pena —respondió Sam nervioso—. Pero tiene un vigilante.

—Sí, lo sé. Pero sería fácil deshacerse de él.

—Sí, supongo que sí. Pero hay niños en la casa.

—Mejor matarlos cuando son jóvenes —replicó Rollie—. Los pequeños cabrones judíos crecen para convertirse en grandes cabrones judíos.

Cayhall aparcó el coche en un callejón, detrás del despacho de Kramer. Paró el motor, abrieron ambos sigilosamente el maletero, cogieron la caja y la bolsa, y avanzaron cautelosamente junto a unos setos hacia la puerta trasera.

Sam Cayhall forzó la puerta posterior del despacho y a los pocos segundos estaban en el interior. Dos semanas antes, Sam había hablado con la recepcionista con el pretexto de preguntar por una dirección y luego le había pedido permiso para utilizar el lavabo. En el vestíbulo principal, entre el lavabo y lo que parecía ser el despacho de Kramer, había un estrecho armario lleno de montones de viejos sumarios y otros documentos jurídicos sin importancia.

—Quédate junto a la puerta y vigila el callejón —susurró decididamente Wedge.

Sam le obedeció al pie de la letra. Prefería vigilar a manipular explosivos.

Rollie dejó rápidamente la caja en el suelo del armario y conectó los cables a la dinamita. Era una labor delicada y a Sam se le aceleraba siempre el pulso cuando esperaba. Se colocaba ineludiblemente de espaldas a los explosivos, por si algo fallaba.

Permanecieron en el despacho menos de cinco minutos y regresaron por el callejón, dando un tranquilo paseo hasta el Pontiac verde. Se estaban convirtiendo en infalibles. ¡Todo era tan fácil! Habían colocado una bomba en la redacción de un pequeño periódico, porque su redactor había expresado una opinión neutral respecto a la segregación, y habían destruido una sinagoga en Jackson, la mayor del estado.

Condujeron a oscuras por el callejón y, al llegar a una travesía, se encendieron los faros del Pontiac verde.

En todas las bombas anteriores, Wedge había utilizado un temporizador de quince minutos, una simple mecha que se encendía con un fósforo, semejante a la de un cohete. Y como parte del ejercicio, a los artificieros les gustaba circular con las ventanas del coche abiertas, siempre por algún lugar de las afueras de la ciudad, cuando la explosión destruía el objetivo. Habían oído y sentido todas las explosiones anteriores, desde una distancia prudencial, mientras se alejaban tranquilamente del lugar del suceso.

Pero esta noche sería diferente. Sam se había confundido de calle en algún lugar y de pronto se encontraron ante las luces parpadeantes de un paso a nivel, contemplando un tren de mercancías bastante largo. Sam consultó varias veces el reloj. Rollie no dijo nada. Acabó de pasar el tren y Sam tomó otra calle equivocada. Estaban cerca del río, con un puente en la lejanía, en una calle de casas viejas. Sam volvió a consultar el reloj. En menos de cinco minutos el suelo se estremecería y prefería encontrarse en la oscuridad de una carretera solitaria cuando eso ocurriera. Rollie se movió sólo una vez, como si empezara a estar molesto con su conductor, pero no dijo nada.

Otra esquina y otra nueva calle. Greenville no era una ciudad muy grande y supuso que, si seguía girando, acabaría por encontrar alguna calle que le resultara familiar. La siguiente esquina que dobló erróneamente resultó ser la última. Sam dio un frenazo al percatarse de que había entrado contra dirección en una calle de sentido único. Y al frenar se le caló el motor. Colocó la palanca en punto muerto e hizo girar la llave. El motor de arranque giraba a la perfección, pero el coche no arrancaba. Entonces olieron a gasolina.

—¡Maldita sea! —exclamó Sam entre dientes—. ¡Maldita sea!

Rollie permanecía acomodado en su asiento, mirando por la ventana.

—¡Maldita sea! ¡Está ahogado!

Hizo girar de nuevo la llave, con el mismo resultado.

—No gastes la batería —dijo lenta y sosegadamente Rollie.

Sam estaba casi frenético. Aunque se habían perdido, tenía casi la absoluta seguridad de que no se encontraban lejos del centro de la ciudad. Respiró hondo y observó la calle. Consultó su reloj. No había ningún otro coche a la vista. Reinaba el silencio. Era una situación perfecta para que estallara una bomba. Vio en su mente la mecha que ardía por el suelo de madera. Llegó a percibir el temblor del suelo. Creyó oír el violento crujido de la madera, los ladrillos y el cristal. Diablos, pensó Sam mientras intentaba tranquilizarse, puede que nos alcancen los escombros.

—Dogan podía habernos mandado un coche decente —susurró para sus adentros.

Rollie, con la mirada fija en algo a través de la ventana, no respondió.

Habían transcurrido por lo menos quince minutos desde que habían abandonado el despacho de Kramer y había llegado el momento de los fuegos artificiales. Sam se secó las gotas de sudor de la frente e intentó arrancar de nuevo el coche. Afortunadamente el motor se puso en marcha. Miró a Rollie con una sonrisa, pero éste permanecía perfectamente indiferente. Retrocedió un par de metros y aceleró. La primera calle le resultó familiar y al cabo de un par de manzanas llegaron a la calle Mayor.

—¿Qué clase de temporizador has utilizado? —preguntó finalmente Sam, cuando entraban en la carretera ochenta y dos, a menos de diez manzanas del despacho de Kramer.

Rollie se encogió de hombros, como para indicar que era cosa suya y que Sam no tenía por qué saberlo. Redujeron la velocidad al pasar junto a un coche de policía aparcado y aceleraron de nuevo en las afueras de la ciudad. A los pocos minutos, Greenville estaba a sus espaldas.

—¿Qué clase de temporizador has utilizado? —preguntó de nuevo Sam, en un tono ligeramente tenso.

—He probado algo nuevo —respondió Rollie, sin mirarle.

—¿Qué?

—No lo entenderías —dijo Rollie.

A Sam le ardían lentamente las entrañas.

—¿Un mecanismo de relojería? —preguntó, al cabo de unos kilómetros.

—Algo por el estilo.

Condujeron hasta Cleveland en completo silencio. Durante algunos kilómetros, mientras las luces de Greenville desaparecían lentamente al fondo de la llanura, Sam estuvo medio a la expectativa de ver una bola de fuego u oír un estruendo en la lejanía. Pero no ocurrió nada. Wedge incluso logró quedarse un rato dormido.

El café estaba lleno de camioneros cuando llegaron. Como de costumbre, Rollie se apeó y cerró la puerta del coche.

—Hasta la próxima —sonrió por la ventana abierta, antes de dirigirse a su coche de alquiler.

Sam observó su pavoneo y se maravilló una vez más del aplomo de Rollie Wedge.

Eran ahora las cinco y media, y un ligero resplandor anaranjado empezaba a romper la oscuridad por el este. Sam condujo el Pontiac verde a la nacional sesenta y uno, y se dirigió hacia el sur.

El horror de la bomba de Kramer empezó realmente en el momento aproximado en que Rollie Wedge y Sam Cayhall se despedían en Cleveland. Lo inició el despertador de la mesilla de noche, cerca de la almohada de Ruth Kramer. Cuando sonó a las cinco y media, como de costumbre, Ruth se percató inmediatamente de que estaba muy enferma. Tenía un poco de fiebre, un terrible dolor en las sienes y sentía náuseas. Marvin la ayudó hasta el cuarto de baño, que no estaba lejos, y allí permaneció media hora. Hacía un mes que circulaba por Greenville una virulenta gripe y ahora acababa de invadir la casa de los Kramer.

A las seis y media la sirvienta despertó a los gemelos, Josh y John, que tenían ahora cinco años, les preparó rápidamente un baño, se vistieron y desayunaron. A Marvin le pareció preferible llevarlos al parvulario, como estaba previsto, para alejarlos así de la casa y, con suerte, del virus. Llamó a un amigo médico para que recetara algún medicamento y le dejó veinte dólares a la sirvienta, a fin de que lo recogiera en la farmacia al cabo de una hora. Se despidió de Ruth, que estaba tumbada en el suelo del cuarto de baño con una almohada bajo la cabeza y una bolsa de hielo sobre la cara, y salió con sus hijos.

No todos sus casos estaban relacionados con los derechos civiles, que no le habrían bastado para sobrevivir en Mississippi en mil novecientos sesenta y siete. Se ocupaba también de algunos casos penales y civiles tradicionales, como divorcios, repartición de bienes, bancarrotas y contratos de compraventa. Y a pesar de que su padre apenas le hablaba y que el resto de los Kramer raramente pronunciaban su nombre, Marvin dedicaba un tercio de su tiempo en el despacho a los negocios de la familia. Aquella mañana en particular debía presentarse en el juzgado, a las nueve de la mañana, para defender a su tío en un pleito relacionado con sus propiedades.

A los gemelos les encantaba el bufete. Puesto que no tenían que estar en el parvulario hasta las ocho, Marvin podría trabajar un poco antes de llevarlos y dirigirse al juzgado. Esto solía ocurrir quizá una vez al mes. A decir verdad, raro era el día en que uno de los gemelos no le suplicara a Marvin que les llevara a su despacho antes de ir al parvulario.

Llegaron al despacho alrededor de las siete y media, y los gemelos se dirigieron inmediatamente al escritorio de la secretaria, que albergaba montones de papeles a la espera de ser copiados, grapados, doblados y colocados en sobres. El edificio era grande, con numerosas estructuras anejas construidas a lo largo de los tiempos. La puerta principal daba a un pequeño vestíbulo, con el escritorio de la recepcionista casi debajo de un tramo de escaleras. Las cuatro sillas para los clientes que esperaran estaban pegadas a la pared. Había revistas desparramadas por debajo de las sillas. A la derecha y a la izquierda del vestíbulo había unos pequeños despachos para abogados; ahora Marvin tenía tres ayudantes que trabajaban para él. Del vestíbulo salía un pasillo que cruzaba el centro del edificio, lo cual permitía ver desde la puerta principal la parte posterior del mismo, a unos veinticinco metros. El despacho de Marvin era la mayor sala de la planta baja, en la que se entraba por la última puerta a la izquierda, junto a un pequeño lavabo y al armario lleno de papeles. Frente a dicho armario se encontraba el despacho de la secretaria de Marvin, una atractiva joven llamada Helen, en la que soñaba desde hacía dieciocho meses.

En el primer piso se encontraban los abigarrados despachos de otros dos abogados y dos secretarias. En el segundo piso no había calefacción ni aire acondicionado y lo utilizaban como almacén.

Solía llegar al despacho entre las siete y media y las ocho para disfrutar de una hora de tranquilidad, antes de que apareciera el resto del personal y empezaran a sonar los teléfonos. Como de costumbre, aquel viernes, veintiuno de abril, fue el primero en llegar.

Abrió la puerta principal, encendió las luces y se detuvo en el vestíbulo para advertirles a los gemelos que no desordenaran el escritorio de Helen, pero los pequeños echaron a correr sin oír una palabra. Josh tenía ya la tijera en la mano y John la grapadora, cuando Marvin se asomó por primera vez a la puerta. Sonrió y entró en su despacho, donde no tardó en sumirse en uno de sus casos.

A eso de las ocho menos cuarto, según recordó más tarde en el hospital, Marvin subió al segundo piso en busca de un viejo sumario que entonces le pareció útil para el caso que preparaba. Hablaba para sus adentros mientras subía alegremente por la escalera. La suerte quiso que aquel viejo sumario le salvara la vida. Los niños se reían en algún lugar del vestíbulo.

La onda expansiva de la explosión se extendió, vertical y horizontalmente, a unos trescientos metros por segundo. Quince cilindros de dinamita en el centro de un edificio con estructura de madera lo reducen a astillas y escombros en cuestión de segundos. Transcurrió un buen minuto antes de que los fragmentos lanzados al aire por la explosión regresaran al suelo. Todo pareció temblar como en un pequeño terremoto y, según la descripción posterior de los testigos, llovieron trozos de cristal sobre el centro de Greenville durante lo que pareció una eternidad.

Josh y John Kramer estaban a menos de cinco metros del epicentro de la explosión y, afortunadamente, no se percataron de nada. No sufrieron. Los bomberos encontraron sus cuerpos destrozados bajo dos metros y medio de escombros. Marvin Kramer fue propulsado en primer lugar contra el techo del segundo piso y luego, inconsciente, cayó con el resto del tejado al cráter humeante del centro del edificio. Le encontraron al cabo de veinte minutos y le trasladaron inmediatamente al hospital. En menos de tres horas le habían amputado ambas piernas a la altura de las rodillas.

La explosión tuvo lugar exactamente a las siete cuarenta y seis, y eso fue en cierto modo una suerte. Al cabo de otros treinta minutos, los despachos anexos al de Kramer habrían estado ocupados. Helen, la secretaria de Marvin, salía del edificio de correos situado a cuatro manzanas cuando oyó la explosión. Diez minutos más tarde habría estado en el despacho preparando café. David Lukeland, un joven abogado que trabajaba para Marvin, vivía a tres manzanas del despacho y acababa de cerrar la puerta de su piso cuando oyó y sintió la explosión. Unos minutos más tarde habría estado repasando la correspondencia en el primer piso del edificio.

Se declaró un pequeño incendio en la oficina contigua y, a pesar de que se sofocó con rapidez, incrementó enormemente la emoción; el humo llegó a ser tan espeso que la gente huyó.

Hubo dos heridos entre los peatones. Un tramo de viga de madera cayó en la acera a cien metros de la explosión, rebotó y golpeó a la señora Mildred Talton en plena cara cuando, al acabar de aparcar su coche, volvió la cabeza en dirección al estallido. El impacto le fracturó la nariz y le produjo una fea magulladura, pero con el tiempo se recuperó.

La herida del segundo peatón fue menor pero mucho más significativa. Un forastero llamado Sam Cayhall caminaba lentamente en dirección al despacho de Kramer, cuando el suelo tembló con tanta fuerza que perdió el equilibrio y tropezó con el bordillo de la acera. Cuando intentaba levantarse, recibió el impacto de un cristal en el cuello y otro en la mejilla izquierda. Se ocultó tras un árbol para protegerse de los escombros que caían a su alrededor mientras contemplaba boquiabierto la destrucción causada y huyó a toda prisa.

La sangre manaba de su mejilla y le empapaba la camisa. Estaba aturdido y más tarde no pudo recordar gran parte de lo sucedido. Intentó abandonar velozmente el centro de la ciudad en el Pontiac verde y, si hubiera pensado un poco, lo habría conseguido sin el menor contratiempo. Un coche patrulla se dirigía hacia el distrito comercial de la ciudad, en respuesta a la llamada de emergencia provocada por la bomba, cuando se encontró con un Pontiac verde que, incomprensiblemente, se negó a retirarse al arcén para cederle el paso. A pesar de las sirenas que aullaban, las luces parpadeantes, los bocinazos y las maldiciones de los agentes, el Pontiac verde permaneció inmóvil en su carril. Los policías se apearon, se acercaron al vehículo, abrieron la puerta de un tirón y vieron a un individuo cubierto de sangre. Lo esposaron, lo instalaron a empujones en el asiento posterior del coche patrulla y lo llevaron a la cárcel. El Pontiac quedó confiscado.

La bomba que causó la muerte de los gemelos Kramer era de lo más rudimentario. Quince cilindros de dinamita sujetos con cinta aislante negra. Pero sin mecha. Rollie Wedge había utilizado en su lugar un artefacto detonador, un temporizador, un despertador barato. Había retirado la minutera del reloj y hecho un pequeño agujero entre los números siete y ocho de la esfera. En dicho agujero había introducido una clavija metálica que, cuando entrara en contacto con la manecilla del reloj, cerraría el circuito y haría estallar la bomba. Rollie quería disponer de más tiempo que los quince minutos de la mecha. Además, se consideraba un experto y quería experimentar con nuevos artefactos.

Puede que la manecilla estuviera un poco doblada, o que la esfera no fuera perfectamente plana, o que Rollie, en su entusiasmo, le hubiera dado demasiada cuerda, o no la suficiente. Tal vez la clavija no era perpendicular a la esfera. Después de todo, era la primera vez que Rollie utilizaba un temporizador. O quizá todo funcionó exactamente como estaba previsto.

Pero independientemente de la razón o del pretexto, las bombas de Jeremiah Dogan y del Ku Klux Klan habían derramado ahora sangre judía en Mississippi. Y, en realidad, aquello marcó el fin de su campaña.

DOS

Después de retirar los cadáveres, la policía de Greenville cercó la zona alrededor del siniestro y mantuvo a la gente alejada. A las pocas horas, un equipo de Jackson del FBI se hizo cargo de la investigación y, antes del anochecer, un grupo de expertos escudriñaba los escombros. Docenas de agentes del FBI emprendieron la fastidiosa labor de recoger todos los diminutos fragmentos, examinarlos y mostrárselos a otra persona, para luego envolverlos, clasificarlos y trasladarlos a otro lugar, donde algún día serían recompuestos. Alquilaron un almacén de algodón vacío en las afueras de la ciudad, que se convirtió en depósito de los escombros de Kramer.

Con el tiempo, el FBI confirmaría lo que inicialmente había supuesto. Dinamita, un temporizador y varios cables. Una simple bomba rudimentaria, elaborada por un aficionado con bastante suerte para no haberse matado.

Marvin Kramer fue trasladado en breve al hospital más sofisticado de Memphis, donde permaneció en estado crítico estacionario durante tres días. Ingresaron a Ruth Kramer en estado de shock primero en Greenville, para trasladarla luego en una ambulancia al mismo hospital de Memphis. El señor y la señora Kramer compartían una habitación y también la cantidad necesaria de sedantes. Innumerables médicos y parientes les acompañaban. Ruth había nacido y se había criado en Memphis. Por consiguiente, tenía infinidad de amigos que acudían a cuidarla.

Transcurrieron dos días antes de que la hermana de Ruth reuniera el valor necesario para mencionar el tema del funeral.

Cuando empezó a reinar de nuevo la tranquilidad alrededor del despacho de Kramer, los vecinos, algunos tenderos y otros oficinistas barrían los cristales de las aceras y susurraban entre sí, mientras observaban a la policía y brigadas de rescate que empezaban a excavar. En el centro de Greenville se rumoreaba incesantemente que un sospechoso había sido ya detenido. A mediodía era ya del dominio público entre los grupos de curiosos que el nombre del detenido era Sam Cayhall, de Clanton, Mississippi, que era miembro del Klan y que había recibido alguna herida en el atentado. Uno de los rumores hablaba de los horribles detalles de otras explosiones provocadas por Cayhall, con terribles heridas y cadáveres desfigurados, pero siempre de pobres negros. Se hablaba también de la actuación heroica de la policía de Greenville, que había localizado a aquel loco a los pocos segundos de la explosión. A las doce del mediodía, la emisora de televisión de Greenville confirmó lo que ya se sabía: los dos niños habían muerto, su padre estaba gravemente herido y Sam Cayhall estaba en la cárcel.

Sam Cayhall estuvo a punto de ser puesto en libertad con una fianza de treinta dólares. Cuando le llevaban apresuradamente a la comisaría, había recuperado suficientemente el sentido para disculparse ante los enojados agentes por no haberles cedido el paso. Por consiguiente, le acusaron de algo insignificante y le encerraron en un calabozo, a la espera de resolver el papeleo y ponerle en libertad. Los dos agentes que le habían detenido se apresuraron a acudir al escenario del siniestro.

Un bedel, que actuaba también como enfermero en los calabozos, visitó a Sam con un desvencijado botiquín y le limpió la sangre seca de la cara. Sus heridas habían dejado de sangrar. Sam insistía en que había tenido una pelea en un bar, que había sido una noche muy dura. El enfermero se marchó y, al cabo de una hora, un funcionario se asomó a la ventanilla del calabozo con más papeles. Se le acusaba de no haberle cedido el paso a un vehículo de servicio de urgencia, con una multa máxima de treinta dólares y que, si pagaba al contado, se le pondría en libertad tan pronto como se resolviera el papeleo y se liberara el coche. Sam paseaba nervioso por la celda, consultando su reloj y frotándose suavemente la herida de su mejilla.

Se veía obligado a desaparecer. Tenía antecedentes y esos paletos no tardarían en vincular su nombre a la explosión. No le quedaba más remedio que huir. Abandonaría Mississippi, se uniría tal vez a Rollie Wedge e irían juntos a Brasil, o a cualquier otro lugar. Dogan les facilitaría el dinero. Llamaría a Dogan inmediatamente después de salir de Greenville. Su coche estaba aparcado en el motel de Cleveland. Cambiaría de vehículo, iría a Memphis y cogería un autobús Greyhound.

Eso sería lo que haría. Había cometido una estupidez al volver al lugar del crimen, pero pensó que si conservaba la tranquilidad, aquellos payasos le soltarían.

Pasó otra media hora antes de que el funcionario volviera con otro documento. Sam le entregó treinta dólares al contado y el funcionario le devolvió un recibo. Luego le acompañó por un estrecho pasillo hasta el mostrador de recepción, donde le entregaron una citación para aparecer ante el tribunal municipal de Greenville al cabo de dos semanas.

—¿Dónde está el coche? —preguntó, mientras doblaba la citación.

—Ahora lo traen. Espere aquí.

Sam consultó su reloj y esperó quince minutos. A través de una pequeña ventana en la puerta metálica, observó los coches que iban y venían del aparcamiento frente a los calabozos. Un agente con voz ronca trajo a dos borrachos al mostrador. Sam se puso nervioso y siguió esperando.

—Señor Cayhall —dijo lentamente una voz a su espalda.

Volvió la cabeza y vio a un individuo bajito con un traje muy descolorido, que le mostró una placa.

—Soy el detective Ivy, del departamento de policía de Greenville. Debo hacerle unas preguntas.

Ivy hizo un gesto con la cabeza en dirección a una serie de puertas de madera, que se alineaban a lo largo de un pasillo, y Sam le siguió obedientemente.

Desde el momento en que se sentó al otro lado del sucio escritorio del detective Ivy, Sam Cayhall no tuvo mucho que decir. Ivy tenía poco más de cuarenta años, pero con canas y profundas ojeras. Encendió un Camel sin filtro, le ofreció otro a Sam y luego le preguntó cómo se había lastimado la cara. Sam jugaba con el cigarrillo, pero sin encenderlo. Hacía años que había dejado de fumar y, a pesar de que sentía un fuerte impulso de hacerlo en aquel crítico momento, se limitó a golpearlo suavemente sobre la mesa. Sin mirar a Ivy, respondió que probablemente había participado en alguna pelea.

Ivy refunfuñó con una ligera sonrisa, como si aquélla fuera la respuesta que esperaba, y Sam comprendió que se encontraba frente a un profesional. Ahora estaba asustado y empezaron a temblarle las manos. Evidentemente, Ivy se percató de ello. ¿Dónde había tenido lugar la pelea? ¿Con quién se había peleado? ¿Cuándo? ¿Por qué había venido a pelearse en Greenville, cuando vivía a tres horas de camino? ¿De dónde había sacado el coche?

Sam no dijo nada. Ivy le atosigó a preguntas, ninguna de las cuales Sam podía responder, porque unas mentiras conducirían a otras y en pocos segundos Ivy le tendría completamente atrapado.

—Quiero hablar con un abogado —dijo finalmente Sam.

—Me parece maravilloso, Sam. Creo que eso es exactamente lo que debe hacer —respondió Ivy, antes de encender otro Camel y soltar una espesa bocanada de humo hacia el techo—. Esta mañana hemos tenido una pequeña explosión, Sam. ¿Lo sabía? —preguntó a continuación, elevando el timbre de su voz en un tono ligeramente burlón.

—No.

—Una tragedia. El despacho de un abogado local llamado Kramer ha quedado totalmente destrozado. Ha ocurrido hace un par de horas. Probablemente obra del Klan. No tenemos ningún miembro del Klan en esta zona, pero el señor Kramer es judío. Deje que lo adivine, usted no sabe nada de eso, ¿cierto?

—Cierto.

—Muy, muy lamentable, Sam. El caso es que el señor Kramer tenía dos hijos pequeños, Josh y John que, por un capricho del destino, estaban en el despacho con su papá cuando ha estallado la bomba.

Sam respiró hondo y miró a Ivy. Cuéntemelo todo, le suplicaba con la mirada.

—Y esos dos niños, Sam, gemelos, de cinco años, realmente encantadores, han quedado completamente destrozados. Más muertos que el infierno, Sam.

Sam agachó lentamente la cabeza, hasta que la barbilla le tocaba casi el pecho. Estaba abatido. Dos acusaciones de asesinato. Abogados, juicios, jueces, cárcel, lo acusó todo simultáneamente y cerró los ojos.

—Puede que su papá tenga suerte. Ahora le están operando en el hospital. Los niños están en la funeraria. Una verdadera tragedia, Sam. Supongo que no sabe nada acerca de la bomba, ¿verdad, Sam?

—No. Quiero ver a un abogado.

—Por supuesto.

Ivy se levantó lentamente y abandonó la sala.

Un cirujano extrajo el fragmento de cristal de la mejilla de Sam y lo mandaron a un laboratorio del FBI. El informe no contenía sorpresa alguna: el mismo cristal que el de las ventanas de la fachada del despacho. Tampoco tardaron en vincular el Pontiac verde a Jeremiah Dogan, de Meridian. En el maletero encontraron una mecha de quince minutos. Un repartidor declaró a la policía que había visto el coche cerca del despacho del señor Kramer, alrededor de las cuatro de la madrugada.

El FBI se aseguró de que la prensa supiera inmediatamente que el señor Sam Cayhall era desde hacía tiempo del Klan y el principal sospechoso en otros numerosos atentados. Consideraron que el caso estaba resuelto y colmaron de cumplidos a la policía de Greenville. El propio J. Edgar Hoover hizo una declaración.

Cinco días después del siniestro, sepultaron a los gemelos Kramer en un pequeño cementerio. Ciento cuarenta y seis judíos vivían entonces en Greenville y, a excepción de Marvin Kramer y de otros seis, acudieron todos al entierro. Los periodistas y fotógrafos llegados de todo el país les doblaban en número.

Sam vio las fotografías y leyó los artículos en su diminuta celda, al día siguiente por la mañana. El segundo celador, Larry Jack Polk, era un simplón con el que ahora había trabado amistad porque, como le había susurrado anteriormente a Sam, tenía primos en el Klan y él siempre había querido pertenecer al mismo, pero su esposa se oponía rotundamente. Todas las mañanas le traía a Sam los periódicos y café recién hecho. Había confesado ya su admiración por la pericia de Sam con los explosivos.

A excepción de las pocas palabras necesarias para manipular a Larry Jack, Sam no abría prácticamente la boca. Al día siguiente del siniestro, se presentaron contra él dos cargos de asesinato en primer grado y la idea de la cámara de gas ocupaba su mente. Se negó a decirle palabra a Ivy y a los demás policías, al igual que al FBI. Evidentemente los periodistas intentaban entrevistarle, pero no iban más allá de Larry Jack. Sam llamó por teléfono a su esposa y le dijo que se quedara en Clanton con las puertas cerradas. Él estaba solo en su celda de bloques de coque y empezó a escribir un diario.

Si alguien tenía que descubrir a Rollie Wedge y relacionarle con la explosión, que fuera la policía. Sam Cayhall había hecho un juramento como miembro del Klan y para él aquel voto era sagrado. Nunca jamás delataría a otro miembro del Klan. Tenía el ferviente deseo de que Jeremiah Dogan compartiera su sentimiento respecto al juramento.

Dos días después de la explosión, un sombrío abogado con la cabellera arremolinada, llamado T. Louis Brazelton, apareció por primera vez en Greenville. Era miembro secreto del Klan y había adquirido una dudosa reputación en la región de Clanton, defendiendo a toda clase de maleantes. Aspiraba a convertirse en gobernador y aseguraba que bajo su mandato se protegería la conservación de la raza blanca, que el FBI era satánico, que había que proteger a los negros pero no mezclarlos con los blancos, etcétera. Le había mandado Jeremiah Dogan para defender a Sam Cayhall y, sobre todo, para asegurarse de que Cayhall mantuviera la boca cerrada. El FBI asediaba a Dogan a causa del Pontiac verde y temía que le acusaran de conspirador.

Los conspiradores, le explicó T. Louis a su nuevo cliente sin tapujos, eran tan culpables como los que apretaban el gatillo. Sam le escuchaba, pero hablaba poco. Había oído hablar de Brazelton, pero no confiaba todavía en él.

—Escúcheme, Sam —dijo T. Louis, como si hablara con un niño de párvulos—, sé quién colocó la bomba. Dogan me lo ha contado. Si no me equivoco, ahora somos cuatro los que lo sabemos: yo, usted, Dogan y Wedge. En este momento, Dogan está casi seguro de que nunca encontrarán a Wedge. No ha hablado con él, pero ese chico es muy listo y probablemente a estas alturas ya está en otro país. Sólo quedan usted y Dogan. Francamente, creo que a Dogan le acusarán de un momento a otro. Pero a la policía le resultará muy difícil condenarle, a no ser que logre demostrar que conspiraron todos para destruir el despacho del judío. Y sólo podrá demostrarlo si usted se lo cuenta.

—¿De modo que me cargo yo con el mochuelo? —preguntó Sam.

—No. Limítese a no hablar de Dogan. Niéguelo todo. Nos inventaremos algo respecto al coche. Déjelo en mi mano. Conseguiré que se traslade el juicio a otro condado, tal vez a las montañas, o a cualquier lugar donde no haya judíos. Me aseguraré de que todos los componentes del jurado sean blancos, y será tan fácil lograr que su veredicto no sea unánime que nos convertiremos en héroes. Deje que yo me ocupe de todo.

—¿No cree que me condenarán?

—Maldita sea, claro que no. Escúcheme, Sam, le doy mi palabra. Organizaremos un jurado de patriotas, gente como usted, Sam. Todos blancos. Todos preocupados por la perspectiva de que obliguen a sus hijos a ir a la escuela con negritos. Buena gente, Sam. Elegiremos a doce de esas personas, las instalaremos en el palco del jurado y les explicaremos cómo esos malditos judíos han fomentado esa basura de los derechos civiles. Confíe en mí, Sam, será cosa fácil —dijo T. Louis, al tiempo que se inclinaba sobre la desvencijada mesa y le daba a Sam unos golpecitos en el brazo—. Confíe en mí, Sam, no será la primera vez.

Aquel mismo día esposaron a Sam y, rodeado de agentes de policía de Greenville, le condujeron a un coche patrulla. Entre la puerta de los calabozos y el coche, le retrató un pequeño ejército de fotógrafos. Otro grupo semejante le esperaba en el juzgado, cuando llegó con su escolta.

Apareció ante el juez municipal con su nuevo abogado, el ilustre letrado T. Louis Brazelton, que renunció a la vista preliminar y, con discreción, hizo otro par de trucos legales perfectamente rutinarios. Al cabo de veinte minutos, Sam estaba de nuevo en su celda. T. Louis le prometió que regresaría dentro de unos días, para empezar a elaborar una estrategia. Luego salió a la calle y actuó admirablemente para los periodistas.

Tardó un mes entero en remitir el frenesí de la prensa en Greenville. El cinco de mayo de mil novecientos sesenta y siete, Sam Cayhall y Jeremiah Dogan fueron acusados oficialmente de asesinato en primer grado. El fiscal del distrito proclamó a voces que pediría la pena de muerte. Nunca se mencionó el nombre de Rollie Wedge. La policía y el FBI no tenían ni idea de su existencia.

T. Louis, en representación ahora de ambos acusados, logró que se aprobara su solicitud de traslado del juicio, que dio comienzo el cuatro de setiembre de mil novecientos sesenta y siete en el condado de Nettles, a trescientos kilómetros de Greenville. Se convirtió en un circo. El Klan se instaló en los jardines frente al juzgado, e hizo ruidosas manifestaciones casi todas las horas. Trajeron a miembros del Klan de otros estados y tenían incluso una lista de conferenciantes. Eligieron a Sam Cayhall y Jeremiah Dogan como símbolos de la supremacía blanca y sus admiradores encapuchados gritaron mil veces sus nombres.

Los periodistas observaban y esperaban. Los menos afortunados que no cupieron en la abarrotada sala se protegían del sol bajo los árboles del jardín. Contemplaban a los miembros del Klan y escuchaban sus discursos que, cuanto más les observaban y fotografiaban, más se prolongaban.

En la sala todo iba a pedir de boca para Cayhall y Dogan. Brazelton utilizó su magia y llenó el palco del jurado de patriotas, como él prefería llamarlos, para empezar luego a exponer lagunas significativas en el caso de la acusación. Lo más importante era que las pruebas eran circunstanciales; nadie había visto realmente a Sam Cayhall colocar ninguna bomba. T. Louis lo declaró a gritos en su exposición preliminar y causó el efecto deseado. En realidad, Cayhall trabajaba para Dogan, que le había mandado a Greenville para hacer un recado, y por casualidad se encontraba cerca del edificio de Kramer en el momento más inoportuno. T. Louis casi se echó a llorar al recordar a aquellos dos niños encantadores.

La mecha hallada en el maletero pertenecía probablemente al anterior propietario del coche, un tal señor Carson Jenkins, contratista de obras de Meridian. El señor Carson Jenkins declaró que en su trabajo utilizaba frecuentemente dinamita y que, evidentemente, debía haber olvidado la mecha en el maletero cuando le vendió el coche a Dogan. El señor Carson Jenkins daba clases de religión los domingos en la iglesia, era un hombrecillo callado, trabajador, modesto y perfectamente creíble. También era miembro del Ku Klux Klan, pero el FBI no lo sabía. T. Louis dirigió impecablemente su declaración.

Ni la policía ni el FBI llegaron a descubrir que el coche de Cayhall había estado aparcado en el estacionamiento de camiones de Cleveland. Durante su primera llamada telefónica desde los calabozos, había ordenado a su esposa que cogiera a su hijo, Eddie Cayhall, y fueran inmediatamente a Cleveland en busca del coche. Eso fue un acierto afortunado para la defensa.

Pero el argumento más contundente de T. Louis fue simplemente que nadie podía demostrar que sus clientes hubieran conspirado para nada, y ¿cómo diablos podía un jurado del condado de Nettles mandarlos al cadalso?

Después de cuatro días de sesiones, el jurado se retiró a deliberar. T. Louis les garantizó a sus clientes la absolución. La acusación estaba casi convencida de lo mismo. Los miembros del Klan olían la victoria y aumentó el jolgorio en los jardines.

No hubo absolución, ni condena. Asombrosamente, dos de los miembros del jurado se obcecaron, e insistieron en que les condenaran. Después de un día y medio de deliberaciones, los miembros del jurado le comunicaron al juez que no lograban en forma alguna llegar a un veredicto unánime. Se declaró el juicio invalidado y Sam Cayhall fue a su casa por primera vez en cinco meses.

El nuevo juicio tuvo lugar al cabo de seis meses en el condado de Wilson, otra zona rural a cuatro horas de Greenville y a ciento sesenta kilómetros del lugar del primer juicio. Hubo quejas de intimidación de miembros potenciales del jurado por parte del Klan en el primer juicio y el juez, por razones que nunca se han aclarado, decidió que el nuevo juicio tuviera lugar en una zona saturada de miembros y simpatizantes del Klan. Una vez más, todos los componentes del jurado eran blancos y ciertamente no judíos. T. Louis contó las mismas historias, con las mismas moralejas. El señor Carson Jenkins contó las mismas mentiras.

La acusación cambió, en vano, ligeramente de estrategia. El fiscal del distrito modificó la acusación de asesinato en primer grado por otra de homicidio involuntario. No pedía la pena de muerte y dejaba a discreción del jurado que declararan a Cayhall y Dogan culpables de provocar una muerte accidental, acusación mucho más leve pero que implicaba también una condena.

En el segundo juicio hubo algo nuevo. Marvin Kramer permaneció sentado en una silla de ruedas en primera fila y, durante tres días, miró fijamente a los miembros del jurado. Ruth intentó presenciar el primer juicio, pero tuvo que regresar a Greenville, donde ingresó de nuevo en el hospital con problemas emocionales, y a Marvin, que había entrado y salido del quirófano en varias ocasiones desde la explosión, sus médicos no le permitieron asistir al espectáculo en el condado de Nettles.

La mayoría de los miembros del jurado eran incapaces de mirarle; eludían a los espectadores y, en general, prestaban una atención extraordinaria a los testigos. No obstante, una joven llamada Sharon Culpepper, que tenía dos hijos gemelos, era incapaz de evitar la tentación. Miró repetidamente a Marvin y, en varias ocasiones, se entrelazaron sus miradas. Marvin le pedía justicia.

Sharon Culpepper fue la única entre los doce que votó inicialmente para que condenaran a los acusados. Durante dos días tuvo que soportar los acosos y abusos verbales de sus compañeros. La insultaron y la ofendieron, pero se mantuvo decididamente en sus trece.

El segundo juicio terminó también con falta de consenso en el jurado, por un voto en contra. El juez declaró el juicio invalidado y levantó la sesión. Marvin Kramer regresó a Greenville y luego a Memphis para someterse a otra operación. T. Louis Brazelton hizo un verdadero espectáculo para la prensa. El fiscal del distrito no hizo ninguna promesa respecto a un nuevo juicio. Sam Cayhall se retiró discretamente a Clanton, con la promesa solemne de no volver a tener ningún trato con Jeremiah Dogan. Y el brujo imperial en persona regresó victorioso a Meridian, donde alardeó ante su gente de que la batalla pro supremacía blanca acababa sólo de empezar, el bien había derrotado al mal, etcétera, etcétera.

El nombre de Rollie Wedge no se mencionó una sola vez. Durante uno de los recesos del mediodía del segundo juicio, Dogan le susurró a Cayhall que se había recibido un mensaje del chico. El mensajero era un desconocido que había hablado con la esposa de Dogan en el vestíbulo de la sala. El mensaje era claro e inequívoco. Wedge seguía el juicio desde algún lugar cercano, en las montañas, y si Dogan o Cayhall mencionaban su nombre, sus respectivas casas y sus familias estallarían en mil pedazos.

TRES

Ruth y Marvin Kramer se separaron en mil novecientos setenta. Él ingresó en un hospital psiquiátrico aquel mismo año y se suicidó en mil novecientos setenta y uno. Ruth regresó a Memphis y vivió con sus padres. A pesar de sus problemas, habían intentado desesperadamente que se celebrara un tercer juicio. En realidad, la comunidad judía de Greenville se inquietó muchísimo, pues era evidente que el fiscal del distrito estaba harto de derrotas y había perdido su entusiasmo por procesar a Cayhall y Dogan.

Marvin fue sepultado junto a sus dos hijos. Se dedicó un nuevo parque a la memoria de Josh y John Kramer, y se crearon becas en su honor. Con el transcurso del tiempo, la tragedia de sus muertes perdió parte de su horror. Pasaron los años y en Greenville se hablaba cada vez menos del atentado.

A pesar de las presiones del FBI, el tercer juicio no tuvo lugar. No había nuevas pruebas. El juez no estaba dispuesto a autorizar que se trasladara nuevamente el juicio a otra localidad. A pesar de que la acusación parecía desesperanzadora, el FBI no se dio por vencido.

Con Cayhall no dispuesto a cooperar y Wedge inaccesible, concluyó la campaña terrorista de Dogan. Siguió vistiendo su túnica, pronunciando discursos y empezó a considerarse a sí mismo como una fuerza política importante. A los periodistas del norte les intrigaba la desfachatez de su racismo y siempre estaba dispuesto a encapucharse para ofrecerles extravagantes entrevistas. Durante cierto período llegó a ser bastante famoso y fue inmensamente feliz.

Sin embargo, a finales de los años setenta, Jeremiah Dogan no era más que otro maleante con túnica y el representante de una organización en rápida decadencia. Los negros votaban. La segregación había desaparecido de las escuelas públicas. Los jueces federales destruían las barreras raciales a lo largo y ancho del sur. Los derechos civiles habían llegado a Mississippi y el Klan había demostrado su triste incapacidad para mantener a los negros en su lugar. Dogan ya no lograba ni que las moscas le acompañaran para la quema de cruces.

En mil novecientos setenta y nueve tuvieron lugar dos sucesos significativos para el caso, abierto aunque inactivo, del siniestro de Kramer. El primero consistió en la elección de David McAllister como fiscal del distrito en Greenville. Con veintisiete años, se convirtió en el fiscal de distrito más joven de la historia del estado. De adolescente, había formado parte de la multitud que observaba al FBI cuando buscaba entre los escombros del despacho de Marvin Kramer. Poco después de su elección, prometió sentar a los terroristas en el banquillo.

El segundo fue la acusación oficial de Jeremiah Dogan por evasión de impuestos. Después de eludir con éxito durante años al FBI, Dogan se descuidó y tuvo problemas con Hacienda. La investigación duró ocho meses y concluyó con un sumario de treinta páginas, según el cual Dogan había dejado de declarar más de cien mil dólares entre mil novecientos setenta y cuatro y mil novecientos setenta y ocho. Contenía ochenta y seis cargos, con una pena máxima de veintiocho años de cárcel.

Dogan era más culpable que Judas y su abogado (no T. Louis Brazelton) empezó a explorar inmediatamente la posibilidad de negociar los cargos con la acusación. Intervino el FBI.

Después de una serie de acaloradas reuniones con Dogan y su abogado, el gobierno le propuso un trato según el cual Dogan declararía contra Sam Cayhall en el caso Kramer a cambio de lo cual no iría a la cárcel por evasión de impuestos. Ni un solo día tras las rejas. Libertad condicional y multas, pero no cárcel. Hacía más de diez años que Dogan no hablaba con Cayhall. También había abandonado sus actividades relacionadas con el Klan. Había muy buenas razones para considerar el trato, sobre todo el hecho de conservar la libertad en lugar de pasar más de diez años en la cárcel.

Como aliciente, Hacienda confiscó todos sus bienes y planeaba una bonita subasta. Para ayudarle a decidir, David McAllister convenció a un gran jurado de Greenville para que le acusara de nuevo, junto con su compinche Cayhall, del atentado contra Kramer.

Dogan se dio por vencido y aceptó el trato.

Después de vivir doce años discretamente en el condado de Ford, Sam Cayhall se vio nuevamente acusado, detenido, y ante la certeza de un nuevo juicio y la posibilidad de la cámara de gas. Tuvo que hipotecar su casa y una pequeña granja para contratar a un abogado. T. Louis Brazelton se ocupaba ahora de asuntos de mayor envergadura y Dogan había dejado de ser su aliado.

Muchas cosas habían cambiado en Mississippi desde los dos primeros juicios. Grandes cantidades de negros estaban registrados en las listas electorales y dichos votantes negros habían elegido a funcionarios negros. Los jurados compuestos sólo por blancos eran inusuales. En el estado había dos jueces negros, dos sheriffs negros, y era frecuente ver a abogados negros paseando por los pasillos de los juzgados junto a sus compañeros blancos. Oficialmente, la segregación había acabado. Muchos de los habitantes blancos de Mississippi, retrospectivamente, se preguntaban a qué había venido tanto escándalo. ¿Por qué había habido tanta resistencia a la concesión de derechos básicos para todo el mundo? Aunque todavía quedaba mucho camino por recorrer, Mississippi era un lugar muy diferente en mil novecientos ochenta de lo que había sido en mil novecientos sesenta y siete. Y Sam Cayhall lo comprendía.

Contrató a un experto abogado criminalista de Memphis, llamado Benjamin Keyes. Su primera táctica consistió en solicitar que se anulara la acusación, alegando que era injusto juzgarle de nuevo después de tanto tiempo. Su argumento resultó ser muy persuasivo y fue necesaria una decisión del tribunal supremo de Mississippi para resolver el asunto. Por seis votos a favor y tres en contra, el tribunal decidió que la acusación podía proseguir.

Y así lo hizo. El tercer y último juicio de Sam Cayhall empezó en febrero de mil novecientos ochenta y uno en un pequeño y frío juzgado del condado de Lakehead, en la zona montañosa del nordeste del estado. Se iba a hablar mucho del juicio. El fiscal del distrito era el joven David McAllister, que actuó de un modo brillante, pero tenía la molesta costumbre de pasar todo su tiempo libre con la prensa. Era apuesto, buen orador, compasivo y dejó perfectamente claro que el juicio tenía un propósito. El señor McAllister tenía ambiciones políticas a gran escala.

El jurado lo formaban ocho blancos y cuatro negros. Como pruebas había una muestra de cristal, una mecha, los informes del FBI y todas las demás fotografías y pruebas materiales de los dos juicios precedentes.

Además estaba el testimonio de Jeremiah Dogan, que subió al estrado con una camisa azul de trabajo y, humilde y solemne, le contó al jurado cómo había conspirado con Sam Cayhall, allí presente, para colocar una bomba en el despacho del señor Kramer. Sam le miraba intensamente y asimilaba todas sus palabras, pero Dogan eludía su mirada. El abogado de Sam atosigó a Dogan durante un día y medio y le obligó a confesar que había hecho un pacto con el gobierno. Pero el mal ya estaba hecho.

No beneficiaba la defensa de Sam Cayhall mencionar a Rollie Wedge, puesto que hacerlo supondría admitir que Sam estuvo efectivamente en Greenville con la bomba. Sam estaría entonces obligado a admitir que había conspirado y la ley le consideraría tan culpable como al que colocó la dinamita. Además, para ofrecerle aquella información al jurado, Sam tendría que declarar, que era algo que ni él ni su abogado deseaban. No podría resistir el interrogatorio de la acusación porque supondría contar una mentira tras otra. Y a aquellas alturas, nadie iba a creer en una inesperada versión de un misterioso terrorista que nadie hubiera mencionado hasta entonces, aparecido y desaparecido sin dejar rastro. Sam sabía que era inútil implicar a Rollie Wedge y ni siquiera le había mencionado su nombre a su propio abogado.

Al final del juicio, David McAllister se situó ante el jurado en una sala repleta de gente y presentó sus conclusiones. Habló de cuando era joven en Greenville y tenía amigos judíos. No sabía que fueran diferentes a los demás. Había conocido a algunos de los Kramer, excelentes personas, trabajadoras y generosas con la ciudad. También había jugado con niños negros y descubierto que tenían un sentido maravilloso de la amistad. Nunca comprendió por qué ellos iban a una escuela y él a otra. Contó de un modo emocionante la sensación de que la tierra se estremecía aquella mañana del veinte de abril de mil novecientos sesenta y siete; cómo corrió hacia el lugar del centro de la ciudad de donde subía la columna de humo; cómo pasó tres horas tras el cordón policial, a la espera; cómo vio a los bomberos correr de un lado para otro cuando encontraron a Marvin Kramer; cómo se agrupaban entre los escombros cuando encontraron a los niños, y cómo le rodaron las lágrimas por las mejillas cuando sus pequeños cuerpos, cubiertos con sábanas blancas, fueron trasladados lentamente a la ambulancia.

Fue una actuación espléndida y cuando McAllister terminó, la sala quedó sumida en un profundo silencio. Varios miembros del jurado se secaron las lágrimas de los ojos.

El doce de febrero de mil novecientos ochenta y uno se condenó a Sam Cayhall por haber cometido dos asesinatos y un intento frustrado de asesinato. Al cabo de dos días y en la misma sala, el jurado le sentenció a la pena de muerte.

Se le trasladó al centro estatal penitenciario de Parchman, para empezar la cuenta atrás de su cita con la cámara de gas. El diecinueve de febrero de mil novecientos ochenta y uno pisó por primera vez la sección de los condenados a muerte.

CUATRO

El bufete de Kravitz & Bane constaba de casi trescientos abogados que coexistían pacíficamente bajo un mismo techo en Chicago. Eran doscientos ochenta y seis, para ser precisos, aunque resultaba difícil mantener la cuenta exacta; en cualquier momento dado una docena de ellos abandonaba sus cargos por razones diversas, mientras un par de docenas de flamantes reclutas, listos y ávidos, esperaban la oportunidad de entrar en combate. A pesar de su magnitud, el bufete de Kravitz & Bane no había entrado en el juego de la expansión con el mismo anhelo que otros, no había absorbido otros bufetes de menor tamaño en otras ciudades, no se había apresurado en captar clientes de sus competidores y, por consiguiente, debía contentarse con el honor de ser el tercer bufete de Chicago. Tenía oficinas en seis ciudades, aunque a los miembros más jóvenes de la compañía les avergonzaba que en el membrete de las cartas no figurara una dirección en Londres.

Aunque su fama se había suavizado ligeramente, Kravitz & Bane era conocido por ser un virulento bufete dedicado a litigios. Disponía de secciones más moderadas para asuntos inmobiliarios, tributarios y comerciales, pero con lo que ganaban dinero era con la litigación. Buscaba a sus nuevos reclutas entre los estudiantes más destacados del último año de facultad, con las mejores notas en modelos de juicios y debates. Quería hombres jóvenes (con alguna que otra mujer a título simbólico) a los que pudiera formar inmediatamente en la técnica de «destrucción y ataque», perfeccionada desde hacía tiempo por los litigadores de Kravitz & Bane.

Había una pequeña sección para víctimas de accidentes laborales, donde se quedaban tranquilamente con el cincuenta por ciento y dejaban el resto para sus clientes. Otra sección mayor se dedicaba a la defensa de delincuentes de cuello blanco que contaran con suficientes recursos sustanciales como para interesar a Kravitz & Bane. Luego estaban los dos departamentos de mayor envergadura, uno dedicado a la litigación comercial y otro a los seguros. A excepción de las comisiones de los accidentes, que eran insignificantes si se comparan con el resto de los ingresos brutos, el bufete ganaba dinero en los trabajos a tanto por hora. Doscientos dólares por hora para el de seguros, más si lo permitían las circunstancias; trescientos dólares para la defensa penal; cuatrocientos para los grandes bancos, e incluso quinientos dólares por hora para algún empresario rico cuyos abogados de la empresa dormían en los laureles.

Kravitz & Bane imprimían dinero por hora y habían fundado una dinastía en Chicago. Sus oficinas eran elegantes, pero no ostentosas. Ocupaban los pisos superiores del tercer edificio más alto del centro de la ciudad.

Al igual que la mayoría de las grandes empresas, ganaban tanto dinero que se sintieron obligados a crear una pequeña sección de beneficencia para satisfacer sus responsabilidades morales con la sociedad. Se sentían bastante orgullosos de disponer de un socio dedicado exclusivamente al trabajo de beneficencia, un excéntrico benefactor llamado E. Garner Goodman que ocupaba un amplio despacho con dos secretarias en el piso sexagesimoprimero. Compartía un pasante con un socio de litigación. El folleto repujado en oro del bufete realzaba el hecho de que se alentaba a sus abogados a emprender proyectos de beneficencia. Proclamaba que el año anterior, mil novecientos ochenta y nueve, los abogados de Kravitz & Bane habían brindado generosamente casi sesenta mil horas de su preciado tiempo a clientes que no disponían de medios para pagar: jóvenes en busca de alojamiento, presos condenados a muerte, inmigrantes ilegales, drogadictos y, particularmente, personas desprovistas de hogar. En el folleto aparecía incluso la fotografía de dos jóvenes abogados, sin chaqueta, con las mangas arremangadas, la corbata floja alrededor del cuello, los sobacos sudados y la mirada llena de compasión, mientras desempeñaban alguna función de escasa importancia entre un grupo de niños marginados, en lo que parecía ser un vertedero urbano. Eran los abogados que salvaban la sociedad.

Adam Hall llevaba uno de dichos folletos en su pequeña carpeta; avanzaba lentamente por el pasillo del sexagesimoprimer piso, en la dirección general, hacia el despacho de E. Garner Goodman. Saludó con la cabeza e intercambió algunas palabras con otro joven abogado, al que nunca había visto. En la fiesta de Navidad de la empresa se distribuían chapas con los nombres en la puerta. Algunos de los socios apenas se conocían entre sí. Muchos de los miembros asociados se veían sólo una o dos veces al año. Abrió una puerta y entró en una pequeña antesala, donde una secretaria dejó de mecanografiar y casi le sonrió. Preguntó por el señor Goodman y la secretaria le indicó cortésmente con la cabeza una hilera de sillas donde debía esperar. Llegaba con cinco minutos de antelación para una cita a las diez de la mañana, como si eso importara. Estaba ahora en la sección de beneficencia. Podía olvidarse del reloj, del tanto por hora, de las primas de producción. Como desafío al resto de la oficina, Goodman no permitía que se colgaran relojes en sus paredes, ni llevaba reloj de pulsera.

Adam hojeó su carpeta y soltó una carcajada al llegar al folleto. Leyó una vez más su propio currículum vitae: Universidad de Pepperdine, Facultad de Derecho de Michigan, redactor jefe de la revista jurídica de la facultad, tesina sobre castigos crueles e inusuales, comentarios sobre casos recientes de condenas a muerte. Era un currículum breve, pero sólo tenía veintiséis años. Ahora hacía nueve meses que trabajaba en Kravitz & Bane.

Leyó y tomó notas sobre dos extensas decisiones del Tribunal Supremo de Estados Unidos que trataban de ejecuciones en California. Consultó su reloj y siguió leyendo. Por último, la secretaria le ofreció un café, pero él lo rechazó educadamente.

El despacho de E. Garner Goodman era un asombroso ejemplo de mala organización. Era extenso pero las paredes estaban abarrotadas de estanterías combadas por el peso de los libros y el suelo cubierto de montones de polvorientos documentos. Pequeñas pilas de papeles variopintos cubrían el escritorio, en el centro del despacho. Basura, desperdicios y cartas perdidas cubrían la alfombra debajo de la mesa. De no haber sido por las persianas de madera cerradas, la enorme ventana habría ofrecido una espléndida vista al lago Michigan; pero era evidente que el señor Goodman no pasaba mucho tiempo junto a la ventana.

Era un anciano con una pulcra barba canosa y una frondosa cabellera también canosa. Vestía una camisa blanca almidonada, pero su sello de distinción era una pajarita verde estampada, meticulosamente ajustada debajo de su barbilla. Adam entró en el despacho y sorteó cautelosamente los montones de papeles. Goodman no se levantó, pero le tendió la mano para saludarle con frialdad.

Adam le entregó a Goodman su carpeta y se sentó en la única silla libre de la sala. Esperó nervioso mientras el decano estudiaba el contenido de la carpeta, se acariciaba suavemente la barba y se arreglaba la pajarita.

—¿Por qué quiere hacer trabajo de beneficencia? —farfulló Goodman, después de un prolongado silencio, sin levantar la mirada.

Una suave música de guitarra clásica emergía de los altavoces empotrados en el techo.

—Pues... por varias razones —respondió Adam, mientras se movía nervioso en su silla.

—Deje que lo adivine. Quiere servir a la humanidad, devolver algo a la comunidad o, tal vez, se siente culpable después de trabajar aquí tanto tiempo como un esclavo, cobrando por horas, y ahora quiere limpiarse el alma, ensuciarse las manos, hacer algún trabajo honrado y ayudar a la gente —sugirió Goodman mientras por encima de la montura negra de sus gafas, que apoyaba sobre el extremo de una nariz bastante puntiaguda, lanzaba una mirada a Adam con sus ojos azules—. ¿Alguna de estas razones?

—A decir verdad, no.

Goodman siguió examinando el contenido de la carpeta.

—¿Le han asignado a Emmitt Wycoff? —preguntó mientras leía la carta de Wycoff, socio supervisor de Adam.

—Sí, señor.

—Es un excelente abogado. No me gusta particularmente, pero tiene una mente criminal extraordinaria, créame. Probablemente uno de nuestros tres mejores decanos. Pero bastante seco, ¿no le parece?

—Me parece correcto.

—¿Cuánto hace que trabaja para él?

—Desde que empecé. Hace nueve meses.

—¿Hace nueve meses que es abogado?

—Sí, señor.

—¿Qué le parece? —preguntó Goodman con la mirada fija en Adam, después de cerrar la carpeta. Se quitó lentamente las gafas y se metió una patilla en la boca.

—De momento me gusta. Supone un reto.

—Por supuesto. ¿Por qué eligió Kravitz & Bane? Me refiero a que con su currículum podía haber ido, evidentemente, a cualquier otro lugar. ¿Por qué aquí?

—La litigación criminal. Eso es lo que quiero y este bufete tiene muy buena reputación.

—¿Cuántas ofertas recibió? No se preocupe, es sólo por curiosidad.

—Varias.

—¿De dónde?

—Sobre todo de Washington. Una de Denver. No acudí a ninguna entrevista en Nueva York.

—¿Cuánto dinero le ofrecimos?

Adam volvió a sentirse incómodo. Goodman era, después de todo, uno de los socios del bufete. Sin duda debía saber lo que les pagaban a los nuevos asociados.

—Alrededor de sesenta. ¿Cuánto le pagamos a usted?

Eso divirtió al anciano y se rió por primera vez.

—Me pagan cuatrocientos mil dólares anuales para regalar su tiempo, a fin de que ellos puedan darse golpecitos en la espalda y vanagloriarse de la abogacía y de su responsabilidad social. Cuatrocientos mil, ¿no le parece increíble?

Adam había oído rumores.

—¡No se quejará!

—No. Soy el abogado más afortunado de la ciudad, señor Hall. Me pagan un montón de dinero por hacer el trabajo que me gusta, sin fichar ni tener que preocuparme de cobrar las horas. Es el sueño de cualquier abogado. De ahí que arrime el hombro sesenta horas semanales. Tenga en cuenta que pronto cumpliré los setenta.

Lo que se rumoreaba de Goodman en la oficina era que, de joven, había sucumbido a la presión y había estado a punto de perder la vida entre el alcohol y las píldoras. Dejó de beber durante un año cuando su esposa y sus hijos le abandonaron. Luego convenció a los demás socios de que merecía ser salvado; lo único que necesitaba era un despacho, donde la vida no girara alrededor del reloj.

—¿Qué clase de trabajo hace para Emmitt Wycoff? —preguntó Goodman.

—Mucha investigación. Actualmente lleva entre manos un montón de casos de defensa, y eso me ocupa la mayor parte del tiempo. La semana pasada defendí una propuesta ante el juez —declaró Adam con cierto orgullo, puesto que los novatos solían pasar los primeros doce meses encadenados a sus escritorios.

—¿Una verdadera propuesta? —preguntó Goodman admirado.

—Sí, señor.

—¿Ante un auténtico juez?

—Exactamente.

—¿Quién ganó?

—El juez falló a favor de la acusación, pero por los pelos. Logré ponerle en un verdadero atolladero.

Goodman sonrió, pero pronto dio el juego por finalizado y abrió de nuevo la carpeta.

—Wycoff ha mandado una buena carta de recomendación. Esto es algo inusual en él.

—Reconoce cuando alguien tiene talento —sonrió Adam.

—Supongo que ésta es una solicitud bastante sustancial, señor Hall. ¿Qué es exactamente lo que se propone?

Adam dejó de sonreír y se aclaró la garganta. De pronto se puso nervioso y decidió cruzar de nuevo las piernas.

—Pues... se trata de un caso de un condenado a muerte.

—¿Un caso de un condenado a muerte? —repitió Goodman.

—Sí, señor.

—¿Por qué?

—Estoy en contra de la pena de muerte.

—¿No cree que lo estamos todos, señor Hall? He escrito varios libros sobre el tema. Me he ocupado de un par de docenas de esos malditos casos. ¿Por qué quiere involucrarse?

—He leído sus libros. Sólo quiero ayudar.

Goodman volvió a cerrar la carpeta y se inclinó sobre el escritorio. Se le cayeron unos cuantos papeles al suelo.

—Es usted demasiado joven y demasiado inexperto.

—Puede que le sorprenda.

—Escúcheme, señor Hall, esto no es como aconsejar a los borrachos en un hospicio. Es una cuestión de vida o muerte. Es el súmmum de la presión, hijo. No es una diversión.

Adam asintió, pero sin decir palabra. Miraba fijamente a Goodman y se negaba a parpadear. Sonó un teléfono en la lejanía, pero ninguno de ellos le prestó atención.

—¿Algún caso en particular, o tiene un nuevo cliente para Kravitz & Bane? —preguntó Goodman.

—El caso Cayhall —respondió lentamente Adam.

Goodman movió la cabeza y tocó los extremos de su pajarita.

—Sam Cayhall acaba de despedirnos. El tribunal del distrito falló la semana pasada que está en su perfecto derecho de prescindir de nuestros servicios.

—He leído el fallo. Sé lo que ha dicho el tribunal. Pero ese individuo necesita un abogado.

—No lo necesita. Con o sin abogado, estará muerto dentro de tres meses. Francamente, es un alivio habérmelo sacado de encima.

—Necesita un abogado —repitió Adam.

—Se representa a sí mismo y, para ser perfectamente sincero, lo hace de maravilla. Mecanografía sus propias solicitudes e informes, y se ocupa de su propia investigación. He oído decir que aconseja a sus compañeros en la sección de condenados a muerte, pero sólo a los blancos.

—He estudiado todo su sumario.

E. Garner Goodman hizo girar las gafas entre sus dedos y reflexionó.

—Me está hablando de media tonelada de documentos. ¿Por qué lo hizo?

—Me intriga el caso. Hace años que lo sigo y lo leo todo acerca de ese individuo. Antes me preguntó por qué había elegido a Kravitz & Bane. Pues la verdad es que quería trabajar en el caso Cayhall y este bufete se ha ocupado filantrópicamente del mismo desde hace... ¿unos ocho años?

—Siete, pero parece que sean veinte. El señor Cayhall no es el hombre más amable con quien tratar.

—Es comprensible, ¿no le parece? Ha estado casi diez años incomunicado.

—No me dé lecciones sobre la vida en la cárcel, señor Hall. ¿Ha visto usted alguna vez el interior de una cárcel?

—No.

—Pues yo sí. He estado en la sección de condenados a muerte en seis estados. He soportado los insultos de Sam Cayhall, mientras él permanecía encadenado a su silla. No es una persona agradable. Es un racista recalcitrante que odia a casi todo el mundo, y que le odiará a usted si llega a conocerle.

—No lo creo.

—Usted es abogado, señor Hall. Siente más odio por los abogados que por los negros y los judíos. Hace diez años que está condenado a muerte y está convencido de que es víctima de una conspiración de abogados. Maldita sea, durante tres años intentó prescindir de nuestros servicios. Este bufete gastó más de dos millones de dólares en tiempo facturable procurando mantenerle vivo, cuando lo que a él más le preocupaba era despedirnos. He perdido la cuenta de la cantidad de veces que se negó a reunirse con nosotros, después de habernos desplazado a Parchman. Está loco, señor Hall. Búsquese otro proyecto. ¿Qué le parece niños maltratados, o algo por el estilo?

—No, gracias. Lo que me interesa son los condenados a muerte y estoy un tanto obsesionado con la historia de Sam Cayhall.

Goodman volvió a colocarse las gafas sobre la punta de la nariz y estiró lentamente las piernas hacia un rincón del escritorio.

—¿Por qué, si no es indiscreción, está usted tan obsesionado con Sam Cayhall? —preguntó, con las manos cruzadas sobre su camisa almidonada.

—Es un caso fascinante, ¿no le parece? El Klan, el movimiento de derechos civiles, las bombas, la tierra torturada. El telón de fondo es un período tan pingüe de la historia norteamericana... Parece antiquísimo, pero ocurrió hace sólo veinticinco años. Es una historia apasionante.

El ventilador del techo giraba lentamente sobre su cabeza. Transcurrió un minuto.

Goodman dobló de nuevo las piernas y apoyó los codos sobre la mesa.

—Señor Hall, agradezco su interés por los casos de beneficencia y le aseguro que hay mucho que hacer. Pero debe buscarse otro proyecto. Esto no es ningún concurso de imitación de juicios.

—Ni yo soy estudiante de Derecho.

—Sam Cayhall ha prescindido realmente de nuestros servicios, señor Hall. Usted no parece comprenderlo.

—Quiero una oportunidad para reunirme con él.

—¿Para qué?

—Creo que puedo convencerle de que me autorice a representarle.

—¿En serio?

Adam respiró hondo, se puso de pie y, sorteando hábilmente los montones de documentos del suelo, se dirigió a la ventana. Volvió a respirar hondo. Goodman le observaba y esperaba.

—He de revelarle un secreto, señor Goodman. Nadie más lo sabe, a excepción de Emmitt Wycoff, a quien no he tenido más remedio que contárselo. Debe guardar el secreto, ¿de acuerdo?

—Le escucho.

—¿Cuento con su palabra?

—Sí, le doy mi palabra —respondió lentamente Goodman, mientras mordía una patilla de las gafas.

Adam miró por una rendija de la persiana y contempló un velero en el lago Michigan.

—Soy pariente de Sam Cayhall —declaró en voz baja.

—Comprendo —respondió impasible Goodman—. ¿Qué clase de pariente?

—Sam Cayhall tuvo un hijo llamado Eddie. Y Eddie Cayhall se marchó avergonzado de Mississippi cuando detuvieron a su padre por lo de la bomba. Huyó a California, cambió de apellido e intentó olvidar el pasado. Pero le atormentaba la herencia de su familia. Se suicidó poco después de que condenaran a su padre en mil novecientos ochenta y uno.

Ahora Goodman estaba sentado al borde de su silla.

—Eddie Cayhall era mi padre.

Goodman titubeó ligeramente.

—¿Sam Cayhall es su abuelo?

—Sí. No lo supe hasta que tenía casi diecisiete años. Mi tía me lo contó después de enterrar a mi padre.

—Caramba.

—Ha prometido guardar el secreto.

—Por supuesto —dijo Goodman, al tiempo que se sentaba al borde de la mesa, con los pies sobre la silla y la mirada fija en la persiana—. ¿Sabe Sam que...?

—No. Yo nací en el condado de Ford, Mississippi, en una ciudad llamada Clanton, no en Memphis. Siempre me dijeron que había nacido en Memphis. Mi primer nombre fue Alan Cayhall, pero no lo supe hasta mucho más adelante. Tenía tres años cuando nos marchamos de Mississippi y mis padres nunca hablaban de aquel lugar. Mi madre está convencida de que no hubo contacto alguno entre Eddie y Sam desde el día en que nos marchamos, hasta que ella le escribió a la cárcel para comunicarle la defunción de su hijo. No respondió.

—Maldita sea, maldita sea —farfulló Goodman para sus adentros.

—Hay mucho que contar, señor Goodman. Somos una familia bastante nauseabunda.

—No es culpa suya.

—Según mi madre, el padre de Sam era un miembro activo del Klan, que participaba en linchamientos y cosas por el estilo. De modo que procedo de una estirpe bastante enfermiza.

—Su padre era diferente.

—Mi padre se suicidó. Le ahorraré los detalles, pero yo descubrí su cuerpo y limpié la porquería antes de que mi madre y mi hermana llegaran a casa.

—¿Y tenía entonces diecisiete años?

—Casi diecisiete. Ocurrió en mil novecientos ochenta y uno. Hace nueve años. Después de que mi tía, la hermana de Eddie, me contara la verdad, empezó a fascinarme la sórdida historia de Sam Cayhall. He pasado muchas horas en bibliotecas buscando periódicos antiguos y artículos en las revistas; hay bastante material. He leído las transcripciones de los tres juicios. En la facultad empecé a estudiar la representación de este bufete de Sam Cayhall. Usted y Wallace Tyner han hecho un trabajo ejemplar.

—Me alegra que esté de acuerdo.

—He leído centenares de libros y millares de artículos sobre la octava enmienda y la litigación acerca de la pena capital. Usted ha escrito cuatro libros, si no me equivoco. Y numerosos artículos. Sé que no soy más que un novato, pero mi investigación ha sido impecable.

—¿Y cree que Sam confiará en usted como abogado?

—No lo sé. Pero es mi abuelo, le guste o no, y debo verle.

—¿No ha habido ningún contacto...?

—Ninguno. Yo tenía tres años cuando nos marchamos y, evidentemente, no le recuerdo. He empezado a escribirle un millar de veces, pero nunca he acabado la carta. No sé por qué.

—Es comprensible.

—Nada es comprensible, señor Goodman. No comprendo cómo o por qué estoy en su despacho en este momento. Siempre había querido ser piloto, pero estudié Derecho porque sentía una vaga necesidad de ayudar a la sociedad. Alguien me necesitaba y supongo que ese alguien era el demente de mi abuelo. Me ofrecieron cuatro empleos y elegí este bufete porque había tenido las agallas de representarle gratuitamente.

—Debió habérselo contado a alguien antes de que le contratáramos.

—Lo sé. Pero nadie me preguntó si mi abuelo era cliente del bufete.

—Debió haber dicho algo.

—¿No irán a despedirme?

—Lo dudo. ¿Dónde ha estado durante los últimos nueve meses?

—Aquí, trabajando noventa horas semanales, durmiendo en mi escritorio, comiendo en la biblioteca, estudiando cuando podía para el examen de colegiatura, ya sabe, el campo de trabajo habitual que ustedes organizan para los nuevos reclutas.

—Una bobada, ¿no le parece?

—Puedo resistirlo —respondió Adam mientras abría una rendija en la persiana para ver mejor el lago.

Goodman le observaba.

—¿Por qué no abre estas persianas? —preguntó Adam—. Tiene una vista magnífica.

—Ya la he visto.

—Haría cualquier cosa por tener una vista como ésta. Mi diminuto cubículo está a un kilómetro de la ventana más cercana.

—Trabaje mucho, facture todavía más, y algún día todo esto será suyo.

—No es para mí.

—¿Piensa abandonarnos, señor Hall?

—Probablemente, algún día. Pero éste es otro secreto, ¿de acuerdo? Pienso trabajar duro un par de años y luego cambiar de rumbo. Tal vez abriré mi propio despacho, donde el reloj no determine el ritmo de la vida. Quiero hacer trabajo de interés público, ¿comprende?, más o menos como usted.

—De modo que después de nueve meses ya está desilusionado con Kravitz & Bane.

—No. Pero lo intuyo. No quiero pasarme la vida defendiendo a delincuentes adinerados y corporaciones de dudoso proceder.

—Entonces está definitivamente en el lugar equivocado.

Adam se alejó de la ventana y se acercó al escritorio.

—Estoy en el lugar equivocado y quiero que me trasladen —dijo con la mirada fija en Goodman—. Wycoff está de acuerdo en mandarme a nuestra pequeña agencia de Memphis durante unos meses, para que pueda trabajar en el caso de Cayhall. Una especie de permiso sabático con paga íntegra, por supuesto.

—¿Algo más?

—Esto es todo. Funcionará. Aquí no soy más que un simple recluta, perfectamente prescindible. Nadie me echará de menos. Maldita sea, no escasean los desaprensivos que aspiran a trabajar dieciocho horas diarias y facturar veinte.

A Goodman se le relajaron las facciones y se dibujó una cálida sonrisa en su rostro. Movió la cabeza como si estuviera impresionado.

—Usted lo tenía todo previsto, ¿no es cierto? Me refiero a que eligió este bufete porque representaba a Sam Cayhall y porque tiene una sucursal en Memphis.

Adam asintió sin sonreír.

—Mi plan ha funcionado. No sabía cómo o cuándo llegaría este momento. Nadie sabía que Cayhall iba a prescindir de nuestros servicios, pero sí, efectivamente, lo había más o menos proyectado. No me pregunte lo que ocurrirá en adelante.

—En tres meses, a lo sumo, estará muerto.

—Pero tengo que hacer algo, señor Goodman. Si este bufete no me permite que me ocupe del caso, probablemente tendré que dimitir e intentarlo por mi cuenta.

Goodman movió la cabeza y se incorporó de un brinco.

—No haga eso, señor Hall. Encontraremos una solución. Tendré que proponérselo a Dan Rosen, el director gerente. Creo que estará de acuerdo.

—Tiene muy mala reputación.

—Bien merecida. Pero yo puedo hablar con él.

—Lo aceptará si usted y Wycoff lo recomiendan, ¿no es cierto?

—Por supuesto. ¿Tiene hambre? —preguntó Goodman, mientras cogía su chaqueta.

—Un poco.

—Vamos a comernos un bocadillo.

Todavía no había llegado la muchedumbre del mediodía al bar de la esquina. El socio y el recluta se instalaron en una pequeña mesa junto a la ventana, contemplando la acera. El tráfico era lento y, a escasos metros, circulaban apresuradamente centenares de peatones. El camarero trajo un grasiento *reuben* para Goodman y un plato de sopa de pollo para Adam.

—¿Cuántos presos hay en Mississippi condenados a muerte? —preguntó Goodman.

—Cuarenta y ocho, según las cifras del mes pasado. Veinticinco negros y veintitrés blancos. La última ejecución, la de Willie Parris, tuvo lugar hace dos años. Sam Cayhall será probablemente el próximo, a no ser que se produzca un pequeño milagro.

Goodman dio un enorme mordisco y se puso a masticar.

—Yo diría un gran milagro —dijo, después de secarse los labios con una servilleta de papel—. No queda mucho que hacer legalmente.

—La colección habitual de últimos recursos.

—Dejemos la estrategia para más adelante. Supongo que nunca ha estado en Parchman.

—No. Desde que descubrí la verdad he sentido la tentación de regresar a Mississippi, pero aún no lo he hecho.

—Es una granja enorme en medio del delta del Mississippi, no lejos de Greenville. Unas siete mil hectáreas. Probablemente el lugar más caluroso del mundo. Está junto a la nacional cuarenta y nueve, como uno de los pequeños poblados del oeste. Muchas casas y edificios. Toda la parte frontal es administrativa y no tiene ninguna verja a su alrededor. Hay unos treinta campos repartidos por la granja, cada uno con su correspondiente verja y sistemas de seguridad. Son independientes y distan entre sí varios kilómetros. Se pasa en coche frente a alguno de ellos, lleno de centenares de presos que no hacen nada. Su ropa es de distintos colores, según su clasificación. Da la impresión de que son simples grupos de chiquillos negros, que están ahí, algunos jugando al baloncesto, otros sentados a las puertas de los edificios. De vez en cuando se ve algún rostro blanco que conduce solo, en su propio coche y muy despacio, por un camino sin asfaltar junto a los campos y al alambre espinoso, hasta llegar a un pequeño edificio de tejado plano, aparentemente inofensivo. Está rodeado de verjas muy altas, con guardias que vigilan desde unas torres. Son unas dependencias bastante modernas que oficialmente tienen algún nombre, pero todo el mundo las llama simplemente «el patíbulo».

—Parece un lugar maravilloso.

—Yo esperaba encontrarme con una mazmorra, ya sabe, un lugar frío y oscuro con agua que rezuma de las paredes. Pero no es más que un pequeño edificio plano ubicado en medio de campos de algodón. A decir verdad, no está tan mal como la sección de condenados a muerte de otros estados.

—Me gustaría ver «el patíbulo».

—No está preparado para verlo. Es un lugar horrible lleno de gente deprimente que sólo espera la muerte. Yo tenía sesenta años cuando lo vi por primera vez y luego pasé una semana sin poder dormir —dijo mientras tomaba un sorbo de café—. No puedo imaginar cómo se sentirá cuando vaya. Resulta un lugar horrible incluso cuando se representa a un perfecto desconocido...

—Es un perfecto desconocido.

—¿Cómo piensa decírselo...?

—No lo sé. Algo se me ocurrirá. Estoy seguro de que sucederá de un modo natural.

—Esto es inaudito —dijo Goodman mientras movía la cabeza.

—Toda la familia es inaudita.

—Ahora recuerdo que Sam tenía un hijo y al parecer una hija. Ha pasado mucho tiempo. Tyner se ocupaba de casi todo el trabajo.

—Su hija es mi tía, Lee Cayhall Booth, pero intenta olvidar su nombre de soltera. Al casarse pasó a formar parte de una familia de abolengo de Memphis. Su marido es propietario de uno o dos bancos y no le han contado a nadie lo de su padre.

—¿Dónde está su madre?

—En Portland. Volvió a casarse hace unos años y hablamos un par de veces al año. Tildarla de disfuncional sería demasiado suave.

—¿Cómo pudo costearse los estudios en Peppardine?

—Un seguro de vida. A mi padre le resultaba difícil conservar los empleos, pero fue lo suficientemente sensato para contratar un seguro de vida. El período de espera había caducado varios años antes de que se suicidara.

—Sam no hablaba nunca de su familia.

—Y su familia no habla nunca de él. Su esposa, mi abuela, murió varios años antes de que le condenaran. Evidentemente yo no lo sabía. La mayor parte de mi investigación genealógica procede de mi madre, que ha logrado olvidar el pasado con mucho acierto. No sé cómo funcionan las familias normales, señor Goodman, pero los miembros de mi familia raramente se reúnen y, cuando nos encontramos por casualidad, lo último de lo que hablamos es del pasado. Hay muchos secretos sombríos.

Goodman roía una patata frita y escuchaba atentamente.

—Ha mencionado a una hermana.

—Sí, tengo una hermana. Se llama Carmen y tiene veintitrés años. Es una chica hermosa e inteligente, y está preparando un doctorado en Berkeley. Nació en Los Ángeles, de modo que no tuvo que cambiarse el apellido como el resto de nosotros. Nos mantenemos en contacto.

—¿Lo sabe?

—Sí, lo sabe. Primero me lo contó mi tía Lee, inmediatamente después del funeral de mi padre, y luego mi madre, como es típico en ella, me pidió que se lo contara a Carmen. Entonces ella tenía sólo catorce años. Nunca ha expresado ningún interés por Sam Cayhall. Con franqueza, al resto de la familia le encantaría que se limitara a desaparecer discretamente.

—Su deseo está a punto de convertirse en realidad.

—Pero no ocurrirá de un modo discreto, ¿verdad, señor Goodman?

—No. Nunca lo hace. Durante un período breve pero terrible, Sam Cayhall será de quien más se hablará en todo el país. Reaparecerán las viejas imágenes de la explosión y de los juicios, con las manifestaciones del Klan alrededor de los juzgados. Resucitará el viejo debate sobre la pena de muerte. Los periodistas se concentrarán en Parchman. Entonces le ejecutarán y, al cabo de un par de días, todo se habrá olvidado. Siempre ocurre lo mismo.

Adam removió la sopa y levantó cuidadosamente un pequeño bocado de pollo. Lo examinó unos instantes y volvió a introducirlo en el plato. No tenía apetito. Goodman se comió otra patata frita y se tocó los extremos de los labios con la servilleta.

—Supongo que no creerá, señor Hall, poder evitar la publicidad.

—Lo había pensado.

—Olvídelo.

—Mi madre me suplicó que no lo hiciera. Mi hermana se ha negado a hablar de ello. Y mi tía de Memphis está aterrorizada ante la remota posibilidad de que se nos identifique a todos como Cayhall y nuestras vidas queden destrozadas para siempre.

—La posibilidad no es remota. Cuando la prensa acabe con usted, tendrán viejas fotografías en blanco y negro de cuando era niño, sentado sobre las rodillas de su abuelo. Será sensacional, señor Hall. Piénselo. El nieto olvidado se lanza a la carga en el último momento, con un esfuerzo heroico, para salvar a su viejo y desventurado abuelo cuando ha empezado la cuenta atrás.

—Debo confesar que no me desagrada.

—En realidad, no está mal. Llamará enormemente la atención a nuestro querido pequeño bufete.

—Lo cual supone otro aspecto desagradable de la cuestión.

—No lo creo. No hay cobardes en Kravitz & Bane, Adam. Hemos sobrevivido y prosperado en el turbulento mundo de la ley en Chicago. Se nos conoce como a los cabrones más mezquinos de la ciudad. Somos los más duros. No se preocupe por el bufete.

—De modo que me apoyará.

Goodman dejó la servilleta sobre la mesa y tomó otro sorbo de café.

—Creo que es una idea maravillosa, a condición de que su abuelo esté de acuerdo. Si logra que nos contrate, o mejor dicho, que nos vuelva a contratar, nos pondremos de nuevo manos a la obra. Usted se ocupará abiertamente del caso. Desde aquí podremos facilitarle lo que necesite. Yo permaneceré siempre entre bastidores. Funcionará. Luego le ejecutarán y usted nunca lo superará. He visto morir a tres de mis clientes, señor Hall, incluido uno en Mississippi. Nunca volverá a ser el mismo.

Adam asintió, sonrió y contempló a los peatones que pasaban por la acera.

—Contará con nuestro apoyo cuando le ejecuten —prosiguió Goodman—. No estará solo.

—¿Usted cree que es imposible?

—Casi. Hablaremos de la estrategia más adelante. En primer lugar, me reuniré con Daniel Rosen. Probablemente querrá mantener una prolongada conversación con usted. En segundo lugar, usted tendrá que ver a Sam y establecer, por así decirlo, un pequeño reencuentro. Ésa es la parte difícil. En tercer lugar, y si está de acuerdo, nos pondremos a trabajar.

—Gracias.

—No me lo agradezca, Adam. Dudo que nos dirijamos la palabra cuando esto haya terminado.

—Gracias de todos modos.

CINCO

La reunión se organizó rápidamente. E. Garner Goodman efectuó la primera llamada y, en menos de una hora, se había citado a los participantes necesarios. No habían transcurrido cuatro horas cuando se reunieron en una pequeña sala de conferencias, raramente utilizada, junto al despacho de Daniel Rosen. Estaban en el terreno de Rosen y Adam se sentía sumamente turbado.

Daniel Rosen tenía la reputación de ser un monstruo, aunque dos infartos le habían suavizado y sosegado un poco. Durante treinta años había sido un litigador despiadado, el más vil, malvado y sin duda eficaz luchador en los juzgados de Chicago. Antes de sus infartos, era famosa la brutalidad de su horario: noventa horas semanales, con orgías laborales a medianoche, rodeado de pasantes y secretarias que corrían de un lado para otro. Varias esposas le habían abandonado. Cuatro secretarias trabajaban ávidamente para seguirle el paso. Daniel Rosen había sido el alma y las entrañas de Kravitz & Bane, pero había dejado de serlo. Su médico le limitó el horario a cincuenta horas semanales, en su despacho, y le prohibió actuar en los juzgados.

Ahora, a sus sesenta y cinco años y aumentando de peso, Rosen había sido elegido por unanimidad entre sus queridos colegas para disfrutar pacíficamente de un cargo directivo.

Ahora era responsable de la compleja burocracia de Kravitz & Bane. Era un honor, según le habían explicado con escasa convicción los demás socios al otorgarle el cargo.

Hasta ahora el honor había sido un desastre. Alejado del campo de batalla que amaba y necesitaba desesperadamente, Rosen dirigía las oficinas de un modo muy semejante a la preparación de un complejo proceso. Interrogaba a administrativos y secretarias sobre asuntos insignificantes. Discutía con otros socios y les atosigaba durante horas sobre vagos aspectos de la política del bufete. Recluido en la cárcel de su despacho, llamaba a jóvenes asociados con los que provocaba una discusión para medir su temple bajo tensión.

Se sentó deliberadamente frente a Adam, al otro lado de la pequeña mesa de conferencias, con una fina carpeta en las manos, como si poseyera un gran secreto. E. Garner Goodman se acomodó en su silla junto a Adam, jugando con su pajarita y rascándose la barba. Cuando llamó a Rosen con la propuesta de Adam y le reveló su linaje, Rosen reaccionó con una estupidez previsible. Emmitt Wycoff estaba de pie en un extremo de la sala, con un teléfono celular del tamaño de una caja de fósforos pegado a la oreja. Tenía casi cincuenta años, aunque parecía mucho más viejo, y vivía todo el día en un estado de consternación y llamadas telefónicas.

Rosen abrió cuidadosamente la carpeta frente a Adam y sacó un cuaderno amarillo.

—¿Por qué no nos habló de su abuelo cuando le entrevistamos el año pasado? —empezó a decir con palabras entrecortadas y una fiera mirada.

—Porque no me lo preguntaron —respondió Adam.

Goodman le había advertido que la reunión podía ponerse difícil, pero él y Wycoff le apoyarían.

—No se pase de listo conmigo —refunfuñó Rosen.

—Por Dios, Daniel —exclamó Goodman, que enarcó las cejas y miró a Wycoff.

Wycoff movió la cabeza y dirigió la mirada al techo.

—¿No cree usted, señor Hall, que debía habernos comunicado su parentesco con uno de nuestros clientes? Reconocerá, sin duda, que tenemos derecho a saberlo, ¿no es verdad, señor Hall? —preguntó en un tono burlón que solía reservar para los testigos que mentían y estaban acorralados.

—Ustedes me preguntaron todo lo que quisieron saber —respondió Adam en un tono muy apacible—. ¿Recuerdan el control de seguridad? ¿Las huellas dactilares? Incluso se habló de un detector de mentiras.

—Sí, señor Hall, pero usted sabía cosas que nosotros desconocíamos. Y su abuelo era cliente de este bufete cuando solicitó el empleo. No cabe duda de que debió habérnoslo contado.

Rosen tenía una voz generosa, que fluctuaba con el donaire de un buen actor. No dejaba de mirar fijamente a Adam un solo momento.

—No es exactamente un abuelo típico —comentó Adam.

—No por ello deja de ser abuelo y usted sabía que era nuestro cliente cuando solicitó el empleo.

—En tal caso le pido disculpas —dijo Adam—. Este bufete tiene millares de clientes adinerados, que pagan una fortuna por nuestros servicios. Nunca imaginé que un insignificante caso de beneficencia pudiera preocuparles tanto.

—Ha actuado usted con alevosía, señor Hall. Eligió deliberadamente este bufete porque, en aquella época, representaba a su abuelo. Y ahora, de pronto, está usted aquí solicitando el caso. Nos coloca en una posición comprometida.

—¿Qué posición comprometida? —preguntó Emmitt Wycoff, después de cerrar el teléfono y guardárselo en el bolsillo—. Escúcheme, Daniel, estamos hablando de un condenado a muerte. ¡Maldita sea, necesita un abogado!

—¿Su propio nieto? —preguntó Rosen.

—¿Qué importa que sea su nieto? Tiene un pie en la tumba y necesita un abogado.

—¿Habéis olvidado que prescindió de nuestros servicios? —replicó Rosen.

—Y puede volver a contratarnos. Merece la pena intentarlo. Anímate.

—Escúchame Emmitt, es mi obligación preocuparme de la imagen de este bufete, y la idea de mandar a uno de nuestros nuevos asociados a Mississippi para que le machaquen y ejecuten a su cliente, no me apetece. Francamente, creo que Kravitz & Bane debería prescindir de los servicios del señor Hall.

—Maravilloso, Daniel —respondió Wycoff—. Una forma muy expeditiva de resolver un asunto delicado. ¿Quién representará entonces a Cayhall? Piensa en él momentáneamente. ¡Necesita un abogado! Puede que Adam sea su única oportunidad.

—Que Dios le ayude —farfulló Rosen.

E. Garner Goodman decidió hablar. Cruzó las manos sobre la mesa y miró fijamente a Rosen.

—¿La imagen de este bufete? ¿Crees sinceramente que nos consideran como a un puñado de asistentes sociales mal pagados, dedicados a ayudar a la gente?

—¿O como a un grupo de monjas ayudando a los marginados? —agregó Wycoff en un tono burlesco.

—¿Cómo puede esto perjudicar la imagen de nuestro bufete? —preguntó Goodman.

El concepto de rendición no le había pasado nunca por la mente a Rosen.

—Es muy sencillo, Garner. No mandamos a nuestros reclutas al patíbulo. Puede que abusemos de ellos, que intentemos asesinarlos, que les obliguemos a trabajar veinte horas diarias, pero no les mandamos al campo de batalla hasta que están listos para ello. Tú sabes lo dura que es la litigación de la pena de muerte. Maldita sea, tú has escrito los libros. ¿Cómo puedes esperar que el señor Hall, aquí presente, sea eficaz?

—Yo revisaré todo lo que haga —respondió Goodman.

—Es realmente bastante bueno —agregó Wycoff—. Se ha aprendido el historial completo de memoria.

—Funcionará —dijo Goodman—. Confía en mí, Daniel, he conocido bastantes casos de este estilo. Lo vigilaré de cerca.

—Y yo reservaré algunas horas para colaborar —agregó Wycoff—. Incluso cogeré el avión si es necesario.

—¡Tú! ¿Trabajar gratis? —exclamó Goodman mirando a Wycoff, mientras movía la cabeza.

—Por supuesto. Tengo conciencia.

Adam, con la mirada fija en Daniel Rosen, hacía caso omiso de la discusión. Adelante, despídame, deseaba decirle. Vamos, señor Rosen, écheme para que pueda ir a enterrar a mi abuelo y seguir luego con mi vida.

—¿Y si le ejecutan? —preguntó Rosen dirigiéndose a Goodman.

—No será la primera vez que perdemos un cliente, Daniel, tú lo sabes. Han sido tres desde que dirijo la sección de beneficencia.

—¿Qué oportunidades tiene?

—Bastante escasas. En estos momentos se beneficia de una moratoria del circuito quinto, que terminará de un momento a otro. Entonces se fijará una nueva fecha para la ejecución. Probablemente a finales de verano.

—Entonces falta poco.

—Efectivamente. Nos hemos ocupado de sus recursos de apelación durante siete años y se han agotado.

—Entre tantos condenados a muerte, ¿cómo hemos acabado por representar a ese cretino? —preguntó Rosen.

—Sería muy largo de explicar y ahora no viene al caso. Rosen pareció tomar una nota de suma importancia en su cuaderno.

—¿No se os habrá ocurrido, ni por asomo, que mantendréis el caso en secreto?

—Tal vez.

—Tal vez un carajo. Antes de ejecutarle le convertirán en una celebridad. La prensa acosará a Cayhall como a una manada de lobos. Le descubrirán, señor Hall.

—¿Qué importa?

—Será una noticia sensacional, señor Hall. ¿No se imagina los titulares? «Nieto perdido acude a rescatar a su abuelo.»

—Déjalo ya, Daniel —dijo Goodman.

—¿No se da cuenta, señor Hall, de que la prensa le devorará? —prosiguió Rosen—. Revelarán su identidad y hablarán de lo loca que está su familia.

—¿Pero no es cierto, señor Rosen, que nos encanta la prensa? —preguntó tranquilamente Adam—. Somos abogados criminalistas. ¿No se supone que debemos actuar para las cámaras? Usted nunca ha...

—Tiene razón —interrumpió Goodman—. Tal vez no sea conveniente, Daniel, que le aconsejes a este joven que haga caso omiso de la prensa. Podríamos contar muchas anécdotas de tus proezas.

—Sí, Daniel, te lo ruego, háblale de cualquier otra cosa, pero olvida esas bobadas de la prensa —agregó Wycoff con una perversa sonrisa—. Tú has marcado el camino.

Durante un breve instante, Rosen pareció sentirse incómodo. Adam le observaba atentamente.

—A mí me gusta bastante la situación —declaró Goodman con la mirada fija en las estanterías a la espalda de Rosen, mientras jugaba con su pajarita—. En realidad ofrece muy buenas perspectivas. Podría favorecernos enormemente a los pobrecitos que nos dedicamos a casos de beneficencia. Piénsalo. Este joven abogado luchando desesperadamente para salvar a un asesino bastante famoso condenado a muerte. Y es nuestro abogado: Kravitz & Bane. Por supuesto que habrá mucha publicidad, pero ¿en qué puede perjudicarnos?

—A mi parecer, es una idea maravillosa —declaró Wycoff, en el momento en que su diminuto teléfono sonaba dentro de uno de sus bolsillos. Se lo pegó a la mandíbula y volvió la cabeza.

—¿Y si muere? ¿No saldremos perjudicados? —preguntó Rosen mientras miraba a Goodman.

—Se supone que debe morir. Está condenado a muerte —explicó Goodman.

Wycoff dejó de susurrar y se guardó el teléfono en el bolsillo.

—Debo marcharme —dijo nervioso mientras se apresuraba hacia la puerta—. ¿En qué quedamos?

—Todavía no me gusta —respondió Rosen.

—Daniel, Daniel, siempre tan difícil —dijo Wycoff tras detenerse al final de la mesa y apoyarse con ambas manos—. Sabes que es una buena idea y lo único que te fastidia es que no nos lo contara con antelación.

—Cierto. Nos engañó y ahora nos utiliza.

Adam respiró hondo y movió la cabeza.

—Tranquilízate, Daniel. Su entrevista tuvo lugar hace un año. Es historia. Olvídala. Tenemos asuntos más urgentes entre manos. Es inteligente. Trabaja como un condenado. Es sigiloso. Investiga meticulosamente. Tenemos suerte de que trabaje para nosotros. ¿Qué importa que su familia cometiera errores? No sugerirás que despidamos a todos los abogados con una familia disfuncional —dijo Wycoff mientras miraba a Adam con una sonrisa—. Además, todas las secretarias le consideran atractivo. Propongo que le mandemos al sur unos meses y que regrese cuanto antes. Le necesito. Debo marcharme.

Se retiró y cerró la puerta a su espalda.

Se hizo un silencio en la sala mientras Rosen escribía en su cuaderno. Luego lo dejó y cerró la carpeta. Adam casi sentía pena por él. Ahí estaba el gran guerrero, el legendario luchador Charlie de la ley de Chicago, un gran abogado que durante treinta años había embaucado jurados, aterrorizado a sus rivales e intimidado a los jueces, sentado aquí como un chupatintas, intentando luchar desesperadamente sobre si asignar o no a un recluta a un proyecto de beneficencia. Adam captó el humor, la ironía y la tragedia.

—Autorizaré el proyecto, señor Hall —dijo Rosen en un tono grave y dramático, casi un susurro, como si todo aquello le produjera una enorme frustración—. Pero le prometo que cuando el asunto Cayhall haya terminado y regrese a Chicago, recomendaré que le despidan de Kravitz & Bane.

—Probablemente no será necesario —respondió inmediatamente Adam.

—Usted se presentó ante nosotros con falsas pretensiones —prosiguió Rosen.

—Ya le he dicho que lo sentía. No volverá a ocurrir.

—Además, se pasa de listo.

—Usted también, señor Rosen. Muéstreme a un abogado criminalista que no lo haga.

—Muy ingenioso. Disfrute con el caso Cayhall, señor Hall, porque será su último trabajo en este bufete.

—¿Espera que disfrute con una ejecución?

—Tranquilízate, Daniel —dijo sosegadamente Goodman—. Relájate. No estamos despidiendo a nadie.

—Te juro que recomendaré que le despidan —exclamó enojado Rosen mientras señalaba a Goodman con el dedo.

—De acuerdo. Lo único que puedes hacer es recomendar, Daniel. Llevaré el asunto a la junta y tendremos una buena pelea, ¿de acuerdo?

—Me muero de impaciencia —exclamó Rosen al tiempo que se incorporaba de un brinco—. Empezaré inmediatamente mi campaña. Dispondré de los votos necesarios antes del fin de semana. ¡Buenos días!

Abandonó apresuradamente la sala y dio un portazo a su espalda.

Permanecieron en silencio el uno junto al otro, con la mirada puesta en las estanterías repletas de gruesos textos jurídicos que cubrían las paredes, escuchando el eco del portazo.

—Gracias —dijo finalmente Adam.

—En realidad, no es un mal tipo —respondió Goodman.

—Encantador. Un verdadero príncipe.

—Hace mucho tiempo que le conozco. Ahora sufre, está verdaderamente frustrado y deprimido. No sabemos qué hacer con él.

—¿Jubilarle?

—Se ha pensado en ello, pero nunca se ha obligado a ningún socio a jubilarse. Por razones evidentes, es un precedente que preferiríamos evitar.

—¿Se propone realmente despedirme?

—No se preocupe, Adam. No sucederá. Se lo prometo. Hizo mal en no revelarlo, pero es un pecado venial. Además, perfectamente comprensible. Usted era joven, ingenuo, estaba asustado y quería ayudar. No se preocupe por Rosen. Dudo que todavía ocupe el cargo dentro de tres meses.

—En el fondo, creo que me adora.

—Es bastante evidente.

Adam respiró hondo y deambuló alrededor de la mesa. Goodman destapó su pluma y empezó a tomar notas.

—No disponemos de mucho tiempo, Adam —dijo.

—Lo sé.

—¿Cuándo puede salir?

—Mañana. Haré las maletas esta noche. Son diez horas en coche.

—El sumario pesa cincuenta kilos. Ahora está en la sala de impresión. Se lo mandaré mañana.

—Hábleme de nuestra oficina en Memphis.

—He hablado con ellos hace aproximadamente una hora. El socio gerente es Baker Cooley y le está esperando. Tienen un pequeño despacho y una secretaria para usted. Le ayudarán en todo lo que puedan, aunque no están muy versados en lo referente a litigación.

—¿Cuántos abogados?

—Doce. Es como un pequeño escaparate que absorbimos hace diez años y nadie recuerda exactamente por qué. Pero son buenos muchachos. Buenos abogados. Es el residuo de un antiguo bufete que prosperó en aquella región con el comercio de grano y algodón, y creo que ése es su vínculo con Chicago. En todo caso, queda bien en el membrete de las cartas. ¿Ha estado usted en Memphis?

—Nací allí, ¿lo ha olvidado?

—Claro.

—Estuve una vez. Fui a visitar a mi tía hace unos años.

—Es una antigua ciudad fluvial, bastante relajada. Le gustará.

Adam se sentó frente a Goodman, al otro lado de la mesa.

—¿Cómo voy a poder disfrutar en los próximos meses?

—Tiene razón. Conviene que acuda al patíbulo cuanto antes.

—Estaré allí pasado mañana.

—Bien. Llamaré al alcaide. Se llama Phillip Naifeh, curiosamente es libanés. Hay unos cuantos en el delta del Mississippi. En todo caso, es un viejo amigo mío y le comunicaré su llegada.

—¿El alcaide es amigo suyo?

—Sí. Nos conocimos hace bastantes años, con el caso de Maynard Tole, un niño terriblemente perverso que fue mi primera víctima en esta guerra. Le ejecutaron en mil novecientos ochenta y seis, si mal no recuerdo, y el alcaide y yo nos hicimos amigos. También se opone a la pena de muerte, aunque le parezca increíble.

—Me parece increíble.

—Odia las ejecuciones. Está usted a punto de aprender algo, Adam. Puede que la pena de muerte sea muy popular en nuestro país, pero las personas que están obligadas a ejecutarla no son partidarias de la misma. Ahora conocerá a esas personas, a los guardias que están cerca de los reclusos, los administrativos que deben organizar una ejecución eficaz y los funcionarios de la cárcel, que ensayan con un mes de antelación. Es un extraño rinconcito del mundo sumamente deprimente.

—Me muero de impaciencia.

—Hablaré con el alcaide y obtendré permiso para la visita. Suelen otorgar un par de horas. Evidentemente, puede que sólo dure cinco minutos si Sam no quiere abogado.

—¿No cree que estará dispuesto a hablar conmigo?

—Eso creo. Soy incapaz de imaginar su reacción, pero hablará. Puede que tenga que visitarle un par de veces antes de que le contrate, pero usted puede lograrlo.

—¿Cuándo le vio por última vez?

—Hace un par de años. Wallace Tyner y yo fuimos juntos a verle. Tendrá que ponerse en contacto con Tyner. Se ha ocupado de este caso durante los últimos seis años.

Adam asintió y empezó a pensar en su próxima pregunta. Hacía nueve meses que interrogaba a Tyner.

—¿Cuál será nuestra primera petición?

—Hablaremos de ello más adelante. Tyner y yo nos reuniremos por la mañana temprano para revisar el caso. Pero no se hará nada hasta que recibamos noticias suyas. No podemos actuar si no le representamos.

Adam pensaba en las fotografías de los periódicos, las de la detención de Sam en mil novecientos sesenta y siete en blanco y negro, las del tercer juicio en mil novecientos ochenta a todo color, y las escenas filmadas que había recopilado en un vídeo de treinta minutos sobre Sam Cayhall.

—¿Qué aspecto tiene?

Goodman dejó la pluma sobre la mesa y jugó con su pajarita.

—Estatura media. Delgado (aunque con los nervios y la escasa comida, raramente se ve a un gordo en el patíbulo). Es un fumador empedernido, lo cual es bastante corriente porque no hay otra cosa que hacer y, de todos modos, van a morir. Fuma una marca extraña, me parece que se llama Montclair, en paquetes azules. Me parece recordar que su cabello es canoso, grasiento (no se duchan todos los días) y largo por detrás y, aunque de eso hace dos años, recuerdo que había perdido poco pelo. Barba canosa, bastantes arrugas. No olvidemos que le falta poco para cumplir los setenta y que fuma como un carretero. Comprobará que los blancos del patíbulo tienen peor aspecto que los negros. Están encerrados veintitrés horas diarias y empalidecen. Adquieren un aspecto muy macilento, demudado, casi enfermizo. Sam tiene los ojos azules y atractivas facciones. Sospecho que en otra época Sam Cayhall fue un individuo muy apuesto.

—Cuando murió mi padre y descubrí la verdad respecto a Sam, le formulé un sinfín de preguntas a mi madre. No tenía muchas respuestas, pero en una ocasión me dijo que el parecido era escaso entre Sam y mi padre.

—Tampoco usted se parece a Sam, si es lo que desea saber.

—Sí, supongo que sí.

—No le ha visto desde que era muy pequeño, Adam. No le reconocerá. No será tan fácil. Tendrá que decírselo usted.

—Tiene razón —respondió Adam con la mirada fija en la mesa—. ¿Qué dirá?

—No tengo ni idea. Supongo que estará demasiado turbado para decir gran cosa. Sin embargo, es un hombre muy inteligente, con escasa formación, pero que ha leído mucho y se expresa con facilidad. Algo se le ocurrirá. Puede que tarde unos minutos.

—Casi parece que sienta aprecio por él.

—En absoluto. Es un racista y un fanático terrible que no ha expresado remordimiento alguno por sus actos.

—Usted está convencido de que es culpable.

Goodman refunfuñó y sonrió para sus adentros mientras pensaba en una respuesta. Se habían celebrado tres juicios para determinar la culpabilidad o inocencia de Sam Cayhall. Durante los últimos nueve años, el caso había circulado por los tribunales de apelación y lo habían revisado muchos jueces. Innumerables artículos en periódicos y revistas habían investigado la explosión y sus autores.

—Así lo creyó el jurado. Supongo que eso es lo único que importa.

—¿Qué cree usted? ¿Cuál es su opinión?

—Usted ha leído el sumario, Adam. Hace mucho tiempo

que investiga el caso. No cabe duda de que Sam participó en el atentado.

—Pero...

—Hay muchos peros. Siempre los hay.

—No tenía ningún antecedente en el manejo de explosivos.

—Cierto. Pero era un terrorista del Klan y sus atentados eran muy frecuentes. Detuvieron a Sam y cesaron los atentados.

—Sin embargo, en uno de los atentados anteriores al de Kramer, un testigo aseguró haber visto a dos personas en el Pontiac verde.

—Cierto. Pero al testigo no le permitieron declarar en el juicio. Además, aquel testigo acababa de salir de un bar a las tres de la madrugada.

—Hay también otro testigo, un camionero, que afirma haber visto a Sam con otro hombre, hablando en un café de Cleveland pocas horas antes del atentado de Kramer.

—Cierto. Pero el camionero no habló hasta después de tres años y no se le permitió declarar en el último juicio. Demasiado remoto.

—La cuestión es: ¿quién era el cómplice de Sam?

—Dudo que lleguemos a saberlo. No olvide, Adam, que hablamos de un hombre al que han juzgado tres veces y, sin embargo, nunca ha llegado a declarar. No dijo prácticamente nada ante la policía, muy poco a sus abogados defensores, ni una palabra a los jurados, y a nosotros no nos ha contado nada nuevo en los últimos siete años.

—¿Cree que actuó solo?

—No. Alguien le ayudó. Sam tiene oscuros secretos, Adam. Nunca los revelará. Tomó juramento como miembro del Klan, y tiene esa idea realmente romántica y tergiversada de que un voto sagrado no puede ser nunca violado. No olvide que su padre también era miembro del Klan.

—Sí, lo sé. No me lo recuerde.

—Lo siento. En todo caso, ahora es ya demasiado tarde para buscar nuevas pruebas. Si en realidad tenía un cómplice, debió haber hablado hace mucho tiempo. Tal vez debió habérselo contado al FBI. O quizá le hubiera convenido llegar a un acuerdo con el fiscal del distrito. No lo sé, pero cuando a uno se le acusa de dos asesinatos en primer grado y se expone a que le ejecuten, empieza a hablar. Suelta todo lo que sabe, Adam. Cuida de su propia supervivencia y deja que su cómplice se preocupe de la suya.

—¿Y si no hubiera ningún cómplice?

—Lo había —respondió Goodman mientras escribía algo sobre un trozo de papel y se lo pasaba a Adam por encima de la mesa.

—Wyn Lettner —leyó Adam—. Me resulta familiar.

—Lettner era el agente del FBI encargado del caso Kramer. Ahora está jubilado y vive junto a un río lleno de truchas en las Ozarks. Le encanta contar batallitas sobre el Klan y la época de los derechos civiles en Mississippi.

—¿Y hablará conmigo?

—Por supuesto. Es un gran bebedor de cerveza y, cuando se pone a tono, cuenta unas historias increíbles. No le revelará nada confidencial, pero nadie sabe tanto como él sobre el atentado de Kramer. Siempre he sospechado que sabe más de lo que ha contado.

Adam dobló el papel y se lo guardó en el bolsillo. Consultó su reloj. Eran casi las seis de la tarde.

—Debo darme prisa. He de hacer las maletas y prepararme.

—Mañana le mandaré el sumario. No olvide llamarme en seguida cuando haya hablado con Sam.

—Lo haré. ¿Permite que le diga algo?

—Por supuesto.

—En nombre de mi familia, que es como es, mi madre, que se niega a mencionar a Sam, mi hermana, que apenas susurra su nombre, mi tía de Memphis, que ha repudiado el nombre de Cayhall, y en el de mi difunto padre, quiero darle las gracias a usted y a este bufete por todo lo que han hecho. Siento mucha admiración por usted.

—No hay de qué. Y yo le admiro a usted. Ahora trasládese inmediatamente a Mississippi.

SEIS

El piso era un ático de un solo dormitorio, sobre el segundo piso de un almacén de principios de siglo cerca del Loop, en una zona conflictiva del centro de la ciudad, supuestamente peligrosa sólo de noche. Un especulador de préstamos y finanzas había adquirido el almacén a mitad de los años ochenta, y había gastado un montón de dinero para acondicionarlo y modernizarlo. Lo dividió en sesenta unidades, contrató a un sofisticado agente inmobiliario y lo ofreció al mercado como primeros apartamentos para *yuppies*. Se llenó inmediatamente los bolsillos cuando los alojamientos se llenaron de jóvenes y ávidos banqueros y agentes de bolsa.

Adam lo odiaba. Le quedaban tres semanas de un contrato de seis meses, pero no tenía otro lugar. Se vería obligado a alquilarlo otros seis meses, porque Kravitz & Bane le exigía dieciocho horas diarias y no había tenido tiempo de buscar otro apartamento.

Evidentemente, tampoco había tenido tiempo de comprar muebles. Un único sofá de excelente cuero, sin ningún tipo de apoyabrazos, descansaba sobre el suelo de madera frente a un viejo muro de ladrillo. Había también dos almohadones de bolas, uno amarillo y otro azul, para el caso improbable de que apareciera una multitud. A la izquierda había una diminuta cocina con un mostrador y tres taburetes de mimbre, y a la derecha del sofá, un dormitorio con la cama sin hacer y el suelo cubierto de ropa. Sesenta y cinco metros cuadrados por mil trescientos dólares mensuales. El salario de Adam, con la perspectiva de un empleo seguro a largo plazo, era inicialmente de sesenta mil anuales hacía nueve meses, y ahora de sesenta y dos. De su salario bruto, poco más de cinco mil mensuales, le retenían mil quinientos de impuestos estatales y federales. Otros seiscientos tampoco llegaban a sus manos porque ingresaban directamente en el fondo de jubilación de Kravitz & Bane, que le garantizaba un alivio a la edad de cincuenta y cinco años, si no acababan antes con su vida. Después de pagar el alquiler, servicios, cuatrocientos mensuales por un Saab alquilado y otros gastos para comida congelada y algunas bonitas prendas de vestir, le quedaban unos setecientos dólares para divertirse. Parte de ese dinero lo gastaba en mujeres, pero las que conocía acababan de salir también de la universidad, trabajaban, tenían tarjetas de crédito y solían insistir en pagarse lo suyo. A Adam no le importaba. Gracias a la fe de su padre en los seguros de vida, no tenía que amortizar ningún préstamo estudiantil. Aunque le apetecía comprar ciertas cosas, todos los meses invertía religiosamente quinientos dólares en bonos. Sin ninguna perspectiva inmediata de casarse y tener hijos, su objetivo era el de trabajar duro, ahorrar mucho y jubilarse a los cuarenta.

Junto a la pared de ladrillo había una mesa de aluminio, con un aparato de televisión sobre la misma. Adam estaba sentado en el sofá, sin más ropa que un pantalón corto, con el control remoto en la mano. A excepción del reflejo incoloro de la pantalla, el ático estaba oscuro. Era más de medianoche. Había editado el vídeo a lo largo de los años y lo titulaba: *Aventuras de un terrorista del Klan*. Empezaba con una breve noticia de un equipo de televisión de Jackson, Mississippi, del tres de marzo de mil novecientos sesenta y siete, al día siguiente de que una explosión destruyera por completo una sinagoga. Era el cuarto atentado conocido contra objetivos judíos en los últimos dos meses, declaraba la periodista, al tiempo que una pala mecánica retiraba los escombros a su espalda. El FBI tenía pocas pistas, según ella, y todavía menos palabras para los periodistas. La campaña de terror del Klan continúa, declaró gravemente antes de despedirse.

El atentado de Kramer era el siguiente y el reportaje empezaba con el aullido de sirenas y agentes de policía que alejaban a los curiosos del lugar del siniestro. Un informador local y su cámara llegaron con la suficiente rapidez para captar el desbarajuste inicial. Se veía a la gente que corría hacia los restos del despacho de Kramer. Había una espesa nube de polvo castaño sobre los pequeños robles del jardín delantero. Los árboles estaban dañados y deshojados, pero seguían de pie. La muchedumbre permanecía inmóvil y no había indicios de que se dispersara. Se oyó a alguien que chillaba algo sobre un incendio y la cámara giró para detenerse en el edificio contiguo, de una de cuyas paredes subía una espesa columna de humo. El periodista, jadeando y con la respiración entrecortada, hablaba incoherentemente sobre lo espantoso de la escena. Señalaba aquí y allá, y la cámara giraba en respuesta a sus indicaciones. La policía le empujaba, pero estaba demasiado emocionado para que le importara. Un descomunal pandemónium había estallado en la letárgica ciudad de Greenville y aquél era su momento de gloria.

Al cabo de media hora, desde otro ángulo, describía en un tono más sosegado la frenética extracción del cuerpo de Marvin Kramer de los escombros. El cordón policial se ampliaba y obligaba a la gente a retroceder cuando levantaban el cuerpo y manipulaban con dificultad la camilla. El objetivo de la cámara siguió la ambulancia, cuando ésta se alejaba. Luego, transcurrida otra hora y desde un nuevo ángulo, el periodista hablaba en un tono bastante compuesto y sombrío, cuando los bomberos levantaban cuidadosamente las camillas con los cuerpos cubiertos de los niños.

La escena siguiente de la cinta estaba tomada frente a la cárcel y, por primera vez, mostraba brevemente a Sam Cayhall. Iba esposado y le conducían apresuradamente a un coche patrulla.

Como siempre, Adam pulsó un botón y contempló de nuevo la escena en la que aparecía Sam. Ocurría en mil novecientos sesenta y siete, hacía veintitrés años. Sam tenía cuarenta y seis años. Tenía el pelo oscuro y lo llevaba corto, a la moda de la época. Llevaba un pequeño esparadrapo debajo del ojo izquierdo. Andaba de prisa, rodeado de agentes de policía, para huir de los mirones que tomaban fotografías y le chillaban preguntas. Volvió la cabeza una sola vez y, como siempre, Adam congeló la imagen y contempló por millonésima vez el rostro de su abuelo. La imagen era en blanco y negro y de poca definición, pero sus miradas siempre se encontraban.

Mil novecientos sesenta y siete. Si Sam tenía cuarenta y seis años, Eddie tenía veinticuatro y Adam casi tres. Entonces se le conocía como Alan, Alan Cayhall, que pronto residiría en un estado lejano, donde un juez no tardaría en firmar un decreto por el que se le otorgaba un nuevo nombre. Con frecuencia veía aquel vídeo y se preguntaba dónde estaría en el preciso momento en que fueron asesinados los niños Kramer. Las ocho de la mañana del veintiuno de abril de mil novecientos sesenta y siete. Su familia vivía en aquella época en una pequeña casa de la ciudad de Clanton, y probablemente dormía bajo la vigilancia de su madre. Tenía casi tres años y los gemelos Kramer sólo cinco.

El vídeo proseguía con diversas imágenes rápidas de Sam conducido a distintos coches, cárceles y juzgados. Iba siempre esposado y se había acostumbrado a mirar al suelo, a pocos metros de sus pies. Su rostro era inexpresivo. No miraba nunca a los periodistas, ni reaccionaba ante sus preguntas, ni decía palabra. Se movía con rapidez entre puertas y coches.

El espectáculo de sus dos primeros juicios había sido ampliamente divulgado por los reportajes diarios de las noticias de la televisión. A lo largo de los años, Adam había conseguido la mayor parte de las filmaciones y las había editado meticulosamente. Aparecía el rostro vociferante de T. Louis Brazelton, abogado de Sam, que aprovechaba cualquier oportunidad para hablar con los periodistas. Pero con el paso del tiempo, las intervenciones de Brazelton habían sido reducidas considerablemente. Adam despreciaba a aquel individuo.

Había panorámicas muy claras de los jardines de delante de los juzgados, llenos de una muchedumbre silenciosa, policía estatal armada hasta los dientes y miembros del Klan, con sus túnicas y siniestros capirotes. Había breves apariciones de Sam, siempre apresurado, ocultándose de las cámaras tras algún robusto agente de policía. Después del segundo juicio y de que el segundo jurado no lograra alcanzar un veredicto por unanimidad, Marvin Kramer paró su silla de ruedas en la acera frente al juzgado del condado de Wilson y, con lágrimas en los ojos, condenó acerbadamente a Sam Cayhall, al Ku Klux Klan y al timorato sistema judicial de Mississippi. Mientras filmaban las cámaras, tuvo lugar un lamentable incidente. De pronto, Marvin se percató de la presencia cercana de dos miembros del Klan con sus túnicas blancas y empezó a chillarles. Uno de ellos le respondió, pero sus palabras se perdieron en el vocerío reinante. Adam había intentado por todos los medios descifrar lo que el miembro del Klan había dicho, pero en vano. La respuesta permanecería para siempre incomprensible. Hacía un par de años, cuando Adam estaba en la Facultad de Derecho de Michigan, había localizado a uno de los periodistas presentes en aquel momento. Según dicho periodista, la respuesta de aquel individuo había tenido algo que ver con el deseo de volar el resto de sus extremidades, cosa que parecía ser cierta porque Marvin se puso muy furioso. Vociferó obscenidades a los miembros del Klan, que se retiraban lentamente, y giró las ruedas metálicas de su silla para dirigirse hacia ellos. Chillaba, blasfemaba y lloraba. Su esposa y un puñado de amigos procuraban apaciguarle, pero rompió el cerco empujando furiosamente las ruedas. Avanzó unos siete metros, perseguido por su esposa y a la vista de las cámaras, hasta el borde de la acera donde empezaba el césped. Tropezó la silla de ruedas y Marvin cayó sobre la hierba. Se le desprendió la manta que cubría sus piernas amputadas, al tiempo que rodaba violentamente por el suelo hasta golpearse contra un árbol. Su esposa y amigos llegaron inmediatamente y, durante unos instantes, quedó oculto por el pequeño corro que le rodeaba en el suelo. Pero todavía se le oía. El objetivo de la cámara cambió de dirección y enfocó rápidamente a los dos miembros del Klan, uno de lo cuales se tronchaba de risa mientras el otro se quedaba paralizado, al tiempo que un extraño aullido emergía del pequeño grupo acurrucado en el suelo. Marvin gemía, pero con el tono agudo y quejumbroso de un loco herido. Era un gemido enfermizo y, después de unos míseros segundos, apareció otra escena en el vídeo.

A Adam se le llenaron los ojos de lágrimas cuando vio por primera vez a Marvin rodando por el suelo, gimiendo y gritando, y aunque todavía se le formaba un nudo en la garganta cuando lo veía, hacía tiempo que había dejado de llorar. Aquel vídeo era obra suya. Sólo él lo había visto. Y se lo había mirado tantas veces, que las lágrimas ya no eran posibles.

La tecnología había mejorado enormemente desde mil novecientos sesenta y ocho, y las imágenes del tercer y último juicio de Sam eran mucho más claras y de mayor definición. Era febrero de mil novecientos ochenta y uno, en una encantadora pequeña ciudad con una concurrida plaza y un atractivo juzgado de ladrillo rojo. El día era gélido y puede que aquello desalentara a curiosos y manifestantes. En unas imágenes del primer día del juicio aparecían tres miembros del Klan encapirotados, frotándose las manos alrededor de una estufa portátil y con aspecto más propio de carnaval que de auténticos malvados. Les vigilaban aproximadamente una docena de agentes de la policía estatal, todos ellos con chaquetas azules de cuello de piel.

Puesto que en aquella época el movimiento de derechos civiles se veía más bien como un acaecimiento histórico que como una lucha vigente, el tercer juicio de Sam Cayhall suscitó más atención por parte de los medios de información que los dos anteriores. Ahí estaba un miembro confeso del Klan, un auténtico terrorista de la era de la lucha por la libertad y atentados en las iglesias. Una reliquia de aquella época infame, capturado y obligado ahora a rendir cuentas ante la justicia. En más de una ocasión se mencionó la analogía con los criminales de guerra nazis.

Sam no estuvo en la cárcel durante su último juicio. Era un hombre libre y su libertad hacía que fuera todavía más difícil que le captaran los objetivos de las cámaras. Había varias escenas fugaces, en las que entraba o salía por las puertas del juzgado. Sam había envejecido con elegancia durante los trece años transcurridos desde el segundo juicio. Llevaba todavía el cabello corto y ordenado, aunque ahora parcialmente canoso. Parecía algo más pesado, pero aún estaba ágil. Caminaba con soltura por las aceras y entrando y saliendo de los automóviles, perseguido por las cámaras. Un objetivo le captó cuando salía por una puerta lateral del juzgado y

Adam congeló la imagen cuando miraba directamente a la cámara.

Gran parte de la atención del tercer y último juicio se centró en un joven y arrogante acusador llamado David McAllister, un individuo apuesto que vestía trajes oscuros y sonreía con facilidad para mostrar una dentadura perfecta. Era indudable que David McAllister albergaba grandes ambiciones políticas. Tenía el debido porte, cabello, barbilla, voz aterciopelada, don de palabra y habilidad de atraer a las cámaras.

En mil novecientos ochenta y nueve, apenas ocho años después del juicio, David McAllister fue elegido como gobernador del estado de Mississippi. A nadie le sorprendió que sus principales cimientos fueran un mayor número de cárceles, sentencias más prolongadas y una afinidad inquebrantable con la pena de muerte. Adam sentía también desprecio por él, pero sabía que en escasas semanas, tal vez días, estaría en el despacho del gobernador en Jackson, Mississippi, para solicitar un perdón.

El vídeo terminaba con Sam, nuevamente esposado, cuando le sacaban de la audiencia después de que el jurado le condenara a muerte. Su rostro permanecía impávido. Su abogado parecía aturdido e hizo algunos comentarios insignificantes. El periodista se despidió con la noticia de que Sam sería trasladado en breve al patíbulo.

Adam pulsó el botón de rebobinar y se quedó mirando la pantalla en blanco. Detrás del sofá había tres cajas de cartón que contenían el resto de la historia: las abultadas transcripciones de los tres juicios, que Adam había adquirido cuando estudiaba en Pepperdine, copias de los informes, peticiones y otros documentos del proceso de apelaciones que había tenido lugar desde la condena de Sam, una gruesa carpeta con centenares de artículos de periódicos y revistas, meticulosamente catalogados, sobre las aventuras de Sam como miembro del Klan, información e investigación sobre la pena de muerte, y notas de la facultad de Derecho. Conocía mejor a su abuelo que cualquier otra persona en el mundo.

Sin embargo, Adam sabía que no había rascado siquiera la superficie. Pulsó otro botón y miró de nuevo el vídeo.

SIETE

El funeral de Eddie Cayhall se celebró menos de un mes después de la sentencia de muerte de Sam. Tuvo lugar en una pequeña capilla de Santa Mónica, y a él asistieron un puñado de amigos y pocos parientes. Adam estaba sentado en primera fila, entre su madre y su hermana. Tenían las manos unidas y la mirada fija en el ataúd cerrado, a escasos centímetros de ellos. Su madre estaba tan rígida y estoica como siempre. De vez en cuando se le humedecían los ojos y se veía obligada a secárselos con un pañuelo de papel. Ella y Eddie se habían separado y reconciliado tantas veces, que los niños ya no sabían siquiera dónde tenían la ropa. Aunque su matrimonio nunca había sido violento, habían vivido en un estado de divorcio permanente: amenazas de divorcio, proyectos de divorcio, solemnes charlas con los hijos sobre el divorcio, negociaciones para el divorcio, peticiones de divorcio, anulación de las solicitudes de divorcio y promesas de eludir el divorcio. Durante el juicio de Sam Cayhall, la madre de Adam trasladó de nuevo discretamente sus posesiones a su pequeño domicilio y permaneció con Eddie todo lo posible. Eddie dejó de trabajar y se refugió de nuevo en su pequeño mundo de tinieblas. Adam interrogó a su madre, pero ella le respondió en breves palabras que papá estaba simplemente pasando otro «mal momento». Las cortinas permanecían cerradas, las persianas bajas, las luces apagadas, las voces quedas y la televisión desconectada, mientras la familia soportaba otro de los malos momentos de Eddie.

Al cabo de tres semanas estaba muerto. Se pegó un tiro en el dormitorio de Adam, un día en el que sabía que Adam sería el primero en regresar a casa. Le dejó una nota en el suelo con instrucciones para que se apresurara a limpiarlo todo, antes de que regresaran las chicas. Se encontró otra nota sobre la mesa de la cocina.

Carmen tenía entonces catorce años, tres menos que Adam. Había sido concebida en Mississippi, pero era nacida en California, después de la apresurada huida de sus padres al oeste. Cuando nació, Eddie había transformado legalmente su reducida familia de Cayhall en Hall. Alan se había convertido en Adam. Vivían al este de Los Ángeles, en un piso de tres habitaciones con cortinas sucias en las ventanas. Adam recordaba los agujeros de éstas. Fue la primera de muchas residencias temporales.

Junto a Carmen, en el primer banco, había una mujer misteriosa conocida como tía Lee. Se la acababan de presentar a Adam y a Carmen como única hermana de Eddie. De pequeños se les había enseñado a no formular preguntas sobre la familia, pero de vez en cuando habían oído el nombre de Lee. Vivía en Memphis, desde hacía tiempo estaba casada con un rico de aquel lugar, tenía un hijo, y no se relacionaba con Eddie debido a alguna vieja pelea. Los niños, especialmente Adam, estaban ávidos por conocer a algún pariente y, puesto que era la única a la que habían oído mencionar, la habían idealizado. Querían conocerla, pero Eddie siempre se había negado porque, según él, no era una persona agradable. Sin embargo, su madre les había insinuado que Lee era realmente una buena persona y que algún día les llevaría a Memphis para que la conocieran.

Pero fue Lee quien se trasladó a California y juntos enterraron a Eddie Hall. Se quedó dos semanas después del funeral para conocer a sus sobrinos. Les cayó bien porque era atractiva y tranquila, vestía vaqueros azules y camisetas, y andaba descalza por la playa. Los llevó de compras, al cine y a dar largos paseos por la orilla del océano. Se disculpó un sinfín de veces por no haberlos visitado antes y les aseguró que había deseado hacerlo pero Eddie no se lo había permitido. No quería verla porque en otra época se habían peleado.

Y era tía Lee la que estaba sentada con Adam en la punta del malecón y quien por fin decidió hablarle de su padre, Sam Cayhall. Mientras las olas acariciaban suavemente las rocas a sus pies, le contó al joven Adam que de pequeño había tenido una breve vida anterior en un pueblo de Mississippi. Le cogía la mano y a veces le daba unos golpecitos en la rodilla mientras le revelaba la olvidada historia de su familia. Narró sólo lo indispensable respecto a las actividades de Sam en el Klan, el atentado de Kramer y los juicios que le habían mandado finalmente al patíbulo en Mississippi. Había lagunas en su relato, lo suficientemente amplias para llenar una biblioteca, pero veló los aspectos difíciles con una gran delicadeza.

Para ser un joven de dieciséis años que acababa de perder a su padre, Adam lo asimiló todo bastante bien. Formuló algunas preguntas cuando una fría brisa llegó a la costa y se abrazaron, pero la mayor parte del tiempo la escuchaba, no aturdido ni enojado, sino con una enorme fascinación. Aquel terrible relato era curiosamente gratificante. ¡Ahí había una familia! Puede que no fuera tan anormal después de todo. Tal vez había tíos, tías y primos con quienes compartir la vida e intercambiar historias. Tal vez había antiguas casas construidas por auténticos antepasados, y tierras y casas donde se habían instalado. Tenía una historia después de todo.

Pero Lee era lo suficientemente lista y sagaz para reconocer dicho interés. Le contó que los Cayhall eran una gente extraña y reservada, que se ocupaba de sus propios asuntos y excluía a los desconocidos. No eran personas amables y cariñosas que se reunieran por Navidad y el Cuatro de Julio. Ella vivía sólo a una hora de Clanton y, sin embargo, nunca les veía.

Los paseos al malecón al atardecer se convirtieron en un rito durante la semana siguiente. De camino compraban una bolsa de uvas rojas en el mercado y escupían las pepitas al mar hasta entrada la noche. Lee le contó anécdotas de su infancia en Mississippi con su pequeño hermano Eddie. Vivían en una pequeña hacienda a quince minutos de Clanton, con estanques donde pescar y caballos para montar. Sam era un padre correcto, sin excesos ni abundancia de afecto. Su madre era una mujer débil, a quien no le gustaba Sam pero sentía devoción por sus hijos. Perdió un hijo recién nacido, cuando Lee tenía seis años y Eddie casi cuatro, y durante casi un año entero se encerró en su habitación. Sam contrató a una negra para cuidar de Eddie y Lee. Su madre murió de un cáncer en mil novecientos setenta y siete, y aquélla fue la última ocasión en que los Cayhall se reunieron. Eddie se desplazó a la ciudad para asistir al funeral, pero procuró eludirlos a todos. Al cabo de tres años, Sam fue detenido por última vez y condenado.

Lee tenía poco que contar respecto a su propia vida. Había abandonado precipitadamente su casa a los dieciocho años, una semana después de acabar la enseñanza secundaria, para trasladarse directamente a Nashville con el propósito de convertirse en una famosa cantante. De algún modo había conocido a Phelps Booth, que estudiaba en Vanderbilt y cuya familia era propietaria de bancos. Acabaron por casarse e instalarse en Memphis, donde llevaba una vida aparentemente desdichada. Tenían un hijo, Walt, bastante rebelde, que vivía ahora en Amsterdam. No había más detalles.

Adam no estaba seguro de que Lee se hubiera transformado en algo distinto a una Cayhall, pero sospechaba que lo había hecho. ¿Quién se lo podía reprochar?

Lee se marchó tan discretamente como había llegado. Sin ningún abrazo ni despedida, abandonó sigilosamente la casa antes del amanecer y desapareció. Llamó al cabo de dos días y habló con Adam y con Carmen. Los alentó a que escribieran y lo hicieron con avidez, pero sus cartas y sus llamadas empezaron a distanciarse. La promesa de una nueva relación se esfumó gradualmente. Su madre la excusaba. Decía que Lee era una buena persona, pero una Cayhall a pesar de todo, y por consiguiente propensa a cierta melancolía y excentricidad. Adam estaba abatido.

El verano después de su graduación en Pepperdine, Adam hizo un viaje en coche con un amigo y cruzaron el país hasta Key West. Se detuvieron en Memphis y pasaron dos noches con tía Lee. Vivía sola en un piso espacioso y moderno sobre un acantilado junto al río, y los tres pasaron horas en la terraza comiendo pizzas caseras, tomando cerveza, contemplando las barcazas y hablando de casi todo lo imaginable. Nunca se mencionó a la familia. Adam estaba ilusionado ante la perspectiva de la facultad de Derecho y Lee le formuló innumerables preguntas respecto a su futuro. Era alegre, jovial y amante de la charla; la perfecta tía y anfitriona. Cuando se dieron un abrazo de despedida se le llenaron los ojos de lágrimas y le suplicó que volviera a visitarla.

Adam y su amigo eludieron Mississippi. En su lugar, se dirigieron hacia el oeste, pasando por Tennessee y las montañas Smokey. En un momento dado, según los cálculos de Adam, pasaron a menos de ciento cincuenta kilómetros de Parchman, del patíbulo y de Sam Cayhall. De eso hacía cuatro años, en verano de mil novecientos ochenta y seis, y había acumulado ya una caja de documentos sobre su abuelo. Incluso su vídeo estaba ya casi completo.

La conversación telefónica de la noche anterior había sido breve. Adam le dijo a Lee que se quedaría a vivir en Memphis unos meses y que le gustaría verla. Ella le invitó a su piso, el mismo del acantilado, que disponía de cuatro dormitorios y una sirvienta a horas. Insistió en que se quedara a vivir con ella. Entonces Adam le dijo, sin darle la menor importancia, que estaría trabajando en la oficina de Memphis en el caso de Sam. Se hizo un silencio al otro extremo de la línea, seguido de una débil oferta de que la visitara de todos modos y hablarían de ello.

Adam llamó a la puerta cuando pasaban unos minutos de las nueve y volvió la cabeza para echarle una ojeada a su Saab negro descapotable. El edificio no era más que una hilera de veinte unidades, todas ellas perfectamente adosadas y con tejado de teja roja. Un grueso muro de ladrillos, coronado de púas metálicas, protegía a los residentes de los peligros del centro de Memphis. Un guardia armado vigilaba el único portalón de acceso. De no haber sido por la vista del río al otro lado, el interés de aquellas viviendas habría sido prácticamente inexistente.

Lee abrió la puerta y se besaron mutuamente en las mejillas.

—Bien venido —dijo mientras echaba una ojeada al aparcamiento, antes de cerrar nuevamente la puerta—. ¿Estás cansado?

—No particularmente. Son diez horas en coche, pero he tardado doce. No tenía prisa.

—¿Tienes hambre?

—No. He parado hace unas horas.

La siguió a la sala de estar, donde se sentaron el uno frente al otro, pensando en algo apropiado que decirse. Lee tenía casi cincuenta años y había envejecido mucho en los últimos cuatro. Su cabello era ahora una mezcla de gris y castaño claro y mucho más largo. Lo llevaba recogido en una cola de caballo. Sus suaves ojos azules, irritados y preocupados, estaban rodeados de muchas más arrugas. Llevaba una holgada camisa de algodón y vaqueros descoloridos. Era todavía una persona tranquila.

—Me alegro de verte —dijo con una radiante sonrisa.

—¿Estás segura?

—Claro que lo estoy. Vamos a la terraza —respondió mientras le cogía de la mano y salían por una puerta de cristal a una terraza de madera, con macetas de helechos y hiedra que colgaban de la barandilla, y el río a sus pies—. ¿Cómo está Carmen? —preguntó, al tiempo que servía té helado de una vasija de cerámica.

—Muy bien. Estudiando todavía para su doctorado en Berkeley. Hablamos una vez por semana. Tiene una relación bastante seria con un individuo.

—¿Qué estudia? Lo he olvidado.

—Psicología. Quiere doctorarse y luego dedicarse tal vez a la enseñanza —respondió Adam mientras sorbía lentamente el té cargado de limón y con poco azúcar, en un ambiente todavía cálido y agobiante—. Son casi las diez —agregó—. ¿Por qué hace tanto calor?

—Bien venido a Memphis, querido. Nos asaremos hasta setiembre.

—No podría soportarlo.

—Uno se acostumbra. Más o menos. Tomamos mucho té y permanecemos dentro de las casas. ¿Cómo está tu madre?

—Sigue en Portland. Ahora está casada con un individuo que ganó una fortuna con la madera. Le he visto una sola vez. Debe de tener unos sesenta y cinco años, pero podría pasar por setenta. Ella tiene cuarenta y siete, pero aparenta cuarenta. Una hermosa pareja. Vuelan de un lado para otro: Saint Barts, el sur de Francia, Milán y todos los lugares donde los ricos deben ser vistos. Es muy feliz. Sus hijos son ya mayores, Eddie está muerto, su pasado ha quedado pulcramente archivado y tiene mucho dinero. No carece de nada en la vida.

—Eres demasiado duro.

—Soy demasiado blando. En realidad quiere mantenerme alejado porque represento un doloroso vínculo con mi padre y su triste familia.

—Tu madre te quiere, Adam.

—Caramba, es interesante saberlo. ¿Cómo estás tan bien informada?

—Lo sé.

—No sabía que tú y mamá estuvierais tan unidas.

—No lo estamos. Tranquilízate, Adam. No te excites.

—Lo siento. Estoy muy nervioso, eso es todo. He de tomar algo más fuerte.

—Relájate. Procuremos pasarlo bien mientras estés aquí.

—No he venido para divertirme, tía Lee.

—Llámame sólo Lee, ¿de acuerdo?

—De acuerdo. Mañana voy a visitar a Sam.

Lee dejó cuidadosamente el vaso sobre la mesa, se puso de pie y abandonó la terraza. Regresó con una botella de Jack Daniels y sirvió una porción generosa en cada vaso. Tomó un buen trago y contempló el río en la lejanía.

—¿Por qué? —preguntó finalmente.

—¿Por qué no? Porque es mi abuelo. Porque está a punto de morir. Porque soy abogado y necesita ayuda.

—Ni siquiera te conoce.

—Me conocerá mañana.

—¿De modo que se lo contarás?

—Sí, claro que se lo contaré. ¿No es increíble? Voy a revelar realmente un oscuro, oculto y nefasto secreto de los Cayhall. ¿Qué te parece?

Lee sostuvo el vaso con ambas manos y movió lentamente la cabeza.

—Morirá —susurró sin mirar a Adam.

—Todavía no. Pero es agradable saber que te preocupa.

—Me preocupa.

—¿En serio? ¿Cuándo le viste por última vez?

—No empieces, Adam. Tú no lo comprendes.

—Bien. De acuerdo. Aclárámelo. Te escucho. Quiero comprender.

—¿No podemos hablar de otra cosa, querido? No estoy preparada para esto.

—No.

—Hablaremos de ello más tarde, te lo prometo. En este momento no estoy en condiciones de hacerlo. Creí que nos limitaríamos a charlar y reír un poco.

—Lo siento, Lee. Estoy harto de chismes y secretos. No tengo pasado porque mi padre lo borró convenientemente. Quiero conocerlo, Lee. Quiero saber lo que tiene realmente de malo.

—Es terrible —susurró casi para sus adentros.

—De acuerdo. Ahora ya soy mayor. Puedo asimilarlo. Mi padre me abandonó antes de enfrentarse al problema y ahora me temo que sólo quedas tú.

—Dame un poco de tiempo.

—No tenemos tiempo. Mañana le veré cara a cara —dijo Adam antes de tomar un largo trago y secarse los labios con la manga—. Hace veintitrés años, el *Newsweek* dijo que el padre de Sam también era miembro del Klan. ¿Lo era?

—Sí. Mi abuelo.

—Y también diversos tíos y primos.

—Toda la maldita pandilla.

—El *Newsweek* también dijo que era del dominio público en el condado de Ford que Sam Cayhall había matado a un negro a balazos a principios de los años cincuenta y que nunca le habían detenido por ello. No había pasado un solo día en la cárcel. ¿Es cierto?

—¿Qué importa eso ahora, Adam? Eso ocurrió mucho antes de que tú nacieras.

—¿De modo que realmente ocurrió?

—Sí, ocurrió.

—¿Y tú lo sabías?

—Lo presencié.

—¡Lo presenciaste! —exclamó Adam con los ojos cerrados. Le parecía increíble. Respiró hondo y se hundió en su mecedora. Le llamó la atención la sirena de un remolcador y lo siguió con la mirada hasta que pasó bajo un puente. El bourbon empezaba a relajarle.

—Hablemos de otra cosa —dijo Lee con ternura.

—Incluso cuando era pequeño —declaró Adam sin dejar de contemplar el río—, me gustaba la historia. Me fascinaba cómo vivía la gente en otra época: los pioneros, las diligencias, la fiebre del oro, los vaqueros y los indios, la colonización del oeste. Un chiquillo de cuarto aseguraba que su tatarabuelo había asaltado trenes y enterrado el dinero en México. Quería formar una banda y huir en busca del tesoro. Sabíamos que mentía, pero era divertido seguirle la corriente. A menudo me preguntaba por mis antepasados y recuerdo que estaba intrigado, porque no parecía tener ninguno.

—¿Qué te contaba Eddie?

—Me dijo que estaban todos muertos, que se perdía más tiempo en la historia familiar que en cualquier otra cosa. Cada vez que formulaba alguna pregunta sobre la familia, mi madre me llevaba aparte y me decía que no insistiera porque podría disgustar a mi padre, provocar uno de sus humores sombríos y obligarle a encerrarse un mes en su habitación. Pasé la mayor parte de mi infancia caminando sobre ascuas alrededor de mi padre. Cuando empecé a ser mayor, comprendí que era un hombre muy extraño, muy desgraciado, pero nunca supuse que llegaría a quitarse la vida.

Lee removió los cubitos de hielo en el vaso y tomó el último trago.

—Hay mucho que contar, Adam.

—¿Y cuándo piensas hacerlo?

Lee levantó cuidadosamente el jarro de cerámica y volvió a llenar los vasos de té. Adam agregó bourbon a ambos vasos. Durante varios minutos saborearon la bebida y contemplaron el tráfico del paseo junto al río.

—¿Le has visitado en la cárcel? —preguntó finalmente Adam, sin dejar de contemplar las luces junto al río.

—No —respondió Lee en un tono casi inaudible.

—Está allí desde hace casi diez años, ¿no se te ha ocurrido nunca ir a verle?

—En una ocasión le escribí una carta, poco después de su último juicio. Al cabo de seis meses me respondió y me dijo que no le visitara. Dijo que no quería verme en el patíbulo. Le escribí otras dos cartas, pero no me contestó.

—Lo siento.

—No lo sientas, Adam. Acarreo mucha culpa y no es fácil hablar de ello. Dame un poco de tiempo.

—Probablemente seguiré en Memphis algún tiempo.

—Quiero que te quedes aquí. Nos necesitaremos mutuamente —dijo mientras removía el contenido del vaso con el índice, después de titubear—. Me refiero a que morirá, ¿no es cierto?

—Es probable.

—¿Cuándo?

—Dentro de dos o tres meses. Sus recursos están prácticamente agotados. Queda poco por hacer.

—¿Entonces, por qué intervienes?

—No lo sé. Tal vez porque existe todavía la posibilidad de luchar. Trabajaré como un condenado los próximos meses y rezaré para que se produzca un milagro.

—Yo también rezaré —dijo mientras tomaba otro trago.

—¿Puedo preguntarte algo? —dijo Adam, al tiempo que le dirigía de pronto la mirada.

—Por supuesto.

—¿Vives aquí sola? Me parece que, si voy a quedarme, puedo preguntártelo.

—Vivo sola. Mi marido vive en nuestra casa de campo.

—¿Solo? Siento curiosidad.

—A veces. Le gustan las jovencitas, de poco más de veinte años, generalmente empleadas de sus bancos. Tengo que llamar antes de ir a la casa. Y él debe llamar antes de venir aquí.

—Parece agradable y conveniente. ¿Quién negoció el pacto?

—Lo elaboramos más o menos con el transcurso del tiempo. Hace quince años que no vivimos juntos.

—Menudo matrimonio.

—A decir verdad, funciona bastante bien. Me aprovecho de su dinero y no formulo preguntas respecto a su vida privada. Aparecemos juntos en sociedad cuando es necesario y él es feliz.

—¿Tú también eres feliz?

—La mayor parte del tiempo.

—Si te engaña, por qué no pides el divorcio y le sacas un montón de dinero. Yo te representaré.

—El divorcio no funcionaría. Phelps pertenece a una antigua familia muy formal y correcta, terriblemente rica. La vieja sociedad de Memphis. Algunas de estas familias se han casado entre sí a lo largo de varias generaciones. En realidad, Phelps debía haberse casado con una prima lejana, pero en su lugar se rindió ante mis encantos. Su familia manifestó una oposición acérrima a nuestra unión y el divorcio sería un doloroso reconocimiento de que tenían razón. Además, la familia está orgullosa de su sangre azul y un nefasto divorcio sería una humillación para ellos. Me encanta la independencia de disponer de su dinero y vivir como se me antoja.

—¿Le has llegado a querer?

—Por supuesto. Estábamos locamente enamorados cuando nos casamos. Por cierto, huimos juntos. Ocurrió en mil novecientos sesenta y tres, y la idea de una suntuosa boda, con su familia de aristócratas y la mía de fanáticos sureños, no era apetecible. Su madre no me dirigía la palabra, y mi padre se dedicaba a quemar cruces y perpetrar atentados. En aquella época, Phelps no sabía que mi padre perteneciera al Klan y, evidentemente, yo procuré por todos los medios guardar el secreto.

—¿Lo descubrió?

—Cuando detuvieron a papá por el atentado se lo conté. Él, a su vez, se lo contó a su padre, y la noticia se divulgó lenta y cautelosamente entre la familia Booth. Están bastante acostumbrados a guardar secretos. Es lo único que tienen en común con los Cayhall.

—¿O sea, que sólo unas cuantas personas saben que eres hija de Sam?

—Muy pocas. Y prefiero que siga así.

—Estás avergonzada de...

—¡Claro que estoy avergonzada de mi padre! ¿Quién no lo estaría? —exclamó en un tono de pronto agudo y amargo—. Espero que no tengas una idea romántica de ese pobre anciano que, en el patíbulo, sufre a punto de ser injustamente crucificado por sus pecados.

—Creo que no debería morir.

—También lo creo yo. Pero no cabe la menor duda de que ha matado a bastante gente: los gemelos Kramer, su padre, tu padre y Dios sabe a cuántos más. Debería permanecer en la cárcel el resto de su vida.

—¿No sientes compasión por él?

—De vez en cuando. Cuando tengo un buen día y brilla el sol, puede que piense en él y recuerde algún suceso agradable de la infancia. Pero esos momentos son muy inusuales, Adam. Ha aportado mucha desdicha a mi vida y a la de las personas que le rodeaban. Nos enseñó a odiar a todo el mundo. Era mezquino con nuestra madre. Todos los miembros de su familia son unos mezquinos.

—Entonces le matamos y asunto concluido.

—Yo no he dicho eso, Adam. Eres injusto. No dejo de pensar en él. Rezo por él todos los días. He preguntado a estas paredes un millón de veces cómo y por qué mi padre se convirtió en una persona tan horrible. ¿Por qué no podría ser ahora mismo un simpático anciano y estar sentado en esta terraza con su pipa, su bastón y tal vez un poco de bourbon en un vaso para la digestión? ¿Por qué ha tenido que ser mi padre un miembro del Klan, que ha matado a niños inocentes y destrozado su propia familia?

—Puede que no quisiera matarlos.

—Murieron, ¿no es cierto? El jurado dijo que él lo hizo. Sus cuerpos quedaron destrozados y los enterraron juntos en la misma fosa. ¿A quién le importa que intentara o no matarlos? Estaba allí, Adam.

—Podría ser muy importante.

De pronto, Lee se puso de pie y le cogió de la mano.

—Acércate —insistió, antes de llevarle al borde de la terraza y señalar un edificio a pocas manzanas de distancia—. ¿Ves ese bloque de ahí, frente al río? El que está más cerca de nosotros. Ése de ahí, a tres o cuatro manzanas.

—Sí —respondió lentamente Adam.

—El último piso es el decimoquinto. Empezando por la derecha, desciende seis pisos. ¿Me comprendes?

—Sí —asintió Adam, al tiempo que contaba obedientemente las plantas del espectacular edificio.

—Ahora cuenta cuatro ventanas hacia la izquierda. La luz está encendida. ¿La ves?

—Sí.

—Adivina quién vive ahí.

—¿Cómo puedo saberlo?

—Ruth Kramer.

—¡Ruth Kramer! ¿La madre?

—Exactamente.

—¿La conoces?

—Nos vimos una vez accidentalmente. Ella sabía que yo era Lee Booth, esposa del ignominioso Phelps Booth, pero eso es todo. Fue en una ostentosa función para recaudar fondos, para la Ópera o algo parecido. Siempre he procurado eludirla.

—Ésta debe de ser una pequeña ciudad.

—Puede ser diminuta. Si pudieras preguntarle acerca de Sam, ¿qué te respondería?

Adam se quedó con la mirada fija en las luces de la lejanía.

—No lo sé. He leído que todavía está enojada.

—¿Enojada? Perdió a toda su familia. Nunca se volvió a casar. ¿Crees que le importa si mi padre se proponía asesinar a sus hijos? Claro que no. Lo único que sabe es que están muertos, Adam, muertos desde hace ahora veintitrés años. Sabe que murieron por la explosión de una bomba que colocó mi padre, y que si hubiera estado en su casa con su familia en lugar de corretear por ahí con los cretinos de sus compinches, los pequeños Josh y John no habrían muerto. Hoy tendrían veintiocho años, probablemente con una buena educación, casados y tal vez con algunos hijos con los que jugarían Ruth y Marvin. A ella no le importa a quién iba dirigida la bomba, Adam, sólo que alguien la colocó allí y estalló. Sus hijos están muertos. Eso es lo único que cuenta.

Lee retrocedió y se sentó en su mecedora. Volvió a remover el hielo y tomó un trago.

—No me interpretes erróneamente, Adam —prosiguió—. Me opongo a la pena de muerte. Probablemente en este país soy la única mujer blanca de cincuenta años cuyo padre está a la espera de ser ejecutado. Lo considero bárbaro, inmoral, discriminatorio, cruel e incivilizado. Pero no olvides a las víctimas. Tienen derecho a querer retribución. Se la han ganado.

—¿Quiere Ruth Kramer algún tipo de retribución?

—Sí, no cabe la menor duda. Ahora ya no habla mucho con la prensa, pero se mantiene activa en grupos de víctimas del terrorismo. Hace unos años declaró que estaría en la sala de los testigos cuando ejecutaran a Sam Cayhall.

—No es exactamente un espíritu compasivo.

—No recuerdo que mi padre expresara remordimiento alguno.

Adam se volvió y se sentó en la barandilla, de espaldas al río. Contempló los edificios del centro de la ciudad y luego bajó la mirada. Lee tomó otro largo trago.

—Bien, tía Lee, ¿qué vamos a hacer?

—Te ruego que dejes de llamarme tía.

—De acuerdo, Lee. Estoy aquí. No voy a marcharme. Mañana iré a ver a Sam y, cuando salga de la cárcel, espero ser su abogado.

—¿Piensas actuar con discreción?

—¿En cuanto al hecho de que soy un Cayhall? No pienso contárselo a nadie, pero me sorprendería que siguiera siendo un secreto por mucho más tiempo. Cuando se habla de condenados a muerte, Sam es uno de los famosos. La prensa empezará pronto a indagar a fondo.

Lee se cruzó de piernas y contempló el río..

—¿Te perjudicará? —preguntó con ternura.

—Claro que no. Soy abogado. Los abogados defienden a corruptores de menores, asesinos, traficantes de drogas, violadores y terroristas. No somos personas demasiado populares. ¿En qué puede perjudicarme el hecho de que sea mi abuelo?

—¿Lo saben en tu bufete?

—Se lo conté ayer. No fue exactamente una alegría para ellos, pero lo aceptaron. En realidad se lo oculté cuando me contrataron y no hice bien. Pero creo que ahora está todo en orden.

—¿Y si se niega?

—Entonces estaremos a salvo, ¿no te parece? Nadie llegará a saberlo y estarás protegida. Yo regresaré a Chicago y esperaré a que la CNN transmita el carnaval de la ejecución. Y estoy seguro de que vendré algún día fresco de otoño para dejar unas flores en su tumba, contemplar la lápida y preguntarme una vez más por qué lo hizo, cómo pudo caer tan bajo y por qué me tocó nacer en una familia tan despreciable, ya sabes, las preguntas que nos hacemos desde hace años. Te invitaré a que vengas conmigo. Será como una especie de reunión familiar, sólo nosotros, los Cayhall, sigilosamente por el cementerio con un ramo de flores baratas y unas gafas muy oscuras para que nadie nos reconozca.

—Cállate.

Adam vio que se le habían llenado los ojos de lágrimas, que rodaban por sus mejillas y le habían llegado casi a la barbilla cuando se las secó con los dedos.

—Lo siento —dijo Adam antes de volver la cabeza para contemplar otra barcaza que avanzaba lentamente, hacia el norte, entre las sombras del río—. Lo siento, Lee.

OCHO

Después de veintitrés años, regresaba por fin al estado donde había nacido. No se sentía especialmente acogido y, a pesar de que no tenía miedo de nada en particular, conducía cautelosamente a noventa kilómetros por hora sin adelantar a nadie. La carretera se estrechó y descendió a la llanura del delta del Mississippi. A lo largo de un kilómetro y medio contempló un dique de tierra, que serpenteaba a su derecha, hasta que se perdió en la lejanía. Cruzó lentamente el poblado de Walls, primera aldea de cierta magnitud a lo largo de la carretera sesenta y uno, y siguió su camino hacia el sur.

Gracias a su exhaustiva investigación, sabía que aquella carretera había sido la ruta principal, durante varias décadas, de centenares de millares de pobres negros del delta que se trasladaban al norte hasta Memphis, Saint Louis, Chicago o Detroit en busca de trabajo y un lugar decente donde vivir. Había sido a lo largo de aquellos pueblos y haciendas, destartaladas armerías, polvorientas tiendas rurales y pintorescas posadas a lo largo de la nacional sesenta y uno, donde habían nacido los blues y se habían extendido hacia el norte. Dicha música encontró un hogar en Memphis, donde se mezcló con el gospel y el country para dar origen al rock and roll. Escuchaba una antigua cinta de Muddy Waters cuando entró en el denigrante condado de Tunica, supuestamente el más pobre de la nación.

La música no logró tranquilizarle. No había querido desayunar en casa de Lee porque, según él, no tenía hambre, aunque en realidad se le había formado un nudo en el estómago. Con cada kilómetro el nudo empeoraba.

Al norte del pueblo, en dirección a Tunica, los campos eran enormes y se extendían hasta el horizonte en todas direcciones. La soja y el algodón llegaban a la altura de la rodilla. Innumerables tractores verdes y rojos con arados entrecruzaban las interminables hileras de exuberante vegetación. Aunque todavía no eran las nueve, hacía ya un calor pegajoso. La tierra estaba seca y tras cada arado se levantaba una nube de polvo. De vez en cuando aparecía como por arte de magia una avioneta fumigadora, hacía un alarde de acrobacia rozando los cultivos y volvía a elevarse. El tráfico, intenso y lento, a veces llegaba casi a detenerse cuando aparecía algún monstruoso artefacto agrícola que maniobraba parsimoniosamente como si la carretera le perteneciera.

Adam tenía paciencia. No se le esperaba hasta las diez y no importaba que llegara tarde.

En Clarksdale abandonó la nacional sesenta y uno para dirigirse hacia el sudeste por la cuarenta y nueve, que cruzaba los diminutos poblados de Mattson, Dublin y Tutwiler, rodeados de enormes campos de soja. Vio varias desmotadoras de algodón, ahora inactivas a la espera de la siega. Pasó junto a hileras de humildes casas y mugrientas caravanas, situadas por alguna razón cerca de la carretera. De vez en cuando vislumbraba una casa elegante, siempre a lo lejos, rodeada ineludiblemente de majestuosos robles y olmos, y por regla general con una piscina vallada al lado. Era evidente quién era el propietario de aquellos campos.

Un cartel indicaba que el penal estatal se encontraba a ocho kilómetros y Adam redujo instintivamente la velocidad. Al cabo de unos momentos se encontró con un enorme tractor que avanzaba tranquilamente por la carretera y, en lugar de adelantarlo, optó por seguirlo. Su conductor, un blanco de edad avanzada con una gorra sucia, le hizo una seña para que le adelantara, pero Adam le saludó con la mano y siguió tras él a treinta kilómetros por hora. No había otro vehículo a la vista. Una gleba salió despedida de uno de los neumáticos traseros del tractor y aterrizó a pocos centímetros del Saab. Adam redujo aún más la velocidad. El conductor del tractor volvió la cabeza y le indicó una vez más que le adelantara. Movía la boca y tenía una expresión furiosa en el rostro, como si fuera el dueño de la carretera y no le gustara que un imbécil le siguiera.

Al cabo de unos minutos vio la cárcel. No había ninguna verja metálica a lo largo de la carretera, ni alambre espinoso para impedir la huida de los presos, ni torres de vigilancia con guardias armados, ni pandillas de reclusos que dieran voces. En su lugar, Adam vio a su derecha un arco sobre el que aparecían las palabras PENAL ESTATAL DE MISSISSIPPI. Junto a la entrada había varios edificios, todos ellos de cara a la carretera y aparentemente desprotegidos.

Adam saludó una vez más con la mano al conductor del tractor y salió de la carretera. Respiró hondo y examinó la entrada. Una mujer uniformada apareció de una garita junto al arco y le miró fijamente. Adam acercó el coche con lentitud y bajó el cristal de la ventana.

—Buenos días —dijo la mujer, que llevaba una pistola al cinto y una carpeta en la mano, mientras otro guardia vigilaba desde el interior de la garita—. ¿Qué podemos hacer por usted?

—Soy abogado y vengo a entrevistarme con un cliente en el patíbulo —respondió en un tono lánguido, perfectamente consciente del timbre agudo y nervioso de su voz.

«Tranquilízate», se dijo a sí mismo.

—No tenemos a nadie en el patíbulo, señor.

—¿Cómo dice?

—Aquí no hay ningún patíbulo. Tenemos a un puñado de reclusos en la Unidad de Máxima Seguridad, conocida como UMS, pero puede buscar si lo desea y no encontrará aquí ningún patíbulo.

—De acuerdo.

—¿Nombre? —preguntó entonces, con la mirada en la carpeta.

—Adam Hall.

—¿Y el de su cliente?

—Sam Cayhall —respondió Adam, medio a la expectativa de algún tipo de reacción, pero la agente no se inmutó.

—Espere aquí —dijo tras levantar una página de su carpeta.

Después del arco había un camino arbolado, con pequeños edificios a ambos lados. No parecía una cárcel, sino una agradable calle de una pequeña ciudad, donde en cualquier momento aparecerían grupos de chiquillos con patines y bicicletas. A la derecha había una bonita casa, con una terraza y parterres de flores. Un cartel indicaba que era el centro de visitantes, como si allí los turistas pudieran comprar recuerdos y bebidas. Una furgoneta blanca, con tres jóvenes negros en su interior y las palabras Departamento Correccional de Mississippi impresas en la puerta, pasó sin reducir la velocidad.

Adam vio de reojo a la mujer uniformada detrás de su coche, que escribía algo en su carpeta mientras se acercaba a la ventana.

—¿De dónde en Illinois? —preguntó.

—Chicago.

—¿Lleva alguna cámara, armas o magnetófonos?

—No.

Introdujo la mano en el coche y colocó una tarjeta sobre el salpicadero.

—Aquí tengo una nota que dice —declaró a continuación con la mirada en la carpeta— que debe ver a Lucas Mann.

—¿Quién es?

—El abogado de la cárcel.

—No sabía que tuviera que verle a él.

—Eso dice aquí —respondió al tiempo que acercaba el papel a un metro de su rostro—. Gire por la tercera a la izquierda —prosiguió— y diríjase a la parte trasera de aquel edificio de ladrillo rojo.

—¿Para qué quiere verme?

La agente refunfuñó algo incomprensible y se encogió de hombros mientras regresaba a la garita moviendo la cabeza. ¿Cómo pueden ser tan necios los abogados?

Adam apretó suavemente el acelerador, pasó frente al centro de visitantes y avanzó por el camino arbolado, con pulcras casas de fachada blanca a ambos lados, donde más adelante descubriría que vivían los celadores y otros funcionarios con sus respectivas familias. Siguió las instrucciones y aparcó junto a un envejecido edificio de ladrillo. Dos presos de confianza, con pantalón azul a rayas blancas, barrían los peldaños de la entrada. Sin mirarlos a los ojos, Adam entró en el edificio.

No le resultó difícil encontrar la puerta, sin distintivo alguno, del despacho de Lucas Mann. Una secretaria le sonrió y le abrió otra puerta que daba a un despacho más amplio, donde el señor Mann estaba de pie detrás del escritorio, hablando por teléfono.

—Tome asiento —susurró la secretaria antes de cerrar la puerta a su espalda.

Mann le sonrió y saludó torpemente con la mano, mientras escuchaba el teléfono. Adam dejó el maletín sobre la silla y se quedó de pie junto a la misma. El despacho era amplio y pulcro, con dos largas ventanas que daban a la carretera y aportaban una gran cantidad de luz. En la pared de la izquierda había una fotografía enmarcada de un rostro que le resultaba familiar, un joven apuesto con una sonrisa sincera y robusta mandíbula. Era David McAllister, gobernador del estado de Mississippi. Adam sospechó que debía haber fotos idénticas en todos los despachos gubernamentales del estado, así como los pasillos, armarios y servicios de ámbito estatal.

Lucas Mann tiró del cordón del teléfono para acercarse a una ventana, de espaldas al escritorio y a Adam. No tenía aspecto de abogado; era un hombre de unos cincuenta y cinco años, con una larga cabellera gris oscuro, que mantenía de algún modo pegada a la nuca. Vestía a la última moda: camisa caqui, impecablemente almidonada, con el botón del cuello desabrochado que permitía entrever una camiseta de algodón gris; corbata estampada, floja pero todavía anudada; pantalón de algodón castaño, también almidonado y con un impecable dobladillo de dos centímetros; calcetines blancos, y mocasines escrupulosamente lustrados. Era evidente que Lucas sabía vestir, e igualmente evidente que ejercía en otro lugar como abogado. Si hubiera llevado un pequeño pendiente en su oreja izquierda, habría sido el perfecto hippy que al envejecer se rinde al conformismo.

El despacho estaba correctamente amueblado, con muebles usados de procedencia gubernamental: un escritorio de madera que parecía perfectamente organizado, tres sillas metálicas con cojines de vinilo desgastados y una hilera de ficheros desiguales contra una de las paredes. Adam permanecía de pie junto a la silla e intentaba tranquilizarse. ¿Obligarían a todos los abogados que acudían a la cárcel a pasar por aquel trance? Imposible. Había cinco mil reclusos en Parchman. Garner Goodman no había mencionado aquella visita a Lucas Mann.

El nombre le resultaba vagamente familiar. En alguno de los documentos que guardaba en cajas, o en un recorte de periódico, había visto el nombre de Lucas Mann, e intentaba recordar desesperadamente si era uno de los buenos o de los malos. ¿Cuál era exactamente su papel en la litigación de la pena de muerte? Adam estaba seguro de que el enemigo era el fiscal general del estado, pero no lograba encajar a Lucas en el guión.

Mann colgó de pronto el teléfono y le tendió la mano a Adam.

—Encantado de conocerle, Adam. Por favor, siéntese —dijo en un tono amable mientras le indicaba que tomara asiento—. Gracias por haber venido.

—No tiene importancia —respondió Adam nervioso, después de sentarse—. El placer es mío. ¿Qué ocurre?

—Un par de cosas. En primer lugar, sólo quería conocerle y poder saludarle. Hace doce años que estoy aquí como abogado. Me ocupo de la mayor parte de la litigación civil que se genera aquí, ya sabe, toda clase de denuncias que presentan nuestros huéspedes: violación de derechos, daños y perjuicios, y cosas por el estilo. Tengo la impresión de que alguien nos demanda todos los días. Los estatutos también me obligan a desempeñar una pequeña función en los casos de condena a muerte y, según tengo entendido, ha venido a visitar a Sam.

—Correcto.

—¿Le ha contratado?

—No exactamente.

—Lo suponía. Eso presenta un pequeño problema. No está autorizado a visitar a un preso, a no ser que le represente y sé que Sam ha prescindido oficialmente de los servicios de Kravitz & Bane.

—¿De modo que no puedo verle? —preguntó Adam, casi con un deje de alivio.

—Se supone que no debe hacerlo. Ayer tuve una larga charla con Garner Goodman. Nuestra amistad se remonta a bastantes años, a la ejecución de Naynard Tole. ¿Le suena?

—Vagamente.

—Mil novecientos ochenta y seis. Mi segunda ejecución —dijo como si él personalmente hubiera pulsado la palanca. Se sentó al borde del escritorio y bajó la cabeza para mirar a Adam, mientras el almidón de sus pantalones crujía ligeramente al mover la pierna derecha que le colgaba de la mesa—. Han sido cuatro ejecuciones. La de Sam podría ser la quinta. El caso es que Garner representaba a Maynard Tole y trabamos amistad. Es un gran caballero y un abogado temible.

—Gracias —dijo Adam, porque no se le ocurrió otra cosa.

—Personalmente, las detesto.

—¿Se opone usted a la pena de muerte?

—En la mayoría de los casos. A decir verdad, tengo dudas. Cada vez que ejecutamos a alguien aquí, tengo la sensación de que el mundo se ha vuelto loco. Luego, invariablemente, reviso alguno de los casos y recuerdo lo horribles y brutales que han sido sus crímenes. Mi primera ejecución fue la de Teddy Doyle Meeks, un vagabundo que violó y mutiló a un niño. No hubo aquí mucha tristeza cuando acabó en la cámara de gas. Pero, oiga, podría contarle un sinfín de historias. Tal vez luego, ¿de acuerdo?

—Por supuesto —respondió Adam sin comprometerse.

Era incapaz de imaginar el momento en que le apeteciera oír relatos sobre asesinatos violentos y ejecuciones.

—Le dije a Garner que, en mi opinión, no deberíamos permitirle visitar a Sam. Él me escuchó y luego me explicó, debo confesar que en términos bastante vagos, que tal vez su situación fuera especial y que deberíamos autorizarle por lo menos una visita. No me aclaró lo que tenía de especial, ¿comprende? —dijo Lucas mientras se frotaba la barbilla, como si acabara de resolver un rompecabezas—. Nuestra política es bastante rigurosa, particularmente en lo que concierne a la UMS. Pero el alcaide hará lo que le pida —agregó después de bajar el tono de su voz y dejar que las palabras colgaran en el aire.

—A decir verdad, necesito verle —dijo Adam, con la voz casi entrecortada.

—El caso es que necesita un abogado. Sinceramente, me alegro de que esté aquí. Hay muchas triquiñuelas legales hasta el último momento y me sentiré mucho mejor si Sam tiene abogado.

Lucas se colocó tras su escritorio y se sentó. Abrió una carpeta y examinó un papel. Adam esperaba y procuraba respirar con normalidad.

—Hacemos un estudio bastante amplio de nuestros condenados a muerte —declaró Lucas en un tono de advertencia solemne, sin dejar de examinar su carpeta—. Especialmente cuando han concluido las apelaciones y la ejecución es inminente. ¿Sabe usted algo de la familia de Sam?

De pronto el nudo de su estómago parecía una pelota de baloncesto. Logró encoger los hombros y mover simultáneamente la cabeza, como para indicar que no sabía nada.

—¿Piensa hablar con la familia de Sam?

De nuevo Adam no respondió y se limitó a encogerse de hombros, que ahora le pesaban enormemente.

—Me refiero a que, generalmente, en estos casos suele haber bastante contacto con la familia del condenado cuando se acerca la fecha de la ejecución. Probablemente querrá ponerse en contacto con ellos. Sam tiene una hija en Memphis, una tal señora Lee Booth. Tengo su dirección si la desea —dijo Lucas mientras miraba con suspicacia a Adam, que estaba paralizado—. ¿Supongo que no la conoce?

Adam movió la cabeza, pero no respondió.

—Sam tenía un hijo, Eddie Cayhall, pero el pobre desgraciado se suicidó en mil novecientos ochenta y uno. Vivía en California. Eddie dejó dos hijos, un varón nacido en Clanton, Mississippi, el doce de mayo de mil novecientos sesenta y cuatro, que curiosamente es también su fecha de nacimiento, según la guía jurídica Martindale Hubbel. Dice que usted nació en Memphis, el mismo día. Eddie también dejó una hija, nacida en California. Son los nietos de Sam. Yo intentaré ponerme en contacto con ellos, si usted...

—Eddie Cayhall era mi padre —exclamó Adam y respiró hondo.

Se hundió en su silla y contempló la superficie del escritorio. Le latía con mucha fuerza el corazón, pero por lo menos ahora respiraba. De pronto su espalda parecía más ligera. Incluso llegó a sonreír ligeramente.

El rostro de Mann permanecía impasible.

—Más o menos lo había deducido —respondió con un deje de satisfacción, después de reflexionar durante un largo minuto, antes de empezar a examinar de nuevo los documentos de su carpeta, como si estuviera en posesión de otras muchas sorpresas—. Sam ha estado muy solo en el patíbulo y a menudo me he preguntado por su familia. Recibe algunas cartas, pero casi ninguna de su familia. No recibe prácticamente ninguna visita, aunque tampoco las desea. Pero es inusual que su familia no se interese por un recluso tan conocido. Particularmente siendo blanco. Comprenda que no pretendo fisgar.

—Por supuesto.

—Debemos hacer preparativos para la ejecución, señor Hall —dijo Lucas sin prestar atención a su comentario—. Por ejemplo, hemos de saber lo que hay que hacer con el cadáver, el funeral y todo lo demás. Ahí es donde interviene la familia. Después de hablar ayer con Garner, pedí a algunos de nuestros funcionarios en Jackson que localizaran a la familia. En realidad fue bastante fácil. Verificaron también su historial y descubrieron inmediatamente que en el estado de Tennessee no hay constancia del nacimiento de Adam Hall el doce de mayo de mil novecientos sesenta y cuatro. De algún modo una cosa condujo a otra. No fue difícil.

—He dejado de ocultarme.

—¿Cuándo descubrió su relación con Sam?

—Hace nueve años. Mi tía, Lee Booth, me lo contó después del entierro de mi padre.

—¿Ha tenido algún contacto con Sam?

—No.

Lucas cerró la carpeta y se inclinó en su crujiente silla.

—¿De modo que Sam no tiene ni idea de quién es usted, o por qué está aquí?

—Exactamente.

—Caramba —exclamó con un silbido, mirando hacia el techo.

Adam se relajó un poco y se incorporó en su silla. Su secreto había dejado de serlo y, de no haber sido por Lee y su miedo a ser descubierta, se habría sentido de maravilla.

—¿Cuánto tiempo puedo pasar hoy con él? —preguntó.

—Pues, señor Hall...

—Llámeme Adam, ¿de acuerdo?

—Muy bien, Adam, en realidad tenemos dos clases de normas en el patíbulo.

—Discúlpeme, pero en la puerta me han dicho que aquí no había ningún patíbulo.

—Oficialmente no lo hay. Nunca oirá a ningún guardia o cualquier otro funcionario que lo llame cualquier otra cosa que no sea máxima seguridad, UMS o unidad diecisiete. Pero el caso es que cuando a un hombre está a punto de acabársele el tiempo en el patíbulo, relajamos un poco las normas. Habitualmente, la visita de los abogados se limita a una hora diaria, pero en el caso de Sam puede disponer de todo el tiempo que necesite. Supongo que tendrán mucho de que hablar.

—¿De modo que no hay ninguna limitación en cuanto al tiempo?

—No. Puede quedarse todo el día si lo desea. Procuramos facilitar las cosas en los últimos días. Puede ir y venir a su antojo, siempre y cuando no suponga ningún riesgo para la seguridad. He estado en los patíbulos de otros cinco estados y, créame, nadie los trata tan bien como nosotros. Maldita sea, en Louisiana retiran al pobre individuo de su unidad y le colocan en la llamada «casa de la muerte» tres días antes de la ejecución. Menuda crueldad. Aquí no hacemos eso. Sam recibirá un trato especial hasta el gran día.

—¿El gran día?

—Sí. Cuatro semanas a partir de hoy, ¿lo sabía? El ocho de agosto —dijo Lucas mientras levantaba unos papeles de su escritorio y se los ofrecía a Adam—. Esto ha llegado esta mañana. El quinto circuito levantó la moratoria ayer por la tarde y el Tribunal Supremo de Mississippi ha fijado la nueva fecha de la ejecución para el ocho de agosto.

Adam recibió los documentos sin mirarlos.

—Cuatro semanas —declaró aturdido.

—Eso me temo. Hace aproximadamente una hora le he llevado una copia a Sam, de modo que está de un humor de mil demonios.

—Cuatro semanas —repitió Adam casi para sus adentros,

mientras echaba una ojeada a la orden judicial, en la que se leía «Sam Cayhall contra el estado de Mississippi»—. Supongo que será mejor que vaya a verle, ¿no le parece? —agregó sin pensar.

—Sí. Escúcheme, Adam, no soy uno de los malos, ¿comprende? —dijo Lucas mientras se ponía lentamente de pie. Caminó hasta un extremo de su escritorio, se sentó sobre el mismo, cruzó los brazos y miró a Adam—. Me limito a hacer mi trabajo. Estaré involucrado porque es mi obligación vigilar este lugar y asegurarme de que todo se hace legalmente, según las normas. Será una locura. Todo el mundo me llamará por teléfono: el alcaide, sus ayudantes, el despacho del fiscal general, el gobernador, usted y otros centenares de personas. De modo que estaré en el centro de todo, aunque no me apetece en absoluto. Es lo más desagradable de este trabajo. Sólo quiero que sepa que estoy aquí si me necesita, ¿entendido? Siempre seré justo y sincero con usted.

—Usted supone que Sam me permitirá que le represente.

—Sí. Lo supongo.

—¿Cuántas probabilidades hay de que la ejecución se celebre dentro de cuatro semanas?

—El cincuenta por ciento. Nunca se sabe lo que harán los tribunales en el último momento. Nosotros empezaremos los preparativos dentro de una semana aproximadamente. Tenemos una lista bastante larga de requisitos que debemos cumplir.

—Una especie de proyecto de muerte.

—Algo por el estilo. No crea que nos gusta.

—Supongo que aquí todos se limitan a hacer su trabajo, ¿no es cierto?

—Es la ley de este estado. Si nuestra sociedad quiere ejecutar a los criminales, alguien tiene que hacerlo.

Adam guardó la orden judicial en su maletín y se puso de pie frente a Lucas.

—Supongo que debo darle las gracias por su hospitalidad.

—No hay de qué. Después de que se haya entrevistado con Sam, necesitaré saber lo ocurrido.

—Le mandaré una copia del contrato de representación, si lo firma.

—Es todo lo que necesito.

Se dieron la mano y Adam se dirigió a la puerta.

—Una última cosa —agregó Lucas—. Cuando traigan a Sam a la sala de entrevistas, pídales a los guardias que le quiten las esposas. Me aseguraré de que lo hagan. Significará mucho para Sam.

—Gracias.

—Buena suerte.

NUEVE

Cuando Adam salió del edificio y pasó junto a los dos reclusos que, con la misma languidez, seguían barriendo el mismo polvo, la temperatura había subido por lo menos diez grados. Se detuvo en la puerta unos instantes y contempló a un grupo de presos que recogía la basura a lo largo de la carretera, a menos de cien metros. Un guardia armado a caballo les vigilaba desde la cuneta. Los coches circulaban sin reducir la velocidad. Adam se preguntó qué tipo de presos serían esos a los que se les permitía trabajar fuera de la cárcel y tan cerca de la carretera. A nadie parecía preocuparle más que a él.

Caminó la corta distancia que le separaba de su coche, y ya estaba sudando cuando abrió la puerta y arrancó el motor. Avanzó por el callejón que rodeaba el aparcamiento detrás del despacho de Mann y luego giró a la izquierda por la calle principal del recinto. De nuevo se encontró con acogedoras casitas blancas, con árboles y flores en los jardines. Qué pequeña comunidad tan civilizada. Una flecha en un cartel indicaba que la unidad diecisiete se encontraba a la izquierda. Giró muy lentamente y, al cabo de unos segundos, se encontró en un camino sin asfaltar que conducía a unas grandes verjas con alambre espinoso.

El patíbulo de Parchman había sido construido en mil novecientos cincuenta y cuatro, y denominado oficialmente Unidad de Máxima Seguridad, o simplemente UMS. En una placa figuraba la fecha, el nombre del entonces gobernador, los nombres de diversos funcionarios importantes y desde hace mucho olvidados, relacionados con su construcción y, por supuesto, los nombres del arquitecto y del constructor. Fue una obra ejemplar para su época: un edificio, de ladrillo rojo y tejado plano, de una sola planta que formaba dos prolongados rectángulos a partir del centro.

Adam aparcó entre otros dos coches en la gravilla y contempló el edificio. No se veían barrotes desde el exterior. Ningún guardia patrullaba a su alrededor. De no haber sido por la verja y el alambre espinoso, podría haber pasado por una escuela en los suburbios. Dentro de un patio cercado al final de una de las alas, un recluso solitario hacía botar una pelota de baloncesto en un campo de tierra y la arrojaba a un aro torcido.

La verja que Adam tenía delante medía por lo menos cuatro metros de alto y la coronaba una cantidad generosa de alambre espinoso. Corría paralela a la pared, hasta la torre de vigilancia que se erguía en una de las esquinas desde donde oteaban unos guardias. La verja rodeaba el patíbulo por los cuatro costados con una simetría asombrosa, y en cada una de las esquinas había una elevada torre de vigilancia idéntica a las demás, con una garita de cristal sobre la misma. Junto a la verja empezaban los cultivos, que parecían extenderse eternamente. El patíbulo estaba literalmente en medio de un campo de algodón.

Adam se apeó del coche con una repentina sensación de claustrofobia y estrujó el asa de su pequeño maletín mientras contemplaba, a través de la verja metálica, aquel pequeño edificio plano y cálido donde mataban a seres humanos. Se le había vuelto a formar un violento nudo en el estómago. Sus primeros pasos hacia el portalón fueron lentos y torpes, debido primordialmente a que le flaqueaban las piernas y le temblaban las rodillas. Sus elegantes mocasines con cordones estaban polvorientos cuando llegó junto a la torre de vigilancia y levantó la cabeza. Una mujer uniformada hizo descender un cubo rojo atado a una cuerda, parecido al que uno utilizaría para lavar el coche.

—Coloque las llaves en el cubo —ordenó con claridad, apoyada en la barandilla.

El alambre espinoso de la cima de la verja estaba a más de un metro por debajo de los pies de la agente.

Adam obedeció inmediatamente y sin rechistar. Introdujo cuidadosamente las llaves en el cubo, donde había ya una docena de llaveros. Entonces vio cómo volvía a elevarse, cómo aquella mujer hacía algún tipo de nudo en la cuerda y el cubo quedaba suspendido en el aire. Una suave brisa lo habría mecido ligeramente, pero en aquel momento, en aquel vacío agobiante, apenas había aire para respirar. Los vientos habían muerto hacía muchos años.

Alguien, en algún lugar, pulsó un botón o tiró de una palanca, y, acto seguido, empezó a oírse un ronroneo conforme el primero de los dos robustos portalones metálicos se abría lo justo para permitir la entrada. Después de avanzar unos pasos, el portalón se cerró a su espalda. Estaba aprendiendo la primera regla básica de la seguridad en la cárcel: todas las entradas protegidas constaban de dos puertas.

Cuando el portalón a su espalda quedó perfectamente cerrado, empezó a deslizarse el segundo. En aquel momento, un robusto guardia, con unos brazos tan voluminosos como las piernas de Adam, apareció en la puerta principal del edificio y se acercó parsimoniosamente al portal. Con su enorme pecho y grueso cuello esperó a que concluyera la operación del portalón y le tendió a Adam una gigantesca mano negra.

—Sargento Packer —dijo.

En el momento en que Adam le estrechaba la mano, se percató de las botas negras de vaquero impecablemente lustradas que llevaba el sargento.

—Adam Hall —respondió, procurando abarcar con la suya toda la mano del sargento.

—Viene a visitar a Sam —declaró Packer.

—Sí, señor —dijo Adam, mientras se preguntaba si todo el mundo le llamaba simplemente Sam.

—¿Su primera visita? —preguntó el sargento, mientras se acercaban lentamente a la fachada del edificio.

—Sí —respondió Adam con la mirada fija en las ventanas abiertas de la fachada—. ¿Están aquí todos los condenados a muerte? —preguntó.

—Sí. Hoy tenemos cuarenta y siete. Perdimos a uno la semana pasada.

—¿Perdieron a uno? —preguntó Adam, cuando ya casi habían llegado a la puerta principal.

—Sí. El Supremo le conmutó la pena. Tuvimos que trasladarlo con el grueso de la población. He de cachearle.

Estaban frente a la puerta y Adam miró nervioso a su alrededor, pensando dónde se proponía Packer efectuar el cacheo.

—Abra un poco las piernas —dijo el sargento, después de retirarle el maletín de las manos y dejarlo sobre el suelo de hormigón.

Sus elegantes mocasines permanecían clavados en el suelo. Aunque estaba mareado y temporalmente privado del pleno uso de sus facultades, en aquel horrible momento Adam no recordaba que jamás le hubieran ordenado abrirse de piernas, aunque sólo fuera un poco.

Pero Packer era un profesional. Palpó hábilmente alrededor de los calcetines, subió hasta las rodillas, más que temblorosas, y luego, en un santiamén, le cacheó la cintura. Afortunadamente, el primer cacheo terminó a los pocos segundos de haber empezado, después de que el sargento Packer le pasara rápidamente las manos por los sobacos para asegurarse de que Adam no llevaba ninguna pistolera en el pecho. Acto seguido introdujo su enorme mano derecha en el maletín y se lo devolvió.

—No es un buen día para ver a Sam —dijo entonces.

—Eso he oído —respondió Adam, al tiempo que se echaba de nuevo la chaqueta al hombro.

—Por aquí —farfulló Packer, mientras empezaba a caminar por el césped hacia una esquina.

Adam le siguió por otro caminito de ladrillo rojo, hasta llegar a una puerta normal e inconspicua junto a la que crecían hierbajos. No había ninguna placa ni distintivo sobre la misma.

—¿Qué es esto? —preguntó Adam. Aunque recordaba vagamente la descripción de Goodman, en aquel momento todos los detalles se confundían en su mente.

—La sala de entrevistas —respondió Packer al tiempo que sacaba una llave para abrir la puerta.

Adam miró a su alrededor antes de entrar y procuró orientarse. La puerta estaba junto a la sección central de la unidad y se le ocurrió que tal vez los funcionarios preferían que los abogados no husmearan. De ahí la puerta lateral.

Respiró hondo y entró. No había ningún otro abogado presente y eso le tranquilizó. La entrevista podía ser agitada, tal vez emotiva, y prefería que tuviera lugar en privado. Por lo menos de momento la sala estaba vacía. Era lo suficientemente grande para que varios abogados visitaran y asesoraran a sus clientes al mismo tiempo; contaba con unos diez metros de longitud por cuatro de anchura, suelo de hormigón y una buena iluminación fluorescente. La pared del fondo era de ladrillo rojo, con tres ventanas muy altas, iguales a las de la fachada. Era evidente que aquella sala de entrevistas era de construcción ulterior.

Un pequeño aparato de aire acondicionado instalado en una ventana rugía furiosamente, pero su efecto dejaba mucho que desear. La sala estaba perfectamente dividida por un muro de ladrillo y metal que separaba la zona de los abogados de la de los clientes. El primer metro era de ladrillo, coronado por un pequeño mostrador donde los abogados podían tomar sus indispensables notas y colocar sus imprescindibles documentos. Firmemente asentada sobre el mostrador había una verja metálica verde claro que se alzaba hasta el techo.

Adam se acercó lentamente al fondo de la sala, sorteando una variada selección de sillas: excedentes gubernamentales verdes y grises, sillas plegables y taburetes de cafetería.

—Voy a cerrar esta puerta con llave —dijo Packer cuando se retiraba—. Traeremos a Sam.

Se cerró la puerta y Adam se quedó a solas. Entonces se instaló inmediatamente en un extremo de la sala, convencido de que si llegaba otro abogado elegiría el extremo opuesto, a fin de poder hablar con cierta intimidad. Acercó una silla al mostrador, colocó la chaqueta sobre otra silla, sacó su cuaderno, preparó su pluma y empezó a morderse las uñas. Intentó dejarlo, pero no pudo. Tenía un terrible calambre en el estómago y sus talones no dejaban de temblar. Miró a través de la verja y examinó la parte de la sala dedicada a los presos: el mismo mostrador, la misma colección de sillas viejas. En el centro de la verja, delante de él, había una rendija, de veinticinco por diez, y sería a través de aquel pequeño agujero por donde se encontraría cara a cara con Sam Cayhall.

Mientras esperaba hecho un manojo de nervios, se decía a sí mismo que se tranquilizara, calmara, relajara, que estaba capacitado para superar aquella situación. Escribió algo en su cuaderno, pero francamente fue incapaz de leerlo. Se arremangó. Examinó la sala en busca de micrófonos o cámaras, pero el lugar era tan simple y modesto que no pudo imaginar que alguien intentara vigilarlos. Si los demás eran como el sargento Packer, el personal era muy tranquilo, casi indiferente.

Contempló las sillas vacías a ambos lados de la verja y se preguntó cuántas personas desesperadas, en las últimas horas de su vida, se habrían reunido allí con sus abogados y esperado oír alguna palabra alentadora. ¿Cuántas anhelantes súplicas habrían cruzado aquella verja, cuando el reloj avanzaba inexorablemente? ¿Cuántos abogados se habrían sentado donde estaba él ahora para comunicarles a sus clientes que ya no quedaba nada por hacer y que la ejecución tendría lugar? Era un pensamiento umbrío que tranquilizó considerablemente a Adam. No era el primero que estaba allí, ni sería el último. Era abogado, con una buena formación y con la suerte de tener una mente ágil y de contar con los formidables recursos de Kravitz & Bane. Podía desempeñar su función. Sus piernas dejaron lentamente de temblar y dejó de morderse las uñas.

Se oyó el ruido de un cerrojo y se sobresaltó. Se abrió lentamente la puerta y apareció un joven guardia blanco en la sección de los reclusos. A su espalda, con un chándal rojo claro y las manos esposadas, estaba Sam Cayhall. Después de echar una ojeada a su alrededor, dirigió la mirada a la verja hasta concentrarla en Adam. Otro guardia, a su espalda, le cogió del codo para conducirle frente a su nuevo abogado. Era delgado, pálido y quince centímetros más bajo que los guardias, que parecían mantenerse a una distancia prudencial de él.

—¿Quién es usted? —le peguntó a Adam, que en aquel momento tenía una uña entre los dientes.

Un guardia acercó una silla a la espalda de Sam y su compañero le obligó a sentarse. Sam colocó las esposas sobre el mostrador y miró fijamente a Adam.

Los guardias retrocedieron y estaban a punto de abandonar la sala cuando Adam les dijo:

—¿Podrían retirarle las esposas, por favor?

—No, señor. No está permitido.

—Vamos, retírenselas —insistió Adam con todo el tesón del que fue capaz—. Vamos a estar aquí un rato.

Los guardias se miraron entre sí, como si nadie les hubiera pedido jamás semejante cosa. Apareció inmediatamente una llave y le retiraron las esposas.

Sam no estaba impresionado. Miraba fijamente a Adam por la rendija de la valla, mientras los guardias se retiraban ruidosamente. Se cerró la puerta y se oyó el ruido del cerrojo.

Estaban solos; la versión Cayhall de una reunión familiar. El traqueteo y ronroneo del aparato del aire fueron durante un largo minuto lo único que se oyó en la sala. Aunque lo intentaba con toda su valentía, Adam no lograba mirar a Sam a los ojos durante más de dos segundos. Se mantenía ocupado tomando importantes notas en su cuaderno y, con cada línea que numeraba, percibía el calor de la mirada de Sam.

Por último, Adam le ofreció una tarjeta de visita por la rendija.

—Me llamo Adam Hall. Soy abogado del bufete Kravitz & Bane. Chicago y Memphis.

Sam cogió parsimoniosamente la tarjeta y la examinó por

ambos lados. Adam observaba todos y cada uno de sus movimientos. Tenía los dedos arrugados y manchados por la nicotina del tabaco. El único color de su pálido rostro se lo proporcionaba una barba canosa de cinco días. Su cabello, aplastado hacia la nuca, era largo, gris y grasiento. Adam decidió inmediatamente que no se parecía en absoluto a las imágenes congeladas del vídeo. Tampoco tenía el mismo aspecto que en sus últimas fotografías publicadas, las del juicio de mil novecientos ochenta y uno. Ahora era un hombre anciano, con una delicada piel pastosa e infinidad de diminutas arrugas alrededor de los ojos. Unas profundas hendiduras de edad y sufrimiento le surcaban la frente. Lo único atractivo de sus facciones eran sus ojos, añiles y penetrantes, que dejaron de examinar la tarjeta.

—Ustedes, los judíos, nunca se dan por vencidos, ¿verdad? —dijo en un tono amable, sin el menor indicio de enojo.

—No soy judío —respondió Adam, mirándole ahora fijamente.

—Entonces, ¿cómo es que trabaja para Kravitz & Bane? —preguntó, después de dejar la tarjeta sobre el mostrador.

Sus palabras, impregnadas de la paciencia de un hombre que había pasado nueve años en una celda de seis metros cuadrados, eran suaves, lentas y circunspectas.

—En nuestro bufete todo el mundo goza de las mismas oportunidades.

—Muy agradable. Y supongo que todo es perfectamente correcto y legal. Plena obediencia a todas las normas de los derechos civiles y las leyes federales de bienestar social.

—Por supuesto.

—¿Cuántos socios hay actualmente en Kravitz & Bane?

Adam se encogió de hombros. El número variaba de año en año.

—Unos ciento cincuenta.

—Ciento cincuenta socios. ¿Cuántos son mujeres?

Adam titubeó mientras intentaba contar.

—A decir verdad, no lo sé. Probablemente una docena.

—Una docena —repitió Sam sin mover apenas los labios, con las manos cruzadas e inmóviles, y sin parpadear—. De modo que menos del diez por ciento de sus socios son mujeres. ¿Y cuántos sambos entre sus socios?

—¿Le importaría que les llamáramos negros?

—En absoluto, a pesar de que ese término ya está también anticuado. Ahora quieren que se les llame afroamericanos. Sin duda, usted debe de ser de una tendencia política lo suficientemente correcta para saberlo.

Adam asintió sin decir palabra.

—¿Cuántos socios afroamericanos tienen ustedes?

—Creo que son cuatro.

—No llegan al tres por ciento. Caramba, caramba. Kravitz & Bane, ese gran baluarte de la justicia social y del liberalismo político, discrimina, después de todo, a los afroamericanos y las hembroamericanas. Me faltan palabras.

Adam escribió algo ilegible en su cuaderno. Podía haber alegado, evidentemente, que casi un tercio de los miembros asociados eran mujeres y que el bufete hacía esfuerzos especiales para contratar a los mejores estudiantes negros de Derecho. Podía haberle explicado que dos varones blancos, cuyas ofertas de empleo se habían retirado en el último momento, les habían demandado por un caso de discriminación a la inversa.

—¿Cuántos socios judioamericanos tienen ustedes? ¿Un ochenta por ciento?

—No lo sé. En realidad, a mí no me importa.

—Pues a mí sí que me importa. Siempre me ha avergonzado que me representaran esos bramantes mojigatos.

—A mucha gente le habría parecido correcto.

Sam llevó cuidadosamente la mano al único bolsillo visible de su chándal y sacó un paquete azul de Montclairs y un encendedor no recargable. Llevaba la chaqueta del chándal abierta hasta medio pecho, cubierto de abundante pelo canoso. Su ropa era de un algodón muy ligero. A Adam le resultaba inimaginable la vida en aquel lugar sin aire acondicionado.

Encendió el cigarrillo y soltó una bocanada de humo hacia el techo.

—Creí que había terminado con ustedes.

—No me han mandado. Me he ofrecido voluntario.

—¿Por qué?

—No lo sé. Usted necesita un abogado y...

—¿Por qué está tan nervioso?

Adam se sacó las uñas de la boca y dejó de golpear los pies en el suelo.

—No estoy nervioso.

—Claro que lo está. He visto a muchos abogados aquí, pero nunca a uno que estuviera tan nervioso como usted. ¿Qué le ocurre, muchacho? ¿Teme que cruce la valla y le ataque?

—No diga bobadas —refunfuñó Adam, e intentó sonreír—. No estoy nervioso.

—¿Qué edad tiene usted?

—Veintiséis.

—Aparenta veintidós. ¿Cuándo salió de la facultad?

—El año pasado.

—Fantástico. Esos cabrones judíos han mandado a un recluta para que me salve. He sabido desde hace tiempo que quieren verme muerto, y esto demuestra que estoy en lo cierto. Yo maté a algunos judíos y ahora ellos quieren matarme a mí. He estado siempre en lo cierto.

—¿Admite haber matado a los gemelos Kramer?

—¿Qué coño de pregunta es ésa? Así lo afirmó el jurado. Durante nueve años, los tribunales de apelación han confirmado que el jurado tenía razón. Eso es lo único que cuenta. ¿Quién coño es usted para hacerme ese tipo de preguntas?

—Necesita un abogado, señor Cayhall. Estoy aquí para ayudarle.

—Necesito muchas cosas, muchacho, pero no a un ávido novato como usted que me dé consejos. Usted es peligroso, hijo, pero es demasiado ignorante para saberlo.

Sus palabras volvían a ser circunspectas y desprovistas de emoción. Sostenía el cigarrillo en la mano derecha, y sacudía la ceniza a un nítido montón en un tazón de plástico. De vez en cuando parpadeaba, pero su rostro no reflejaba ningún sentimiento ni emoción.

Adam tomó algunas notas sin importancia y luego intentó mirar de nuevo a los ojos de Sam por la rendija.

—Escúcheme, señor Cayhall, soy abogado y tengo una fuerte convicción moral contra la pena de muerte. Tengo una buena educación, buena formación, he estudiado los temas relacionados con la octava enmienda y puedo serle útil. Ésa es la razón por la que he venido. Gratis.

—Gratis —repitió Sam—. Muy generoso. ¿Es usted consciente, hijo, de que ahora recibo, por lo menos, tres ofertas semanales de abogados que quieren representarme gratis? Abogados importantes. Abogados famosos. Abogados ricos. Algunos como reptiles realmente perniciosos. Están todos perfectamente dispuestos a sentarse donde está usted ahora, presentar todas las peticiones y súplicas de última hora, hacer entrevistas, llamar la atención de las cámaras, darme la mano en las últimas horas, ver cómo me ejecutan en la cámara de gas, ofrecer otra conferencia de prensa y, a continuación, firmar un contrato para un libro, una película o tal vez una miniserie televisiva sobre la vida y azañas de Sam Cayhall, un verdadero asesino del Klan. Comprende, hijo, soy famoso y lo que hice se ha convertido en leyenda. Y puesto que están a punto de ejecutarme, seré todavía más famoso. De ahí que me persigan los abogados. Valgo mucho dinero. Este país está enfermo, ¿no le parece?

Adam movía la cabeza.

—Yo no quiero nada de todo eso, se lo prometo. Se lo daré por escrito. Firmaré un compromiso de reserva absoluta.

—Claro —rió Sam—. ¿Y quién se ocupará de que se cumpla cuando yo haya desaparecido?

—Su familia —respondió Adam.

—Olvídese de mi familia —declaró enérgicamente Sam.

—Mis motivos son sinceros, señor Cayhall. Mi bufete le ha representado durante siete años, de modo que lo sé casi todo respecto a su historial. También he hecho bastante investigación sobre su vida.

—Bien venido a bordo. Hasta mi ropa interior ha sido escudriñada por centenares de cretinos de la prensa. Al parecer hay mucha gente que sabe mucho sobre mí, pero todos sus conocimientos unidos no me sirven absolutamente de nada en estos momentos. Me quedan cuatro semanas. ¿Lo sabía?

—Tengo una copia de la orden judicial.

—Cuatro semanas y a la cámara de gas.

—Entonces pongámonos a trabajar. Le doy mi palabra de que no hablaré con la prensa, a no ser que usted me autorice a hacerlo, que nunca repetiré nada de lo que me cuente, y que no firmaré ningún contrato para ningún libro ni película. Se lo juro.

Sam encendió otro cigarrillo y se quedó con la mirada fija en algo sobre el mostrador. Se frotó suavemente la sien derecha con el pulgar mientras sostenía el cigarrillo a pocos centímetros de su cabello. Durante mucho tiempo, el único sonido fue el del acondicionador de aire. Sam fumaba y se dedicaba a la contemplación. Adam hacía garabatos y se sentía bastante orgulloso de que no se le movieran los pies ni tuviera calambres en el estómago. El silencio era embarazoso y supuso, correctamente, que Sam era capaz de fumar y reflexionar en silencio durante varios días.

—¿Está usted familiarizado con Barroni? —preguntó amablemente Sam.

—¿Barroni?

—Sí, Barroni. El circuito noveno pronunció sentencia la semana pasada. Un caso de California.

—Puede que lo haya visto —respondió Adam, mientras se devanaba los sesos en busca de algún indicio de Barroni.

—¿Puede que lo haya visto? ¿Tiene usted estudios y una buena formación, y puede que haya visto Barroni? ¿Qué clase de abogaducho es usted?

—No soy un abogaducho.

—De acuerdo, de acuerdo. ¿Qué me dice de Texas contra Eekes? Seguro que éste lo habrá leído...

—¿Cuándo se pronunció sentencia?

—En las últimas seis semanas.

—¿En qué juzgado?

—Circuito quinto.

—¿Octava enmienda?

—No sea estúpido —exclamó Sam con verdadero asco—. ¿Cree que perdería el tiempo leyendo casos sobre la libertad de expresión? Es mi culo, muchacho, el que sentarán en la cámara, mis muñecas y mis tobillos los que atarán a la silla. Mi nariz será la que aspirará el veneno.

—No. No recuerdo el caso de Eekes.

—¿Qué lee usted?

—Todos los casos importantes.

—¿Ha leído Barefoot?

—Por supuesto.

—Hábleme de Barefoot.

—¿Qué es esto, un concurso?

—Esto es lo que yo quiero que sea. ¿De dónde era Barefoot? —preguntó Sam.

—No me acuerdo. Pero el nombre completo del caso era Barefoot contra Estelle, sentó jurisprudencia en mil novecientos ochenta y tres, cuando el Tribunal Supremo determinó que los condenados a muerte no pueden reservarse alegaciones válidas en la apelación, para utilizarlas más adelante. Algo por el estilo.

—Caramba, caramba. Se lo ha leído. ¿No le ha parecido curioso que el mismo tribunal puede cambiar de opinión cuando se le antoje? Piénselo. Durante dos siglos el Tribunal Supremo de Estados Unidos ha permitido las ejecuciones legales. Ha dicho que eran constitucionales y debidamente protegidas por la octava enmienda. Luego, en mil novecientos setenta y dos, el Tribunal Supremo de Estados Unidos leyó la misma constitución inalterada y prohibió la pena de muerte. Más adelante, en mil novecientos setenta y seis, el Tribunal Supremo de Estados Unidos decidió que las ejecuciones eran constitucionales después de todo. Los mismos mochuelos, con las mismas togas, en el mismo edificio de Washington. Ahora, el Tribunal Supremo de Estados Unidos está cambiando de nuevo las normas, de acuerdo con la misma constitución. Los muchachos de Reagan están hartos de leer demasiadas apelaciones y han declarado ciertos recursos cerrados. Me parece extraño.

—Le parece extraño a mucha gente.

—¿Qué me dice de Dulaney? —preguntó Sam, mientras daba una larga calada.

Había escasa ventilación en la sala y se estaba formando una nube sobre sus cabezas.

—¿De dónde es?

—Louisiana. Sin duda lo habrá leído.

—Estoy seguro de haberlo hecho. En realidad, probablemente he leído muchos más casos que usted, pero no siempre me molesto en recordarlos a no ser que me proponga utilizarlos.

—¿Utilizarlos dónde?

—Recursos y apelaciones.

—De modo que ya ha tenido casos de pena de muerte. ¿Cuántos?

—Éste es el primero.

—¿Por qué será que esto no me tranquiliza? Esos abogados judío-americanos de Kravitz & Bane le han mandado para que practique conmigo, ¿no es cierto? Ha venido para adquirir un poco de experiencia práctica y mejorar su currículum.

—Ya le he dicho que no me han mandado.

—¿Cómo está Garner Goodman? ¿Sigue vivo?

—Sí. Tiene la misma edad que usted.

—Entonces no le queda mucho, ¿no es cierto? ¿Y Tyner?

—El señor Tyner está bien. Le diré que ha preguntado por él.

—Hágalo, se lo ruego. En realidad, dígales que les echo a ambos de menos. Maldita sea, tardé casi dos años en poder prescindir de sus servicios.

—Trabajaron como unos malditos para usted.

—Dígales que me manden la factura —rió por primera vez Sam, mientras apagaba la colilla en el tazón y encendía otro cigarrillo—. El caso es, señor Hall, que odio a los abogados.

—Es lo que se estila en Norteamérica.

—Los abogados me persiguen, me acusan, me procesan, me atosigan, me joroban y, por último, me mandan a este lugar. Desde que estoy aquí, me han acechado, mentido, engañado, y ahora vuelven encarnados en usted, un fanático recluta que sería incapaz de hallar el maldito juzgado.

—Creo que le sorprendería.

—Me llevaría una enorme sorpresa, hijo, si lograra diferenciar su culo de un agujero en la tierra. Sería el primer payaso de Kravitz & Bane que posee dicha información.

—Han evitado durante siete años que vaya a la cámara de gas.

—¿Y se supone que debo estarles agradecido? Hay quince residentes en el patíbulo con más antigüedad que yo. ¿Por qué debo ser yo el próximo? He estado aquí nueve años y medio. Treemont está aquí desde hace catorce años. Claro que él es afroamericano, y eso siempre ayuda. Tienen más derechos, ¿lo sabía? Es mucho más difícil ejecutar a uno de ellos porque lo que hayan hecho es siempre culpa de otro.

—Eso no es cierto.

—¿Cómo diablos sabe usted lo que es cierto? Hace un año era todavía estudiante, se pasaba el día entero con unos vaqueros descoloridos, bebiendo cerveza en las horas de ocio con amiguitos idealistas. Usted no ha vivido, hijo. No me diga lo que es cïerto.

—¿De modo que usted es partidario de acelerar las ejecuciones de los afroamericanos?

—A decir verdad, no sería mala idea. La mayoría de esos sinvergüenzas merecen la cámara de gas.

—Estoy seguro de que ésta debe de ser una opinión minoritaria en el patíbulo.

—No le quepa la menor duda.

—Y usted, naturalmente, es diferente y no debería estar aquí.

—No, no debería estar aquí. Soy un preso político y estoy aquí gracias a un egomaníaco que me utilizó para sus propios fines políticos.

—¿Podemos hablar de su inocencia o culpabilidad?

—No. Pero yo no hice lo que el jurado dijo que había hecho.

—¿De modo que tenía un cómplice? ¿Otra persona colocó la bomba?

Sam se frotó los profundos surcos de la frente con los dedos de la mano izquierda, como si se pusiera furioso. Pero no lo hacía. Había entrado de pronto en un profundo y prolongado trance. La sala de entrevistas era mucho más fresca que su celda. La conversación era inconsecuente, pero por lo menos significaba charlar con alguien que no era un carcelero, ni el recluso invisible de la celda contigua. Se lo tomaría con calma y lo prolongaría todo lo posible.

Adam repasó sus notas y pensó en lo que diría a continuación. Habían charlado durante veinte minutos, o mejor dicho disputado, sin ningún rumbo definido. Antes de marcharse, estaba decidido a enfrentarse a su historial familiar. Pero no sabía cómo plantearlo.

Transcurrieron varios minutos sin mirarse. Sam encendió otro Montclair.

—¿Por qué fuma tanto? —preguntó finalmente Adam.

—Preferiría morir de cáncer de pulmón. Es un deseo generalizado entre los condenados a muerte.

—¿Cuántos paquetes diarios?

—Hasta tres. Depende del dinero.

Transcurrió otro minuto. Sam acabó de fumarse tranquilamente su cigarrillo y preguntó amablemente:

—¿Dónde estudió?

—En la Facultad de Derecho de Michigan. Antes en Pepperdine.

—¿Dónde está eso?

—En California.

—¿Fue allí donde se crió?

—Sí.

—¿Cuántos estados tienen la pena de muerte?

—Treinta y ocho, pero en la mayoría de ellos no se implementa. Sólo parecer ser popular en los estados del sur, Texas, Florida y California.

—Sabrá que nuestros queridos legisladores han cambiado la ley en este estado. Ahora se nos permite morir de una inyección letal. Es más humanitario. ¿No le parece bonito? Pero no es aplicable a mi caso, porque me condenaron hace muchos años. Tendré que oler el gas.

—Tal vez no.

—¿Tiene veintiséis años?

—Sí.

—Nacido en mil novecientos sesenta y cuatro.

—Efectivamente.

Sam extrajo otro cigarrillo del paquete y golpeó el filtro sobre el mostrador.

—¿Dónde?

—En Memphis —respondió Adam sin mirarle.

—Usted no lo comprende, hijo. Este estado necesita una ejecución y se da el caso de que yo soy la próxima víctima. En Louisiana, Texas y Florida los matan como moscas, y los ciudadanos respetuosos de la ley de este estado no comprenden por qué no se utiliza nuestra pequeña cámara. Cuanto más aumentan los crímenes violentos, mayor es el deseo de la gente de que se ejecute a los condenados. Hace que se sientan mejor, como si el sistema se esforzara en eliminar a los asesinos. Los políticos prometen abiertamente más cárceles en sus campañas, un endurecimiento de las penas y mayor número de ejecuciones. Ésa es la razón por la que esos payasos de Jackson votaron por la inyección letal. Se supone que es más humanitaria, menos reprobable y, por consiguiente, más fácil de implementar. ¿Comprende?

Adam asintió ligeramente.

—Ha llegado el momento de que se celebre una ejecución y yo soy el primero de la lista. De ahí que presionen con tanto ahínco. No podrá evitarlo.

—Podemos ciertamente intentarlo. Quiero tener la oportunidad de hacerlo.

Sam encendió finalmente el cigarrillo. Dio una fuerte calada y expulsó el humo por una pequeña abertura entre los labios con un silbido. Se apoyó ligeramente en los codos y miró por la rendija de la verja.

—¿De qué parte de California es usted?

—Del sur. Los Ángeles —respondió Adam lanzando una mirada a los penetrantes ojos de Sam y bajó la cabeza.

—¿Sigue allí su familia?

Adam sintió una extraña punzada en el pecho y, momentáneamente, sintió que se le paraba el corazón. Sam fumaba su cigarrillo sin parpadear.

—Mi padre está muerto —respondió Adam con la voz entrecortada, al tiempo que se hundía varios centímetros en su silla.

Durante un largo minuto, Sam permaneció sentado al borde de su silla.

—¿Y su madre? —preguntó finalmente.

—Vive en Portland. Ha vuelto a casarse.

—¿Dónde está tu hermana?

Adam cerró los ojos y dejó caer la cabeza.

—En la universidad —susurró.

—Creo que se llama Carmen, ¿no es cierto? —preguntó Sam en un susurro.

Adam asintió.

—¿Cómo lo has sabido? —preguntó sin separar apenas los dientes.

Sam se separó de la verja y se acomodó en su silla de metal plegable. Dejó caer el cigarrillo que estaba fumando sin siquiera mirarlo.

—¿Por qué has venido? —preguntó en un tono mucho más firme y decidido.

—¿Cómo me has reconocido?

—La voz. Hablas igual que tu padre. ¿Por qué has venido?

—Me ha mandado Eddie.

Se cruzaron brevemente sus miradas. Sam se inclinó lentamente hacia adelante y apoyó ambos codos sobre las rodillas. Tenía la mirada fija en algún punto del suelo. Se quedó perfectamente inmóvil.

Entonces se cubrió los ojos con la mano derecha.

DIEZ

Phillip Naifeh tenía sesenta y tres años y le faltaban diecinueve meses para la jubilación. Diecinueve meses y cuatro días. Había ejercido como superintendente del departamento correccional del estado durante veintisiete años y, en dicho período, había sobrevivido a seis gobernadores, un ejército de legisladores estatales, un millar de querellas de los presos, innumerables intrusiones de los tribunales federales y más ejecuciones de las que deseaba recordar.

El alcaide, como prefería que le llamaran (a pesar de que dicho título oficialmente no existía, según la terminología del código de Mississippi), era un libanés de pura cepa, cuyos padres habían emigrado en los años veinte para instalarse en el delta. Habían prosperado con una pequeña tienda de ultramarinos en Clarcksdale, donde su madre había adquirido cierta fama con sus postres libaneses de elaboración casera. Se educó en escuelas públicas, fue a la universidad, regresó al estado y, por razones que habían caído hacía tiempo en el olvido, se había vinculado a la justicia penal.

Odiaba la pena de muerte. Comprendía el anhelo de la sociedad por la misma y, hacía mucho tiempo que había grabado en su memoria todas las estériles razones para su necesidad. La pena de muerte era un disuasivo, eliminaba asesinos, era el castigo máximo, era bíblico, satisfacía la necesidad pública de retribución, paliaba la angustia de la familia de la víctima. Si se veía obligado a ello, podía esgrimir dichos argumentos de un modo tan persuasivo como cualquier acusador. A decir verdad, creía en un par de ellos.

Pero en él recaía el peso real de las ejecuciones y detestaba aquel aspecto horrible de su trabajo. Era Phillip Naifeh quien acompañaba al condenado desde su celda a la denominada sala de aislamiento, donde sufría su última hora antes de morir. Era Phillip Naifeh quien le conducía a la cámara de gas adjunta y supervisaba la sujeción de sus piernas, brazos y cabeza.

—¿Alguna última palabra? —había preguntado veintidós veces en veintisiete años.

Debía ser él quien ordenara a los guardias cerrar la puerta de la cámara y también él quien le indicara al verdugo que accionara las palancas que mezclaban el gas venenoso. Había llegado a contemplar los rostros de las dos primeras víctimas cuando morían, pero luego decidió que era preferible observar las caras de los testigos en la pequeña sala adjunta a la cámara. Tenía que seleccionar a los testigos. Debía cumplir con un centenar de requisitos sobre cómo ejecutar a los condenados a muerte, incluido el pronunciamiento de la sentencia, la retirada del cadáver de la cámara, la desinfección del mismo para eliminar los residuos del gas de la ropa, etcétera, etcétera.

En una ocasión había declarado ante una junta legislativa de Jackson y expresado sus opiniones sobre la pena de muerte; había explicado ante oídos sordos su nueva idea, que consistía en recluir a los asesinos convictos incomunicados en la Unidad de Máxima Seguridad, donde no podrían volver a matar, ni fugarse, ni volver a ser puestos nunca en libertad. Acabarían por morir en el patíbulo, pero no ejecutados por el estado.

Su declaración apareció en grandes titulares y casi le costó el empleo.

Diecinueve meses y cuatro días, pensaba para sus adentros, mientras se pasaba suavemente los dedos por su frondosa cabellera canosa y leía con detenimiento la última orden judicial del quinto circuito. Lucas Mann estaba sentado al otro lado del escritorio y esperaba.

—Cuatro semanas —dijo Naifeh, después de dejar el documento sobre la mesa—. ¿Cuántos recursos quedan? —preguntó arrastrando suavemente las palabras.

—La colección habitual de requerimientos de último momento —respondió Mann.

—¿Cuándo ha llegado esta orden?

—A primera hora de esta mañana. Sam presentará un recurso de apelación al Tribunal Supremo, que probablemente no le prestará atención alguna. Esto tardará seguramente alrededor de una semana.

—¿Cuál es su opinión como letrado?

—A estas alturas se han esgrimido ya todos los aspectos meritorios. Creo que existe un cincuenta por ciento de probabilidades de que ocurra dentro de cuatro semanas.

—Eso es mucho.

—Algo me dice que esta ejecución se celebrará.

En las maniobras interminables de la ruleta de la pena de muerte, un cincuenta por ciento representaba casi una certeza. El proceso tendría que iniciarse. Deberían consultar el manual. Después de tantos años de apelaciones y aplazamientos inacabables, las últimas cuatro semanas pasarían en un abrir y cerrar de ojos.

—¿Ha hablado con Sam? —preguntó el alcaide.

—Brevemente. Le he entregado una copia de la orden esta mañana.

—Ayer me llamó Garner Goodman para decirme que mandaban a uno de sus jóvenes asociados a hablar con Sam. ¿Se ha ocupado de él?

—He hablado con Garner y con el joven asociado. Se llama Adam Hall y está con Sam en este momento. Creo que será interesante. Sam es su abuelo.

—¿Su qué?

—Lo que ha oído. Sam Cayhall es el abuelo paterno de Adam Hall. Ayer hacíamos un estudio rutinario del historial de Adam Hall y detectamos algunas áreas de cierta ambigüedad. Llamé al FBI en Jackson y en un par de horas me facilitaron un montón de pruebas circunstanciales. Esta mañana se las he presentado y ha confesado. No creo que intente ocultarlo.

—Pero lleva otro nombre.

—Es una larga historia. No se han visto desde que Adam andaba a gatas. Su padre huyó del estado cuando detuvieron a Sam por el atentado. Se trasladó al oeste, cambió de nombre, deambuló de un lado para otro, trabajando de vez en cuando; a todas luces era un auténtico perdedor. Se suicidó en mil novecientos ochenta y uno. Entretanto, Adam fue a la universidad y obtuvo unas notas impecables. Estuvo entre los diez primeros en la Facultad de Derecho de Michigan y fue redactor en jefe de la revista de la facultad. Consiguió un empleo con nuestros amigos de Kravitz & Bane y esta mañana se ha presentado para reencontrarse con su abuelo.

Ahora Naifeh se pasaba las dos manos por la cabellera y movía la cabeza.

—Vaya gracia. Como si necesitáramos más publicidad, más preguntas asnales de periodistas imbéciles.

—Están reunidos ahora. Supongo que Sam aceptará que ese joven le represente. Ojalá lo haga. Nunca hemos ejecutado a un reo que no tuviera abogado.

—Quienes merecerían ser ejecutados son algunos abogados, en lugar de los reos —declaró Naifeh con una sonrisa forzada.

Su odio por los abogados era legendario y a Lucas no le importaba. Lo comprendía. En una ocasión calculó que se habían presentado más querellas contra Phillip Naifeh que contra cualquier otro ciudadano en la historia del estado. Se había ganado el derecho a odiar a los abogados.

—Voy a jubilarme dentro de diecinueve meses —dijo, como si Lucas no lo supiera—. ¿A quién le toca después de Sam?

Lucas reflexionó unos instantes e intentó catalogar las voluminosas apelaciones de cuarenta y siete reclusos.

—A ninguno en particular. El hombre de las pizzas se acercó a la meta hace cuatro meses, pero consiguió su aplazamiento. Probablemente expirará dentro de uno o dos años, pero hay otros problemas en su caso. No anticipo ninguna otra ejecución en los próximos dos años.

—¿El hombre de las pizzas?

—Malcolm Friar. Asesinó a tres repartidores de pizzas en una semana. En el juicio alegó que el motivo no había sido el robo, dijo que simplemente tenía hambre.

—De acuerdo, de acuerdo, ahora lo recuerdo —asintió Naifeh con las manos levantadas—. ¿Es el que está más cerca de Sam?

—Probablemente. Es difícil asegurarlo.

—Comprendo.

Naifeh se separó lentamente de su escritorio y se acercó a la ventana. Sus zapatos estaban en algún lugar debajo de la mesa. Hundió las manos en los bolsillos, tanteó la alfombra con los dedos de los pies y se concentró. Había estado hospitalizado después de la última ejecución, con una arritmia cardíaca leve, como su médico prefería denominarla. Había pasado una semana en una cama del hospital contemplando su ligera arritmia en un monitor, y le había prometido a su esposa que nunca volvería a sufrir otra ejecución. Si de algún modo lograba sobrevivir a la de Sam, podría jubilarse con la pensión completa.

Volvió la cabeza para mirar a su amigo Lucas Mann.

—No voy a ocuparme de ésta, Lucas. Le voy a cargar el mochuelo a otro, a uno de mis subordinados, más joven, responsable, un hombre que inspira confianza, que nunca ha visto este tipo de espectáculos y que está impaciente por mancharse las manos de sangre.

—No se referirá a Nugent.

—Exactamente. El ex coronel George Nugent, mi fiel ayudante.

—Nugent está loco.

—Sí, Lucas, pero es uno de los nuestros. Es un fanático de los detalles, la disciplina, la organización. Maldita sea, es el hombre perfecto. Le entregaré el manual, le diré lo que quiero que haga y llevará a cabo maravillosamente la ejecución de Sam Cayhall. Lo hará a la perfección.

George Nugent era el vicesuperintendente de Parchman. Se había dado a conocer con la implementación de un programa de rehabilitación para presos sin antecedentes, que tenía mucho éxito. Se trataba de una azaña brutal de seis semanas de duración, en cuyo período Nugent patrullaba ostentosamente con unas botas negras, insultando y blasfemando como un sargento del ejército, y profiriendo terribles amenazas ante la más mínima infracción. Raramente volvían a Parchman los presos que habían pasado por sus manos.

—Nugent está loco, Phillip. Tarde o temprano acabará por lastimar a alguien.

—¡Exactamente! Ahora lo ha comprendido. Vamos a permitirle que lastime a Sam, en la forma en que debe hacerse. Con el libro en la mano. Dios sabe cuánto le gusta a Nugent ceñirse a un libro de instrucciones. Es el hombre perfecto, Lucas. Llevará a cabo una ejecución impecable.

En realidad, a Lucas Mann poco le importaba y se encogió de hombros.

—Usted manda.

—Gracias —respondió Naifeh—. Limítese a vigilar a Nugent, ¿de acuerdo? Yo le observaré desde aquí y usted vigile la parte legal. Lo lograremos.

—Ésta será hasta ahora la más espectacular —dijo Lucas.

—Lo sé. Debo medir mis fuerzas. Soy un anciano.

Lucas levantó su carpeta del escritorio y se dirigió a la puerta.

—Le llamaré cuando el muchacho se marche. Se supone que debe hablar conmigo antes de hacerlo.

—Me gustaría conocerle —dijo Naifeh.

—Es un muchacho agradable.

—Vaya familia, ¿no le parece?

El agradable muchacho y el convicto de su abuelo habían pasado quince minutos en silencio, con el esforzado traqueteo del acondicionador de aire como único sonido en la sala. En un momento dado, Adam se había acercado a la pared para pasar las manos por delante de las polvorientas salidas de aire. Se detectaba un vestigio de corriente fresca. Se apoyó sobre el mostrador con los brazos cruzados y se dedicó a contemplar la puerta, con la vista lo más lejos posible de Sam. En aquel momento se abrió la puerta y apareció el sargento Packer. Dijo que sólo había venido para comprobar que todo andaba bien. Miró a Adam y luego, a través de la reja, a Sam, que estaba sentado al borde de su silla con una mano que le cubría la cara.

—Estamos bien —respondió Adam con escasa convicción.

—Me alegro —dijo Packer antes de volver a cerrar apresuradamente la puerta.

Cuando se oyó el cerrojo, Adam regresó lentamente a su silla. La acercó a la valla y apoyó los codos sobre el mostrador. Durante un par de minutos, Sam no le prestó atención alguna. Luego se secó los ojos con la manga y se incorporó. Se miraron mutuamente.

—Tenemos que hablar —dijo suavemente Adam.

Sam asintió, pero no dijo nada. Volvió a secarse los ojos, ahora con la otra manga. Cogió un cigarrillo y se lo colocó entre los labios. Le temblaba la mano cuando encendió el mechero. Dio unas rápidas caladas.

—De modo que, en realidad, tú eres Alan —dijo en un tono grave y ronco.

—Supongo que en otra época lo fui. No lo supe hasta después de la muerte de mi padre.

—Naciste en mil novecientos sesenta y cuatro.

—Exactamente.

—Mi primer nieto.

Adam asintió y desvió la mirada.

—Desapareciste en mil novecientos sesenta y siete.

—Eso creo. Comprenderás que no lo recuerdo. Mis primeros recuerdos son de California.

—Me enteré de que Eddie se había ido a California y tenido otro hijo. Más adelante alguien me contó que se trataba de una niña llamada Carmen. A lo largo de los años oí algunas cosas, sabía que estabais todos en el sur de California, pero hizo un buen trabajo con su desaparición.

—Nos mudamos con mucha frecuencia cuando yo era niño. Creo que no le resultaba fácil conservar los empleos.

—¿No sabías nada de mí?

—No. Nunca se mencionaba a la familia. Me enteré después de su funeral.

—¿Quién te lo dijo?

—Lee.

Sam cerró un momento los ojos, con los párpados muy apretados, y luego dio otra calada.

—¿Cómo está?

—Bien, supongo.

—¿Por qué fuiste a trabajar para Kravitz & Bane?

—Es un buen bufete.

—¿Sabías que me representaban?

—Sí.

—¿De modo que lo habías planeado?

—Desde hace unos cinco años.

—¿Pero por qué?

—No lo sé.

—Debes tener alguna razón.

—La razón es evidente. Tú eres mi abuelo, ¿no es cierto? Nos guste o no, tú eres quien eres y yo soy quien soy. Y ahora que estoy aquí, ¿qué vamos a hacer?

—Creo que deberías marcharte.

—No pienso marcharme, Sam. Hace mucho tiempo que me preparo para esto.

—¿Te preparas para qué?

—Necesitas representación legal. Necesitas ayuda. Ésa es la razón por la que estoy aquí.

—Ya nadie puede ayudarme. Están decididos a meterme en la cámara de gas, ¿comprendes?, por muchas razones. Tú no tienes por qué involucrarte.

—¿Por qué no?

—Pues, en primer lugar, porque es inútil. Vas a salir perjudicado si trabajas como un energúmeno y no consigues nada. En segundo lugar, saldrá a relucir tu verdadera identidad. Será muy embarazoso. La vida para ti será mucho más agradable si sigues siendo Adam Hall.

—Soy Adam Hall y no pienso cambiar de nombre. También soy tu nieto y eso no podemos cambiarlo, ¿no te parece? ¿A qué viene tanto alboroto?

—Será embarazoso para tu familia. Eddie hizo una gran labor para protegerte. No lo estropees.

—Mi tapadera ya ha sido descubierta. Mi bufete lo sabe. Se lo he contado a Lucas Mann y...

—Ese cretino se lo contará a todo el mundo. No confíes para nada en él.

—Escúchame, Sam, tú no lo comprendes. No me importa que el mundo sepa que soy tu nieto. Estoy harto de esos sucios secretillos familiares. Ahora ya soy mayor y puedo pensar por cuenta propia. Además, soy abogado y se me va endureciendo la piel. Puedo soportarlo.

Sam se relajó en su silla y miró al suelo con una agradable sonrisa irónica, como la que le suelen brindar los adultos a los niños cuando actúan como si fueran mayores. Refunfuñó algo incomprensible y asintió con mucha lentitud.

—Tú no lo comprendes, muchacho —repitió, ahora en un tono comedido y paciente.

Su voz ya no era ronca.

—Entonces explícamelo —dijo Adam.

—No acabaríamos nunca.

—Disponemos de cuatro semanas. Puedes hablar mucho en cuatro semanas.

—¿Qué es exactamente lo que quieres saber?

Adam se acercó, apoyado en los codos, con papel y pluma en la mano. Sus ojos estaban a escasos centímetros de la rendija de la verja.

—En primer lugar, quiero hablar del caso: apelaciones, estrategias, los juicios, el atentado, quién estaba contigo aquella noche...

—No había nadie conmigo aquella noche.

—Podemos hablar de ello más adelante.

—Estamos hablando ahora. Estaba solo, ¿comprendes?

—De acuerdo. En segundo lugar, quiero información acerca de mi familia.

—¿Por qué?

—¿Por qué no? ¿Por qué mantenerla oculta? Quiero que me hables de tu padre y de tu abuelo, de tus hermanos y de tus primos. Puede que acaben por no gustarme cuando todo haya terminado, pero tengo derecho a saber cómo eran. Toda mi vida se me ha ocultado esa información y quiero conocerla.

—No tiene nada de particular.

—¿En serio? Pues a mí me parece, Sam, que es bastante notable el hecho de que estés aquí, en el patíbulo. Éste es un grupo social bastante exclusivo. Si además tenemos en cuenta que eres blanco, de clase media y con casi setenta años, resulta mucho más extraordinario. Quiero saber cómo y por qué has acabado aquí. ¿Qué te impulsó a hacer esas cosas? ¿Cuántos miembros del Klan ha habido en mi familia? ¿Por qué? ¿Cuántas otras personas han sido asesinadas?

—¿Y crees que te voy a contar todo eso?

—Sí, creo que lo harás. Cambiarás de opinión. Soy tu nieto, Sam, el único pariente vivo y coleando que se interesa por ti. Hablarás, Sam. Hablarás conmigo.

—Puesto que te voy a contar tantas cosas, ¿de qué otros temas hablaremos?

—De Eddie.

Sam respiró hondo y cerró los ojos.

—No te contentas con poco —dijo Sam, en voz baja, mientras Adam escribía algo sin importancia en su cuaderno.

Había llegado el momento de fumar ceremoniosamente otro cigarrillo y Sam lo encendió todavía con mayor parsimonia que en la ocasión anterior. Otra bocanada de humo azul se unió a la nube que flotaba por encima de sus cabezas. Habían dejado de temblarle las manos.

—Cuando acabemos de hablar de Eddie, ¿de quién quieres hablar?

—No lo sé. Eso nos mantendrá ocupados cuatro semanas.

—¿Cuándo hablaremos de ti?

—En cualquier momento —respondió Adam, al tiempo que sacaba una fina carpeta de su maletín y pasaba una hoja de papel y una pluma por la rendija—. Esto es un contrato de representación legal. Fírmalo en la parte inferior.

Sin tocarlo, Sam lo leyó a distancia.

—Con esto vuelvo a contratar a Kravitz & Bane.

—Más o menos.

—¿Qué quieres decir con lo de más o menos? Aquí dice que autorizo a esos judíos a representarme de nuevo. He tardado una eternidad en poder prescindir de sus servicios y, maldita sea, ni siquiera les pagaba.

—El contrato es conmigo, Sam, ¿de acuerdo? Nunca verás a esos individuos a no ser que lo desees.

—No lo deseo.

—Muy bien. El caso es que yo trabajo en ese bufete y el contrato debe hacerse con él. Es fácil.

—El optimismo de la juventud. Todo os parece fácil. Aquí estoy yo, a menos de treinta metros de la cámara de gas, con los minutos que van pasando en ese reloj de la pared, cada vez más ruidoso, y todo te parece fácil.

—Firma ese maldito papel, Sam.

—¿Y luego qué?

—Y luego nos ponemos a trabajar. Legalmente, no puedo hacer nada por ti hasta que tengamos ese contrato. Lo firmas y nos ponemos a trabajar.

—¿Y por dónde piensas empezar?

—Repasando el atentado de Kramer, muy despacio, paso a paso.

—Se ha hecho un millar de veces.

—Volveremos a hacerlo. Tengo un grueso cuaderno lleno de preguntas.

—Todas me han sido formuladas.

—Sí, Sam, pero no todas contestadas, ¿no es cierto?

Sam se colocó el filtro entre los labios.

—Además, tampoco he sido yo quien las ha formulado.

—Crees que miento.

—¿Y lo haces?

—No.

—Pero no lo has contado todo, ¿verdad?

—¿Y eso qué importa, letrado? Has leído a Bateman.

—Sí, me lo he aprendido de memoria, y hay varios puntos flacos.

—Típico abogado.

—Si hay nuevas pruebas, hay formas de presentarlas. Lo único que nos proponemos, Sam, es crear suficiente confusión para que algún juez, en algún lugar, se lo piense dos veces. Luego una tercera vez. Y a continuación decida conceder un aplazamiento para poder adquirir más información.

—Conozco el juego, hijo.

—Me llamo Adam, ¿vale?, Adam.

—De acuerdo, y a mí llámame abuelo. Supongo que te propones apelar al gobernador.

—Sí.

Sam se sentó al borde de la silla, se acercó a la verja y, con el índice de la mano derecha empezó a señalar el centro de la nariz de Adam. De pronto, se le habían endurecido las facciones y empequeñecido los ojos.

—Escúchame, Adam —exclamó mientras el dedo avanzaba y retrocedía—, si firmo este papel, no debes hablar nunca con ese cabrón. Nunca. ¿Entendido?

Adam contemplaba el dedo sin decir palabra.

—Es un fantoche hijo de puta —prosiguió Sam—. Es asqueroso, despreciable, corrupto hasta la médula y perfectamente capaz de disimularlo todo con una radiante sonrisa y un impecable corte de pelo. Él es la única razón por la que estoy ahora aquí, en el patíbulo. Si te pones de algún modo en contacto con él, dejarás inmediatamente de ser mi abogado.

—De modo que soy tu abogado.

Bajó el dedo y Sam se tranquilizó un poco.

—Puede que te dé una oportunidad, que te deje practicar conmigo. La abogacía, Adam, es una profesión realmente descalabrada. Si yo fuera un hombre libre que intentara ganarse honradamente la vida, sin meterse con nadie, pagara sus impuestos y respetara las leyes, ningún abogado estaría dispuesto a perder el tiempo conmigo, a no ser que fuera a cambio de dinero. Sin embargo, aquí estoy, un asesino convicto, un sentenciado a muerte, sin un céntimo a mi nombre y acuden a mí abogados de todo el país, para suplicarme que les permita representarme. Abogados ricos e importantes, con largos nombres precedidos de iniciales y seguidos de números, abogados famosos con reactores privados y sus propios programas en la televisión. ¿Cómo se explica?

—No lo sé ni me importa.

—Es una profesión enfermiza esta en la que te has metido.

—La mayoría de los abogados son honrados y trabajadores.

—Por supuesto. Y la mayoría de mis compañeros aquí en el patíbulo serían sacerdotes y misioneros si no les hubieran condenado injustamente.

—Puede que el gobernador sea nuestra última oportunidad.

—En tal caso, pueden llevarme ahora mismo a la cámara de gas. Ese ostentoso cabrón querrá presenciar personalmente mi ejecución, para celebrar luego una conferencia de prensa y relatar al mundo todos los detalles. Es un asqueroso gusano que ha llegado hasta donde está a mi costa. Y si puede aprovecharse un poco más de mi situación, estoy seguro de que lo hará. Manténte alejado de él.

—Podemos hablar de ello más adelante.

—Creo que lo estamos hablando ahora. Me darás tu palabra antes de que firme este papel.

—¿Alguna otra condición?

—Sí. Quiero que se agregue una cláusula al contrato, de modo que si decido prescindir de nuevo de vuestros servicios, ni tú ni tu bufete me lo impidáis. Debería ser fácil.

—Permíteme.

El contrato pasó de nuevo por la rendija y Adam agregó un párrafo claramente deletreado. Se lo volvió a entregar a Sam, que lo leyó lentamente y lo dejó sobre el mostrador.

—No lo has firmado —dijo Adam.

—Todavía estoy pensando.

—¿Puedo hacerte algunas preguntas mientras piensas?

—Adelante.

—¿Dónde aprendiste a manipular explosivos?

—Un poco por aquí y un poco por allá.

—Hubo por lo menos cinco atentados con bomba antes del de Kramer, todos ellos del mismo estilo, muy elementales: dinamita, detonadores y mechas. El de Kramer, evidentemente, fue diferente porque se utilizó un temporizador. ¿Quién te enseñó a fabricar bombas?

—¿Has encendido alguna vez un petardo?

—Por supuesto.

—El principio es el mismo. Se trata de encender la mecha, correr como el diablo y todo salta por los aires.

—El temporizador es un poco más complicado. ¿Quién te enseñó a conectarlo?

—Mi madre. ¿Cuándo piensas volver a verme?

—Mañana.

—Bien. Eso es lo que haremos. Necesito un poco de tiempo para pensar en todo esto. No quiero hablar ahora, ni estoy dispuesto, maldita sea, a contestar un montón de preguntas. Déjame examinar este documento, introducir algunos cambios y volvemos a reunirnos mañana..

—Esto es una pérdida de tiempo.

—He perdido casi diez años aquí dentro. ¿Qué importa un día más?

—Puede que no me permitan volver si no te represento oficialmente. Esta visita ha sido un favor.

—¿No te parece que son unas bellísimas personas? Diles que durante las próximas veinticuatro horas eres mi abogado. Te dejarán pasar.

—Tenemos mucho terreno por cubrir, Sam. Me gustaría empezar cuanto antes.

—He de reflexionar, ¿comprendes? Cuando pasas más de nueve años en una celda se aprende mucho a pensar y analizar. Pero no puedes hacerlo con rapidez. Se tarda más tiempo en discernir las cosas y ordenarlas. Ahora estoy como un poco aturdido. Me has golpeado muy fuerte.

—De acuerdo.

—Estaré mejor mañana. Entonces hablaremos. Te lo prometo.

—Muy bien —respondió Adam mientras tapaba su pluma, se la guardaba en el bolsillo, introducía la carpeta en el maletín y se relajaba en su silla—. Voy a quedarme en Memphis un par de meses.

—¿Memphis? Creí que vivías en Chicago.

—Tenemos una pequeña oficina en Memphis, desde donde trabajaré. El teléfono está en la tarjeta. Llámame cuando quieras.

—¿Qué ocurrirá cuando esto haya acabado?

—No lo sé. Puede que regrese a Chicago.

—¿Estás casado?

—No.

—¿Lo está Carmen?

—Tampoco.

—¿Cómo es?

Adam cruzó las manos detrás de la nuca y contempló la fina niebla sobre sus cabezas.

—Es muy inteligente y muy atractiva. Se parece mucho a nuestra madre.

—Evelyn era una chica hermosa.

—Todavía lo es.

—Siempre pensé que Eddie había tenido mucha suerte de encontrarla, aunque no me gustaba su familia.

Y, ciertamente, a ellos tampoco les gustaba la de Eddie, pensó Adam. Sam agachó la cabeza hasta que la barbilla casi le tocó el pecho. Se frotó los ojos y pellizcó el puente de la nariz.

—Sobre la familia hay mucho de qué hablar, ¿no es cierto? —dijo sin levantar la mirada.

—Sí.

—Tal vez haya algunas cosas que no te pueda contar.

—Sí que lo harás. Me lo debes, Sam. Y te lo debes a ti mismo.

—No sabes lo que dices, y hay cosas que preferirías no saber.

—Ponme a prueba. Estoy harto de secretos.

—¿Por qué quieres saber tantas cosas?

—Para intentar darle algún sentido a todo esto.

—Perderás el tiempo.

Sam apoyó las manos sobre las rodillas y se levantó lentamente. Respiró hondo y miró a Adam a través de la verja.

—Ahora quiero retirarme.

Sus miradas se cruzaron por los rombos de la malla.

—De acuerdo —dijo Adam—. ¿Puedo traerte algo?

—No. Pero vuelve.

—Te lo prometo.

ONCE

Packer cerró la puerta, echó el cerrojo y salieron juntos de la sombría sala de entrevistas al sol cegador del mediodía. Adam cerró los ojos y se detuvo unos instantes mientras buscaba en los bolsillos sus gafas de sol. Packer le esperaba pacientemente, con los ojos sensiblemente protegidos por unas gruesas Ray-Ban de imitación, y el rostro a la sombra de la ancha visera de la gorra oficial de Parchman. El aire era sofocante y pastoso. Adam tenía la cara y los brazos empapados de sudor cuando por fin encontró sus gafas en el maletín. Guiñó los ojos y, cuando éstos empezaron a funcionarle de nuevo, siguió a Packer por el camino de gravilla y el césped abrasado frente al edificio.

—¿Está bien Sam? —preguntó Packer con las manos en los bolsillos y sin ninguna prisa.

—Supongo que sí.

—¿Tiene hambre?

—No —respondió Adam después de consultar su reloj.

Era casi la una. No sabía si Packer le ofrecía rancho carcelario u otra cosa, pero no quiso arriesgarse.

—Lástima. Hoy es miércoles y esto significa acelgas y pan de maíz. Está riquísimo.

Adam estaba seguro de que en algún lugar recóndito de sus genes debían encantarle las acelgas y el pan de maíz. La comida de hoy debería llenarle la boca de agua y despertar su apetito. Pero se consideraba californiano y, que supiera, nunca había probado las acelgas.

—Gracias. Tal vez la próxima semana —respondió con dificultad para asimilar que le invitaran a almorzar en el patíbulo.

Llegaron al primer portalón. Cuando se abría, y sin sacarse las manos de los bolsillos, Packer preguntó:

—¿Cuándo volverá?

—Mañana.

—¿Tan pronto?

—Sí. Voy a quedarme algún tiempo.

—Muy bien, encantado de conocerle —dijo con una radiante sonrisa antes de alejarse.

Cuando Adam cruzaba el segundo portalón empezó a descender el cubo rojo. Se detuvo a un metro del suelo y Adam buscó entre los manojos de llaves hasta que encontró las suyas en el fondo. No levantó la cabeza para mirar al guardia.

Una pequeña furgoneta blanca, con inscripciones oficiales en las puertas y los costados, esperaba junto a su coche. Se abrió una ventanilla y Lucas Mann asomó la cabeza.

—¿Tiene hambre?

Adam consultó nuevamente su reloj.

—A decir verdad, no.

—Me alegro. Suba. Tengo que hablar con usted. Daremos una vuelta por las instalaciones.

A Adam no le apetecía dar una vuelta por las instalaciones, aunque de todos modos tenía previsto pasar por el despacho de Mann. Abrió la puerta delantera y dejó la chaqueta y el maletín sobre el asiento posterior. Afortunadamente, el aire acondicionado funcionaba a plena potencia. Lucas, con su elegancia y atuendo, impecablemente almidonado, tenía un aspecto curioso al volante de una pequeña furgoneta. Se alejó de la UMS y avanzó por la vía principal.

—¿Cómo ha ido? —preguntó.

Adam intentaba recordar la forma exacta en que Sam le había descrito a Lucas Mann. Algo relacionado con el hecho de que no se debía confiar en él.

—Bien, supongo —respondió con deliberada ambigüedad.

—¿Va a representarle?

—Eso creo. Quiere pensárselo durante la noche y que nos veamos nuevamente mañana.

—No hay ningún inconveniente, pero es imprescindible que mañana le contrate. Necesitamos algún tipo de autorización escrita por su parte.

—La tendré mañana. ¿Adónde vamos? —preguntó cuando giraban a la izquierda para alejarse de la entrada de la cárcel.

Dejaron atrás las pulcras casas blancas con sus árboles y parterres, para circular ahora entre campos de algodón y de soja que se extendían al infinito.

—A ningún sitio en particular. Se me ha ocurrido que tal vez le gustaría ver un poco la finca. Hemos de hablar de algunas cosas.

—Le escucho.

—La decisión del quinto circuito ha llegado a media mañana y ya hemos recibido por lo menos tres llamadas de la prensa. Huelen a sangre, evidentemente, y quieren saber si éste será el fin para Sam. Conozco a algunos de esos periodistas porque los he tratado en ejecuciones anteriores. Algunos son personas agradables, pero la mayoría son unos cretinos detestables. En todo caso, todos preguntan por Sam y quieren saber si tiene algún abogado. ¿Se representará a sí mismo hasta el último momento? Ya me comprende, toda esa basura.

En un campo a su derecha había un grupo de reclusos con pantalones blancos y sin camisa. Cuidaban los cultivos y sudaban como condenados, con la espalda y el pecho empapados, que relucían bajo el ardiente sol. Un guardia a caballo y con un rifle les vigilaba.

—¿Qué hacen esos muchachos? —preguntó Adam.

—Recogen algodón.

—¿Están obligados a hacerlo?

—No. Son todos voluntarios. Su otra alternativa es pasar todo el día en la celda.

—Van vestidos de blanco. Sam viste de rojo, y vi a un grupo junto a la carretera que iba de azul.

—Forma parte del sistema de clasificación. El blanco significa que esos chicos son de bajo riesgo.

—¿Qué crímenes han cometido?

—De toda clase. Drogas, asesinatos, reincidentes, todo lo imaginable. Pero se han portado bien desde que llegaron aquí, de ahí que vistan de blanco y se les permita trabajar.

La furgoneta giró al llegar a un cruce y volvieron a encontrarse con verjas y alambre espinoso. A la izquierda había una serie de modernos barracones de dos plantas, que emergían en todas direcciones a partir de un eje central. De no haber sido por el alambre espinoso y las torres de vigilancia, podían haber pasado por residencias universitarias mal diseñadas.

—¿Qué es eso? —preguntó Adam.

—La unidad treinta.

—¿Cuántas unidades tienen?

—No estoy seguro. Siempre están construyendo y derribando. Unas treinta.

—Parece nuevo.

—Desde luego. Hace casi veinte años que tenemos problemas con los tribunales federales y, por consiguiente, no dejamos de construir. No es ningún secreto que el auténtico superintendente de este lugar ha sido un juez federal.

—¿Le parece que los periodistas pueden esperar hasta mañana? Necesito saber lo que piensa Sam. No me gustaría hablar con ellos ahora y que luego la reunión de mañana resultara un fracaso.

—Creo que lograré entretenerlos un día. Pero no esperarán mucho tiempo.

Pasaron junto a la última torre de vigilancia y la unidad treinta y seis desapareció. Condujeron por lo menos tres kilómetros entre prados antes de que se divisara a lo lejos el alambre espinoso de otra unidad.

—Esta mañana, después de su llegada, he hablado con el alcaide —dijo Lucas—. Dice que quiere conocerle. Le gustará. Odia las ejecuciones. Esperaba jubilarse dentro de un par de años sin tener que soportar otra, pero ahora parece dudoso.

—Deje que lo adivine. Se limita a hacer su trabajo, ¿me equivoco?

—Aquí todos hacemos nuestro trabajo.

—A eso me refiero. Tengo la impresión de que aquí todo el mundo quiere compadecerme y lamentarse de lo que está a punto de ocurrirle al pobre Sam. Nadie quiere ejecutarlo, pero todos se limitan a cumplir con su obligación.

—Hay un montón de gente que quiere que Sam muera.

—¿Quién?

—El gobernador y el fiscal general. Estoy seguro de que está sobre antecedentes en cuanto al gobernador, pero a quien debe vigilar es al fiscal general. Como es de suponer, algún día quiere llegar a gobernador. Por alguna razón, en este estado hemos elegido a un grupo de políticos jóvenes terriblemente ambiciosos, que parecen incapaces de quedarse quietos.

—Se llama Roxburgh, ¿no es cierto?

—El mismo. Le encantan las cámaras y sospecho que esta tarde dará una conferencia de prensa. Si conserva su forma habitual, se atribuirá plenamente el mérito de la victoria del circuito quinto y prometerá hacer todos los esfuerzos necesarios para ejecutar a Sam con toda diligencia en cuatro semanas. Su despacho se ocupa de esas cosas. Tampoco me sorprendería que el propio gobernador apareciera en las noticias de esta noche, con un par de comentarios. Lo que intento decirle, Adam, es que habrá mucha presión desde arriba para que no se conceda otro aplazamiento. Quieren que Sam muera por su propio beneficio político. Le sacarán todo el provecho posible.

Adam contempló el próximo campo. En un patio de hormigón entre dos edificios, estaba en pleno auge un partido de baloncesto con por lo menos doce jugadores en cada equipo. Eran todos negros. Junto a la pista, un grupo de individuos, entre los que detectó a algunos blancos, se dedicaba a levantar y hacer ejercicios con pesas.

—Hay otra razón —prosiguió Lucas en el momento en que tomaba otra carretera—. En Louisiana los ejecutan a trochemoche. En Texas han ejecutado ya a seis en lo que va de año. Cinco en Florida. Aquí no ha habido ninguna ejecución desde hace más de tres años. Hay quien nos acusa de desidia. Ha llegado el momento de mostrarles a los demás estados que el buen gobierno nos preocupa tanto como a ellos. Sólo la semana pasada, en Jackson, una junta legislativa celebró una audiencia sobre el tema. Nuestros líderes profirieron toda suerte de iracundos comentarios respecto a los interminables retrasos en estos asuntos. Previsiblemente, se decidió que los tribunales federales eran responsables de los mismos. Existe una enorme presión para ejecutar a alguien. Y se da el caso de que Sam es el próximo.

—¿Quién es el siguiente?

—En realidad, nadie. Podrían transcurrir un par de años antes de llegar a una situación parecida a la actual. Los buitres describen círculos en las alturas.

—¿Por qué me cuenta todo eso?

—No soy su enemigo, ¿comprende? Soy el abogado de la cárcel, no del estado de Mississippi. Además, usted nunca había estado aquí. Me ha parecido que le interesaría saber esas cosas.

—Gracias —dijo Adam.

Aunque no había solicitado la información, no cabía duda de que era útil.

—Le ayudaré en todo lo que pueda.

En el horizonte se vislumbraban los tejados de unos edificios.

—¿Es aquello la entrada de la cárcel? —preguntó Adam.

—Sí.

—Ahora me gustaría marcharme.

Las oficinas de Kravitz & Bane en Memphis ocupaban dos pisos de un edificio llamado Brinkley Plaza de los años veinte, en la esquina de Main y Monroe en el centro de la ciudad. Main Street también era conocida con el nombre de Mid America Mall. Se habían eliminado los coches y los camiones, cuando intentaron revitalizar el centro de la ciudad, y cambiaron el asfalto por baldosas, fuentes y árboles. El Mall era una zona exclusivamente peatonal.

El edificio en sí había sido exquisitamente rehabilitado. El vestíbulo principal era de mármol y bronce. Las oficinas de Kravitz & Bane eran amplias y opulentamente decoradas con antigüedades, paneles de roble en las paredes y alfombras persas.

Una joven y atractiva secretaria acompañó a Adam al despacho del socio gerente, Baker Cooley. Se presentaron, se estrecharon la mano y se quedaron ambos admirando a la secretaria, cuando abandonaba la sala y cerraba la puerta. Cooley se quedó excesivamente embobado y pareció aguantarse la respiración hasta que la puerta estaba completamente cerrada y el espectáculo concluido.

—Bien venido al sur —dijo Cooley, después de expulsar finalmente el aire de sus pulmones y sentarse en su elegante sillón giratorio de cuero color borgoña.

—Gracias. Supongo que ha hablado con Garner Goodman.

—Ayer. Dos veces. Me ha puesto al corriente. Tenemos una pequeña sala de conferencias al final de este pasillo, con un teléfono, ordenador y mucho espacio. Es suya mientras... dure.

Adam asintió y miró a su alrededor. Cooley, que era un hombre meticuloso, con un escritorio ordenado y un despacho impecablemente limpio, tenía poco más de cincuenta años.

Hablaba y gesticulaba con agilidad, y lucía una cabellera canosa y unas ojeras propias de un agobiado contable.

—¿Qué tipo de trabajo hacen aquí? —preguntó Adam.

—Poca litigación y absolutamente nada penal —respondió decididamente, como si a los delincuentes les estuviera absolutamente prohibido pisar las lujosas alfombras de sus dependencias con sus sucios pies.

Adam recordó la descripción de Goodman de la sucursal de Memphis: una tienda de lujo con doce buenos abogados, cuya adquisición por parte de Kravitz & Bane era ahora un misterio. Pero la dirección adicional del bufete quedaba bien en el membrete de las cartas.

—En general asuntos corporativos —prosiguió Cooley—. Representamos a algunos antiguos bancos y gran parte de nuestro trabajo está relacionado con créditos financieros de la administración local.

«Muy estimulante», pensó Adam.

—El bufete se fundó hace ciento cuarenta años, lo cual lo convierte, por cierto, en el más antiguo de Memphis. Existe desde la época de la guerra civil. Se dividió y evolucionó en varias ocasiones, hasta unirse a los poderosos de Chicago.

Cooley narró aquella breve crónica con orgullo, como si el historial tuviera algo que ver con el ejercicio de la abogacía en mil novecientos noventa.

—¿Cuántos abogados? —preguntó Adam para llenar las lagunas de aquella conversación, que había empezado despacio y no iba a ningún lugar.

—Una docena. Once pasantes. Nueve administrativos. Diecisiete secretarias. Diez empleados varios. No está mal para esta región. Aunque evidentemente no tiene nada que ver con Chicago.

«Tiene toda la razón», pensó Adam.

—Me alegro de estar aquí. Espero no entorpecer su trabajo.

—Claro que no. Pero me temo que no podremos serle de mucha ayuda. Debe comprender que estamos acostumbrados al trabajo corporativo, mucho papeleo y todo lo demás. No he estado en un juzgado desde hace veinte años.

—Me las arreglaré. El señor Goodman y sus colaboradores de Chicago me ayudarán.

Cooley se puso de pie y se frotó las manos, como si no supiera qué hacer con las mismas.

—Bueno, Darlene será su secretaria. En realidad es la mecanógrafa, pero podemos decir que se la hemos asignado. Ella le entregará una llave y le comunicará las normas de aparcamiento, seguridad, teléfonos, fotocopiadoras, etcétera. Todo impecablemente moderno. De excelente calidad. Si necesita un pasante, no tiene más que decírmelo. Le robaremos uno a alguien y...

—No, no será necesario. Gracias.

—En tal caso, vamos a echarle una ojeada a su despacho.

Cuando Adam seguía a Cooley por el silencioso y desierto pasillo, sonrió al pensar en las oficinas de Chicago. Allí los pasillos estaban siempre llenos de apresurados abogados y ajetreadas secretarias. Los teléfonos llamaban incesantemente, y los timbres y el ronroneo de las fotocopiadoras, el fax y los intercomunicadores daban al lugar un ambiente parecido al de un parque de atracciones. Era un manicomio diez horas diarias. Sólo reinaba la tranquilidad en los recovecos de las bibliotecas y tal vez en las esquinas del edificio, donde trabajaban los socios.

Estas oficinas eran tan silenciosas como una funeraria. Cooley abrió una puerta y pulsó un interruptor.

—¿Qué le parece? —preguntó mientras describía un amplio círculo con el brazo.

La estrecha y alargada sala, con una hermosa mesa lustrada en el centro y cinco sillas a cada lado, era más que adecuada. En un extremo de la misma se había improvisado un lugar de trabajo, con un teléfono, un ordenador y una silla de ejecutivo. Adam dio unos pasos por la sala contemplando las estanterías llenas de impecables textos jurídicos sin utilizar. Miró entre las cortinas de la ventana.

—Bonita vista —dijo mientras contemplaba tres pisos más abajo las palomas y la gente que circulaba por el Mall.

—Espero que satisfaga sus necesidades —dijo Cooley.

—Es muy bonito. Cumplirá perfectamente su cometido. Seré reservado y procuraré no molestarles.

—No se preocupe. Si necesita algo, llámeme —respondió Cooley al tiempo que se le acercaba lentamente—. Pero hay algo que debo decirle —agregó con las cejas enarcadas e inesperada seriedad.

—¿De qué se trata? —preguntó Adam.

—Hace un par de horas hemos recibido una llamada de un periodista de Memphis. Yo no le conozco, pero dice que ha seguido el caso Cayhall desde hace años. Quería saber si nuestro bufete todavía le representa y le he sugerido que se pusiera en contacto con los chicos de Chicago. Evidentemente, nosotros no tenemos nada que ver con eso.

A continuación, se sacó un papel del bolsillo de la camisa y se lo entregó a Adam. Había escritos un nombre y un número de teléfono.

—Yo me ocuparé de ello —dijo Adam.

Cooley dio otro paso al frente y se cruzó de brazos.

—Escúcheme, Adam. Usted sabe que no somos abogados penalistas. Nos dedicamos al trabajo corporativo. Ganamos mucho dinero. Somos muy reservados y eludimos la publicidad, ¿comprende?

Adam asintió lentamente sin decir palabra.

—Nunca nos hemos ocupado de ningún caso penal, y menos de uno tan monumental como éste.

—No quiere que la porquería mancille su reputación, ¿no es cierto?

—No he dicho eso. En absoluto. No. Lo que ocurre es que aquí las cosas son distintas. Esto no es Chicago. Se da el caso de que nuestros mejores clientes son antiguos banqueros muy correctos y tradicionales, que hace muchos años que están con nosotros y, francamente, nos preocupamos de nuestra imagen. ¿Comprende a lo que me refiero?

—No.

—Claro que lo comprende. No tratamos con delincuentes y, bueno, somos muy sensibles respecto a la imagen que proyectamos aquí en Memphis.

—¿No tratan con delincuentes?

—Nunca.

—Pero representan a los grandes bancos...

—Por Dios, Adam. Usted sabe de qué le hablo. Esta área de nuestra profesión está cambiando con mucha rapidez. Desreglamentación, fusiones, quiebras... Es un sector sumamente dinámico de la ley. La competencia es feroz entre los grandes bufetes y no queremos perder clientes. Maldita sea, todo el mundo quiere a los bancos.

—Y usted no quiere que mi cliente manche a los suyos.

—Adam, usted es de Chicago. Dejemos las cosas en su lugar, ¿de acuerdo? Este caso pertenece a Chicago y son ustedes, los de allí, quienes se ocupan del mismo. Memphis no tiene nada que ver, ¿entendido?

—Estas oficinas forman parte de Kravitz & Bane.

—Sí, y estas oficinas no tienen nada que ganar si se vinculan con basura como Sam Cayhall.

—Sam Cayhall es mi abuelo.

—¡Mierda! —exclamó Cooley al tiempo que le flaqueaban las rodillas y se le desplomaban los brazos—. ¡Miente!

—No miento —respondió Adam—, y si mi presencia aquí no le parece oportuna, es preciso que llame a Chicago.

—Esto es terrible —dijo Cooley mientras se dirigía en dirección a la puerta.

—Llame a Chicago.

—Puede que lo haga —farfulló casi para sus adentros mientras salía del despacho.

Desapareció susurrando algo para sí.

«Bien venido a Memphis», dijo Adam.

Se sentó en su nueva silla y contempló la pantalla en blanco del ordenador. Leyó el nombre y el número de teléfono del papel que acababa de dejar sobre la mesa y sintió una punzada en el estómago. Entonces recordó que no había comido desde hacía muchas horas. Eran casi las cuatro. De pronto se sintió débil, cansado y hambriento.

Colocó cuidadosamente los pies sobre la mesa, junto al teléfono, y cerró los ojos. Parecía todo un sueño; desde la angustia de conducir hasta Parchman y ver la entrada de la prisión, su inesperada reunión con Lucas Mann, hasta el horror de penetrar en el patíbulo y el miedo de enfrentarse a Sam. Además, ahora el alcaide quería verle, la prensa deseaba formularle preguntas y la sucursal de Memphis pretendía guardarlo todo en secreto. Todo en menos de ocho horas.

¿Qué podía esperar mañana?

Estaban sentados el uno junto al otro en el mullido sofá, separados por una fuente de palomitas de maíz recién sacadas del microondas. Tenían ambos los pies descalzos sobre la mesilla del café, entre media docena de cajas vacías de comida china y dos botellas de vino. Por encima de los dedos de sus pies miraban la pantalla de la televisión. Adam tenía los mandos a distancia en la mano. La sala estaba a oscuras. Comían lentamente las palomitas, grano por grano.

Hacía tiempo que Lee permanecía inmóvil. Tenía los ojos húmedos, pero no decía nada. El vídeo empezó por segunda vez.

Adam pulsó la pausa cuando Sam apareció por primera vez, esposado, en el momento en que le trasladaban de la cárcel a la audiencia.

—¿Dónde estabas tú cuando te enteraste de que le habían detenido? —preguntó Adam sin mirarla.

—Aquí, en Memphis —respondió en voz baja, pero con firmeza—. Hacía unos años que tanto Eddie como yo estábamos casados. Yo estaba en casa cuando Phelps llamó y dijo que había habido un atentado en Greenville, con dos muertos como mínimo. Podía tratarse del Klan. Me dijo que viera las noticias de las doce, pero me daba miedo hacerlo. Al cabo de unas horas llamó mi madre y me dijo que habían detenido a papá por el atentado. Dijo que estaba en la cárcel de Greenville.

—¿Cómo reaccionaste?

—No lo sé. Aturdida, asustada. Eddie me llamó por teléfono y me dijo que él y mamá habían recibido instrucciones de Sam para desplazarse a Cleveland y recuperar sigilosamente su coche. Recuerdo que Eddie repetía que otra vez lo había hecho, por fin lo había vuelto a hacer. Que había vuelto a matar. Eddie lloraba y yo también me puse a llorar. Recuerdo que fue horrible.

—Recuperaron el coche.

—Sí. Nadie lo supo jamás. Nunca se mencionó en ninguno de los juicios. Temíamos que lo descubriera la policía y obligaran a Eddie y a mi madre a declarar. Pero no ocurrió.

—¿Dónde estaba yo?

—Veamos. Vosotros vivíais en una casita blanca en Clanton y estoy segura de que tú estabas con Evelyn. Me parece que no trabajaba en aquella época. Pero no estoy completamente segura.

—¿Qué clase de trabajo hacía mi padre?

—No lo recuerdo. En un momento dado estaba de encargado en un almacén de recambios de automóvil en Clanton, pero siempre cambiaba de trabajo.

El vídeo proseguía con diversas escenas de los traslados de Sam de la cárcel al juzgado, seguidas del informe de su acusación oficial de los asesinatos. Hizo una pausa.

—¿Fue alguien de la familia a visitar a Sam en la cárcel?

—No. No cuando estaba en Greenville. Su fianza era muy elevada, medio millón de dólares, si mal no recuerdo.

—Era medio millón de dólares.

—Al principio, la familia intentó reunir el dinero para pagar la fianza. Evidentemente, mi madre quería que yo convenciera a Phelps para que firmara un cheque. Por supuesto, Phelps se negó. No quería saber nada del asunto. Tuvimos una gran pelea, pero en realidad no se lo podía reprochar.

Papá se quedó en la cárcel. Recuerdo que uno de sus hermanos intentó avalar un préstamo con unas tierras, pero no funcionó. Eddie no quería ir a verle a la cárcel y mamá no podía. Tampoco creo que Sam quisiera vernos.

—¿Cuándo nos marchamos de Clanton?

Lee se inclinó hacia adelante, levantó su vaso de vino de la mesa, dio un trago y reflexionó unos instantes.

—Creo que hacía aproximadamente un mes que estaba en la cárcel. Fui un día a visitar a mi madre y me dijo que Eddie hablaba de marcharse. No lo creí. Dijo que se sentía humillado y avergonzado, y que no se atrevía a mirar a la gente a la cara en la ciudad. Llamé por teléfono y hablé con Evelyn. Eddie no quiso ponerse al teléfono. Me dijo que estaba deprimido y se sentía deshonrado, y recuerdo que le respondí que todos sentíamos lo mismo. Le pregunté si se marchaban y me respondió categóricamente que no. Al cabo de aproximadamente una semana me llamó mi madre. Me dijo que una noche habíais hecho las maletas y os habíais marchado. El dueño de la casa llamaba para reclamar el alquiler y nadie había visto a Eddie. La casa estaba vacía.

—Ojalá pudiera recordar algo de eso.

—Tenías sólo tres años, Adam. La última vez que te vi, estabas jugando en el sótano del garaje de la casita blanca. Eras un niño encantador.

—Muchas gracias.

—Un buen día, después de varias semanas, Eddie me llamó y me dijo que le comunicara a nuestra madre que estabais en Texas y que todo iba bien.

—¿En Texas?

—Sí. Evelyn me dijo un tiempo después que os habíais dejado llevar por la corriente hacia el oeste. Estaba embarazada y con muchas ganas de aposentarse en algún lugar. Más adelante volvió a llamar y dijo que estabais en California. Aquélla fue la última llamada durante muchos años.

—¿Años?

—Sí. Intenté convencerla para que regresara a casa, pero no quiso escucharme. Juró que no volvería jamás y creo que lo decía en serio.

—¿Dónde estaban los padres de mi madre?

—No lo sé. No eran del condado de Ford. Al parecer, vivían en Georgia, o tal vez en Florida.

—No he llegado a conocerles.

Volvió a pulsar el botón y prosiguió el vídeo. Había empezado el primer juicio en el condado de Nettles. La cámara tomó una panorámica de los jardines de delante del juzgado, con un grupo de miembros del Klan, hileras de policías y montones de curiosos.

—Esto es increíble —dijo Lee.

—¿Asististe al juicio? —preguntó Adam después de parar nuevamente el vídeo.

—En una ocasión. Entré sigilosamente en la sala y escuché las conclusiones. Nos prohibió que asistiéramos a sus tres juicios. Nuestra madre estaba incapacitada. Su presión sanguínea se había descontrolado y tomaba montones de medicamentos. Se veía prácticamente obligada a guardar cama.

—¿Sabía Sam que estabas en la sala?

—No. Me senté en un banco de la última fila con un pañuelo sobre la cabeza. No me vio.

—¿Qué hacía Phelps?

—Se escondía en su despacho, se ocupaba de sus negocios y rezaba para que nadie descubriera que Sam Cayhall era su suegro. Nuestra primera separación tuvo lugar poco después de aquel juicio.

—¿Qué recuerdas del juicio, de la sala?

—Pensé que Sam había conseguido un buen jurado, personas como él. No sé cómo se las arregló su abogado, pero eligieron a doce sureños de los más fanáticos. Vi cómo reaccionaban ante el acusador y la atención que le prestaban al abogado de Sam.

—Louis Brazelton.

—Era todo un orador y no se perdían palabra. Me dejó atónita que el jurado no fuera unánime en el veredicto y que el juicio se declarara nulo. Estaba convencida de que le declararían inocente. Creo que él también estaba estupefacto.

El vídeo proseguía con reacciones ante la anulación del juicio, los pródigos comentarios de T. Louis Brazelton y otra toma de Sam cuando abandonaba la sala. El segundo juicio empezó de un modo similar al anterior.

—¿Cuánto tiempo le has dedicado a esto? —preguntó Lee.

—Siete años. Acababa de ingresar en Pepperdine cuando se me ocurrió la idea. Ha sido un reto.

Aceleró la triste escena de Marvin Kramer cuando se caía de su silla de ruedas, después del segundo juicio, y se detuvo con el rostro sonriente de una presentadora local que charlaba alegremente de la inauguración del tercer juicio del legendario Sam Cayhall. Era ahora mil novecientos ochenta y uno.

—Sam fue un hombre libre durante trece años —dijo Adam—. ¿A qué se dedicó?

—Era muy reservado; trabajaba un poco la tierra y procuraba ganarse las alubias. Nunca me habló del atentado, ni de ninguna de sus actividades con el Klan, pero gozaba de prestigio en Clanton. Allí era una especie de personaje legendario y eso, de algún modo, le llenaba de orgullo. La salud de nuestra madre empeoró y se quedó en casa para cuidar de ella.

—¿Nunca se le ocurrió marcharse?

—A mí jamás me lo mencionó. Estaba convencido de que sus problemas legales habían terminado. Le habían juzgado dos veces y en ambas ocasiones había sido absuelto. Ningún jurado de Mississippi condenaría a un miembro del Klan a finales de los años sesenta. Se creyó invencible. Permaneció cerca de Clanton, eludió al Klan y llevó una vida tranquila. Estaba convencido de que pasaría sus años dorados cultivando tomates y pescando truchas.

—¿Preguntó alguna vez por mi padre?

Lee vació el vaso y lo dejó sobre la mesa. Nunca había pensado que algún día le pidieran que recordara con tanto detalle aquella triste historia. Había hecho enormes esfuerzos para olvidarla.

—Recuerdo que durante el primer año de su regreso a casa, de vez en cuando, me preguntaba si había tenido noticias de mi hermano. Evidentemente, no las había tenido. Sabíamos que estabais en algún lugar de California y confiábamos en que estuvierais bien. Sam es un hombre muy orgulloso y testarudo, Adam. Para él era inimaginable ir en vuestra busca y pedirle a Eddie que regresara. Si Eddie estaba avergonzado de su familia, Sam consideraba que lo mejor que podía hacer era quedarse en California —dijo antes de hacer una pausa y hundirse en el sofá—. A nuestra madre le diagnosticaron un cáncer en mil novecientos setenta y tres, y yo contraté a un investigador privado para que localizara a Eddie. Trabajó durante seis meses, me cobró un montón de dinero y no encontró ninguna pista.

—Yo tenía entonces nueve años, estudiaba cuarto en Salem, Oregón.

—Lo sé. Evelyn me dijo más adelante que habíais pasado algún tiempo en Oregón.

—Siempre nos estábamos mudando. Cada curso en una escuela diferente, hasta que llegué a octavo. Entonces nos instalamos en Santa Mónica.

—Fuisteis muy escurridizos. Eddie debió contratar a un buen abogado, porque todo vestigio de Cayhall fue eliminado. El investigador utilizó incluso contactos en el oeste, pero nada.

—¿Cuándo murió?

—En mil novecientos setenta y siete. Estábamos en la iglesia a punto de empezar el funeral cuando Eddie entró por una puerta lateral y se sentó a mi espalda. No me preguntes cómo supo que su madre había muerto. Simplemente apareció en Clanton y volvió a desaparecer. No le dijo ni una palabra a Sam. Conducía un coche alquilado para que nadie pudiera localizarle por la matrícula. Le busqué después del funeral y había desaparecido. Al día siguiente regresé a Memphis y me lo encontré esperando delante de mi casa. Durante un par de horas, tomamos café y charlamos. Tenía fotografías de la escuela de ti y de Carmen. Todo era simplemente maravilloso en el soleado sur de California. Un buen trabajo, una bonita casa en una zona residencial y Evelyn vendía parcelas. El sueño americano. Dijo que nunca volvería a Mississippi, ni siquiera para el funeral de Sam. Después de obligarme a jurar que no revelaría el secreto, me dio los nuevos nombres y su número de teléfono. No su dirección, sólo el teléfono. Me amenazó con desaparecer de nuevo si traicionaba su confianza. También me dijo que no le llamara, excepto en el caso de una emergencia. Le expresé mi deseo de veros a ti y a Carmen, y me respondió que algún día tal vez sería posible. En algunos momentos era el Eddie de siempre y en otros parecía otra persona. Nos dimos un abrazo de despedida y nunca volví a verle.

Adam pulsó el control remoto y el vídeo se puso de nuevo en movimiento. Las imágenes claras y modernas del tercer juicio se sucedían con rapidez, y ahí estaba Sam, que de pronto había envejecido trece años, acompañado de un nuevo abogado cuando entraban apresuradamente por una puerta lateral del juzgado del condado de Lakehead.

—¿Asististe al tercer juicio?

—No. Me ordenó que no lo hiciera.

Adam pulsó de nuevo la pausa del vídeo.

—En aquel momento, ¿comprendió Sam que iban de nuevo a por él?

—No es fácil saberlo. Un buen día apareció un pequeño artículo en el periódico de Memphis, sobre el nuevo fiscal del distrito de Greenville, que se proponía volver a abrir el caso de Kramer. Nada especial, sólo un par de párrafos en las páginas centrales. Recuerdo que me horroricé al leerlo. Lo leí una decena de veces y lo contemplé durante una hora. Después de tantos años, el nombre de Cayhall aparecía de nuevo en el periódico. No podía creerlo. Le llamé y, evidentemente, él también lo había leído. Me dijo que no me preocupara. Al cabo de un par de semanas apareció otro artículo, en esta ocasión un poco más largo, con una fotografía de David McAllister en el centro del mismo. Llamé a papá e insistió en que no me preocupara. Así fue cómo empezó, de un modo discreto aunque luego fue adquiriendo ímpetu. La familia Kramer apoyaba la idea y luego intervino el NAACP. De pronto fue evidente que McAllister estaba decidido a solicitar un nuevo juicio y llegar hasta el final. A Sam le produjo náuseas y estaba asustado, pero procuró actuar con valentía. Había ganado dos veces, dijo, y podía volver a hacerlo.

—¿Llamaste a Eddie?

—Sí. Cuando fue evidente que volverían a acusarle oficialmente, le llamé para comunicárselo. No dijo gran cosa, prácticamente nada. Fue una conversación muy breve y prometí que le mantendría informado. Creo que se lo tomó bastante mal. El caso no tardó en adquirir una proyección nacional y estoy segura de que Eddie lo siguió a través de los medios de información.

Contemplaron las tomas restantes del tercer juicio en silencio. El rostro sonriente de McAllister aparecía por doquier y, en más de una ocasión, Adam deseó haberlo resumido un poco más. Sam apareció por última vez cuando se lo llevaban esposado y finalizó el vídeo.

—¿Lo ha visto alguien? —preguntó Lee.

—No. Tú eres la primera en verlo.

—¿Cómo lo has conseguido?

—A base de tiempo, un poco de dinero y mucho esfuerzo.

—Es increíble.

—De joven, en el instituto, teníamos un profesor de ciencias políticas que estaba chalado y nos permitía traer recortes de periódicos y revistas para debatir temas de actualidad. Alguien trajo una primera plana del *L. A. Times* sobre el inminente juicio de Sam Cayhall en Mississippi. Lo discutimos bastante a fondo y luego lo seguimos de cerca cuando se celebró. Todos, incluido yo, nos alegramos bastante cuando le declararon culpable. Pero hubo un gran debate sobre la pena de muerte. Al cabo de dos meses mi padre había fallecido y tú me contaste por fin la verdad. Me horrorizaba pensar que mis amigos lo descubrieran.

—¿Lo hicieron?

—Claro que no. Soy un Cayhall, maestro en el arte de guardar secretos.

—No será por mucho tiempo.

—No, no lo será.

—Se hizo una larga pausa mientras miraban la pantalla en blanco. Por fin, Adam pulsó un botón, apagó la televisión y dejó el mando a distancia sobre la mesa.

—Lo siento, Lee, si esto te coloca en una situación embarazosa. Lo siento de veras. Ojalá hubiera forma de evitarlo.

—Tú no lo comprendes.

—Lo sé. Ni creo que tú puedas explicármelo. ¿Temes a Phelps y a su familia?

—Desprecio a Phelps y a su familia.

—Pero te gusta su dinero.

—Me lo he ganado, ¿de acuerdo? Le he soportado durante veinticinco años.

—¿Temes que tus pequeñas asociaciones te repudien? ¿Que te expulsen de los clubs de campo?

—Cállate, Adam.

—Lo siento. Ha sido un día muy extraño. Estoy empezando a dar la cara, Lee. Me enfrento a mi pasado y supongo que espero que todo el mundo sea tan audaz como yo. Lo siento.

—¿Qué aspecto tiene?

—El de un anciano. Una piel muy pálida llena de arrugas. Es demasiado viejo para estar encerrado en una jaula.

—Recuerdo que hablé con él pocos días antes del último juicio. Le pregunté por qué no había huido, desaparecido en plena noche para ocultarse en algún lugar de Sudamérica. ¿Sabes lo que me dijo?

—¿Qué?

—Que había pensado en ello. Hacía tres años que mamá había muerto y Eddie se había marchado. Había leído libros sobre Mengele, Eichmann y otros criminales de guerra nazis que habían desaparecido en Sudamérica. Habló incluso de São Paulo, con sus veinte millones de habitantes y llena de toda clase de refugiados. Tenía un amigo, creo que se trataba de otro miembro del Klan, que podía arreglarle los papeles y ayudarle a esconderse. Se lo había pensado detenidamente.

—Ojalá lo hubiera hecho. Tal vez mi padre estaría todavía vivo.

—Dos días antes de que le trasladaran a Parchman, le vi en la cárcel de Greenville. Fue nuestra última visita. Le pregunté por qué no había huido y dijo que nunca imaginó que le condenaran a muerte. Me parecía increíble que durante tantos años hubiera sido un hombre libre, con la posibilidad de huir fácilmente. Reconoció que había cometido un grave error al no hacerlo, un error que le costaría la vida.

Adam dejó la fuente de palomitas sobre la mesa y se inclinó lentamente hacia Lee hasta apoyar la cabeza en su hombro. Ella le cogió de la mano.

—Lamento que estés metido en esto —susurró Lee.

—Tenía un aspecto tan triste, sentado ahí, con el chándal rojo de los condenados a muerte.

DOCE

Clyde Packer se sirvió una cantidad generosa de café muy concentrado en una taza que llevaba su nombre y empezó a despachar el papeleo de la mañana. Hacía veintiún años que trabajaba en la unidad de condenados a muerte y los últimos siete como comandante de galería. Todas las mañanas, durante ocho horas, era uno de los cuatro sargentos responsables de catorce condenados, dos guardias y dos presos de confianza. Acabó de despachar los papeles y consultó la orden del día. Había una nota para que llamara al alcaide. Otra decía que a F. M. Dempsey le quedaban pocas pastillas para el corazón y quería ver al médico. Todos querían ver al médico. Tomó la humeante taza de café y abandonó el despacho para la inspección matinal. Examinó los uniformes de los guardias en la puerta principal y le dijo al joven blanco que se cortara el pelo.

La UMS no era un mal lugar donde trabajar. En general, los condenados a muerte eran pacíficos y de buenos modales. Pasaban veintitrés horas diarias solos en sus celdas, incomunicados y, por consiguiente, no tenían oportunidad de causar problemas. Todos los días se pasaban dieciséis horas durmiendo. Se les daba de comer en la celda. Se les concedía una hora de recreo diaria, que ellos denominaban su «hora libre», y podían pasarla a solas si lo deseaban. Todos tenían un aparato de televisión o radio, o ambos, y después del desayuno las celdas se animaban con música, noticias, culebrones y tranquilas conversaciones entre barrotes. Los presos no podían ver al recluso de la celda adjunta, pero sí charlar con cierta facilidad. De vez en cuando estallaba alguna discusión relacionada con el volumen de la música de alguno de ellos, pero los guardias resolvían rápidamente aquellos pequeños brotes de ira. Los reclusos tenían ciertos derechos y ciertos privilegios. Retirarles el receptor de radio o de televisión era algo devastador.

El patíbulo generaba una curiosa camaradería entre los condenados. La mitad eran blancos, la otra mitad negros, y a todos se les había declarado culpables de asesinatos brutales. Pero había escaso interés por los sucesos del pasado, así como por los antecedentes penales y, en general, tampoco les preocupaba el color de la piel. Entre los presos comunes, toda clase de pandillas clasificaban eficazmente a los reclusos, habitualmente por razas. Sin embargo, en el patíbulo, al preso se le juzgaba por su conducta. Se gustaran o no, estaban todos encerrados en aquel diminuto confín del mundo, a la espera de la muerte. Era una pequeña chusma fraternal de inadaptados, vagabundos, maleantes y asesinos a sangre fría.

La muerte de uno podía significar la de todos los demás. La noticia de la nueva sentencia de Sam se susurraba entre barrotes de celda en celda. Cuando apareció en las noticias de las doce del día anterior, el patíbulo se sumió en un palpable silencio. De pronto, todos los reclusos querían hablar con sus abogados. Se renovó el interés por todos los aspectos legales y Packer se percató de que varios reclusos estudiaban sus respectivos sumarios, con los aparatos de televisión apagados y las radios a bajo volumen.

Cruzó una gruesa puerta, tomó un buen trago y avanzó silenciosamente por la galería A, con sus catorce celdas idénticas de dos metros de anchura por tres de profundidad que daban al pasillo. La parte frontal de cada celda era un muro de barrotes, de modo que en ningún momento su ocupante gozaba de completa intimidad. Hiciera lo que hiciese, dormir o ir al retrete, estaba expuesto a la vigilancia de los guardias.

Estaban todos en la cama cuando Packer se detuvo momentáneamente frente a cada pequeño habitáculo y observó la cabeza bajo las sábanas. Las luces de las celdas estaban apagadas y la galería estaba oscura. El encargado del pasillo, un recluso que gozaba de privilegios especiales, los despertaba golpeando los barrotes a las cinco. A las seis se les servía el desayuno: huevos, tostadas, mermelada, ocasionalmente tocino, café y zumo de fruta. Dentro de unos minutos el patíbulo cobraría lentamente vida, conforme los cuarenta y siete reclusos se fueran sacudiendo las telarañas del sueño para reanudar el interminable proceso de la muerte. Ocurría lentamente, día a día, con cada terrible amanecer que traía un nuevo manto de calor a sus pequeñas parcelas infernales. Y era veloz, como el día anterior, cuando algún juzgado denegaba alguna solicitud o recurso o apelación y decidía que la ejecución debía celebrarse en breve.

Packer saboreaba su café, contaba cabezas y avanzaba sigilosamente, en cumplimiento de su ceremonia matutina. En general, la UMS funcionaba satisfactoriamente cuando no se rompía la rutina y se seguía el horario. Había un sinfín de normas en el manual, pero eran justas y fáciles de obedecer. Pero una ejecución tenía sus propias reglas, otra política y directrices fluctuantes que solían alterar la tranquilidad del patíbulo. Packer sentía mucho respeto por Phillip Naifeh pero, maldita sea, redactaba nuevas normas antes y después de cada ejecución. Había mucha presión para que todo se hiciera de una forma correcta, constitucional y compasiva. No había habido dos ejecuciones idénticas.

Packer odiaba las ejecuciones. Creía en la pena de muerte porque era creyente, y cuando Dios había dicho ojo por ojo no bromeaba. Sin embargo, prefería que fueran otros y en otro lugar quienes la ejecutaran. Por suerte, había sido tan infrecuente en Mississippi, que su trabajo proseguía con tranquilidad y escasas intromisiones. Había sobrellevado quince en veintiún años, pero sólo cuatro desde mil novecientos ochenta y dos.

Intercambió unas plácidas palabras con el guardia al fondo de la galería. El sol se empezaba a asomar por las ventanas abiertas en la parte superior del pasillo. El día sería cálido y sofocante. También mucho más tranquilo. Habría menos quejas respecto a la comida, menos insistencia en ver al médico, menos pataleo y, en general, serían dóciles y dominaría la preocupación. Hacía por lo menos un año que no se había anulado un aplazamiento tan cerca de la fecha de la ejecución. Packer sonrió para sí mientras buscaba una cabeza bajo las sábanas. Hoy sería realmente un día tranquilo.

Durante los primeros meses de Sam en el patíbulo, Packer no había querido saber nada de él. El reglamento prohibía todo contacto innecesario con los reclusos y a Packer le había resultado fácil desentenderse de Sam. Era miembro del Klan. Odiaba a los negros. Hablaba poco. Era arisco y desagradable, por lo menos al principio. Pero la rutina de no hacer nada ocho horas al día suaviza gradualmente la aspereza y, con el tiempo, alcanzaron un nivel de comunicación que consistía en un puñado de ruidos y palabras breves. Después de verse todos los días durante nueve años y medio, Sam podía llegar incluso a sonreírle a Packer.

Después de años de observación, Packer había llegado a la conclusión de que había dos clases de asesinos en el patíbulo. Los asesinos a sangre fría, que volverían a matar si se les brindaba la oportunidad de hacerlo, y los que habían cometido errores y jamás soñarían en volver a derramar sangre. Los primeros debían ser ejecutados cuanto antes. Los del segundo grupo hacían que Packer se sintiera sumamente incómodo, porque su ejecución no cumplía propósito alguno. La sociedad no sufriría si se les pusiera en libertad, ni siquiera se percataría de ello. Sam pertenecía claramente al segundo grupo. Podían devolverlo a su casa, donde no tardaría en morir en la más absoluta soledad. No, Packer no quería ver a Sam Cayhall ejecutado.

Regresó lentamente por el pasillo de la galería A, con su taza de café en la mano y la mirada en las oscuras celdas. Su galería era la más cercana a la celda de los incomunicados, que estaba junto a la cámara de gas. Sam estaba en la celda número seis de la galería A, literalmente a menos de treinta metros de la cámara. Hacía algunos años había solicitado que le trasladaran, a raíz de una estúpida discusión con Cecil Duff, su vecino de celda.

Ahora Sam estaba sentado en la oscuridad, al borde de la cama. Packer se detuvo y se acercó a los barrotes.

—Buenos días, Sam —dijo perezosamente.

—Buenos días —respondió Sam, con los ojos entreabiertos.

Entonces Sam se puso de pie en el centro de la celda, de cara a la puerta. Llevaba una deslucida camiseta blanca y un holgado pantalón corto, como solían hacerlo los reclusos del patíbulo cuando el calor era tan intenso. El reglamento les exigía ponerse el chándal rojo cuando salían de la celda, pero en su interior llevaban lo menos posible.

—Hoy hará mucho calor —dijo Packer, como solía hacerlo todas las mañanas.

—Espere a que llegue agosto —respondió Sam, como siempre lo hacía.

—¿Se siente bien? —preguntó Packer.

—Nunca he estado mejor.

—Su abogado dijo que volvería hoy.

—Sí. Eso fue lo que dijo. Supongo que necesito muchos abogados, ¿no le parece, Packer?

—Eso parece —respondió Packer mientras tomaba un sorbo de café y echaba una ojeada a lo largo del pasillo. La luz del día empezaba a filtrarse por las ventanas a su espalda, que daban al sur—. Hasta luego, Sam —agregó al tiempo que se alejaba lentamente.

Inspeccionó el resto de las celdas y encontró a todos sus muchachos. Sonaron los cerrojos de las puertas al abandonar la galería A para regresar a la parte frontal del edificio.

La única luz de la celda estaba sobre el fregadero de acero inoxidable, que era metálico para que los reclusos no pudieran romperlo y utilizarlo como arma o instrumento de suicidio. Debajo del fregadero había un retrete, también de acero inoxidable. Sam encendió la luz y se cepilló los dientes. Eran casi las cinco y media. Había dormido con dificultad.

Se sentó al borde de la cama y encendió un cigarrillo, con la mirada en el suelo de hormigón pintado, que de algún modo conservaba el calor en verano y el frío en invierno. Sus únicos zapatos, un par de sandalias de goma para la ducha, que detestaba, estaban bajo la cama. Poseía un par de calcetines de lana, con los que dormía en invierno. El resto de sus pertenencias consistía en un aparato de televisión en blanco y negro, una radio, una máquina de escribir, seis camisetas agujereadas, cinco calzoncillos, un cepillo de dientes, un peine, un cortador de uñas, un ventilador oscilante y un calendario de pared. Su posesión más preciada era una colección de textos jurídicos que había acumulado y memorizado a lo largo de los años, cuidadosamente ordenados sobre una rudimentaria estantería frente a su catre. En una caja de cartón en el suelo, entre la puerta y la estantería, guardaba un enorme montón de documentos, por orden cronológico, del historial jurídico del caso «El estado de Mississippi contra Sam Cayhall», que también había grabado en la memoria.

El balance era breve y, a excepción de la sentencia de muerte, no contenía otros cargos. Al principio le había preocupado la pobreza, pero hacía mucho tiempo que dichas consideraciones habían desaparecido de su mente. Según la leyenda familiar su abuelo había sido rico, con tierras y esclavos, pero ningún Cayhall contemporáneo se distinguía por su fortuna. Había conocido a condenados a muerte preocupadísimos por su testamento, como si sus herederos fueran a pelearse por un viejo aparato de televisión y algunas antiguas revistas. Se le había ocurrido la posibilidad de elaborar su propio testamento y dejar sus calcetines de lana y su ropa interior sucia al estado de Mississippi, o tal vez al NAACP.

A su derecha se encontraba J. B. Gullitt, un joven blanco analfabeto que había violado y asesinado a una reina de belleza. Hacía tres años que Gullitt había estado a punto de ser ejecutado, hasta que Sam intervino con una astuta maniobra jurídica. Sam señaló que quedaban varios aspectos por resolver y le explicó al tribunal del quinto circuito que Gullitt no tenía abogado. Se le concedió inmediatamente un aplazamiento y Gullitt se convirtió en su amigo incondicional.

A su izquierda estaba Hank Henshaw, presunto cabecilla de una ya olvidada pandilla de maleantes conocida como la «mafia de los fanáticos sureños». Una noche, Hank y su variopinta cuadrilla habían secuestrado un camión de dieciocho ruedas con el único propósito de apoderarse de su cargamento. El chófer sacó una pistola y murió en el tiroteo que se produjo a continuación. La familia de Hank pagaba a unos buenos abogados y no estaba previsto que le ejecutaran en muchos años.

Los tres vecinos se referían a su pequeña sección de la UMS como Rhodesia.

Sam arrojó el cigarrillo al retrete y se recostó en la cama. El día anterior al atentado de Kramer había pasado por la casa de Eddie en Clanton, no recordaba exactamente con qué propósito, pero sí que se había llevado espinacas frescas de su huerto y había jugado unos minutos con el pequeño Alan, ahora Adam, en el jardín. Se acordaba de que era abril, hacía calor y su nieto andaba descalzo. También se acordaba de que llevaba una tirita en uno de los dedos de sus rechonchos pies. Se había hecho un corte con una roca, según le explicó Alan lleno de orgullo. Al chiquillo le encantaban las tiritas y siempre llevaba alguna pegada a un dedo o a la rodilla. Evelyn cogió las espinacas y movió la cabeza, mientras el pequeño le mostraba ufano a su abuelo una caja de tiritas variadas.

Aquélla había sido la última vez en que había visto a Alan. Al día siguiente tuvo lugar el atentado y Sam pasó los próximos diez meses en la cárcel. Cuando le pusieron en libertad, después del segundo juicio, Eddie y su familia habían desaparecido. El orgullo de Sam le impidió ir en su busca. Circulaban rumores y habladurías respecto a su paradero. Lee decía que estaban en California, pero no lograba localizarlos. Al cabo de unos años, Lee habló con Eddie y se enteró del nacimiento de su hija Carmen.

Se oían voces al fondo de la galería. Luego el ruido de un retrete y a continuación una radio. El patíbulo empezaba a cobrar vida. Sam peinó su grasienta cabellera, encendió otro Montclair y contempló el calendario de la pared. Hoy era doce de julio. Le quedaban veintisiete días.

Se sentó al borde de la cama y volvió a contemplarse los pies. J. B. Gullitt encendió su televisor para ver las noticias mientras Sam daba caladas y se rascaba los tobillos, al tiempo que escuchaba la filial de la NBC en Jackson. Después de enumerar los tiroteos, robos y asesinatos sucedidos en la región, el presentador dio la sensacional noticia de que en Parchman se fraguaba una ejecución. El quinto circuito, declaró con entusiasmo, había anulado el aplazamiento de Sam Cayhall, el recluso más famoso de Parchman, y se había fijado la fecha de su ejecución para el ocho de agosto. Una voz dijo que, según las autoridades, Cayhall había agotado los recursos y la ejecución tendría lugar.

Sam encendió su televisor. Como de costumbre, el sonido llegó con unos diez segundos de antelación y oyó la voz del propio fiscal general pronosticando que, después de tantos años, se haría justicia con el señor Cayhall. Se formó un rostro difuso en la pantalla, sin que se interrumpiera el flujo de las palabras, hasta que reconoció la cara a la vez sonriente y perturbada de Roxburgh, que con aire meditabundo describía ante las cámaras los últimos pasos que conducirían finalmente al señor Cayhall a la cámara de gas. A continuación apareció de nuevo el presentador, un joven local con un bigote de pelusa, que cerró el reportaje con un resumen del horrible crimen de Sam, con una rudimentaria ilustración de un miembro del Klan encapuchado como telón de fondo. Un rifle, una cruz en llamas y las letras KKK completaban la ilustración. El joven repitió la fecha, el ocho de agosto, como si esperara que los televidentes lo señalaran en sus calendarios y se propusieran tomar el día libre. Luego llegó el parte meteorológico.

Apagó el televisor y se acercó a los barrotes.

—¿Lo has oído, Sam? —preguntó Gullitt desde la celda contigua.

—Sí.

—Esto será una locura.

—Sí.

—Piensa en el lado positivo.

—¿Cuál es?

—Sólo te quedan cuatro semanas de calvario —respondió Gullitt con una breve carcajada.

Sam sacó algunos documentos de su fichero y se sentó al borde de la cama. No había ninguna silla en la celda. Leyó el documento de representación de Adam, que consistía en una página y media de letra impresa, con los márgenes llenos de anotaciones a lápiz que Sam había agregado. También había añadido algunos párrafos en el reverso de las hojas. Se le ocurrió otra idea más y encontró un espacio en blanco donde introducirla. Con el cigarrillo entre los dedos de la mano derecha y el documento entre los de la izquierda, volvió a leérselo de cabo a rabo.

Por último, Sam se acercó a las estanterías y bajó cuidadosamente su antigua máquina de escribir Royal portátil. La equilibró a la perfección sobre sus rodillas, introdujo una hoja de papel en la misma y empezó a mecanografiar.

A las seis y diez se abrieron las puertas del extremo norte de la galería A y entraron dos guardias en el pasillo. Uno de ellos empujaba un carrito, con catorce bandejas perfectamente encajadas en el mismo. Se detuvieron frente a la primera celda e introdujeron una bandeja metálica por una estrecha rendija de la puerta. Su ocupante era un cadavérico cubano, que esperaba junto a la reja con sólo unos calzoncillos medio caídos. Cogió la bandeja como un refugiado muerto de hambre y se la llevó inmediatamente al borde de la cama.

Hoy el desayuno consistía en dos huevos revueltos, cuatro tostadas de pan blanco, una gruesa loncha de tocino, dos diminutos botes de mermelada de uva, una pequeña botella de zumo de naranja y una gran taza de plástico llena de café. La comida, caliente y agradable, se distinguía por gozar de la aprobación de los tribunales federales.

Se trasladaron a la próxima celda, donde su ocupante esperaba. Lo hacían siempre de pie, junto a la puerta, como perros hambrientos.

—Llevan once minutos de retraso —dijo, sin levantar la voz, el reo cuando recogía su bandeja.

Los guardias no le miraron.

—Denúncienos —respondió uno de ellos.

—Tengo mis derechos.

—Sus derechos me los paso por el culo.

—No me hable de ese modo. Le denunciaré. Esto es un abuso.

Los guardias siguieron su camino, sin mediar otra palabra. Un aspecto más de la rutina cotidiana.

Sam no esperaba junto a la puerta. Trabajaba afanosamente en su pequeño despacho de abogacía cuando llegó el desayuno.

—Suponía que estaría escribiendo a máquina —dijo uno de los guardias después de detenerse frente a la puerta número seis.

Sam dejó lentamente la máquina sobre la cama.

—Escribo cartas de amor —respondió cuando se ponía de pie.

—Sea lo que sea, Sam, será mejor que se dé prisa. El cocinero ya ha empezado a hablar de su última comida.

—Dígale que quiero una pizza al microondas. Probablemente hasta en eso meterá la pata. Puede que me contente con unas judías con salchichas —dijo Sam mientras cogía la bandeja.

—Usted decide, Sam. El último pidió filete de ternera con gambas. ¿Se lo imagina? Filete con gambas en este lugar.

—¿Se lo comió?

—No. Perdió el apetito y, en su lugar, le llenaron de Valium.

—No es una mala forma de ausentarse.

—¡Silencio! —exclamó J. B. Gullitt desde la próxima celda.

Los guardias empujaron el carrito unos pasos, hasta detenerse frente a J. B., que estaba agarrado con ambas manos a los barrotes. Guardaron una distancia prudencial.

—Parece que estamos muy irritables esta mañana —dijo uno de los guardias.

—¿Por qué serán tan cretinos que no pueden servir la comida en silencio? ¿Creen que nos apetece despertar y empezar el día todas las mañanas con sus ingeniosos comentarios? Limítense a darme la comida, coño.

—Caramba, J. B., cuánto lo sentimos. Creíamos que se sentían solos.

—Creían mal —respondió J. B. al tiempo que cogía la bandeja y les volvía la espalda.

—Muy susceptible —dijo uno de los guardias mientras se acercaban a otro a quien mortificar.

Sam depositó la bandeja sobre la cama y agregó un sobre de azúcar al café. Su rutina diaria no incluía huevos revueltos ni tocino. Se guardaría las tostadas y la mermelada para comérselas durante la mañana. Se tomaría lentamente el café, racionándolo hasta las diez, su hora de ejercicio y aire libre.

Equilibró de nuevo la máquina de escribir sobre sus rodillas y empezó otra vez a teclear.

TRECE

Sam concluyó su versión del documento jurídico a las nueve y media. Estaba orgulloso del mismo; era una de sus mejores obras de los últimos meses. Comía una rebanada de pan tostado mientras lo repasaba por última vez. La mecanografía era pulcra, aunque anticuada, como consecuencia de su antigua máquina de escribir. El lenguaje era efusivo y repetitivo, poético y repleto de términos que uno jamás oiría en boca de un lego. Sam tenía un dominio muy amplio de la terminología jurídica y estaba a la altura de cualquier abogado.

Se abrió una puerta al fondo de la galería y volvió a cerrarse. Se oyeron unos pasos firmes y decididos por el pasillo, y apareció Packer.

—Su abogado está aquí, Sam —dijo al tiempo que se sacaba unas esposas del cinturón.

—¿Qué hora es? —preguntó Sam antes de ponerse de pie y subirse los calzoncillos.

—Pasan unos minutos de las nueve y media. ¿Y eso qué importa?

—Se supone que a las diez es mi hora libre.

—¿Quiere ir al patio o ver a su abogado?

Sam se lo pensó mientras se ponía el chándal rojo y las sandalias de goma. Uno tardaba muy poco en vestirse en el patíbulo.

—¿Podré salir más tarde?

—Veremos.

—No quiero perderme mi hora libre, ¿comprende?

—Lo sé, Sam. Vamos.

—Es muy importante para mí.

—Lo sé, Sam. Es muy importante para todos. Procuraremos dejarle salir más tarde, ¿de acuerdo?

Sam se peinó con gran esmero y luego se enjuagó las manos con agua fría. Packer esperaba pacientemente. Quería decirle algo a J. B. Gullitt, algo relacionado con su humor aquella mañana, pero había vuelto a quedarse dormido. La mayoría de los presos dormían. Casi todos los condenados a muerte despertaban para el desayuno y aproximadamente una hora de televisión, y después pasaban el resto de la mañana dormidos. Aunque Packer no había estudiado ni mucho menos la situación desde un punto de vista científico, calculaba que dormían de quince a dieciséis horas diarias. Además, eran capaces de dormir a pesar del calor, del sudor, del frío y del ruido de los aparatos de radio y televisión a alto volumen.

Aquella mañana había mucho menos ruido. Los ventiladores zumbaban y ronroneaban, pero nadie daba gritos.

Sam se acercó a los barrotes, se colocó de espaldas a Packer y extendió ambas manos por la rendija de la puerta. Después de que Packer le colocara las esposas, se acercó a la cama y cogió el documento. Packer le hizo una seña con la cabeza al guardia al fondo del pasillo y la puerta de Sam se abrió electrónicamente. Luego volvió a cerrarse.

Las cadenas en los tobillos eran opcionales en dichas ocasiones, y con un preso más joven, tal vez rebelde y con un poco más de energía Packer probablemente las habría utilizado. Pero se trataba sólo de Sam. Era un anciano. ¿Hasta dónde podría correr? ¿Cuántos desperfectos podría causar con sus pies?

Packer agarró suavemente a Sam por su esquelético bíceps y lo condujo a lo largo del pasillo. Se detuvieron al llegar al fondo de la galería, ante otra puerta de barrotes, esperaron a que se abriera y volviera a cerrarse y abandonaron la galería A. Otro guardia les seguía cuando llegaron a otra puerta de acero que Packer abrió con una llave de su cinturón. La cruzaron y ahí estaba Adam, sentado solo al otro lado de la verja metálica verde.

Packer le quitó las esposas a Sam y abandonó la sala.

Adam lo leyó despacio la primera vez. Durante la segunda lectura tomó algunas notas y le divirtieron algunas palabras. Había visto escritos peores redactados por abogados. También los había visto mucho mejores. Sam tenía el mismo defecto que la mayoría de los estudiantes de primer curso de Derecho; utilizaba seis palabras cuando con una bastaba. Su latín era terrible. Había párrafos enteros que eran inútiles. Pero, en general, no estaba mal para alguien que no era abogado.

El contrato de dos páginas se había convertido ahora en un documento de cuatro hojas, meticulosamente mecanografiado con márgenes perfectos y sólo dos errores mecanográficos y uno ortográfico.

—Lo haces bastante bien —dijo Adam después de dejar el documento sobre el mostrador. Sam fumaba un cigarrillo y le miraba fijamente por la rendija—. Es básicamente lo mismo que te di ayer.

—Es básicamente muy distinto —replicó Sam.

Adam consultó sus notas.

—Parecen preocuparte cinco áreas: el gobernador, los libros, las películas, la anulación del contrato y los testigos de la ejecución.

—Son muchas las cosas que me preocupan. Pero éstas no son negociables.

—Te prometí ayer que no tendría nada que ver con libros ni películas.

—De acuerdo. Sigamos.

—Lo de la anulación del contrato me parece correcto. Quieres tener derecho a prescindir de mi representación y de la de Kravitz & Bane en cualquier momento y por cualquier razón, sin tener que luchar.

—La última vez tardé mucho tiempo en poder prescindir de los servicios de esos cabrones judíos. No quiero que se repita.

—Es razonable.

—No me importa que te parezca razonable, ¿vale? Está en el contrato y no es negociable.

—De acuerdo. Y no quieres tratar con nadie que no sea yo.

—Exactamente. Nadie en Kravitz & Bane debe tocar mi sumario. Ese lugar está plagado de judíos y esa gente no se compromete, ¿vale? Lo mismo ocurre con los sambos y las mujeres.

—Oye, Sam, ¿no podemos dejar los insultos a un lado? ¿No podemos llamarlos simplemente negros?

—No faltaría más. Cuánto lo siento. ¿Por qué no ser absolutamente correctos y llamarlos afroamericanos, judioamericanos y hembroamericanas? Tú y yo seremos irlandesesamericanos y también varonesblancosamericanos. Si necesitas ayuda de tu bufete, procura limitarte a los germanoamericanos y a los italoamericanos. Y puesto que estáis en Chicago, tal vez puedas utilizar a algún polacoamericano. Así estará mejor, ¿no te parece? Seremos correctos, multiculturales y políticamente recomendables, ¿no crees?

—Como quieras.

—Ya empiezo a sentirme mejor.

—Acepto —dijo Adam al tiempo que hacía una señal en sus notas.

—Evidentemente que aceptas si es que quieres el contrato. Limítate a mantener a las minorías alejadas de mi vida.

—Pareces suponer que están ávidos por participar.

—Yo no supongo nada. Me quedan cuatro semanas de vida y prefiero compartirlas con personas en las que confío.

Adam volvió a leer un párrafo de la tercera página agregado por Sam. El texto concedía a Sam derecho único a elegir dos testigos de su ejecución.

—No entiendo esa cláusula de los testigos —dijo Adam.

—Es muy sencillo. Si llegamos a ese punto, habrá unos quince testigos. Puesto que yo soy el invitado de honor, me reservo el derecho a elegir a dos. Comprobarás que el reglamento, cuando hayas tenido tiempo de leértelo, enumera a unos cuantos que deben estar presentes. El alcaide, que por cierto es libanesamericano, goza de cierta discreción para elegir a los demás. Suelen celebrar un sorteo entre los periodistas para escoger a los buitres que podrán contemplar el espectáculo.

—Entonces, ¿para qué quieres esta cláusula?

—Porque el abogado es siempre uno de los elegidos por la víctima. Es decir, por mí.

—¿Y tú no quieres que presencie tu ejecución?

—Exactamente.

—Supones que querría presenciarla.

—No supongo nada. Es la pura realidad. Los abogados están ansiosos por ver a sus pobres clientes en la cámara de gas cuando el hecho es inevitable, luego lo están por aparecer frente a las cámaras para llorar, hacer discursos y protestar contra la injusticia.

—¿Y crees que yo haría eso?

—No. Creo que tú no lo harías.

—Entonces ¿por qué esa cláusula?

Sam se inclinó sobre el mostrador y apoyó los codos. Su nariz estaba a un centímetro de la verja.

—Porque tú no presenciarás la ejecución, ¿vale?

—De acuerdo —respondió sin darle importancia mientras volvía la página—. No vamos a llegar tan lejos, Sam.

—Ése es mi muchacho. Eso es lo que quiero oír.

—Claro que... puede que necesitemos al gobernador.

Sam refunfuñó asqueado y se acomodó en su silla. Cruzó la pierna derecha sobre la rodilla izquierda y miró fijamente a Adam.

—El contrato está clarísimo.

Sin duda lo estaba. Casi una página entera estaba dedicada a un virulento ataque contra David McAllister. En la misma, Sam se había olvidado de la ley y utilizaba palabras como grosero, egoísta y narcisista, además de mencionar en más de una ocasión su afán publicitario.

—Tienes un problema con el gobernador —dijo Adam.

Sam refunfuñó.

—Esto no me parece una buena idea, Sam.

—En realidad, no me importa lo que tú pienses.

—El gobernador podría salvarte la vida.

—¿En serio? Él es la única razón por la que estoy aquí, en el patíbulo, a la espera de morir en la cámara de gas. ¿Qué diablos podría impulsarle a querer salvarme la vida?

—No he dicho que quisiera. He dicho que podría. Mantengamos nuestras opciones abiertas.

Durante un largo minuto, Sam sonrió burlonamente mientras encendía un cigarrillo. Parpadeó y levantó la mirada al techo, como si aquel jovenzuelo fuera el ser humano más estúpido que hubiera visto en varias décadas. A continuación se inclinó hacia adelante y, apoyado sobre el codo izquierdo, señaló a Adam con un torcido dedo de la mano derecha.

—Si crees que David McAllister me concederá el perdón en el último momento, estás loco. Pero permíteme que te cuente lo que hará. Nos utilizará a ti y a mí para conseguir toda la publicidad imaginable. Te invitará a su despacho en el capitolio del estado y, antes de tu llegada, habrá avisado a la prensa. Te escuchará con asombrosa sinceridad. Alegará graves reservas respecto a mi muerte. Programará otra reunión, poco antes de la ejecución. Después de que te marches, concederá un par de entrevistas y divulgará todo lo que le hayas contado. Reconstruirá el atentado de Kramer. Hablará de los derechos civiles y de toda esa basura radical de los sambos. Es probable que incluso llore. Cuanto más cerca esté yo de la cámara de gas, mayor será el espectáculo circense de los medios de información. Procurará por todos los medios estar en el centro del escenario. Se reunirá contigo todos los días si se lo permitimos. Nos manipulará como marionetas.

—Todo eso puede hacerlo sin nosotros.

—Y lo hará. No te quepa la menor duda, Adam. Una hora antes de mi muerte, celebrará una conferencia de prensa en algún lugar, probablemente aquí o tal vez en la mansión del gobernador, y denegará mi petición de clemencia ante el fulgor de un centenar de cámaras. Y el cabrón tendrá lágrimas en los ojos.

—No puede perjudicarnos hablar con él.

—De acuerdo. Habla con él. Y cuando lo hayas hecho, me ampararé en el segundo párrafo y no tendrás más remedio que volverte a Chicago.

—Puede que le guste, que nos hagamos amigos.

—Por supuesto. Le encantarás. Eres el nieto de Sam. ¡Qué historia tan maravillosa! Más periodistas, más cámaras, más presentadores, más entrevistas. Le encantaría conocerte y poder utilizarte. Maldita sea, puede que asegures su reelección.

Adam volvió otra página, tomó algunas notas y esperó deliberadamente, con la esperanza de dejar de hablar del gobernador.

—¿Dónde aprendiste a escribir de este modo? —preguntó Adam.

—En el mismo lugar que tú. Mis maestros han sido las mismas almas ilustradas que te han educado a ti. Jueces fallecidos. Excelentísimos legisladores. Locuaces abogados. Aburridos profesores. He leído la misma basura que tú.

—No está mal —dijo Adam mientras repasaba otro párrafo.

—Me alegro de que te parezca bien.

—Tengo entendido que aquí tienes un pequeño bufete.

—Bufete. ¿Qué es un bufete? ¿Para qué utilizan los abogados un bufete? ¿Por qué no pueden trabajar como todo el mundo? ¿Tienen los fontaneros un bufete? ¿Tienen los camioneros un bufete? No, se limitan a trabajar. Pero no los abogados. Maldita sea, de ningún modo. Los abogados son especiales y tienen un bufete. Con tanto bufete sería de suponer que saben lo que se hacen, que llegarían a ser buenos en algo.

—¿Hay alguien que te guste?

—Eso es una pregunta estúpida.

—¿Por qué es estúpida?

—Porque tú estás sentado al otro lado de este muro y puedes marcharte cuando lo desees. Y esta noche podrás cenar en un bonito restaurante y acostarte en una mullida cama. La vida es un poco diferente de este otro lado. Me tratan como a un animal. Vivo en una jaula. Acarreo una pena de muerte que le permite al estado de Mississippi acabar con mi vida dentro de cuatro semanas y, por consiguiente, hijo, no es fácil ser cariñoso y compasivo. No es fácil que a uno le guste la gente. Ésa es la razón por la que tu pregunta es estúpida.

—¿Me estás diciendo que eras cariñoso y compasivo antes de llegar aquí?

Sam miró fijamente por la rendija, sin dejar de fumar.

—Otra pregunta estúpida.

—¿Por qué?

—Porque es irrelevante, letrado. Tú eres abogado, no psiquiatra.

—Soy tu nieto. Por consiguiente, tengo derecho a formularte preguntas sobre tu pasado.

—Pregunta, pero puede que no te responda.

—¿Por qué no?

—El pasado ya no existe, hijo. Es historia. No podemos deshacer lo hecho. Ni tampoco podemos explicarlo todo.

—Pero yo no tengo ningún pasado.

—Entonces eres una persona realmente afortunada.

—No estoy tan seguro.

—Escúchame, si esperas que yo te rellene las lagunas, me temo que te has equivocado de persona.

—Muy bien. Entonces ¿con quién puedo hablar?

—No lo sé. No tiene importancia.

—Puede que la tenga para mí.

—Con toda sinceridad, en estos momentos no estoy demasiado preocupado por ti. Aunque te resulte difícil creerlo, estoy mucho más preocupado por mí mismo. Por mí y por mi futuro. Por mí y por mi cabeza. En algún lugar hay un gran reloj que avanza, que avanza inexorablemente, ¿no te has dado cuenta? Por alguna razón, y no me preguntes por qué, no puedo dejar de oír su maldito tictac y me produce una verdadera angustia. Me resulta muy difícil preocuparme por los problemas de los demás.

—¿Por qué te afiliaste al Klan?

—Porque mi padre también lo estaba.

—¿Por qué se afilió él al Klan?

—Porque su padre también lo estaba.

—Fantástico. Tres generaciones.

—Cuatro, según tengo entendido. El coronel Jacob Cayhall luchó en la guerra con Nathan Bedford Forrest y, según la leyenda familiar, fue uno de los primeros miembros del Klan. Era mi bisabuelo.

—¿Te sientes orgulloso de ello?

—¿Es una pregunta?

—Sí.

—No es una cuestión de orgullo —respondió Sam con la mirada en el mostrador—. ¿Vas a firmar el contrato?

—Sí.

—Entonces hazlo.

Adam firmó al final de la última página y le entregó el documento a Sam.

—Me estás formulando preguntas sobre asuntos confidenciales. Como abogado no puedes repetir una palabra.

—Comprendo la relación.

Sam estampó su firma junto a la de Adam y estudió las rúbricas.

—¿Cuándo te convertiste en Hall?

—Un mes antes de mi cuarto aniversario. Fue un asunto familiar. Nos convertimos todos simultáneamente. Evidentemente, no lo recuerdo.

—¿Por qué se quedó con Hall? ¿Por qué no rompió por completo y eligió Miller, Green o algo parecido?

—¿Es una pregunta?

—No.

—Huía, Sam. Y destruía los puentes a su espalda. Supongo que cuatro generaciones le habían bastado.

Sam colocó cuidadosamente el contrato sobre una silla junto a él y encendió otro cigarrillo. Soltó una bocanada de humo hacia el techo y miró fijamente a Adam.

—Dejemos de momento los asuntos de familia, ¿de acuerdo? Tal vez podamos hablar de ello más adelante. Ahora necesito saber lo que va a ocurrir conmigo. Por ejemplo, ¿qué posibilidades tengo? ¿Cómo se para el reloj? ¿Qué vas a hacer ahora?

—Depende de varias cosas, Sam. Depende de lo que me cuentes acerca del atentado.

—No te comprendo.

—Si hay nuevas pruebas las presentaremos. Hay forma de hacerlo, créeme. Encontraremos a un juez que nos escuche.

—¿Qué clase de nuevas pruebas?

Adam pasó a una página en blanco de su cuaderno y escribió la fecha al margen.

—¿Quién llevó el Pontiac verde a Cleveland la noche del atentado?

—No lo sé. Uno de los hombres de Dogan.

—¿No conoces su nombre?

—No.

—Por Dios, Sam.

—Te lo juro. No sé quién lo trajo. Nunca vi al conductor. Alguien dejó el coche en un aparcamiento. Yo lo recogí. Se suponía que debía volver a dejarlo en el mismo lugar. No vi a la persona que lo trajo.

—¿Por qué no se le descubrió durante los juicios?

—¿Cómo quieres que lo sepa? Supongo que se le consideró un cómplice sin importancia. Quien les interesaba era yo. ¿Por qué preocuparse de un esbirro? Yo qué sé.

—El atentado de Kramer fue el sexto, ¿no es cierto?

—Eso creo —respondió Sam en voz baja, con la cara casi pegada a la reja, como si temiera que alguien les estuviera escuchando.

—¿Eso crees?

—Hace mucho tiempo, ¿vale? —respondió antes de cerrar los ojos y reflexionar unos instantes—. Sí, fue el sexto.

—El FBI dijo que era el sexto.

—Entonces no hay más de qué hablar. Siempre tienen razón.

—¿Se utilizó el mismo Pontiac verde en alguno o en todos los atentados anteriores?

—Sí. En un par de ellos, si mal no recuerdo. Utilizamos varios coches.

—¿Todos suministrados por Dogan?

—Sí. Era comerciante de automóviles.

—Lo sé. ¿Fue el mismo conductor quien trajo el Pontiac para los atentados anteriores?

—Nunca vi ni conocí a nadie que trajera los coches para los atentados. No era así como trabajaba Dogan. Era sumamente cauteloso y sus planes muy detallados. No estoy seguro de ello, pero tengo la certeza casi absoluta de que la persona que traía los coches no tenía ni idea de quién era yo.

—¿Llegaba la dinamita con los coches?

—Sí. Siempre. Dogan tenía suficientes armas y explosivos para librar una pequeña guerra. Los federales no llegaron nunca a descubrir su arsenal.

—¿Dónde aprendiste a manipular explosivos?

—En el campo de entrenamiento del KKK y con la ayuda del manual básico.

—Es probable que fuera hereditario, ¿no crees?

—No, no lo era.

—Hablo en serio. ¿Cómo aprendiste a detonar explosivos?

—Es muy básico y sencillo. Cualquier imbécil puede aprenderlo en treinta minutos.

—Entonces, con un poco de práctica, te conviertes en un experto.

—La práctica ayuda. No es mucho más difícil que encender un petardo. Se enciende un fósforo, cualquier tipo de fósforo, y se acerca al extremo de una larga mecha, hasta que la mecha se enciende. Entonces echas a correr como un endemoniado. Con un poco de suerte, no estalla hasta transcurridos unos quince minutos.

—¿Y esto es algo que de algún modo aprenden todos los miembros del Klan?

—La mayoría de los que yo conocía podían hacerlo.

—¿Conoces todavía a algunos miembros del Klan?

—No. Me han abandonado.

Adam observó atentamente su rostro. Sus temibles ojos azules permanecían firmes. Sus arrugas inmóviles. No reflejaba emoción alguna ni sentimiento de tristeza ni ira. Sam miraba fijamente sin parpadear.

—El día dos de marzo de mil novecientos sesenta y siete —dijo Adam después de consultar su cuaderno—, estalló una bomba en el templo Hirsch de Jackson. ¿Fue obra tuya?

—Veo que vas directo al grano.

—Es una pregunta sencilla.

Sam hizo girar el filtro entre los dedos y reflexionó unos instantes.

—¿Por qué es importante?

—Limítate a responder, maldita sea —replicó Adam—. Es demasiado tarde para jueguecitos.

—Nadie me había formulado esa pregunta.

—Supongo que hoy es tu día de la suerte. Bastará con un simple sí o no.

—Sí.

—¿Utilizaste el Pontiac verde?

—Creo que sí.

—¿Quién iba contigo?

—¿Qué te hace suponer que alguien me acompañaba?

—Porque un testigo vio que el Pontiac verde se alejaba, pocos minutos antes de la explosión, y declaró que había dos personas en el coche. Incluso te identificó presuntamente como conductor.

—Ah, claro. Nuestro pequeño amigo Bascar. Leí acerca de él en los periódicos.

—Estaba cerca de la esquina de las calles Fortification y State cuando tú y tu amigo pasasteis a toda velocidad.

—Claro que estaba allí. Y acababa de salir de un bar a las tres de la madrugada, borracho como una cuba y, además, imbécil de nacimiento. Bascar, como bien debes saber, no llegó a presentarse en ningún juzgado, nunca colocó la mano sobre la Biblia ni juró decir la verdad, nunca fue interrogado por la defensa, no apareció hasta que yo estaba detenido en Greenville y medio mundo había visto las fotografías del Pontiac verde. Su presunta identificación sólo tuvo lugar después de haber visto mi rostro en todos los periódicos.

—¿De modo que miente?

—No, probablemente es pura ignorancia. No olvides, Adam, que nunca me acusaron de aquel atentado. Nadie presionó a Bascar. Nunca prestó declaración jurada. Su versión apareció, según tengo entendido, después de que un periodista de Memphis indagara en las tabernas y los prostíbulos hasta llegar a encontrar a alguien como Bascar.

—Planteémoslo de otro modo. ¿Había o no alguien contigo cuando perpetraste el atentado de la sinagoga de Hirsch, el dos de marzo de mil novecientos sesenta y siete?

La mirada de Sam descendió varios centímetros por debajo de la rendija, luego al mostrador y finalmente al suelo. Se separó ligeramente del muro y se relajó en su silla. Previsiblemente, apareció el paquete azul de Montclairs de su bolsillo, tardó una eternidad en elegir un cigarrillo, golpear ligeramente el filtro y colocárselo con delicadeza entre sus húmedos labios. Encender un fósforo se convirtió en otra breve ceremonia, pero que por fin concluyó y soltó una nueva bocanada de humo hacia el techo.

Adam le observó y esperó hasta comprender que no recibiría una respuesta inmediata. El retraso en sí equivalía a una admisión. Golpeaba nervioso el cuaderno con la pluma, respiraba con rapidez y se percató de que se le había acelerado el pulso. Su estómago vacío estaba revuelto. ¿Habría roto el hielo? Si había un cómplice, tal vez habían actuado como equipo y puede que no fuera Sam quien había colocado la dinamita que había causado la muerte de los gemelos Kramer. Quizá podría presentar aquel hecho ante algún juez compasivo dispuesto a escucharle y conceder un aplazamiento. Quizá. Tal vez. ¿Sería posible?

—No —respondió Sam con una voz suave pero firme, mientras miraba a Adam por la rendija.

—No te creo.

—No había ningún cómplice.

—No te creo, Sam.

Sam se encogió de hombros, como si no le importara en absoluto. Se cruzó de piernas y entrelazó los dedos frente a la rodilla.

Adam respiró hondo, tomó unas notas rutinarias como si ya se lo esperara y volvió la página.

—¿A qué hora llegaste a Cleveland la noche del veinte de abril de mil novecientos sesenta y siete?

—¿En qué ocasión?

—La primera.

—Salí de Clanton a eso de las seis. Tardé dos horas en llegar a Cleveland. De modo que debían ser alrededor de las ocho.

—¿Adónde fuiste?

—A un centro comercial.

—¿Para qué?

—Para recoger el coche.

—¿El Pontiac verde?

—Sí. Pero no estaba allí. De modo que me dirigí a Greenville para echar una ojeada.

—¿Habías estado antes allí?

—Sí. Un par de semanas antes, para inspeccionar el lugar. Incluso fui al despacho del judío y lo observé atentamente.

—Eso fue una estupidez, ¿no crees? Luego su secretaria te identificó en el juicio como el hombre que entró para preguntar una dirección y utilizar el lavabo.

—Una gran estupidez. Pero en aquel momento se suponía que no me atraparían. La secretaria no tenía por qué volver a ver mi cara —respondió mientras mordía el filtro y daba una fuerte calada—. Fue un error terrible. Claro que es muy fácil estar sentado aquí ahora y verlo retrospectivamente.

—¿Cuánto tiempo estuviste en Greenville?

—Una hora más o menos. Luego volví a Cleveland para

recoger el coche. Dogan siempre tenía planes detallados con varias alternativas. El coche estaba aparcado en el estacionamiento B, cerca de una estación de servicio.

—¿Dónde estaban las llaves?

—Debajo de la alfombra.

—¿Qué hiciste?

—Me lo llevé a dar un paseo. Conduje por unos campos de algodón en las afueras de la ciudad. Encontré un lugar solitario y paré el coche. Abrí el maletero para inspeccionar la dinamita.

—¿Cuántas barras?

—Quince, si mal no recuerdo. Utilizaba entre doce y veinte, según el edificio. Veinte para la sinagoga, porque era una estructura nueva y moderna de piedra y hormigón. Pero el despacho del judío era un viejo edificio de madera y sabía que quince lo destruirían.

—¿Qué más había en el maletero?

—Lo habitual. Una caja de cartón con la dinamita, dos detonadores y una mecha de quince minutos.

—¿Eso es todo?

—Sí.

—¿Estás seguro?

—Claro que estoy seguro.

—¿Y el artefacto que provocó la explosión? ¿El temporizador?

—Sí, claro. Lo había olvidado. Estaba en otra caja más pequeña.

—Descríbemelo.

—¿Por qué? Ya has leído las transcripciones del juicio. El experto del FBI hizo una labor maravillosa al reconstruir mi pequeña bomba. Lo habrás leído, supongo.

—Muchas veces.

—Y habrás visto las fotografías que mostraron en el juicio. Las de los fragmentos del temporizador. Lo has visto, ¿no es cierto?

—Sí, lo he visto. ¿De dónde sacó Dogan el despertador?

—No se lo pregunté. Pudo haberlo comprado en cualquier tienda. Era uno de esos despertadores baratos de cuerda. Nada especial.

—¿Fue aquél tu primer trabajo con un temporizador?

—Tú sabes que sí. Las bombas anteriores eran de mecha. ¿Por qué me haces todas esas preguntas?

—Porque quiero oír tus respuestas. Lo he leído todo, pero

deseo oírlo de tus labios. ¿Por qué quisiste retrasar la bomba de Kramer?

—Porque estaba harto de encender la mecha y echar a correr como un condenado. Quería disponer de más tiempo entre la colocación de la bomba y su detonación.

—¿A qué hora la colocaste?

—Alrededor de las cuatro de la madrugada.

—¿A qué hora se suponía que debía estallar?

—A eso de las cinco.

—¿Qué falló?

—Que no estalló a las cinco. Lo hizo pocos minutos antes de las ocho, cuando había gente en el edificio y algunos murieron. Y ésa es la razón por la que estoy sentado aquí, con este traje rojo de simio, preguntándome qué olor tendrá el gas.

—Dogan declaró que la elección de Marvin Kramer como objetivo la habíais hecho entre tú y él, que Kramer estaba en la lista negra del Klan desde hacía un par de años, que el uso de un temporizador para asesinar a Kramer había sido sugerido por ti porque su horario era previsible, y que habías actuado solo.

Sam escuchaba pacientemente mientras se fumaba su cigarrillo. Entornó los párpados hasta que sus ojos parecían dos diminutas ranuras, asintió en dirección al suelo y casi sonrió.

—Me temo que Dogan se volvió loco, ¿no crees? Los federales le persiguieron durante muchos años y por fin se dio por vencido. No era un hombre fuerte, ¿sabes? —dijo antes de respirar hondo y mirar a Adam—. Pero algo hay de cierto. No todo, pero sí alguna cosa.

—¿Te proponías matarle?

—No. No nos dedicábamos a matar, sino a destruir edificios.

—¿Qué me dices de la casa de los Pinder, en Vicksburg? ¿Fue una de tus azañas?

Sam asintió lentamente.

—La bomba estalló a las cuatro de la madrugada, cuando toda la familia Pinder dormía profundamente. Seis personas. Milagrosamente, hubo sólo un herido de poca importancia.

—No fue un milagro. La bomba se colocó en el garaje. Si hubiera querido matar a alguien la habría colocado junto a la ventana del dormitorio.

—Se derrumbó media casa.

—Sí, pero pude haber utilizado un temporizador y cargarme a un montón de judíos cuando desayunaban.

—¿Por qué no lo hiciste?

—Como ya te he dicho, no pretendíamos matar a nadie.

—¿Qué era lo que pretendíais?

—Intimidar. Tomar represalias. Impedir que los judíos financiaran el movimiento de derechos civiles. Pretendíamos mantener a los africanos donde corresponde: en sus propias escuelas, iglesias, barrios y alojamientos, alejados de nuestras mujeres e hijos. Los judíos como Marvin Kramer fomentaban una sociedad interracial e incitaban a los africanos. A ese hijo de puta había que darle una lección.

—Y se la disteis, ¿no es cierto?

—Recibió su merecido. Lamento lo de los pequeños.

—Tu compasión es conmovedora.

—Escúchame, Adam, y presta mucha atención. No quise lastimar a nadie. Estaba previsto que la bomba estallara a las cinco de la madrugada, tres horas antes de su llegada habitual al trabajo. La única razón por la que estaban allí los niños era porque su esposa tenía la gripe.

—¿Pero no sientes ningún remordimiento porque Marvin perdiera ambas piernas?

—No.

—¿Ni por el hecho de que se quitara la vida?

—Él fue quien apretó el gatillo, no yo.

—Estás enfermo, Sam.

—Sí, y voy a empeorar bastante cuando huela el gas.

Adam movió la cabeza con asco, pero se sujetó la lengua. Podían discutir más adelante sobre odio y racismo, aunque en aquel momento dudaba poder llegar muy lejos con Sam sobre aquel tema. Estaba decidido a intentarlo, aunque ahora era preciso hablar de los hechos.

—¿Qué hiciste después de inspeccionar la dinamita?

—Regresé a la estación de servicio y me tomé un café.

—¿Por qué?

—Puede que tuviera sed.

—Muy gracioso, Sam. Procura limitarte a contestar las preguntas.

—Estaba esperando.

—¿Esperando qué?

—Que pasaran un par de horas. Entonces eran más o menos las doce de la noche y quería pasar el menor tiempo posible en Greenville. De modo que preferí pasar el tiempo en Cleveland.

—¿Hablaste con alguien en el café?

—No.

—¿Estaba muy concurrido?

—La verdad es que no lo recuerdo.

—¿Estabas solo?

—Sí.

—¿En una mesa?

—Sí —respondió con una ligera sonrisa, porque sabía lo que se avecinaba.

—Un camionero llamado Tommy Farris dijo haber visto, aquella noche en el café, a un hombre muy parecido a ti, y que dicho hombre estuvo mucho tiempo tomando café con un joven.

—No conozco al señor Farris, pero tengo entendido que tuvo tres años de amnesia. No le había dicho ni una palabra a nadie, si mal no recuerdo, hasta que otro periodista le encontró y publicó su nombre en el periódico. Es asombroso cómo aparecen esos testigos misteriosos muchos años después de los jucios.

—¿Por qué no declaró Farris en el último juicio?

—No me lo preguntes a mí. Supongo que no tendría nada que decir. El hecho de que yo tomara café solo o acompañado siete horas antes del atentado, no es particularmente significativo. Además, lo del café ocurrió en Cleveland y no tiene nada que ver con el hecho de que yo cometiera o no el atentado.

—¿De modo que Farris mentía?

—Yo qué sé lo que hacía Farris. Ni me importa. Yo estaba solo. Es lo único que cuenta.

—¿A qué hora te marchaste de Cleveland?

—Creo que a eso de las tres.

—¿Y fuiste directamente a Greenville?

—Sí. Pasé por delante de la casa de los Kramer, vi al vigilante sentado delante de la puerta, pasé por delante de su despacho, maté un poco más de tiempo y, alrededor de las cuatro, aparqué el coche detrás del despacho. Entré por la puerta trasera, coloqué la bomba en el armario del pasillo, regresé al coche y me marché.

—¿A qué hora saliste de Greenville?

—Pensaba marcharme después de la explosión, pero como bien sabes tardé varios meses en abandonar la ciudad.

—¿Adónde fuiste cuando saliste del despacho de Kramer?

—Encontré un pequeño café en la carretera, aproximadamente a un kilómetro del despacho de Kramer.

—¿Por qué fuiste allí?

—Para tomar un café.

—¿Qué hora era?

—No lo sé. Alrededor de las cuatro y media.

—¿Estaba muy concurrido?

—Había un puñado de clientes. Un local como tantos otros abierto toda la noche, con un cocinero gordo que llevaba una camiseta sucia y una camarera que mascaba chicle.

—¿Hablaste con alguien?

—Con la camarera cuando le pedí el café. Puede que me comiera un buñuelo.

—Y te tomaste una buena taza de café, sin meterte con nadie, a la espera de que estallara la bomba.

—Sí. Siempre me ha gustado oír la explosión y ver la reacción de la gente.

—¿De modo que ya lo habías hecho antes?

—Un par de veces. En febrero de aquel año había colocado una bomba en una inmobiliaria de Jackson, cuyos propietarios judíos habían vendido una casa a unos sambos en un barrio blanco, y acababa de sentarme en un café a menos de tres manzanas cuando estalló la bomba. En aquella ocasión había utilizado una mecha, de modo que tuve que salir a toda prisa, aparcar apresuradamente y encontrar una mesa. La camarera acababa de servirme el café cuando se estremeció el suelo y todo el mundo quedó paralizado. Aquello realmente me gustó. Eran las cuatro de la madrugada, y el local estaba lleno de camioneros y repartidores. Había incluso un grupo de policías en un rincón, que corrieron evidentemente hacia sus coches y se alejaron con todas las luces encendidas. Tan fuerte fue la sacudida que mi café se derramó sobre la mesa.

—¿Y eso te emocionó?

—Sí, lo hizo. Los otros trabajos fueron demasiado arriesgados. No tuve tiempo de encontrar un café o un restaurante y me limité a circular unos minutos, a la espera del jolgorio. Estaba muy pendiente de mi reloj, de modo que siempre sabía con bastante precisión cuándo se produciría la explosión. Si estaba en el coche, procuraba encontrarme en la periferia de la ciudad —dijo Sam antes de hacer una pausa para dar una enorme calada—. Contemplé la explosión de la bomba de Pinder —agregó con animación en los ojos al relatar sus aventuras, pero en un tono lento y comedido.

—¿Y cómo lo hiciste?

—Vivían en una enorme casa de las afueras, rodeada de

muchos árboles, en una especie de valle. Aparqué en la ladera de una colina, a un par de kilómetros, y estaba sentado bajo un árbol cuando estalló.

—Qué balsámico.

—Realmente lo fue. Luna llena, una fresca brisa. Tenía una vista maravillosa de la calle y divisaba casi todo el tejado. Todo estaba tranquilo, con todo el mundo dormido, cuando de pronto estalló y se desintegró el tejado.

—¿Qué pecado había cometido el señor Pinder?

—Judaísmo en general. Amaba a los sambos. Recibía siempre con los brazos abiertos a los africanos que venían del norte y trastornaba a todo el mundo. Le encantaba manifestarse y protestar con los africanos. Sospechábamos que financiaba sus actividades.

Adam tomaba notas y procuraba asimilarlo todo. Era difícil de digerir, porque era casi increíble. Tal vez la pena de muerte no era tan mala idea después de todo.

—Volviendo a Greenville. ¿Dónde estaba ese café?

—No lo recuerdo.

—¿Cómo se llamaba?

—Han transcurrido veintitrés años y no era el tipo de lugar que uno desea recordar.

—¿Estaba en la carretera ochenta y dos?

—Eso creo. ¿Qué piensas hacer? ¿Dedicarte a buscar al cocinero gordo y a esa burda camarera? ¿Dudas de mi relato?

—Sí. Dudo de tu relato.

—¿Por qué?

—Porque no puedes explicarme dónde aprendiste a fabricar una bomba con un temporizador.

—En el garaje detrás de mi casa.

—¿En Clanton?

—En las afueras de Clanton. No es tan difícil.

—¿Quién te enseñó?

—Lo aprendí por mi cuenta. Tenía dibujos, un pequeño libro ilustrado y cosas por el estilo. Primer paso, segundo paso, etcétera. No es nada del otro mundo.

—¿Cuántas veces habías practicado con dichos artefactos antes del atentado de Kramer?

—Una vez.

—¿Dónde? ¿Cuándo?

—En el bosque, cerca de mi casa. Cogí dos barras de dinamita, con todos los componentes necesarios, y fui a un pequeño terraplén en medio del bosque. Funcionó a la perfección.

—Por supuesto. ¿Y lo estudiaste e investigaste todo en tu garaje?

—Eso he dicho.

—Tu pequeño laboratorio privado.

—Llámalo como quieras.

—El FBI registró meticulosamente tu casa, garaje y dependencias cuando estabas detenido. No encontraron ningún indicio de explosivos.

—Puede que sean estúpidos. Tal vez fui muy cuidadoso y no dejé ningún rastro.

—O tal vez quien colocó la bomba fue alguien que tenía experiencia con explosivos.

—No. Lo siento.

—¿Cuánto tiempo estuviste en el café de Greenville?

—Una eternidad. Llegaron y pasaron las cinco. Cuando eran ya casi las seis, me marché y pasé por delante del despacho de Kramer. No parecía ocurrir nada inusual. Empezaban a circular algunos madrugadores y no quería que me vieran. Crucé el río y me dirigí a Lake Village, en Arkansas, para regresar luego a Greenville. Eran ya las siete, había salido el sol y la gente circulaba por la calle. Ninguna explosión. Aparqué el coche en un callejón y di un paseo. La maldita bomba no estallaba. No dejaba de andar, siempre atento, con la esperanza de que el suelo se estremeciera. No ocurría nada.

—¿Viste a Marvin Kramer cuando entraba en el edificio con sus hijos?

—No. Al volver una esquina vi su coche aparcado y pensé ¡maldita sea! Tenía la mente en blanco. No podía reflexionar. Pero luego pensé, qué diablos, no es más que un judío y ha cometido muchas maldades. Luego pensé en las secretarias y otras personas que pudieran estar en el edificio, y di otra vuelta a la manzana. Recuerdo que consulté el reloj a las ocho menos veinte y se me ocurrió que tal vez debería hacer una llamada anónima al despacho de Kramer para decirle que había una bomba en el armario. Si no me creía no tenía más que verlo con sus propios ojos y salir de estampida.

—¿Por qué no lo hiciste?

—No tenía cambio. Se lo había dejado todo de propina a la camarera y no quería entrar en una tienda a pedir monedas. Quiero que sepas que estaba muy nervioso. Me temblaban las manos y no quería levantar sospechas. Era un forastero. En aquel despacho estaba mi bomba. Estaba en una pequeña ciudad donde todos se conocen y, sin duda, recordarían a un desconocido si se perpetrara algún crimen. Recuerdo que caminaba por la acera, al otro lado de la calle del despacho de Kramer. Frente a una barbería había un puesto de periódicos y un hombre que buscaba monedas en su bolsillo. Estuve a punto de pedirle una moneda para el teléfono, pero estaba demasiado nervioso.

—¿Por qué estabas tan nervioso, Sam? Acabas de decir que no te importaba lastimar a Kramer. Aquél era tu sexto atentado, ¿no es cierto?

—Sí, pero los demás habían sido fáciles. Encender la mecha, echar a correr y esperar unos minutos. No dejaba de pensar en aquella atractiva secretaria del despacho de Kramer, la que me había indicado dónde estaban los servicios. La misma que luego declaró en el juicio. Y pensaba en las demás personas que trabajaban en el despacho porque, cuando fui a visitarlo, estaba lleno de gente por todas partes. Eran casi las ocho y sabía que faltaban pocos minutos para abrir. Sabía que mucha gente estaba a punto de morir. Mi cerebro quedó paralizado. Recuerdo que estaba junto a una cabina telefónica, a una manzana, dirigí la mirada a mi reloj, luego el teléfono, y me decía a mí mismo que debía hacer una llamada. Por fin entré en la cabina y busqué el número, pero cuando cerré la guía lo había olvidado, de modo que lo busqué de nuevo y empecé a marcar. Pero entonces me acordé de que no tenía monedas y decidí entrar en la barbería en busca de cambio. Me pesaban enormemente las piernas y estaba empapado de sudor. Me acerqué a la barbería, me detuve junto al escaparate y miré al interior. Estaba llena de gente. Hacían cola junto a la pared, charlaban, leían el periódico, y había también una hilera de sillas ocupadas por hombres que hablaban todos al mismo tiempo. Recuerdo que un par de ellos me miraron, luego otros dos empezaron a mirarme fijamente y decidí marcharme.

—¿Adónde fuiste?

—No estoy seguro. Había otro despacho junto al de Kramer y recuerdo que vi un coche aparcado frente al mismo. Se me ocurrió que tal vez era el de una secretaria u otra persona a punto de entrar en el despacho de Kramer, y creo que me dirigía al coche cuando estalló la bomba.

—¿De modo que estabas al otro lado de la calle?

—Eso creo. Recuerdo que estaba agachado mientras caían a mi alrededor escombros y fragmentos de cristal. Pero no recuerdo gran cosa después de eso.

Alguien llamó a la puerta y apareció el sargento Packer con una gran taza de plástico, una servilleta de papel, una cucharilla de plástico y nata envasada.

—Disculpe la interrupción. He pensado que tal vez le vendría bien un poco de café —dijo el sargento mientras lo dejaba todo sobre el mostrador.

—Gracias —respondió Adam.

Packer dio inmediatamente media vuelta y se dirigió a la puerta.

—El mío con dos cucharadas de azúcar y una ración de nata —dijo Sam desde el otro lado.

—Sí, señor —contestó Packer sin aflojar el paso, antes de desaparecer.

—Buen servicio en este local —dijo Adam.

—Maravilloso, sencillamente maravilloso.

CATORCE

A Sam, evidentemente, no se le sirvió ningún café. Por supuesto él ya lo sabía, pero Adam no, y esperó unos minutos hasta que Sam le dijo:

—¡Tómatelo!

Encendió otro cigarrillo y paseó por detrás de su silla mientras Adam removía el café con la cucharilla de plástico. Eran casi las once, lo cual significaba que había perdido su hora de esparcimiento y no confiaba en que Packer le permitiera recuperarla. Caminó y se agachó varias veces, e hizo media docena de flexiones, con crujidos en las articulaciones cada vez que se doblaba o erguía con dificultad. Durante los primeros meses de su primer año en el patíbulo, había sido bastante disciplinado respecto al ejercicio. En un momento dado, llegó a hacer cien flexiones y cien abdominales en su celda todos los días. Con la ayuda de una alimentación baja en grasas, había alcanzado un peso ideal de setenta y dos kilos y medio. Tenía el vientre plano y duro. Nunca había estado tan sano.

Sin embargo, poco tardó en asimilar la certeza de que el patíbulo sería su última morada y que allí el estado acabaría con su vida. ¿Cuál era el objeto de una buena salud y unos fuertes bíceps, cuando estaba encerrado veintitrés horas diarias a la espera de la muerte? Poco a poco dejó de hacer ejercicio y aumentó el consumo de cigarrillos. Sus camaradas le consideraban afortunado, primordialmente porque recibía dinero del exterior. Un hermano menor, Donnie, que vivía en Carolina del Norte, le mandaba todos los meses diez cartones de Montclairs meticulosamente empaquetados. Sam fumaba entre tres y cuatro paquetes diarios. Quería acabar con su vida antes de que lo hiciera el estado, y deseaba contraer alguna enfermedad grave para que el estado de Mississippi se viera obligado constitucionalmente a facilitarle un caro tratamiento. Pero parecía que iba a perder la carrera.

El juez federal que había asumido el control de Parchman a raíz de un proceso sobre los derechos de los presos, había dictado órdenes contundentes de remodelación de los procedimientos correccionales. Había definido cuidadosamente los derechos de los reclusos. También había especificado ciertos detalles, como los metros cuadrados de las celdas y la cantidad de dinero que cada preso podía poseer. El máximo eran veinte dólares y lo denominaban «polvo» porque procedía siempre del exterior. A los condenados a muerte no se les permitía trabajar y ganar dinero. A los más afortunados, sus amigos y parientes les mandaban un puñado de dólares todos los meses, que podían gastarse en una cantina situada en el centro de la UMS. Los refrescos recibían el nombre de «botellines». Los caramelos y los bocadillos eran «dulces» y «delicias». Los auténticos cigarrillos empaquetados se conocían como «piernas duras» y «canutos».

La mayoría de los reclusos no recibían nada del exterior. Comerciaban, intercambiaban y trocaban hasta conseguir algunas monedas para comprar picadura de tabaco, que se fumaban lentamente envuelta con un papel muy fino. Sam era verdaderamente un hombre afortunado.

Se sentó en su silla y encendió otro cigarrillo.

—¿Por qué no declaraste en el juicio? —preguntó su abogado.

—¿Qué juicio?

—Buena pregunta. Los dos primeros.

—No era necesario. Brazelton eligió buenos jurados, todos blancos, compuestos por personas compasivas que comprendían las cosas. Sabía que aquella gente no me condenaría. No tenía necesidad de declarar.

—¿Y el último juicio?

—Esto es un poco más complicado. Keyes y yo lo hablamos muchas veces. Al principio él creía que nos podía ser útil porque me permitiría explicar mis intenciones al jurado. No estaba previsto herir a nadie, porque se suponía que la bomba debía estallar a las cinco de la madrugada. Pero sabíamos que el interrogatorio del fiscal sería despiadado. El juez ya había decretado que se podía hablar de los otros atentados para aclarar ciertos puntos. Me obligarían a confesar que había colocado realmente la bomba, las quince barras de dinamita que bastaban, evidentemente, para matar a muchas personas.

—Pero ¿por qué no declaraste?

—Dogan. Ese cabrón mentiroso le dijo al jurado que nuestro propósito era el de asesinar al judío. Su testimonio fue muy contundente. El ex brujo imperial del Klan de Mississippi en persona, como testigo de la acusación contra uno de sus propios hombres. Su declaración acarreaba mucho peso. El jurado se la tragó.

—¿Por qué mintió Dogan?

—Jerry Dogan se volvió loco, Adam. Quiero decir realmente loco. Los federales le persiguieron durante quince años: pincharon sus teléfonos, seguían a su esposa, atosigaban a sus amigos y parientes, amenazaban a sus hijos y llamaban a la puerta a cualquier hora de la noche. Su vida era una pesadilla. Siempre había alguien que vigilaba y escuchaba. En un momento dado tuvo un descuido e intervino Hacienda. Junto con el FBI, le comunicaron que su perspectiva era la de pasar treinta años en la cárcel y Dogan se desmoronó ante tal presión. Después de mi juicio, oí decir que había estado un tiempo internado. Ya sabes, en uno de esos centros. Recibió tratamiento, regresó a su casa y poco después murió.

—¿Dogan está muerto?

Sam quedó paralizado a media calada. El humo que escapó de su boca ascendió frente a su nariz y sus ojos, que en aquel momento miraban fijamente con incredulidad a los de su nieto por la rendija.

—¿No sabías lo de Dogan? —preguntó.

Adam repasó mentalmente los innumerables artículos y reportajes que había recopilado y clasificado, y movió la cabeza.

—No. ¿Qué le ocurrió?

—Creí que lo sabías todo —dijo Sam—. Tenía entendido que habías grabado en tu memoria todo acerca de mí.

—Sé mucho sobre ti, Sam. En realidad no me interesa Jeremiah Dogan.

—Murió en un incendio. Él y su esposa. Una noche, cuando dormían, se produjo un escape de propano. Los vecinos dijeron que fue como si hubiera estallado una bomba.

—¿Cuándo ocurrió?

—El mismo día en que se cumplía un año de su declaración contra mí.

Adam intentó tomar nota, pero su pluma permanecía inmóvil. Estudiaba el rostro de Sam en busca de alguna pista.

—¿Exactamente un año?

—Sí.

—Curiosa coincidencia.

—Yo estaba aquí, evidentemente, pero oí los comentarios. La policía lo consideró accidental. A decir verdad, creo que hubo un pleito contra la empresa de propano.

—¿De modo que no crees que le asesinaran?

—Claro que creo que le asesinaron.

—Bien. ¿Quién lo hizo?

—El FBI incluso se molestó en venir aquí para formularme algunas preguntas. ¿No es increíble? Los federales husmeando por aquí. Un par de jovenzuelos del norte. Estaban impacientes por visitar el patíbulo, exhibir sus placas y encontrarse cara a cara con un auténtico temista del Klan. Estaban tan asustados que le temían incluso a su propia sombra. Me formularon preguntas estúpidas durante una hora y luego se marcharon. Nunca volvieron a molestarme.

—¿Quién podía asesinar a Dogan?

Sam mordió el filtro y extrajo la última bocanada de humo del cigarrillo. Apagó la colilla en el cenicero mientras expulsaba el humo a través de la verja. Adam agitó exageradamente la mano para dispersar el humo, pero Sam no le prestó atención alguna.

—Mucha gente —farfulló.

Adam anotó al margen de su cuaderno que más adelante debían hablar de Dogan. Primero investigaría el tema y luego lo mencionaría inesperadamente en alguna conversación futura.

—Sólo desde un punto de vista dialéctico —dijo Adam sin dejar de escribir—, parece que debiste declarar para contrarrestar el testimonio de Dogan.

—Estuve a punto de hacerlo —respondió Sam con un ligero remordimiento—. El penúltimo día del juicio estuve hasta la medianoche con Keyes y su colaboradora..., he olvidado su nombre, discutiendo sobre si debería o no subir al estrado. Pero reflexiona, Adam. Me habría visto obligado a confesar que había colocado la bomba, que tenía un temporizador para retrasar la explosión, que había participado en otros atentados y que estaba al otro lado de la calle cuando estalló la bomba. Además, la acusación había demostrado irrefutablemente que Marvin Kramer era el blanco. Maldita sea, reprodujeron en la sala las cintas grabadas por el FBI. Deberías haberlo oído. Instalaron unos enormes altavoces y colocaron el magnetófono sobre una mesa frente al jurado, como si se tratara de una bomba activada. Entonces oímos a Dogan hablando por teléfono con Wayne Graves, con una voz carrasposa pero perfectamente audible, sobre la necesidad de eliminar a Marvin Kramer por tal y cual razón y vanagloriándose de que mandaría a su equipo, que así era como me llamaba a mí, a resolver el asunto en Greenville. Las voces de la grabación parecían fantasmas de ultratumba y el jurado estaba pendiente de todas y cada una de sus palabras. Muy eficaz. Y luego, evidentemente, llegó la declaración de Dogan. Si yo hubiera declarado entonces, habría hecho el ridículo intentando convencer al jurado de que, en realidad, yo no era un malvado. McAllister se me habría comido vivo. Por consiguiente decidimos que no subiría al estrado. Retrospectivamente, fue un error. Debí haber hablado.

—Pero por consejo de tu abogado no lo hiciste.

—Escúchame, Adam, si estás pensando en atacar a Keyes en base a una representación jurídica inadecuada, olvídalo. Le pagué a Keyes mucho dinero, hipotequé todo lo que tenía, e hizo un buen trabajo. Hace mucho tiempo Goodman y Tyner pensaron en meterse con Keyes, pero no encontraron nada de malo en su representación. Olvídalo.

La ficha de Cayhall en Kravitz & Bane contenía por lo menos cinco centímetros de documentos sobre la representación de Benjamin Keyes. Representación jurídica inadecuada era un argumento habitual en los recursos de apelación de condenados a muerte, pero no se había utilizado en el caso de Sam. Goodman y Tyner lo habían debatido ampliamente, con sendas circulares entre sus respectivos despachos de los pisos sesenta y uno y sesenta y seis en Chicago. La última circular afirmaba que la labor de Keyes había sido excelente y que no había nada que atacar.

En la ficha había también una carta de tres páginas de Sam, en la que prohibía explícitamente que se atacara a Keyes. Prometía no firmar ninguna petición en la que esto se hiciera.

Sin embargo, hacía siete años que se había redactado la

última circular, cuando la muerte era una posibilidad remota. Ahora las cosas eran diferentes. Era preciso resucitar ciertos temas, o incluso tergiversarlos. Había llegado el momento de agarrarse a cualquier cosa.

—¿Dónde está Keyes ahora? —preguntó Adam.

—Lo último que oí fue que había aceptado un trabajo en Washington. Me escribió hace unos cinco años y me dijo que ya no ejercía. Se lo tomó muy a pecho cuando perdimos. Creo que ninguno de nosotros se lo esperaba.

—¿No esperabas que te condenaran?

—A decir verdad, no. No olvides que había ganado ya dos veces. Y que en mi último jurado había ocho blancos, o mejor dicho angloamericanos. A pesar de lo mal que fue el juicio, creo que nunca llegué a creer realmente que me condenaran.

—¿Qué pensaba Keyes?

—Bueno, estaba preocupado. Sin duda no se lo tomó a la ligera. Pasamos muchos meses preparando el juicio. Descuidó a sus demás clientes, e incluso a su familia, durante las semanas de preparación. McAllister daba la impresión de aparecer todos los días en los periódicos y, cuanto más hablaba, más trabajábamos. Facilitaron la lista de los miembros potenciales del jurado, cuatrocientos en total, y pasamos varios días investigándolos. Su preparación para el juicio fue impecable. No pecamos de ingenuidad.

—Lee me ha contado que pensaste en huir.

—¿Eso te ha dicho?

—Sí, me lo dijo anoche.

Dio unos golpecitos con otro cigarrillo sobre el mostrador y lo admiró momentáneamente, como si éste pudiera ser el último.

—Sí, lo pensé. Habían transcurrido casi trece años cuando a McAllister se le ocurrió perseguirme. Era un hombre libre, maldita sea, y tenía cuarenta y siete años cuando regresé a mi casa después del segundo juicio. Cuarenta y siete años, absuelto por dos jurados, y lo había dejado todo a mis espaldas. Me sentía feliz. Mi vida era normal. Cultivaba la tierra, dirigía un aserradero, tomaba café en la ciudad y votaba en todas las elecciones. Los federales me vigilaron durante unos meses, pero supongo que se convencieron de que había abandonado lo de los atentados. De vez en cuando, aparecía por Clanton un periodista o corresponsal fisgón que formulaba preguntas, pero nadie le hablaba. Siempre era alguien del norte, zoquete como un alcornoque, ignorante y mal educado, que regresaba al poco de haber llegado. En una ocasión uno vino a mi casa y no quería marcharse. En lugar de coger la escopeta, le solté a los perros y le mordieron el culo. Nunca volvió —dijo con una carcajada mientras encendía otro cigarrillo—. No imaginé esto ni en la peor de mis pesadillas. Si hubiera tenido la más remota sospecha, el más ligero indicio de que acabaría así, no habría dudado en desaparecer. Ten en cuenta que estaba completamente libre, sin ningún tipo de restricción. Me habría ido a Sudamérica, cambiado de nombre y, después de desaparecer dos o tres veces, me habría instalado en Río o en São Paulo.

—Como Mengele.

—Algo parecido. ¿Sabías que nunca llegaron a descubrirle? Hay un montón de esos individuos a los que nunca capturaron. Ahora viviría en una bonita casa, hablando portugués y riéndome de imbéciles como David McAllister.

Sam movió la cabeza con los ojos cerrados mientras soñaba en cómo podía haber sido su vida.

—¿Por qué no te marchaste cuando McAllister empezó a dar voces?

—Porque fui un imbécil. Ocurrió poco a poco. Fue como una pesadilla que cobraba vida a pequeños pasos. En primer lugar, McAllister logró que le eligieran gracias a todas sus promesas. Luego, al cabo de unos meses, Dogan se vio acorralado por hacienda. Yo empecé a oír rumores y leer pequeños comentarios en los periódicos. Pero me negué a creer que podía ocurrir. Cuando empecé a darme cuenta, el FBI me seguía y ya no podía huir.

Adam consultó su reloj y se sintió de pronto cansado. Hacía más de dos horas que hablaban, y necesitaba sol y aire fresco. Le dolía la cabeza del humo del tabaco y el calor era cada vez más intenso en la sala. Tapó la pluma y guardó el cuaderno en su maletín.

—Probablemente volveré mañana para otra sesión.

—Aquí estaré.

—Lucas Mann me ha dado luz verde para que te visite cuando quiera.

—Es un gran tipo, ¿no te parece?

—No es mala persona. Se limita a hacer su trabajo.

—Igual que Naifeh, Nugent y los demás blancos.

—¿Blancos?

—Sí, es lo que en nuestra jerga llamamos a las autoridades. Nadie quiere realmente acabar con mi vida, sólo se limitan a hacer su trabajo. Está también ese cretino de nueve dedos que es el verdugo oficial, el que mezcla el gas e inserta la bombona. Pregúntale lo que hace cuando me sujeten y te responderá: «Me limito a hacer mi trabajo.» El capellán, el médico de la cárcel, el psiquiatra, así como los guardias que me acompañarán y los enfermeros que me sacarán, son todos buenas personas que no tienen nada contra mí, pero se limitan a hacer su trabajo.

—No llegaremos tan lejos, Sam.

—¿Es una promesa?

—No. Pero piensa positivamente.

—Sí, aquí es muy popular el pensamiento positivo. Yo y los muchachos somos expertos en espectáculos motivadores, junto a programas de viajes y de compra casera. Los africanos prefieren el «tren espiritual».

—Lee está preocupada por ti, Sam. Quiere que sepas que piensa en ti y reza por ti.

Sam se mordió el labio inferior y bajó la mirada al suelo. Asintió lentamente pero sin decir palabra.

—Me quedaré con ella durante un mes aproximadamente.

—¿Sigue casada con aquel individuo?

—Más o menos. Quiere verte.

—No.

—¿Por qué no?

Sam se levantó lentamente y llamó a la puerta a su espalda. Volvió la cabeza para mirar a Adam a través de la verja. Se miraron mutuamente hasta que el guardia abrió la puerta y se lo llevó.

QUINCE

—El muchacho se ha marchado hace una hora, con su correspondiente autorización, aunque no la he visto por escrito —dijo Lucas Mann en el despacho de Phillip Naifeh, que contemplaba desde la ventana una brigada de limpieza en la carretera.

A Naifeh le dolía la cabeza, la espalda y en general estaba pasando un día terrible, que había empezado con llamadas a primera hora del gobernador y dos de Roxburgh, el fiscal general. Evidentemente, Sam había sido el objeto de las mismas.

—De modo que ya tiene abogado —dijo Naifeh mientras se presionaba ligeramente la región lumbar con un puño cerrado.

—Sí y ese muchacho realmente me gusta. Ha pasado por mi despacho cuando se marchaba y parecía que le hubiera arrollado un camión. Parece que él y su abuelo lo están pasando fatal.

—Su abuelo lo pasará peor.

—Empeorará para todos.

—¿Sabe lo que me ha preguntado el gobernador? Si podría facilitarle una copia de nuestro manual sobre cómo llevar a cabo las ejecuciones. Yo le he dicho que no, que no podíamos facilitarle ninguna copia. Y él me ha dicho que, como gobernador de este estado, consideraba que debería disponer de una copia. He intentado explicarle que no se trataba de un manual propiamente dicho, sino de un conjunto de páginas sueltas con unas tapas negras que se revisa a fondo en cada ejecución. «Cómo se denomina», me ha preguntado. Le he respondido que, en realidad, no tenía ningún título oficial porque, afortunadamente, se utiliza con muy poca frecuencia, aunque después de reflexionar, le he dicho que yo suelo denominarlo «el pequeño libro negro». Ha insistido un poco más, yo me he enfurecido ligeramente, hemos colgado y, al cabo de quince minutos, su abogado, ese pequeño jorobado con las gafas en la punta de la nariz...

—Larramore.

—Larramore me ha llamado para decirme que según el artículo tal y el artículo cual, el gobernador tiene derecho a disponer de una copia del manual. Le he hecho esperar, he consultado el código y, después de diez minutos, hemos leído juntos los artículos pertinentes. Evidentemente, como de costumbre, mentía, fanfarroneaba y me tomaba por un imbécil. Nada de lo que había dicho aparecía en mi ejemplar del código y le he colgado el teléfono. Al cabo de diez minutos ha vuelto a llamarme el gobernador, como una seda, para decirme que olvidara lo del pequeño libro negro, que lo único que le preocupaba enormemente eran los derechos constitucionales de Sam y todo lo demás, y que le mantuviera informado del desarrollo de los acontecimientos. Realmente encantador.

Naifeh redistribuyó el peso de su cuerpo sobre sus pies

y cambió de puño para presionarse la espalda, sin dejar de mirar por la ventana.

—Al cabo de media hora me ha llamado Roxburgh y ¿a que no sabe lo que me ha preguntado? Quería saber si había hablado con el gobernador. Roxburgh cree que somos amigos íntimos, antiguos compañeros políticos y que, por consiguiente, existe confianza entre nosotros. Y entonces me ha dicho, por supuesto en tono confidencial, entre amigos, que cree que el gobernador intentará utilizar la ejecución con fines políticos personales.

—¡Eso es absurdo! —exclamó Lucas.

—Efectivamente. Le he dicho a Roxburgh que me parecía increíble que pudiera pensar tal cosa de nuestro gobernador. Yo le hablaba muy en serio, él me ha respuesto con suma sobriedad, y nos hemos prometido mutuamente que vigilaríamos de cerca al gobernador y, ante el menor indicio de que intentara manipular la situación, nos llamaríamos inmediatamente. Roxburgh me ha dicho que disponía de ciertos recursos para neutralizar al gobernador si se extralimitaba. No me he atrevido a preguntarle cómo pensaba hacerlo, pero parecía seguro de sí mismo.

—Entonces, ¿quién va más desencaminado?

—Probablemente Roxburgh. Pero es difícil estar seguro de ello —respondió Naifeh, descalzo y con la camisa por encima de los pantalones, mientras se desperezaba cuidadosamente y se dirigía con evidente dolor a su escritorio—. Ambos tienen un apetito insaciable por la publicidad. Son como dos chiquillos que temen que el otro se lleve el caramelo más grande. Los detesto por un igual.

—Todo el mundo los detesta a excepción de los electores.

Alguien llamó a la puerta, tres veces a intervalos precisos.

—Debe de ser Nugent —dijo Naifeh, en el momento en que aumentaba inesperadamente su dolor—. Adelante.

Se abrió inmediatamente la puerta y el ex coronel George Nugent entró marcialmente en la sala. Después de detenerse brevemente para cerrar la puerta, se acercó con mucha formalidad a Lucas Mann, que no se levantó de su silla, pero se estrecharon la mano.

—Señor Mann —exclamó Nugent, a guisa de saludo, antes de acercarse al escritorio y tenderle la mano a Naifeh.

—Siéntese, George —respondió Naifeh, al tiempo que señalaba una silla vacía junto a Mann.

Naifeh quería ordenarle que prescindiera de aquel absurdo militarismo, pero sabía que no serviría de nada.

—Sí, señor —respondió Nugent antes de sentarse sin doblar la espalda.

Aunque sólo los guardias y los presos usaban uniformes en Parchman, Nugent había logrado elaborar uno para sí mismo. Llevaba una camisa y unos pantalones verde oliva oscuro, impecablemente planchados y almidonados, que sobrevivían milagrosamente la jornada sin la menor arruga. El pantalón terminaba unos centímetros por encima de los tobillos, donde se hundía en unas botas de cuero negro de combate, pulidas y lustradas por lo menos dos veces al día para conservar un brillo perpetuo. En una ocasión había llegado a circular un lejano rumor de que una secretaria, o tal vez un preso de confianza, había detectado una mancha de barro en una de sus botas, pero no se había confirmado.

Llevaba el botón superior de la camisa desabrochado, formando un perfecto triángulo que mostraba una camiseta gris. Sus mangas y sus bolsillos estaban desprovistos de medallas y galones, lo cual Naifeh sospechaba desde hacía mucho tiempo que le causaba una profunda humillación al coronel. El corte de pelo era rigurosamente militar, rapado por encima de las orejas y con una pequeña capa de brotes grises sobre el cráneo. Nugent tenía cincuenta y dos años. Había servido a su país durante treinta y cuatro años, en primer lugar como soldado raso en Corea y luego como capitán de algún género en Vietnam, donde hizo la guerra desde un despacho. Fue herido en un accidente con un jeep y le mandaron a su casa con otro ascenso.

Desde hacía ahora dos años, Nugent prestaba admirablemente sus servicios como fiel, leal y responsable vicesuperintendente a las órdenes de Naifeh. Le encantaban las reglas, las normas y las ordenanzas. Devoraba manuales y no dejaba de escribir nuevos procedimientos, directrices y modificaciones, que presentaba al alcaide para su consideración. Para el alcaide era una soberana molestia, pero no obstante necesario. No era un secreto para nadie que el coronel aspiraba al cargo de Naifeh en un par de años.

—George, Lucas y yo hemos estado hablando del asunto de Cayhall. No sé cuánto sabe con relación a las apelaciones, pero el quinto circuito ha anulado el aplazamiento y nos planteamos la perspectiva de una ejecución dentro de cuatro semanas.

—Sí, señor —respondió Nugent, que asimilaba atentamente todas y cada una de las palabras—. Lo he leído en el periódico de hoy.

—Bien. Lucas, aquí presente, opina que en esta ocasión se efectuará, ¿comprende? ¿No es cierto, Lucas?

—Parece bastante probable. Más del cincuenta por ciento de probabilidades —respondió Lucas sin mirar a Nugent.

—¿Cuánto tiempo hace que trabaja aquí, George?

—Dos años y un mes.

El alcaide reflexionó mientras se frotaba las sienes.

—¿Se perdió usted la ejecución de Parris?

—Sí, señor. Por unas semanas —respondió con un vestigio de decepción.

—¿De modo que no ha participado en ninguna ejecución?

—No señor.

—Créame, George, es algo terrible. Realmente terrible. Sobradamente la peor parte de este trabajo. Y, francamente, no me siento con fuerzas para soportarlo. Tenía la esperanza de jubilarme antes de volver a utilizar la cámara de gas, pero ahora parece dudoso. Necesito ayuda.

La espalda de Nugent, aunque terriblemente erguida, pareció enderezarse todavía más. Asintió inmediatamente, con miradas fugaces en todas direcciones.

Naifeh se sentó cuidadosamente en su silla, gesticulando conforme se hundía en el mullido cuero.

—Puesto que yo no me siento con las fuerzas necesarias, George, Lucas y yo hemos pensado que tal vez usted haría un buen trabajo en esta ocasión.

El coronel no logró reprimir una sonrisa, que desapareció inmediatamente cuando frunció con gravedad el entrecejo.

—Estoy seguro de poder ocuparme de ello, señor.

—Yo también lo estoy —dijo Naifeh, al tiempo que señalaba unas tapas negras en un extremo del escritorio—. Disponemos de una especie de manual. Aquí está, la recopilación de conocimientos de dos docenas de visitas a la cámara de gas durante los últimos treinta años.

Nugent entornó los párpados y fijó la mirada en el libro negro. Se percató de que las páginas no eran iguales y uniformes, que había papeles doblados entre las páginas y que las propias tapas eran viejas y desgastadas. En pocas horas, decidió inmediatamente, aquel manual se transformaría en un ejemplar digno de ser publicado. Aquélla sería su primera labor. La documentación sería impecable.

—¿Por qué no se lo lee esta noche y volvemos a reunirnos mañana?

—Sí, señor —respondió en un tono afectado.

—Ni una palabra a nadie hasta que hablemos de nuevo, ¿entendido?

—Por supuesto.

Nugent saludó con la cabeza a Lucas Mann y salió del despacho con el libro negro bajo el brazo, como un niño con un juguete nuevo. La puerta se cerró a su espalda.

—Está loco —dijo Lucas.

—Lo sé. Le vigilaremos.

—Tendremos que hacerlo. Está tan ansioso que puede que intente ejecutar a Sam este fin de semana.

Naifeh abrió un cajón del escritorio, sacó un frasco de pastillas y se tomó dos comprimidos sin ayuda de agua.

—Me voy a mi casa, Lucas. Tengo que acostarme. Probablemente moriré antes que Sam.

—Tendrá que darse prisa.

La conversación telefónica con E. Garner Goodman fue breve. Adam le contó con cierto orgullo que él y Sam habían firmado un contrato de representación y que habían pasado ya cuatro horas juntos, aunque el progreso había sido mínimo. Goodman pidió una copia del contrato, pero Adam le explicó que de momento no había ninguna copia, que el original estaba a buen recaudo en una celda del patíbulo y que, además, sólo habría copias si el cliente lo autorizaba.

Goodman prometió revisar la ficha y ponerse a trabajar. Adam le dio el número de teléfono de Lee y le prometió llamar todos los días. Colgó y contempló dos aterradores mensajes telefónicos junto a su ordenador. Ambos eran de periodistas, uno de un periódico de Memphis y otro de una emisora de televisión de Jackson, Mississippi.

Baker Cooley había hablado con ambos periodistas. En realidad, un equipo de la televisión de Jackson se había presentado a la recepcionista de la empresa, y sólo se había marchado después de que Cooley los amenazara. Tanta atención había perturbado la hastiadora rutina de la sucursal de Memphis de Kravitz & Bane. Cooley no estaba satisfecho. Los demás socios tenían poco de qué hablar con Adam. Las secretarias le trataban con cortesía profesional, pero procuraban mantenerse alejadas de su despacho.

Los periodistas lo sabían, Cooley los había amonestado seriamente. Sabían lo de Sam y Adam, nieto y abuelo, y aunque no sabía cómo lo habían averiguado, lo cierto era que él no se lo había contado. No se lo había revelado a nadie, evidentemente hasta que ya se había divulgado la noticia, y se había visto obligado a reunir a los socios y miembros asociados del bufete, antes del almuerzo, para comunicárselo.

Eran casi las cinco. Adam estaba en su despacho con la puerta cerrada, y oía las voces de los administrativos, pasantes y otros empleados que se disponían a abandonar el trabajo. Decidió que no hablaría con el periodista de la televisión. Marcó el número de Todd Marks, en el *Memphis Press*. Un mensaje grabado le condujo por el asombroso laberinto del correo hablado y, al cabo de un par de minutos, el señor Marks descolgó su extensión de cinco dígitos.

—Todd Marks —respondió apresuradamente, con una voz que parecía la de un adolescente.

—Soy Adam Hall, de Kravitz & Bane. He recibido un mensaje para que le llame.

—Sí, señor Hall —respondió efusivamente Marks, de pronto con suma amabilidad y sin ninguna prisa—. Gracias por llamar. El caso es que nos ha llegado el rumor de que usted se ocupaba del caso Cayhall y, bueno, quería ponerme en contacto con usted.

—Represento al señor Cayhall —respondió cautelosamente Adam.

—Sí, bueno, eso es lo que hemos oído. Y... ¿usted es de Chicago?

—Soy de Chicago.

—Comprendo. ¿Cómo ha conseguido el caso?

—Mi bufete ha representado al señor Cayhall durante siete años.

—Sí, claro. ¿Pero no había prescindido últimamente de sus servicios?

—Efectivamente. Y ahora ha reanudado su contrato con nuestro bufete.

Adam oía el teclado del ordenador, en el que Marks grababa sus palabras.

—Comprendo. Hemos oído el rumor, supongo que no es más que una habladuría, de que Sam Cayhall es su abuelo.

—¿Dónde lo ha oído?

—Bueno, usted ya sabe, tenemos nuestras fuentes y debemos protegerlas. Compréndalo, no puedo revelarle su origen.

—Sí, lo sé —dijo Adam antes de respirar hondo y dejar que Marks esperara un buen minuto—. ¿Dónde está usted ahora?

—En la redacción.

—¿Y dónde está eso? No conozco la ciudad.

—¿Dónde está usted? —preguntó Marks.

—En el centro de la ciudad. En nuestras oficinas.

—No estoy lejos. Puedo reunirme con usted dentro de diez minutos.

—No, aquí no. Encontrémonos en otro lugar. Algún bar tranquilo.

—De acuerdo. El hotel Peabody está en la calle Unión, a tres manzanas de donde está usted. Junto al vestíbulo hay un bonito bar llamado Mallards.

—Estaré allí dentro de quince minutos. Usted y yo solos, ¿de acuerdo?

—Por supuesto.

Adam colgó el teléfono. El contrato de Sam contenía ciertas frases vagas y ambiguas, cuyo objeto era el de impedir que su abogado hablara con la prensa. En la cláusula en cuestión había grandes efugios, de los que cualquier abogado podría valerse sobradamente, pero Adam no deseaba forzar la situación. Después de dos visitas, su abuelo no había dejado de ser un misterio. No le gustaban los abogados y podría prescindir fácilmente de sus servicios, aun tratándose de su propio nieto.

Mallards se llenaba de jóvenes profesionales agotados que necesitaban un par de buenos tragos antes de regresar a los barrios residenciales. Poca gente vivía realmente en el centro de Memphis, de modo que los banqueros y corredores se reunían en éste y otros numerosos bares, donde tomaban cerveza en botellas verdes y saboreaban vodka sueco. Se juntaban en la barra y alrededor de pequeñas mesas para hablar de la dirección del mercado y el futuro de las finanzas. Era un lugar elegante, con paredes de ladrillo visto y suelo de roble. Sobre una mesa junto a la puerta había unas bandejas con alas e hígados de pollo envueltos en finas lonchas de tocino.

Adam detectó a un joven con vaqueros y un cuaderno en la mano. Se presentó y se dirigieron a una mesa del rincón. Todd Marks no pasaba de los veinticinco años. Llevaba gafas de montura metálica y el cabello hasta los hombros. Era cordial y parecía un poco nervioso. Pidieron unas Heinekens.

El cuaderno estaba sobre la mesa, listo para entrar en acción, y Adam decidió tomar el control de la situación.

—Unas condiciones preliminares —dijo—. En primer lugar, todo lo que le cuente es extraoficial. No puede citarme en nada. ¿De acuerdo?

Marks se encogió de hombros, como si aquello fuera aceptable, aunque no exactamente lo que esperaba.

—De acuerdo —respondió.

—Creo que ustedes lo denominan información de fondo, o algo parecido.

—Efectivamente.

—Responderé a algunas preguntas, pero no muchas. Sólo he venido para que no haya malos entendidos, ¿de acuerdo?

—Muy bien. ¿Es Sam Cayhall su abuelo?

—Sam Cayhall es mi cliente y me ha ordenado no hablar con la prensa. Ésa es la razón por la que no puede citarme. Estoy aquí para confirmar o negar. Eso es todo.

—De acuerdo. ¿Pero es su abuelo?

—Sí.

Marks respiró hondo y saboreó aquel hecho increíble que, sin duda, conduciría a una historia extraordinaria. Imaginaba ya los titulares.

Entonces recordó que debía formular más preguntas y se sacó cuidadosamente la pluma del bolsillo.

—¿Quién es su padre?

—Mi padre ha fallecido.

—Comprendo —dijo después de una larga pausa—. ¿Entonces Sam es el padre de su madre?

—No. Sam es el padre de mi padre.

—En tal caso, ¿por qué no llevan el mismo apellido?

—Porque mi padre se lo cambió.

—¿Por qué?

—No quiero responder a esa pregunta. No deseo profundizar en el historial de mi familia.

—¿Se crió usted en Clanton?

—No. Nací aquí, pero nos marchamos cuando tenía tres años. Mis padres se trasladaron a California. Allí fue donde me crié.

—¿De modo que no tuvo relación con Sam Cayhall?

—No.

—¿Le conocía?

—Le conocí ayer.

Marks pensaba en la próxima pregunta cuando, afortunadamente, llegó la cerveza. Bebieron simultáneamente sin decir palabra.

Consultó su cuaderno, escribió algo y luego preguntó:

—¿Cuánto hace que trabaja en Kravitz & Bane?

—Casi un año.

—¿Desde cuándo trabaja en el caso Cayhall?

—Desde hace un día y medio.

Tomó un prolongado trago y miró a Adam, como si esperara una explicación.

—Oiga, señor Hall...

—Llámeme Adam.

—De acuerdo, Adam. Aquí parece haber muchas lagunas. ¿Podría ayudarme un poco?

—No.

—Muy bien. Leí en algún lugar que Cayhall había prescindido recientemente de los servicios de Kravitz & Bane. ¿Trabajaba usted en el caso cuando ocurrió?

—Acabo de decirle que hace un día y medio que trabajo en el caso.

—¿Cuándo fue por primera vez al patíbulo?

—Ayer.

—¿Tenía él conocimiento de su llegada?

—No quiero entrar en este tema.

—¿Por qué no?

—Es un asunto muy confidencial. No pienso hablar de mis visitas al patíbulo. Sólo confirmaré o negaré lo que usted pueda verificar por otros canales.

—¿Tiene Sam otros hijos?

—No pienso hablar de la familia. Estoy seguro de que su periódico ya se ha ocupado de ello.

—Pero ocurrió hace mucho tiempo.

—Consúltelo.

Otro prolongado trago y otra prolongada mirada al cuaderno.

—¿Cuáles son las probabilidades de que la ejecución tenga lugar el ocho de agosto?

—Es muy difícil saberlo. No querría especular.

—Pero todos los recursos están agotados, ¿no es cierto?

—Tal vez. Digamos que no dispongo de mucho espacio donde moverme.

—¿Puede el gobernador otorgarle el perdón?

—Sí.

—¿Existe dicha posibilidad?

—Parece improbable. Tendrá que preguntárselo a él.

—¿Concederá su cliente alguna entrevista antes de la ejecución?

—Lo dudo.

Adam consultó su reloj, como si de pronto tuviera que coger un avión.

—¿Algo más? —preguntó antes de acabarse la cerveza.

—¿Podemos volver a hablar? —dijo Marks mientras se guardaba la pluma en el bolsillo de la camisa.

—Depende.

—¿De qué?

—De cómo utilice la información. Si se extiende con lo de la familia, olvídelo.

—Debe de haber muchos esqueletos en el armario.

—Sin comentario —dijo Adam al tiempo que se ponía de pie y le tendía la mano—. Encantado de haberle conocido —agregó.

—Gracias. Le llamaré.

Adam se abrió rápidamente paso entre la clientela y desapareció por el vestíbulo del hotel.

DIECISÉIS

De todas las reglas estúpidas y mezquinas impuestas a los reclusos del patíbulo, la que más irritaba a Sam era la de los doce centímetros. Dicho pequeño alarde legislativo limitaba el volumen de documentos jurídicos que un condenado a muerte podía tener en su celda. El montón de documentos no podía medir más de doce centímetros de espesor comprimido. El sumario de Sam no era muy diferente al de otros reclusos y, después de nueve años de escaramuzas en los tribunales de apelación, llenaba una gran caja de cartón. ¿Cómo diablos se suponía que podía investigar, estudiar y prepararse con limitaciones como la de los doce centímetros?

Packer había entrado en su celda varias veces con una regla en la mano, que agitaba como la batuta de un director de orquesta, antes de colocarla cuidadosamente junto a los documentos. En cada ocasión Sam excedía el límite establecido y, según la estimación de Packer, en una de ellas le había atrapado con veinticinco centímetros de documentos. En todos los casos Packer le había abierto un EVN, expediente de violación de normas, que había pasado a engrosar la ficha institucional de Sam. A menudo se había preguntado si su ficha, en el principal edificio administrativo, mediría más de doce centímetros. Esperaba que así fuera. ¿Y a quién le importaba? Le habían tenido durante nueve años y medio en una jaula, con el único propósito de conservar su vida, para un día poder arrebatársela. ¿Qué más podían hacerle?

En cada ocasión Packer le había concedido veinticuatro horas para aligerar su ficha. Entonces Sam solía mandarle unos cuantos centímetros a su hermano en Carolina del Norte. Algunas veces había mandado, con reticencia, cuatro o cinco centímetros a E. Garner Goodman.

En la actualidad, tenía un exceso de unos veinticinco centímetros. Además, guardaba una pequeña carpeta de casos recientes del Tribunal Supremo bajo el colchón, y otros cinco centímetros de documentos, en la celda contigua, donde Hank Henshaw los custodiaba en su estantería. Tenía también otros siete centímetros de documentos en la celda de J. B. Gullitt. Sam repasaba todas las cartas y documentos para Henshaw y Gullitt. Henshaw tenía un buen abogado pagado por la familia. Gullitt tenía a un cretino de un prestigioso bufete de Washington que nunca había visto el interior de un juzgado.

La norma de los tres libros era otra limitación desconcertante de lo que los reclusos podían tener en sus celdas. Dicha regla establecía sencillamente que un condenado a muerte sólo podía poseer tres libros. Sam tenía quince, seis en su celda y nueve repartidos entre las de sus clientes en el patíbulo. No tenía tiempo para la novela. Su colección constaba exclusivamente de textos jurídicos sobre la pena de muerte y la octava enmienda.

Acababa de comer cerdo hervido, alubias moteadas y pan de maíz, y estaba leyendo un caso del noveno circuito en California, sobre un preso cuya serenidad era tan extraordinaria ante su pena de muerte, que sus abogados decidieron que debía de estar loco. Por consiguiente, presentaron una serie de recursos en los que se alegaba que su cliente estaba realmente demasiado loco para ser ejecutado. El noveno circuito estaba lleno de liberales californianos opuestos a la pena de muerte y aceptaron entusiasmados este original argumento y aplazaron la ejecución. A Sam le gustaba el caso. Había deseado muchas veces haber estado bajo los auspicios del noveno circuito en lugar del quinto.

—Tengo una cometa, Sam —dijo Gullitt desde la celda contigua.

Sam se acercó a los barrotes. Las cometas eran la única forma que tenían los reclusos de intercambiar correspondencia a varias celdas de distancia. Gullitt le entregó la nota. Era del «joven predicador», un desgraciado joven blanco a siete celdas de la suya. Se había convertido en predicador rural a los catorce años, un exaltado, pero su carrera fue breve y quizá interrumpida para siempre cuando le condenaron por la violación y asesinato de la esposa de un diácono. Tenía ahora veinticuatro años, y era residente del patíbulo desde hacía tres años. Últimamente había regresado con gloria a los evangelios. La nota decía:

Querido Sam:
En estos momentos rezo por ti. Estoy convencido de que Dios intervendrá en este asunto para detenerlo. Pero de no ser así, le pido que te lleve con rapidez y sin dolor a tu nueva morada. Con mucho cariño,

RANDY

«Qué maravilloso —pensó Sam—, que ya recen para que mi muerte sea rápida y sin dolor.» Se sentó al borde de la cama y escribió una breve nota en un trozo de papel.

Querido Randy:
Gracias por tus oraciones. Las necesito. También necesito uno de mis libros. Se titula Revisión de la pena de muerte, *de Bronstein. Es un libro verde. Mándamelo.*

SAM

Se la entregó a J. B. y esperó junto a los barrotes mientras la cometa se desplazaba a lo largo de la galería. A pesar de que eran ya casi las ocho, hacía todavía un calor bochornoso, pero afortunadamente ya empezaba a oscurecer en el exterior. Por la noche, la temperatura descendía a unos veinticinco grados y, con la ayuda de los ventiladores que no dejaban de zumbar, el ambiente de las celdas era tolerable.

Sam había recibido varias cometas a lo largo del día. Todas expresaban solidaridad y esperanza. Todas le ofrecían la ayuda disponible. El volumen de la música había sido más bajo y el griterío que emergía ocasionalmente cuando se infringían los derechos de alguien no se había producido. Por segundo día, el patíbulo había sido un lugar más apacible. Los aparatos de televisión estaban encendidos todo el día y hasta avanzada la noche, pero a bajo volumen. La galería A estaba a todas luces más tranquila.

—Tengo un nuevo abogado —dijo reposadamente Sam, apoyado sobre los codos y con las manos a través de los barrotes.

Lo único que llevaba puesto eran sus calzoncillos. Veía las manos y las muñecas de Gullitt, pero nunca llegaba a ver su rostro cuando se hablaban de una celda a otra. Cada día, cuando Sam salía para disfrutar de su hora de ejercicio, caminaba despacio por la galería y miraba fijamente a los ojos de sus camaradas. Ellos le devolvían la mirada. Tenía sus rostros grabados en la mente y conocía sus voces. Pero era cruel vivir durante varios años junto a otro hombre y mantener con él largas conversaciones sobre cuestiones de vida o muerte viéndole sólo las manos.

—Me alegro, Sam. Has hecho bien.

—Sí. Creo que es un chico bastante listo.

—¿Quién es? —preguntó Gullitt, con las manos inmóviles y los dedos entrelazados.

—Mi nieto —respondió Sam con el volumen justo para que Gullitt le oyera.

A Gullitt, que movió ligeramente los dedos mientras reflexionaba, podían confiársele secretos.

—¿Tu nieto?

—Sí. De Chicago. De un gran bufete. Cree que tal vez exista alguna posibilidad.

—Nunca me habías dicho que tuvieras un nieto.

—Hacía veinte años que no le había visto. Se presentó ayer, me dijo que era abogado y que quería hacerse cargo de mi caso.

—¿Dónde se había metido durante los últimos diez años?

—Estaba creciendo, supongo. No es más que un chiquillo. Veintiséis años, creo.

—¿Vas a permitir que un jovenzuelo de veintiséis años se ocupe de tu caso?

Eso irritó ligeramente a Sam.

—No tengo exactamente mucho donde elegir a estas alturas de mi vida.

—Maldita sea, Sam, sabes más sobre leyes que él.

—Lo sé, pero será agradable disponer de un verdadero abogado en el exterior que escriba los recursos y apelaciones en un auténtico ordenador, y los presente debidamente a los tribunales. Será agradable que alguien se persone en el juzgado y discuta con los jueces, alguien que pueda luchar en igualdad de condiciones contra el estado.

Esto pareció satisfacer a Gullitt porque guardó silencio durante unos minutos. Sus manos permanecían inmóviles, pero luego empezó a frotarse las puntas de los dedos y eso significaba, evidentemente, que algo le preocupaba. Sam esperó.

—He estado pensando en algo, Sam. En todo el día no ha dejado de atormentarme.

—¿De qué se trata?

—Desde hace tres años, tú estás ahí y yo aquí, y eres mi mejor amigo del mundo. Eres la única persona en la que puedo confiar y no sé qué haré si te llevan por el pasillo a la cámara de gas. Siempre has estado ahí para ocuparte de mis cuestiones jurídicas, que nunca llegaré a comprender, y siempre me has dado buenos consejos y me has dicho lo que debía hacer. No puedo confiar en mi abogado de Washington. Nunca me llama ni me escribe, y no sé qué diablos ocurre con mi caso. Me refiero a que no sé si me falta un año o cinco, y eso basta para volverme loco. De no haber sido por ti, ahora estaría como un cencerro. ¿Qué ocurrirá si no te sales de ésta?

Ahora movía y agitaba intensamente las manos. Cuando cesaron sus palabras, dejaron también de moverse las manos.

Sam encendió un cigarrillo y le ofreció otro a Gullitt, que era el único preso con quien los compartía. Hank Henshaw, a su izquierda, no fumaba. Dieron varias caladas y expulsaron el humo hacia las ventanas de la parte superior del pasillo.

—No voy a ir a ninguna parte, J. B. Mi abogado dice que tenemos una buena posibilidad.

—¿Lo crees?

—Me parece que sí. Es un chico listo.

—Debe de ser muy extraño, eso de tener a tu nieto por abogado. No me lo puedo imaginar.

Gullitt tenía treinta y un años, era casado, sin hijos, y a menudo se quejaba del fulano, o novio en el mundo libre, de su mujer. Era una esposa cruel que nunca le visitaba y que en una ocasión le había escrito una breve carta con la noticia de que estaba embarazada. Gullitt estuvo un par de días enfurruñado antes de confesarle a Sam que, durante varios años, la había maltratado y que él se había dedicado a perseguir a otras muchas mujeres. Al cabo de un mes volvió a escribirle y le dijo que lo sentía. Le explicó que alguien le había prestado el dinero para un aborto y que no quería divorciarse después de todo. Gullitt no podía haber sido más feliz.

—Es curioso —dijo Sam—. No se parece en nada a mí, pero me recuerda a su madre.

—¿De modo que se ha presentado por las buenas y te ha comunicado que era tu nieto perdido?

—No. No al principio. Primero hemos charlado un rato y su voz me resultaba familiar. Se parece a la de su padre.

—Su padre es tu hijo, ¿no es eso?

—Sí. Está muerto.

—¿Tu hijo está muerto?

—Sí.

Por fin llegó el libro verde del «joven predicador» con otra nota sobre un magnífico sueño que había tenido hacía sólo dos noches. Últimamente había adquirido el extraordinario don espiritual de la interpretación de los sueños y no podía esperar a compartirlo con Sam. Todavía no se le había acabado de revelar el sueño, pero cuando acabara de estructurarlo lo descodificaría, desenmarañaría e ilustraría para Sam. Eran buenas noticias; esto ya lo tenía claro.

«Por lo menos ha dejado de cantar», dijo Sam para sus adentros cuando acabó de leer la nota sentado en su cama. El joven predicador había sido también cantante, a su estilo, de música espiritual, además de compositor de canciones. Periódicamente se apoderaba de él el espíritu interpretativo, hasta el punto de obsequiar a toda la galería con una serenata a pleno volumen y a cualquier hora del día o de la noche. Tenía voz de tenor, potente pero desafinada, y cuando lanzaba al aire sus nuevas composiciones se oían inmediatamente quejas furiosas. El propio Packer solía intervenir para aplacar el jolgorio. Sam había llegado a amenazarle con intervenir jurídicamente para acelerar su ejecución si no cesaban los aullidos, paso sádico por el que más adelante se disculpó. El pobre chico estaba simplemente loco y si Sam vivía lo suficiente se proponía utilizar una estrategia de enajenación mental sobre la que había leído en un caso de California.

Se recostó sobre la cama y empezó a leer. El ventilador movía las páginas y hacía circular el bochornoso aire, pero al cabo de unos minutos la humedad se había apoderado de las sábanas sobre las que estaba acostado. Durmió empapado hasta las primeras horas de la madrugada, antes del amanecer, cuando el patíbulo estaba casi fresco y las sábanas casi secas.

DIECISIETE

Auburn House no había sido nunca una casa ni una residencia, sino una bonita pequeña iglesia de ladrillo amarillo y vidrios de colores durante varias décadas. Estaba rodeada de una fea verja metálica en una parcela umbría, a pocas manzanas del centro de Memphis. El ladrillo amarillo de las paredes estaba cubierto de *graffiti* y planchas de madera ocupaban el lugar del vidrio de las ventanas. La congregación había huido hacía años hacia el este, para alejarse del centro de la ciudad y refugiarse al amparo de las zonas residenciales. Se habían llevado los bancos, los cancioneros, e incluso el campanario. Un guardia de seguridad paseaba junto a la verja, listo para abrir el portalón. A su lado había un ruinoso bloque de pisos y, tras el mismo, un deteriorado polígono residencial federal, de donde procedían las pacientes de Auburn House.

Eran todas madres jóvenes, ineludiblemente adolescentes e hijas de adolescentes, con padres generalmente desconocidos. La edad media era de quince años. La más joven tenía once. Venían del polígono con un bebé en la cadera y a veces seguidas de un segundo. Acudían en grupos de tres o cuatro y convertían la visita en una ocasión social. Estaban solas y asustadas. Se reunían en el viejo santuario, convertido ahora en sala de espera donde era obligatorio rellenar formularios. Esperaban con los bebés a cuestas, mientras los mayores jugaban bajo las sillas. Charlaban con sus amigas, otras jóvenes que también habían llegado andando porque escaseaban los coches y, en cualquier caso, eran demasiado jóvenes para conducir.

Adam aparcó el coche en un pequeño estacionamiento lateral y le pidió información al guardia de seguridad. Después de examinarle detenidamente, el guardia le señaló la puerta principal, donde dos jovencitas con bebés en los brazos estaban fumando. Las saludó con la cabeza al pasar entre ambas, por cortesía, pero ellas se limitaron a mirarle. En el interior se encontró con media docena de madres semejantes, sentadas en sillas de plástico y rodeadas de niños a sus pies. Una joven tras un escritorio le señaló una puerta y le dijo que tomara el pasillo de la izquierda.

La puerta del diminuto despacho de Lee estaba abierta y

en su interior ella hablaba muy seriamente con una paciente.

—Estaré contigo dentro de cinco minutos —sonrió, con algo parecido a un pañal en la mano.

A la paciente no la acompañaba ningún bebé, pero le faltaba poco para dar a luz.

Adam avanzó por el pasillo y encontró los servicios. Cuando salió, Lee le esperaba en el vestíbulo y se saludaron con un beso en la mejilla.

—¿Qué te parece nuestra pequeña organización? —preguntó Lee.

—¿Qué hacéis aquí exactamente? —preguntó Adam mientras avanzaban por un estrecho pasillo, con una desgastada alfombra y la pintura que se caía de las paredes.

—Auburn House es una organización sin beneficios económicos, con personal voluntario. Trabajamos con madres jóvenes.

—Debe de ser deprimente.

—Depende de cómo te lo mires. Bienvenido a mi despacho —dijo mientras hacía un gesto con la mano en dirección a la puerta.

Las paredes estaban cubiertas de coloridos carteles, uno de los cuales mostraba una serie de bebés y los alimentos que comían; otro enumeraba en términos muy sencillos las enfermedades más comunes de los recién nacidos; un tercero ilustraba en forma caricaturesca las ventajas de los preservativos. Adam tomó asiento y contempló las paredes.

—Todas nuestras jovencitas proceden de residencias gubernamentales, de modo que ya puedes imaginarte la educación posparto que reciben en casa. Ninguna de ellas está casada. Viven con sus madres, tías o abuelas. Auburn House fue fundada por unas monjas hace veinte años para enseñar a estas jovencitas a criar niños sanos.

—¿Y evitar el embarazo? —preguntó Adam mientras movía la cabeza en dirección al cartel del preservativo.

—Sí. Esto no es una clínica de planificación familiar, no pretende serlo, pero no está de más mencionar el control de la natalidad.

—Tal vez deberías hacer algo más que mencionarlo.

—Tal vez. El sesenta por ciento de los niños nacidos en este país el año pasado eran de madres solteras y las cifras aumentan todos los años. También aumenta todos los años el número de niños maltratados y abandonados. Es muy triste. Muchos de esos pequeñajos no tienen ninguna oportunidad.

—¿Quién financia la organización?

—Todos los fondos son privados. Dedicamos la mitad de nuestro tiempo a recaudar dinero. Nos desenvolvemos con un presupuesto muy limitado.

—¿De cuántas asesoras como tú disponéis?

—Aproximadamente una docena. Algunas trabajan unas cuantas tardes semanales y otras sólo los sábados. Yo tengo suerte. Puedo permitirme dedicarle todo mi tiempo.

—¿Cuántas horas semanales?

—No lo sé. ¿Quién se molesta en contarlas? Llego alrededor de las diez de la mañana y me marcho cuando ya ha oscurecido.

—¿Y lo haces gratis?

—Sí. Si no me equivoco, vosotros lo llamáis beneficencia.

—En el caso de los abogados es diferente. Hacemos trabajo voluntario para justificarnos a nosotros mismos el dinero que ganamos; es nuestra pequeña aportación a la sociedad. No olvides que seguimos ganando muchísimo dinero. Esto es distinto.

—Es gratificante.

—¿Cómo encontraste este lugar?

—No lo sé. Hace mucho tiempo. Formaba parte de una asociación social, un club de té, donde nos reuníamos una vez por mes para almorzar opíparamente y hablar de la forma de recaudar fondos para los menos afortunados. Un día una monja nos habló de Auburn House y convertimos el proyecto en nuestra obra de beneficencia. Una cosa condujo a otra.

—¿Y no cobras un centavo?

—Phelps está forrado, Adam. A decir verdad, hago donación de buena parte del dinero a Auburn House. Ahora celebramos una función anual, corbata negra y champán, en el Peabody para recaudar fondos, y obligo a Phelps a que presione a sus amigos banqueros para que acudan con sus esposas y contribuyan. El año pasado recaudamos más de doscientos mil.

—¿Cómo se gasta?

—Una parte en personal. Tenemos dos empleados. El local es barato, pero algo cuesta. El resto se utiliza para suministros de productos infantiles, medicamentos y libros. Nunca alcanza el dinero.

—¿De modo que tú, más o menos, lo administras?

—No. Pagamos a un administrador. Yo soy sólo una asesora.

Adam examinó el cartel a su espalda, con un voluminoso preservativo amarillo que caracoleaba inofensivamente a lo largo de la pared. A juzgar por los últimos estudios y encuestas, tenía entendido que los adolescentes no los utilizaban, a pesar de las campañas televisivas y de los anuncios por la MTV de las estrellas del rock responsables. No se le ocurría nada peor en el mundo que pasar el día en aquel claustrofóbico cuarto hablando de irritaciones del culito con madres de quince años.

—Admiro lo que haces —dijo Adam con la mirada, ahora, en el cartel de comida infantil.

Lee asintió sin decir palabra. Tenía la mirada cansada y le apetecía marcharse.

—Vamos a comer.

—¿Dónde?

—Yo qué sé. A cualquier lugar.

—Hoy he visto a Sam. He pasado dos horas con él.

Lee se hundió en su asiento y colocó lentamente los pies sobre la mesa. Como de costumbre, vestía vaqueros descoloridos y camisa.

—Soy su abogado.

—¿Ha firmado el contrato?

—Sí. Uno de cuatro páginas que él mismo ha elaborado. Ambos lo hemos firmado y ahora depende de mí.

—¿Estás asustado?

—Aterrorizado. Pero soy capaz de desenvolverme. Esta tarde he hablado con un periodista del *Memphis Press*. Han oído los rumores de que Sam Cayhall es mi abuelo.

—¿Qué le has dicho?

—Comprenderás que no podía negárselo. Quería formularme un sinfín de preguntas sobre la familia, pero le he dicho poca cosa. Estoy seguro de que investigará y obtendrá más información.

—¿Le has hablado de mí?

—En absoluto, pero empezará a indagar. Lo siento.

—¿Qué es lo que sientes?

—Lamento que probablemente saldrá a la luz tu verdadera identidad. Se te catalogará como hija de Sam Cayhall, asesino, racista, antisemita, terrorista, miembro del Klan, el hombre más anciano al que conducirán a la cámara de gas y al que matarán como a un animal. Te obligarán a abandonar la ciudad.

—He pasado cosas peores.

—¿Qué?

—Ser la esposa de Phelps Booth.

Adam soltó una carcajada y Lee logró sonreír. Una mujer madura se asomó por la puerta abierta y le dijo a Lee que se marchara. Lee se puso inmediatamente de pie y le presentó a su apuesto sobrino, Adam Hall, abogado de Chicago, que había venido a pasar una temporada. La señora, debidamente impresionada, abandonó el despacho y se alejó por el pasillo.

—No debiste haberlo hecho —dijo Adam.

—¿Por qué no?

—Porque mi nombre aparecerá en el periódico de mañana: Adam Hall, abogado de Chicago y nieto de...

Lee se quedó boquiabierta antes de reaccionar. Entonces se encogió de hombros como si no le importara, pero Adam vio el miedo en sus ojos. Qué error tan estúpido, se decía a sí misma.

—¿Qué importa? —exclamó mientras recogía el bolso y su maletín—. Vámonos a un restaurante.

Se dirigieron a un pequeño restaurante de barrio, con pequeñas mesas y pocas luces, en una casa reformada, regentado por una familia italiana. Se sentaron en un rincón oscuro y pidieron bebidas: té helado para ella y agua mineral para él.

—Adam, hay algo que debo contarte —dijo Lee inclinada sobre la mesa cuando se marchó el camarero.

Adam asintió, pero sin decir palabra.

—Soy alcohólica.

Entornó los párpados y se le congeló la mirada. Habían bebido juntos las dos últimas noches.

—Hace ahora unos diez años —prosiguió Lee, inclinada todavía sobre la mesa, aunque la persona más próxima estaba a cinco metros de distancia—. Las razones fueron múltiples y algunas probablemente las adivinarías. Pasé por rehabilitación, salí limpia y duré aproximadamente un año. Luego repetí el tratamiento. Me he sometido al mismo proceso tres veces, la última hace cinco años. No es fácil.

—Pero tomaste alcohol anoche. Varias copas.

—Lo sé. Y la noche anterior. Y hoy he vaciado todas las botellas y he tirado la cerveza. No hay una gota de alcohol en la casa.

—Me parece bien. Espero no haber sido la causa.

—No. Pero necesito tu ayuda. Vas a vivir conmigo un par de meses y pasaremos malos momentos. Ayúdame.

—Por supuesto, Lee. Ojalá me lo hubieras contado cuando llegué. Yo bebo poco y puedo prescindir fácilmente del alcohol.

—El alcoholismo es un extraño animal. A veces puedo ver a otras personas que beben y no me importa. Luego veo un anuncio de cerveza y empiezo a sudar. Veo anunciado en una revista un vino que me solía gustar y mi anhelo es tan intenso que me produce náuseas. Es una lucha terrible.

Llegaron las bebidas y a Adam le daba miedo tocar su agua mineral. La vertió sobre el hielo y la removió con una cucharilla.

—¿Es hereditario? —preguntó Adam, casi convencido de que lo era.

—No lo creo. Sam se escabullía para tomar unas copas cuando éramos niños, pero nos lo ocultaba. La madre de mi madre era alcohólica y mi madre nunca probó la bebida. Jamás había alcohol en casa.

—¿Cómo te ocurrió a ti?

—Gradualmente. Cuando me marché de casa estaba ansiosa por probarlo, porque en mi casa estaba prohibido durante mi infancia y la de Eddie. Entonces conocí a Phelps, que es de una familia de grandes bebedores. Primero se convirtió en una forma de evadirme y luego en una muleta.

—Haré todo lo que pueda. Lo siento.

—No tienes por qué sentirlo. Me ha gustado tomar unas copas contigo, pero ha llegado el momento de cortar, ¿de acuerdo? He vuelto a las andadas tres veces y siempre he empezado con la idea de que puedo tomar un par de copas y mantenerlo bajo control. En una ocasión pasé un mes tomando vino, pero sólo un vaso diario. Luego se convirtió en un vaso y medio, dos, tres, y de nuevo a rehabilitación. Soy una alcohólica y nunca lo superaré.

Adam levantó su vaso para brindar.

—Por la abstemia —dijo—. Lo superaremos juntos.

Se tomaron sus refrescos.

El camarero era un estudiante, con ideas claras sobre lo que debían comer. Les sugirió los ravioli de la casa al horno, porque eran simplemente los mejores de la ciudad, y los tendrían en la mesa dentro de diez minutos. Aceptaron.

—A menudo me he preguntado cómo pasabas el tiempo, pero me daba miedo preguntártelo —dijo Adam.

—En una ocasión tuve un empleo. Después del nacimiento de Walt y cuando empezó a ir al colegio, me aburría y Phelps me consiguió un trabajo en la empresa de uno de sus amigos. Buen sueldo y bonito despacho. Tenía una secretaria que conocía mi trabajo mejor que yo. Al cabo de un año lo dejé. Me he casado con un rico, Adam, y se supone que no debo trabajar. A la madre de Phelps le parecía espantoso que aceptara un sueldo.

—¿Qué hacen las mujeres ricas para pasar el día?

—Acarrear los pesares del mundo. En primer lugar deben asegurarse de que su maridito va al trabajo y luego organizar el día. Los sirvientes necesitan dirección y vigilancia. La compra se divide por lo menos en dos etapas, mañana y tarde, la primera de las cuales consiste en varias llamadas a la Quinta Avenida para encargar lo indispensable. La compra de la tarde es algo que se hace personalmente, por supuesto acompañada del chófer que espera en el aparcamiento. El almuerzo ocupa casi todo el día, porque requiere horas de planificación y por lo menos dos horas de ejecución. Consiste normalmente en un pequeño banquete, al que asisten las mismas almas apresuradas. Luego está la parte de la responsabilidad social que corresponde a una mujer rica. Por lo menos tres veces por semana toma el té en casa de sus amigas, donde se mordisquean galletas importadas y se lamenta la tragedia de los niños abandonados o de las madres adictas al crack. Entonces hay que apresurarse para regresar a casa y refrescarse, antes de que el maridito regrese de sus batallas en la oficina. Acto seguido toma con él su primer martini junto a la piscina, mientras cuatro personas les preparan la cena.

—¿Y el sexo?

—Está demasiado cansado para eso. Además, es probable que tenga una querida.

—¿Fue eso lo que ocurrió con Phelps?

—Supongo, aunque él no pudo quejarse del sexo. Tuve un hijo, envejecí, y él siempre ha dispuesto de un suministro regular de jóvenes rubias de sus bancos. Sus oficinas te parecerían increíbles. Están llenas de mujeres hermosas, con dientes y uñas impecables, todas con falda corta y piernas largas. Están sentadas tras elegantes escritorios y hablan por teléfono, a la espera de que él las llame cuando se le antoje. Tiene un pequeño dormitorio junto a una sala de conferencias. Es un animal.

—¿De modo que abdicaste de la vida de mujer rica para seguir tu camino?

—Sí. No era lo mío eso de actuar como una rica, Adam. Lo detestaba. Fue divertido al principio, pero yo no encajaba. No soy del grupo sanguíneo adecuado. Aunque te parezca increíble, mi familia no era conocida en los círculos sociales de Memphis.

—Bromeas.

—En serio. Y para ser propiamente una mujer rica con futuro en esta ciudad, hay que descencer de una familia de fósiles acaudalados, preferentemente con un bisabuelo que se enriqueció con el algodón. Sencillamente, yo no era una de ellos.

—Pero todavía participas en el juego social.

—No. Todavía guardo las apariencias, pero sólo por Phelps. Es importante para él tener una esposa de su edad, pero con algunas canas, una esposa madura de buen aspecto con traje de noche y diamantes, capaz de conversar con sus aburridos amigos. Salimos juntos tres veces al año. Soy una especie de esposa trofeo que envejece.

—Me parece que sería más propio de él, como verdadera esposa trofeo, una de esas espectaculares rubias.

—No. Su familia quedaría devastada y hay mucho dinero en juego. Phelps camina sobre ascuas en lo que concierne a su familia. Sólo cuando mueran sus padres se manifestará abiertamente.

—Tenía entendido que sus padres te detestaban.

—Por supuesto. Es paradójico que ellos sean la razón por la que seguimos casados. Un divorcio sería escandaloso.

Adam se rió y movió atónito la cabeza.

—Esto es una locura.

—Sí, pero funciona. Yo soy feliz. Él es feliz. Él tiene a sus niñas. Yo salgo con quien se me antoja. Nadie hace preguntas.

—¿Y Walt?

Lee dejó lentamente el vaso de té sobre la mesa y desvió la mirada.

—¿Qué quieres saber? —preguntó sin mirarle.

—Nunca hablas de él.

—Lo sé —respondió en voz baja, con la mirada todavía perdida en la lejanía.

—Deja que lo adivine. Más esqueletos en el armario. Más secretos.

Le miró con tristeza y luego se encogió de hombros, como para decir ¡qué diablos!

—Después de todo es mi primo hermano —dijo Adam—. Y que yo sepa, salvo alguna sorpresa que me pueda deparar el futuro, es el único que tengo.

—No te gustaría.

—Claro que no. Es parcialmente un Cayhall.

—No. Es todo Booth. Phelps quería un hijo, no sé por qué. De modo que lo tuvimos. Evidentemente, Phelps no disponía de tiempo para él. Siempre demasiado ocupado con el banco. Se lo llevó al club de campo e intentó enseñarle a jugar al golf, pero fue un fracaso. A Walt nunca le gustaron los deportes. En una ocasión fueron a Canadá para cazar faisanes y pasaron una semana sin hablarse cuando regresaron. No era un mariquita, pero tampoco una persona atlética. Phelps había sido un verdadero macho en el instituto: fútbol, rugby, boxeo, etc. Walt intentó jugar, pero simplemente no tenía talento para ello. Phelps le presionó y Walt se rebeló. Entonces Phelps, con la dureza que le caracteriza, le mandó a un internado. Mi hijo se marchó de casa a los quince años.

—¿Dónde fue a la universidad?

—Pasó un año en Cornell, pero abandonó los estudios.

—¿Abandonó los estudios?

—Sí. Se fue a Europa después de un año en la universidad y sigue allí.

Adam estudió su rostro y esperó. Tomaba sorbos de agua y estaba a punto de hablar cuando apareció el camarero y colocó una fuente de ensalada verde sobre la mesa.

—¿Por qué se quedó en Europa?

—Fue a Amsterdam y se enamoró.

—¿De una atractiva holandesa?

—De un atractivo holandés.

—Comprendo.

De pronto Lee se interesó por la ensalada, se sirvió una porción en su plato y empezó a cortarla en pequeños trozos. Adam hizo otro tanto y ambos comieron en silencio, mientras el restaurante se llenaba y era cada vez más ruidoso. Una atractiva pareja de yuppies cansados ocupó una pequeña mesa junto a ellos y pidieron bebidas alcohólicas.

—¿Cómo reaccionó Phelps? —preguntó Adam, después de untar un bollo de pan con mantequilla y darle un mordisco.

Lee se secó los labios.

—El último viaje que Phelps y yo hicimos juntos fue a Amsterdam en busca de nuestro hijo. Hacía casi dos años que se había marchado. Había escrito algunas veces y llamado de vez en cuando, pero luego la correspondencia se interrumpió. Evidentemente estábamos preocupados, de modo que cogimos un avión y nos instalamos en un hotel hasta que le encontramos.

—¿Qué hacía?

—Trabajaba de camarero en un café. Llevaba un pendiente en cada oreja. Se había afeitado la cabeza. Un atuendo estrafalario. Llevaba esos malditos zuecos con calcetines de lana. Hablaba perfectamente el holandés. No queríamos organizar un escándalo y le pedimos que viniera a nuestro hotel. Lo hizo. Fue horrible. Sencillamente horrible. Phelps se portó como el imbécil que es y el daño fue irreparable. Nos marchamos y volvimos a casa. Phelps redactó con mucha pompa otro testamento y revocó el fondo de Walt.

—¿Nunca ha vuelto a casa?

—Nunca. Me reúno con él en París una vez al año. Ambos viajamos solos, es la única condición. Nos hospedamos en un buen hotel y pasamos juntos una semana, deambulando por la ciudad, comiendo y visitando museos. Es el apogeo de cada año para mí. Pero detesta Memphis.

—Me gustaría conocerle.

Lee le miró atentamente y se le llenaron los ojos de lágrimas.

—Bendito seas. Si hablas en serio, me encantaría que me acompañaras.

—Hablo en serio. No me importa que sea homosexual. Me gustaría conocer a mi primo hermano.

Lee respiró hondo y sonrió. Llegaron dos platos rebosantes de ravioli, que humeaban en todas direcciones. El camarero dejó una fina barra de pan al ajo sobre la mesa y desapareció.

—¿Sabe Walt algo acerca de Sam? —preguntó Adam.

—No. Nunca he tenido el valor de contárselo.

—¿Sabe algo de mí y de Carmen? ¿De Eddie? ¿De la gloriosa historia de nuestra familia?

—Sí, un poco. Cuando era pequeño le conté que tenía primos en California, pero que nunca venían a Memphis. Evidentemente, Phelps le contó que sus primos californianos eran de una clase social muy inferior y, por consiguiente, no merecían su atención. Debes comprender, Adam, que su padre le educó como un auténtico esnob. Asistió a los institutos más prestigiosos, alternó en los clubs de campo más elegantes y tenía un montón de primos de la rama Booth, todos igual que él. Son un montón de amargados.

—¿Qué opinan los Booth de tener un homosexual en la familia?

—Le odian, por supuesto. Y él los odia a ellos.

—Ya empieza a gustarme.

—No es un mal chico. Quiere estudiar arte y pintar. Yo le mando siempre dinero.

—¿Sabe Sam que tiene un nieto homosexual?

—No lo creo. No sé quién podría habérselo contado.

—Probablemente no se lo diré.

—Por favor, no lo hagas. Ya tiene bastante de qué preocuparse.

Los ravioli se habían enfriado lo suficiente como para ser comidos y los disfrutaron en silencio. El camarero les trajo más agua y té. La pareja de la mesa contigua pidió una botella de vino tinto y Lee la miró varias veces.

Adam se secó los labios e hizo una pausa.

—¿Puedo hacerte una pregunta personal? —dijo, después de inclinarse sobre la mesa.

—Todas tus preguntas parecen ser personales.

—Exactamente. ¿Puedo hacértela?

—Adelante.

—Bueno, el caso es que he estado pensando. Esta noche me has contado que eres alcohólica, que tu marido es un animal y que tu hijo es homosexual. Esto es mucho en el transcurso de una comida. ¿Pero hay algo más que deba saber?

—Deja que lo piense. Sí, Phelps también es alcohólico, pero se niega a admitirlo.

—¿Algo más?

—Le han demandado dos veces por acoso sexual.

—Bueno, olvídate de los Booth. ¿Alguna sorpresa más en nuestra rama de la familia?

—Todavía no hemos rascado la superficie, Adam.

—Me lo temía.

DIECIOCHO

Una estrepitosa tormenta trasmontó el delta antes del amanecer y Sam despertó con el chasquido de los rayos. Oyó las gotas que se precipitaban contra las ventanas abiertas de la parte superior del pasillo. Luego oyó el agua que descendía hasta formar un charco junto a la pared, cerca de su celda. La humedad de su cama era de pronto refrescante. Tal vez hoy no haría tanto calor. Tal vez la lluvia persistiría y les protegería del sol, e incluso puede que el viento barriera la humedad un par de días. Siempre se hacía esas ilusiones cuando llovía, pero una tormenta veraniega solía significar tierra cenagosa que, bajo el ardiente sol, suponía un calor más sofocante.

Levantó la cabeza para ver el agua de la lluvia que descendía de las ventanas hasta acumularse en el suelo, donde parpadeaba con el reflejo de una lejana bombilla amarilla. A excepción de aquella tenue luz, el patíbulo estaba a oscuras, y en silencio.

A Sam le encantaba la lluvia, especialmente por la noche y particularmente en verano. El estado de Mississippi, haciendo gala de su ilimitada sabiduría, había construido la prisión en el lugar más caluroso que pudo encontrar. Además, diseñó la Unidad de Máxima Seguridad como si se tratara de un horno. Las ventanas que daban al exterior eran pequeñas e inútiles, construidas así, evidentemente, por razones de seguridad. Los planificadores de aquella pequeña sucursal del infierno también habían decidido no incorporar ventilación alguna, que permitiera la entrada de la brisa y la expulsión del aire viciado. Y después de construir lo que consideraban como centro penitenciario ejemplar, decidieron no dotarlo de aire acondicionado. Se erguiría orgulloso junto a los campos de soja y de algodón, y absorbería como los cultivos el calor y la humedad de la tierra. Y cuando la tierra estuviera seca, el patíbulo simplemente se asaría como las plantas.

Pero el estado de Mississippi no podía controlar el tiempo y, cuando llegaban las lluvias y refrescaban el aire, Sam sonreía para sus adentros y ofrecía una pequeña oración de agradecimiento. Un ser superior controlaba, después de todo. El poder del estado estaba indefenso ante la lluvia. Suponía una pequeña victoria.

Se puso de pie y estiró la espalda. Su cama consistía en un rectángulo de espuma, de ciento ochenta y tres por setenta y cinco centímetros, de diez centímetros de espesor, denominado también colchón. Descansaba sobre un marco metálico firmemente sujeto al suelo y a la pared. Estaba cubierto por dos sábanas. A veces distribuían mantas en invierno. El lumbago era común en el patíbulo, pero con el tiempo el cuerpo se adaptaba y había pocas quejas. Al médico de la cárcel no se le consideraba amigo de los condenados a muerte.

Dio dos pasos, apoyó los codos en los barrotes, escuchó el viento y los truenos, y contempló las gotas que salpicaban en la repisa de la ventana hasta estrellarse en el suelo. Qué maravilloso sería atravesar el muro y caminar sobre la hierba húmeda, pasear por la finca bajo la intensa lluvia, desnudo y con frenesí, empapado de agua que descendería de su cabello y barba.

El horror del patíbulo es que uno muere un poco cada día. La espera mata. Uno vive en una jaula y, al despertar, constata que ha transcurrido otro día y se dice a sí mismo que le falta ahora un día menos para la muerte.

Sam encendió un cigarrillo y contempló el humo que se elevaba hacia las gotas de agua. Cosas extrañas ocurren con nuestro absurdo sistema jurídico. Los tribunales toman hoy una decisión y mañana deciden lo contrario. Los mismos jueces llegan a distintas conclusiones en asuntos semejantes. Un tribunal puede hacer caso omiso de un recurso o apelación durante varios años y, de pronto, considerarlo y concederlo. Los jueces fallecen y son remplazados por otros de distinta opinión. Los presidentes vienen y van, y conceden altos cargos a sus amigos. El Tribunal Supremo se inclina en una dirección y luego en otra.

Hay momentos en los que la muerte sería bien recibida. Y dada la alternativa de morir o vivir en el patíbulo, Sam optaría sin dudarlo por la cámara de gas. Pero quedaba siempre una esperanza, la perspectiva lejana de que algo en algún lugar de la compleja jungla judicial tocara la fibra sensible de alguien y se revocara la sentencia. Todos los reclusos del patíbulo soñaban con el milagro de una revocación procedente del cielo. Y aquel sueño les mantenía vivos en la pesadumbre del día a día.

Sam había leído recientemente que había casi dos mil quinientos condenados a muerte en Norteamérica y que el año anterior, mil novecientos ochenta y nueve, se habían ejecutado sólo dieciséis. En Mississippi se había ejecutado sólo a cuatro desde mil novecientos setenta y siete, el año en que Gary Gilmore insistió en ser fusilado en Utah. Aquellas cifras infundían confianza y le animaban a seguir presentando recursos.

Fumó junto a los barrotes hasta que pasó la tormenta y cesó la lluvia. Su desayuno coincidió con la salida del sol y a las siete encendió la televisión para las noticias de la mañana. Acababa de morder una rebanada fría de pan tostado cuando su rostro apareció en la pantalla como telón de fondo de una presentadora de Memphis, que hablaba con avidez de la noticia más emocionante del día, la del peculiar caso de Sam Cayhall y su nuevo abogado. Al parecer su nuevo abogado era un nieto durante mucho tiempo perdido, un tal Adam Hall, joven letrado del descomunal bufete de Chicago Kravitz & Bane que había representado a Sam durante los últimos siete años aproximadamente. La fotografía de Sam tenía por lo menos diez años y era la misma que mostraban siempre que se mencionaba su nombre por televisión o en los periódicos. La foto de Adam era un poco más curiosa. Evidentemente no había posado para que se la tomaran. Alguien había disparado la cámara en la calle cuando no miraba. La presentadora, con la mirada encendida, explicó que según el *Memphis Press* de la mañana, Adam Hall había confirmado que era efectivamente el nieto de Sam Cayhall. Hizo un breve resumen del crimen de Sam y, en dos ocasiones, mencionó la fecha de la inminente ejecución. Prometió que habría más información más adelante, probablemente en las noticias del mediodía. A continuación enumeró los asesinatos de la noche anterior.

Sam arrojó la tostada al suelo, junto a las estanterías, y la contempló. Un insecto la encontró casi inmediatamente y se paseó por encima y a su alrededor media docena de veces antes de decidir que era comestible. Su nuevo abogado había hablado ya con la prensa. ¿Qué les enseñaban en la facultad? ¿Les daban instrucciones sobre el control de los medios de información?

—Sam, ¿estás ahí? —preguntó Gullitt.

—Sí, aquí estoy.

—Acabo de verte por el canal cuatro.

—Sí. Ya lo he visto.

—¿Estás molesto?

—Estoy bien.

—Respira hondo, Sam. No pasa nada.

Entre los sentenciados a morir en la cámara de gas, la expresión «respira hondo» se utilizaba con frecuencia y no era más que un intento de levantar los ánimos. La usaban constantemente, en particular cuando alguien estaba enojado. Pero en boca de los guardias, no tenía nada de gracioso. Era una infracción constitucional. Se había mencionado en más de una denuncia, como ejemplo del trato cruel que se dispensaba en el patíbulo.

Sam coincidió con el insecto y abandonó el resto del desayuno. Sorbió su café con la mirada fija en el suelo.

A las nueve y media, el sargento Packer apareció en la galería en busca de Sam. Era su hora de salir a respirar aire fresco. La lluvia estaba muy lejana y un sol abrasador azotaba el delta. A Packer le acompañaban dos guardias, que aguardaban con unos grilletes para los tobillos.

—¿Para qué es eso? —preguntó Sam.

—Seguridad, Sam.

—¿Sólo para salir al patio?

—No, Sam. Vamos a llevarle a la biblioteca judicial. Su abogado quiere reunirse allí con usted para que puedan hablar entre textos jurídicos. Ahora dese la vuelta.

Sam sacó las manos por la rendija de su puerta. Packer se las esposó suavemente, se abrió la puerta y Sam salió al pasillo. Cuando los guardias se agacharon para colocarle los grilletes, Sam le preguntó a Packer:

—¿Y mi hora libre?

—¿Qué ocurre con su hora libre?

—¿Cuándo me toca?

—Más tarde.

—Lo mismo me dijo ayer y luego me quedé sin recreo. Ayer me mintió. Ahora también me miente. Le denunciaré.

—Las denuncias tardan mucho tiempo, Sam. Varios años.

—Quiero hablar con el alcaide.

—Y estoy seguro de que él también quiere hablar con usted, Sam. ¿Pero ahora quiere ver a su abogado o no?

—Tengo derecho a ver a mi abogado y a mi hora libre.

—¡Deje de molestarle, Packer! —exclamó Hank Henshaw, a menos de dos metros.

—¡Usted miente, Packer! ¡Miente! —agregó Gullitt desde el otro lado.

—Tranquilos, muchachos —dijo sosegadamente Packer—. Cuidaremos debidamente del viejo Sam.

—Sí, le mandaría hoy mismo a la cámara de gas si pudiera —chilló Henshaw.

Colocados los grilletes, Sam entró de nuevo en su celda para recoger una carpeta. Con la misma pegada al pecho, avanzó penosamente por el pasillo junto a Packer, seguido de los dos guardias.

—Hazles la vida imposible, Sam —exclamó Henshaw cuando se alejaban.

Se oyeron otros gritos de apoyo a Sam y abucheos dirigidos a Packer cuando se alejaban. Después de cruzar un conjunto de puertas, dejaron atrás la galería A.

—El alcaide dice que puede disponer de dos horas libres esta tarde y de dos horas diarias hasta que eso haya terminado —dijo Packer mientras avanzaban lentamente por el corto pasillo.

—¿Hasta que qué haya terminado?

—Eso.

—¿Qué quiere decir eso?

Packer y la mayoría de los guardias decían «eso» para referirse a una ejecución.

—Ya sabe a lo que me refiero —respondió Packer.

—Dígale al alcaide que es un verdadero encanto. Y pregúntele si también dispondré de dos horas aunque «eso» no se materialice. Y de paso, dígale que es un cabrón mentiroso.

—Ya lo sabe.

Se detuvieron junto a una puerta de barrotes y esperaron a que se abriera. La cruzaron y se detuvieron de nuevo junto a dos guardias en la puerta principal. Packer escribió algo rápidamente en una carpeta y salieron al exterior, donde esperaba una furgoneta blanca. Los guardias cogieron a Sam por los brazos y le levantaron por la puerta lateral con sus grilletes. Packer se sentó delante junto al conductor.

—¿Tiene esto aire acondicionado? —preguntó Sam en dirección al conductor, que tenía la ventana abierta.

—Sí —respondió el conductor cuando salía marcha atrás de la UMS.

—Entonces conéctelo, ¿vale?

—Silencio, Sam —dijo Packer sin convicción.

—Es bastante penoso sudar todo el día en una jaula sin aire acondicionado, pero resulta estúpido estar aquí ahogándose. Conecte ese maldito aparato. Tengo mis derechos.

—Respire hondo, Sam —canturreó Packer mientras le guiñaba el ojo al conductor.

—Me las pagará, Packer. Lamentará haber dicho eso.

El conductor pulsó un interruptor y empezó a soplar el aire. La camioneta cruzó el doble portalón y se alejó lentamente del patíbulo por un camino sin asfaltar.

Aunque iba esposado y con grilletes en los tobillos, aquella breve excursión era refrescante. Sam dejó de incordiar e inmediatamente hizo caso omiso de los demás ocupantes del vehículo. La lluvia había formado charcos en las cunetas llenas de hierbas junto al camino y lavado las plantas de algodón, que ahora tenían una altura superior a la de la rodilla. Los troncos y las hojas eran verde oscuro. Sam recordó haber cosechado algodón de niño, pero alejó el recuerdo inmediatamente. Había aprendido a olvidar el pasado y, en las raras ocasiones en que le venían a la mente recuerdos de la infancia, los alejaba rápidamente.

La furgoneta avanzaba con suma lentitud y estaba agradecido de que así lo hiciera. Contempló a un par de reclusos sentados bajo un árbol que observaban a un compañero que levantaba pesas al sol. Había una verja a su alrededor, pero pensó en lo agradable que debía ser estar fuera, caminando y charlando, haciendo ejercicio y riéndose, sin pensar nunca en la cámara de gas, ni preocuparse de la última apelación.

La biblioteca judicial era conocida como la «ramita», porque era demasiado pequeña para ser considerada como una rama propiamente dicha. La biblioteca principal de la cárcel estaba en un lugar más céntrico de la finca, en otro campo. Sólo los condenados a muerte utilizaban la ramita. Estaba adosada a la parte posterior de un edificio administrativo, con una sola puerta y ninguna ventana. Sam había estado allí muchas veces durante los últimos nueve años. Era una pequeña sala con una colección razonable de textos jurídicos vigentes y servicios de información actualizados. En el centro había una destartalada mesa de conferencias, rodeada de estanterías de libros en las cuatro paredes. De vez en cuando algún preso de confianza se ofrecía voluntario para trabajar como bibliotecario, pero no era fácil encontrar a alguien debidamente capacitado y los libros raramente estaban donde les correspondía. Eso irritaba enormemente a Sam porque admiraba la nitidez y detestaba a los africanos, y estaba seguro de que todos o casi todos los bibliotecarios eran negros, aunque no lo sabía con absoluta certeza.

Los guardias le quitaron los grilletes a Sam al llegar a la puerta.

—Dispone de dos horas —dijo Packer.

—Dispongo de todo el tiempo que me dé la gana —respondió Sam mientras se frotaba las muñecas como si las esposas se las hubieran lastimado.

—Por supuesto, Sam. Pero cuando venga a buscarle dentro de dos horas, apuesto a que meteremos ese culito suyo en la furgoneta.

Packer abrió la puerta en el momento en que los guardias tomaban sus posiciones junto a la misma. Sam entró y dio un portazo a su espalda. Dejó la carpeta sobre la mesa y miró fijamente a su abogado.

Adam se puso de pie al fondo de la mesa, con un libro en la mano, a la espera de su cliente. Había oído voces al otro lado de la puerta y vio cómo Sam entraba sin guardias ni esposas. Se quedó de pie, con su chándal rojo, ahora mucho más pequeño sin la verja que les separara.

Se observaron mutuamente de un extremo a otro de la mesa, nieto y abuelo, abogado y cliente, desconocido y desconocido. Fue un momento difícil en el que se absorbieron mutuamente, sin que ninguno de ellos supiera qué hacer con el otro.

—Hola, Sam —dijo Adam mientras se le acercaba.

—Buenos días. He visto nuestras fotos en televisión hace unas horas.

—Sí. ¿Has visto el periódico?

—Todavía no. Lo recibimos más tarde.

Adam empujó el periódico de la mañana por la superficie de la mesa y Sam lo cogió. Lo levantó con ambas manos, se sentó en una silla, se lo acercó a pocos centímetros de la nariz, lo leyó atentamente y examinó su fotografía y la de Adam.

Todd Marks había pasado evidentemente la mayor parte de la noche indagando y haciendo un sinfín de llamadas telefónicas. Había comprobado que un tal Alan Cayhall había nacido en Clanton, en el condado de Ford, en mil novecientos sesenta y cuatro, y que el nombre del padre que figuraba en el certificado de nacimiento era el de un tal Edward S. Cayhall. Luego había buscado la partida de nacimiento de Edward S. Cayhall y comprobado que su padre era Samuel Lucas Cayhall, el mismo que estaba ahora condenado a muerte. Declaraba que Adam Hall había confirmado que su padre había cambiado de apellido en California y que su abuelo era Sam

Cayhall. Tuvo cuidado de no citar directamente a Adam, pero no obstante vulneró su acuerdo. No cabía duda de que habían hablado.

Según fuentes anónimas, se explicaba en el artículo cómo Eddie y su familia habían abandonado Clanton en mil novecientos sesenta y siete, después de la detención de Sam, y huido a California donde, más adelante, Eddie se había suicidado. Allí acababa la historia, porque evidentemente a Marks se le había agotado el tiempo y no había podido confirmar nada de California. La fuente o fuentes anónimas no mencionaban a la hija de Sam que vivía en Memphis y, por consiguiente, Lee no se vio involucrada. El artículo perdía su ímpetu con una serie de comentarios insustanciales de Baker Cooley, Garner Goodman, Phillip Naifeh, Lucas Mann y un abogado del despacho del fiscal general de Jackson. Sin embargo, el final del artículo de Marks cobraba fuerza con una sensacional recopilación del atentado de Kramer.

El artículo aparecía en primera plana del *Press*, con grandes titulares. La antigua fotografía de Sam aparecía a la derecha, junto a la extraña foto de Adam de cintura para arriba. Lee le había traído el periódico hacía varias horas, cuando estaba sentado en la terraza contemplando el tráfico matutino del río. Tomaron café, zumo de fruta, y leyeron una y otra vez el artículo. Después de mucho análisis, Adam llegó a la conclusión de que Todd Marks había situado a un fotógrafo frente al hotel Peabody, que había tomado su foto al llegar a la acera, después de su pequeña reunión del día anterior. El traje y la corbata eran, efectivamente, los que llevaba ayer.

—¿Has hablado con ese cretino? —refunfuñó Sam después de dejar el periódico sobre la mesa, al tiempo que Adam se sentaba frente a él.

—Me reuní con él.

—¿Por qué?

—Porque llamó a nuestra oficina de Memphis, dijo que había oído ciertos rumores y quise evitar las tergiversaciones. No tiene importancia.

—¿Nuestras fotografías salen en primera plana y no tiene importancia?

—No es la primera vez para ti.

—¿Y para ti?

—No es exactamente una foto para la que yo posara. Es evidente que me tendió una trampa. Pero creo que estoy bastante apuesto.

—¿Le confirmaste esos datos?

—Sí. Nos pusimos de acuerdo en que sería sólo información de fondo y no podría citarme en nada. Tampoco se suponía que pudiera utilizarme como fuente. Ha vulnerado nuestro acuerdo y me ha tomado el pelo. También utilizó un fotógrafo oculto, de modo que he hablado por primera y última vez con el *Memphis Press*.

Sam contempló momentáneamente el periódico. Estaba relajado y sus palabras eran tan lentas como de costumbre. Se dibujó una ligera sonrisa en sus labios.

—¿Y le has confirmado que eres mi nieto?

—Por supuesto. ¿Crees que puedo negarlo?

—¿Te gustaría negarlo?

—Lee el periódico, Sam. Si pretendiera negarlo, ¿aparecería en primera plana?

Eso agradó a Sam y creció su sonrisa. Se mordió el labio y miró fijamente a Adam. Entonces sacó parsimoniosamente un nuevo paquete de cigarrillos y Adam miró a su alrededor en busca de una ventana.

—Mantente alejado de la prensa —declaró Sam después de encender debidamente el primer cigarrillo—. Son imbéciles y despiadados. Mienten y cometen graves errores.

—Pero soy abogado, Sam. Lo llevo en la sangre.

—Lo sé. Comprendo que es difícil, pero debes procurar controlarte. No quiero que se repita.

Adam sonrió, metió la mano en el maletín y sacó unos documentos.

—Tengo una idea maravillosa para salvarte la vida —dijo mientras se frotaba las manos. Sacó la pluma del bolsillo y se dispuso a trabajar.

—Te escucho.

—Como puedes suponer, he hecho mucha investigación.

—Para eso te pagan.

—Efectivamente. Y se me ha ocurrido una maravillosa teoría, una nueva alegación que me propongo presentar el lunes. La teoría es simple. Mississippi es uno de los únicos cinco estados que todavía utiliza la cámara de gas, ¿no es cierto?

—Lo es.

—Y la legislación de Mississippi aprobó un decreto en mil novecientos ochenta y cuatro por el que se otorga al condenado el derecho a elegir entre una inyección letal y la cámara de gas. Pero la nueva ley sólo es aplicable a los condenados después del uno de julio de mil novecientos ochenta y cuatro. No te incluye a ti.

—Correcto. Creo que aproximadamente la mitad de los chicos del patíbulo podrán ejercer dicha elección. Aunque todavía les faltan muchos años.

—Una de las razones por las que la legislación aprobó la inyección letal fue para que la muerte fuera más compasiva. He estudiado la historia legislativa en la que se apoya dicha ley y hubo mucha discusión sobre los problemas que había tenido el estado con las ejecuciones en la cámara de gas. La teoría es sencilla: lograr que las ejecuciones sean rápidas y sin dolor, a fin de que haya menos alegaciones constitucionales respecto a su crueldad. La inyección letal presenta menos problemas jurídicos y, por consiguiente, las ejecuciones pueden llevarse a cabo con mayor facilidad. Nuestra teoría es, por consiguiente, que dado que el estado ha adoptado la inyección letal, ha declarado en efecto que la cámara de gas es obsoleta. ¿Y por qué es obsoleta? Porque es una forma cruel de matar a las personas.

Sam reflexionó durante un buen minuto sin dejar de fumar y asintió lentamente.

—Sigue —dijo.

—Atacamos la cámara de gas como método de ejecución.

—¿Limitado a Mississippi?

—Probablemente. Sé que hubo problemas con Teddy Doyle Meeks y Maynard Tole.

—¿Problemas? —refunfuñó Sam mientras soltaba una bocanada de humo azul sobre la mesa—. Sí, puede decirse que los hubo.

—¿Qué sabes al respecto?

—Por Dios. Murieron a cincuenta metros de mi celda. Estamos el día entero en nuestras jaulas y pensamos en la muerte. Todo el mundo en el patíbulo sabe lo que ocurrió con esos muchachos.

—Cuéntamelo.

Sam apoyó los codos sobre la mesa y miró distraídamente el periódico que tenía delante.

—Meeks fue la primera ejecución en Mississippi desde hacía diez años y no sabían lo que hacían. Tuvo lugar en mil novecientos ochenta y dos. Yo hacía casi dos años que estaba aquí y hasta entonces vivíamos en un mundo de fantasía. Nunca pensábamos en la cámara de gas, en los comprimidos de cianuro ni en la última comida. Estábamos condenados a muerte pero, maldita sea, no mataban a nadie, ¿por qué preocuparse? Sin embargo, Meeks nos despertó. Le mataron e, indudablemente, podían matarnos también a nosotros.

—¿Qué ocurrió con Meeks? —preguntó Adam, que había leído una docena de informes sobre las atrocidades de aquella ejecución, aunque quería que Sam se lo contara.

—Todo salió mal. ¿Has visto la cámara de gas?

—Todavía no.

—Hay una pequeña sala adjunta, donde el verdugo mezcla los gases. El ácido sulfúrico está en una bombona, que traslada de su pequeño laboratorio a un tubo conectado a la parte inferior de la cámara. En la ejecución de Meeks el verdugo estaba borracho.

—No exageres, Sam.

—Yo no le vi, desde luego. Pero todo el mundo sabe que estaba borracho. La ley estatal designa a un verdugo oficial del estado, y el alcaide y su equipo no pensaron en ello hasta pocas horas antes de la ejecución. No olvides que nadie creía que Meeks muriera. Todos esperábamos un aplazamiento de última hora, porque le había ocurrido ya dos veces. Pero el aplazamiento no llegó y en el último momento empezaron a buscar desesperadamente al verdugo oficial del estado. Lo encontraron borracho. Creo que era fontanero. En todo caso, su primera mezcla no funcionó. Introdujo la bombona en el tubo, tiró de la palanca, y todo el mundo esperaba que Meeks respirara hondo y falleciera. Meeks se aguantó la respiración tanto como pudo y luego aspiró. No ocurrió nada. Esperaron. Meeks esperó. Los testigos esperaron. Todo el mundo miró lentamente al verdugo, que también esperaba y echaba maldiciones. Regresó a su pequeño cuarto y preparó otra bombona de ácido sulfúrico. Luego tuvo que extraer la primera bombona del tubo y eso duró diez minutos. El alcaide, Lucas Mann y el resto de los mamarrachos esperaban inquietos mientras maldecían a aquel fontanero borracho, que acabó por insertar la nueva bombona y tirar de la palanca. En esta ocasión el ácido sulfúrico acabó donde se suponía que debía estar, en un recipiente situado debajo de la silla a la que estaba sujeto Meeks. El verdugo tiró de una segunda palanca que dejaba caer los comprimidos de cianuro, situados también debajo de la silla, encima del recipiente de ácido sulfúrico. Los comprimidos cayeron y el gas ascendió previsiblemente hacia donde Meeks se aguantaba la respiración una vez más. ¿Sabías que los vapores son visibles? Cuando por fin lo aspiró, empezó a temblar y estremecerse, y eso duró un buen rato. Por alguna razón, hay un poste metálico que va del techo al suelo de la cámara, situado directamente detrás de la silla. En el momento en que Meeks dejó de moverse y todo el mundo le creía muerto, empezó a sacudir la cabeza hacia adelante y hacia atrás, golpeándose violentamente contra el poste. Tenía los ojos en blanco, la boca completamente abierta con espuma en los labios y no dejaba de golpearse contra el poste. Fue repugnante.

—¿Cuánto tardó en morir?

—Quién sabe. Según el médico de la cárcel, la muerte fue instantánea y desprovista de dolor. Según algunos testigos presenciales, Meeks tuvo convulsiones, jadeó y se golpeó la cabeza durante cinco minutos.

La ejecución de Meeks había facilitado mucha munición a los partidarios de la abolición de la pena de muerte. Había pocas dudas de que el condenado había sufrido enormemente y se escribieron muchos relatos de su muerte. La versión de Sam coincidía enormemente con la de los testigos presenciales.

—¿Quién te lo contó? —preguntó Adam.

—Un par de guardias hablaron de ello. No conmigo, evidentemente, pero la información se divulgó con rapidez. Provocó un escándalo público, que habría sido mucho peor si Meeks no hubiera sido un personaje tan odioso. Todo el mundo le detestaba. Su pequeña víctima había sufrido terriblemente y era difícil compadecerse de él.

—¿Dónde estabas tú cuando le ejecutaron?

—En mi primera celda, en la galería D, en el extremo opuesto de la cámara. Encerraron a todo el mundo aquella noche, a todos los reclusos de Parchman. Ocurrió poco después de la medianoche, lo cual tiene cierta gracia porque el estado dispone de todo el día para llevar a cabo la ejecución. La sentencia no especifica la hora, sólo el día. De modo que esos cabrones asesinos se mueren de impaciencia por hacerlo cuanto antes. Programan la ejecución para un minuto después de la medianoche. De ese modo, si se concede un aplazamiento, sus abogados disponen de todo el día para anularlo. Así acabó Buster Moac. Le sujetaron a medianoche y entonces sonó el teléfono. Le trasladaron de nuevo al calabozo, donde esperó y sudó durante seis horas, mientras los abogados corrían de un juzgado para otro. Por último, cuando empezaba a salir el sol, le sujetaron por última vez. Supongo que conoces sus últimas palabras.

—No tengo ni idea —respondió Adam, mientras movía la cabeza.

—Buster era amigo mío, un buen tipo. Naifeh le preguntó si tenía alguna última palabra y respondió que sí, que se daba el caso de que tenía algo que decir. Dijo que la chuleta que le habían preparado para su última comida estaba un poco cruda. Naifeh farfulló algo de que hablaría con el cocinero. Entonces Buster preguntó si el gobernador le había otorgado un indulto en el último momento. Naifeh le respondió que no y Buster dijo: «Pues dígale a ese cabrón que no cuente con mi voto.» Cerraron la puerta y le ejecutaron.

A Sam, evidentemente, le divertía la anécdota y Adam se sintió obligado a forzar una torpe carcajada. Consultó su cuaderno mientras Sam encendía otro cigarrillo.

Cuatro años después de la ejecución de Teddy Doyle Meeks, Maynard Tole agotó todos los recursos y llegó el momento de utilizar una vez más la cámara de gas. Tole era un proyecto de beneficencia de Kravitz & Bane. Un joven abogado llamado Peter Wiesenberg representaba a Tole, bajo la supervisión de E. Garner Goodman. Wiesenberg y Goodman presenciaron ambos la ejecución, que en muchos sentidos fue terriblemente parecida a la de Meeks. Adam no había hablado de la ejecución de Tole con Goodman, pero había estudiado el informe y leído los testimonios presenciales de Wiesenberg y Goodman.

—¿Qué me dices de Maynard Tole? —preguntó Adam.

—Era un africano, un activista que mató a un montón de gente en un atraco y, evidentemente, culpó de todo a los organismos. Siempre se refería a sí mismo como guerrero africano. Me amenazó en varias ocasiones, pero en general lo suyo no eran más que aullidos de lobo.

—¿Aullidos de lobo?

—Sí, eso significa hablar mal y sin reflexión. Es común entre los africanos. ¿Sabías que son todos inocentes? Todos y cada uno de ellos. Están aquí porque son negros y los organismos blancos, y aunque hayan violado y matado es culpa de otro. Es siempre ineludiblemente culpa de otro.

—¿De modo que te alegraste de su muerte?

—No he dicho eso. Está mal matar. Está mal que maten los africanos. Está mal que maten los anglosajones. Y está mal que el estado de Mississippi mate a los condenados a muerte. Lo que yo hice está mal, ¿pero se endereza matándome a mí?

—¿Sufrió Tole?

—Igual que Meeks. Encontraron a un nuevo verdugo, que lo logró al primer intento. El gas alcanzó a Tole, comenzaron las convulsiones y empezó a golpearse la cabeza contra el poste al igual que Meeks, solo que la cabeza de Tole era evidentemente más dura y se la siguió golpeando durante más tiempo. No dejaba de golpearse, y Naifeh y sus secuaces, realmente preocupados porque el muchacho no moría y porque aquello se estaba convirtiendo en un espectáculo macabro, obligaron a los testigos a abandonar la sala. Fue muy desagradable.

—Leí en algún lugar que tardó diez minutos en morir.

—Ofreció mucha resistencia, es todo lo que sabemos. Evidentemente, el alcaide y su médico certificaron que la muerte había sido instantánea y desprovista de dolor. Típico. No obstante, introdujeron una pequeña modificación en el procedimiento después de la ejecución de Tole. Cuando le tocó el turno a mi amigo Moac, habían diseñado un curioso sujetador con tiras de cuero y hebillas para fijar la cabeza al maldito poste. A Moac, y más adelante a Jumbo Parris, les sujetaron con tal fuerza la cabeza, que no pudieron golpeársela. Bonito detalle, ¿no te parece? Eso facilita las cosas para Naifeh y los testigos, que no tienen que presenciar tanto sufrimiento.

—¿Comprendes cuál es mi enfoque, Sam? Es una forma horrible de morir. Atacaremos el método. Encontraremos testigos que declararán acerca de dichas ejecuciones y convenceremos a algún juez de que declare la cámara de gas inconstitucional.

—¿Y qué? ¿Solicitamos entonces una inyección letal? ¿Cuál es el objetivo? Parece una nimiedad decir que prefiero no morir en la cámara de gas pero, qué diablos, la inyección letal me parece perfectamente aceptable. Que me coloquen en una camilla y me saturen de drogas. También moriré, ¿no es cierto? No lo comprendo.

—Tienes razón. Pero ganamos tiempo. Atacamos la cámara de gas, conseguimos un aplazamiento temporal y empezamos a luchar en los tribunales supremos. Podríamos obstruir el proceso durante varios años.

—Ya se ha hecho.

—¿Cómo que ya se ha hecho?

—Texas, mil novecientos ochenta y tres. Un caso llamado *Larson*. Se presentaron en vano los mismos argumentos. El tribunal falló que las cámaras de gas existían desde hacía ciento cincuenta años y habían demostrado ser bastante eficaces para matar compasivamente.

—Sí, pero hay una gran diferencia.

—¿Cuál?

—Esto no es Texas. Meeks, Toal, Moac y Parris no fueron ejecutados en Texas. Y, por otra parte, Texas ha adoptado ya la inyección letal. Han prescindido de su cámara de gas porque han encontrado una forma mejor de matar. La mayoría de los estados que utilizaban la cámara de gas la han sustituido por tecnologías más avanzadas.

Sam se puso de pie y caminó hasta el otro extremo de la mesa.

—Cuando me llegue la hora, qué duda cabe de que quiero que me apliquen la última tecnología —dijo Sam sin dejar de caminar tres o cuatro veces de un extremo al otro de la sala—. Este cuarto mide seis metros de longitud. Puedo andar seis metros sin tropezarme con los barrotes. ¿Te imaginas lo que es pasarse veintitrés horas al día en una celda de tres metros de longitud por dos de anchura? Esto es libertad.

Siguió caminando sin dejar de fumar.

Adam contemplaba aquel frágil cuerpo que se desplazaba por la sala seguido de una estela humeante. No llevaba calcetines y sus sandalias de goma azul marino crujían al andar. De pronto se paró, sacó un libro de una estantería, lo arrojó sobre la mesa y empezó a pasar páginas afanosamente. Al cabo de unos instantes encontró exactamente lo que buscaba y se pasó cinco minutos leyéndolo.

—Aquí está —farfulló—. Sabía que lo había leído.

—¿De qué se trata?

—Un caso de Carolina del Norte de mil novecientos ochenta y cuatro. El condenado se llamaba Jimmy Old y, evidentemente, Jimmy no quería morir. Tuvieron que llevarle a rastras a la cámara, sin que él dejara de patalear, llorar y chillar, y tardaron bastante en sujetarle a la silla. Cerraron la puerta, introdujeron el gas y se le desplomó la barbilla sobre el pecho. Luego echó la cabeza atrás y empezó a estremecerse. Volvió la cabeza hacia los testigos, que sólo podían ver el blanco de sus ojos, y empezó a echar espuma por la boca. Bamboleaba incesantemente la cabeza y se le estremecía el cuerpo. No paraba y uno de los testigos, un periodista, vomitó. El alcaide se hartó y cerró las cortinas negras para que los testigos no pudieran seguir viendo lo que ocurría. Calcularon que Jimmy Old tardó catorce minutos en morir.

—Me parece cruel.

Sam cerró el libro y lo devolvió cuidadosamente a la estantería. Encendió otro cigarrillo y contempló el techo.

—Casi todas las cámaras de gas fueron construidas hace mucho tiempo por Eaton Metal Products de Salt Lake City. Leí en algún lugar que la de Missouri fue construida por los presos. Pero la nuestra es obra de Eaton y todas son básicamente iguales: un octágono de acero con varias ventanas, desde donde los testigos pueden presenciar la muerte. No hay mucho espacio dentro de la cámara propiamente dicha, donde hay sólo una silla con correas por todas partes. Directamente debajo del asiento se encuentra un recipiente, y a pocos centímetros sobre el mismo una pequeña bolsa con comprimidos de cianuro, que el verdugo acciona con una palanca. Controla también el ácido sulfúrico que se introduce en el recipiente mediante una bombona. Dicha bombona desciende hasta el mismo por un tubo y, cuando el recipiente está lleno de ácido, acciona la palanca que deja caer los comprimidos de cianuro. Así se forma el gas, que por supuesto causa la muerte, presuntamente rápida y sin dolor.

—¿No la diseñaron para sustituir a la silla eléctrica?

—Sí. Allá por los años veinte y treinta, todo el mundo tenía una silla eléctrica y era el artefacto más maravilloso que se había inventado. Recuerdo que cuando era niño tenían una silla eléctrica portátil, que se limitaban a cargar en un remolque y trasladarla de un condado a otro. Llegaban a la cárcel del pueblo, sacaban a los condenados con grilletes, los colocaban en fila junto al remolque y entraban uno por uno. Era una forma eficaz de evitar el exceso de población en las cárceles —dijo mientras movía la cabeza con incredulidad—. Evidentemente, no tenía idea de lo que hacían y circulaban relatos horribles de lo mucho que sufrían los ejecutados. Ésta es la pena capital, ¿no es cierto?, no la tortura capital. Y no ocurría sólo en Mississippi. Muchos estados utilizaban esas viejas y destartaladas sillas eléctricas, con un puñado de zafios pulsando los interruptores, y tenían toda clase de problemas. Sujetaban a un pobre hombre, pulsaban el interruptor, le propinaban una buena descarga pero que no bastaba para acabar con su vida. Al individuo se le asaban las entrañas pero no moría, esperaban unos minutos y le proporcionaban otra descarga. Esto podía durar quince minutos. No sujetaban debidamente los electrodos y no era inusual que les salieran chispas y llamaradas por los ojos y las orejas. Leí un informe de un individuo al que aplicaron un voltaje inadecuado. Se le acumuló vapor en la cabeza y le saltaron los ojos. Le bajaba la sangre por la cara. Durante la electrocución, se calienta tanto la piel que no se puede tocar al individuo durante un buen rato, de modo que en los viejos tiempos había que esperar a que se enfriara para determinar si estaba muerto. Hay muchos relatos sobre individuos que permanecían inmóviles después de la descarga inicial y luego empezaban de nuevo a respirar. Entonces, evidentemente, les propinaban otra descarga. Esto podía repetirse cuatro o cinco veces. Era terrible y cierto médico del ejército inventó la cámara de gas, como método más compasivo de matar a las personas. Ahora, como bien dices, se ha convertido en obsoleta gracias a la inyección letal.

Adam estaba fascinado con el relato de Sam.

—¿Cuántos hombres han muerto en la cámara de gas en Mississippi?

—Se utilizó aquí por primera vez alrededor de mil novecientos cincuenta y cuatro. Desde entonces hasta mil novecientos setenta, ejecutaron a treinta y cinco hombres. Ninguna mujer. Después de Furman, en mil novecientos setenta y dos, permaneció inactiva hasta Teddy Doyle Meeks en mil novecientos ochenta y dos. La han utilizado tres veces desde entonces, de modo que suman en total treinta y nueve. Yo seré el número cuarenta.

Empezó a andar de nuevo, ahora mucho más despacio.

—Es una forma terriblemente ineficaz de matar a las personas —prosiguió, como un profesor ante sus alumnos—. Además es peligrosa. Evidentemente peligrosa para el individuo sujeto a la silla, pero también para los que están fuera de la cámara. Esas estructuras son viejas y todas tienen fugas, por pequeñas que sean. Las juntas y los impermeabilizantes se pudren y desmoronan, y el coste de construir una nueva cámara impermeable es prohibitivo. Un pequeño escape podría ser mortal para el verdugo o cualquier otra persona cercana. Hay siempre un puñado de personas, Naifeh, Lucas Mann, tal vez un cura, el médico y un par de guardias en la pequeña sala contigua a la cámara. Hay dos puertas de acceso a dicha sala que permanecen siempre cerradas durante la ejecución. Si se filtrara un poco de gas de la cámara a dicha sala, probablemente alcanzaría a Naifeh o Lucas

Mann y caerían fulminados al suelo. Pensándolo bien, no sería mala idea.

»Los testigos corren también un grave peligro y son perfectamente inconscientes de ello. Lo único que les separa de la cámara es una hilera de ventanas, también viejas y con posibles filtraciones. Están a su vez en una pequeña sala con la puerta cerrada y si hubiera un escape, por pequeño que fuera, esos mirones también se envenenarían.

»Pero el verdadero peligro viene luego. Te colocan un cable en las costillas, que sale por un agujero de la cámara, mediante el cual el médico controla los latidos del corazón. Cuando el médico dice que la persona ha muerto, abren una válvula en el techo de la cámara y se supone que el gas debe evaporarse. La mayor parte lo hace. Esperan unos quince minutos y abren la puerta. El aire más fresco del exterior que penetra en la cámara causa un problema, porque se mezcla con el gas residual y se condensa en todas las superficies de la cámara, convirtiéndola en una trampa mortal para quien entre en ella. Es sumamente peligroso y la mayoría de esos payasos no son conscientes de su gravedad. Hay residuos de ácido cianhídrico en todas las superficies: paredes, ventanas, suelo, techo, puerta y, evidentemente, el cadáver.

»Rocían la cámara y el cadáver con amoniaco para neutralizar el gas restante y luego entra el equipo de mudanzas, o como quiera que se llame, con máscaras de oxígeno. Lavan por segunda vez el cuerpo con amoniaco o lejía, porque el veneno emerge por los poros de la piel. Antes de desatarlo de la silla, cortan su ropa para quitársela, la colocan en una bolsa y la queman. En otra época, sólo le permitían al condenado llevar un pantalón corto, para facilitar su labor. Pero ahora son tan encantadores, que nos permiten vestir como queramos. De modo que si llego a este punto, me lo pasaré de maravilla eligiendo mi atuendo.

Escupió en el suelo al pensar en lo que decía. Blasfemó para sus adentros y se dirigió al extremo de la mesa hincando los tacones.

—¿Qué ocurre con el cadáver? —preguntó Adam, ligeramente avergonzado de insistir en un asunto tan delicado, pero ansioso por conocer la historia completa.

Sam refunfuñó y luego se llevó el cigarrillo a la boca.

—¿Conoces el contenido de mi armario?

—No.

—Consiste en dos chándals rojos, cuatro o cinco juegos

214

de ropa interior y un elegante par de sandalias de goma, que parecen saldos de una subasta de negros. Me niego a morir con uno de esos trajes rojos. He pensado en ampararme en mis derechos constitucionales y entrar en la cámara completamente desnudo. ¿No sería todo un espectáculo? Te imaginas a esos imbéciles intentando sujetarme, mientras procuran por todos los medios no tocarme los genitales. Y cuando me hayan colocado en la silla, me arrancaré el monitor cardiaco y me lo sujetaré a los testículos. ¿No te parece que le encantará al doctor? También me aseguraré de que los testigos me vean el culo desnudo. Creo que eso será lo que haré.

—¿Qué ocurre con el cadáver? —preguntó nuevamente Adam.

—Cuando está lo suficientemente limpio y desinfectado, lo visten con atuendo carcelario, lo retiran de la silla y lo introducen en una bolsa de plástico. De allí a una camilla en la que lo llevan a una ambulancia, que lo traslada a alguna funeraria. A partir de entonces se hace cargo la familia. La mayoría de las familias...

Ahora Sam estaba de espaldas a Adam, apoyado en una estantería, como si le hablara a la pared. Guardó silencio durante un buen rato y permaneció inmóvil con la mirada en una esquina, pensando en los cuatro hombres que había conocido y que habían acabado en la cámara. Según una norma implícita del patíbulo, cuando a uno le llegaba la hora no iba a la cámara con el traje rojo de la cárcel. No se les daba la satisfacción de permitir que le mataran a uno con la ropa que le obligaban a usar.

Tal vez su hermano, el que le mandaba su ración mensual de cigarrillos, le facilitaría una camisa y unos pantalones. Unos calcetines nuevos tampoco estarían mal. Y cualquier calzado menos aquellas sandalias de goma. Prefería ir descalzo que con aquellas malditas sandalias.

Dio media vuelta, se acercó lentamente al extremo de la mesa donde se encontraba Adam y se sentó.

—Me gusta la idea —dijo muy compuesto y sosegado—. Vale la pena intentarlo.

—Perfecto. Entonces, manos a la obra. Quiero que encuentres más casos como el de Jimmy Old de Carolina del Norte. Encontremos todas las ejecuciones atroces y chapuceras en cámaras de gas conocidas por el hombre. Las utilizaremos todas en el pleito. Quiero que hagas una lista de personas dispuestas a declarar sobre las ejecuciones de Meeks y Tole. Puede que incluso las de Moac y Parris.

Sam estaba ya de pie, retirando libros de las estanterías y musitando consigo mismo. Amontonó docenas de volúmenes sobre la mesa y se sumergió en los mismos.

DIECINUEVE

Los campos ondulados de trigo se extendían al infinito, hasta elevarse al pie de las colinas. A lo lejos, las majestuosas montañas servían de telón de fondo a los cultivos. En el vasto valle que dominaba los campos, con una vista de muchos kilómetros y las montañas como barrera posterior, el recinto nazi se extendía a lo largo de cuarenta hectáreas. Setos y matorrales ocultaban sus verjas de alambre espinoso. Sus campos de tiro y de combate estaban también disimulados para evitar su detección desde el aire. Había sólo dos inofensivas cabañas de madera en la superficie, que vistas desde el exterior parecían refugios de pescadores. Sin embargo, debajo de las mismas, había dos pozos con montacargas que descendían a un laberinto de cavernas naturales y cuevas excavadas por el hombre. Unos enormes túneles, de anchura suficiente para cochecitos de golf, salían en todas direcciones e interconectaban una docena de salas. En una de ellas había una imprenta; en dos se almacenaban armas y municiones; tres grandes salas se utilizaban como áreas residenciales; en una había una pequeña biblioteca, y la de mayores dimensiones, que medía trece metros de altura, se utilizaba como salón central donde sus miembros se reunían para ver películas, celebrar reuniones y escuchar conferencias.

El recinto era un alarde técnico, con antenas parabólicas que captaban noticias televisadas de todo el mundo, ordenadores conectados a otros recintos para intercambiar información con gran rapidez, aparatos de fax, de radiotelefonía y todos los artilugios electrónicos de última moda.

En el recinto se recibían un mínimo de diez periódicos diarios y se colocaban sobre una mesa en una sala adjunta a la biblioteca, donde el primero en leerlos era un individuo llamado Roland, que vivía casi permanentemente en el recinto junto con un grupo de personas encargadas del mantenimiento. Cuando llegaban los periódicos de la ciudad, habitualmente alrededor de las nueve de la mañana, Roland se llenaba una buena taza de café y empezaba a leérselos. No era una tarea ingrata. Había viajado muchas veces por todo el mundo, hablaba cuatro idiomas, y tenía un apetito voraz de conocimientos. Si algún artículo le llamaba la atención, lo señalaba para luego copiarlo y entregarlo al despacho de informática.

Sus intereses eran diversos. Apenas se fijaba en los deportes y nunca leía los anuncios de demandas. Prestaba escasa atención a la moda, el diseño, los temas domésticos, los pasatiempos y secciones similares. Coleccionaba artículos sobre grupos semejantes al suyo: arios, nazis y el KKK. Últimamente había pescado varios artículos procedentes de Alemania y de la Europa oriental, y le entusiasmaba el crecimiento del fascismo que allí se experimentaba. Hablaba perfectamente alemán y pasaba por lo menos un mes al año en aquel gran país. Observaba a los políticos, con la profunda preocupación que les embargaba respecto a los delitos inspirados en el odio y su deseo de reprimir a grupos como el suyo. Observaba el Tribunal Supremo. Seguía los juicios de los cabezas rapadas en Estados Unidos. Se interesaba por las tribulaciones del KKK.

Solía dedicar dos horas todas las mañanas a la asimilación de las últimas noticias y decidir qué artículos guardar para referencia futura. Era pura monotonía, pero disfrutaba enormemente.

Esta mañana sería diferente. El primer atisbo de aflicción fue una fotografía de Sam Cayhall, semioculta en la sección frontal de un diario de San Francisco. El artículo constaba sólo de tres párrafos, pero bastaban para cubrir la sensacional noticia de que su nieto representaría ahora al condenado a muerte más anciano de Norteamérica. Roland lo leyó tres veces antes de creérselo y luego señaló el artículo para archivarlo. Al cabo de una hora, se lo había leído cinco o seis veces. Dos periódicos publicaban la fotografía de Adam Hall, que había aparecido el día anterior en primera plana del periódico de Memphis.

Roland seguía el caso de Sam Cayhall desde hacía muchos años por diversas razones. En primer lugar, era el tipo de caso que normalmente interesaba a sus ordenadores: un anciano terrorista del Klan de los años sesenta que consumía su vida en el patíbulo. Su ficha impresa medía ya un palmo de grueso. Aunque no era abogado, Roland compartía la opinión mayoritaria de que Sam había agotado los recursos y no tardaría en ser ejecutado. Esto le venía a Roland como anillo al dedo, pero se reservaba su opinión para sí mismo. Sam Cayhall era un héroe de los partidarios de la supremacía blanca y la pequeña pandilla de nazis de Roland había recibido ya una petición para participar en manifestaciones antes de la ejecución. No mantenían contacto directo con Cayhall, porque nunca había contestado sus cartas, pero era un símbolo y querían sacarle todo el provecho posible a su muerte.

El apellido de Roland, Forchin, era de origen cajun, de los alrededores de Thibodaux. No tenía número de la seguridad social, no hacía nunca la declaración de la renta. En lo que concernía al gobierno, no existía. Tenía tres hermosos pasaportes falsos, uno de los cuales era alemán y otro supuestamente expedido por la República de Irlanda. Roland cruzaba fronteras y cumplía los requisitos de inmigración sin preocupación alguna.

Otro de los nombres de Roland, conocido sólo por él y no mencionado nunca a nadie, era el de Rollie Wedge. Había huido de Estados Unidos en mil novecientos sesenta y siete, después del atentado de Kramer, y había vivido en Irlanda del Norte. Había residido también en Libia, Munich y el Líbano. Había hecho viajes breves a Estados Unidos en mil novecientos sesenta y siete y sesenta y ocho, para observar los juicios de Sam Cayhall y Jeremiah Dogan. Entonces, viajaba ya sin dificultad alguna con una documentación falsa impecable.

Posteriormente había efectuado también otros viajes breves a Estados Unidos, todos ellos debido al embrollo de Cayhall. Pero con el transcurso del tiempo, cada vez le preocupaba menos aquel asunto. Hacía tres años que se había trasladado a aquel búnker con el propósito de divulgar el mensaje nazi. Había dejado de considerarse parte del Klan. Ahora se sentía orgulloso de ser fascista.

Cuando terminó su lectura matutina, había encontrado artículos sobre Cayhall en siete de los diez periódicos. Los colocó en una cesta metálica y decidió tomar el sol. Volvió a llenarse la taza de café y subió veinticinco metros en un ascensor, hasta el vestíbulo de una de las cabañas de madera. Hacía un día maravilloso, fresco y soleado, sin una nube a la vista. Subió por un sendero hacia las montañas y, en menos de diez minutos, contemplaba el valle a sus pies. Los campos de trigo se avistaban en la lejanía.

Roland soñaba con la muerte de Cayhall desde hacía veintitrés años. Compartían un secreto, un peso terrible que sólo desaparecería con la ejecución de Sam. Sentía gran admiración por él. Al contrario de Jeremiah Dogan, Sam había hecho honor a su juramento y nunca había hablado. Nunca había cedido a la presión de tres juicios, numerosos abogados, incontables apelaciones y un sinfín de interrogatorios. Sam era un hombre honorable y Roland quería verle muerto. Claro que se había visto obligado a amenazar algunas veces a Cayhall y Dogan durante los dos primeros juicios, pero de esto hacía mucho tiempo. Dogan se había desmoronado ante la presión y había declarado contra Sam. Y había muerto.

Aquel jovenzuelo le preocupaba. Como todo el mundo, Roland había perdido la pista del hijo de Sam y de su familia. Sabía que su hija estaba en Memphis, pero el hijo había desaparecido. Y ahora, ese joven abogado, apuesto y erudito, de un poderoso bufete judío, había aparecido como por arte de magia y se proponía salvar a su abuelo. Roland sabía lo suficiente sobre las ejecuciones como para comprender que en el último momento los abogados intentan cualquier cosa. Si Sam iba a desmoronarse, lo haría ahora y en presencia de su nieto.

Arrojó una piedra y observó cómo descendía por la ladera de la colina. Tendría que ir a Memphis.

El sábado era como cualquier otro día de intenso trabajo en Kravitz & Bane de Chicago, pero el ambiente era un poco más relajado en la sucursal de Memphis. Adam llegó a su despacho a las nueve y se encontró con sólo otros dos abogados y un pasante. Se encerró en su despacho y bajó las persianas.

Él y Sam habían trabajado durante dos horas el día anterior. Cuando Packer regresó a la biblioteca con las esposas y los grilletes, había docenas de textos jurídicos y cuadernos sobre la mesa. Packer esperó con impaciencia mientras Sam devolvía los libros a las estanterías.

Adam repasó sus notas. Introdujo su propia investigación en el ordenador y repasó la solicitud por tercera vez. Le había mandado ya una copia por fax a Garner Goodman, quien a su vez la había repasado antes de devolvérsela.

Goodman no se sentía optimista respecto a una evaluación imparcial de la petición, pero a estas alturas no tenían nada que perder. Si algún tribunal federal concedía una audiencia urgente sobre el caso, Goodman estaba dispuesto a declarar sobre la ejecución de Maynard Tole. Él y Peter Wiesenberg la habían presenciado. En realidad, a Wiesenberg le había puesto tan enfermo ver cómo mataban con gas a un ser humano, que había dimitido del bufete para dedicarse a la enseñanza. Su padre había sobrevivido al holocausto, pero no su madre. Goodman prometió ponerse en contacto con Wiesenberg y estaba seguro de que él también declararía.

Al mediodía, Adam estaba harto de la oficina. Abrió la puerta de su despacho y no oyó ningún ruido en el edificio. Los otros abogados se habían marchado. Abandonó el edificio.

Se dirigió en su coche hacia el oeste, cruzó el río para entrar en Arkansas, pasó frente a las estaciones de servicio y el canódromo del oeste de Memphis y por fin dejó el intenso tráfico a su espalda para penetrar en la zona rural. Cruzó las aldeas de Earle, Parkin y Wynne al pie de las colinas. Paró para comprar una Coca-cola en una tienda rural de ultramarinos, frente a la que había tres ancianos con monos descoloridos que ahuyentaban moscas y padecían al sol. Bajó la capota de su automóvil y se alejó velozmente.

Al cabo de dos horas volvió a detenerse, ahora en la ciudad de Mountain View, para comprar un bocadillo y pedir direcciones. Calico Rock no estaba lejos, según le informaron; debía limitarse a seguir el río White. Era un camino encantador que serpenteaba al pie de las montañas Ozarks, entre tupidos bosques y riachuelos. El río White caracoleaba a su izquierda, esporádicamente poblado de pescadores de truchas en balsas de junco.

Calico Rock era un pequeño pueblo en un acantilado sobre el río. Tres muelles de truchas ocupaban la orilla izquierda cerca del puente. Adam aparcó el coche junto al río y se acercó al primero de ellos, llamado Calico Marina. Era una estructura flotante, con unos gruesos cables que la sujetaban a la orilla. Había una hilera de botes de alquiler sujetos al malecón. Un fuerte olor a gasolina y aceite emanaba de un único surtidor. En un cartel se detallaban las tarifas para alquilar botes, guías, equipos y permisos de pesca.

Adam se dirigió al cobertizo y admiró el río a pocos pasos. Un joven con las manos sucias salió de la trastienda y le preguntó en qué podía servirle. Observó a Adam de pies a cabeza y al parecer decidió que no era pescador.

—Estoy buscando a Wyn Lettner.

El nombre de Ron estaba bordado encima del bolsillo de

su camisa y ligeramente manchado de grasa. Ron regresó a la trastienda.

—¡Señor Lettner! —chilló en dirección a una puerta de tela mosquitera que conducía a una pequeña tienda.

Wyn Lettner era muy corpulento, más de metro ochenta y cinco de altura y una enorme envergadura. Garner le había descrito como bebedor de cerveza y Adam lo recordó cuando vio lo abultado de su vientre. Tenía sesenta y muchos años, con escaso cabello canoso pulcramente recogido bajo una gorra Evinrude. Adam tenía por lo menos tres fotografías de recortes de periódicos del agente especial Lettner en sus fichas, y en todas ellas su aspecto era el normal en un hombre de acción: traje oscuro, camisa blanca, corbata estrecha y cabello al estilo militar. Estaba mucho más delgado en aquella época.

—Sí señor —dijo con una poderosa voz cuando salía por la puerta, mientras se limpiaba unas migas de los labios—. Me llamo Wyn Lettner —agregó con una agradable sonrisa.

—Soy Adam Hall —respondió Adam al tiempo que le tendía la mano—. Encantado de conocerle.

Lettner, con sus enormes antebrazos y abultados bíceps, se la estrechó vigorosamente.

—Muy bien —retumbó su voz—. ¿Qué puedo hacer por usted?

Afortunadamente el embarcadero estaba desierto, a excepción de Ron, a quien se le oía hacer ruido con herramientas en la trastienda.

—Soy abogado y represento a Sam Cayhall.

Creció su sonrisa y reveló dos robustas hileras de dientes amarillentos.

—Le ha caído un buen hueso, ¿no cree? —dijo con una carcajada y una palmada en la espalda de Adam.

—Supongo —respondió torpemente Adam, a la espera del próximo asalto—. Me gustaría hablar de Sam.

De pronto, Lettner se puso serio. Se frotó la barbilla con su gigantesca mano y examinó a Adam con los párpados entornados.

—He leído los periódicos, hijo. Sé que Sam es su abuelo. Debe de ser duro para usted —dijo antes de volver a sonreír—. Claro que más duro es para Sam —agregó con un destello en la mirada, como si acabara de contar el chiste del siglo y esperara que Adam se tronchara de risa.

—Sabrá que a Sam le queda menos de un mes —respondió Adam, sin verle la gracia, convencido de que Lettner habría leído la fecha de la ejecución.

De pronto una pesada mano cayó sobre el hombro de Adam y le condujo hacia la tienda.

—Pase, hijo. Hablaremos de Sam. ¿Le apetece una cerveza?

—No, gracias.

Entraron en una estrecha sala con artículos de pesca colgados del techo y de las paredes, y unas endebles estanterías con todo lo necesario para pasar un día en el río: galletas, sardinas, salchichas enlatadas, pan, judías con tocino y pastelitos. En el rincón había un frigorífico.

—Siéntese —dijo Lettner mientras señalaba una endeble silla de madera junto a la caja registradora. Sacó una botella de cerveza de la nevera—. ¿Seguro que no le apetece?

—Tal vez luego.

Eran casi las cinco. Lettner abrió la botella, vació casi un tercio del primer trago, chasqueó los labios y se sentó en un depauperado sillón de cuero extraído de una furgoneta.

—¿Van a librarse finalmente del viejo Sam? —preguntó.

—Lo intentan con mucho empeño.

—¿Cuál es la perspectiva?

—No muy buena. Quedan los recursos habituales de última hora, pero el reloj avanza.

—Sam no es una mala persona —dijo Lettner con un deje de remordimiento. Bebió otro buen trago.

El suelo crujía suavemente conforme la corriente movía la plataforma.

—¿Cuánto tiempo estuvo en Mississippi? —preguntó Adam.

—Cinco años. Hoover me llamó cuando desaparecieron tres activistas que luchaban por los derechos humanos. Mil novecientos sesenta y cuatro. Organizamos una unidad especial y nos pusimos a trabajar. Después de Kramer, el Klan perdió de algún modo su ímpetu.

—¿Y usted de qué se ocupaba?

—El señor Hoover fue muy específico. Me ordenó infiltrar el Klan a toda costa. Quería destruirlo. A decir verdad, fuimos muy lentos en Mississippi. Había muchas razones. Hoover detestaba a los Kennedy, que le presionaban muchísimo, y nos lo cogimos con calma. Pero cuando aquellos tres muchachos desaparecieron, empezamos a trabajar. Mil novecientos sesenta y cuatro fue un año de órdago en Mississippi.

—Fue el año en que nací.

—He visto en el periódico que nació en Clanton.

Adam asintió.

—Tardé mucho tiempo en descubrirlo. Mis padres me dijeron que había nacido en Memphis.

Sonó la campanilla de la puerta y entró Ron en la tienda. Después de mirarles, se puso a examinar las galletas y las sardinas. Ellos le miraban y esperaban. Ron le dirigió una mirada a Adam, como para decirle: «Seguid hablando, no os preocupéis por mí.»

—¿Qué busca? —le preguntó bruscamente Lettner.

Ron cogió una lata de salchichas con las manos sucias y se la mostró. Lettner asintió y movió la mano en dirección a la puerta. Ron se retiró lentamente, examinando de camino los pastelitos y las patatas fritas.

—Es un fisgón de narices —dijo Lettner cuando desapareció—. Hablé con Garner Goodman varias veces. Hace muchos años. Es un buen pájaro.

—Es mi jefe. Él me ha dado su nombre y me ha dicho que hablaría conmigo.

—¿De qué quiere hablar? —preguntó Lettner antes de tomar otro trago.

—Del caso Kramer.

—El caso Kramer está cerrado. Lo único pendiente es Sam y su cita con la cámara de gas.

—¿Quiere que lo ejecuten?

Se oyeron voces seguidas de pasos y se abrió nuevamente la puerta. Entró un hombre acompañado de un niño y Lettner se puso de pie. Necesitaban comida y suministros, y durante diez minutos eligieron las provisiones y hablaron de los lugares donde picaban los peces. Lettner colocó discretamente la cerveza detrás del mostrador mientras los clientes estuvieron presentes.

Adam cogió un refresco de la nevera, salió a la plataforma de madera junto al río y se detuvo al llegar al surtidor. Dos adolescentes pescaban junto al puente en un bote, y de pronto, Adam se percató de que no había ido nunca a pescar. Su padre no era dado a las aficiones ni los pasatiempos. Tampoco había sido capaz de conservar un empleo. En aquel momento, Adam era incapaz de recordar cómo pasaba el tiempo su padre.

Se marcharon los clientes, se cerró la puerta y Lettner se acercó al surtidor.

—¿Le gusta pescar truchas? —preguntó mientras admiraba el río.

—No. Nunca lo he hecho.

—Vamos a dar una vuelta. Quiero comprobar un lugar a tres kilómetros de aquí. Al parecer está lleno de peces.

Lettner llevaba su nevera portátil, que depositó cuidadosamente en el bote. Bajó de la plataforma y la embarcación se balanceó violentamente cuando se acercó al motor.

—Vamos —exclamó en dirección a Adam, que estudiaba los setenta y cinco centímetros que le separaban del bote—. Y agarre ese cabo —agregó señalando una fina cuerda sujeta a un noray.

Adam soltó el cabo y descendió con inseguridad al bote, que empezó a moverse sólo con tocarlo con el pie. Resbaló, cayó de cabeza y estuvo a punto de darse un baño. Lettner se tronchaba de risa mientras tiraba del cordón de arranque. Ron, evidentemente, había presenciado lo ocurrido, y se reía como un bobo en la plataforma. Adam estaba avergonzado, pero también se rió como si tuviera mucha gracia. Lettner aceleró el motor, se levantó la proa de la embarcación y empezaron a navegar.

Adam se agarraba a los asideros de ambos lados mientras surcaban velozmente las aguas bajo el puente. Pronto dejaron Calico Rock a su espalda. El río serpenteaba entre bellas colinas y despeñaderos rocosos. Lettner manejaba el timón con una mano y se tomaba una cerveza fresca con la otra. Al cabo de unos minutos, Adam se relajó un poco y logró sacar una cerveza de la nevera sin perder el equilibrio. La botella estaba fría como el hielo y la levantó con la mano derecha, mientras se sujetaba al bote con la izquierda. Lettner tarareaba algo a su espalda. El agudo ronroneo del motor impedía que hablaran.

Pasaron junto a un embarcadero de pescadores de truchas, donde un grupo de urbanitas contaban los peces y tomaban cerveza, y se cruzaron con una flotilla de balsas de goma llenas de adolescentes que fumaban y tomaban el sol. Saludaron con la mano a otros pescadores inmersos en su labor.

Por fin, el bote redujo la velocidad y Lettner maniobró cuidadosamente, como si los peces estuvieran debajo de él y tuviera que encontrar la posición perfecta. Paró el motor.

—¿Va a pescar o a tomar cerveza? —preguntó.

—Tomaré cerveza.

—No me sorprende.

De pronto, su botella adquirió una importancia secundaria cuando levantó la caña y arrojó el sedal hacia un punto cercano a la orilla. Adam observó unos instantes y, al comprobar que no se producía ningún resultado inmediato, se puso cómodo y dejó colgar los pies por la borda. La embarcación no era demasiado cómoda.

—¿Con qué frecuencia pesca? —preguntó.

—Todos los días. Forma parte de mi trabajo, del servicio que les ofrezco a los clientes. Debo saber dónde pican los peces.

—Duro trabajo.

—Alguien tiene que hacerlo.

—¿Qué le trajo a Calico Rock?

—Tuve un infarto en el setenta y cinco y tuve que retirarme. Me concedieron una buena pensión y todo lo demás, pero qué diablos, uno se aburre sin hacer nada. Mi esposa y yo descubrimos este lugar, donde había un embarcadero en venta. Un error condujo a otro y aquí estoy. Páseme una cerveza.

Volvió a arrojar el sedal mientras Adam se la servía. Comprobó rápidamente que quedaban catorce botellas en la nevera. La corriente arrastraba el bote y Lettner cogió un remo. Pescaba con una mano, orientaba el bote con la otra, y de algún modo sostenía la botella de cerveza entre las rodillas. ¡La vida de un guía de pesca!

Llegaron a un remanso bajo unos árboles, que por suerte les protegieron temporalmente del sol. Daba la impresión de que arrojar el sedal era fácil. Sacudía la caña con un suave giro de la muñeca y lanzaba el anzuelo donde se le antojaba. Pero los peces no picaban. Arrojó el sedal hacia el centro del río.

—Sam no es un mal hombre —dijo por segunda vez.

—¿Cree que deberían ejecutarlo?

—No depende de mí, hijo. La gente del estado quiere la pena de muerte y, por consiguiente, está en el código. El pueblo decidió que Sam era culpable y que debía ser ejecutado. ¿Quién soy yo para contradecirlo?

—Pero tiene una opinión.

—¿Y de qué sirve? Mi criterio no tiene valor alguno.

—¿Por qué dice que Sam no es una mala persona?

—Es una larga historia.

—Nos quedan catorce cervezas.

Lettner soltó una carcajada y volvió a dibujarse una radiante sonrisa en su rostro. Tomó un trago y contempló el río en dirección opuesta al sedal.

—Sepa que a nosotros no nos preocupaba Sam. No participaba en los actos realmente nefastos, por lo menos al principio. Cuando desaparecieron aquellos defensores de los derechos humanos, pulsamos el acelerador con ahínco. Repartimos dinero por todas partes y pronto dispusimos de toda clase de soplones en el Klan. En general, eran ignorantes fanáticos sureños que nunca habían tenido un centavo y aprovechábamos su avaricia por el dinero. Nunca habríamos encontrado a aquellos tres chicos si no hubiéramos distribuido dinero. Unos treinta mil, si mal no recuerdo, aunque yo no trataba directamente con el soplón. Maldita sea, hijo, estaban sepultados en un dique. Los encontramos y quedamos bien ante la opinión pública, ¿comprende? Por fin habíamos conseguido algo. Detuvimos a un montón de gente, pero condenarlos no era fácil. Siguió la violencia. Destruían iglesias y residencias negras con tanta rapidez, que no dábamos abasto. Era como una guerra. La situación empeoró, el señor Hoover se puso furioso y empezamos a distribuir más dinero.

»Comprenda, hijo, que no le voy a contar nada útil.

—¿Por qué no?

—Hay cosas de las que puedo hablar y otras de las que no puedo.

—¿No es cierto que Sam no estaba solo cuando se cometió el atentado en el despacho de Kramer?

Lettner volvió a sonreír y estudió el sedal. La caña descansaba sobre sus rodillas.

—A finales del sesenta y cinco y principios del sesenta y seis, disponíamos de una amplia red de informadores. En realidad, no fue tan difícil. Nos enterábamos de que alguien pertenecía al Klan y le seguíamos. Le seguíamos por la noche a su casa, encendíamos los faros a su espalda, aparcábamos frente a la casa. Habitualmente le dábamos un susto de muerte. Luego le seguíamos al trabajo, a veces hablábamos con su jefe, exhibíamos nuestras placas, actuábamos como si estuviéramos a punto de disparar contra alguien. Visitábamos a sus padres, les mostrábamos las placas, nos exhibíamos con nuestros trajes oscuros, hacíamos gala de nuestro acento yanqui y esos pobres paletos se desmoronaban literalmente ante nuestras narices. Si la persona en cuestión iba a la iglesia, la seguíamos un domingo y al día siguiente hablábamos con el sacerdote. Le decíamos que habíamos oído un terrible rumor de que fulano de tal era miembro activo del Klan y le preguntábamos si sabía algo al respecto. Actuábamos como si fuera un delito pertenecer al Klan. Si el personaje en cuestión tenía hijos adolescentes, los seguíamos cuando salían con alguien, nos sentábamos tras ellos en el cine, los sorprendíamos cuando aparcaban en el bosque. No era más que simple atosigamiento, pero funcionaba. Por último, llamábamos al pobre individuo, o le sorprendíamos a solas en algún lugar, y le ofrecíamos dinero. Prometíamos dejarle tranquilo y siempre daba resultado. Normalmente, a estas alturas estaban hechos un manojo de nervios y se morían de impaciencia por cooperar. Les vi llorar, hijo, créame. Derramaban lágrimas cuando se acercaban finalmente al altar para confesar sus pecados.

Lettner soltó una carcajada en dirección al sedal, que permanecía perfectamente inactivo. Adam saboreaba su cerveza. Tal vez si se la tomaban toda, acabaría por irse de la lengua.

—En una ocasión me encontré con cierto individuo, al que nunca olvidaré. Le sorprendimos en la cama con su amante negra, lo cual no era inusual. Se dedicaban a quemar cruces y disparar contra las casas de los negros, pero luego todos corrían a acostarse con sus fulanas negras. Nunca comprendí por qué las mujeres negras lo toleraban. En todo caso, ése tenía un pequeño refugio de caza en el corazón del bosque y lo utilizaba de picadero. Se reunió con ella una tarde para echar un polvo rápido y cuando ya se disponía a marcharse, abrió la puerta y le fotografiamos. También la fotografiamos a ella y luego hablamos con él. Era diácono o párroco en alguna iglesia rural, un verdadero pilar de la sociedad, y le tratamos como a un perro. Le ordenamos a la mujer que se marchara, nos sentamos con él en la cabaña y poco después empezó a llorar. Se convirtió en uno de nuestros mejores testigos. Pero luego acabó en la cárcel.

—¿Por qué?

—Pues parece que cuando él se acostaba con su amante, su esposa lo hacía con un muchacho negro que trabajaba en la finca. Quedó embarazada, tuvo un hijo mulato, nuestro soplón fue al hospital y mató a la madre y al hijo. Pasó quince años en Parchman.

—Me alegro.

—No conseguimos muchas condenas en aquella época, pero atosigábamos a la gente hasta tal punto que les daba miedo moverse. La violencia había disminuido considerablemente, hasta que Dogan decidió perseguir a los judíos. Debo confesar que nos cogió desprevenidos. No teníamos ninguna pista.

—¿Por qué no?

—Porque era muy listo. La dura experiencia le había demostrado que su propia gente hablaba con nosotros y decidió actuar con una unidad pequeña y discreta.

—¿Unidad? ¿Significa eso más de una persona?

—Más o menos.

—Es decir, ¿Sam y quién más?

Lettner soltó unas carcajadas y decidió que los peces se habían trasladado a otro lugar. Recogió la caña y el carrete, los colocó en el bote y tiró del cordón de arranque. Empezaron a descender nuevamente por el río a toda velocidad. Adam dejó los pies colgando por la borda y sus mocasines de cuero y sus pantorrillas desnudas no tardaron en quedar empapados. Saboreaba una cerveza. El sol empezaba finalmente a ocultarse tras las colinas y disfrutó de la belleza del río.

Pararon de nuevo en un remanso bajo un acantilado, del que colgaba una cuerda. Lettner lanzó y recogió el sedal en vano, y adoptó el papel de interrogador. Formuló un centenar de preguntas sobre Adam y su familia: la huida al oeste, las nuevas identidades, el suicidio. Le explicó que cuando Sam estaba en la cárcel investigaron a su familia y sabían que tenía un hijo que acababa de abandonar la ciudad, pero puesto que Eddie parecía inofensivo, se despreocuparon de él. En su lugar, se dedicaron a vigilar a los hermanos y primos de Sam. Le intrigaba la juventud de Adam y el hecho de que se hubiera criado con un desconocimiento casi total de sus parientes.

Adam hizo algunas preguntas, pero las respuestas fueron vagas y convertidas inmediatamente en otras preguntas sobre su pasado. Se las veía con un individuo que había pasado veinticinco años formulando preguntas.

El tercer y último enclave no estaba lejos de Calico Rock, y pescaron hasta que oscureció. Después de cinco cervezas, Adam acumuló el valor necesario para cebar un anzuelo. Lettner era un instructor paciente y, al cabo de cinco minutos, Adam pescó una trucha impresionante. Durante un breve interludio, olvidaron a Sam, al Klan y otras pesadillas del pasado para dedicarse exclusivamente a pescar. A beber y a pescar.

El nombre de pila de la señora Lettner era Irene, y recibió a su marido y a su inesperado invitado con elegancia y despreocupación. Wyn le había explicado a Adam, mientras Ron les conducía a su casa, que Irene estaba acostumbrada a las visitas inesperadas. Ciertamente no parecía alterada cuando entraron por la puerta principal tambaleándose y le entregaron una ristra de truchas.

Los Lettner vivían en una casita junto al río, a un par de kilómetros al norte del pueblo. La terraza posterior estaba protegida con tela mosquitera y a poca distancia a sus pies había una espléndida vista del río. Se instalaron en la terraza en mecedoras de mimbre y abrieron otras dos cervezas, mientras Irene freía el pescado.

Traer su propia comida a la mesa era una nueva experiencia para Adam y disfrutó enormemente de las truchas que había pescado.

—Siempre es más sabroso —le aseguró Wyn sin dejar de beber y masticar—, cuando lo ha cogido uno mismo.

A media cena, Wyn se pasó al whisky. Adam no le emuló. Le apetecía un simple vaso de agua, pero su machismo le impulsó a seguir bebiendo cerveza. No podía darse por vencido a esas alturas. Lettner sin duda se lo reprocharía.

Irene tomaba vino y contaba anécdotas de Mississippi. En varias ocasiones había recibido amenazas y sus hijos se negaban a visitarles. Eran ambos de Ohio y sus familias se preocupaban constantemente por su seguridad. «¡Qué tiempos aquellos!», dijo en más de una ocasión con cierta nostalgia por la emoción que comportaban. Estaba extraordinariamente orgullosa de su esposo y de su actuación durante la guerra de los derechos humanos.

Les dejó después de la cena y se retiró a algún lugar de la casa. Eran casi las diez y Adam se caía de sueño. Wyn se puso de pie, apoyado en una viga de madera, y se disculpó para ir al lavabo. Regresó a su debido tiempo, con dos largos vasos de whisky. Colocó uno de ellos en las manos de Adam y volvió a su mecedora.

—De modo que está convencido de que alguien ayudó a Sam —dijo Lettner, después de mecerse y beber en silencio unos instantes.

—Por supuesto que le ayudaron —respondió Adam, consciente de que se le trababa la lengua y hablaba con gran lentitud.

Lettner se expresaba con una soltura admirable.

—¿Y por qué está tan seguro?

Adam bajó el pesado vaso y se prometió no tomar otra copa.

—El FBI registró la casa de Sam después del atentado, ¿no es cierto?

—Cierto.

—Sam estaba en la cárcel de Greenville y ustedes consiguieron una orden judicial.

—Yo estaba allí, hijo. Llegamos con una docena de agentes y tardamos tres días.

—Y no encontraron nada.

—Eso es.

—Ni rastro de dinamita. Ni rastro de detonadores, mechas ni fusibles. Ni rastro de sustancia o artefacto alguno utilizado en los atentados. ¿Correcto?

—Correcto. ¿Qué pretende demostrar?

—Sam no tenía conocimientos de explosivos, ni antecedentes de haberlos utilizado.

—Yo diría que tenía bastantes antecedentes de haberlos usado. El de Kramer fue el sexto atentado, si mal no recuerdo. Esos locos hijos de puta hacían estallar bombas a diestro y siniestro, hijo, y no lográbamos detenerlos. Usted no estaba allí. Pero yo estaba en el meollo de la acción. Habíamos atosigado al Klan y lo habíamos infiltrado hasta que no se atrevían a moverse y entonces, de pronto, estalló otra guerra y las bombas caían por todas partes. Escuchamos donde se suponía que debíamos escuchar. Presionamos a quienes conocíamos hasta aplastarlos. Y no teníamos ninguna pista. Nuestros informadores no sabían nada. Era como si una nueva rama del Klan hubiera invadido inesperadamente Mississippi, sin comunicárselo a la anterior.

—¿Conocían a Sam?

—Su nombre estaba en nuestras fichas. Me parece recordar que su padre formaba parte del Klan y tal vez algunos de sus hermanos. De modo que teníamos sus nombres, pero parecían inofensivos. Vivían en la zona norte del estado, donde el Klan no había causado disturbios graves. Probablemente habían quemado algunas cruces, tal vez disparado contra algunas casas, pero nada comparado con lo de Dogan y su pandilla. Perseguíamos a unos asesinos. No teníamos tiempo de investigar a todos los posibles miembros del Klan en el estado.

—Entonces, ¿cómo explica que Sam abrazara de pronto la violencia?

—No lo sé. En todo caso, no era un ángel. Había matado con anterioridad.

—¿Está seguro?

—Ya me ha oído. Mató de un balazo a uno de sus empleados negros a principios de los años cincuenta. Pero no pasó un solo día en la cárcel. En realidad, no estoy completamente seguro, pero creo que ni siquiera lo detuvieron. Puede que hubiera también otro asesinato. Otro negro.

—Prefiero no saberlo.

—Pregúnteselo a él. Veamos si ese viejo cabrón tiene agallas para confesárselo a su propio nieto —dijo mientras tomaba otro trago—. Era un hombre violento, hijo, y tenía ciertamente la habilidad de colocar bombas y matar gente. No sea ingenuo.

—No soy ingenuo. Sólo intento salvarle la vida.

—¿Por qué? Asesinó a dos niños inocentes. Dos criaturas. ¿No lo comprende?

—Le condenaron por los asesinatos. Pero si es reprobable que matara, también lo es que el estado le mate a él.

—No me trago esa basura. La pena de muerte es excesivamente buena para esa gentuza. Demasiado limpia y estéril. Saben que van a morir y disponen de tiempo para encomendarse a Dios y despedirse. ¿Qué me dice de las víctimas? ¿De cuánto tiempo dispusieron para prepararse?

—¿De modo que quiere que ejecuten a Sam?

—Sí. Quiero que los ejecuten a todos.

—Creí que me había dicho que no era mala persona.

—Mentí. Sam Cayhall es un asesino a sangre fría. Y es culpable como el diablo. ¿Cómo explicaría, de lo contrario, que cesaran los atentados cuando se le encerró en la cárcel?

—¿No es posible que se asustaran después de lo de Kramer?

—¿Por qué habla en plural? ¿Quién diablos son ellos?

—Sam y su compañero. Y Dogan.

—Muy bien. Le seguiré el juego. Supongamos que Sam tenía un cómplice.

—No. Supongamos que Sam era el cómplice. Supongamos que el otro individuo era el experto en explosivos.

—¿Experto? Eran bombas muy bastas, hijo. Las cinco primeras no eran más que unas barras de dinamita con una mecha. No hay más que encender un fósforo, echar a correr y al cabo de quince minutos estalla. La bomba de Kramer no era más que una chapuza conectada a un despertador. Tuvieron suerte de que no estallara en sus narices cuando la manipulaban.

—¿Cree que habían previsto que estallara cuando lo hizo?

—Así lo creyó el jurado. Dogan dijo que se proponían matar a Marvin Kramer.

—¿Entonces qué hacía Sam por los alrededores? ¿Por qué estaba tan cerca de la explosión como para que le alcanzaran los escombros?

—Tendrá que preguntárselo a Sam, lo cual estoy seguro de que ya ha hecho. ¿Alega él que tenía un cómplice?

—No.

—Entonces no hay más de qué hablar. Si su cliente dice que no lo tenía, ¿qué diablos busca?

—Creo que mi cliente miente.

Lettner movió la cabeza frustrado, farfulló algo y tomó otro trago.

—¿Cómo diablos quiere que lo sepa? No quiero saberlo, ¿vale? Francamente, no me importa que Sam mienta o diga la verdad. Pero si no está dispuesto a sincerarse con usted, su abogado y su propio nieto, merece acabar en la cámara de gas.

Adam tomó un buen trago y contempló la oscuridad. A veces se sentía realmente estúpido, intentado demostrar que su propio cliente le mentía. Haría un último intento y luego cambiaría de tema.

—¿No cree a los testigos que vieron a Sam con otra persona?

—No. Eran muy dudosos, si mal no recuerdo. El de la estación de servicio tardó mucho tiempo en hablar. El otro, acababa de salir de una taberna. Su testimonio no era verosímil.

—¿Creyó a Dogan?

—El jurado lo hizo.

—No preguntaba por el jurado.

Lettner empezaba finalmente a respirar con pesadez y parecía agotado.

—Dogan estaba loco y era un genio. Dijo que el propósito de la bomba era el de matar y le creo. No olvide, Adam, que estuvieron a punto de eliminar a toda una familia en Vicksburg. No recuerdo su nombre...

—Pinder. Y usted no deja de hablar en plural.

—Me limito a seguirle la corriente, ¿vale? Suponemos que Sam tenía un compañero. Colocaron una bomba en la casa de los Pinder en plena noche. Podían haber matado a toda la familia.

—Sam dijo que colocó la bomba en el garaje para que no hubiera víctimas.

—¿Eso le ha contado Sam? ¿Ha admitido que lo hizo? Entonces, ¿por qué diablos me está preguntando por un cómplice? Me parece que le conviene escuchar a su cliente. Ese hijo de puta es culpable, Adam. Escúchele.

Adam tomó otro trago y le empezaron a pesar los párpados. Consultó su reloj, pero no logró verlo.

—Hábleme de las cintas —dijo con un bostezo.

—¿Qué cintas? —bostezó Lettner.

—Las cintas del FBI que se escucharon en el juicio de Sam. Donde Dogan hablaba con Wayne Graves sobre el atentado de Kramer.

—Teníamos muchas cintas y ellos muchos objetivos. Kramer era uno entre tantos. Maldita sea, teníamos una grabación de dos miembros del Klan que hablaban de hacer estallar una bomba en una sinagoga cuando se celebraba una boda. Se proponían atrancar las puertas e introducir algún tipo de gas por los conductos de la calefacción para eliminar a toda la congregación. Son unos perversos hijos de puta. No era Dogan, sólo un par de imbéciles diciendo tonterías, de modo que lo olvidamos. Wayne Graves era un miembro del Klan que trabajaba también para nosotros, y nos permitió que interviniéramos sus teléfonos. Llamó a Dogan una noche, le dijo que estaba en una cabina y empezaron a hablar de cargarse a Kramer. También hablaron de otros objetivos. Fue muy eficaz en el juicio de Sam. Pero las cintas no nos ayudaron a impedir un solo atentado. Ni tampoco a identificar a Sam.

—¿No sabía que Sam Cayhall estuviera involucrado?

—En absoluto. Si ese imbécil hubiera abandonado Greenville cuando se suponía que debía hacerlo, probablemente todavía sería un hombre libre.

—¿Sabía Kramer que iban a por él?

—Nosotros se lo contamos. Pero para entonces ya estaba acostumbrado a las amenazas. Tenía un vigilante en su casa.

A Lettner se le empezaba a entorpecer el habla y tenía la cabeza gacha.

Adam se disculpó y se dirigió cautelosamente al lavabo. Cuando regresó a la terraza, oyó unos fuertes ronquidos. Lettner se había hundido en su silla y estaba dormido con el vaso en la mano. Adam se lo retiró y fue en busca de un sofá.

VEINTE

La mañana era cálida, pero parecía realmente febril en el jeep que había pertenecido al ejército, sin aire acondicionado ni otras comodidades esenciales. Adam sudaba y mantenía una mano en la manecilla de la puerta, que esperaba que se abriera sin dificultad si el desayuno de Irene decidía de pronto salir al exterior.

Había despertado en el suelo, junto a un estrecho sofá en un cuarto que había confundido con la sala de estar, pero que en realidad era el lavadero junto a la cocina. Y el sofá era simplemente un banco, según le explicó Lettner entre carcajadas, en el que solía sentarse para quitarse las botas. Por fin, Irene le había encontrado después de buscar por toda la casa y Adam se deshizo en excusas, hasta que ambos le rogaron que dejara de disculparse. La señora Lettner había insistido en un buen desayuno. Era el día de la semana en que comían cerdo, tradicionalmente establecido en casa de los Lettner, y Adam se había sentado en la cocina, engullendo agua fresca, mientras Irene freía el tocino y tarareaba, y Wyn leía el periódico. Preparó también huevos revueltos y zumo de tomate con vodka.

El vodka adormeció parcialmente su jaqueca, pero no contribuyó a mejorar su estómago. Cuando el vehículo traqueteaba por el accidentado camino hacia Calico Rock, Adam estaba casi convencido de que iba a ponerse enfermo.

Aunque Lettner había sido el primero en desplomarse, por la mañana estaba asombrosamente sano. Ni el menor rastro de resaca. Había comido un buen plato de grasa y bizcochos, y se había tomado un solo vodka con zumo de tomate. Después de leer diligentemente el periódico, había comentado varios puntos y Adam dedujo que era uno de esos alcohólicos funcionales, que beben como un cosaco por la noche pero que se recuperan con facilidad.

Se divisaba el pueblo. De pronto el camino era más suave y a Adam dejó de darle vuelcos el estómago.

—Lamento lo de anoche —dijo Lettner.

—¿A qué se refiere? —preguntó Adam.

—A lo de Sam. Fui muy duro. Sé que es su abuelo y que está muy preocupado. Hay algo en lo que le mentí. En realidad, no quiero que ejecuten a Sam. No es una mala persona.

—Se lo diré.

—Sí. Estoy seguro de que se alegrará.

Entraron en el pueblo y se dirigieron hacia el puente.

—Hay algo más —agregó Lettner—. Siempre sospechamos que Sam tenía un compañero.

Adam sonrió y miró por la ventana. Pasaron junto a una pequeña iglesia, frente a la cual había un grupo de ancianos a la sombra de un árbol, con sus mejores atuendos.

—¿Por qué? —preguntó Adam.

—Por las mismas razones. Sam no tenía un historial de relación con explosivos. No había participado en la violencia del Klan. Los dos testigos, especialmente el camionero de Cleveland, siempre nos preocuparon. El camionero no tenía ninguna razón para mentir y parecía estar muy seguro de sí mismo. No parecía propio de Sam dedicarse de pronto a los atentados.

—Entonces, ¿quién es el hombre?

—Francamente, no lo sé —respondió Lettner después de detenerse junto al río, apoyarse sobre el volante y volver la cabeza para mirar a Adam, mientras éste abría la puerta por si acaso—. Después del tercer o cuarto atentado, creo que tal vez fue la sinagoga de Jackson, un destacado grupo de judíos de Nueva York y de Washington se reunió con el presidente Johnson, quien a su vez convocó al señor Hoover y él me llamó a mí. Me trasladé a Washington, donde me reuní con el señor Hoover y el presidente, y me presionaron de lo lindo. Regresé a Mississippi con renovada determinación. Estrujamos a nuestros informadores. Llegamos a perjudicar a ciertas personas. Pero todos nuestros esfuerzos fueron en vano. Nuestras fuentes claramente no sabían quién cometía los atentados. Dogan era el único que lo sabía y era evidente que no se lo contaba a nadie. Pero después de la quinta explosión, que creo que fue en la redacción del periódico, nos sonrió la fortuna.

Lettner abrió la puerta y se dirigió al frente del jeep. Adam se reunió con él y ambos contemplaron el río que cruzaba apaciblemente Calico Rock.

—¿Le apetece una cerveza? Tengo una reserva fresca en la tienda.

—No, por favor. Ya estoy bastante descompuesto.

—Era sólo una broma. El caso es que Dogan dirigía un

enorme negocio de coches de ocasión, y uno de sus empleados era un viejo negro analfabeto que lavaba los coches y limpiaba los suelos. Ya habíamos intentado hablar con el viejo,
pero su actitud era hostil. Sin embargo, inesperadamente, le
comunicó a uno de nuestros agentes que había visto a Dogan
y a otro hombre colocar algo en el maletero de un Pontiac
verde, hacía un par de días. Dijo que después de esperar un
rato abrió el maletero y vio la dinamita. Al día siguiente oyó
que había habido otro atentado. Sabía que el FBI vigilaba a
Dogan y consideró que valía la pena comentárnoslo. El ayudante de Dogan era un miembro del Klan llamado Virgil, que
también trabajaba para él. De modo que fui a ver a Virgil.
Llamé a su puerta a las tres de la madrugada, organicé un
escándalo, como solíamos hacer en aquella época, y no tardó
en encender las luces y salir al portal. Me acompañaban unos
ocho agentes y todos le pusimos las placas ante las narices.
Estaba muerto de miedo. Le dije que sabíamos que había llevado la dinamita a Jackson la noche anterior y que le esperaban treinta años de cárcel. Oíamos llorar a su mujer, al otro
lado de la puerta. Virgil temblaba y estaba también a punto
de echarse a llorar. Le dejé mi tarjeta con instrucciones de
que me llamara aquel mismo día antes de las doce, y le advertí que no hablara con Dogan ni con nadie. Le aseguré que
estaría vigilado día y noche.

»Dudo de que volviera a acostarse. Tenía los ojos rojos e
hinchados cuando me encontró al cabo de unas horas. Acaba-
mos por hacernos amigos. Dijo que los atentados no eran obra
de la pandilla habitual de Dogan. No sabía gran cosa, pero
había oído lo suficiente de Dogan para creer que quien cometía los atentados era un chico muy joven de otro estado. El
individuo en cuestión había aparecido como por arte de magia y se le suponía un gran conocedor de explosivos. Dogan
elegía los objetivos, organizaba los trabajos y luego llamaba
a ese individuo, que llegaba sigilosamente a la ciudad, perpe-
traba el atentado y luego desaparecía.

—¿Le creyó?

—En gran parte, sí. Tenía sentido lo que decía. Tenía que
tratarse de alguien nuevo, porque habíamos infiltrado el Klan
con muchos informadores. Conocíamos prácticamente todos
los pasos que daban.

—¿Qué ocurrió con Virgil?

—Pasé un rato con él, le di un poco de dinero, ya sabe,
lo habitual. Siempre querían dinero. Quedé convencido de que

no tenía ni idea de quién colocaba las bombas. No admitió en ningún momento que estuviera involucrado, que entregara los coches y la dinamita, y no le presionamos. No era él a quien perseguíamos.

—¿Participó en lo de Kramer?

—No. Dogan utilizó a otra persona para aquel trabajo. A veces Dogan parecía tener un sexto sentido en cuanto a saber en qué momento debía cambiar las cosas, alterar la rutina.

—No cabe duda de que el sospechoso de Virgil no parece ser Sam Cayhall, ¿no le parece? —preguntó Adam.

—No.

—¿Y ustedes no tenían a ningún sospechoso?

—No.

—Vamos, Wyn. Debían sospechar de alguien.

—Se lo juro. No teníamos a nadie. Poco después de conocer a Virgil ocurrió lo de Kramer y todo terminó. Si Sam tenía un compañero, éste le abandonó.

—¿Y el FBI no oyó nada más adelante?

—Ni un suspiro. Teníamos a Sam, con aspecto y tufo de ser sumamente culpable.

—Y, evidentemente, estaban ansiosos por cerrar el caso.

—Qué duda cabe. Además, no olvide que los atentados cesaron. Habíamos capturado a nuestro hombre. El señor Hoover estaba feliz. Los judíos estaban felices. El presidente estaba feliz. Luego tardaron catorce años en condenarle, pero eso es otra historia. Todo el mundo se sintió aliviado cuando cesaron los atentados.

—Entonces, ¿por qué no delató Dogan al verdadero terrorista cuando denunció a Sam?

Habían descendido por el terraplén, hasta escasos centímetros de la orilla. El coche de Adam estaba cerca. Lettner se aclaró la garganta y escupió al río.

—¿Declararía usted contra un terrorista que no estuviera en la cárcel?

Adam reflexionó unos segundos. Lettner sonrió, exhibió sus grandes dientes amarillentos, soltó una carcajada y empezó a dirigirse al embarcadero.

—Vamos a tomar una cerveza.

—No, por favor. Debo marcharme.

Lettner se detuvo, se estrecharon la mano y prometieron verse de nuevo. Adam le invitó a Memphis y Lettner a Calico Rock para ir de pesca y tomar unas copas. En aquel momento la invitación no era lo que más le apetecía. Adam mandó sus saludos a Irene, se disculpó una vez más por haberse dormido en la lavandería y dio las gracias por la charla.

Dejó el pueblo a su espalda, conduciendo cautelosamente por no alterar su estómago.

Lee se estaba peleando con la pasta cuando Adam entró en el piso. La mesa estaba preparada con platos de porcelana, cubiertos de plata y un ramo de flores frescas. La receta era manicotti al horno, pero las cosas no iban bien en la cocina. En más de una ocasión durante la última semana había confesado que era muy mala cocinera y ahora lo estaba demostrando. Había sartenes por todas partes. Su delantal, apenas usado, estaba cubierto de salsa de tomate. Lee se rió cuando se saludaron con un beso en la mejilla y dijo que había pizza congelada si las cosas empeoraban.

—Tienes muy mal aspecto —dijo de pronto al fijarse en sus ojos.

—Ha sido una noche muy dura.

—Hueles a alcohol.

—He tomado dos vodkas con zumo de tomate para desayunar. Y ahora necesito otro.

—El bar está cerrado —respondió antes de coger un cuchillo y emprenderla con un calabacín y un montón de verdura—. ¿Qué has estado haciendo?

—Emborracharme con el individuo del FBI. He dormido en el suelo, junto a la lavadora.

—Maravilloso —dijo al tiempo que casi se cortaba un dedo, retiraba la mano y se lo examinaba—. ¿Has visto el periódico de Memphis?

—No. ¿Hay algo interesante?

—Sí. Ahí está —respondió mientras indicaba con la cabeza un rincón de la mesa.

—¿Algo malo?

—Léelo.

Adam cogió la edición del domingo del *Memphis Press* y se sentó junto a la mesa. En primera plana de la segunda sección, vio de pronto su rostro sonriente. Era una fotografía familiar, tomada no hacía mucho, cuando estudiaba segundo de Derecho en Michigan. El artículo ocupaba media página y junto a su foto estaba evidentemente la de Sam, la de Marvin Kramer, Josh y John Kramer, Ruth Kramer, David McAllister, el fiscal general Steve Roxburgh, Naifeh, Jeremiah Dogan y el señor Elliot Kramer, padre de Marvin.

Todd Marks había estado ocupado. Su relato empezaba con un sucinto historial del caso que ocupaba una columna entera, para pasar luego rápidamente al presente y resumir lo que ya había escrito dos días antes. Había encontrado algunos datos biográficos adicionales respecto a Adam: Universidad de Pepperdine, Facultad de Derecho de Michigan, redactor en jefe de la revista de la facultad y un breve período de empleo con Kravitz & Bane. Naifeh tenía muy poco que decir, sólo que la ejecución se llevaría a cabo de acuerdo con la ley. McAllister, por otra parte, era pródigo en sabiduría. Había vivido con la pesadilla de Kramer durante veintitrés años, declaró gravemente, sin dejar de pensar un solo día en ello. Había sido para él un honor y un privilegio acusar y procesar a Sam Cayhall, y sólo con su ejecución se cerraría aquel terrible capítulo de la historia de Mississippi. No, respondió después de mucha reflexión, la clemencia era impensable. No sería justo para los pequeños Kramer. Etcétera, etcétera.

Steve Roxburgh había también disfrutado, evidentemente, de su entrevista. Estaba dispuesto a luchar contra los últimos esfuerzos de Cayhall y su abogado para impedir la ejecución. Él y sus ayudantes estaban dispuestos a trabajar dieciocho horas diarias para garantizar que se cumplieran los deseos del pueblo. Aquel asunto se había prolongado ya excesivamente, repitió en varias ocasiones, y había llegado el momento de hacer justicia. No, no le preocupaban las triquiñuelas jurídicas de última hora del señor Cayhall. Confiaba en su propia habilidad como abogado, abogado del pueblo.

Sam Cayhall no había querido hacer ningún comentario, explicaba Marks, y no había logrado localizar a Adam Hall, como si éste hubiera estado dispuesto a hablar en el caso de que lo hubiera encontrado.

Los comentarios de la familia eran interesantes y desalentadores. A Elliot Kramer, que a sus setenta y siete años todavía trabajaba, se le describía como ágil y sano a pesar de su afección cardíaca. Guardaba también mucho rencor. Culpaba al Klan y a Sam Cayhall no sólo del asesinato de sus dos nietos, sino también de la muerte de Marvin. Hacía veintitrés años que esperaba la ejecución de Sam y celebraría que se llevara a cabo cuanto antes. Atacó el sistema jurídico que permite que un condenado viva casi diez años después de que un jurado le haya sentenciado a muerte. No estaba seguro de si presenciaría la ejecución, dijo que dependía de sus mé-

dicos, pero deseaba hacerlo. Quería estar ahí y mirar a Cayhall a los ojos cuando le sujetaran a la silla.

Ruth Kramer era un poco más moderada. Dijo que el tiempo había cerrado muchas cicatrices y no estaba segura de cómo
se sentiría después de la ejecución. Nada podría devolverle
a sus hijos. No tenía gran cosa que contarle a Todd Marks.

Adam dobló el periódico y lo dejó junto a la silla. De pronto se le formó un nudo en su frágil estómago, provocado por
las declaraciones de Steve Roxburgh y David McAllister. Como
abogado que se proponía salvar la vida de Sam, era aterra-
dor comprobar la avidez de sus enemigos para la última batalla. Él era un novato. Ellos unos veteranos. Particularmente para Roxburgh aquélla no sería la primera vez y contaba
con un equipo de expertos, entre los que figuraba un renom-
brado especialista conocido como *doctor muerte*, un ducho
letrado a quien apasionaban las ejecuciones. Adam disponía
sólo de un sumario agotado, lleno de apelaciones fracasadas,
y la esperanza de que se produjera un milagro. En aquel momento se sentía completamente vulnerable y desesperanzado.

Lee se sentó junto a él con un café.

—Pareces preocupado —dijo al tiempo que le acariciaba
el brazo.

—Mi compañero del embarcadero no me ha prestado ninguna ayuda.

—Parece que el viejo Kramer está cargado de ira.

—Necesito un analgésico —dijo mientras se frotaba las sienes, para aliviar el dolor.

—¿Te parece bien un Valium?

—Estupendo.

—¿Tienes mucha hambre?

—No. Tengo el estómago muy fastidiado.

—Perfecto. La comida queda anulada. Un pequeño problema con la receta. La alternativa es pizza congelada o nada.

—Nada me parece bien. Sólo un Valium.

VEINTIUNO

Adam dejó caer sus llaves en el cubo rojo y observó cómo
ascendía hasta detenerse a seis metros del suelo, donde giraba lentamente suspendido de una cuerda. Se acercó al pri-

mer portalón, que dio una sacudida antes de abrirse. Caminó hasta el segundo y esperó. Packer salió por la puerta principal, a treinta metros de distancia, bostezando y desperezándose como si acabara de despertar de una siesta en el patíbulo.

Cuando el segundo portalón se cerró a su espalda, Packer estaba cerca.

—Buenos días —dijo cuando eran casi las dos de la tarde, la hora más calurosa del día.

Por la mañana la radio había pronosticado alegremente que aquél sería el primer día del año en que se alcanzarían los cuarenta grados.

—Hola, sargento —respondió Adam, como si fueran viejos amigos.

Avanzaron juntos por el camino de ladrillo hasta la pequeña puerta rodeada de hierbajos. Packer la abrió y Adam entró.

—Voy a por Sam —dijo Packer sin prisa alguna, antes de desaparecer.

Las sillas de su lado de la verja estaban desparramadas. Había dos de lado sobre el suelo, como si hubiera tenido lugar una pelea entre abogados y visitantes. Adam acercó una silla al fondo del mostrador, lo más lejos posible del aire acondicionado.

Sacó una copia de la petición que había presentado a las nueve de aquella misma mañana. Por exigencias de la ley, ninguna solicitud ni recurso podía presentarse ante un Tribunal Federal antes de haber sido presentada y denegada ante un Tribunal Estatal. La petición en la que se atacaba la cámara de gas había sido presentada al Tribunal Supremo de Mississippi, amparada en los estatutos estatales de reparación poscondenatoria. Tanto en la opinión de Adam como en la de Garner Goodman, era una simple formalidad. Goodman había trabajado en la petición durante el fin de semana. En realidad, había trabajado todo el día del sábado, mientras Adam bebía cerveza y pescaba truchas con Wyn Lettner.

Sam llegó como de costumbre con las manos esposadas a la espalda, la expresión en blanco y el mono rojo desabrochado hasta casi la cintura. El pelo gris de su pálido pecho brillaba con el sudor. Como un animal bien adiestrado se colocó de espaldas a Packer, que le quitó las esposas antes de marcharse. Sam se sacó inmediatamente los cigarrillos del bolsillo y se aseguró de haber encendido uno antes de sentarse.

—Bien venido —dijo.

—He presentado esto a las nueve de esta mañana —declaró Adam mientras introducía el documento por la estrecha rendija de la verja—. He hablado con la secretaria del Tribunal Supremo de Jackson. Parece creer que el tribunal se ocupará de ello con la debida rapidez.

—No te quepa la menor duda —respondió Sam mirando a Adam, con los papeles en la mano—. Tendrán mucho placer en denegarlo.

—Se le exige al ministerio fiscal una respuesta inmediata, de modo que el fiscal general ahora está trabajando a toda prisa.

—Estupendo. Veremos lo ocurrido en las noticias de la tarde. Probablemente ha invitado a los cámaras de televisión a su despacho, mientras preparan la respuesta.

Adam se quitó la chaqueta y se aflojó la corbata. La sala estaba húmeda y ya había empezado a sudar.

—¿Te dice algo el nombre de Wyn Lettner?

Sam dejó el documento sobre una silla vacía y dio una fuerte calada.

—Sí. ¿Por qué? —respondió mientras expulsaba una prolongada columna de humo hacia el techo.

—¿Hablaste con él alguna vez?

Sam reflexionó unos instantes antes de responder y, como de costumbre, lo hizo con cautela.

—Tal vez. No estoy seguro. Sabía quién era en aquella época. ¿Por qué?

—Me he encontrado con él durante el fin de semana. Ahora está jubilado y dirige un embarcadero para pescar truchas en el río White. Tuvimos una larga charla.

—Muy interesante. ¿Y se puede saber qué has conseguido?

—Todavía cree que alguien trabajaba contigo.

—¿Te ha facilitado algún nombre?

—No. Nunca tuvieron a ningún sospechoso, o por lo menos eso dice. Pero tenían a un soplón que trabajaba para Dogan que le contó a Lettner que el otro individuo era alguien nuevo, que no formaba parte de la pandilla habitual. Suponían que era de otro estado y muy joven. Eso era todo lo que sabía Lettner.

—¿Y tú te lo crees?

—No sé qué creer.

—¿Qué importa eso ahora?

—No lo sé. Podría facilitarme algo que esgrimir para intentar salvarte la vida. Sólo eso. Supongo que estoy desesperado.

—¿Y yo no lo estoy?

—Me agarro a lo que puedo, Sam. Y procuro llenar las lagunas.

—¿De modo que en mi versión hay lagunas?

—Eso creo. Lettner dice que nunca dejó de tener dudas porque no encontraron ningún rastro de explosivos cuando registraron tu casa. Además, tú no tenías antecedentes de haberlos utilizado. Dice que no parecías el tipo de persona que lanzara su propia campaña de atentados.

—¿Y crees en todo lo que dice Lettner?

—Sí. Porque tiene sentido.

—Deja que te pregunte algo. ¿Qué harías si hubiera otra persona? ¿Qué harías si te facilitara su nombre, dirección, número de teléfono, grupo sanguíneo y su análisis de orina? ¿Qué harías con esa información?

—Ponerme a chillar como un loco. Presentaría un montón de recursos y apelaciones. Movilizaría a la prensa y te convertiría en víctima propiciatoria. Intentaría sensacionalizar tu inocencia, con la esperanza de que alguien, como algún juez del Tribunal de Apelación, se percatara de ello.

Sam asintió lentamente, como si aquello fuera perfectamente absurdo y previsible.

—No funcionaría, Adam —respondió cautelosamente, como si hablara con un niño—. Me quedan tres semanas y media. Conoces la ley. Es demasiado tarde para alegar que lo hizo fulano de tal, cuando nunca se ha mencionado al personaje en cuestión.

—Lo sé. Pero lo haría de todos modos.

—No funcionaría. Deja de intentar encontrar a ese desconocido.

—¿Quién es?

—No existe.

—Sí que existe.

—¿Por qué estás tan seguro?

—Porque quiero creer que eres inocente, Sam. Es muy importante para mí.

—Ya te he dicho que era inocente. Yo coloqué la bomba, pero no tenía intención de matar a nadie.

—¿Pero por qué colocaste esa bomba? ¿Por qué colocaste bombas en casa de los Pinder, en la sinagoga y en la inmobiliaria? ¿Por qué cometías atentados contra inocentes?

Sam se limitó a fumar, con la mirada en el suelo.

—¿Por qué odias, Sam? ¿Por qué te resulta tan fácil odiar?

¿Por qué te enseñaron a odiar a los negros, a los judíos, a los católicos y a cualquiera que no fuera como tú? ¿Te lo has preguntado alguna vez?

—No. Ni me propongo hacerlo.

—De modo que es simplemente tu forma de ser. Tu carácter, tu personalidad, al igual que tu altura o el azul de tus ojos. Algo con lo que naciste y que no puedes cambiar. Te lo transmitieron en los genes tu padre y tu abuelo, fieles miembros del Klan, y te lo llevarás con orgullo a la tumba, ¿no es cierto?

—Era un estilo de vida. El único que conocía.

—¿Entonces qué ocurrió con mi padre? ¿Cómo no lograste contaminar a Eddie?

Sam aplastó la colilla en el suelo y se apoyó sobre los codos. Se fruncieron sus arrugas en la frente y alrededor de sus ojos. La cara de Adam estaba exactamente delante de la rendija, pero no le miraba.

—De modo que ha llegado el momento. Ahora toca hablar de Eddie —dijo con la voz muy suave y hablando todavía con más lentitud.

—¿En qué te equivocaste con relación a Eddie?

—Por supuesto esto no tiene absolutamente nada que ver con la fiestecilla de gas que me están organizando. Nada que ver con recursos y apelaciones, abogados y jueces, reformas y aplazamientos. Esto es perder el tiempo.

—No seas cobarde, Sam. Cuéntame en qué te equivocaste respecto a Eddie. ¿Le enseñaste la palabra sambo? ¿Le enseñaste a odiar a los niños negros? ¿Intentaste enseñarle a quemar cruces o construir bombas? ¿Le llevaste a su primer linchamiento? ¿Qué hiciste con él, Sam? ¿En qué te equivocaste?

—Eddie no sabía que yo formaba parte del Klan hasta que estaba en el instituto.

—¿Por qué no? No estarías avergonzado de ello. ¿No era motivo de gran orgullo para la familia?

—No era algo de lo que habláramos.

—¿Por qué no? Tú eras de la cuarta generación de los Cayhall que pertenecían al Klan, con raíces en la guerra civil, o algo por el estilo. ¿No fue eso lo que me contaste?

—Sí.

—¿Entonces por qué no te sentaste junto a Eddie y le mostraste fotos de familia? ¿Por qué no le contaste historias al acostarse de las heroicidades de los Cayhall, cuando circulaban de noche con unas máscaras que ocultaban sus valientes rostros, e incendiaban las cabañas de los negros? Ya sabes, batallitas. De padre a hijo.

—Te repito que no era algo de lo que habláramos.

—Cuando fue mayor, ¿intentaste reclutarle?

—No. Él era diferente.

—¿Te refieres a que no sentía odio?

Sam se inclinó hacia adelante y tosió, esa tos honda y ronca de los fumadores empedernidos. Se le enrojeció la cara con los esfuerzos que hacía por respirar. La tos empeoró y escupió en el suelo. Se puso de pie y dobló la cintura con las manos en las caderas, moviéndose para cortar la tos.

Por fin lo logró. Se enderezó y respiró con rapidez. Volvió a escupir, se relajó y aspiró lentamente. El ataque había terminado y su rostro recuperó la palidez habitual. Se sentó frente a Adam y dio una enorme calada, como si su tos no estuviera relacionada con el tabaco. Se tomó su tiempo mientras respiraba hondo y se aclaraba la garganta.

—Eddie era un niño sensible —dijo con la voz carrasposa—. Lo heredó de su madre. No era afeminado. En realidad, era tan fuerte como cualquiera. Cerca de nuestra casa había una familia de sambos... —agregó después de una larga pausa y otra prolongada calada.

—¿Te importaría que les llamáramos negros, Sam? Ya te lo he pedido en otra ocasión.

—Discúlpame. Había una familia africana en nuestra finca. Los Lincoln. Él se llamaba Joe Lincoln y trabajaba para nosotros desde hacía muchos años. Vivía con una mujer y tenían una docena de hijos naturales. Uno de ellos tenía la misma edad que Eddie y eran inseparables, amigos íntimos. No era inusual en aquella época. Uno jugaba con los vecinos más cercanos. Aunque te cueste creerlo, incluso yo tenía amiguitos africanos. Cuando empezaron a ir a la escuela, Eddie se disgustó muchísimo porque él iba en un autobús y su amiguito africano en otro. Recuerdo que Eddie estaba siempre molesto porque no podían ir juntos a la escuela. Aquel niño se llamaba Quince. Quince Lincoln. No podían esperar a llegar a casa para jugar juntos por el campo. Por otra parte, Quince no podía pasar la noche en nuestra casa, ni Eddie en la suya. Nunca dejaba de preguntarme por qué los africanos del condado de Ford eran tan pobres y vivían en casas tan depauperadas, no tenían ropa bonita y eran tantos hermanos. Realmente sufría y eso hacía que fuera diferente. Al hacerse mayor, todavía aumentó su simpatía por los africanos. Intenté hablar con él.

—Claro que lo hiciste. Procuraste ponerle los puntos sobre las íes, ¿no es cierto?

—Intenté explicarle cómo eran las cosas.

—¿Por ejemplo?

—La necesidad de mantener las razas separadas. No tiene nada de malo que las escuelas sean iguales, pero separadas. No tienen nada de malo las leyes que prohíban la mezcla de razas. No tiene nada de malo mantener a los africanos en su lugar.

—¿Cuál es su lugar?

—Bajo control. Dejas que corran a lo loco y fíjate en lo que ocurre: crímenes, drogas, SIDA, nacimientos ilegítimos, el desmoronamiento general de la textura moral de la sociedad.

—¿Qué me dices de la proliferación nuclear y de las abejas asesinas?

—Sabes a lo que me refiero.

—¿Qué ocurre con los derechos básicos, conceptos radicales como el derecho al voto, el derecho a utilizar los servicios públicos, el derecho a comer en restaurantes y hospedarse en hoteles, el derecho a no ser discriminado en la vivienda, el trabajo y la educación?

—Te pareces a Eddie.

—Me alegro.

—Cuando terminó la enseñanza secundaria, hablaba de ese modo, se quejaba de los malos tratos que recibían los africanos. Se marchó de casa cuando tenía dieciocho años.

—¿Le echaste de menos?

—Supongo que al principio no. Siempre nos peleábamos. Sabía que yo pertenecía al Klan y me odiaba profundamente. Por lo menos, eso decía.

—¿De modo que para ti el Klan era más importante que tu propio hijo?

Sam bajó la mirada al suelo y Adam escribió algo en su cuaderno. El aparato de aire acondicionado traqueteaba, estuvo a punto de pararse y, por un momento, dio la impresión de que iba a dejar de funcionar.

—Era un buen chico —dijo suavemente Sam—. Solía pescar a menudo, y ésa era la gran actividad que compartíamos. Yo tenía un viejo bote y pasábamos muchas horas en el lago pescando *crappies*, bremas y a veces lubinas. Luego creció y dejé de gustarle. Se avergonzaba de mí y, por supuesto, eso me dolía. Él esperaba que yo cambiara y yo esperaba que él viera la luz, como todos los demás jóvenes blancos de su edad. Nunca ocurrió. Nos distanciamos cuando estaba en el instituto, entonces empezó esa basura de los derechos humanos y luego ya no hubo esperanza alguna.

—¿Participó Eddie en el movimiento?

—No. No era estúpido. Puede que simpatizara con sus ideas, pero mantenía la boca cerrada. Había suficientes judíos y radicales del norte para remover la olla. No necesitaban ninguna ayuda.

—¿Qué hizo cuando se marchó de casa?

—Alistarse en el ejército. Era una forma fácil de abandonar la ciudad y alejarse de Mississippi. Estuvo tres años ausente y cuando regresó lo hizo con una esposa. Vivían en Clanton y apenas nos veíamos. De vez en cuando hablaba con su madre, pero a mí casi no me dirigía la palabra. Estábamos entonces a principios de los sesenta y el movimiento africano empezaba a cobrar ímpetu. Había muchas reuniones del Klan, mucha actividad, sobre todo más al sur. Eddie se mantuvo alejado. Era callado, nunca tenía mucho que decir.

—Entonces nací yo.

—Tú naciste más o menos cuando desaparecieron aquellos activistas de los derechos humanos. Eddie tuvo la desfachatez de preguntarme si estaba involucrado.

—¿Y lo estabas?

—Claro que no. Tardé más de un año en enterarme de quién lo había hecho.

—Pertenecían al Klan, ¿no es cierto?

—Efectivamente.

—¿Te alegraste de que los asesinaran?

—¿Qué tiene eso que ver conmigo y con la cámara de gas en mil novecientos noventa?

—¿Sabía Eddie que estabas involucrado en los atentados?

—Nadie lo sabía en el condado de Ford. Habíamos permanecido bastante inactivos. Como ya te he dicho, la mayor parte de la actividad tenía lugar al sur, alrededor de Meridian.

—¿Y tú estabas impaciente por participar de lleno?

—Necesitaban ayuda. Los federales habían infiltrado hasta tal punto la organización, que ya no se podía confiar en nadie. El movimiento de los derechos humanos crecía como una bola de nieve. Había que hacer algo. No me avergüenzo de ello.

—Quien se avergonzaba era Eddie, ¿no es cierto? —sonrió Adam, mientras movía la cabeza.

—Eddie no sabía nada hasta el atentado de Kramer.

—¿Por qué le involucraste?

—No lo hice.

—Sí que lo hiciste. Le ordenaste a tu esposa que viajara a Cleveland con Eddie para recoger tu coche. Le convertiste en encubridor.

—No olvides que yo estaba en la cárcel. Estaba asustado. Y nadie lo supo. Fue inofensivo.

—Puede que Eddie lo viera de otro modo.

—No sé cómo lo veía Eddie. Cuando salí de la cárcel, había desaparecido. Todos os habíais marchado. No volví a verle hasta el día del funeral de su madre, cuando entró y salió sin decirle una palabra a nadie —dijo mientras se frotaba las arrugas de la frente con la mano izquierda y se la pasaba luego por el cabello. Mientras, miraba a Adam por la rendija con expresión de tristeza y los ojos ligeramente húmedos—. La última vez que vi a Eddie, se subía al coche junto a la iglesia después del funeral. Tenía prisa. Algo me dijo que no volvería a verle. Estaba allí porque su madre había muerto y supe que aquélla sería su última visita. Ya no tenía ninguna razón para volver. Yo estaba con Lee en los peldaños frente a la iglesia y ambos vimos cómo se alejaba en el coche. Estaba ahí enterrando a mi esposa y contemplando a mi hijo que desaparecía por última vez.

—¿Intentaste encontrarle?

—No. No lo intenté. Lee me dijo que tenía un número de teléfono, pero no estaba dispuesto a suplicar. Era evidente que no quería saber nada de mí y decidí no entrometerme. A menudo pensé en ti y me acuerdo de que le decía a tu abuela lo agradable que sería verte. Pero no estaba dispuesto a perder mucho tiempo intentando localizaros.

—No te habría sido fácil.

—Eso oí. Lee hablaba con Eddie de vez en cuando y luego me lo contaba. Parece que no parabais de moveros por toda California.

—Pasé por seis escuelas en doce años.

—¿Por qué? ¿Qué hacía Eddie?

—Diversas cosas. Se quedaba sin trabajo y nos trasladábamos porque no podíamos pagar el alquiler. Entonces mi madre encontraba un trabajo y volvíamos a trasladarnos a otro lugar. Luego papá se enfurecía por alguna razón con mi escuela y me sacaba de allí.

—¿Qué clase de trabajo hacía?

—En una ocasión trabajó para correos, hasta que le despidieron. Les amenazó con un pleito y, durante mucho tiempo, mantuvo una pequeña guerra privada contra el servicio postal. No pudo encontrar a ningún abogado dispuesto a ocuparse del caso y se limitó a mandarles un sinfín de cartas abusivas. Siempre tuvo un pequeño escritorio con una vieja máquina de escribir y cajas llenas de documentos, que constituían sus posesiones más valiosas. Cada vez que nos trasladábamos, cuidaba enormemente de su oficina, como él la llamaba. No había gran cosa, pero era lo único que le preocupaba y lo protegía con la vida. Recuerdo muchas noches cuando intentaba dormirme y oía aquella maldita máquina que no dejaba de teclear a todas horas. Odiaba al gobierno federal.

—Ése es mi chico.

—Pero creo que por otras razones. Un buen día tuvo problemas con Hacienda, lo cual siempre me pareció curioso porque no ganaba lo suficiente para pagar tres dólares de impuestos. De modo que les declaró la guerra a los recaudadores, como él los llamaba, y eso duró muchos años. En una ocasión el estado de California anuló su permiso de conducir porque no lo había renovado, y aquello infringió toda clase de derechos civiles y humanos. Mi madre tuvo que llevarle en coche durante dos años, hasta que decidió rendirse a la burocracia. Estaba siempre escribiendo cartas al gobernador, al presidente, a los senadores, congresistas y a cualquiera que tuviera un despacho y empleados. Se limitaba a provocar un escándalo por cualquier menudencia y cuando le contestaban lo consideraba como una pequeña victoria. Conservaba todas las cartas. En una ocasión se discutió con el vecino de al lado, sobre algo relacionado con un extraño perro que se había meado delante de nuestra puerta, y se chillaban mutuamente a través de los setos. Cuanto más se enfurecían, más poderosos eran sus amigos y ambos estaban a punto de coger el teléfono para llamar a toda clase de autoridades que castigarían inmediatamente al otro. Papá entró en casa y, al cabo de unos segundos, volvió a la discusión con trece cartas del gobernador de California. Las contó a voces y las agitó ante las narices del vecino, que se quedó tristemente amilanado. Fin de la discusión. Fin de la meada del perro en el portal. Evidentemente, en todas las cartas le mandaban, con buenos modales, a freír espárragos.

Sin darse cuenta, ambos sonreían al final de aquella breve historia.

—Si era incapaz de conservar un empleo, ¿cómo sobrevivíais? —preguntó Sam, mirando por la rendija.

—No lo sé. Mi madre siempre trabajaba. Era una mujer de muchos recursos y a veces tenía dos empleos. Cajera en un colmado. Dependienta de farmacia. Podía hacer cualquier cosa y recuerdo un par de buenos empleos como secretaria. En un momento dado, papá consiguió una licencia para vender seguros de vida y aquello se convirtió en un trabajo eventual permanente. Supongo que debía hacerlo bien, porque las cosas mejoraron cuando crecí. Podía organizar el horario a su antojo y no tenía que darle explicaciones a nadie. Eso le sentaba bien, aunque decía que detestaba las compañía de seguros. Inició un pleito contra una de ellas por anular una póliza o algo por el estilo, que no llegué a comprender, y perdió el caso. Evidentemente, culpó de todo a su abogado, que cometió el error de mandarle a Eddie una carta repleta de afirmaciones duras. Papá se pasó tres días frente a la máquina de escribir y cuando terminó su obra maestra, se la mostró con orgullo a mi madre. Veintiuna páginas de errores y mentiras del abogado. Ella se limitó a mover la cabeza. Luchó durante varios años con aquel pobre abogado.

—¿Qué clase de padre era?

—No lo sé. Es una pregunta muy difícil, Sam.

—¿Por qué?

—Por la forma en que murió. Estuve furioso con él durante mucho tiempo después de su muerte, sin comprender cómo podía haber decidido que debía abandonarnos, que ya no le necesitábamos y que había llegado el momento de ausentarse. Y cuando descubrí la verdad, me enojé con él por haberme mentido durante tantos años, por haber cambiado mi nombre y haber huido. Fue algo terriblemente desconcertante para un joven. Todavía lo es.

—¿Estás todavía enojado?

—Ya no. Ahora suelo acordarme de las buenas cosas de Eddie. Es el único padre que he tenido, de modo que no sé cómo evaluarlo. No fumaba, bebía, jugaba, tomaba drogas, perseguía a las mujeres, pegaba a los niños, ni nada por el estilo. Le resultaba difícil conservar los empleos, pero nunca nos faltó comida ni cobijo. Él y mamá hablaban permanentemente del divorcio, pero nunca lo hicieron. Ella se marchó varias veces y luego lo hizo él. Era desconcertante, pero Carmen y yo nos acostumbramos. Él tenía sus días oscuros, o malos tiempos, como se les llamaba, cuando se encerraba en su habitación y bajaba las persianas. Mi madre nos llamaba y nos decía que no se sentía bien y que debíamos guardar silencio. Nada de televisión ni de radio. Era muy solidaria durante dichas crisis. Podía llegar a pasar muchos días en su habitación y luego salía como si nada hubiera ocurrido. Aprendimos a vivir con sus malos momentos. Su aspecto y atuendo eran normales. Estaba casi siempre allí cuando le necesitábamos. Jugábamos al béisbol en el jardín e íbamos a las atracciones de la feria. Nos llevó un par de veces a Disneyland. Supongo que era un buen hombre, un buen padre, con ese lado oscuro de su personalidad que emergía de vez en cuando.

—Pero no había intimidad entre vosotros.

—No, no había intimidad. Me ayudaba con los deberes y los trabajos de ciencias, e insistía en que sacáramos notas inmejorables. Hablábamos del sistema solar y del medio ambiente, pero nunca de niñas, del sexo ni de coches. Nunca se mencionó a la familia ni a los antepasados. No había apego. No era una persona cálida. Había ocasiones en las que yo le necesitaba y él estaba encerrado en su habitación.

Sam se frotó los ojos y luego se apoyó de nuevo sobre los codos, con la cara cerca de la verja mirando fijamente a Adam.

—¿Qué me dices de su muerte? —preguntó.

—¿Qué quieres saber?

—¿Cómo ocurrió?

Adam hizo una larga pausa antes de responder. Podía relatar los hechos de distintos modos. Podía ser cruel, despiadado, brutalmente sincero y hundir de ese modo al anciano. Sentía una enorme tentación de hacerlo. Se había repetido muchas veces que era necesario. Sam debía sufrir, era preciso hacerle sentir la culpa del suicidio de Eddie. Adam quería realmente herir al viejo cabrón y obligarle a llorar.

Pero al mismo tiempo, deseaba relatar los hechos con brevedad, pasar por alto los aspectos más dolorosos y cambiar de tema. Ese pobre anciano sentado al otro lado de la verja ya sufría bastante. El gobierno se proponía acabar con su vida en menos de cuatro semanas. Además, sospechaba que sabía más sobre la muerte de Eddie de lo que decía.

—Pasaba una época difícil —respondió Adam, con la mirada en la verja pero evitando a Sam—. Hacía tres semanas que estaba en su habitación, lo cual era más tiempo que de costumbre. Mamá nos decía que mejoraba, que dentro de unos días saldría. La creíamos, porque siempre parecía recuperarse. Eligió un día cuando mamá trabajaba y Carmen estaba en casa de una amiga, un día en el que sabía que yo sería el primero en llegar a casa. Le encontré en el suelo de mi habitación, con la pistola todavía en la mano, un treinta y ocho. Un disparo en la sien derecha. Había un nítido círculo de sangre alrededor de su cabeza. Me senté al borde de la cama.

—¿Qué edad tenías?

—Casi diecisiete. Estaba en el instituto y sacaba muy buenas notas. Me percaté de que había colocado media docena de toallas en el suelo y luego se había situado en el centro de las mismas. Comprobé el pulso en su muñeca y ya estaba rígido. El forense dijo que hacía tres horas que había muerto. Había una nota junto a él, pulcramente mecanografiada en papel blanco. Iba dirigida a mí. Decía que me quería, que lo sentía, que quería que me ocupara de las mujeres y que tal vez algún día le comprendería. A continuación llamaba mi atención a una bolsa de plástico para la basura, también en el suelo, y me decía que la utilizara para tirar las toallas, que limpiara la porquería y llamara a la policía. No toques el arma, decía. Y date prisa, antes de que lleguen las chicas —dijo Adam, antes de aclararse la garganta y bajar la mirada al suelo—. De modo que hice lo que me pedía y llamé a la policía. Estuvimos solos quince minutos, sólo él y yo. Él estaba tumbado en el suelo y yo acostado sobre la cama, mirándole. Empecé a llorar y llorar, y a preguntarle por qué, cómo, qué había ocurrido y otras mil preguntas. Ahí estaba mi padre, el único padre que jamás tendría, con sus vaqueros descoloridos, unos calcetines sucios y su camiseta predilecta de la universidad de Los Ángeles. Del cuello para abajo podía haber estado durmiendo, pero tenía un agujero en la cabeza y sangre seca en el cabello. Le odiaba por haber muerto y, al mismo tiempo, sentía compasión por él, por estar muerto. Recuerdo que le pregunté por qué no había hablado antes conmigo. Le hice muchas preguntas. Oí voces y de pronto el cuarto se llenó de policías. Me llevaron a la sala de estar y me envolvieron en una manta. Y aquél fue el fin de mi padre.

Sam estaba todavía apoyado sobre los codos, pero ahora

una mano le cubría los ojos. Quedaban sólo un par de cosas que Adam quería añadir.

—Después del funeral, Lee se quedó con nosotros una temporada. Me habló de ti y de los Cayhall. Llenó muchas lagunas respecto a mi padre. Quedé fascinado contigo y el atentado de Kramer, y empecé a leer viejos artículos de revistas y periódicos. Tardé aproximadamente un año en comprender por qué Eddie se quitó la vida cuando lo hizo. Se había ocultado en su cuarto durante tu juicio y se suicidó cuando terminó.

Sam retiró la mano y miró fijamente a Adam con lágrimas en los ojos.

—De modo que me culpas de su muerte, ¿no es cierto, Adam? Eso es lo que me estás diciendo realmente, ¿no es cierto?

—No. No te culpo enteramente.

—¿Cuánto entonces? ¿Un ochenta por ciento?, ¿un noventa? Has tenido tiempo de calcular. ¿Hasta qué punto es culpa mía?

—No lo sé, Sam. ¿Por qué no me lo cuentas tú?

Sam se secó los ojos y levantó la voz.

—¡Maldita sea! Acepto el cien por cien de la responsabilidad. Me hago plenamente responsable de su muerte, ¿de acuerdo? ¿Es eso lo que quieres?

—Lo que tú digas.

—¡No me hables en tono paternalista! Agrega el nombre de mi hijo a mi lista, ¿es eso lo que quieres? Los gemelos Kramer, su padre y luego Eddie. Son cuatro los que he matado, ¿ño es eso? ¿Quieres agregar a alguien más? Date prisa, muchacho, porque el reloj no deja de avanzar.

—¿Cuántos otros quedan?

—¿Cadáveres?

—Sí. Muertos. He oído los rumores.

—Y evidentemente te los has creído, ¿no es cierto? Pareces muy dispuesto a creer todo lo malo que se dice de mí.

—No he dicho que lo crea.

Sam se puso de pie y caminó hasta el fondo de la sala.

—¡Estoy harto de esta conversación! —exclamó desde diez metros de distancia—. ¡Y estoy harto de ti! Casi preferiría vérmelas con esos abogados judíos.

—Eso tiene arreglo —respondió Adam.

Sam regresó lentamente a su silla.

—Aquí estoy preocupado por mi vida, a veintitrés días de

la cámara de gas, y lo único que se te ocurre es hablar de muertos. Si sigues por ese camino, pronto podrás hablar también de mí. Quiero que hagas algo.

—He presentado una petición esta mañana.

—¡Estupendo! Entonces lárgate, maldita sea. ¡Vete y deja de atormentarme!

VEINTIDÓS

La puerta de donde estaba Adam se abrió y entró Packer seguido de dos caballeros. Eran, evidentemente, abogados: traje oscuro, entrecejo fruncido, maletín abultado. Packer les indicó unas sillas bajo el acondicionador de aire y se sentaron. Luego miró a Adam y se fijó particularmente en Sam, que seguía de pie al otro lado.

—¿Todo en orden? —le preguntó a Adam.

Adam asintió y Sam se sentó en su silla. Packer se retiró y los dos nuevos abogados empezaron a sacar diligentemente unos gruesos documentos de sus abultadas carpetas. Al cabo de un minuto, ambos se habían quitado la chaqueta.

Transcurrieron cinco minutos sin que Sam dijera palabra. Adam se percató de que desde el otro extremo los abogados les miraban de reojo. Estaban en la misma sala que el reo más famoso del patíbulo, el próximo que iría a la cámara de gas, y no podían evitar las miradas de curiosidad a Sam Cayhall y su abogado.

Entonces se abrió la puerta a la espalda de Sam y entraron dos guardias con un negro fuerte y pequeño, con esposas y grilletes, como si temieran que en cualquier momento pudiera dar un salto y asesinar a una docena de personas con sus propias manos. Le acompañaron a una silla frente a sus abogados y empezaron a liberar algunas de sus extremidades. Sus manos siguieron esposadas a la espalda. Uno de los guardias abandonó la sala, pero el otro se colocó entre Sam y el negro.

Sam volvió la cabeza para mirar a su compañero, un individuo nervioso evidentemente descontento de sus abogados. Los letrados tampoco parecían estar encantados con él. Adam les observaba y, al cabo de unos minutos, habían acercado sus cabezas a la verja para hablar, mientras su cliente permanecía sentado obstinadamente sobre las manos. Sus voces bajas eran audibles, pero sus palabras indescifrables.

Sam se acercó apoyado sobre los codos y le indicó a Adam que hiciera lo mismo. Sus caras estaban a veinticinco centímetros la una de la otra, a través de la rendija.

—Ése es Stockholm Turner —dijo Sam, casi en un susurro.

—¿Stockholm?

—Sí, pero le llamamos Stock. A esos africanos rurales les encantan los nombres inusuales. Dice que tiene un hermano llamado Dinamarca y otro Alemania. Es probable que sea cierto.

—¿Qué hizo? —preguntó Adam roído por la curiosidad.

—Creo que atracó una bodega. Mató al propietario. Hace un par de años recibió una sentencia de muerte y empezó la cuenta atrás. Estuvo a un par de horas de la cámara de gas.

—¿Qué ocurrió?

—Sus abogados consiguieron un aplazamiento y no han dejado de luchar desde entonces. Nunca se sabe, pero es probable que su ejecución sea la siguiente a la mía.

Ambos miraron hacia el otro extremo de la sala, donde la discusión se animaba. Stock estaba sentado ahora al borde de la silla y hablaba en un tono muy enojado con sus abogados.

Sam sonrió, soltó una carcajada y se acercó aún más a la verja.

—La familia de Stock vive en la más absoluta pobreza y se mantiene bastante alejada de él. En realidad no es inusual, sobre todo entre los africanos. Raramente recibe cartas o visitas. Nació a ochenta kilómetros de aquí, pero el mundo libre le ha olvidado. Conforme decrece el ímpetu de sus recursos, Stock ha empezado a preocuparse por la vida y la muerte y cosas en general. Aquí, si nadie reclama tu cadáver, el estado te entierra como un indigente en una fosa común. Stock empezó a preocuparse por lo que ocurriría con su cuerpo y a formular toda clase de preguntas. Packer y algunos de los guardias se hicieron eco de su preocupación y le convencieron de que su cuerpo iría a un crematorio y sería incinerado. Luego arrojarían las cenizas desde el aire y se dispersarían por Parchman. Le dijeron que, puesto que estaría lleno de gas, cuando le acercaran a un fósforo estallaría como una bomba. Stock estaba anonadado. Le resultaba difícil dormirse y perdió peso. Entonces empezó a escribir cartas a sus parientes y amigos, pidiéndoles unos dólares para pagarse un entierro cristiano, como él lo llamaba. Empezó a llegar dinero y escribió más cartas. Se dirigió a sacerdotes y a grupos de derechos humanos. Incluso sus abogados le mandaron dinero.

»Cuando caducó su aplazamiento, Stock disponía de casi cuatrocientos dólares y estaba listo para morir. O por lo menos eso creía.

Sam hablaba en un tono alegre y se le movían los ojos de un lado para otro. Contaba el relato con lentitud, en voz baja y saboreaba los detalles. A Adam le divertía más su forma de contarlo que el relato propiamente dicho.

—Aquí existe una norma oficiosa que permite las visitas casi ilimitadas durante las setenta y dos horas anteriores a la ejecución. Siempre y cuando no suponga un riesgo para la seguridad, le permiten al condenado hacer prácticamente cualquier cosa. En la parte delantera hay un pequeño despacho con un escritorio y un teléfono, que se convierte entonces en sala de visita. Especialmente en el caso de los africanos, suele llenarse de toda clase de gente: abuelas, sobrinas, sobrinos, primos, tías... Maldita sea, llegan en autobús. Conocidos que han pensado cinco minutos en el condenado, de pronto aparecen para compartir sus últimos momentos. Se convierte casi en una ocasión social.

»También tienen una norma, con toda seguridad extraoficial, que permite una última visita conyugal con la esposa. Si el condenado no está casado, el alcaide en su infinita misericordia autoriza un breve encuentro con una novia. Un último polvito antes de despedirse de esta vida —dijo Sam antes de mirar de reojo a Stock y acercarse aún más a la verja—. El caso es que Stock es uno de los residentes más populares del patíbulo y se las arregló para convencer al alcaide de que tenía esposa y novia, y que ambas mujeres estarían dispuestas a pasar unos momentos con él antes de morir. ¡Los tres juntos! Al parecer, el alcaide sabía que algo extraño se fraguaba, pero a todo el mundo le gusta Stock y, qué diablos, estaban a punto de quitarle la vida y no podía hacer ningún daño. De modo que Stock estaba ahí, en el pequeño despacho, con su madre, hermanas, primos, sobrinas y un montón de africanos que no habían pronunciado su nombre en los últimos diez años, disfrutando de su última comida, una chuleta con patatas, mientras los demás lloraban afligidos y rezaban. Cuando faltaban unas cuatro horas, ordenaron evacuar la sala y mandaron a los parientes a la capilla. Stock esperó unos minutos, mientras otra furgoneta traía a su esposa y a su novia al patíbulo. Llegaron acompañadas de unos guardias, que las condujeron al pequeño despacho donde Stock estaba listo y con fuego en la mirada. Hacía doce años que ese pobre diablo estaba en el patíbulo.

»Entonces trajeron un pequeño catre para la fiesta, y Stock y sus chicas se pusieron manos a la obra. Los guardias comentaron más adelante que las mujeres eran muy atractivas y también que parecían muy jóvenes. Stock estaba a punto de hacer el amor con su esposa o con su novia, en realidad no importaba con cuál, cuando sonó el teléfono. Era su abogado. El letrado lloraba y, con la voz entrecortada, le dio la gran noticia de que el quinto circuito había concedido un aplazamiento.

»Stock le colgó el teléfono. Tenía cosas más importantes que hacer. Al cabo de unos minutos, volvió a sonar el teléfono. Stock lo levantó. Era nuevamente su abogado, que en esta ocasión le explicó, mucho más compuesto, las maniobras jurídicas que le habían salvado la vida, por lo menos de momento. Stock le dio las gracias y luego le pidió al letrado que no revelara la noticia hasta dentro de una hora.

Adam volvió a mirar a su derecha y se preguntó cuál de los dos abogados habría llamado a Stock cuando ejercía su derecho constitucional de la última visita conyugal.

—A esas alturas, la oficina del fiscal general ya se había puesto en contacto con el alcaide y la ejecución se había anulado, o frustrado, como prefieren llamarlo. A Stock no le importaba. Seguía como si nunca pudiera volver a ver a una mujer. Por razones evidentes, la puerta de la sala no se cierra desde el interior y Naifeh, después de esperar pacientemente, llamó con suavidad a la puerta y le pidió a Stock que saliera. Éste le respondió que necesitaba otros cinco minutos. No, respondió Naifeh. Stock se lo suplicó y de pronto volvieron a oírse ruidos. Entonces el alcaide les sonrió a los guardias, que le devolvieron la sonrisa, y durante cinco minutos se dedicaron a contemplar el suelo, mientras el catre traqueteaba en la pequeña sala.

»Por fin Stock abrió la puerta y salió pavoneándose como el campeón mundial de los pesos pesados. Los guardias dijeron que se sentía más feliz de su experiencia que del aplazamiento. Retiraron inmediatamente a las mujeres, que después de todo resultaron no ser ni su esposa ni su novia.

—¿Quiénes eran?

—Un par de prostitutas.

—¡Prostitutas! —exclamó Adam levantando demasiado la voz.

Uno de los abogados le lanzó una mala mirada. Sam se acercó tanto a la verja que su nariz casi tocaba la rendija.

—Sí, prostitutas locales. De algún modo su hermano se lo organizó. Acuérdate del dinero del entierro, que tanto le costó conseguir.

—Bromeas.

—En serio. Cuatrocientos dólares para unas putas, que en un principio parece abusivo, particularmente tratándose de africanas, pero al parecer estaban aterrorizadas por venir al patíbulo, lo cual es comprensible. Se quedaron con todo el dinero de Stock. Más adelante me dijo que no le importaba un comino cómo le enterraran. Había disfrutado hasta del último centavo. Naifeh se sintió ridiculizado y amenazó con prohibir las visitas conyugales. Pero el abogado de Stock, ése de ahí de pelo oscuro, presentó una petición ante los tribunales y obtuvo una orden que garantiza un último polvito. Creo que Stock casi anhela la próxima ocasión.

Sam se inclinó en su silla y la sonrisa se esfumó lentamente de su rostro.

—Personalmente —prosiguió—, no he pensado mucho en mi visita conyugal. En principio es sólo para relaciones entre marido y esposa, eso es lo que el término significa. Pero es probable que en mi caso el alcaide haga una excepción. ¿Tú qué opinas?

—A decir verdad, no he pensado en ello.

—Era sólo una broma. Soy un anciano. Me contentaría con un masaje en la espalda y una buena copa.

—¿Qué me dices de la última comida? —preguntó Adam, con la voz todavía muy suave.

—No tiene gracia.

—Creía que bromeábamos.

—Probablemente algo contundente, como cerdo hervido con garbanzos. Lo mismo con lo que me alimentan desde hace casi diez años. Tal vez una tostada adicional. Detestaría brindarle al cocinero la oportunidad de preparar una comida digna de seres humanos libres.

—Parece delicioso.

—No te preocupes, lo compartiré contigo. A menudo me he preguntado por qué le alimentan a uno antes de matarle. También llaman al médico para que practique un reconocimiento físico preejecucional. ¿No te parece absurdo? Quieren asegurarse de que estés en forma para morir. Y disponen también de un psiquiatra que te examina antes de la ejecución y debe informar al alcaide, por escrito, de que estás en plena posesión de tus facultades mentales para que te lleven a la cámara de gas. Además, tienen a un cura en plantilla que reza contigo, te administra los sacramentos necesarios y se asegura de que tu alma siga el camino adecuado. Todo ello pagado por los contribuyentes del estado de Mississippi y administrado por las personas encantadoras que nos rodean. No olvides la visita conyugal. Uno puede morir con la lujuria aplacada. Están en todo. Son muy considerados. Se interesan realmente por tu apetito, tu salud y tu bienestar espiritual. En el último momento, te introducen una sonda en el pene y un tapón en el ano, para evitar la suciedad. Eso es por su bien, no por el tuyo. No quieren tener que limpiar luego. De modo que te dan bien de comer, lo que se te antoje, y luego te taponan. Nauseabundo, ¿no te parece? Verdaderamente nauseabundo.

—Hablemos de otra cosa.

Sam se acabó su último cigarrillo y lo arrojó al suelo frente al guardia.

—No. Dejemos de hablar. Estoy harto por hoy.

—De acuerdo.

—Y no me vuelvas a hablar de Eddie, ¿vale? No es justo que vengas a echarme esas cosas en cara.

—Lo siento. No volveré a mencionar a Eddie.

—Procuremos concentrarnos en mí durante las próximas tres semanas, ¿de acuerdo? Es más de lo necesario para mantenernos ocupados.

—Trato hecho, Sam.

A lo largo de la nacional ochenta y dos procedente del este, Greenville se extendía con antiestéticos barrios de centros comerciales, videoclubes, pequeñas bodegas, infinidad de locales de comida rápida y moteles donde sólo te ofrecían el desayuno y televisión por cable gratuita. El río impedía semejante expansión hacia el oeste y, puesto que la nacional ochenta y dos era la vía principal de comunicación, se había convertido evidentemente en la zona predilecta de los promotores.

En los últimos veinticinco años, Greenville había dejado de ser un pueblo de treinta y cinco mil habitantes adormecido junto al río, para convertirse en una ajetreada ciudad de sesenta mil. Era un lugar próspero y progresista. En mil novecientos noventa se había convertido en la quinta ciudad del estado.

Las calles que conducían al centro eran arboladas y formadas por antiguos caseríos. A Adam le dio la impresión de que el centro de la ciudad, elegante, atractivo y bien conservado, aparentemente no había cambiado y contrastaba enormemente con el desconcertante caos a lo largo de la nacional ochenta y dos. Aparcó el coche en la calle Washington, pocos minutos después de las cinco, cuando los comerciantes del centro y sus clientes se preparaban para el fin de la jornada. Se quitó la corbata y la dejó, junto con la chaqueta, en el coche. La temperatura era todavía de más de treinta y cinco grados y nada indicaba que estuviera a punto de descender.

Caminó tres manzanas y encontró el parque con una escultura en bronce de dos niños de tamaño real, en el centro del mismo. Eran ambos de la misma altura, con la misma sonrisa y la misma mirada. Uno corría, otro saltaba a la comba, y el escultor los había captado a la perfección. Josh y John Kramer, de cinco años, para siempre, paralizados en el tiempo por el cobre y el estaño. En una placa de bronce al pie de la estatua se leía simplemente:

JOSH Y JOHN KRAMER
FALLECIDOS AQUÍ EL VEINTIUNO DE ABRIL
DE MIL NOVECIENTOS SESENTA Y SIETE
(2 de marzo de 1962 - 21 de abril de 1967)

El parque, perfectamente cuadrado, ocupaba media manzana del centro de la ciudad, donde había estado situado el bufete de Marvin y un viejo edificio adjunto. El terreno había pertenecido desde hacía muchos años a la familia Kramer y el padre de Marvin lo donó a la ciudad para convertirlo en monumento conmemorativo. Sam había logrado arrasar por completo el bufete y el municipio había derribado el edificio contiguo. Se había dedicado un poco de dinero al parque Kramer pero, sobre todo, mucha planificación. Estaba enteramente rodeado de una verja ornamental de hierro forjado, con una entrada que daba a cada una de las aceras. Paralelas a la verja, había unas hileras perfectas de robles y arces. Unos impecables setos rodeaban parterres de begonias y geranios. Había un pequeño anfiteatro en una esquina bajo los árboles y en el extremo opuesto unos niños negros surcaban el aire con columpios de madera.

Era un pequeño, pintoresco y placentero jardín entre calles y edificios. Una pareja de adolescentes discutía en un banco cuando pasaba Adam. Una pandilla de ciclistas de ocho años circulaba alrededor de una fuente. Un anciano policía paseaba por los jardines, e incluso se llevó la mano a la gorra para saludar a Adam.

Se sentó en un banco y contempló a Josh y John, a menos de diez metros.

—No olvides nunca a las víctimas —le había advertido Lee—. Tienen derecho a exigir venganza. Se la han ganado.

Recordó los horrendos detalles de los juicios: el experto del FBI que declaró acerca de la bomba y la velocidad con que había destruido el edificio, el médico que ofreció una detallada descripción de los pequeños cuerpos y la causa exacta de su muerte, los bomberos que habían intentado salvar vidas, pero sólo habían logrado retirar cadáveres. Había fotografías del edificio y de los niños, pero los jueces tuvieron la precaución de permitir que sólo unas pocas llegaran al jurado. McAllister, previsiblemente, pretendía mostrar ampliaciones a todo color de los cuerpos destrozados, pero no se lo autorizaron.

Adam estaba sentado ahora donde en otra época se encontraba el despacho de Marvin Kramer. Cerró los ojos e intentó sentir el suelo que se estremecía. Vio en su mente el vídeo de los escombros carbonizados y la nube de polvo que cubría el lugar. Oyó la voz frenética del presentador y las sirenas que aullaban en la distancia.

Aquellos niños de bronce no eran mucho mayores que él cuando su abuelo los asesinó. Tenían cinco años y él tres. Hoy él tenía veintiséis y ellos tendrían veintiocho.

La culpabilidad le provocó una dura punzada en el estómago. Se estremeció y empezó a sudar. El sol acababa de ocultarse tras unos grandes robles por el oeste, y los rayos que se filtraban entre las ramas provocaban destellos en los rostros de los niños.

¿Cómo podía Sam haberlo hecho? ¿Por qué era Sam Cayhall su abuelo y no otra persona? ¿Cuándo decidió participar en la guerra santa del Klan contra los judíos? ¿Qué le impulsó a pasar de inofensivo incendiario de cruces a terrorista?

Sentado en el banco, Adam contemplaba la estatua y odiaba a su abuelo. Se sentía culpable de estar en Mississippi intentando ayudar al viejo cabrón.

Encontró un Holiday Inn y reservó una habitación. Después de llamar a Lee, vio las noticias en los canales de Jackson. Evidentemente, había sido otro lánguido día veraniego en Mississippi, en el que poco había ocurrido. Sam Cayhall y sus últimos esfuerzos para seguir vivo eran las principales noticias. Todas las emisoras transmitieron sombríos comentarios del gobernador y del fiscal general, sobre la última petición presentada aquella mañana por la defensa, y ambos estaban hastiados con los interminables recursos. Harían todos los esfuerzos necesarios para resolver el asunto hasta que se hiciera justicia. Una emisora empezó su propia cuenta atrás: veintitrés días para la ejecución, declaró el presentador, como si se tratara de los días que faltaban para Navidad. El número veintitrés aparecía bajo la misma agobiada foto de Sam Cayhall.

Adam cenó en un pequeño restaurante del centro de la ciudad. Estaba solo en su mesa, saboreando el rosbif y los guisantes, mientras escuchaba las inofensivas conversaciones a su alrededor. Nadie mencionó a Sam.

Al atardecer paseó por las aceras frente a tiendas y escaparates, y pensó en Sam cuando caminaba por las mismas calles, sobre el mismo hormigón, a la espera de que estallara la bomba y se preguntaba qué diablos había fallado. Se detuvo junto a una cabina telefónica, tal vez la misma que Sam había intentado utilizar para avisar a Kramer.

El parque estaba desierto y oscuro. Dos farolas de gas en la entrada brindaban la única iluminación. Adam se sentó al pie de la estatua, bajo los niños, bajo la placa con sus nombres y las fechas de su nacimiento y muerte, ocurrida esta última en aquel mismo lugar.

Permaneció ahí mucho rato, insensible a la oscuridad, ponderando lo imponderable, perdiendo el tiempo con infructuosas consideraciones sobre lo que podía haber sido. La bomba había marcado su vida, de eso estaba seguro. Le había alejado de Mississippi y despositado en otro mundo con un nuevo nombre. Había transformado a sus padres para convertirlos en refugiados, que huían de su pasado y se ocultaban de su presente. Había acabado con la vida de su padre, con toda probabilidad, aunque nadie podía vaticinar lo que habría sido de Eddie Cayhall. La bomba había jugado un papel primordial en la decisión de Adam de convertirse en abogado, vocación que nunca había sentido hasta oír hablar de Sam. Soñaba con ser piloto.

Y ahora la bomba le había obligado a regresar a Mississippi, con una misión cargada de agonía y escasas esperanzas de éxito. Muchas eran las probabilidades de que la bomba reclamara su última víctima dentro de veintitrés días, y Adam se preguntaba qué le ocurriría a continuación.

¿Qué podía reservarle todavía la bomba?

VEINTITRÉS

Por regla general, las apelaciones relacionadas con la pena de muerte se tramitan durante años a paso de tortuga. De una tortuga muy vieja. Nadie tiene prisa. Son asuntos complejos. Los informes, los recursos, las peticiones, etcétera, son extensos y complicados. Los tribunales están saturados de asuntos más urgentes.

Sin embargo, a veces el fallo puede aparecer con una rapidez asombrosa. La justicia puede llegar a ser terriblemente eficaz. En particular durante la fase decreciente, cuando se ha fijado una fecha para la ejecución y los tribunales están ya hartos de recursos y apelaciones. Adam recibió su primera dosis de justicia veloz cuando deambulaba por las calles de Greenville el lunes por la tarde.

El Tribunal Supremo de Mississippi echó una ojeada a su petición de reparación poscondenatoria y la denegó alrededor de las cinco de la tarde. Adam acababa de llegar a Greenville y no lo sabía. La denegación ciertamente no le sorprendió, pero sí su rapidez. El tribunal dictó una resolución en menos de ocho horas. No obstante, había que tener en cuenta que el tribunal se ocupaba intermitentemente de Sam Cayhall desde hacía diez años.

En los últimos días de los casos de condena a muerte, los tribunales se observaban mutuamente con mucha atención. Se mandaban copias de los fallos y peticiones por fax, a fin de que supieran a qué atenerse. La denegación del Tribunal Supremo de Mississippi se mandó automáticamente por fax al tribunal del distrito federal de Jackson, próximo organismo al que Adam apelaría. Iba dirigida a su señoría F. Flynn

Slattery, joven juez federal recientemente nombrado que no había tenido relación alguna con las apelaciones de Cayhall.

El despacho del juez Slattery intentó localizar a Adam Hall entre las cinco y las seis del lunes por la tarde, pero el letrado estaba sentado en el parque Kramer. Slattery llamó al fiscal general, Steve Roxburgh, y a las ocho y media se celebró una breve reunión en el despacho de su señoría. El juez era un trabajador empedernido y aquél era su primer caso de pena de muerte. Él y su secretario estudiaron la petición hasta la medianoche.

Si Adam hubiera visto las noticias del lunes por la noche, habría sabido que su petición había sido ya denegada por el Tribunal Supremo. Pero estaba profundamente dormido.

A las seis del martes por la mañana, levantó tranquilamente el periódico de Jackson y descubrió que el Tribunal Supremo había rechazado su solicitud, que el asunto había sido transferido ahora al Tribunal Federal, asignado al juez Slattery, y que tanto el fiscal general como el gobernador se atribuían otra victoria. Le sorprendió, puesto que oficialmente no había hecho todavía petición alguna al Tribunal Federal. Cogió el coche y se dirigió apresuradamente a Jackson, a dos horas de camino. A las nueve entró en el edificio del Tribunal Federal en Capitol Street, en el centro de la ciudad, y se entrevistó brevemente con Breck Jefferson, un joven de cara agria recién salido de la facultad, que ocupaba el importante cargo de secretario técnico de Slattery. Se le ordenó a Adam regresar a las once para reunirse con el juez.

A pesar de que llegó al despacho de Slattery a las once en punto, era evidente que los presentes llevaban algún tiempo reunidos. En el centro del enorme despacho de Slattery había una mesa caoba de conferencias, larga y ancha con ocho sillas de cuero negro a cada lado. El trono de Slattery estaba al final de la mesa, cerca de su escritorio, y delante de él, sobre la mesa, había montones de documentos, cuadernos y otros efectos. A su derecha había numerosos jóvenes blancos con traje azul marino, todos apiñados a lo largo de la mesa, con otra hilera de ávidos guerreros a su espalda. Aquél era el lado de la acusación, con su excelencia el gobernador, David McAllister, junto a su señoría. El fiscal general, Steve Roxburgh, en una lucha evidentemente perdida por el control del territorio, estaba situado a media mesa. Cada funcionario había traído consigo a sus litigadores y pensadores de más confianza, y era evidente que aquel escuadrón de estrategas llevaba reunido bastante tiempo con el juez fraguando tácticas, antes de la llegada de Adam.

Breck, el secretario, abrió la puerta, saludó a Adam con relativa cortesía y le pidió que entrara en la sala. Conforme Adam se acercaba con parsimonia a la mesa, se hizo el silencio. Slattery se levantó con reticencia de su sillón y se presentó. Se dieron la mano fría y fugazmente.

—Siéntese —dijo mientras agitaba vagamente la mano izquierda en dirección a las ocho sillas de cuero del lado de la defensa.

Después de titubear, Adam acabó por sentarse frente a alguien cuyo rostro identificó como el de Roxburgh y dejó su maletín sobre la mesa. Tenía cuatro sillas vacías a la derecha, en dirección a Slattery, y tres a la izquierda. Se sentía como un intruso solitario.

—Supongo que conoce al gobernador y al fiscal general —dijo Slattery, como si todo el mundo les conociera.

—No les conozco —respondió Adam con un ligero movimiento de la cabeza.

—Me llamo David McAllister, señor Hall, encantado de conocerle —dijo inmediatamente el gobernador, con la anhelante euforia de un político, al tiempo que mostraba su impecable dentadura en una radiante sonrisa.

—El gusto es mío —respondió Adam, sin apenas mover los labios.

—Y yo soy Steve Roxburgh —dijo el fiscal general.

Adam se limitó a saludarle con la cabeza. Había visto su cara en los periódicos.

Roxburgh tomó la iniciativa y empezó a hablar mientras señalaba a los presentes.

—Estos señores son abogados de mi división de apelaciones penales. Kevin Laird, Bart Moody, Morris Henry, Hugh Simms y Joseph Ely. Ellos se ocupan de los casos de pena de muerte.

Asintieron todos obedientemente, sin dejar de fruncir el entrecejo con perspicacia. Adam contó once personas al otro lado de la mesa.

McAllister optó por no presentar a sus esbirros, todos ellos afectados por jaquecas o hemorroides. Tenían todos el rostro contorsionado por el dolor, o tal vez por las graves deliberaciones sobre los asuntos jurídicos que les ocupaban.

—Confío en que no nos hayamos precipitado, señor Hall —dijo Slattery, que tenía poco más de cuarenta años y era uno de los jóvenes nombramientos de Reagan, al tiempo que se ponía unas gafas para leer sobre la nariz—. ¿Cuándo se propone usted presentar oficialmente la solicitud al Tribunal Federal?

—Hoy —respondió Adam un tanto nervioso, todavía aturdido por la velocidad de los acontecimientos.

No obstante, cuando conducía hacia Jackson, había decidido que era positivo que así ocurriera. Si a Sam se le otorgaba alguna concesión, sería en el Tribunal Federal, no en el del estado.

—¿Cuándo podrá responder el Ministerio Fiscal? —preguntó el juez, dirigiéndose a Roxburgh.

—Mañana por la mañana. En el supuesto de que la solicitud presentada aquí trate de las mismas objeciones que la del Tribunal Supremo.

—Las mismas —respondió Adam mirando a Roxburgh—. Se me ha dicho que viniera a las once —agregó, dirigiéndose a Slattery—. ¿A qué hora ha empezado la reunión?

—La reunión empezó cuando yo decidí que empezara, señor Hall —respondió fríamente Slattery—. ¿Tiene usted algún inconveniente?

—Sí. Es evidente que esta conferencia empezó hace algún tiempo sin que yo estuviera presente.

—¿Qué tiene eso de malo? Éste es mi despacho y empiezo las reuniones cuando me da la gana.

—Sí, pero se trata de mi solicitud y se me había invitado a participar en la discusión. Me parece que debería haber estado presente desde el principio.

—¿No confía usted en mí, señor Hall? —preguntó Slattery después de apoyarse sobre los codos, evidentemente divertido.

—No confío en nadie —respondió Adam con la mirada fija en su señoría.

—Procuramos acomodarnos a usted, señor Hall. Su cliente no dispone de mucho tiempo y sólo intento agilizar los trámites. Creí que se sentiría satisfecho de que pudiéramos organizar esta reunión con tanta rapidez.

—Muchas gracias —dijo Adam antes de mirar su cuaderno.

Se hizo un breve silencio, al tiempo que se aplacaba ligeramente la tensión.

—Presente hoy la petición —dijo Slattery, con un papel en la mano—. El Ministerio Fiscal presentará mañana su respuesta. Deliberaré durante el fin de semana y emitiré un fallo el lunes. En el supuesto de que decida celebrar una vista, necesito saber cuánto tiempo necesitarán ambas partes para prepararse. ¿Cuánto tardará usted, señor Hall? ¿Cuánto tiempo necesitará para estar listo para una vista?

A Sam le quedaban veintidós días de vida. La vista tendría que ser concisa y apresurada, con testimonios breves, y una decisión rápida por parte del tribunal. Algo que empeoraba la situación era que Adam no tenía ni idea del tiempo que necesitaría para prepararse para una vista, porque nunca había tenido experiencia semejante. Había participado en pequeñas escaramuzas en Chicago, pero nunca lejos de Emmitt Wycoff. ¡Maldita sea, no era más que un novato! Ni siquiera sabía con certeza dónde se encontraba la sala.

Además, algo le decía que los once buitres que le observaban en aquel preciso momento, eran perfectamente conscientes de que no sabía lo que hacía.

—Puedo estar listo en una semana —respondió con toda seriedad y tanta fe como pudo acumular.

—Muy bien —dijo Slattery, como si aquélla fuera una buena respuesta.

«Buen chico, Adam.» Una semana era razonable.

Entonces Roxburgh le susurró algo a uno de sus esbirros y a todos los demás les pareció gracioso. Adam no les prestó atención alguna.

Slattery escribió algo con una pluma estilográfica y lo examinó. Luego se lo entregó al secretario, Breck, que lo recibió como un tesoro y se lo llevó a otra parte. Su señoría examinó la columna de infantería jurídica que tenía a la derecha y luego posó la mirada en el joven Adam.

—Señor Hall, hay algo más de lo que me gustaría hablar. Como bien sabe, esta ejecución está previsto que tenga lugar dentro de veintidós días, y desearía saber si este tribunal puede esperar algún recurso adicional en nombre del señor Cayhall. Sé que es una pregunta inusual, pero también lo es la situación que nos ocupa. Francamente, ésta es mi primera participación en un caso de pena de muerte tan avanzado como éste, y me parece preferible que todos trabajemos juntos.

«En otras palabras, su señoría, quiere tener la seguridad absoluta de que no habrá ningún aplazamiento.»

Adam reflexionó unos instantes. Era una propuesta inusual y, además, injusta. Pero Sam tenía el derecho constitucional de presentar cualquier recurso en cualquier momento, y Adam no podía prometer nada que le comprometiera.

—En realidad no lo sé, su señoría —respondió con cortesía—. Ahora no. Pero tal vez la próxima semana.

—Seguro que presentará todos los recursos habituales de última hora —dijo Roxburgh, mientras sus burlones mamelucos miraban atónitos a Adam.

—Francamente, señor Roxburgh, nada me obliga a revelarle mis intenciones. Ni tampoco al tribunal, dicho sea de paso.

—Claro que no —exclamó incomprensiblemente McAllister, tal vez porque no podía permanecer callado más de cinco minutos.

Adam se había fijado en el abogado sentado a la derecha de Roxburgh, un tipo metódico con una mirada helada que raramente se separaba de él. Era joven pero canoso, perfectamente afeitado y muy pulcro. McAllister le mostraba respeto y, en varias ocasiones, se había inclinado hacia él, como si recibiera consejos. El resto del personal del Ministerio Fiscal parecía acceder a sus ideas y maniobras. Había una referencia en uno de los centenares de artículos, que Adam había recortado y archivado, a un vil acusador de la oficina del fiscal general conocido como «doctor muerte», un inteligente pájaro propenso a impulsar los casos de pena de muerte hasta su última consecuencia. Su nombre o su apellido era Morris, y Adam recordaba vagamente a un tal Morris cuando Roxburgh había presentado apresuradamente a sus subordinados.

Adam supuso que se trataba del nefario «doctor muerte». Morris Henry era su nombre.

—Entonces presente sus recursos cuanto antes —dijo Slattery con bastante frustración—. No quiero verme obligado a trabajar día y noche en el último momento.

—No, señor —respondió Adam con fingida compasión.

Slattery le miró fijamente unos instantes y luego volvió a los documentos que tenía delante.

—Muy bien, señores. Les sugiero que estén pendientes del teléfono el domingo por la noche y lunes por la mañana. Les llamaré en cuanto haya tomado una decisión. Se levanta la sesión.

Entre los conspiradores del otro lado estalló un revuelo de papeles, documentos que se retiraban apresuradamente de la mesa, y conversaciones a media voz. Adam era el que estaba más cerca de la puerta.

—Buenos días, su señoría —apenas susurró mientras saludaba a Slattery con la cabeza cuando abandonaba la sala.

Le brindó una sonrisa de cortesía al secretario, y estaba ya en el pasillo cuando oyó que alguien le llamaba. Era el gobernador, seguido de dos acompañantes.

—¿Podemos hablar un momento? —preguntó McAllister al tiempo que le tendía la mano y se la estrechaba brevemente.

—¿Sobre qué?

—Sólo cinco minutos.

Adam miró a los acompañantes del gobernador, que esperaban a pocos pasos.

—Solos. En privado. Y extraoficialmente —respondió.

—Por supuesto —respondió McAllister mientras señalaba una puerta doble.

Entraron en una pequeña sala de audiencias con las luces apagadas. El gobernador no llevaba nada en las manos. Uno de sus acompañantes cargaba con sus bolsas y maletín. Hundió las manos en sus bolsillos y se apoyó contra una baranda. Estaba delgado e iba bien vestido, con un bonito traje, una elegante corbata de seda y la obligatoria camisa de algodón blanco. Tenía menos de cuarenta años y se conservaba de maravilla. Sólo unas pinceladas grises coloreaban sus patillas.

—¿Cómo está Sam? —preguntó fingiendo un interés profundo.

—Estupendamente —refunfuñó Adam después de desviar la mirada y dejar su maletín en el suelo—. Le diré que ha preguntado por él. Se emocionará.

—He oído que no estaba muy bien de salud.

—¿Salud? Usted está intentando matarle. ¿Cómo puede importarle su salud?

—Era sólo un rumor.

—Sam odia sus entrañas, ¿comprende? Su salud no es buena, pero resistirá otras tres semanas.

—El odio por parte de Sam no es nada nuevo.

—¿De qué quiere hablar exactamente?

—Sólo quería conocerle. Estoy seguro de que nos veremos en breve.

—Escúcheme, gobernador. Tengo un contrato firmado con mi cliente que me prohíbe específicamente hablar con usted. Repito que le odia. Usted es el motivo de que esté hoy condenado a muerte. Le culpa a usted de todo y, si supiera que estoy ahora hablando con usted, me despediría.

—¿Su propio abuelo le despediría?

—Sí. Estoy convencido de ello. De modo que si leo en los periódicos de mañana que hoy nos hemos visto y hablado de

Sam Cayhall, no me quedará más remedio que regresar a Chicago, lo cual probablemente impedirá la ejecución porque Sam no tendrá abogado. No pueden matar a un hombre que no tiene abogado.

—¿Quién lo dice?

—Limítese a no divulgarlo si no le importa.

—Le doy mi palabra. Pero si no podemos hablar, ¿cómo discutimos el tema del indulto?

—No lo sé. No he llegado tan lejos todavía.

La expresión de McAllister era siempre agradable, y su radiante sonrisa estaba permanentemente a flor de piel.

—Supongo que ha pensado en el indulto.

—Sí. Con sólo tres semanas para que se cumpla el plazo, he pensado en el indulto. Todos los condenados a muerte sueñan con un indulto, gobernador, y ésa es la razón por la que usted no puede concederlo. Si indulta a un condenado, los otros cincuenta no dejarán de importunarle para que les haga el mismo favor. Cincuenta familias empezarán a escribirle cartas y a llamarle día y noche. Cincuenta abogados buscando influencias e intentando llegar a su despacho. Tanto usted como yo sabemos que no puede hacerlo.

—No estoy seguro de que deba morir.

Lo dijo después de desviar la mirada, como si estuviera a punto de cambiar de parecer, como si con los años hubiera madurado y ablandado su empeño por castigar a Sam. Adam se disponía a hablar, pero comprendió la magnitud de aquellas palabras. Bajó la mirada al suelo y prestó particular atención a los mocasines de cordones del gobernador. McAllister estaba sumido en sus pensamientos.

—Yo tampoco estoy seguro de que deba morir —dijo Adam.

—¿Cuánto le ha contado?

—¿Sobre qué?

—El atentado de Kramer.

—Dice que me lo ha contado todo.

—¿Pero usted tiene dudas?

—Sí.

—Yo también. Siempre las he tenido.

—¿Por qué?

—Muchas razones. Jeremiah Dogan era un conocido mentiroso y estaba muerto de miedo de ir a la cárcel. Hacienda le tenía completamente atrapado y estaba convencido de que si iba a la cárcel, las pandillas de negros le violarían, torturarían y luego le matarían. No olvide que era el brujo imperial.

Dogan también ignoraba muchas cosas. Era astuto y escurridizo en lo concerniente al terrorismo, pero no comprendía el sistema de justicia penal. Siempre creí que alguien, probablemente el FBI, le había dicho a Dogan que era preciso condenar a Sam, o de lo contrario acabaría él en la cárcel. Sin condena no había trato. Fue un testigo excepcionalmente ávido cuando subió al estrado. Anhelaba desesperadamente que el jurado condenara a Sam.

—¿De modo que mintió?

—No lo sé. Tal vez.

—¿Sobre qué?

—¿Le ha preguntado a Sam si tenía algún cómplice?

Adam reflexionó unos intantes y analizó la pregunta.

—No puedo revelarle lo que Sam y yo hemos hablado. Es confidencial.

—Claro que lo es. Hay mucha gente en este estado que, secretamente, no quiere ver a Sam ejecutado —dijo McAllister, fijando su mirada en Adam.

—¿Es usted uno de ellos?

—No lo sé. Pero ¿y si Sam no se proponía matar a Marvin Kramer ni a sus hijos? Sin duda estaba allí, con las manos en la masa. ¿Pero y si era otro quien actuaba con premeditación de matar?

—Entonces Sam no sería tan culpable como creemos.

—Exactamente. Sin duda no es inocente, pero tampoco lo suficientemente culpable como para ser ejecutado. Esto me preocupa, señor Hall. ¿Me permite que le llame Adam?

—Por supuesto.

—Supongo que Sam no ha dicho nada respecto a un cómplice.

—No puedo hablar de ello. Todavía no.

El gobernador se sacó una mano del bolsillo y le entregó a Adam una tarjeta de visita.

—Hay dos números de teléfono al dorso. Uno es el particular de mi despacho. El otro es el de mi casa. Todas las llamadas son confidenciales, se lo prometo. A veces actúo para las cámaras, Adam, forma parte de mi trabajo, pero le aseguro que puede confiar en mí.

Adam cogió la tarjeta y examinó los números escritos a mano.

—No podría vivir conmigo mismo si no indultara a un hombre que no merece morir —dijo McAllister cuando se dirigía a la puerta—. Llámeme, pero no espere demasiado. Este asunto empieza a caldearse. Recibo veinte llamadas todos los días.

Le guiñó un ojo a Adam, mostró una vez más su impecable dentadura y abandonó la sala.

Adam se sentó en una silla metálica junto a la pared y examinó la parte frontal de la tarjeta. Estaba repujada en oro y llevaba un sello oficial. Veinte llamadas diarias. ¿Qué significaban? ¿Eran de personas que querían ver a Sam muerto o indultado?

«Mucha gente de este estado no quiere ver a Sam ejecutado», había dicho, como si estuviera ya sopesando los votos que perdería con los que ganaría.

VEINTICUATRO

La sonrisa de la recepcionista no fue tan ávida como de costumbre y, cuando se dirigía a su despacho, Adam detectó un ambiente más sombrío entre el personal y un puñado de abogados. El tono de las conversaciones había descendido y todo parecía un poco más urgente.

Había llegado Chicago. Ocurría de vez en cuando, no necesariamente para llevar a cabo una inspección, sino, con mayor frecuencia, para atender a algún cliente local o celebrar una pequeña reunión burocrática interior. Nunca se había despedido a nadie cuando llegaba Chicago. Nadie había sido regañado ni insultado. Pero siempre generaba unos momentos de angustia, hasta que Chicago se marchaba para regresar al norte.

Adam abrió la puerta de su despacho y casi golpeó con ella la preocupada cara de E. Garner Goodman, con su correspondiente pajarita, camisa blanca almidonada y frondosa cabellera canosa. Paseaba por la sala y estaba cerca de la puerta cuando ésta se abrió. Adam le miró fijamente, luego le tendió la mano y se la estrechó.

—Pase, pase —dijo Goodman cuando cerraba la puerta, invitando a Adam a entrar en su propio despacho, todavía sin haberle sonreído.

—¿Qué está haciendo aquí? —preguntó Adam cuando se dirigía a su escritorio, después de dejar el maletín en el suelo.

Se miraron mutuamente. Goodman se acarició la barba canosa y se arregló la pajarita.

—Me temo que ha surgido una emergencia. Podrían ser malas noticias.

—¿De qué se trata?

—Siéntese, siéntese. Puede que tardemos unos minutos.

—No. Estoy bien. ¿De qué se trata?

Tenía que ser algo horrible, si debía tomárselo sentado. Goodman se tocó la pajarita y acarició la barba.

—Ha ocurrido a las nueve de esta mañana. Veamos, la junta de personal está formada por quince socios, casi todos bastante jóvenes. La junta completa tiene varios subgrupos: uno para la contratación de personal, otro disciplinario, otro de arbitramiento, etcétera. Y como puede imaginar, hay también uno de despidos. La subjunta de despidos se ha reunido esta mañana, e imagine quién lo ha organizado todo.

—Daniel Rosen.

—Daniel Rosen, por supuesto, hace diez días que apremia a los miembros de la subjunta de despidos con el propósito de conseguir suficientes votos para prescindir de sus servicios.

Adam se sentó junto a la mesa y Goodman frente a él.

—La subjunta consta de siete miembros, que se han reunido esta mañana a petición de Rosen. Eran cinco los presentes y, por consiguiente, había quorum. Evidentemente no me había avisado a mí, ni a ninguna otra persona. Las reuniones de despidos son estrictamente confidenciales, por razones obvias, de modo que no estaba obligado a avisar a nadie.

—¿Ni siquiera a mí?

—No, ni siquiera a usted. Usted era el único tema en la orden del día y la reunión ha durado menos de una hora. Rosen había manipulado la situación a su antojo, pero además ha presentado el caso de un modo muy convincente. No olvides que durante treinta años ha sido el terror de la sala. Todas las reuniones de despidos se registran, por si luego hubiera lugar a pleito, de modo que Rosen ha dejado constancia detallada de todo lo dicho. Por supuesto alega que usted se valió de engaño cuando solicitó su empleo en Kravitz & Bane, que presenta al bufete un conflicto de intereses, etcétera. Tenía además alrededor de una docena de copias de artículos de periódico sobre usted y Sam que hacían hincapié en el aspecto abuelo/nieto. En su opinión, ha colocado al bufete en una posición embarazosa. Estaba muy preparado. Creo que el lunes le subestimamos.

—Y han votado.

—Cuatro contra uno para despedirle.

—¡Cabrones!

—Lo sé. He visto a Rosen en otras situaciones difíciles y es capaz de ser brutalmente persuasivo. Generalmente se sale con la suya. Y ahora que ya no puede ir a los juzgados, se dedica a buscar pelea en la oficina. Dentro de seis meses nos habremos librado de él.

—Esto ahora no es un gran consuelo.

—No hay que perder la esperanza. La noticia ha llegado finalmente a mi despacho alrededor de las once y, por suerte, Emmitt Wycoff estaba en la oficina. Hemos ido al despacho de Rosen y, después de una terrible pelea, hemos empezado a llamar por teléfono. Resumiendo, la junta de personal completa se reunirá a las ocho de la mañana, para revisar su despido. Es preciso que esté presente.

—¡A las ocho de la mañana!

—Sí. Esos individuos están ocupados. Muchos de ellos tienen que estar en el juzgado a las nueve. Algunos tienen todo el día comprometido. De los quince, tendremos suerte de que haya quorum.

—¿Cuántos son necesarios para que haya quorum?

—Dos tercios. Diez. Y si no hay quorum, tendremos problemas.

—¡Problemas! ¿Qué es lo que tenemos ahora?

—Puede empeorar. Si no hay quorum por la mañana, tiene derecho a solicitar otra revisión dentro de treinta días.

—Sam estará muerto dentro de treinta días.

—Puede que no. En todo caso, creo que celebraremos la reunión por la mañana. Emmitt y yo hemos logrado que nueve de ellos nos prometan su asistencia.

—¿Y los cuatro que han votado contra mí esta mañana?

—Adivínelo —sonrió Goddman, antes de desviar la mirada—. Rosen se ha asegurado de que sus votos estén presentes mañana.

—¡Maldita sea, dimito! —exclamó de pronto Adam golpeando la mesa con ambas manos.

—No puede dimitir. Acaban de despedirle.

—Entonces no me opondré. ¡Hijos de puta!

—Escúcheme, Adam...

—¡Hijos de puta!

Goodman guardó unos momentos de silencio para dejar que Adam se tranquilizara. Se arregló la pajarita, se acarició la barba y dio unos golpecitos sobre la mesa con los dedos.

—Escúcheme, Adam —dijo luego—, tenemos buenas perspectivas para la reunión de la mañana. Así lo cree Emmitt. Yo estoy de acuerdo. Cuenta con el apoyo del bufete. Creemos en lo que está haciendo y, francamente, nos ha gustado la publicidad. Han aparecido artículos interesantes en la prensa de Chicago.

—Sí..., el bufete parece que me apoya.

—Escúcheme. Mañana podemos ganar. Yo llevaré la voz cantante, Wycoff está presionando a gente en estos momentos y tenemos a otras personas que también ejercen presión.

—Rosen no es estúpido, señor Goodman. Lo único que quiere es ganar. No le importo yo, ni Sam, ni usted, ni nadie. Sólo desea vencer. Es una competición y apuesto a que en estos momentos está hablando por teléfono para ganar votos.

—Entonces vamos a enfrentarnos a ese chiflado. Presentémonos mañana a la reunión ofendidos. Convirtamos a Rosen en el malvado. Sinceramente, Adam, ese individuo no tiene muchos amigos.

Adam se acercó a la ventana y miró a través de la persiana. La calle estaba llena de peatones. Eran casi las cinco. Tenía casi cinco mil dólares en bonos. Si vivía austeramente y hacía algunos cambios en su estilo de vida, podrían durarle unos seis meses. Su salario era de sesenta y dos mil y no contar con él en un futuro próximo sería difícil. Pero nunca le había preocupado el dinero y no empezaría a hacerlo ahora. Le preocupaban mucho más las tres próximas semanas. Después de diez días como abogado especializado en la pena de muerte sabía que necesitaba ayuda.

—¿Cómo será al final? —preguntó después de un profundo silencio.

Goodman se levantó lentamente y se acercó a otra ventana.

—Bastante frenético. No dormirá mucho los últimos cuatro días. Correrá de un lado para otro. Los tribunales son imprevisibles. La administración es imprevisible. Uno sigue presentando peticiones y recursos plenamente convencido de que no surtirán efecto alguno. Le atosigarán los periodistas. Y, lo que es más importante, deberá pasar todo el tiempo posible con su cliente. Es una locura de trabajo y todo gratuito.

—De modo que necesitaré ayuda.

—Desde luego. No podrá hacerlo solo. Cuando ejecutaron a Maynard Tole, teníamos a un abogado en Jackson anclado en el despacho del gobernador, otro en el despacho del secretario del Tribunal Supremo en Jackson, otro en Washington y otros dos en el patíbulo. Ésa es la razón por la que tiene que ir a luchar mañana, Adam. Necesitará el apoyo del bufete y sus recursos. No puede hacerlo solo. Se requiere un equipo.

—Esto es realmente un golpe bajo.

—Lo sé. Hace un año estaba en la facultad y ahora acaban de despedirle. Sé que duele. Pero créame, Adam, son palos de ciego. No se saldrán con la suya. Dentro de diez años será socio del bufete y aterrorizará a los jóvenes asociados.

—No esté tan seguro.

—Vamos a Chicago. Tengo dos billetes para el avión de las siete y cuarto. Llegaremos a las ocho y media y cenaremos en un buen restaurante.

—Necesito ropa.

—De acuerdo. Reúnase conmigo a las seis y media en el aeropuerto.

El asunto estaba en efecto resuelto antes de empezar la reunión. Había once miembros de la junta de personal presentes, suficientes para formar quorum. Se reunieron en una biblioteca cerrada del sexagésimo piso, alrededor de una mesa en cuyo centro había varios litros de café, acompañados de gruesas carpetas de documentos, dictáfonos portátiles y saturadas agendas de bolsillo. Uno de ellos se trajo a su secretaria, que trabajaba desesperadamente en el pasillo. Eran personas muy ocupadas, todos ellos a menos de una hora de otro día frenético de interminables conferencias, reuniones, informes, apariciones en la sala, juicios, teléfonos y almuerzos de trabajo. Diez hombres y una mujer, todos ellos de poco menos o poco más de los cuarenta, todos socios de K & B, y todos con prisa para regresar a sus embarullados escritorios.

El asunto de Adam Hall era una molestia para ellos. En realidad, la junta de personal era una molestia para ellos. No era uno de los cargos más agradables que se podía ostentar, pero habían sido debidamente elegidos y nadie se atrevía a negarse. Todo por el bufete. ¡Viva el equipo!

Adam había llegado a las oficinas a las siete y media. Había estado ausente diez días, el período más prolongado hasta entonces. Emmitt Wycoff había pasado su trabajo a otro joven asociado. Nunca había escasez de novatos de Kravitz & Bane.

A las ocho estaba oculto en una pequeña sala de conferencias en desuso del sexagésimo piso, cerca de la biblioteca. Estaba nervioso, pero se esforzaba en no manifestarlo. Tomaba café y leía los periódicos de la mañana. Parchman estaba en otra galaxia. Estudió los nombres de los quince componentes de la junta de personal, pero no conocía a ninguno de ellos. Once desconocidos que debatirían su futuro durante la próxima hora y luego votarían apresuradamente para ir a ocuparse de asuntos más importantes. Apareció Wycoff y le saludó pocos minutos antes de las ocho. Adam le dio las gracias por todo, se disculpó por todos los problemas causados y escuchó mientras Emmitt le prometía un resultado rápido y satisfactorio.

Garner Goodman abrió la puerta a las ocho y cinco.

—Las perspectivas son bastante buenas —dijo casi en un susurro—. Ahora hay once miembros presentes. Contamos con por lo menos cinco de ellos. Tres de los votos de Rosen de la subjunta están aquí, pero parece que la faltarán uno o dos votos.

—¿Está aquí Rosen? —preguntó Adam, aunque ya conocía la respuesta, con la esperanza de que tal vez ese viejo cabrón hubiera fallecido mientras dormía.

—Sí, por supuesto. Y creo que está preocupado. Emmitt todavía hacía llamadas telefónicas a las diez de la noche. Tenemos los votos y Rosen lo sabe —dijo Goodman, antes de retirarse.

A las ocho y cuarto el presidente ordenó silencio en la sala y declaró que había quorum. El despido de Adam Hall era el único asunto de la orden del día y, en realidad, la única razón por la que se había convocado aquella reunión especial. Emmitt Wycoff tomó la iniciativa y en diez minutos expresó con elocuencia que Adam era una persona maravillosa. Se colocó a un extremo de la mesa, frente a unas estanterías de libros, y charló relajadamente como si intentara persuadir a un jurado. Por lo menos la mitad de los presentes no oyeron una palabra. Examinaban documentos y estudiaban agendas.

Garner Goodman habló a continuación. Resumió rápidamente el caso de Sam Cayhall y pronosticó sinceramente que, con toda probabilidad, Sam sería ejecutado dentro de tres semanas. Luego defendió a Adam; dijo que pudo haberse equivocado al no revelar su parentesco con Sam, pero qué diablos, el pasado era el pasado y el presente era el presente, y que éste se convertía en algo mucho más importante cuando al cliente le quedaban sólo tres semanas de vida.

No se les formuló una sola pregunta a Wycoff ni a Goodman. Evidentemente las reservaban para Rosen.

Los abogados tienen muy buena memoria. Se le da hoy una puñalada por la espalda a alguien, y la persona en cuestión esperará años entre bastidores hasta que se presente la oportunidad de devolver la pelota. Daniel Rosen tenía infinidad de pelotas por devolver en los pasillos de Kravitz & Bane, y como socio gerente empezaba a hacerlo. Había presionado a la gente, a su propia gente, a lo largo de los años. Era un fanfarrón, un mentiroso, un malvado. En sus días de gloria había sido el corazón y alma del bufete, y lo sabía. Nadie osaba desafiarle. Había abusado de los jóvenes asociados y atormentado a los demás socios. Había impuesto su voluntad a la de las juntas, hecho caso omiso de la política del bufete, se había apropiado indebidamente de clientes de otros abogados de Kravitz & Bane y ahora, en el crepúsculo de su carrera, se dedicaba a cobrar favores.

Dos minutos después de iniciar la introducción emergió la primera interrupción de un joven socio que practicaba el motociclismo con Emmitt Wycoff. Rosen paseaba, como si se encontrara en una sala abarrotada de gente en sus días de gloria, cuando la pregunta interrumpió su discurso. Antes de que tuviera tiempo de elaborar una respuesta sarcástica, llegó la siguiente pregunta. Cuando intentaba responder a las dos primeras, como caída del cielo, llegó una tercera. El alboroto estaba servido.

Los tres interrogadores actuaron como un competente equipo de marro y era evidente que habían ensayado. Se turnaban para acribillar a Rosen con incesantes preguntas, hasta que en menos de un minuto empezó a insultar y blasfemar. Los demás conservaron los buenos modales. Cada uno tenía delante un cuaderno, con lo que parecía una larga lista de preguntas.

—¿En qué radica el conflicto de intereses, señor Rosen?

—¿No está de acuerdo, señor Rosen, en que un abogado pueda representar a un miembro de su familia?

—En la solicitud de empleo que rellenó el señor Hall, ¿se le preguntaba específicamente si el bufete representaba a algún miembro de su familia?

—¿Tiene usted algo contra la publicidad, señor Rosen?

—¿Por qué considera que la publicidad es negativa?

—¿Intentaría usted ayudar a un pariente suyo condenado a la pena de muerte?

—¿En el fondo desea usted que ejecuten a Sam Cayhall porque mató a judíos?

—¿No cree que le ha tendido usted una trampa al señor Hall?

No fue un espectáculo agradable. Algunas de las mayores victorias recientes en los juzgados de Chicago eran las de Daniel Rosen y ahora le estaban haciendo trizas en una lucha insignificante ante una junta. No un jurado. Ni tampoco un juez. Una junta.

La idea de rendirse nunca le había pasado por la mente. Siguió adelante, levantando cada vez más la voz y crecientemente cáustico. Sus respuestas y mordaces contraataques eran cada vez más personales, y dijo cosas muy desagradables sobre Adam.

Eso fue un error. Otros se unieron a la pelea, y pronto empezó Rosen a desplomarse como una presa herida a pocos pasos de una manada de lobos. Cuando comprendió que no convencería a una mayoría de los miembros de la junta, bajó la voz y recuperó la compostura.

Prosiguió educadamente con un sosegado resumen sobre consideraciones éticas y el mantenimiento del decoro, preceptos que se inculcan a los abogados en la facultad y que se echan en cara cuando discuten, pero olvidan cuando conviene.

Cuando Rosen terminó, abandonó apresuradamente la sala, mientras tomaba nota mental de los que habían tenido la audacia de interrogarle. Escribiría sus nombres en una ficha en el momento que llegara a su despacho y algún día, algún día, les devolvería la pelota.

Los papeles, los cuadernos y los aparatos electrónicos desaparecieron inmediatamente de la mesa, que de pronto quedó limpia a excepción del café y las tazas vacías. El presidente ordenó que se votara. Rosen consiguió cinco votos. Adam seis, y la junta de personal dio la sesión inmediatamente por concluida y sus miembros desaparecieron a toda prisa.

—¿Seis a cinco? —repitió Adam mientras contemplaba los rostros aliviados pero no sonrientes de Goodman y Wycoff.

—Una victoria razonable —comentó Wycoff.

—Podía haber sido peor —agregó Goodman—. Podía haberse quedado sin empleo.

—¿Por qué no me siento eufórico? Por un miserable voto me he salvado de pasar a la historia.

—No exactamente —aclaró Wycoff—. Los votos se habían contado antes de la reunión. Rosen se había garantizado dos votos y los demás le han apoyado porque sabían que usted ganaría. No tiene ni idea de las presiones que se ejercieron anoche. Esto ha sido la puntilla para Rosen. Dentro de tres meses se habrá marchado.

—Puede que antes —agregó Goodman—. Es una bala perdida. Todo el mundo está harto de él.

—Incluso yo —dijo Adam.

Wycoff consultó su reloj. Eran las ocho cuarenta y cinco, y tenía que estar en el juzgado a las nueve.

—Lo siento, Adam, pero tengo prisa —dijo mientras se abrochaba la chaqueta—. ¿Cuándo piensa regresar a Memphis?

—Hoy, supongo.

—¿Podemos almorzar juntos? Me gustaría hablar con usted.

—Por supuesto.

—Estupendo —dijo después de abrir la puerta—. Mi secretaria le llamará. Debo marcharme. Hasta luego —agregó antes de desaparecer.

De pronto Goodman consultó también su reloj. Su horario era mucho más relajado que el de los demás abogados del bufete, pero tenía ciertos compromisos.

—Tengo que ver a alguien en mi despacho. Me reuniré con ustedes para almorzar.

—Un miserable voto —repitió Adam, con la mirada fija en la pared.

—Vamos, Adam. La cosa no estuvo tan reñida.

—Da ciertamente la sensación de haberlo sido.

—Escúcheme, debemos pasar unas horas juntos antes de que se vaya. Quiero que me hable de Sam, ¿de acuerdo? Empecemos por el almuerzo.

Abrió la puerta y desapareció.

Adam se sentó sobre la mesa y movió la cabeza.

VEINTICINCO

Si Baker Cooley y los demás abogados de Memphis sabían algo acerca del inesperado despido de Adam y su pronta rehabilitación, no lo manifestaban. Le trataban del mismo modo, es decir con reserva y sin acercarse a su despacho. No le faltaban al respeto porque, después de todo, era de Chicago. Le sonreían cuando se veían obligados a ello y lograban llegar a mantener una pequeña charla superficial con él en los pasillos si Adam estaba de buen humor. Eran especialistas en derecho civil, con sus camisas almidonadas y manos suaves, que no estaban acostumbrados a la mugre y tortuosidad de los casos penales. No iban a las cárceles o calabozos para entrevistarse con sus clientes, ni discutían con policías, fiscales y jueces trastocados. Trabajaban primordialmente en sus despachos y alrededor de mesas de conferencias de caoba. Pasaban el tiempo hablando con clientes que se podían permitir pagarles varios centenares de dólares por hora para recibir sus consejos, y lo hacían por teléfono o mientras almorzaban con otros abogados, banqueros o ejecutivos de compañías de seguros.

Había habido ya bastante publicidad en los periódicos para despertar el resentimiento en la oficina. La mayoría de los abogados estaban avergonzados de que el nombre de su bufete se relacionara con un personaje como Sam Cayhall. Casi ninguno de ellos tenía la más remota idea de que Chicago le hubiera representado durante siete años. Ahora sus amigos formulaban preguntas. Otros abogados soltaban pullas. Las esposas se sentían humilladas en sus meriendas sociales. Los parientes políticos se interesaban de pronto por sus carreras profesionales.

San Cayhall y su nieto no habían tardado en convertirse en un engorro para la sucursal de Memphis, pero no se podía hacer nada al respecto.

Adam lo intuía, pero no le importaba. Era un despacho temporal, adecuado para las tres próximas semanas y, a ser posible, ni un día más. Se apeó del ascensor el viernes por la mañana, sin prestarle atención alguna a la recepcionista, que de pronto estaba ocupada ordenando unas revistas. Habló con su secretaria, una joven llamada Darlene, y ella le entregó un mensaje telefónico de Todd Marks del *Memphis Press*.

Se llevó el papel rosado del mensaje a su despacho y lo arrojó a la papelera. Colgó su chaqueta en un perchero y empezó a cubrir la mesa de documentos. Había páginas de notas que había tomado en los vuelos de ida y vuelta a Chicago, peticiones semejantes que había tomado prestadas de los archivos de Goodman y docenas de copias de decisiones federales recientes.

No tardó en sumergirse en un mundo de teorías y estrategias jurídicas. Chicago se convertía en un lejano recuerdo.

Rollie Wedge entró en el edificio de Brinkley Plaza por la puerta principal de las galerías. Había esperado pacientemente en la terraza de un café, hasta que apareció el Saab negro y entró en un parking cercano. Vestía camisa blanca y corbata, pantalón a rayas y unos mocasines deportivos. Se estaba tomando un té helado cuando vio a Adam que caminaba por la acera y entraba en el edificio.

El vestíbulo estaba desierto cuando Wedge consultó el directorio. Kravitz & Bane ocupaba los pisos tercero y cuarto. Había cuatro ascensores idénticos y subió en uno de ellos hasta el piso octavo. Salió a un estrecho pasillo. A la derecha había una puerta con una placa de bronce de una financiera y a la izquierda un pasillo lleno de puertas de empresas semejantes. Junto a la fuente había una puerta que daba a la escalera. Bajó tranquilamente los ocho pisos, comprobando puertas mientras lo hacía. No se cruzó con nadie por la escalera. Salió al vestíbulo y se subió a otro ascensor hasta el tercer piso. Le sonrió a la recepcionista, que estaba todavía ocupada con las revistas, y estaba a punto de preguntarle por la financiera, cuando de pronto sonó el teléfono y la chica se concentró en la llamada. Una doble puerta de cristal separaba la recepción del rellano de los ascensores. Subió al cuarto piso y se encontró con unas puertas idénticas, pero sin recepcionista. Las puertas estaban cerradas con llave. En la pared de la derecha había un cerrojo electrónico, con nueve teclas numeradas.

Oyó voces y salió a la escalera. La puerta no tenía cerrojo alguno por ninguno de los lados. Esperó un momento, entró de nuevo en el vestíbulo y tomó un largo trago de agua. Se abrió la puerta de uno de los ascensores y apareció un joven con pantalón caqui y chaqueta azul, con una caja de cartón bajo un brazo y un grueso libro en la mano derecha. Se dirigió a las puertas de Kravitz & Bane. Tarareaba distraído y no se percató de que Wedge se le acercaba por la espalda. Se detuvo, equilibró cuidadosamente el libro sobre la caja de cartón y liberó la mano derecha para marcar el código: siete, siete, tres. El cerrojo electrónico hizo un pitido con cada número. Wedge estaba a pocos centímetros, mirando por encima de su hombro y memorizando el código.

El joven recuperó el libro y estaba a punto de darse la vuelta, cuando Wedge le dio un ligero empujoncito.

—¡Maldita sea! ¡Usted perdone! Estaba distraído... —dijo Wedge después de retroceder un paso y examinar el letrero de la puerta—. Esto no es la financiera Riverbend —agregó aturdido y desconcertado.

—No. Esto es Kravitz & Bane.

—¿Qué piso es éste? —preguntó Wedge, al tiempo que se oía un clic y se abría la puerta.

—El cuarto. La financiera Riverbend está en el octavo.

—Cuanto lo siento —repitió Wedge, ahora avergonzado y en un tono casi lastimoso—. Debo haberme apeado en el piso equivocado.

El joven frunció el entrecejo, movió la cabeza y abrió la puerta.

—Lo siento —repitió Wedge por tercera vez, mientras se retiraba.

Se cerró la puerta y el joven desapareció. Wedge bajó en un ascensor hasta el vestíbulo principal y abandonó el edificio.

Se alejó del centro de la ciudad, en dirección noreste durante diez minutos, hasta que llegó a una zona de la ciudad llena de residencias gubernamentales. Paró en una entrada junto a Auburn House y se le acercó un guardia uniformado. Explicó al guardia que sólo pretendía dar la vuelta, que se había perdido de nuevo y lo sentía muchísimo. Cuando retrocedía hacia la calle, vio el Jaguar color borgoña de Lee Booth, aparcado entre dos utilitarios.

Se encaminó hacia el río, de nuevo en dirección al centro de la ciudad, y al cabo de veinte minutos paró junto a un almacén de ladrillo rojo abandonado en los muelles. Sin salir del coche, se quitó la camisa y se puso otra color canela, con un ribete azul en las mangas cortas y el nombre de Rusty bordado sobre el bolsillo. Luego avanzó a pie, con rapidez y sin llamar la atención, alrededor del edificio y por un terraplén lleno de hierbajos hasta llegar a los matorrales. Se refugió a la sombra de un pequeño árbol, para recuperar el aliento y protegerse del ardiente sol. Tenía delante un pequeño prado de césped, denso, verde y evidentemente bien cuidado, más allá del cual había una hilera de veinte lujosas casitas, pegadas al borde del acantilado. Una verja de ladrillo y hierro presentaba un molesto problema y la estudió pacientemente desde la intimidad de los matorrales.

A un lado de las casitas estaba el aparcamiento, con un

portalón cerrado que era la única entrada. Un guardia uniformado custodiaba la garita del aire acondicionado. Eran casi las diez de la mañana y había pocos coches a la vista. A través del cristal ahumado se vislumbraba la silueta del guardia.

Wedge decidió evitar la verja y penetrar por el acantilado. Se arrastró junto a una hilera de árboles, agarrado fuertemente a la hierba para no resbalar veinticinco metros hasta Riverside Drive. Se deslizó bajo unos porches de madera, algunos de los cuales se proyectaban tres metros al vacío sobre el acantilado. Se detuvo junto a la séptima casita y se izó a la plataforma.

Descansó unos momentos en un sillón de mimbre y manipuló un cable exterior, como si estuviera haciendo algún tipo de reparación rutinaria. Nadie le observaba. La intimidad era importante para esa gente rica, por la que pagaban mucho dinero, y cada pequeña terraza estaba aislada de la contigua por unos decorativos listones de madera, de los que colgaban numerosas plantas. Su camisa estaba ahora empapada de sudor y pegada a su espalda.

La puerta de cristal corredera de la terraza a la cocina estaba cerrada con un cerrojo bastante simple que le obligó a perder casi un minuto. Lo forzó, sin dejar ningún rastro ni dañarlo, y luego miró atentamente antes de entrar. Aquél era el momento más delicado. Supuso que había algún sistema de seguridad, probablemente con contactos en todas las ventanas y en la puerta. Puesto que no había nadie en casa, era sumamente probable que el sistema estuviera activado. Lo más difícil era anticipar la cantidad de ruido que haría cuando abriera la puerta. ¿Dispondría de una alarma silenciosa o le sobresaltaría el aullido de una sirena?

Respiró hondo e hizo deslizar cautelosamente la puerta. No sonó ninguna sirena. Examinó brevemente el monitor situado sobre la puerta y entró.

La alarma llamó inmediatamente la atención de Willis, el vigilante del portalón, que oyó un pitido frenético aunque no muy fuerte en su monitor. Vio que parpadeaba el piloto rojo del número siete, la casa de Lee Booth, y esperó a que parara. A la señora Booth se le disparaba la alarma por lo menos dos veces al mes, que era más o menos la media del rebaño que custodiaba. Consultó su carpeta y comprobó que la señora Booth había salido a las nueve y cuarto. Pero de vez en cuando alguien pasaba la noche en su casa, generalmente hombres, y ahora estaba con ella su sobrino, de modo que Willis se limitó a observar el piloto rojo durante cuarenta y cinco segundos, hasta que dejó de parpadear y se colocó en la posición de encendido permanente.

Aquello era inusual, pero no había por qué perder la calma. Esas personas vivían siempre rodeadas de muros y contrataban guardias armados para que las protegieran día y noche, de modo que no prestaban demasiada atención a sus sistemas de alarma. Marcó inmediatamente el número de la señora Booth y no contestó nadie. Pulsó un botón y puso en funcionamiento una llamada automática al nueve uno uno, solicitando ayuda policial. Luego abrió el cajón de las llaves, cogió la del número siete, salió de la garita y cruzó rápidamente el aparcamiento para inspeccionar la residencia de la señora Booth. Se desabrochó la pistolera para poder agarrar con facilidad el revólver si era necesario.

Rollie Wedge entró en la garita y vio el cajón de las llaves abierto. Cogió el juego del número siete, junto con una tarjeta que contenía el código y las instrucciones de la alarma, y de paso se llevó también las llaves y las tarjetas de los números ocho y trece, sólo para confundir al viejo Willis y a la policía.

VEINTISÉIS

Primero fueron al cementerio, para presentar sus respetos a los muertos. Ocupaba dos pequeñas colinas a la salida de Clanton, una cubierta de afiligranadas lápidas y monumentos, donde a lo largo de los tiempos se había sepultado a las familias destacadas, con sus nombres esculpidos en granito. La segunda colina era para las fosas más recientes y con el transcurso de los años, el tamaño de las lápidas de Mississippi había decrecido. Unos soberbios robles y olmos proporcionaban sombra a la mayor parte del cementerio. El césped era corto y los setos impecables. En todas las esquinas había azaleas. Clanton daba importancia a sus recuerdos.

Era un hermoso sábado, sin ninguna nube a la vista y con una ligera brisa que se había levantado durante la noche y ahuyentado la humedad. Las lluvias se habían alejado por algún tiempo, y un frondoso verdor y plantas silvestres cubrían las laderas de las colinas. Lee se arrodilló junto a la lápida de su madre y depositó un pequeño ramo de flores bajo su nombre. Cerró los ojos, mientras Adam permanecía de pie tras ella y contemplaba la tumba. Anna Gates Cayhall, tres de setiembre de mil novecientos veintidós a dieciocho de setiembre de mil novecientos setenta y siete. Adam calculó que tenía cincuenta y siete años cuando murió, de modo que él tenía trece y vivía todavía en la bienaventurada ignorancia en el sur de California.

Estaba enterrada sola, bajo una lápida individual, y esto en sí había presentado algunos problemas. Los compañeros de toda una vida suelen enterrarse uno junto al otro, por lo menos en el sur, de modo que el primero en fallecer ocupa media tumba bajo una lápida doble. Cada vez que visita al difunto, el superviviente ve su nombre esculpido y simplemente está a la espera.

—Papá tenía cincuenta y seis años cuando murió mamá —explicó Lee, cuando cogía a Adam de la mano para alejarse de la tumba—. Yo quería que la enterrara en una tumba donde un día pudiera reunirse con ella, pero se negó a hacerlo. Supongo que calculaba que todavía le quedaban muchos años y tal vez volvería a casarse.

—En una ocasión me dijiste que Sam no le gustaba.

—Estoy segura de que en cierto modo le quería, pasaron juntos casi cuarenta años. Pero nunca hubo mucha intimidad entre ellos. Cuando crecí, me di cuenta de que no le gustaba estar cerca de él. A veces me hacía confidencias. Era una simple campesina que se había casado joven, tenido hijos, quedado en casa para cuidarlos y de quien se esperaba que obedeciera a su marido. Y esto no era inusual para la época. Creo que era una mujer muy frustrada.

—Puede que ella no quisiera a Sam a su lado toda la eternidad.

—Pensé en ello. A decir verdad, Eddie quería que estuvieran separados, uno a cada extremo del cementerio.

—Bien pensado, Eddie.

—No bromeaba.

—¿Cuánto sabía ella sobre Sam y lo del Klan?

—No tengo ni idea. No era algo de lo que se hablara. Recuerdo que se sintió humillada cuando le detuvieron. Incluso se alojó con vosotros una temporada para que no la molestaran los periodistas.

—Y no asistió a ninguno de sus juicios.

—No. Sam no quería que los presenciara. Tenía un problema de presión sanguínea excesivamente alta y él lo utilizaba como pretexto para mantenerla alejada.

Dieron media vuelta y regresaron por un estrecho camino que cruzaba el sector antiguo del cementerio. Iban cogidos de la mano y contemplaban las lápidas a su paso. Lee señaló una hilera de árboles en otra colina.

—Allí es donde están enterrados los negros —dijo—. Bajo esos árboles. Es un pequeño cementerio.

—Bromeas. ¿Incluso hoy en día?

—Por supuesto, ya lo sabes, hay que mantenerlos en su lugar. Esa gente no podría soportar la idea de un negro que reposara entre sus antepasados.

Adam movió con incredulidad la cabeza. Subió a la cima de la colina y descansó bajo un roble. Las hileras de tumbas estaban pacíficamente esparcidas bajo los árboles. La cúpula de la audiencia del condado de Ford brillaba bajo el sol a pocas manzanas.

—Yo jugaba aquí de niña —dijo apocadamente Lee, mientras señalaba a su derecha, hacia el norte—. Cada Cuatro de Julio se celebra en la ciudad con un castillo de fuegos artificiales, y las mejores butacas están aquí, en el cementerio. Hay un parque ahí abajo, desde donde disparan los cohetes. Nosotros cogíamos las bicis y veníamos a la ciudad para ver el desfile, nadar en la piscina municipal y jugar con nuestros amigos. Y cuando se hacía de noche, nos reuníamos todos aquí, entre los muertos, y nos sentábamos sobre esas lápidas para contemplar los fuegos artificiales. Los hombres permanecían junto a sus furgonetas, donde ocultaban el whisky y la cerveza, y las mujeres se sentaban sobre edredones y cuidaban de los pequeños. Nosotros corríamos, alborotábamos y circulábamos en nuestras bicis por todas partes.

—¿También Eddie?

—Por supuesto. Eddie era un hermano menor perfectamente normal, a veces muy travieso, pero buen chico. Le echo de menos, ¿sabes? Le echo mucho de menos. Hacía muchos años que nos habíamos distanciado, pero cuando regreso a esta ciudad pienso en mi hermano menor.

—Yo también le echo de menos.

—Él y yo vinimos aquí, a este mismo lugar, la noche en que se graduó en el instituto. Hacía dos años que yo estaba en Nashville y volví porque él quería que presenciara su graduación. Teníamos una botella de vino barato y creo que él bebía por primera vez. Nunca lo olvidaré. Nos sentamos aquí, sobre la lápida de Emil Jacob, y bebimos hasta vaciar la botella.

—¿Qué año era?

—Mil novecientos sesenta y uno, si mal no recuerdo. Quería alistarse en el ejército para abandonar Clanton y alejarse de Sam. Yo no quería ver a mi hermano menor en el ejército y discutimos hasta la salida del sol.

—¿Estaba un poco confundido?

—Tenía dieciocho años y probablemente lo estaba tanto como la mayoría de los jóvenes que terminan la secundaria. A Eddie le aterrorizaba la idea de que si permanecía en Clanton, algo le ocurriría, surgiría algún misterioso fallo genético y se convertiría en un segundo Sam. Otro Cayhall encapuchado. Estaba desesperado por huir de este lugar.

—Pero tú huiste tan pronto como pudiste.

—Lo sé, pero yo era más fuerte que Eddie, por lo menos a los dieciocho años. Le veía demasiado inmaduro para abandonar la casa. De modo que tomamos vino e intentamos dominar la vida.

—¿Dominaba mi padre la vida?

—Lo dudo, Adam. A ambos nos atormentaba nuestro padre y el odio de su familia. Hay cosas que espero que nunca descubras, episodios que rezo para que permanezcan secretos. Supongo que yo pude alejarlos de mi mente, pero Eddie no lo logró.

Volvió a cogerle de la mano y salieron a la luz del sol, por un sendero que descendía hacia la nueva parte del cementerio. Lee se detuvo y señaló una hilera de lápidas.

—Ahí están tus bisabuelos, junto con tus tíos, tías y diversos miembros de la familia Cayhall.

Adam contó ocho en total. Leyó los nombres y las fechas, y recitó en voz alta los versos, salmos y epitafios esculpidos en granito.

—Hay muchos más en el campo —dijo Lee—. La mayoría de los Cayhall proceden de la zona de Karaway, a veinticinco kilómetros de aquí. Eran gente del campo y están enterrados junto a iglesias rurales.

—¿Asististe a estos entierros?

—A algunos. No es una familia unida, Adam. Algunas de estas personas hacía años que estaban muertas cuando yo me enteré.

—¿Por qué no enterraron aquí a tu madre?

—Porque ella no quería. Sabía que estaba a punto de morir y eligió el lugar. Nunca se consideró una Cayhall. Era una Gates.

—Mujer inteligente.

Lee arrancó un puñado de malas hierbas de la tumba de su abuela y pasó los dedos por el nombre de Lydia Newsome Cayhall, fallecida en mil novecientos sesenta y uno a la edad de setenta y dos años.

—La recuerdo perfectamente —dijo Lee, después de arrodillarse sobre la hierba—. Una buena cristiana. Se revolvería en su tumba si supiera que su tercer hijo está condenado a muerte.

—¿Qué me dices de éste? —preguntó Adam, al tiempo que señalaba al marido de Lydia, Nathaniel Lucas Cayhall, fallecido en mil novecientos cincuenta y dos, a los sesenta y cuatro años.

—Un viejo mezquino —respondió Lee, después de que la dulzura se esfumara de su rostro—. Estoy segura de que se sentiría orgulloso de Sam. A Nat, como le llamaban, le mataron en un funeral.

—¿Un funeral?

—Sí. Tradicionalmente, los funerales en esta región eran ocasiones sociales. Iban precedidos de un prolongado velatorio, muy concurrido y con mucha comida. Y mucha bebida. La vida era dura en el sur rural y a menudo los funerales se convertían en bacanales. Nat era muy violento y buscó pelea con unos individuos peligrosos después de un funeral. Le dieron una paliza de muerte con un palo.

—¿Dónde estaba Sam?

—En pleno fregado. También le apalearon, pero sobrevivió. Yo era niña, pero recuerdo el funeral de Nat. Sam estaba en el hospital y no pudo asistir.

—¿Se vengó?

—Por supuesto.

—¿Cómo?

—Nunca se llegó a demostrar, pero al cabo de unos años los dos individuos que habían apaleado a Nat salieron de la cárcel. Circularon algún tiempo por aquí y luego desaparecieron. Al cabo de unos meses se encontró el cadáver de uno de ellos, en el condado contiguo de Milburn. Evidentemente apaleado. Al otro no se le encontró jamás. La policía interrogó a Sam y a sus hermanos, pero no había pruebas.

—¿Crees que lo hizo?

—Estoy segura de ello. Nadie se metía con los Cayhall en aquella época. Todo el mundo sabía que estaban medio locos y eran unos bellacos.

Se alejaron de las fosas familiares y siguieron su camino.

—Lo que debemos decidir, Adam, es ¿dónde enterraremos a Sam?

—Creo que deberíamos enterrarle allí, entre los negros. Se lo merece.

—¿Qué te hace suponer que le querrían?

—Tienes razón.

—En serio,

—Sam y yo no hemos llegado a este punto todavía.

—¿Crees que querrá que se le entierre aquí? ¿En el condado de Ford?

—No lo sé. Por razones evidentes, no hemos hablado de ello. Todavía hay esperanza,

—¿Cuánta esperanza?

—Un vestigio. Lo suficiente para seguir luchando.

Salieron del cementerio y caminaron por una tranquila calle con aceras desgastadas y viejos robles. Las casas eran antiguas y bien pintadas, con largos zaguanes y gatos que descansaban en los peldaños. Los niños correteaban con sus bicis y monopatines mientras los ancianos se mecían en sus zaguanes y saludaban perezosamente con la mano.

—Éstos son los viejos barrios de mi infancia, Adam —declaró Lee mientras caminaban sin rumbo fijo.

Llevaba las manos hundidas en los bolsillos de sus vaqueros y los ojos humedecidos por los recuerdos tristes y agradables a la vez. Miraba todas las casas como si hubiera estado en ellas de niña y recordara a sus amiguitas. Oía la risa y la alegría, los juegos disparatados y las graves peleas de los diez años.

—¿Fueron tiempos felices? —preguntó Adam.

—No lo sé. Nunca vivimos en la ciudad, de modo que nos consideraban niños del campo. Siempre anhelé vivir en una de esas casas, rodeada de amigos y con tiendas a pocas manzanas. Los chiquillos de la ciudad se consideraban ligeramente superiores, pero no era un problema grave. Mis mejores amigas vivían por aquí y pasé muchas horas en estas calles, subiéndome a esos árboles. Supongo que fueron buenos tiempos. Los recuerdos de la casa en el campo no son agradables.

—¿Debido a Sam?

Una mujer de edad avanzada, con un vestido estampado

y un enorme sombrero de paja barría los peldaños cuando
se acercaron. Les echó una ojeada, luego quedó paralizada
y les miró fijamente. Lee empezó a andar más despacio, hasta detenerse cerca de la entrada de la casa. Miró a la anciana
y la anciana la miró a ella.

—Buenos días, señora Langston —dijo amablemente Lee.

La señora Langston agarró con fuerza el palo de la escoba, enderezó la espalda y pareció contentarse con mirar.

—Soy Lee Cayhall. ¿Se acuerda de mí? —agregó Lee.

Cuando sonó el nombre de Cayhall en el diminuto jardín,
Adam miró instintivamente a su alrededor por si alguien les
escuchaba. Estaba predispuesto a avergonzarse si el nombre
llegaba a oídos ajenos. Si la señora Langston recordaba a Lee,
no lo manifestaba. Se limitó a saludar con un ligero movimiento de la cabeza, un pequeño subir y bajar bastante forza-
do, como para decir: «buenos días y ahora lárguese».

—He tenido mucho gusto en volver a verla —agregó Lee
cuando ya se alejaba, mientras la señora Langston subía apresuradamente los peldaños y se ocultaba en su casa—. Salía
con su hijo en el instituto —añadió, al tiempo que movía con
incredulidad la cabeza.

—Parecía encantada de verte.

—Siempre ha estado un poco loca —respondió Lee sin convicción—. O puede que tenga miedo de hablar con una Cayhall. Miedo de lo que puedan pensar los vecinos.

—Creo que será preferible ir de incógnito el resto del día.
¿Qué te parece?

—Trato hecho.

Pasaron frente a otras personas que se entretenían en sus
jardines a la espera del cartero, pero no hablaron con ellas.
Lee se cubrió los ojos con unas gafas de sol. Zigzaguearon
por el barrio en dirección a la plaza central mientras hablaban de los viejos amigos de Lee y de su actual paradero. Se
había mantenido en contacto con dos de ellos, uno en Clanton y otro en Texas. Evitaron el tema familiar hasta llegar
a una calle más pequeña, con casas apiñadas de estructura
de madera. Se detuvieron en la esquina y Lee señaló algo con
la cabeza.

—¿Ves esa casa de la derecha, la tercera de color castaño?

—Sí.

—Ahí es donde vivías. Podríamos pasar por delante, pero
veo movimiento de gente.

Dos niños pequeños jugaban con armas de juguete en el

jardín y alguien se mecía en el estrecho zaguán. Era una casa cuadrada, pequeña, pulcra, ideal para una pareja joven con hijos.

Adam tenía casi tres años cuando Eddie y Evelyn desaparecieron, y ahora, desde la esquina de la calle, intentaba desesperadamente recordar algo de la casa. No pudo.

—Estaba pintada de blanco en aquella época y, evidentemente, los árboles eran más pequeños. Eddie se la alquiló a una inmobiliaria local.

—¿Eran felices?

—Bastante. Hacía poco que estaban casados. No eran más que un par de chiquillos con un hijo. Eddie trabajaba en un comercio de recambios de coche y luego consiguió un trabajo en el Departamento Estatal de Carreteras. Al cabo de un tiempo cambió de trabajo.

—Eso me suena familiar.

—Evelyn trabajaba a horas en una joyería de la plaza. Creo que eran felices. Ella no era de esta región y conocía a poca gente. Llevaban una vida reservada.

Pasaron frente a la casa y uno de los niños apuntó a Adam con una ametralladora naranja. En aquel momento el lugar tampoco le evocó ningún recuerdo. Le sonrió al niño y desvió la mirada. Pronto llegaron a otra calle, desde la que se divisaba la plaza.

Lee se convirtió de pronto en guía de turismo e historiadora. Los yanquis habían incendiado Clanton en mil ochocientos sesenta y tres, los muy canallas, y cuando después de la guerra regresó el general Clanton, héroe confederado cuya familia era propietaria del condado, con una sola pierna después de haber perdido la otra en algún lugar del campo de batalla de Shiloh, diseñó el nuevo Palacio de Justicia y las calles circundantes. Sus planos originales estaban en una pared del primer piso del juzgado. Quería mucha sombra y, por consiguiente, rodeó el juzgado de robles perfectamente alineados. Era un hombre con visión de futuro, que anticipaba el resurgimiento de las cenizas y prosperidad de su pequeña ciudad, y diseñó las calles en forma de cuadrado perfecto alrededor de los jardines del juzgado. Habían pasado junto a la tumba de aquel gran hombre hacía sólo un momento, según Lee, y más tarde se la mostraría.

Había unas enmarañadas galerías comerciales al norte de la ciudad y una serie de supermercados con rebajas al este, pero los pobladores del condado de Ford todavía preferían hacer sus compras alrededor de la plaza los sábados por la mañana, explicó Lee mientras paseaban por la acera junto a la calle Washington. El tráfico era lento y los peatones aún más. Los edificios, antiguos y adosados, estaban llenos de abogados y agentes de seguros, bancos y cafés, ferreterías y tiendas de confección. La acera estaba cubierta de toldos, marquesinas y terrazas de tiendas y despachos. Los ventiladores colgantes a poca altura crujían y giraban torpemente. Se detuvieron frente a una antigua farmacia y Lee se quitó las gafas de sol.

—Éste era un lugar de reunión —dijo—. En el fondo había una barra de refrescos, un tocadiscos tragaperras y una colección de publicaciones humorísticas. Podíamos comprar un enorme helado de cereza por cinco centavos y pasar horas comiéndolo. Tardábamos todavía más si estaban los chicos.

«Como en las películas», pensó Adam.

Pararon frente a una ferretería y, por alguna razón, examinaron las palas, las azadas y los rastrillos del escaparate. Lee contempló las destartaladas puertas, que unos ladrillos mantenían abiertas, y recordó algo de su infancia. Pero se lo guardó.

Cruzaron la calle cogidos de la mano y pasaron frente a un grupo de hombres que tallaban madera con un cuchillo y mascaban tabaco alrededor del monumento en conmemoración de la guerra. Lee señaló la estatua con la cabeza y le comunicó en voz baja que aquél era el general Clanton, con ambas piernas. En el juzgado no se atendía al público los sábados. Compraron unas colas en una máquina de la fachada y se las tomaron en una glorieta del parque. Lee contó los anales del juicio más famoso de la historia del condado de Ford, el juicio por asesinato de Carl Lee Hailey en mil novecientos ochenta y cuatro. Era un negro que había matado a balazos a dos fanáticos sureños que habían violado a su pequeña hija. Hubo manifestaciones y protestas de negros por una parte y de miembros del Klan por otra, y la guardia nacional había llegado a instalar un campamento en aquel mismo lugar, alrededor del juzgado, para mantener la paz. Lee había venido un día desde Memphis en su coche para ver el espectáculo. Un jurado enteramente blanco le había declarado inocente.

Adam recordaba el juicio. Hacía poco que había ingresado en Pepperdine y lo siguió por los periódicos, porque ocurría en su ciudad de origen.

Cuando Lee era niña, había poco en qué entretenerse y siempre asistía mucha gente a los juicios. En una ocasión, Sam les había traído a ella y a Eddie para presenciar el juicio de un hombre acusado de matar un perro de caza. Se le declaró culpable y pasó un año en la cárcel. La opinión del condado estaba dividida; los habitantes de la ciudad se oponían a la sentencia por un delito tan insignificante, mientras que para la población rural tenía mucho valor un buen sabueso. Sam se sintió particularmente satisfecho de que le encerraran.

Lee quiso mostrarle algo. Rodearon el juzgado hasta la parte posterior, donde había dos fuentes a tres metros de distancia. Ninguna de ellas había sido usada desde hacía años. Una había sido para blancos y la otra para negros. Todavía recordaba el caso de Rosia Alfie Gatewood, conocida como señorita Allie, que había sido la primera negra en beber de la fuente de los blancos y salir ilesa. Poco después cortaron el agua a ambas fuentes.

Encontraron una mesa en un concurrido café conocido simplemente como The Tea Shoppe, en la parte oeste de la plaza. Lee se dedicó a contar anécdotas, todas agradables y la mayoría divertidas, mientras se comían unos bocadillos de tocino, lechuga y tomate, con patatas fritas. Ella no se quitó las gafas de sol y Adam se percató de que vigilaba a la gente.

Abandonaron Clanton después del almuerzo y de otro relajado paseo por el cementerio. Adam conducía y Lee le indicaba el camino, hasta que llegaron a una carretera comarcal que cruzaba pequeñas granjas, con vacas que pastaban en las laderas de las colinas. Pasaron frente a algunos asentamientos de blancos menesterosos, con sus anchos remolques dilapidados y coches destartalados, y chozas habitadas todavía por negros indigentes. Pero el ondulado paisaje era, en general, atractivo y hacía un día hermoso.

Lee señaló de nuevo y siguieron por una estrecha carretera asfaltada que ahondaba curva tras curva en la campiña. Por fin se detuvieron frente a una casa blanca abandonada, con la entrada llena de hierbajos y las ventanas invadidas por la hiedra. Estaba a cincuenta metros de la carretera y los surcos del camino sin asfaltar que conducía a la misma lo hacían intransitable. El jardín frente a la casa estaba lleno de cadillo y borona. El buzón era apenas visible en la cuneta junto a la carretera.

—La finca de los Cayhall —susurró Lee.

Permanecieron mucho tiempo sentados en el coche, contemplando la triste casita.

—¿Qué le ocurrió? —preguntó finalmente Adam.

—Era una buena casa. Pero no tuvo ninguna oportunidad. Los habitantes eran decepcionantes —respondió mientras se quitaba lentamente las gafas de sol y se secaba los ojos—. Yo viví aquí dieciocho años y me moría de impaciencia por marcharme.

—¿Por qué está abandonada?

Lee respiró hondo y procuró ordenar el relato.

—Creo que hacía muchos años que estaba pagada, pero papá la hipotecó para pagar a los abogados de su último juicio. Evidentemente él nunca regresó y en algún momento el banco tomó posesión de la escritura. Tiene a su alrededor treinta y dos hectáreas de terreno, y todo se perdió. No había venido desde que el banco tomó posesión de la finca. Le pedí a Phelps que la comprara, pero se negó. No se lo reprocho. En realidad yo no quería ser la propietaria. Oí que la habían alquilado varias veces, pero finalmente quedó abandonada. No sabía si la casa seguía todavía en pie.

—¿Qué ocurrió con los efectos personales?

—El día antes de la toma de posesión, el banco me permitió entrar en la casa y llevarme lo que quisiera. He conservado algunas cosas: álbumes de fotografías, recuerdos, biblias y algunas alhajas de mamá. Están almacenadas en Memphis.

—Me gustaría verlas.

—Los muebles no merecían ser conservados, no había una sola pieza que valiera la pena. Mi madre estaba muerta, mi hermano acababa de suicidarse, mi padre estaba condenado a la pena de muerte, y no me apetecía conservar un montón de recuerdos. Fue una experiencia horrible examinar el contenido de esa sucia casita, procurando salvaguardar los objetos que algún día pudieran provocar una sonrisa. Maldita sea, quería quemarlo todo. Estuve a punto de hacerlo.

—¡No hablarás en serio!

—Desde luego. Después de estar aquí un par de horas, decidí pegarle fuego a la maldita casa, con todo su contenido. Ocurre con mucha frecuencia, ¿no es cierto? Encontré una vieja lámpara con un poco de petróleo, la coloqué sobre la mesa de la cocina y hablé con ella mientras guardaba enseres en una caja. Habría sido fácil.

—¿Por qué no lo hiciste?

—No lo sé. Ojalá hubiera tenido el valor de hacerlo, pero recuerdo que me preocupaba el banco, la orden judicial y, después de todo, el incendio provocado es un delito, ¿no es cierto? Recuerdo que la idea de ir a la cárcel y encontrarme con Sam me dio risa. Ésa fue la razón por la que no encendí el fósforo. Tuve miedo de meterme en líos y acabar en la cárcel.

El coche estaba ahora caliente y Adam abrió la puerta.

—Quiero echar un vistazo —dijo al tiempo que se apeaba.

Avanzaron por el camino, salvando surcos de cuatro palmos. Al llegar a la puerta se detuvieron y contemplaron la madera que se pudría.

—No pienso entrar ahí —afirmó rotundamente Lee mientras retiraba su mano de la de Adam.

Él contempló la madera podrida del suelo y decidió no pisarla. Caminó a lo largo de la fachada contemplando las plantas trepadoras que penetraban por las ventanas rotas. Fue dando la vuelta a la casa con Lee.

Unos viejos robles y arces proporcionaban sombra detrás de la casa, con el suelo pelado donde no tocaba el sol. El jardín se extendía unos doscientos metros por un desnivel hasta llegar a los matorrales. A lo lejos, la finca estaba rodeada de bosque.

Lee le cogió de la mano y se acercaron a un árbol junto a un cobertizo que, por alguna razón, estaba en mejores condiciones que la casa.

—Éste era mi árbol —dijo Lee al tiempo que levantaba la cabeza para contemplar sus ramas—. Mi propio árbol de pecana —agregó con la voz entrecortada.

—Es un árbol estupendo.

—Maravilloso para encaramarse en él. Pasaba horas ahí, sentada en una de sus ramas, con las piernas colgando y la barbilla apoyada en otra rama. En primavera y verano subía hasta media copa, y nadie podía verme. Tenía mi propio mundo ahí arriba.

De pronto cerró los ojos y se cubrió la boca con una mano. Se le estremecieron los hombros. Adam la rodeó con uno de sus brazos e intentó pensar en algo apropiado que decir.

—Aquí fue donde ocurrió —dijo Lee al cabo de unos momentos, mientras se mordía el labio para luchar contra las lágrimas.

Adam guardó silencio.

—En una ocasión me preguntaste respecto a cierto suceso —prosiguió con los dientes apretados mientras se secaba las mejillas con el reverso de la mano—. Cuando papá mató a un negro.

Lee movió la cabeza en dirección a la casa. Le temblaban las manos y las hundió en los bolsillos.

Contemplaron la casa durante un buen minuto, sin decir palabra. La única puerta trasera daba a un pequeño pórtico cuadrado, rodeado de una verja. El único ruido era el del movimiento de las hojas sobre sus cabezas, a merced de una suave brisa.

—Se llamaba Joe Lincoln —dijo Lee después de respirar hondo—, y vivía ahí abajo con su familia —agregó mientras movía la cabeza en dirección a los restos de un sendero que corría al borde del prado hasta desaparecer en el bosque—. Tenía aproximadamente una docena de hijos.

—¿Quince Lincoln?

—Sí. ¿Cómo conoces su nombre?

—Sam me lo mencionó el otro día, cuando hablábamos de Eddie. Me dijo que Quince y Eddie eran buenos amigos de niños.

—¿Supongo que no te habló del padre de Quince?

—No.

—Lo imaginaba. Joe trabajaba aquí en la finca para nosotros y vivía con su familia en una choza que también nos pertenecía. Era un buen hombre, con familia numerosa y, al igual que la mayoría de los negros pobres de aquella época, apenas lograba sobrevivir. Yo conocía a un par de sus hijos, pero no éramos amigos como Quince y Eddie. Era verano y estábamos de vacaciones. Un día los niños jugaban aquí, en el jardín; empezaron a discutir por un pequeño juguete, un soldado del ejército confederado, y Eddie acusó a Quince de habérselo robado. No era más que una simple discusión infantil. Creo que tenían ocho o nueve años. En aquel momento pasó papá por aquí y Eddie se le acercó corriendo para decirle que Quince le había robado el juguete. Quince lo negaba rotundamente. Ambos niños estaban furiosos y a punto de llorar. Para no perder la costumbre, Sam desató su ira y se ensañó con Quince, profiriendo toda clase de insultos como «pequeño sambo ladrón» y «sambito hijo de puta». Le exigió que devolviera el soldado y Quince se echó a llorar. Insistía en que no lo tenía y Eddie en que mentía. Sam agarró al niño, lo sacudió con mucha violencia y empezó a darle azotes en el trasero. Sam chillaba y blasfemaba, y Quince lloraba y suplicaba. Dieron varias vueltas al patio, sin que Sam dejara de sacudirle y azotarle. Por fin Quince logró soltarse y se fue corriendo a su casa. Eddie entró en la nuestra y Sam le siguió. Al cabo de un momento Sam salió por esa puerta con un bastón que dejó cuidadosamente en el pórtico. Luego se sentó en los peldaños y esperó pacientemente. Fumaba un cigarrillo y vigilaba el sendero. La casa de los Lincoln no estaba lejos y, previsiblemente, al cabo de unos minutos apareció Joe entre los árboles, seguido de Quince. Al acercarse a la casa vio a papá que le esperaba y empezó a andar más despacio. Papá chilló por encima del hombro: «¡Eddie! ¡Ven aquí! ¡Observa cómo azoto a ese sambo!»

Lee se acercó con mucha lentitud a la casa y se detuvo a pocos pasos del pórtico.

—Cuando Joe llegó aproximadamente aquí —prosiguió—, se paró y miró a Sam. «Quince dice que usted le ha golpeado, señor Sam», dijo más o menos Joe. «Quince es un pequeño sambo ladrón, Joe. Deberías enseñar a tus hijos a no robar», respondió más o menos Sam. Empezaron a discutir y era evidente que se pelearían. De pronto, Sam saltó del pórtico y lanzó el primer puñetazo. Cayeron al suelo por aquí y pelearon como gatos. Joe era unos años más joven y más fuerte, pero papá estaba tan furioso y peleaba tan sucio que la lucha estaba más o menos equilibrada. Se golpeaban mutuamente en la cara, y chillaban y pataleaban como animales —dijo antes de detenerse para mirar a su alrededor y señalar la puerta trasera—. En un momento dado apareció Eddie. Quince estaba a pocos pasos y le chillaba a su padre. Sam se acercó al pórtico, agarró el bastón y las cosas se salieron de quicio. Golpeó a Joe en la cara y la cabeza hasta que cayó de rodillas, y luego le hundió el palo en el vientre y la horcajadura, hasta que apenas podía moverse. Joe miró a Quince y le ordenó que fuera a por su escopeta. Quince salió corriendo. Sam dejó de golpearle y volvió la cabeza hacia Eddie. «Tráeme la escopeta», dijo. Eddie quedó paralizado y papá se lo repitió gritando. Joe estaba en el suelo, a cuatro patas, intentando recuperarse, y cuando estaba a punto de levantarse, Sam volvió a darle palos hasta derribarle de nuevo. Eddie entró en la casa y Sam se acercó al pórtico. Eddie regresó al cabo de unos instantes con la escopeta y papá le ordenó que entrara de nuevo en la casa. Se cerró la puerta.

Lee se acercó al pórtico y se sentó al borde del mismo. Se cubrió el rostro con las manos y lloró desconsoladamente. Adam estaba a pocos pasos, con la mirada fija en el suelo, escuchando los sollozos. Cuando por fin levantó la cabeza para mirarle, tenía los ojos empañados de lágrimas, el rímel corrido y le goteaba la nariz. Se pasó las manos por la cara y luego se las secó en los vaqueros.

—Lo siento —susurró.

—Sigue, te lo ruego —respondió inmediatamente Adam.

—Joe estaba aquí —prosiguió después de respirar hondo, secarse nuevamente los ojos y señalar un lugar, cerca de donde Adam se encontraba—. Había logrado ponerse de pie y, al volverse, vio a papá con la escopeta. Miró en dirección a su casa, pero no había rastro de Quince y su escopeta. Volvió a mirar a papá, que estaba exactamente ahí, al borde del pórtico. Entonces mi encantador padre levantó lentamente la escopeta, titubeó unos instantes, miró a su alrededor por si alguien le observaba y apretó el gatillo. Así de simple. Joe se desplomó y no volvió a moverse.

—¿Lo viste con tus propios ojos?

—Sí, lo vi.

—¿Dónde estabas?

—Ahí —indicó con la cabeza, sin señalar—. En mi árbol. Aislada del mundo.

—¿Sam no podía verte?

—Nadie podía verme. Lo presencié todo —respondió mientras se cubría de nuevo los ojos y procuraba evitar el llanto.

Adam se le acercó y se sentó junto a ella.

—Observó a Joe durante un minuto, dispuesto a disparar de nuevo si era necesario —prosiguió después de aclararse la garganta y desviar la mirada—. Pero Joe no se movió. Estaba completamente muerto. Había sangre en la hierba alrededor de su cabeza y yo podía verla desde el árbol. Recuerdo que hundí las uñas en la corteza de las ramas para no caerme y también que quería llorar, pero tenía demasiado miedo. No quería que me oyera. Quince apareció al cabo de unos minutos. Había oído el disparo y lloraba cuando le vi. Corría y lloraba como un loco y, cuando vio a su padre en el suelo, se puso a chillar como lo habría hecho cualquier niño. Mi padre levantó de nuevo la escopeta y, por un momento, estuve convencida de que le dispararía al niño. Pero Quince arrojó la escopeta al suelo y corrió junto a su padre. Chillaba y aullaba. Llevaba una camisa clara, que no tardó en quedar empapada de sangre. Sam se acercó, cogió la escopeta de Joe y entró en la casa con ambas armas.

»Quince y Joe estaban exactamente aquí —dijo después de ponerse de pie, dar unos pasos y señalar un lugar con el tacón—. Quince abrazaba la cabeza de su padre contra su estómago, todo empapado de sangre, y emitía un gemido extraño como el de un animal moribundo —añadió antes de volver la cabeza para contemplar su árbol—. Y ahí estaba yo, sentada ahí arriba como un pajarito, también llorando. En aquel momento odié profundamente a mi padre.

—¿Dónde estaba Eddie?

—Dentro de la casa, en su habitación, con la puerta cerrada —respondió mientras señalaba una ventana sin cristales ni postigos—. Aquél era su cuarto. Más adelante me contó que había mirado por la ventana cuando oyó el disparo y vio a Quince abrazado a su padre. A los pocos minutos llegó Ruby Lincoln corriendo, seguida de una retahíla de niños. Se desplomaron todos alrededor de Quince, sobre el cuerpo de Joe y, Dios mío, fue horrible. Lloraban, gemían y le chillaban a Joe para que se levantara, que por favor no les abandonara.

»Sam entró en la casa y llamó una ambulancia. También llamó a uno de sus hermanos, Albert, y a un par de vecinos. No tardó en reunirse un grupo en el jardín posterior. Sam y su pandilla estaban en el pórtico con sus escopetas, vigilando a los afligidos que arrastraron el cadáver hasta aquel árbol —dijo mientras señalaba un enorme roble—. La ambulancia tardó una eternidad en llegar y retiró el cadáver. Ruby y sus hijos regresaron a su casa, y mi padre y sus compinches se reían a carcajada limpia en el zaguán.

—¿Cuánto tiempo permaneciste en el árbol?

—No lo sé. Bajé cuando todo el mundo se marchó y corrí a esconderme en el bosque. Eddie y yo teníamos un lugar predilecto junto al cauce de un riachuelo y sabía que vendría a buscarme. Lo hizo. Estaba asustado y sin aliento, me contó lo del disparo y le dije que lo había visto. Al principio no me creyó, pero le conté todos los detalles. Estábamos los dos muertos de miedo. Se llevó la mano al bolsillo y sacó algo. Era el pequeño soldado del ejército confederado por el que él y Quince se habían peleado. Lo había encontrado debajo de la cama y decidió en aquel mismo momento que todo había sido culpa suya. Nos juramos mutuamente guardar el secreto. Él prometió que nunca le diría a nadie que yo había presenciado el asesinato y yo le prometí que nunca revelaría que él había encontrado el soldado. Lo arrojó al riachuelo.

—¿Reveló alguno de vosotros el secreto?

Lee movió negativamente la cabeza durante mucho rato.

—¿Sam nunca se enteró de que estabas en el árbol? —preguntó Adam.

—No. Nunca se lo conté a mi madre. Eddie y yo hablamos de ello algunas veces a lo largo de los años, pero con el transcurso del tiempo en cierto modo lo sepultamos. Cuando regresamos a casa, nuestros padres estaban en medio de una terrible pelea. Ella estaba histérica y él loco y furioso. Creo que le había golpeado varias veces. Nos cogió y nos dijo que subiéramos al coche. Cuando retrocedíamos por el camino, llegó el sheriff. Dimos unas vueltas, mi madre al volante y Eddie y yo en el asiento trasero, demasiado asustados para hablar. Ella no sabía qué decirnos. Supusimos que le encerrarían en la cárcel, pero cuando aparcamos frente a la casa, estaba sentado en el zaguán como si nada hubiera ocurrido.

—¿Qué hizo el sheriff?

—En realidad, nada. Él y Sam hablaron un rato. Sam le mostró la escopeta de Joe y le explicó que había sido un simple caso de defensa propia. Otro sambo muerto, eso era todo.

—¿No le detuvieron?

—No, Adam. Esto era Mississippi a principios de los cincuenta. Estoy segura de que el sheriff soltó unas buenas carcajadas, le dio a Sam unos golpecitos en la espalda, le dijo que fuera buen chico y se marchó. Incluso le permitió quedarse con la escopeta de Joe.

—Es increíble.

—Nosotros confiábamos en que pasara unos años en la cárcel.

—¿Qué hicieron los Lincoln?

—¿Qué podían hacer? ¿Quién les escucharía? Sam le prohibió a Eddie verse con Quince, se aseguró de que no estuvieran juntos, y los echó de nuestra propiedad.

—¡Santo cielo!

—Les dio una semana para marcharse y el sheriff se presentó para cumplir con su obligación, asegurándose de que abandonaban la casa. El desahucio era perfectamente legal, según le aseguró Sam a mi madre. Fue la única ocasión en la que creí que le abandonaría. Ojalá lo hubiera hecho.

—¿Volvió Eddie a ver alguna vez a Quince?

—Al cabo de muchos años. Cuando Eddie aprendió a conducir, empezó a buscar a los Lincoln. Se habían trasladado a un pequeño poblado al otro lado de Clanton y allí les encontró. Se disculpó y dijo que lo sentía un centenar de veces. Pero nunca volvieron a ser amigos. Ruby le pidió que se marchara. Me contó que vivían en una choza destartalada sin electricidad.

Se acercó a su árbol y se sentó junto al tronco. Adam la siguió y se apoyó también contra el árbol. La miró y pensó en los muchos años que había acarreado aquel peso. Pensó también en su padre, en su angustia y su tormento, en las ineludibles cicatrices que le habían acompañado hasta la muerte. Ahora tenía la primera pista de la destrucción de su padre y se preguntaba si algún día acabarían por encajar todas las piezas. Pensó en Sam y miró hacia el pórtico, donde imaginó a un hombre más joven, con una escopeta y odio en la mirada. Lee sollozaba discretamente.

—¿Qué hizo Sam a continuación?

Lee hizo un esfuerzo para controlarse.

—La casa fue muy silenciosa durante una semana, o un mes, no lo recuerdo. Pero parecieron transcurrir años antes de que alguien hablara en la mesa. Eddie permanecía en su cuarto, con la puerta cerrada con llave. Le oía llorar por la noche y me dijo infinidad de veces cuánto odiaba a su padre. Deseaba verle muerto. Quería huir de casa. Se culpaba a sí mismo de todo. Nuestra madre empezó a preocuparse y pasaba mucho tiempo con él. En cuanto a mí, creían que estaba jugando en el bosque cuando ocurrió. Poco después de contraer matrimonio con Phelps, empecé a visitar en secreto a un psiquiatra. Intenté superarlo con una terapia y quería que Eddie hiciera lo mismo. Pero no quiso escucharme. La última vez que hablé con Eddie antes de su muerte, mencionó el asesinato. Nunca lo superó.

—¿Y tú lo superaste?

—No he dicho eso. La terapia me ayudó, pero todavía me pregunto qué habría ocurrido si le hubiera chillado a papá antes de que apretara el gatillo. ¿Habría matado a Joe ante los ojos de su hija? No lo creo.

—Por Dios, Lee. Eso ocurrió hace cuarenta años. No puedes culparte a ti misma.

—Eddie me culpaba. Y se culpaba a sí mismo, y nos culpábamos mutuamente hasta que fuimos mayores. Éramos niños cuando ocurrió y no podíamos ampararnos en nuestros padres. Estábamos desamparados.

A Adam se le ocurrieron un sinfín de preguntas relacionadas con el asesinato de Joe Lincoln. Era improbable que volvieran a hablar del tema y quería saber todo lo ocurrido, hasta el último detalle. ¿Dónde estaba enterrado Joe? ¿Qué había ocurrido con la escopeta? ¿Se había mencionado la muerte en el periódico local? ¿Se había presentado el caso ante un gran jurado? ¿Lo había mencionado Sam alguna vez a sus hijos? ¿Dónde estaba su madre durante la pelea? ¿Había oído la discusión y el disparo? ¿Qué había ocurrido con la familia de Joe? ¿Vivían todavía en el condado de Ford?

—Incendiémosla, Adam —dijo firmemente Lee después de secarse la cara y mirarle fijamente.

—No hablarás en serio.

—¡Claro que sí! Incendiemos este maldito lugar, la casa, el cobertizo, este árbol, el césped y los matorrales. No será difícil. Sólo un par de fósforos aquí y allá. Vamos.

—No, Lee.

—Vamos.

Adam se agachó y la cogió suavemente del brazo.

—Vámonos, Lee. He oído bastante por un día.

No se resistió. Ella también había tenido bastante por un día. Adam la ayudó a cruzar los hierbajos, alrededor de la casa, por el camino accidentado y de regreso al coche.

Abandonaron la finca Cayhall sin decir palabra. Después de avanzar por el camino de balasto, llegaron al cruce de la carretera. Lee señaló a la izquierda y cerró los ojos como si intentara dormir. Pasaron por las afueras de Clanton y se detuvieron en una tienda rural cerca de Holly Springs. Lee dijo que le apetecía un refresco de cola, e insistió en ir personalmente a por él. Regresó con media docena de botellines de cerveza y le ofreció uno a Adam.

—¿Qué es eso? —preguntó Adam.

—Sólo un par —respondió Lee—. Tengo los nervios destrozados. No me permitas beber más de dos, ¿de acuerdo? Sólo dos.

—Creo que no deberías hacerlo, Lee.

—Estoy bien —insistió con el entrecejo fruncido antes de tomar un trago.

Adam la rechazó y se alejó velozmente de la tienda. Lee vació dos botellas en quince minutos y se quedó dormida. Adam trasladó el paquete al asiento trasero y se concentró en la carretera.

De pronto sintió un fuerte deseo de abandonar Mississippi y anheló encontrarse entre las luces de Memphis.

VEINTISIETE

Hacía exactamente una semana que había despertado con una terrible jaqueca y el estómago descompuesto, antes de verse obligado a deglutir el grasiento tocino y los huevos aceitosos de Irene Lettner. Y en los últimos siete días había estado en la sala del juez Slattery, en Chicago, en Greenville, en el condado de Ford y en Parchman. Había conocido al gobernador y al fiscal general. No hablaba con su cliente desde hacía seis días.

Al diablo con su cliente. Adam había estado en la terraza contemplando el tráfico del río y tomando café descafeinado hasta las dos de la madrugada. Ahuyentó mosquitos y luchó con las vivas imágenes de Quince Lincoln abrazado al cadáver de su padre, mientras Sam Cayhall admiraba su obra desde el zaguán. Oía en su mente la risa apagada de Sam y sus compinches, mientras Ruby Lincoln y sus hijos caían sobre el cadáver y luego lo arrastraban por el jardín a la sombra de un árbol. Veía a Sam en el jardín con ambas escopetas, explicándole al sheriff cómo aquel loco sambo había estado a punto de matarle y él se había limitado razonablemente a defenderse. El sheriff, por supuesto, había comprendido inmediatamente el punto de vista de Sam. Oía los torturados susurros de los niños, Eddie y Lee, cuando se acusaban a sí mismos y luchaban con el horror de lo que Sam había hecho. Y maldijo aquella sociedad tan dispuesta a ignorar la violencia contra una clase despreciada.

Tuvo un sueño turbulento y, en un momento dado, se sentó al borde de la cama para prometerse a sí mismo que Sam podía buscarse otro abogado, que la pena de muerte puede que fuera apropiada después de todo para ciertas personas, particularmente su abuelo, que regresaría de inmediato a Chicago y volvería a cambiarse el nombre. Pero aquel sueño pasó y, cuando despertó definitivamente, la luz del sol se filtraba por las persianas y proyectaba pulcras líneas sobre su cabeza. Durante media hora contempló el techo y los frisos de las paredes mientras recordaba el viaje a Clanton. Tenía la esperanza de que hoy, domingo, podría quedarse en la cama con un grueso periódico y un café bien fuerte. Iría a su despacho por la tarde. A su cliente le quedaban diecisiete días.

Lee se había terminado una tercera cerveza después de llegar a su casa y luego se había acostado. Adam la había observado atentamente, medio a la espera de un desenfrenado ataque de euforia, o que de pronto cayera en un coma alcohólico. Pero había estado muy compuesta y reservada, y no la oyó en toda la noche.

Terminó de ducharse, no se afeitó, y se dirigió a la cocina donde le esperaban los restos azucarados de la primera cafetera. Lee hacía rato que se había levantado. La llamó y luego fue a su habitación. Miró inmediatamente en la terraza y a continuación exploró el resto de la casa. No estaba en ninguna parte. El periódico dominical estaba perfectamente doblado sobre la mesilla de la sala de estar.

Preparó una nueva cafetera, unas tostadas y salió a desayunar a la terraza. Eran casi las nueve y media y, afortunadamente, estaba nublado y el calor no era sofocante. Era un buen día para trabajar en el despacho. Se puso a leer el periódico, empezando por la primera sección.

Tal vez Lee había salido a comprar algo. O puede que estuviera en la iglesia. No habían llegado al punto de dejarse notas escritas. Pero tampoco había mencionado que pensara ir a ningún lugar por la mañana.

Acababa de comerse una tostada con mermelada de fresa cuando de pronto se quedó sin apetito. En la primera página de la sección metropolitana había otro artículo sobre Sam Cayhall, con la misma fotografía de hacía diez años. Se trataba de un pequeño y ameno relato de los sucesos de la última semana, acompañado de un cuadro cronológico con las fechas importantes en el historial del caso. Junto a la fecha del ocho de agosto de mil novecientos noventa, se dejaba un curioso interrogante. ¿Se celebraría entonces la ejecución? Evidentemente, la dirección le había concedido a Todd Marks espacio ilimitado, porque el artículo no contenía prácticamente nada nuevo. Lo más preocupante eran unas citas de un catedrático de Derecho de Ole Miss, experto en asuntos constitucionales, que había trabajado en muchos casos de condena a muerte. El erudito profesor era generoso con sus opiniones y llegaba a la conclusión de que Sam había agotado básicamente sus posibilidades. Había estudiado el sumario a fondo; en realidad, lo seguía desde hacía años y consideraba que a Sam no le quedaba prácticamente nada por hacer. Explicaba que en muchos casos de condena a muerte, a veces podían producirse milagros de última hora, debido generalmente a que la representación legal del condenado había sido mediocre, incluso durante las apelaciones. En dichos casos, los abogados expertos como él a menudo pueden sacar conejos de la chistera debido a su extraordinaria genialidad, y presentar aspectos ignorados por mentes jurídicas de menor calibre. Pero desgraciadamente, el caso de Sam era distinto porque había gozado de una competente representación por parte de unos excelentes abogados de Chicago.

Los recursos de Sam se habían tramitado con destreza y ahora las apelaciones tocaban a su fin. El catedrático, evidentemente un jugador, apostaba cinco contra uno a que la ejecución tendría lugar el ocho de agosto. Y por todo ello, opiniones y apuesta, su fotografía aparecía en el periódico.

De pronto Adam se puso nervioso. Había leído docenas de casos de pena de muerte en los que en el último momento los abogados se agarraban a un cabo descuidado hasta entonces y convencían a los jueces para que prestaran atención a los nuevos argumentos. La historia de la litigación capital estaba repleta de casos de aspectos jurídicos latentes, no descubiertos ni utilizados hasta la aparición en escena de un nuevo abogado, con una visión fresca del caso, que conseguía un aplazamiento. Pero el catedrático de Derecho tenía razón. Sam había tenido suerte. Aunque detestaba a los abogados de Kravitz & Bane, le habían facilitado una representación excelente. Ahora sólo quedaba un puñado de recursos desesperados, conocidos como apelaciones desde el cadalso.

Arrojó el periódico al suelo de madera y entró a por más café. La puerta corredera emitió un pitido, el sonido del nuevo sistema de seguridad instalado el viernes, después de que el anterior funcionara indebidamente y desaparecieran misteriosamente algunas llaves. No había indicios de allanamiento de morada. La seguridad era rigurosa en el complejo. Y, en realidad, Willis no sabía cuántos juegos de llaves tenía para cada casa. La policía de Memphis decidió que la puerta corredera no debía estar cerrada con llave y, de algún modo, se había deslizado. Adam y Lee no le habían dado mayor importancia.

Golpeó accidentalmente un vaso junto al fregadero, que se rompió al llegar al suelo. Los fragmentos de cristal se esparcieron alrededor de sus pies descalzos, y se dirigió cautelosamente de puntillas a un armario para coger una escoba y un recogedor. Barrió cuidadosamente los cristales, sin cortarse, formó un pulcro montón y lo arrojó a un cubo bajo el fregadero. Algo le llamó la atención. Metió la mano en el saco de plástico negro y, después de hurgar entre los residuos calientes del café y los fragmentos de cristal, encontró una botella y la sacó. Era una botella de vodka vacía.

La limpió un poco y examinó la etiqueta. El cubo era pequeño y se vaciaba casi a diario. Ahora estaba medio lleno. No hacía mucho que estaba allí aquella botella. Abrió la nevera en busca de las tres cervezas del día anterior. Lee se había tomado dos en el coche de regreso a Memphis y una en la casa. Adam no recordaba dónde las había guardado, pero no estaban en el frigorífico. Tampoco en el cubo de la cocina, la sala de estar, los baños ni los dormitorios. Cuanto más buscaba, más decidido estaba a encontrar las botellas. Buscó en la despensa, el armario de la limpieza, el de la ropa y los de la cocina. Mientras registraba la cómoda y los armarios de Lee se sintió como un intruso y un ladrón, pero prosiguió porque estaba asustado.

Las encontró bajo la cama, evidentemente vacías, cuidadosamente escondidas en una vieja caja de zapatos Nike. Tres botellas vacías de Heineken pulcramente empaquetadas, como para mandárselas a alguien de regalo. Se sentó en el suelo y las examinó. Estaban frescas, con algunas gotas todavía en el fondo de las mismas.

Calculó que Lee pesaba unos cincuenta y nueve kilos, y medía de metro sesenta y cinco a metro sesenta y siete. Era esbelta, pero no excesivamente delgada. Su cuerpo no podía tolerar mucho alcohol. Se había acostado temprano, alrededor de las nueve, y en algún momento se había levantado para ir en busca del vodka y de la cerveza. Adam se apoyó contra la pared, con el corazón sumamente acelerado. Había sido muy cautelosa al esconder las botellas verdes, pero sabía que la descubriría. Debió pensar que Adam las buscaría. ¿Por qué no había sido más cuidadosa con la media botella de vodka? ¿Por qué estaba en el cubo de la cocina y las demás ocultas bajo la cama?

Entonces comprendió que estaba intentando seguir el proceso de una mente racional, pero no el de una alcoholizada. Cerró los ojos y golpeó suavemente la pared con la nuca. La había llevado al condado de Ford, donde había visto tumbas y revivido una pesadilla, además de ocultar su rostro tras unas gafas de sol. Hacía ahora dos semanas que presionaba para conocer secretos familiares y ayer le habían restregado algunos por las narices. Necesitaba saberlo, se había dicho a sí mismo. No sabía exactamente por qué, pero le parecía que debía conocer las razones por las que su familia era extraña, violenta y odiosa.

Y ahora, de pronto, por primera vez se le ocurrió que tal vez aquello era algo más complejo que limitarse a narrar historias familiares. Tal vez era un proceso doloroso para todos los interesados. Puede que su interés por el siniestro pasado de la familia no fuera tan importante como la estabilidad de Lee.

Volvió a dejar la caja de zapatos donde la había encontrado y arrojó la media botella de vodka al cubo por segunda vez. Se vistió apresuradamente y salió. Le preguntó por Lee al guardia del portalón. Según el papel de su carpeta, hacía casi dos horas que había salido, a las ocho y diez.

Era habitual que los abogados de Kravitz & Bane de Chicago pasaran el domingo en el despacho, pero evidentemente aquella costumbre no era del agrado de los de Memphis. Adam estaba completamente solo en las oficinas. Cerró, de todos modos, la puerta con llave y no tardó en sumergirse en el cenagoso mundo jurídico de la aplicación del *habeas corpus*.

No obstante, le resultaba difícil concentrarse y sólo lo lograba a pequeñas dosis. Le preocupaba Lee y odiaba a Sam. Le resultaría difícil volverle a mirar a la cara, probablemente mañana, a través de la rejilla metálica del patíbulo. Estaba débil, pálido y arrugado, y sin duda merecía que alguien le mostrara un poco de compasión. Su última conversación había girado en torno a Eddie y al terminar Sam le había pedido que dejara los asuntos familiares en la puerta de la cárcel. En aquel momento ya tenía bastante de qué preocuparse. No era justo obligar a un condenado a enfrentarse a sus viejos pecados.

Adam no era un biógrafo ni un genealogista. No había recibido ninguna formación sociológica ni psiquiátrica y, francamente, en aquellos momentos no le apetecía volver a penetrar en la críptica historia de la familia Cayhall. Era un simple abogado, novato para más señas, pero no obstante letrado y su cliente le necesitaba.

Había llegado el momento de ejercer su profesión y olvidar el folclore.

A las once y media marcó el número de teléfono de Lee y oyó cómo sonaba. Dejó un mensaje en el contestador, diciéndole dónde estaba y rogándole que le llamara. Llamó de nuevo a la una y a las dos. Nada. Preparaba una apelación cuando sonó el teléfono.

En lugar de la melodiosa voz de Lee, oyó el tono entrecortado de su señoría F. Flynn Slattery.

—Sí, señor Hall, le habla el juez Slattery. He reflexionado cuidadosamente sobre este asunto y he decidido denegar toda apelación, incluida su solicitud de aplazamiento —dijo casi con un deje de alegría—. Hay muchas razones, pero no voy a entrar ahora en ello. Mi secretario le mandará mi decisión ahora mismo por fax, de modo que la tendrá dentro de un momento.

—Sí, señor —respondió Adam.

—Tendrá que apelar cuanto antes. Sugiero que lo haga por la mañana.

—Estoy preparando ahora la apelación, su señoría. En realidad ya está casi terminada.

—Muy bien. Entonces ya se esperaba lo que acabo de decirle.

—Sí, señor. Empecé a preparar la apelación al salir de su despacho el martes pasado.

Era tentador lanzarle un par de indirectas a Slattery. Después de todo estaba a casi trescientos kilómetros de distancia. Pero no dejaba de ser un juez federal y Adam era perfectamente consciente de que algún día podía necesitarle.

—Buenos días, señor Hall —dijo el juez antes de colgar.

Adam dio una docena de vueltas a la mesa y luego contempló la suave lluvia que caía en la calle. Maldijo para sus adentros a los jueces federales en general y a Slattery en particular. Volvió a su ordenador y contempló fijamente la pantalla, a la espera de inspiración.

Escribió y leyó, investigó e imprimió, miró por la ventana y soñó en que se produjera un milagro hasta que oscureció. Había pasado un montón de horas perdiendo el tiempo y una de las razones por las que trabajó hasta las ocho fue para que Lee tuviera tiempo sobrado para regresar a su casa.

No había ni rastro de ella. El guardia de seguridad dijo que no había regresado. No había ningún mensaje en el contestador, a excepción del suyo. Comió palomitas de maíz al microondas para cenar y vio dos películas en el vídeo. La idea de llamar a Phelps Booth le repugnaba y casi le produjo un escalofrío sólo pensar en ello.

Pensó en dormir en el sofá de la sala de estar para oírla si regresaba, pero después de la segunda película se fue a su habitación y cerró la puerta.

VEINTIOCHO

Su explicación por la desaparición del día anterior se hizo esperar, pero parecía plausible cuando acabó de contarla. Mientras se desplazaba lentamente por la cocina, dijo que había estado todo el día en el hospital con una de sus jovencitas de Auburn House. La pobre chica tenía sólo trece años, era su primer hijo (aunque evidentemente habría otros) y su parto se había iniciado con un mes de antelación. Su madre estaba en la cárcel, su tía vendiendo droga y la niña no tenía a quién recurrir. Lee le había sostenido la mano a lo largo del complicado parto. La chica estaba bien y su hijo también, y ahora había otro niño no deseado en los barrios bajos de Memphis.

Lee tenía la voz ronca y los ojos hinchados e irritados. Dijo que había regresado unos minutos después de la una y que quería llamar por teléfono, pero habían pasado seis horas en la sala de prepartos y dos horas en el quirófano. El hospital de beneficencia de Saint Peter era un parque zoológico, especialmente la sección de maternidad, y de un modo u otro no había tenido oportunidad de hacerlo.

Adam estaba sentado a la mesa en pijama, tomando café y examinando el periódico mientras ella hablaba. No le había pedido ninguna explicación y se esforzaba en fingir que no estaba preocupado por ella. Lee insistió en preparar el desayuno: huevos revueltos y galletas enlatadas. Se mantenía eficazmente ocupada en la cocina mientras hablaba y evitaba mirarle a los ojos.

—¿Cómo se llama esa joven? —preguntó Adam con toda seriedad, como si le preocupara realmente lo que Lee le contaba.

—Natasha. Natasha Perkins.

—¿Y tiene sólo trece años?

—Sí. Su madre tiene veintinueve. ¿No te parece increíble? Una abuela de veintinueve años.

Adam movió con incredulidad la cabeza. En aquel momento miraba la pequeña sección del *Memphis Press* donde se publicaban los datos vitales del condado: bodas, divorcios, nacimientos, detenciones y fallecimientos. Repasó la lista de los nacimientos del día anterior, como si comprobara una quiniela, y no encontró constancia alguna de una nueva madre llamada Natasha Perkins.

Lee acabó de pelearse con la lata de galletas. Las colocó en una fuente junto con los huevos, sirvió el desayuno y se sentó al otro extremo de la mesa, lo más lejos posible de Adam.

—Que aproveche —dijo con una sonrisa forzada.

Su cocina se había convertido en pródiga fuente de humor. Adam sonrió como si todo fuera perfecto. En aquel momento necesitaban humor, pero les fallaba el ingenio.

—Los Cubs han vuelto a perder —dijo Adam, mientras se llevaba un bocado de huevo a la boca y echaba una ojeada al periódico doblado.

—¿No es cierto que los Cubs siempre pierden?

—No siempre. ¿Te interesa el baloncesto?

—Lo detesto. Phelps me enseñó a odiar todos los deportes conocidos por el hombre.

Adam sonrió y se concentró en el periódico. Comieron sin hablar unos minutos y empezó a pesar el silencio. Lee pulsó el control remoto y empezó a oírse el ruido de la televisión de la cocina. De pronto ambos se interesaron por el parte meteorológico, que pronosticaba una vez más tiempo seco y caluroso. Lee jugaba con la comida, mordisqueó una galleta medio cruda y removió los huevos en el plato. Adam sospechaba que, en aquel momento, tenía el estómago descompuesto.

Acabó de comer y llevó el plato al fregadero. Luego se sentó de nuevo a la mesa y siguió leyendo el periódico. Lee tenía los ojos pegados a la televisión, evidentemente para eludir la mirada de su sobrino.

—Probablemente hoy iré a visitar a Sam —dijo Adam—. No le he visto desde hace una semana.

—Ojalá no hubiéramos ido a Clanton el sábado —respondió Lee con la mirada perdida en algún punto de la mesa.

—Lo sé.

—No fue una buena idea.

—Lo siento, Lee. Insistí en ir y no fue una buena idea. He insistido en muchas cosas y puede que estuviera equivocado.

—No es justo...

—Sé que no es justo. Ahora comprendo que no es una simple cuestión de descubrir la historia de la familia.

—No es justo para él, Adam. Es casi una crueldad obligarle a enfrentarse a esas cosas cuando le quedan sólo dos semanas de vida.

—Tienes razón. Y tampoco es justo obligarte a ti a revivirlas.

—Me repondré —dijo como si ciertamente no estuviera bien ahora, pero pudiera haber alguna esperanza de cara al futuro.

—Lo siento, Lee. Lo siento muchísimo.

—No te preocupes. ¿Qué haréis hoy tú y Sam?

—Primordialmente hablar. El Tribunal Federal del estado falló ayer contra nosotros y esta mañana presentaremos un recurso de apelación. A Sam le gusta hablar de estrategias jurídicas.

—Dile que pienso en él.

—Lo haré.

Lee empujó el plato y cogió la taza con ambas manos.

—Y pregúntale si quiere que vaya a verle.

—¿Realmente lo deseas? —preguntó Adam sin poder ocultar su sorpresa.

—Algo me dice que debería hacerlo. No le he visto en muchos años.

—Se lo preguntaré.

—Y no le menciones a Joe Lincoln, ¿de acuerdo, Adam? Nunca le revelé a papá lo que había visto.

—¿Tú y Sam no hablasteis nunca del asesinato?

—Nunca. Pasó a ser conocido de toda la comunidad. Eddie y yo crecimos con aquel peso a la espalda, pero francamente, Adam, aquello no tenía mucha importancia para los vecinos. Mi padre mató a un negro. Era mil novecientos cincuenta y en Mississippi. Nunca se habló de ello en nuestra casa.

—¿De modo que Sam se irá a la tumba sin haberse tenido que enfrentar al asesinato?

—¿Qué ganas obligándole a hacerlo? Ocurrió hace cuarenta años.

—No lo sé. Tal vez diga que lo lamenta.

—¿A ti? ¿Se disculpa ante ti y todo arreglado? Válgame Dios, Adam, eres joven y no lo comprendes. Olvídalo. No hagas sufrir más a ese anciano. En estos momentos, tú eres lo único resplandeciente en su vida.

—De acuerdo, de acuerdo.

—No tienes derecho a tenderle una encerrona con la historia de Joe Lincoln.

—Tienes razón. No lo haré. Te lo prometo.

Le miró fijamente con sus ojos irritados hasta que Adam dirigió la mirada a la televisión, luego se disculpó y desapareció por la sala de estar. Adam se acercó sigilosamente por la alfombra hasta el vestíbulo, y oyó cómo tosía y vomitaba. Se oyó la cadena del lavabo y él subió a su cuarto para ducharse y vestirse.

A las diez de la mañana, Adam había dado los últimos retoques al recurso para el tribunal de apelación del quinto circuito en Nueva Orleans. El juez Slattery había mandado ya una copia por fax de su dictamen al secretario del quinto circuito, y Adam mandó su recurso de apelación también por fax, poco después de llegar a su despacho. Mandó el original por correo urgente.

También tuvo su primera conversación con el secretario de ejecuciones, un funcionario del Tribunal Supremo de Estados Unidos cuya única misión consiste en supervisar las últimas apelaciones de todos los condenados a muerte. El secretario de ejecuciones trabaja a menudo día y noche cuando alguna ejecución es inminente. Adam había recibido instrucciones de E. Garner Goodman respecto a las maquinaciones del secretario de ejecuciones y su departamento, y Adam hizo la primera llamada con cierta reticencia.

Su nombre era Richard Olander y era un personaje bastante eficiente, que parecía cansado a primera hora del lunes por la mañana.

—Lo estábamos esperando —le dijo a Adam, como si debiera haber presentado mucho antes aquel recurso, y le preguntó si aquélla era su primera ejecución.

—Me temo que sí —respondió Adam—. Y espero que sea la última.

—Pues ha elegido ciertamente a un perdedor —dijo el señor Olander, antes de explicarle con toda suerte de detalles cómo esperaba el tribunal que se tramitaran las últimas apelaciones.

Todo recurso a partir de aquel momento, y hasta el *fin*, independientemente de su destino o contenido, debía presentarse además simultáneamente a su departamento, declaró en un tono uniforme, como si lo leyera en un libro de texto. En realidad, le mandaría inmediatamente a Adam una copia por fax de las normas del tribunal a las que debía atenerse meticulosamente hasta el ultimísimo momento. Su departamento estaba de servicio veinticuatro horas al día, repitió en varias ocasiones, y era esencial que recibieran copias de todos los documentos. En el supuesto, claro está, de que Adam esperara una vista imparcial de su cliente por parte del tribunal. Si no le importaba, podía seguir las normas a su antojo y su cliente pagaría las consecuencias.

Adam prometió ajustarse a las normas. El Tribunal Supremo había empezado a cansarse de los interminables recursos en los casos de pena de muerte, y quería disponer de todas las solicitudes y apelaciones para acelerar el proceso. El recurso de Adam al quinto circuito sería examinado minuciosamente por los jueces y sus secretarios, mucho antes de que el tribunal lo recibiera de Nueva Orleans. Otro tanto ocurriría con sus recursos de última hora. De ese modo el tribunal podría otorgar inmediatamente un desagravio, o denegar la petición.

Tan eficaz y expeditivo era el secretario de ejecuciones que, recientemente, había puesto al tribunal en un aprieto cuando éste denegó una apelación antes de haberla presentado oficialmente.

Entonces el señor Olander le explicó que su departamento disponía de una lista con todas las apelaciones y peticiones concebibles de última hora, y que él y su capacitado personal supervisaban todos los casos para asegurarse de que se habían realizado todas las gestiones posibles. Y si al abogado le pasaba inadvertido algún asunto potencial, ellos notificaban entonces al abogado para que explorara la posibilidad olvidada. ¿Quería Adam una copia de dicha lista?

Adam le respondió que no era necesario. E. Garner Goodman era autor del texto sobre apelaciones de última hora.

Muy bien, dijo el señor Olander. Al señor Cayhall le quedaban dieciséis días y, evidentemente, podían ocurrir muchas cosas en dieciséis días. Sin embargo, en su modesta opinión, el señor Cayhall había gozado de una excelente representación y sus posibilidades habían sido ampliamente exploradas. Le sorprendería, se atrevió a aventurar, que hubiera algún retraso adicional.

«Gracias por nada», pensó Adam.

El señor Olander también le explicó que él y su personal vigilaban muy de cerca un caso en Texas. La ejecución estaba prevista para un día antes que la de Sam, pero en su opinión era probable que se concediera un aplazamiento. En Florida había otra programada para dos días después de la del señor Cayhall. En Georgia debían efectuarse dos a la semana siguiente, pero quién sabe. Él o alguno de sus ayudantes estarían disponibles a todas horas y, durante las doce horas precedentes a la ejecución, estaría personalmente junto al teléfono.

Llámeme cuando lo desee, dijo, y terminó la conversación con la firme promesa de facilitar las cosas en la medida de lo posible para Adam y su cliente.

Adam colgó el teléfono y empezó a dar vueltas por su despacho. Su puerta, como de costumbre, estaba cerrada con llave y los pasillos candentes de ávido chismorreo aquel lunes por la mañana. Su foto había aparecido de nuevo en el periódico el día anterior y prefería que no le vieran. Llamó a Auburn House y preguntó por Lee Booth, pero no estaba en el edificio. Llamó a su casa y no obtuvo respuesta. Llamó a Parchman y le dijo al oficial de guardia del portalón que iría alrededor de la una.

Se acercó a su ordenador y encontró uno de sus proyectos: un resumen cronológico del caso de Sam.

El jurado del condado de Lakehead había condenado a Sam el doce de febrero de mil novecientos ochenta y uno, y dos días después había pronunciado la sentencia de pena de muerte. Había apelado directamente al Tribunal Supremo de Mississippi, alegando numerosas irregularidades del juicio y la acusación, pero centrándose particularmente en el hecho de que el juicio se había celebrado casi catorce años después del atentado. Su abogado, Benjamin Keyes, discutió con vehemencia que a Sam se le había negado su derecho a un juicio expeditivo, y que se le había colocado en una situación de doble desventaja al juzgarle tres veces por el mismo delito. Keyes presentaba un argumento sumamente sólido. El Tribunal Supremo de Mississippi estaba profundamente dividido respecto al tema y el veintitrés de julio de mil novecientos ochenta y dos confirmó, por mayoría parcial, la sentencia de Sam. Cinco jueces votaron por la confirmación, tres por la anulación de la sentencia y uno se abstuvo.

Entonces Keyes solicitó un auto de avocación al Tribunal Supremo de Estados Unidos, por el cual le pedía en realidad al tribunal que revisara el caso de Sam. Puesto que el Tribunal Supremo sólo admite a trámite un número muy reducido de autos de avocación, fue bastante sorprendente que el cuatro de marzo de mil novecientos ochenta y tres accediera a revisar la sentencia de Sam.

El Tribunal Supremo de Estados Unidos estaba casi tan dividido como el de Mississippi sobre la cuestión de la desventaja por partida doble, pero llegó no obstante a la misma conclusión. A los dos primeros jurados de Sam les había resultado completamente imposible llegar a una decisión unánime, debido a los maquiavelismos de Brazelton y, por consiguiente, Sam no podía ampararse en la cláusula de desventaja por partida doble de la quinta enmienda. Ninguno de los dos jurados le había declarado inocente. En ambos casos no habían logrado emitir un veredicto unánime, por lo que la acusación era perfectamente constitucional. El veintiuno de setiembre de mil novecientos ochenta y tres, el Tribunal Supremo de Estados Unidos corroboró la sentencia de Sam por seis votos contra tres. Keyes presentó inmediatamente, en vano, otros recursos solicitando una nueva vista.

Sam había contratado a Keyes para que le representara durante el juicio y en la apelación al Tribunal Supremo de Mississippi, si era necesario. Cuando el Tribunal Supremo de Estados Unidos confirmó la sentencia, Keyes trabajaba gratis. Su contrato de representación jurídica había caducado y le escribió una larga carta a Sam para explicarle que había llegado el momento de tomar otras medidas. Sam lo comprendió.

Keyes también escribió a un abogado del ACLU amigo suyo en Washington y éste, a su vez, se puso en contacto con su compañero E. Garner Goodman de Kravitz & Bane de Chicago. La carta llegó al escritorio de Goodman en el momento preciso. A Sam se le agotaba el tiempo y estaba desesperado. Goodman estaba buscando un proyecto de beneficencia. Intercambiaron cartas y, el dieciocho de diciembre de mil novecientos ochenta y tres, Wallace Tyner, uno de los socios de la sección de defensa penal de cuello blanco de Kravitz & Bane, presentó una petición al Tribunal Supremo de Mississippi solicitando desagravio poscondenatorio.

Tyner alegaba numerosos errores en el juicio de Sam, incluida la admisión como prueba de las nauseabundas fotografías de los cadáveres de Josh y John Kramer. Atacó la selección del jurado y alegó que McAllister había elegido sistemáticamente negros en lugar de blancos. Alegó que un juicio imparcial no era posible, porque el ambiente no era el mismo en mil novecientos ochenta y uno que en mil novecientos sesenta y siete. Insistió en que el lugar elegido por el juez para celebrar el juicio era injusto. Volvió a insistir también en la cuestión de la desventaja por partida doble y en la del juicio expeditivo. En total, Wallace Tyner y Garner Goodman presentaron ocho puntos distintos en la petición.

Sin embargo, no alegaron que la representación jurídica de Sam durante el juicio hubiera sido inadecuada, como solían hacerlo la mayoría de los condenados a muerte. Querían hacerlo, pero Sam no se lo permitió. Inicialmente se negó a firmar la petición porque en la misma se atacaba a Benjamin Keyes, a quien Sam apreciaba.

El uno de junio de mil novecientos ochenta y cinco, el Tribunal Supremo de Mississippi denegó todas las peticiones solicitadas. Tyner apeló al Tribunal Supremo de Estados Unidos, pero el tribunal no aceptó el recurso a trámite. A continuación, solicitó en nombre de Sam la primera orden de *habeas corpus* y el aplazamiento de la ejecución al Tribunal Federal de Mississippi. Como es habitual en dichos casos, la petición era bastante extensa y contenía todos los puntos ya presentados al Tribunal Estatal.

Al cabo de dos años, el tres de mayo de mil novecientos ochenta y siete, el Tribunal Regional denegó todas las peticiones y Tyner apeló al quinto circuito en Nueva Orleans, que a su debido tiempo confirmó la decisión del tribunal anterior. El veinte de marzo de mil novecientos ochenta y ocho, Tyner solicitó una nueva vista ante el quinto circuito, que también fue denegada. El tres de setiembre de mil novecientos ochenta y ocho, Tyner y Goodman se dirigieron una vez más al Tribunal Supremo, para solicitar un nuevo auto de avocación. Al cabo de una semana, Sam escribió la primera de muchas cartas dirigidas a Goodman y Tyner, amenazándoles con prescindir de sus servicios.

El Tribunal Supremo de Estados Unidos le otorgó a Sam su último aplazamiento el catorce de mayo de mil novecientos ochenta y nueve, a raíz de un auto de avocación concedido el año anterior por el tribunal a un caso en Florida. Tyner arguyó con éxito que el caso de Florida presentaba conflictos semejantes y el Tribunal Supremo concedió aplazamientos a varias docenas de casos en todo el país.

No se presentó ninguna petición en nombre de Sam, mientras el Tribunal Supremo demoraba y debatía el caso de Florida. No obstante, Sam había empezado su propia campaña para librarse de Kravitz & Bane. Presentó varios torpes recursos personalmente, que fueron inmediatamente denegados. Sin embargo, logró que el quinto circuito dictara una orden dando por terminados los servicios de beneficencia de sus abogados. El veintinueve de junio de mil novecientos noventa, el quinto circuito le permitió representarse a sí mismo y Garner Goodman cerró la ficha de Sam Cayhall. No permaneció mucho tiempo cerrada.

El nueve de julio de mil novecientos noventa, el Tribunal Supremo anuló el aplazamiento de Sam. El diez de julio lo anuló el quinto circuito y, aquel mismo día, el Tribunal Supremo de Mississippi fijó la fecha de su ejecución para el ocho de agosto, al cabo de cuatro semanas.

Después de nueve años de contienda en los tribunales, ahora le quedaban a Sam dieciséis días de vida.

VEINTINUEVE

El patíbulo estaba tranquilo y silencioso cuando avanzaba perezosamente la mañana de un nuevo día. La variada colección de ventilación zumbaba y traqueteaba en las diminutas celdas, con un valeroso esfuerzo para remover el aire cada vez más pegajoso.

Las telenoticias de la mañana habían estado repletas de apasionados informes de que Sam Cayhall había perdido su última batalla legal. La decisión de Slattery se divulgó por todo el estado, como si fuera en realidad el último clavo del ataúd. Una emisora de Jackson proseguía con la cuenta atrás, faltaban sólo dieciséis días. ¡Día dieciséis!, decía con grandes letras bajo la misma antigua foto de Sam. Presentadoras de mirada despierta, con abundante maquillaje y ningún conocimiento de leyes, hacían audaces pronósticos ante las cámaras:

—Según nuestras fuentes, las opciones legales de Sam Cayhall están prácticamente agotadas. Mucha gente cree que esta ejecución tendrá lugar, como está previsto, el ocho de agosto.

A continuación, pasaban a los deportes y el parte meteorológico.

Se hablaba mucho menos en el patíbulo, menos voces de un lado para otro, menos cometas a lo largo de las celdas. Estaba a punto de tener lugar una ejecución.

El sargento Packer sonreía para sí mientras avanzaba lentamente por la galería A. Las quejas y lamentos habitualmente inherentes a su trabajo cotidiano, prácticamente habían desaparecido. Ahora los reclusos se preocupaban por las apelaciones y por sus abogados. La solicitud más común durante las dos últimas semanas había sido la de utilizar el teléfono para llamar a un abogado.

A Packer no le entusiasmaba la perspectiva de otra ejecución, pero disfrutaba del sosiego, aunque sabía que era sólo pasajero. Si Sam conseguía un aplazamiento al día siguiente, aumentaría inmediatamente el ruido.

—Hora de salir, Sam —dijo después de detenerse frente a su celda.

Sam estaba sentado sobre la cama, escribiendo a máquina y fumando como de costumbre.

—¿Qué hora es? —preguntó después de dejar a un lado la máquina de escribir y ponerse de pie.

—Las once.

Sam se volvió de espaldas a Packer y sacó las manos por la abertura de la puerta. Packer se las esposó suavemente.

—¿Quiere estar solo? —preguntó el sargento.

—No. Henshaw también quiere salir —respondió Sam, después de darse la vuelta con las manos a la espalda.

—Iré a por él —dijo Packer, al tiempo que asentía mirando primero a Sam y luego al fondo de la galería.

Se abrió la puerta y Sam le siguió lentamente por delante de las demás celdas. Todos los reclusos estaban apoyados en los barrotes, con los brazos y las manos colgando, mirando detenidamente a Sam cuando pasaba.

Cruzaron otras rejas y pasillos hasta llegar a una puerta metálica sin pintar que Packer abrió. Daba al exterior y penetró inmediatamente la luz del sol. Sam detestaba aquella parte de su hora libre. Pisó la hierba y cerró fuertemente los ojos mientras Packer le quitaba las esposas, y luego los abrió lentamente conforme se iban acostumbrando al doloroso brillo del sol.

Packer volvió a entrar sin decir palabra y Sam permaneció un buen minuto inmóvil, mientras la luz parpadeaba y le palpitaba la cabeza. El calor no le preocupaba porque ya estaba acostumbrado al mismo, pero la luz del sol le atacaba como un láser y le producía una severa jaqueca cada vez que le permitían salir de su mazmorra. Habría podido comprarse unas gafas de sol baratas, semejantes a las de Packer, pero las gafas de sol no estaban entre los enseres permitidos a los reclusos; evidentemente eso habría sido demasiado razonable.

Avanzó con paso inseguro por el césped mientras contemplaba los campos de algodón más allá de la verja. El patio de recreo no era más que una parcela de tierra y césped cercada, con dos bancos de madera y un aro de baloncesto para los africanos. Tanto guardias como presos lo denominaban el corral. Sam lo había medido cuidadosamente a pasos un millar de veces y había comparado sus medidas con las de otros reclusos. Medía diecisiete metros de longitud, por doce de anchura. La verja tenía tres metros de altura, con otros cuarenta y cinco centímetros de alambre espinoso sobre la misma. A continuación había una extensión de unos treinta metros hasta la verja principal, vigilada por guardias desde las torres.

Sam caminaba en línea recta junto a la verja, luego se detenía para girar noventa grados y proseguía su pequeña rutina sin dejar de contar cada uno de los pasos. Diecisiete por doce. Su celda medía dos por tres. La biblioteca jurídica, la ramita, seis por cinco. Su lado de la sala de visita, dos por diez. Le habían dicho que la antesala de la cámara de gas medía cinco por cuatro, y la cámara propiamente dicha era un simple cubo de poco más de un metro de anchura.

Durante los primeros años de su encierro, corría por el perímetro del patio para procurar sudar y ejercitar el corazón. También arrojaba pelotas al aro, pero dejó de hacerlo después de algún tiempo sin acertar ni una. Por último había dejado de hacer ejercicio y desde hacía años utilizaba su hora libre para no hacer nada, más que disfrutar de la libertad de su celda. En un momento dado, había adquirido la costumbre de quedarse junto a la verja para contemplar los árboles más allá de los campos y dar rienda suelta a la imaginación. Libertad. Carreteras. Pesca. Comida. Ocasionalmente sexo. Casi lograba imaginar su pequeña finca en el condado de Ford, no muy lejos, entre dos bosquecillos. Soñaba que se encontraba en Brasil, o Argentina, o algún otro lugar tranquilo donde debería vivir con otro nombre.

Luego dejaba de soñar. Dejaba de mirar a través de la verja, como si un milagro pudiera transportarle. Caminaba y fumaba, casi siempre solo. Su actividad más vigorosa era una partida de damas.

Se abrió de nuevo la puerta y apareció Hank Henshaw. Packer le quitó las esposas, mientras abría y cerraba furiosamente los ojos con la mirada fija en el suelo. Se frotó las muñecas cuando las tuvo libres y estiró las piernas y la espalda. Packer se acercó a uno de los bancos y dejó una usada caja de cartón sobre el mismo.

Los dos reclusos observaron a Packer hasta que abandonó el patio, luego se acercaron al banco y se sentaron sobre el mismo a horcajadas, con la caja de cartón entre ambos. Mientras Sam colocaba el tablero de damas sobre el banco, Henshaw contaba las fichas.

—Hoy me tocan las rojas —dijo Sam.

—Jugaste con las rojas la última vez —respondió Henshaw, mirándole fijamente.

—La última vez jugué con las negras.

—No, yo jugué con las negras. Hoy me tocan a mí las rojas.

—Escúchame, Hank. Me quedan dieciséis días y si quiero jugar con las rojas, jugaré con las rojas.

Henshaw se encogió de hombros y accedió. Colocaron meticulosamente las fichas.

—Supongo que empiezas tú —dijo Henshaw.

—Por supuesto.

Sam avanzó una ficha y el juego había empezado. El sol del mediodía caldeaba el suelo a su alrededor y, en pocos minutos, sus monos rojos estaban pegados a sus respectivas espaldas. Llevaban ambos sandalias de goma, sin calcetines.

Hank Henshaw tenía cuarenta y un años y ahora hacía siete que residía en el patíbulo, pero no se esperaba que llegara a ver nunca la cámara de gas. Se habían cometido dos errores fundamentales en su juicio y existían bastantes posibilidades de que se anulara su sentencia y abandonara el patíbulo.

—Malas noticias las de ayer —dijo mientras Sam meditaba la próxima jugada.

—Sí, la situación está bastante negra, ¿no crees?

—Sí. ¿Qué dice tu abogado? —preguntó, sin que ninguno de ellos levantara la mirada del tablero.

—Asegura que podemos seguir luchando.

—¿Qué diablos significa eso? —preguntó Henshaw, mientras movía una ficha.

—Creo que significa que me ejecutarán, pero moriré luchando.

—¿Sabe ese chiquillo lo que se hace?

—Por supuesto. Es muy listo. Es hereditario, ¿no lo sabías?

—Pero es muy joven.

—Es un chico inteligente. Muy bien formado. El número dos de su promoción en Michigan, ¿sabes? Redactor en jefe de la revista de la facultad.

—¿Qué significa eso?

—Significa que es brillante. Algo se le ocurrirá.

—¿Hablas en serio, Sam? ¿Crees que pasará algo?

De pronto Sam se comió dos fichas negras y Henshaw blasfemó.

—Eres un desastre —sonrió Sam—. ¿Cuándo me ganaste por última vez?

—Hace dos semanas.

—Mentiroso. Nunca me has ganado en los últimos tres años.

Henshaw movió una ficha y Sam se la comió. Al cabo de cinco minutos el juego había terminado, con una nueva victoria por parte de Sam. Recogieron las fichas y empezaron de nuevo.

A las doce apareció Packer acompañado de otro guardia con las esposas, y el juego había terminado. Les llevaron a sus celdas, donde se servía el almuerzo: judías, guisantes, puré de patata y varias rebanadas de pan tostado seco. Sam comió menos de un tercio de la insípida comida de su plato y esperó pacientemente a que un guardia viniera a buscarle. Tenía en la mano unos calzoncillos limpios y una pastilla de jabón. Era el momento de darse un baño.

Llegó el guardia y condujo a Sam a una pequeña ducha, al fondo de la galería. Por orden judicial, los condenados a muerte tenían derecho a cinco duchas rápidas por semana, fueran o no necesarias, según les gustaba decir a los guardias.

Sam se duchó rápidamente, lavándose el pelo dos veces con jabón y enjuagándose con agua caliente. La ducha en sí estaba bastante limpia, pero la utilizaban los catorce reclusos de la galería. Por consiguiente, no se quitaban las sandalias de goma. Al cabo de cinco minutos dejó de manar el agua y Sam permaneció unos instantes con la mirada fija en las baldosas enmohecidas de las paredes. Había algunas cosas en el patíbulo que no echaría de menos.

Al cabo de veinte minutos, le trasladaron en una furgoneta de la cárcel hasta la biblioteca jurídica.

Adam le esperaba en el interior. Se quitó la chaqueta y se subió las mangas de la camisa mientras los guardias le retiraban las esposas y abandonaban la sala. Sam cogió inmediatamente una silla y encendió un cigarrillo.

—¿Dónde has estado? —preguntó.

—Muy ocupado —respondió Adam después de sentarse al otro lado de la mesa—. Tuve que ir inesperadamente a Chicago el miércoles y jueves.

—¿Algo relacionado conmigo?

—Desde luego. Goodman quería revisar el caso y había otro par de asuntos pendientes.

—¿De modo que Goodman todavía está involucrado?

—En estos momentos Goodman es mi jefe, Sam. Tengo que darle explicaciones si deseo conservar mi empleo. Sé que le odias, pero está muy preocupado por ti y por tu caso. Aunque no te lo creas, no quiere que acabes en la cámara de gas.

—Ya no le odio.

—¿Qué te ha hecho cambiar de opinión?

—No lo sé. Se reflexiona mucho cuando uno está tan cerca de la muerte.

Adam quería oír más, pero Sam no prosiguió. Le observaba como fumaba y procuraba no pensar en Joe Lincoln. Intentaba no pensar en la paliza que había recibido el padre de Sam en una pelea entre borrachos en un funeral, ni en todo lo macabro que Lee le había contado en el condado de Ford. Procuraba borrar todo aquello de su mente, pero no podía.

Le había prometido a Lee que no volvería a mencionar ninguna pesadilla del pasado.

—Supongo que te has enterado de nuestra última derrota —dijo mientras sacaba unos documentos de su maletín.

—No han tardado mucho.

—No. Ha sido una derrota bastante expeditiva, pero ya he apelado al quinto circuito.

—Nunca he ganado en el quinto circuito.

—Lo sé. Pero no podemos elegir tribunal en este momento.

—¿Qué podemos hacer en este momento?

—Varias cosas. El martes pasado me encontré con el gobernador, después de una reunión con el juez federal. Insistió en hablar en privado conmigo. Me dio los números de sus teléfonos particulares y me pidió que le llamara para hablar del caso. Me dijo que dudaba del alcance de tu culpabilidad.

—¿Dudaba? —exclamó Sam mirándole fijamente—. Él es la única razón por la que estoy aquí. No puede esperar a que me ejecuten.

—Puede que tengas razón, pero...

—Prometiste no hablar con él. Has firmado un contrato conmigo en el que se prohíbe expresamente todo contacto con ese cretino.

—Tranquilízate, Sam. Me acorraló al salir del despacho del juez

—Me sorprende que no haya convocado una conferencia de prensa para divulgarlo.

—Le amenacé, ¿comprendes? Le obligué a prometerme que no hablaría.

—Entonces tú debes de ser la primera persona de la historia que le ha cerrado la boca a ese cabrón.

—Está abierto a la idea de clemencia.

—¿Te ha dicho eso?

—Sí.

—¿Por qué? No me lo creo.

—No sé por qué, Sam. Y realmente no me importa. ¿Pero en qué puede perjudicarte? ¿Cuál es el peligro de solicitar una vista de clemencia? ¿Qué importa que su fotografía aparezca en los periódicos? ¿Que le persigan las cámaras de televisión? Si existe la posibilidad de que nos escuche, ¿qué puede importarte que le saque provecho al asunto?

—No. La respuesta es no. No te autorizo a que solicites una vista de clemencia. Maldita sea, no. Y mil veces no. Le conozco, Adam. Intenta inmiscuirte en su juego. Es todo un montaje, un espectáculo para el público. Manifestará su aflicción hasta el último momento para sacarle todo el provecho que pueda. Acaparará más atención que yo, y se trata de mi ejecución.

—¿Y qué tiene de malo?

Sam golpeó la mesa con la palma de la mano.

—¡Que no servirá de nada, Adam! No cambiará de opinión.

Adam escribió algo en su cuaderno y dejó transcurrir unos instantes. Sam se acomodó en su silla y encendió otro cigarrillo. Su cabello estaba todavía húmedo y se lo peinó hacia atrás con los dedos.

Adam dejó la pluma sobre la mesa y miró a su cliente.

—¿Qué quieres hacer, Sam? ¿Darte por vencido? ¿Arrojar la toalla? Si te crees tan experto en leyes, dime lo que quieres hacer.

—Lo he estado pensando.

—No me cabe la menor duda.

—La petición al quinto circuito tiene mérito, pero no parece prometedora. No queda mucho que hacer, tal como yo lo veo.

—A excepción de Benjamin Keyes.

—Exactamente. A excepción de Keyes. Hizo un trabajo excelente para mí durante el juicio y la apelación, llegamos a ser casi amigos. Detesto ir contra él.

—Es habitual en los casos de pena de muerte, Sam. Siempre se ataca al defensor del juicio y se alega representación jurídica inadecuada. Goodman me dijo que él quería hacerlo, pero tú te negaste. Debía haberse hecho hace años.

—En eso tiene razón. Me lo suplicó, pero yo no quise. Supongo que fue un error.

Adam estaba al borde de la silla tomando notas.

—He estudiado el sumario y creo que Keyes cometió un error al no permitirte que declararas.

—No sé si sabes que yo quería dirigirme al jurado. Creo que ya te lo he contado. Después de que declarara Dogan, me pareció esencial explicarle al jurado que yo había colocado la bomba, pero sin intención de matar a nadie. Es la verdad, Adam. Yo no quería matar a nadie.

—Tú querías declarar y tu abogado no te lo permitió.

Sam sonrió y bajó la mirada al suelo.

—¿Es eso lo que quieres que diga?

—Sí.

—Me parece que no tengo mucho donde elegir.

—No.

—De acuerdo. Así fue como ocurrió. Yo quería declarar, pero mi abogado no me lo permitió.

—Presentaré el recurso a primera hora de la mañana.

—¿No crees que es demasiado tarde?

—Es sin duda muy tarde y este punto debía haberse mencionado hace mucho tiempo. ¿Pero qué podemos perder?

—¿Llamarás a Keyes para comunicárselo?

—Si tengo tiempo. En estos momentos no es precisamente su susceptibilidad lo que me preocupa.

—Entonces a mí tampoco. Que se vaya al diablo. ¿Qué otra cosa podemos atacar?

—La lista es bastante corta.

Sam se puso inesperadamente de pie y empezó a andar a lo largo de la sala, contando los pasos. Medía seis metros de longitud. Dio la vuelta a la mesa, por detrás de Adam, y alrededor de las cuatro paredes, sin dejar de contar. Paró y se apoyó contra las estanterías de libros.

Adam terminó de tomar unas notas y le miró atentamente.

—Lee quiere saber si puede venir a verte —dijo Adam.

Sam le miró fijamente antes de volver a su asiento al otro lado de la mesa.

—¿Lo desea?

—Eso creo.

—Tengo que reflexionar.

—Date prisa.

—¿Cómo está?

—Bastante bien, supongo. Te manda su amor y sus oraciones. Actualmente piensa mucho en ti.

—¿Saben en Memphis que es mi hija?

—Creo que no. No ha salido todavía en los periódicos.

—Espero que guarden el secreto.

—Ella y yo fuimos a Clanton el sábado pasado.

Sam le miró con tristeza y luego levantó la mirada al techo.

—¿Qué viste? —preguntó.

—Muchas cosas. Me mostró la tumba de mi abuela y las de los demás Cayhall.

—No quería que la enterraran con los demás Cayhall, ¿te lo contó Lee?

—Sí. Y me preguntó dónde querías que te enterraran.

—Todavía no lo he decidido.

—De acuerdo. Dímelo cuando lo hayas hecho. Paseamos por la ciudad y me mostró la casa donde vivíamos. Fuimos a la plaza y nos sentamos en la glorieta de los jardines del juzgado. Había mucho movimiento en la ciudad y la plaza estaba muy concurrida.

—Solíamos ver los fuegos artificiales desde el cementerio.

—Lee me lo contó. Almorzamos en The Tea Shoppe y dimos una vuelta en coche por los alrededores. Me llevó a su casa de la infancia.

—¿Sigue en pie?

—Sí, pero está abandonada. La casa está en un estado ruinoso y llena de hierbajos. Dimos una vuelta por la finca. Me contó muchas anécdotas de la infancia y habló mucho de Eddie.

—¿Tiene recuerdos agradables?

—Realmente no.

Sam se cruzó de brazos y contempló la mesa. Transcurrió un minuto sin decir palabra.

—¿Te habló del pequeño amigo africano de Eddie, Quince Lincoln? —preguntó finalmente Sam.

Adam asintió lentamente y se entrelazaron sus miradas.

—Sí, lo hizo.

—¿Y de su padre, Joe?

—Me contó lo sucedido.

—¿La crees?

—Sí. ¿Debo hacerlo?

326

—Es verdad. Es completamente cierto.

—Lo suponía.

—¿Qué sentiste cuando te lo contó? ¿Cómo reaccionaste?

—Odié tus entrañas.

—¿Y qué sientes ahora?

—Ahora es diferente.

Sam se puso lentamente de pie y caminó hasta el extremo de la mesa, donde se detuvo de espaldas a Adam.

—Aquello ocurrió hace cuarenta años —susurró en un tono apenas audible.

—No he venido para hablar de eso —dijo Adam, que empezaba ya a sentirse culpable.

Sam dio media vuelta y se apoyó en la misma estantería de libros. Se cruzó de brazos y fijó la mirada en la pared.

—He deseado un millar de veces que no hubiera ocurrido.

—Le había prometido a Lee que no lo mencionaría, Sam. Lo siento.

—Joe Lincoln era un buen hombre. Me he preguntado muchas veces qué habrá sido de Ruby, Quince y el resto de los chicos.

—Olvídalo, Sam. Hablemos de otra cosa.

—Espero que sean felices cuando yo haya muerto.

TREINTA

Cuando Adam pasó frente al control de seguridad del portalón principal, el guardia le saludó con la mano como si fuera un cliente habitual. Adam le devolvió el saludo mientras reducía la velocidad, antes de parar para abrir el maletero. Las visitas no tenían que hacer ningún trámite para salir, sólo dejar que les revisaran el maletero, por si a algún preso se le ocurría aprovechar el viaje. Al llegar a la carretera giró hacia el sur, en dirección contraria a Memphis, y calculó que aquélla era su quinta visita a Parchman. Cinco visitas en dos semanas. Tuvo la sensación de que aquel lugar se convertiría en su segundo hogar durante los próximos dieciséis días. Qué perspectiva tan desagradable.

No estaba de humor para tratar con Lee aquella noche. Se sentía en cierto modo responsable por su recaída en el alcohol aunque, según ella misma le había contado, aquél había sido su estilo de vida durante muchos años. Era una alcohólica y si decidía beber, él no podía hacer nada para impedírselo. Estaría con ella mañana por la noche para preparar el café y charlar. Hoy necesitaba un descanso.

Era media tarde, el calor manaba del asfalto de la carretera, los campos estaban secos y polvorientos, la maquinaria agrícola era lánguida y lenta, el tráfico escaso e indolente. Se detuvo en una tienda china de ultramarinos en Ruleville y compró una lata de té helado, antes de emprender de nuevo el camino a Greenville. Tenía algo que hacer, probablemente desagradable, pero se sentía obligado a ello. Esperaba tener el valor necesario para no echarse atrás.

Circulaba por carreteras secundarias, pequeñas pistas rurales asfaltadas por las que zigzagueaba casi a merced del destino a través del delta. Se perdió en dos ocasiones, pero logró recuperar el rumbo. Llegó a Greenville pocos minutos antes de las cinco y circuló por el centro de la ciudad en busca de su objetivo. Pasó dos veces por el parque Kramer. Encontró la sinagoga, frente a una iglesia anabaptista, y aparcó el coche al final de la calle mayor, cerca del río, junto a un dique que protegía la ciudad. Se ajustó la corbata y caminó tres manzanas por Washington Street, hasta un viejo edificio de ladrillo con un rótulo que decía KRAMER, VENTAS AL POR MAYOR colgado del balcón sobre la acera, frente al mismo. Entró por una pesada puerta de cristal y el antiguo suelo de madera crujió al pisarlo. La fachada del edificio se había conservado como una antigua tienda, con mostradores de cristal frente a unas anchas estanterías que llegaban hasta el techo. Los mostradores y las estanterías estaban llenos de cajas y envoltorios de productos de antaño, ahora desaparecidos. Había también una antigua caja registradora. El pequeño museo daba inmediatamente paso a un comercio moderno. El resto del enorme edificio había sido renovado y parecía bastante eficiente. Un muro de cuarterones de cristal limitaba el vestíbulo y un ancho pasillo alfombrado corría por el centro del edificio para llegar, sin duda, a los despachos. En algún lugar de la parte posterior debía de encontrarse el almacén.

Adam admiraba las mercancías de los mostradores por la parte posterior cuando apareció un joven con vaqueros.

—¿En qué puedo servirle? —preguntó.

—Me gustaría ver al señor Elliot Kramer —respondió Adam, que de pronto acababa de ponerse nervioso.

—¿Es usted vendedor?

—No.

—¿Comprador?

—Tampoco.

El joven, con un lápiz en la mano, estaba evidentemente ocupado.

—¿Entonces podría decirme lo que desea?

—Debo ver al señor Elliot Kramer. ¿Está aquí?

—Pasa la mayor parte del tiempo en el almacén principal, al sur de la ciudad.

Adam dio tres pasos en dirección al joven y le entregó una tarjeta de visita.

—Me llamo Adam Hall. Soy abogado, de Chicago, y realmente necesito ver al señor Kramer.

Cogió la tarjeta, la examinó unos segundos y luego miró a Adam con mucha suspicacia.

—Espere un momento —dijo antes de retirarse.

Adam se apoyó en el mostrador y admiró la caja registradora. Había leído en algún lugar de su extensa documentación que la familia de Marvin Kramer estaba formada, desde hacía varias generaciones, por prósperos mercaderes del delta. Uno de sus antepasados había optado por abandonar el buque en el puerto de Greenville y decidió formar allí su hogar. Abrió una pequeña tienda de frutos secos y una cosa condujo a otra. Durante la epopeya de los juicios de Sam, se calificó repetidamente a la familia Kramer de adinerada.

Después de veinte minutos de espera, Adam se disponía a marcharse, bastante aliviado. Lo había intentado. Si el señor Kramer no deseaba verle, él no podía hacer nada.

Oyó pasos sobre el suelo de madera y volvió la cabeza. Acababa de aparecer un señor de edad avanzada, con su tarjeta en la mano. Era alto, delgado, con el cabello canoso ondulado, ojos castaño oscuro, con grandes ojeras, y un rostro de facciones fuertes que en aquel momento no sonreía. Se mantenía erguido, sin la ayuda de ningún bastón para sostenerse, ni gafas para mejorar la vista. Miró a Adam con el entrecejo fruncido, pero sin decir palabra.

En aquel momento, Adam deseó haberse marchado cinco minutos antes. Luego se preguntó por qué había venido, pero ya que estaba ahí, decidió seguir adelante.

—Buenas tardes —dijo, cuando era evidente que aquel caballero no iba a hablar—. ¿El señor Elliot Kramer?

El señor Kramer asintió con suma lentitud, como si se sintiera amenazado por la pregunta.

—Mi nombre es Adam Hall. Soy abogado, de Chicago. Sam Cayhall es mi abuelo y le represento —dijo sin que el señor Kramer se alterara lo más mínimo, por lo que comprendió que ya lo había deducido—. Me gustaría hablar con usted.

—¿De qué quiere hablar? —preguntó el señor Kramer, arrastrando lentamente las palabras.

—De Sam.

—Espero que se pudra en el infierno —respondió, como si ya estuviera seguro del destino eterno de Sam.

Sus ojos castaños eran tan oscuros que parecían casi negros. Adam bajó la mirada al suelo para eludir los ojos de su interlocutor y pensó en algo conciliatorio.

—Sí, señor —dijo, consciente de que en el sur los buenos modales tenían mucho peso—. Comprendo cómo se siente. No se lo reprocho, pero sólo quería hablar con usted unos minutos.

—¿Le ha mandado Sam para que se disculpe? —preguntó el señor Kramer.

A Adam le pareció curioso que le llamara simplemente Sam. No señor Cayhall, ni Cayhall, sino simplemente Sam, como si fueran viejos amigos que se habían peleado y ahora hubiera llegado el momento de la reconciliación. Parecía como si estuviese dispuesto a decir «limítate a decir que lo lamentas, Sam, y asunto resuelto».

Se le ocurrió inmediatamente la posibilidad de mentir. Podría extenderse en lo mal que Sam se sentía en estos últimos días de su vida, y en lo desesperado que estaba por obtener su perdón. Pero no fue capaz de hacerlo.

—¿Cambiaría algo? —preguntó Adam.

El señor Kramer se puso cuidadosamente la tarjeta en el bolsillo de la camisa e inició lo que sería una prolongada mirada, más allá de Adam, por el escaparate.

—No —respondió—, no cambiaría nada. Es algo que debía haber sucedido hace mucho tiempo.

Hablaba con un fuerte acento típico del delta y, a pesar de que el significado de sus palabras no era placentero, su sonido resultaba muy agradable. Pronunciaba con parsimonia y meditación, como si el tiempo no existiera. Su voz transmitía años de sufrimiento y la impresión de que la vida había dejado de existir para él hacía mucho tiempo.

—No, señor Kramer. Sam no sabe que estoy aquí y, por

consiguiente, no me ha mandado para que me disculpe. Soy yo quien desea hacerlo.

Su mirada perdida en la lejanía no experimentó cambio ni alteración alguna. Pero escuchaba.

—Considero que es por lo menos mi obligación —prosiguió Adam—, en mi nombre y en el de la hija de Sam, expresarle lo terriblemente apenados que estamos por lo que ocurrió.

—¿Por qué no dijo eso Sam hace muchos años?

—No conozco la respuesta.

—Lo sé. Usted es nuevo.

Claro, el poder de la prensa. Evidentemente el señor Kramer había leído los periódicos, como todo el mundo.

—Sí, señor. Intento salvarle la vida.

—¿Por qué?

—Muchas razones. Su muerte no le devolverá a sus nietos, ni a su hijo. Estuvo mal lo que hizo, pero también está mal que el gobierno le quite la vida.

—Comprendo. ¿Y cree usted que eso no lo había oído antes?

—No, señor. Estoy seguro de que usted lo ha oído todo. Lo ha visto todo. Lo ha sentido todo. No puedo siquiera imaginar lo que ha tenido que soportar. Sólo procuro evitar que me ocurra a mí otro tanto.

—¿Qué más desea?

—¿Dispone de cinco minutos?

—Hace tres minutos que habla. Le quedan dos —respondió al tiempo que le echaba una ojeada a su reloj, como si pusiera un cronómetro en funcionamiento, antes de llevar sus largos dedos a los bolsillos de sus pantalones y dejar que su mirada se perdiera una vez más por la ventana.

—Según el periódico de Memphis, usted declaró que deseaba estar presente cuando sujetaran a Sam Cayhall en la cámara de gas, mirándole a los ojos.

—Eso fue exactamente lo que dije. Pero creo que no ocurrirá.

—¿Por qué no?

—Porque tenemos un sistema de justicia penal que da asco. Hace casi diez años que le cuidan y le miman en la cárcel. Sus apelaciones son interminables. Usted está presentando apelaciones y haciendo trámites en estos momentos para conservar su vida. El sistema está enfermo. No confiamos en que se haga justicia.

—Le aseguro que no le miman. El patíbulo es un lugar horrible. Acabo de venir de allí.

—Sí, pero sigue vivo. Vive y respira, mira televisión y lee libros. Habla con usted. Presenta recursos. Y si llega a tener que enfrentarse a la muerte, dispondrá de mucho tiempo para prepararse. Podrá despedirse, rezar sus oraciones. Mis nietos, señor Hall, no tuvieron tiempo de despedirse. No tuvieron la oportunidad de darles un abrazo a sus padres y un beso de despedida. Quedaron simplemente destrozados cuando estaban jugando.

—Lo comprendo, señor Kramer. Pero matar a Sam no servirá para que regresen.

—No, lo sé. Pero hará que nos sintamos mucho mejor. Aliviará gran parte del dolor. Le he pedido a Dios un millón de veces que me conserve la vida hasta verle muerto. Hace cinco años tuve un infarto. Me tuvieron sujeto a unas máquinas durante dos semanas y lo que me mantuvo vivo fue mi deseo de sobrevivir a Sam Cayhall. Allí estaré, señor Hall, si mis médicos me lo permiten. Estaré allí para verle morir y luego regresaré a mi casa para contar mis días.

—Lamento que ése sea su sentimiento.

—Yo también lo lamento. Lamento haber oído el nombre de Sam Cayhall.

Adam dio un paso atrás y se apoyó en el mostrador, cerca de la caja registradora. Bajó la mirada al suelo, mientras el señor Kramer miraba por la ventana. El sol empezaba a ponerse tras el edificio y comenzaba a oscurecer en aquel encantador y pequeño museo.

—Perdí a mi padre a causa de lo sucedido —dijo suavemente Adam.

—Lo siento. Leí que se había suicidado poco después del último juicio.

—Sam también ha sufrido, señor Kramer. Ha destrozado su propia familia, además de la suya. Y acarrea más culpabilidad de la que usted y yo podamos imaginar.

—Puede que se sienta más aliviado cuando esté muerto.

—Tal vez. ¿Pero por qué no impedimos que le maten?

—¿Cómo espera que yo lo impida?

—He leído en algún lugar que usted y el gobernador son viejos amigos.

—¿Qué puede importarle eso a usted?

—¿No es cierto que lo son?

—Es un chico del pueblo. Hace muchos años que le conozco.

—Yo le conocí la semana pasada. ¿Sabía usted que tiene poder para otorgar un indulto?

—Yo no confiaría en ello.

—No lo hago. Estoy desesperado, señor Kramer. En estos momentos no tengo nada que perder, excepto a mi abuelo. Si usted y su familia están decididos a insistir en que se celebre la ejecución, no cabe duda de que el gobernador les escuchará.

—Tiene razón.

—Y si usted decidiera que no quiere que tenga lugar la ejecución, creo que también le escucharía.

—De modo que depende de mí —dijo, cambiando por fin de posición y dando unos pasos hasta detenerse frente a Adam—. No sólo está usted desesperado, señor Hall, sino que es un ingenuo.

—No se lo discuto.

—Es agradable saber que tengo tanto poder. Si lo hubiera sabido antes, hace muchos años que su abuelo estaría muerto.

—No merece morir, señor Kramer —dijo Adam, cuando se dirigía a la puerta.

No esperaba su compasión. Pero le parecía importante que el señor Kramer le viera y comprendiera que otras vidas se veían también afectadas.

—Tampoco mis nietos. Ni mi hijo.

—Lamento la molestia —dijo Adam mientras abría la puerta—, y gracias por haberme recibido. Tengo una hermana, un primo y una tía, que es hija de Sam. Sólo quería que supiera que Sam tiene una familia, aunque idiosincrática. Sufriremos si muere. Si no se le ejecuta, no saldrá nunca de la cárcel. Simplemente se marchitará y morirá pronto por causas naturales.

—¿Ustedes sufrirán?

—Sí, señor. Somos una familia lamentable, señor Kramer, llena de tragedias. Intento evitar que ocurra otra.

El señor Kramer volvió la cabeza y le miró. Su rostro permanecía inexpresivo.

—Entonces, lo siento por ustedes.

—Gracias de nuevo —dijo Adam.

—Adiós, señor —respondió el señor Kramer, sin sonreír.

Adam abandonó el edificio y caminó por una calle arbolada hasta llegar al centro de la ciudad. Encontró el parque conmemorativo y se sentó en el mismo banco, cerca de la estatua de los niños. Pero al cabo de unos minutos se hartó de culpas y recuerdos y se marchó.

Entró en un bar a la vuelta de la esquina, se tomó un café y mordisqueó un bocadillo de queso gratinado. Oyó una conversación sobre Sam Cayhall a pocas mesas de distancia, pero no logró distinguir lo que decían.

Se instaló en un motel y llamó a Lee. Parecía sobria y tal vez ligeramente aliviada de que no estuviera allí aquella noche. Prometió regresar al día siguiente. Cuando cayó la noche, hacía media hora que Adam dormía.

TREINTA Y UNO

Adam cruzó el centro de Memphis antes del alba y a las siete de la mañana estaba encerrado en su despacho. A las ocho había hablado tres veces con E. Garner Goodman. Goodman parecía estar nervioso y también tenía dificultad para dormir. Hablaron extensamente de la representación de Keyes en el juicio. La ficha de Cayhall estaba llena de notas y documentos sobre los fracasos del juicio, pero pocos eran atribuibles a Benjamin Keyes.

Sin embargo, aquello había ocurrido hacía muchos años, cuando la cámara de gas parecía demasiado lejana para preocuparse por ella. A Goodman le encantó saber que Sam ahora pensaba que debía haber declarado en el juicio y que Keyes se lo había impedido. No estaba seguro de que aquello fuera exactamente cierto, pero aceptaría la palabra de Sam.

Tanto Goodman como Adam sabían que aquello había que haberlo expuesto hacía años, y que ahora, en el mejor de los casos, no era más que una posibilidad remota. Cada semana aumentaba el volumen de los textos jurídicos, debido al sobreseimiento por parte del Tribunal Supremo de alegaciones legítimas, no presentadas en su debido momento. Pero se trataba de un punto válido, que los tribunales nunca dejaban de examinar, y Adam estaba cada vez más emocionado conforme redactaba una y otra vez la solicitud e intercambiaba faxes con Goodman.

Una vez más, la solicitud se presentaría en primera instancia al Tribunal Estatal, amparada por los estatutos de agravio poscondenatorio. Adam confiaba en una denegación expeditiva para poder recurrir inmediatamente al Tribunal Federal.

A las diez mandó por fax el texto definitivo al secretario del Tribunal Supremo de Mississippi y también le mandó una copia del mismo a Breck Jefferson, de la oficina de Slattery. Dirigió otro fax al secretario del quinto circuito en Nueva Orleans. Luego llamó al secretario de ejecuciones del Tribunal Supremo y le comunicó al señor Olander lo que estaba haciendo. El señor Olander le ordenó que mandara inmediatamente una copia por fax a Washington.

Darlene llamó a la puerta y Adam abrió el cerrojo. Le esperaba una visita en la recepción, un tal señor Wyn Lettner. Adam le dio las gracias y, al cabo de unos minutos, se dirigió al vestíbulo para saludar a Lettner, que estaba solo y vestía como el dueño de un embarcadero: zapatillas deportivas y gorra de pescador. Intercambiaron cumplidos: los peces picaban, Irene estaba bien, ¿cuándo pensaba volver a Calico Rock?

—He venido para resolver un par de asuntos en la ciudad y quería hablar con usted unos minutos —dijo en un apagado susurro, de espaldas a la recepcionista.

—Por supuesto —susurró Adam—. Mi despacho está al fondo del pasillo.

—No. Vamos a dar un paseo.

Bajaron en el ascensor hasta el vestíbulo principal del edificio y salieron a la zona peatonal. Lettner le compró una bolsa de cacahuetes a un vendedor ambulante y le ofreció un puñado a Adam, que éste rechazó. Caminaron lentamente hacia el norte, en dirección al ayuntamiento y al edificio federal. Lettner comía cacahuetes y algunos los arrojaba a las palomas.

—¿Cómo está Sam? —preguntó finalmente.

—Le quedan dos semanas. ¿Cómo se sentiría usted si sólo le quedaran quince días?

—Supongo que rezaría muchísimo.

—Todavía no ha llegado a este punto, pero le falta poco.

—¿Seguirá adelante?

—Así está previsto. No hay nada escrito que lo impida.

Lettner se llevó un puñado de cacahuetes a la boca.

—Le deseo buena suerte. Desde que vino a verme, he pensado en usted y en el viejo Sam.

—Gracias. ¿Y ha venido a Memphis para desearme suerte?

—No exactamente. Después de que se marchara, pensé mucho en Sam y en el atentado de Kramer. Consulté mis fichas y archivos personales, cosas en las que no había siquiera pensado en muchos años. Me trajo muchos recuerdos a la memoria. Llamé a algunos de mis antiguos compañeros y nos contamos batallitas sobre el Klan. Qué tiempos aquellos.

—Lamento habérmelos perdido.

—El caso es que se me ocurrieron algunas cosas que tal vez debí haber contado.

—Por ejemplo.

—Hay más sobre Dogan de lo que le conté. ¿Sabe que murió un año después de declarar?

—Sam me lo contó.

—Él y su esposa murieron cuando hubo una explosión en su casa. Algún tipo de escape de propano en el calentador. La casa se llenó de gas y de algún modo se incendió. Estalló como una bomba, una gigantesca bola de fuego. Les tuvieron que enterrar en bolsitas de plástico.

—Muy lamentable, ¿pero es significativo?

—Nunca creímos que se tratara de un accidente. Los muchachos del laboratorio intentaron reconstruir el calentador. Una gran parte había quedado destruida, pero en su opinión había sido manipulado para que el gas escapara.

—¿En qué afecta eso a Sam?

—No le afecta.

—¿Entonces por qué hablamos de ello?

—Puede que le afecte a usted.

—No le comprendo.

—Dogan tenía un hijo que se alistó al ejército en mil novecientos setenta y nueve y le destinaron a Alemania. En algún momento del verano de mil novecientos ochenta, el Tribunal Regional de Greenville acusó nuevamente a Dogan y a Sam, y poco después se divulgó la noticia de que Dogan había accedido a declarar en contra de Sam. Eso causó sensación. En octubre de mil novecientos ochenta, el hijo de Dogan desertó en Alemania. Desapareció —dijo mientras masticaba unos cacahuetes y arrojaba otro puñado a un grupo de palomas—. Nunca se le encontró. El ejército le buscó por todas partes. Transcurrieron meses. Luego un año. Dogan murió sin saber lo que le había ocurrido a su hijo.

—¿Qué le ocurrió?

—No lo sé. Hasta ahora no ha aparecido.

—¿Murió?

—Probablemente. No hay rastro de él.

—¿Quién pudo haberle matado?

—Tal vez la misma persona que mató a sus padres.

—¿Y de quién puede tratarse?

—Nosotros teníamos una teoría, pero ningún sospechoso. Sospechamos en aquel momento que el hijo había sido secuestrado antes del juicio para presionar a Dogan. Puede que Dogan conociera ciertos secretos.

—Entonces, ¿por qué matar a Dogan después del juicio?

Se detuvieron a la sombra de un árbol y se sentaron en un banco de la plaza del juzgado. Adam aceptó por fin unos cacahuetes.

—¿Quién conocía los detalles del atentado? —preguntó Lettner—. Todos los detalles.

—Sam y Jeremiah Dogan.

—Exactamente. ¿Y quién fue su abogado en los dos primeros juicios?

—Brazelton.

—¿Sería lógico suponer que Brazelton conocía los detalles?

—Supongo. ¿No era miembro activo del Klan?

—Efectivamente, pertenecía al Klan. Entonces ya eran tres: Sam, Dogan y Brazelton. ¿Alguien más?

Adam reflexionó unos instantes.

—Tal vez el cómplice misterioso.

—Tal vez. Dogan está muerto. Sam se negó a hablar. Y Brazelton falleció hace muchos años.

—¿Cómo murió?

—En un accidente de aviación. El caso de Kramer le convirtió en un héroe en aquellas latitudes y logró convertir la fama en un bufete muy lucrativo. Le gustaba volar, de modo que se compró un avión e iba de un lado para otro defendiendo pleitos. Un verdadero magnate. Una noche regresaba volando de la costa cuando su avión desapareció de la pantalla del radar. Encontraron su cuerpo en un árbol. Puesto que las condiciones meteorológicas eran buenas, las autoridades lo atribuyeron a algún tipo de fallo mecánico.

—Otra muerte misteriosa.

—Exactamente. De modo que todo el mundo está muerto a excepción de Sam, y a él le falta poco.

—¿Alguna relación entre las muertes de Dogan y Brazelton?

—No. Transcurrieron varios años entre una y otra. Pero nuestra teoría incluye la posibilidad de que las provocara la misma persona.

—¿Entonces de quién se trata?

—Alguien a quien le preocupan muchísimo los secretos. Podría ser el misterioso cómplice de Sam.

—Parece un poco exagerado.

—Lo es. Además, no existe absolutamente nada que lo demuestre. Pero ya le dije en Calico Rock que siempre habíamos sospechado que alguien ayudó a Sam. O puede que Sam fuera simplemente el ayudante. En todo caso, cuando Sam metió la pata y le detuvieron, el otro individuo desapareció. Puede que se haya mantenido ocupado eliminando testigos.

—¿Por qué habría matado a la esposa de Dogan?

—Porque estaba en la cama con él cuando voló la casa.

—¿Por qué habría matado al hijo de Dogan?

—Para garantizar el silencio de Dogan. No olvide que cuando Dogan declaró, hacía cuatro meses que su hijo había desaparecido.

—Nunca he leído nada acerca de su hijo.

—No recibió ninguna publicidad. Ocurrió en Alemania. Nosotros le aconsejamos a Dogan que no lo divulgara.

—Estoy confundido. Dogan no delató a nadie más en el juicio. Sólo a Sam. ¿Qué razón podía tener ese individuo para matarle luego?

—Porque todavía conocía ciertos secretos. Y por haber declarado contra otro miembro del Klan.

Adam descascaró un par de cacahuetes y se los arrojó a una gorda paloma. Lettner acabó de vaciar la bolsa y arrojó un puñado de cáscaras sobre la acera, cerca de una fuente. Eran casi las doce del mediodía y por el parque circulaban docenas de apresurados oficinistas, en busca del lugar perfecto para los treinta minutos del almuerzo.

—¿Tiene hambre? —preguntó Lettner mientras consultaba su reloj.

—No.

—¿Sed? Necesito una cerveza.

—No. ¿En qué me afecta ese misterioso individuo?

—Sam es el único testigo que queda y está previsto que su boca quede sellada dentro de un par de semanas. Si muere sin hablar, ese individuo podrá vivir en paz. Si Sam no muere dentro de dos semanas, seguirá intranquilo. Pero si Sam empieza a hablar, puede que alguien corra peligro.

—¿Yo?

—Usted es quien intenta averiguar la verdad.

—¿Cree que está aquí?

—Podría ser. O puede que sea taxista en Montreal. O tal vez nunca haya existido.

Adam miró por encima de ambos hombros, exageradamente asustado.

—Sé que parece una locura —dijo Lettner.

—Ese individuo no corre peligro. Sam no abre la boca.

—Existe un peligro potencial, Adam. Sólo quería que lo supiera.

—No tengo miedo. Si Sam me facilitara el nombre de ese individuo actualmente, lo divulgaría a voces por todas partes y presentaría un sinfín de recursos. Además, no serviría de nada. Es demasiado tarde para nuevas teorías sobre inocencia o culpabilidad.

—¿Qué me dice del gobernador?

—Lo dudo.

—Lo único que deseo es que tenga cuidado.

—Supongo que debo darle las gracias.

—Vamos a tomar una cerveza.

«Debo mantener a ese individuo alejado de Lee», pensó Adam.

—Son las doce menos cinco. No me dirá que empieza a beber tan temprano.

—A veces empiezo a la hora del desayuno.

El individuo en cuestión estaba en un banco del parque, con un periódico que le cubría la cara y palomas alrededor de los pies. Se encontraba a una distancia de veinticinco metros y, por consiguiente, no podía oír lo que decían. Creyó reconocer al viejo que estaba con Adam, como agente del FBI cuya fotografía había aparecido en los periódicos hacía muchos años. Le seguiría para averiguar quién era y dónde vivía.

Wedge estaba aburrido de Memphis y aquello le venía como anillo al dedo. El muchacho trabajaba en su despacho, se trasladaba a Parchman, dormía en casa de su tía y circulaba bastante en coche. Nadie había mencionado su nombre. Nadie conocía su existencia.

La nota de la cocina tenía la fecha correcta. Decía haberla escrito a las siete y cuarto de la tarde. Era la letra de Lee, cuya caligrafía no solía ser muy pulcra, pero ahora era todavía peor. Decía que estaba en cama con lo que parecía una gripe. Le rogaba que no la molestara. Había ido al médico y le había recomendado que durmiera. Para redondear el efecto, había un medicamento de la farmacia local junto a un vaso medio lleno de agua. Llevaba la fecha de hoy.

Adam miró inmediatamente en el cubo debajo del fregadero y no detectó indicio alguno de bebida.

Colocó una pizza congelada en el microondas sin hacer ruido y salió a la terraza para contemplar las barcazas que navegaban por el río.

TREINTA Y DOS

La primera cometa de la mañana llegó poco después del desayuno, cuando Sam estaba junto a los barrotes con sus calzoncillos holgados y un cigarrillo en la boca. Era del joven predicador y traía malas noticias. Decía así:

Querido Sam:
El sueño ha terminado. El Señor me iluminó anoche y por fin me ha revelado lo que faltaba. Ojalá no lo hubiera hecho. Tiene mucho contenido y te lo contaré detalladamente si lo deseas. La conclusión es que no tardarás en reunirte con él. Quiere que te diga que te prepares para el encuentro. Te está esperando. El viaje será accidentado, pero la recompensa merecerá la pena. Con todo mi cariño,

HERMANO RANDY

Buen viaje, susurró Sam para sus adentros, mientras arrugaba el papel y lo arrojaba al suelo. Aquel chico se iba deteriorando lentamente y no había forma de ayudarle. Sam había preparado ya una serie de recursos, que se presentarían en un futuro indefinido cuando el hermano Randy estuviera completamente enajenado.

Entonces vio las manos de Gullitt que emergían de los barrotes de la celda contigua.

—¿Cómo estás, Sam? —preguntó finalmente Gullitt.

—Dios está molesto conmigo —respondió Sam.

—¿En serio?

—Sí. El joven predicador concluyó su sueño anoche.

—Gracias a Dios.

—Es más bien una pesadilla.

—No me preocuparía demasiado. Ese pobre diablo sueña

incluso cuando está despierto. Ayer me dijeron que se ha pasado una semana llorando.

—¿Tú le oyes?

—No. Gracias a Dios.

—Pobre chico. He preparado algunos recursos para él, por si abandono este lugar. Quiero que los guardes.

—No sabré qué hacer con ellos.

—Te dejaré instrucciones. Hay que mandarlos a su abogado.

—Maldita sea —susurró suavemente Gullitt—. ¿Qué será de mí, Sam, si nos abandonas? Hace un año que no hablo con mi abogado.

—Tu abogado es un zopenco.

—Entonces ayúdame a despedirle, Sam. Te lo ruego. Tú despediste a los tuyos, ayúdame a hacer lo mismo con el mío. Yo no sé cómo hacerlo.

—¿Y entonces quién te representará?

—Tu nieto. Dile que puede quedarse con mi caso.

Sam sonrió y luego soltó una carcajada. Le pareció cómica la idea de reunir a sus compañeros del patíbulo y ofrecerle a Adam sus casos desesperados.

—¿Qué es lo que tiene tanta gracia? —preguntó Gullitt.

—Tú. ¿Qué te hace suponer que le interesa tu caso?

—Por Dios, Sam. Háblale de mí al muchacho. Debe de ser listo si es tu nieto.

—¿Y si me ejecutan? ¿Querrías tener un abogado que ha perdido a su primer condenado a muerte?

—Maldita sea, en estos momentos no tengo dónde elegir.

—Tranquilízate, J. B. Te quedan todavía muchos años.

—¿Cuántos?

—Por lo menos cinco, puede que más.

—¿Me lo prometes?

—Te doy mi palabra. Te lo daré por escrito. Si me equivoco, puedes denunciarme.

—Muy gracioso, Sam. Muy gracioso.

Se oyó el cerrojo de una puerta que se abría al fondo de la galería, seguido de unos decididos pasos que se acercaban. Era Packer, que se detuvo frente a la celda número seis.

—Buenos días, Sam —dijo el sargento.

—Buenos días, Packer.

—Póngase el mono. Tiene visita.

—¿Quién es?

—Alguien que quiere hablarle.

—¿Quién es? —insistió Sam, mientras se ponía rápidamente el chándal.

Cogió sus cigarrillos. No le importaba de quién se tratara, ni lo que quisiera. Cualquier visita suponía un cambio agradable respecto a su celda.

—Dese prisa, Sam —dijo Packer.

—¿Es mi abogado? —preguntó Sam, cuando se ponía las sandalias de goma.

—No —respondió Packer, mientras le esposaba a través de los barrotes.

Se abrió la puerta de la celda, abandonaron la galería A y se dirigieron a la misma pequeña sala donde se reunían siempre con los abogados.

Packer le quitó las esposas y cerró la puerta a la espalda de Sam, que concentró la mirada en una mujer corpulenta sentada al otro lado de la rejilla. Se frotó las muñecas para impresionarla y dio unos pasos para sentarse frente a ella. No la reconoció. Se sentó, encendió un cigarrillo y la miró fijamente.

—Señor Cayhall, mi nombre es doctora Stegall —dijo nerviosa, después de inclinarse hacia la rejilla, al tiempo que le ofrecía una tarjeta de visita por la rendija—. Soy la psiquiatra del departamento estatal de corrección.

Sam contempló la tarjeta sobre el mostrador, luego la levantó y la examinó con suspicacia.

—Dice aquí que su nombre es N. Stegall. Doctora N. Stegall.

—Es correcto.

—Es muy extraño llamarse «N». Nunca he conocido a ninguna mujer que se llamara «N».

Su pequeña sonrisa angustiada desapareció de su rostro y se le irguió la espalda.

—No es más que una inicial, ¿de acuerdo? Tengo mis razones para ello.

—¿Una inicial de qué?

—En realidad, no es de su incumbencia.

—¿Nancy? ¿Nelda? ¿Nona?

—Si deseara que lo supiera, ¿no cree que aparecería en la tarjeta?

—No lo sé. Sea lo que sea, debe tratarse de algo horrible. ¿Nick? ¿Ned? No comprendo por qué se esconde tras una sigla.

—No me escondo, señor Cayhall.

—Llámeme «S», ¿vale?

Se le endureció la mandíbula y miró por la rejilla con el entrecejo fruncido.

—He venido para ayudarle.

—Ha llegado tarde, N.

—Le ruego que me llame doctora Stegall.

—Ah, bueno, en tal caso, usted puede llamarme abogado Cayhall.

—¿Abogado Cayhall?

—Sí. Tengo más conocimientos de Derecho que la mayoría de los payasos que se sientan donde está usted.

Logró brindarle una ligera sonrisa paternalista.

—Mi obligación es la de preguntarle si a esta altura del proceso puedo ofrecerle alguna ayuda. Usted no tiene por qué cooperar si no lo desea.

—Muchísimas gracias.

—Si desea hablar conmigo, o necesita algún medicamento, ahora o más adelante, no tiene más que comunicármelo.

—¿Un poco de whisky?

—No puedo recetárselo.

—¿Por qué no?

—Normas penitenciarias, supongo.

—¿Qué puede recetar?

—Tranquilizantes, Valium, hipnóticos y cosas por el estilo.

—¿Para qué?

—Para los nervios.

—Mis nervios están perfectamente.

—¿Duerme bien?

Sam reflexionó durante un prolongado momento.

—Para serle sincero, tengo algunos problemas. Ayer, entre una cosa y otra, sólo logré dormir doce horas. Normalmente acostumbro a dormir de quince a dieciséis.

—¿Doce horas?

—Sí. ¿Con qué frecuencia viene usted al patíbulo?

—No muy a menudo.

—Eso suponía. Si conociera su trabajo, sabría que nuestro promedio es de unas dieciséis horas diarias.

—Comprendo. ¿Y qué más sabría?

—Ah, muchas cosas. Sabría que Randy Dupree está perdiendo lentamente los cabales y que aquí a nadie le importa. ¿Por qué no ha ido a verle?

—Hay cinco mil presos en esta cárcel, señor Cayhall. Yo...

—Entonces márchese. Lárguese. Vaya a cuidar de los demás. Hace nueve años y medio que estoy aquí, y nunca la había visto. Ahora que están a punto de ejecutarme, llega con un maletín lleno de medicamentos para calmar mis nervios, a fin de que esté tranquilo y sea amable cuando me maten. ¿Qué pueden importarle a usted mis nervios y mi sueño? Usted trabaja para el estado y el estado está haciendo lo imposible para ejecutarme.

—Hago mi trabajo, señor Cayhall.

—Su trabajo da asco, Ned. Búsquese una ocupación decente donde pueda ayudar a la gente. Usted está aquí ahora porque me quedan trece días de vida y quiere que me vaya en paz. No es más que otro lacayo del estado.

—No he venido aquí para que me insultara.

—Entonces levante su voluminoso culo y lárguese. Siga su camino y manténgase libre de pecado.

Se puso inmediatamente de pie y recogió su maletín.

—Tiene mi tarjeta. Si necesita algo, llámeme.

—Por supuesto, Ned. No espere junto al teléfono.

Sam se levantó y se acercó a la puerta de su lado de la sala. Llamó dos veces con la palma de la mano y esperó de espaldas a la misma hasta que Packer la abrió.

Adam preparaba su maletín para dirigirse a Parchman cuando sonó el teléfono. Darlene dijo que era urgente, y tenía razón.

Su interlocutor se identificó como secretario del tribunal de apelaciones del quinto circuito en Nueva Orleans y le habló con una cortesía asombrosa. Dijo que el recurso de Cayhall, en el que se cuestionaba la constitucionalidad de la cámara de gas, se había recibido el lunes, asignado a un equipo de tres jueces y el tribunal deseaba celebrar una vista oral, para oír los argumentos de ambas partes. ¿Podría estar en Nueva Orleans a la una del mediodía del día siguiente, viernes, para presentar sus argumentos?

A Adam casi se le cayó el teléfono de las manos.

—¿Mañana? Por supuesto —respondió después de un breve titubeo.

—A la una en punto —dijo el secretario, antes de explicarle que el tribunal no solía celebrar vistas por la tarde. Pero dada la urgencia del caso, habían decidido hacer una excepción.

Le preguntó si había presentado argumentos orales con anterioridad ante el quinto circuito.

«Vaya chiste», pensó Adam. El año pasado todavía no se

había colegiado. Le respondió que no y el secretario dijo que le mandaría inmediatamente por fax una copia de las normas del tribunal para la argumentación oral. Adam se lo agradeció enormemente y colgó.

Se sentó al borde de la mesa e intentó organizar sus ideas.

Darlene le trajo el fax y él le pidió que comprobara los vuelos a Nueva Orleans.

¿Habían despertado sus apelaciones el interés del tribunal? ¿Era aquello una buena noticia o una simple formalidad? Durante su breve carrera como abogado, había defendido el caso de un cliente ante la sala en una sola ocasión. Además, Emmitt Wycoff estaba cerca de él, por si acaso. Y el juez no era un desconocido. Además, había ocurrido en el centro de Chicago, cerca de su despacho. Pero mañana estaría en un juzgado extraño de una ciudad desconocida, e intentaría defender un recurso de última hora, ante unos jueces de los que nunca había oído hablar.

Llamó a E. Garner Goodman para darle la noticia. Goodman se había presentado muchas veces ante el quinto circuito y, conforme hablaba, Adam se tranquilizaba. En la opinión de Goodman, aquello no era bueno ni malo. Al tribunal, evidentemente, le interesaba el recurso, pero ya lo habían oído todo con anterioridad. Tanto Texas como Louisiana habían mandado alegaciones constitucionales semejantes al quinto circuito en los últimos años.

Goodman le aseguró que sería capaz de desarrollar los argumentos necesarios. Le dijo que se limitara a estar preparado y que se relajara. Tal vez él podría coger un avión a Nueva Orleans y estar en la sala, pero Adam le respondió que no era necesario, que se las arreglaría solo. Manténgase en contacto, le dijo Goodman.

Adam habló con Darlene y luego se encerró en su despacho. Se aprendió de memoria las normas de la argumentación oral. Estudió el caso en el que se atacaba la cámara de gas. Leyó informes y sumarios. Llamó a Parchman y dejó un recado para Sam, diciéndole que hoy no le esperara.

Trabajó hasta caída la noche y emprendió el temido viaje a la casa de Lee. La nota en la que alegaba que estaba en la cama con gripe seguía en el mismo lugar de la cocina. Dio una vuelta por la casa y no detectó indicio alguno de vida o movimiento durante el día.

La puerta de su habitación estaba entreabierta y golpeó al tiempo que la empujaba.

—Lee —llamó suavemente hacia la oscuridad—. Lee, ¿estás bien?

Algo se movió en la cama, aunque no pudo distinguir de qué se trataba.

—Sí, querido —respondió—. Adelante.

Adam se sentó lentamente al borde de la cama e intentó enfocar la mirada. La única luz era un débil reflejo del pasillo. Lee se incorporó y se apoyó en las almohadas.

—Estoy mejor —dijo con una voz carrasposa—. ¿Cómo estás tú, querido?

—Bien, Lee. Estoy preocupado por ti.

—Me repondré. Es un pequeño virus perverso.

El primer vapor ofensivo emanó de las sábanas y de la colcha, y Adam quería echar a llorar. Era un hedor a vodka o ginebra pasada, o a cerveza agria, o tal vez a una combinación de todo ello. No lograba verle los ojos en las tinieblas, sólo el contorno de su rostro. Llevaba algún tipo de camisa oscura.

—¿Qué clase de medicamento tomas? —preguntó Adam.

—No lo sé. Unas pastillas. El médico me ha dicho que duraría unos días y de pronto desaparecería. Ya empiezo a sentirme mejor.

Adam iba a comentar lo curioso de un virus como el de la gripe a finales de julio, pero lo dejó correr.

—¿Puedes comer? —preguntó.

—En realidad no tengo apetito.

—¿Puedo hacer algo por ti?

—No querido. ¿Cómo te ha ido? ¿Qué día es hoy?

—Jueves.

—Me siento como si hubiera pasado una semana en una cueva.

Adam tenía dos alternativas. Podía seguirle la corriente del pequeño virus perverso, con la esperanza de que dejara de beber antes de que empeorara, o enfrentarse a ella y hacerle comprender que no le engañaba. Tal vez se pelearían y puede que eso fuera lo que uno debía hacer con los borrachos que habían perdido la capacidad de controlarse a sí mismos. ¿Cómo podía saber lo que debía hacer?

—¿Sabe tu médico que bebes? —preguntó Adam aguantándose la respiración.

Se hizo una larga pausa.

—No he estado bebiendo —respondió con una voz casi inaudible.

—No me engañes, Lee. He encontrado la botella de vodka en el cubo. Sé que las otras tres botellas de cerveza desaparecieron el sábado. En estos momentos hueles como una destilería. No engañas a nadie, Lee. Bebes mucho y quiero ayudarte.

Irguió la espalda y se acercó las rodillas al pecho. Luego permaneció inmóvil durante algún tiempo. Adam contemplaba su silueta. Transcurrieron varios minutos. En la casa imperaba un silencio sepulcral.

—¿Cómo está mi querido padre? —farfulló arrastrando las palabras, pero todavía con amargura.

—Hoy no le he visto.

—¿No crees que estaremos mejor cuando muera?

—No, Lee, no lo creo. ¿Lo crees tú? —respondió Adam, sin dejar de contemplar su silueta.

Permaneció por lo menos un minuto inmóvil y en silencio.

—Sientes compasión por él, ¿no es cierto? —preguntó por fin.

—Sí.

—¿Inspira compasión?

—Sí.

—¿Qué aspecto tiene?

—El de un anciano, con abundante cabello canoso siempre grasiento y peinado hacia atrás. Lleva una corta barba gris. Muchas arrugas. Tiene la piel muy pálida.

—¿Cómo viste?

—Lleva un mono rojo, como todos los condenados a muerte.

Se hizo otra larga pausa, mientras Lee reflexionaba.

—Supongo que es fácil compadecerse de él.

—Lo es para mí.

—Debes comprender, Adam, que yo nunca le he visto como le ves tú. Yo vi a otra persona.

—¿Y cómo era?

Se ajustó la manta alrededor de las piernas y volvió a permanecer inmóvil.

—Mi padre era una persona a quien odiaba.

—¿Todavía le odias?

—Sí. Muchísimo. Creo que debería apresurarse en morir. Dios sabe que lo merece.

—¿Por qué lo merece?

Esto indujo otro período de silencio. Lee se movió ligeramente hacia la izquierda y cogió un vaso de la mesilla de noche. Bebió lentamente, mientras Adam miraba su sombra. No le preguntó lo que bebía.

—¿Habla del pasado?

—Sólo cuando le formulo alguna pregunta. Hemos hablado de Eddie, pero le he prometido que no volveríamos a hacerlo.

—Él es la razón por la que Eddie está muerto. ¿Es consciente de ello?

—Tal vez.

—¿Se lo dijiste tú? ¿Le culpaste por la muerte de Eddie?

—No.

—Debiste haberlo hecho. Eres demasiado blando con él. Debe saber lo que ha hecho.

—Creo que ya lo sabe. Pero tú misma dijiste que no era justo atormentarle en esta etapa de su vida.

—¿Qué me dices de Joe Lincoln? ¿Le has hablado de Joe Lincoln?

—Le conté que tú y yo habíamos ido a la antigua finca de la familia. Sam me preguntó si sabía algo de Joe Lincoln y le dije que sí.

—¿Lo negó?

—No. Mostró mucho remordimiento.

—Miente.

—No. Me pareció sincero.

Otra larga pausa durante la que Lee permaneció inmóvil.

—¿Te ha hablado del linchamiento?

Adam cerró los ojos y apoyó los codos sobre las rodillas.

—No —susurró.

—Lo suponía.

—No quiero saberlo, Lee.

—Sí que quieres saberlo. Tú llegaste aquí cargado de preguntas sobre la familia y el pasado. Hace dos semanas nunca te saciabas de las miserias de la famila Cayhall. Querías conocer todos los detalles sangrientos y macabros.

—He oído lo suficiente.

—¿Qué día es? —preguntó Lee.

—Jueves. Ya me lo habías preguntado.

—Una de mis chicas cumplía hoy. Su segundo hijo. No he llamado a la oficina. Supongo que es el medicamento.

—Y el alcohol.

—De acuerdo, maldita sea. Soy una alcohólica. ¿Quién puede reprochármelo? A veces pienso que ojalá tuviera el valor de hacer lo mismo que Eddie.

—Por Dios, Lee. Deja que te ayude.

—Ya me has ayudado bastante, Adam. Estaba bien y me mantenía sobria antes de tu llegada.

—De acuerdo. Me he equivocado. Lo siento. No comprendía que...

Sus palabras se perdieron en la lejanía.

Lee hizo un ligero movimiento y Adam vio cómo se llevaba de nuevo el vaso a la boca. Se sumieron en un profundo silencio conforme pasaban los minutos. Un olor a rancio emanaba de su lado de la cama.

—Mi madre me contó la historia —dijo con la voz muy baja, casi en un susurro—. Dijo que durante muchos años había oído los rumores. Mucho antes de contraer matrimonio sabía que había participado en el linchamiento de un joven negro.

—Por favor, Lee.

—Yo nunca le pregunté nada al respecto, pero Eddie lo hizo. Lo habíamos comentado en secreto desde hacía años y por fin, un buen día, Eddie se lo echó en cara. Tuvieron una dura pelea, pero Sam reconoció que era cierto. Dijo que, en realidad, no le importaba. El joven negro había violado presuntamente a una chica blanca, pero era una cualquiera y mucha gente dudaba de que la hubiera violado realmente. Esto es según la versión de mamá. Sam tenía unos quince años en aquella época, cuando un puñado de hombres fueron a los calabozos, agarraron al joven negro y se lo llevaron al bosque. El padre de Sam, evidentemente, era el cabecilla y sus hermanos estaban también involucrados.

—Ya basta, Lee.

—Le azotaron con un látigo y luego le colgaron de un árbol. Mi querido padre estaba en el centro de la acción. No podía negarlo, ¿comprendes?, porque alguien tomó una foto.

—¿Una fotografía?

—Sí. Al cabo de unos años esa fotografía apareció en un libro sobre el suplicio de los negros en el sur. Se publicó en mil novecientos cuarenta y siete. Mi madre tenía un ejemplar desde hacía años. Eddie lo encontró en el desván.

—¿Y Sam aparece en la fotografía?

—Desde luego. Con una sonrisa de oreja a oreja. Están todos bajo un árbol y los pies del negro cuelgan justo por encima de sus cabezas. Se lo estaban pasando todos de maravilla. Era sólo el linchamiento de otro negro. La fotografía no lleva nada escrito, ningún nombre. Habla por sí sola. La leyenda dice: «Linchamiento en la zona rural de Mississippi, mil novecientos treinta y seis.»

—¿Dónde está el libro?

—Ahí, en ese cajón. Lo he tenido guardado, junto a otros tesoros familiares, desde que el banco se apoderó de la finca. Lo recuperé el otro día. Pensé que querrías verlo.

—No. No quiero verlo.

—Vamos. Tú querías conocer a tus antepasados. Pues bien, ahí están. Abuelo, bisabuelo y numerosos Cayhall en sus mejores momentos. Atrapados con las manos en la masa y orgullosos de ello.

—Cállate, Lee.

—¿Sabías que también hubo otros linchamientos?

—Basta, Lee. Ya he oído suficiente.

Lee se inclinó a un lado y extendió la mano hacia la mesilla.

—¿Qué estás bebiendo, Lee?

—Jarabe para la tos.

—¡Mentira! —exclamó Adam poniéndose de pie y acercándose en la oscuridad a la mesilla.

Lee vació el vaso de un trago. Adam lo cogió y lo olió.

—Esto es bourbon.

—Hay más en la despensa. ¿Te importaría traérmelo?

—¡No! Has bebido más de lo suficiente.

—Si me da la gana iré a por él.

—No lo harás, Lee. No vas a beber más esta noche. Mañana te llevaré al médico y buscaremos ayuda.

—No necesito ayuda. Lo que quiero es una pistola.

Adam dejó el vaso sobre la cómoda y encendió la luz. Lee se cubrió momentáneamente los ojos y luego le miró. Los tenía rojos e hinchados. Llevaba el cabello despeinado, sucio y descuidado.

—No es un cuadro muy atractivo, ¿verdad? —dijo arrastrando las palabras, después de desviar la mirada.

—No. Pero buscaremos ayuda, Lee. Lo haremos mañana.

—Dame una copa, Adam. Por favor.

—No.

—Entonces déjame sola. Todo esto es culpa tuya, ¿lo sabías? Ahora márchate, por favor. Vete a la cama.

Adam cogió una almohada del centro de la cama y la arrojó al suelo, cerca de la puerta.

—Esta noche voy a dormir aquí —dijo, al tiempo que señalaba la almohada—. Cerraré la puerta con llave y no saldrás de esta habitación.

Lee le echó una mala mirada, pero no dijo nada. Adam apagó la luz y la habitación quedó completamente a oscuras. Cerró el pestillo de la puerta y se acostó sobre la alfombra junto a la misma.

—Ahora duerme la mona, Lee.

—Vete a tu cama, Adam. Te prometo que no saldré de la habitación.

—No. Estás borracha y no pienso moverme. Si intentas abrir esta puerta, te obligaré físicamente a volver a la cama.

—Esto tiene cierto deje romántico.

—Cállate ya, Lee. Duérmete.

—No puedo dormir.

—Inténtalo.

—Contemos historias de los Cayhall, ¿de acuerdo, Adam? Conozco otros casos de linchamientos.

—¡Cállate, Lee! —exclamó Adam.

De pronto Lee guardó silencio. La cama crujió mientras se movía y acomodaba. Al cabo de quince minutos se quedó dormida. Después de media hora el suelo le resultaba incómodo y Adam se movía de un lado para otro.

Durmió breves períodos, con largas interrupciones en las que contemplaba el techo. Se preocupaba por Lee y por el tribunal del quinto circuito. En un momento dado de la noche, se sentó de espaldas a la puerta y miró a través de la oscuridad en dirección al cajón de la cómoda. ¿Estaba allí realmente el libro? Tuvo la tentación de acercarse sigilosamente para cogerlo y llevárselo al baño, para ver la fotografía. Pero no quería arriesgarse a despertarla. Ni tampoco quería verla.

TREINTA Y TRES

Encontró media botella de bourbon escondida detrás de una caja de galletas saladas en la despensa y la vació en el fregadero. Todavía estaba oscuro en el exterior. Faltaba una hora para la salida del sol. Se preparó un café bien fuerte y se lo tomó en el sofá, mientras ensayaba los argumentos que presentaría dentro de unas horas en Nueva Orleans.

Repasó sus notas en la terraza al amanecer, y a las siete

estaba en la cocina preparando unas tostadas. No había ni rastro de Lee. No deseaba una confrontación, pero era indispensable. Él tenía cosas que decirle y a ella le correspondía disculparse. Se dedicó a hacer ruido en la cocina con platos y cubiertos. Aumentó el volumen del sonido con las noticias de la mañana.

Pero no se oía movimiento alguno en aquella parte de la casa. Después de ducharse y vestirse, hizo girar suavemente la manecilla de su puerta. Estaba cerrada con llave. Lee se había atrincherado en su cueva para eludir así una charla inevitablemente dolorosa. Le escribió una nota para explicarle que pasaría el día y la noche en Nueva Orleans y regresaría al día siguiente. Dijo que lamentaba mucho lo ocurrido y que hablarían más adelante. Le suplicó que no bebiera.

Dejó la nota en la cocina, donde no pudiera pasarle inadvertida. Salió de la casa y se dirigió al aeropuerto.

El vuelo directo a Nueva Orleans duró cincuenta y cinco minutos. Tomó zumo de fruta y procuró sentarse cómodamente para aliviar su dolor de espalda. Había dormido menos de tres horas en el suelo, junto a la puerta, y se prometió no repetir la experiencia. Según ella misma le había contado, se había sometido tres veces a tratamientos de rehabilitación a lo largo de los años, y si era incapaz de mantenerse alejada de la bebida, ciertamente no había nada que pudiera hacer por ella. Permanecería en Memphis hasta la conclusión de aquel terrible caso y, si su tía no podía mantenerse sobria, se instalaría en la habitación de un hotel.

Luchó consigo mismo para no pensar en ella durante las próximas horas. Debía concentrarse en asuntos legales, no en linchamientos, fotografías e historias de terror del pasado; no en su querida tía y sus problemas.

El avión aterrizó en Nueva Orleans y de pronto creció su concentración. Repasó mentalmente los nombres de docenas de casos recientes de pena de muerte, en el quinto circuito y en el Tribunal Supremo de Estados Unidos.

El coche alquilado era un Cadillac, alquilado por Darlene y cargado a la cuenta de Kravitz & Bane. Llegó con chófer incluido y, cuando Adam se acomodó en el asiento trasero, reconoció que la vida en los grandes bufetes tenía ciertas ventajas. No había estado nunca en Nueva Orleans y el desplazamiento desde el aeropuerto fue como podía haberlo sido en cualquier otra ciudad. Sólo vio tráfico y autopistas. El chófer giró por Poydras Street, junto a Superdome, y llegaron de pronto al centro de la ciudad. Le explicó a su pasajero que el barrio francés se encontraba a pocas manzanas, cerca de su hotel. El coche se detuvo en Camp Street y Adam se apeó frente a un edificio llamado simplemente Tribunal de Apelación del Quinto Circuito. Era una estructura impresionante, con columnas griegas y una escalinata frente a la entrada principal.

Encontró las oficinas del secretario en la planta baja y preguntó por el caballero con el que había hablado, un tal señor Feriday.

El señor Feriday era tan sincero y cortés en persona como lo había sido por teléfono. Registró oficialmente a Adam y le explicó algunas de las normas del tribunal. Luego le preguntó si le apetecía visitar brevemente las dependencias. Eran casi las doce del mediodía, la actividad era mínima y era la hora perfecta para visitar el lugar. Se dirigieron a las salas de audiencia, por pasillos con diversos despachos de jueces y funcionarios.

—El quinto circuito consta de quince jueces —explicó el señor Feriday cuando caminaban tranquilamente por unos pasillos con suelo de mármol—, y sus despachos están aquí. En estos momentos hay tres vacantes en el tribunal y los nombramientos están pendientes de decisiones en Washington.

Los pasillos estaban oscuros y silenciosos, como si tras aquellas enormes puertas de madera trabajaran grandes cerebros.

El señor Feriday le condujo en primer lugar a la sala En Banc, una amplia e imponente estancia presidida por quince sillones en forma de semicírculo.

—La mayoría de los casos se asignan a un tribunal formado por tres jueces —explicó sin levantar la voz, como si todavía le impresionara aquella sala espectacular—. Pero en algunas ocasiones se reúnen todos los magistrados.

El estrado estaba bastante más elevado que el resto de la sala, de modo que los abogados tenían que levantar la cabeza cuando presentaban sus argumentos. La sala era de mármol, madera oscura, grandes cortinajes, y estaba iluminada por una gigantesca araña, ornamentada pero sin ostentación, antigua pero meticulosamente conservada, y Adam se sentía bastante intimidado al contemplarla. Muy raramente se reúnen todos los jueces en el estrado, le explicaba el señor Feriday, como si hablara con un estudiante de primer curso de Derecho. Aquí se tomaron las grandes decisiones de los derechos humanos de los años sesenta y setenta, declaró sin disimular su orgullo. Detrás del estrado colgaban los cuadros de magistrados fallecidos.

A pesar de lo hermosa e imponente que era la sala, Adam esperaba no volver a verla jamás, por lo menos no como abogado en representación de un cliente. Avanzaron por el pasillo hasta la sala oeste, de menores dimensiones que la anterior pero igualmente impresionante. Ahí era donde actuaban los tribunales de tres jueces, le explicó el señor Feriday cuando pasaban junto a los asientos de la galería pública, para acercarse al estrado, también elevado, aunque no tan aparatoso como el de En Banc.

—Casi todas las vistas orales se celebran por la mañana, a partir de las nueve —dijo el señor Feriday—. Su caso es diferente porque se trata de un condenado a muerte y la ejecución es inminente. Usted tendrá que sentarse ahí pocos minutos antes de la una —agregó mientras señalaba con un dedo torcido—, y el secretario anunciará el caso. Entonces deberá acercarse y tomar su posición en el podio. Usted será el primero en hablar y dispondrá de veinte minutos.

Adam ya lo sabía, pero era ciertamente agradable comprobarlo en la realidad.

El señor Feriday señaló un artefacto en la tarima, que parecía un semáforo.

—Esto es un cronómetro —declaró con suma gravedad—, y es muy importante. Veinte minutos, ¿comprende? Hay anécdotas terribles de abogados charlatanes que no le prestaron atención. Fue horrible. La luz verde está encendida cuando usted habla. La amarilla se enciende cuando usted quiera que se le avise: dos minutos, cinco minutos, treinta segundos, o lo que sea. Cuando la luz roja se enciende, simplemente se queda con la palabra en la boca y regresa a su asiento. Es así de sencillo. ¿Alguna pregunta?

—¿Quiénes son los jueces?

—McNeely, Robichaux y Judy —respondió, como si Adam los conociera personalmente—. Ahí hay una sala de espera y una biblioteca en el segundo piso. Asegúrese de estar aquí unos diez minutos antes de la una. ¿Más preguntas?

—No señor. Gracias.

—Estaré en mi despacho si me necesita. Buena suerte.

Se estrecharon la mano y el señor Feriday dejó a Adam junto al estrado.

A la una menos diez, Adam cruzó por segunda vez las enormes puertas de roble de la sala oeste y encontró a otros abogados que se preparaban para la batalla. En la primera fila, junto al foro, se encontraba el fiscal general, Steve Roxburgh, con su camarilla de ayudantes, elaborando tácticas. Dejaron de hablar cuando apareció Adam y algunos saludaron con la cabeza e intentaron sonreír. Adam se sentó solo hacia el fondo de la sala, sin prestarles atención alguna.

Lucas Mann estaba sentado en el mismo lado de la sala que ellos, aunque varios bancos detrás de Roxburgh y sus muchachos. Leía tranquilamente un periódico y saludó a Adam con la mano cuando se cruzaron sus miradas. Iba almidonado de pies a cabeza, con un impecable atuendo color caqui y una corbata suficientemente llamativa para brillar en la oscuridad. Era evidente que el quinto circuito, con todos sus artilugios, no intimidaba a Mann, e igualmente evidente que guardaba sus distancias con Roxburgh. Era sólo el abogado de Parchman, se limitaba a cumplir con su obligación. Si el quinto circuito concedía un aplazamiento y Sam no moría, Lucas Mann se alegraría. Adam le saludó con la cabeza y sonrió.

Roxburgh y su pandilla se pusieron de nuevo a chismorrear. Morris Henry, el «doctor muerte», en el seno del conciliábulo, daba explicaciones a las mentes menos privilegiadas.

Adam respiró hondo y procuró relajarse. No era fácil. Tenía el estómago revuelto, le temblaban los pies y no dejaba de repetirse a sí mismo que sólo duraría veinte minutos. Los tres jueces no podían matarle, sólo avergonzarle, y como máximo durante veinte minutos. Consultó sus notas y, para tranquilizarse, pensó en Sam; no en Sam como racista, asesino y maleante, sino en Sam como cliente, como anciano que se marchitaba en el patíbulo y que tenía a morir en paz y con dignidad. Aquel tribunal estaba a punto de concederle a Sam veinte minutos de su valioso tiempo, y su abogado debía sacarles el máximo provecho.

Se oyó una pesada puerta que se cerraba en algún lugar y Adam saltó en su asiento. Apareció el ujier por detrás del estrado y anunció que el excelentísimo tribunal abría la sesión. Le seguían tres jueces de toga negra, McNeely, Robichaux y Judy, con sus correspondientes carpetas bajo el brazo y, al parecer, totalmente desprovistos de humor o buena voluntad. Se instalaron en sus enormes sillones de cuero en lo alto del reluciente estrado de roble oscuro, y contemplaron la sala desde las alturas. El caso se llamó el *Estado de Mississippi contra Sam Cayhall* y se ordenó a los letrados que ocuparan sus puestos. Adam se acercó con nerviosismo al foro, seguido de Steve Roxburgh. Los ayudantes del fiscal general permanecieron en sus asientos, al igual que Lucas Mann y un puñado de espectadores. Más adelante Adam descubrió que la mayoría eran periodistas.

Presidía el tribunal su señoría T. Eileen Judy, una joven tejana, Robichaux, de Louisiana, que tenía casi sesenta años, y McNeely, también de Texas y que aparentaba ciento veinte años. Judy hizo una breve exposición del caso y luego le preguntó al señor Adam Hall de Chicago si estaba dispuesto a proceder. Se puso en pie muy nervioso, con temblor en las rodillas, el vientre descompuesto, la voz aguda y tensa, y declaró que estaba listo. Llegó al podio en el centro de la sala y miró hacia arriba, muy arriba, para ver a los jueces en el estrado.

Se encendió la luz verde que tenía al lado y supuso correctamente que aquello significaba que debía empezar. La sala estaba silenciosa. Los jueces le miraban fijamente desde las alturas. Se aclaró la garganta, echó una breve ojeada a los retratos de magistrados fallecidos que colgaban de la pared y lanzó un virulento ataque contra la cámara de gas como medio de ejecución.

Evitó la mirada de los magistrados y, durante unos cinco minutos, se limitó a repetir lo que ya había declarado en su informe. Era una calurosa tarde de verano y los jueces tardaron unos minutos en centrarse.

—Señor Hall, creo que se limita a repetir lo que ya ha declarado en su informe —dijo Judy en un tono quisquilloso—. Somos perfectamente capaces de leer, señor Hall.

El señor Hall no se lo tomó a mal y pensó para sus adentros que aquéllos eran sus veinte minutos, y que si le apetecía utilizarlos para hurgarse la nariz o recitar el alfabeto, no podían impedírselo. Sus veinte minutos. A pesar de lo novato que era, Adam había oído aquel comentario de un magistrado de un Tribunal de Apelación. Había ocurrido cuando estaba todavía en la facultad y presenciaba el debate sobre cierto caso. Era lo habitual en la argumentación oral.

—Sí, su señoría —respondió Adam, evitando cautelosamente cualquier referencia al sexo.

A continuación describió el efecto del anhídrido cianúrico en las ratas de laboratorio, que no había mencionado en su informe. Unos químicos suecos habían llevado a cabo dicho experimento durante el último año a fin de demostrar que la muerte de los seres humanos que inhalaban dicho veneno no era instantánea. Lo había financiado una organización europea, que proponía la abolición de la pena de muerte en Norteamérica.

Las ratas tenían espasmos y convulsiones. Sus funciones pulmonares y cardíacas cesaban y empezaban de nuevo esporádicamente durante varios minutos. El gas producía derrames sanguíneos por todo el cuerpo, incluido el cerebro. Los músculos se estremecían de manera incontrolada y se producían abundante saliva y gemidos.

El estudio demostraba que las ratas no morían con rapidez, sino que sufrían enormemente. La integridad científica del experimento era incuestionable. Se administraron dosis apropiadas al tamaño de los pequeños animales y, por término medio, tardaron casi diez minutos en morir. Adam se extendió en los detalles y, conforme avanzaba en su presentación, se le calmaron un poco los nervios. Los jueces no sólo le escuchaban, sino que parecía gustarles su descripción de las ratas moribundas.

Adam había encontrado aquel estudio en las notas a pie de página de un caso reciente en Carolina del Norte. Estaba impreso en letra pequeña y no había sido ampliamente divulgado.

—Vamos a ver si le entiendo —interrumpió Robichaux con una voz muy aguda—. Usted no quiere que su cliente muera en la cámara de gas porque es una forma cruel de acabar con la vida. ¿Pero nos está diciendo que no le importaría que le ejecutaran con una inyección letal?

—No, su señoría. Esto no es lo que estoy diciendo. No quiero que ejecuten a mi cliente por ningún método.

—¿No considera la inyección letal menos ofensiva?

—Todos los métodos son ofensivos, aunque la inyección letal parece menos cruel. De lo que no cabe duda es de que la cámara de gas es una forma horrible de morir.

—¿Peor que ser víctima de un atentado? ¿Destrozado por la dinamita?

Se hizo un profundo silencio en la sala mientras se asimilaban las palabras de Robichaux. Había hecho hincapié en la palabra «dinamita» y Adam se esforzaba por encontrar una respuesta apropiada. McNeely le echó una mala mirada a su colega, al otro extremo del estrado.

Había sido un golpe bajo y Adam estaba furioso.

—Estamos hablando de métodos de ejecución, su señoría —replicó Adam después de controlar su ira, pero con firmeza—, no de los crímenes por los que se condena a los acusados a la pena de muerte.

—¿Por qué no quiere hablar del crimen?

—Porque no es lo que nos ocupa en estos momentos. Porque dispongo sólo de veinte minutos y mi cliente de doce días.

—Tal vez su cliente no debió haber cometido atentados...

—Por supuesto. Pero le condenaron por su crimen y ahora se enfrenta a la cámara de gas. Nuestro argumento es que la cámara de gas es una forma cruel de ejecutar a las personas.

—¿Qué opina de la silla eléctrica?

—Las mismas consideraciones. Ha habido casos horrendos de personas que han sufrido terriblemente en la silla antes de morir.

—¿Qué me dice del fusilamiento?

—Me parece cruel.

—¿Y de la horca?

—No sé mucho acerca de la horca, pero me parece terriblemente cruel.

—Pero ¿le gusta la idea de la inyección letal?

—No he dicho que me guste. Creo haber dicho que no me parecía tan cruel como otros métodos.

—Señor Hall —interrumpió el juez McNeely—, ¿por qué sustituyeron en Mississippi la cámara de gas por la inyección letal?

Aquello estaba ampliamente documentado en el informe y en la petición, y Adam intuyó inmediatamente que McNeely era un amigo.

—He resumido la historia legislativa de dicho decreto en mi informe, su señoría, pero se hizo primordialmente para facilitar las ejecuciones. La legislatura admitió que era una forma más fácil de morir y, para evitar dificultades constitucionales como la presente, cambió el método.

—¿De modo que el estado ha admitido efectivamente que existe una forma mejor de ejecutar a las personas?

—Sí, señor. Pero el decreto entró en vigencia en mil novecientos ochenta y cuatro y sólo es aplicable a los condenados a partir de dicha fecha. No es aplicable a Sam Cayhall.

—Comprendo. Nos pide que prohibamos la cámara de gas

como método. ¿Qué ocurrirá si lo hacemos? ¿Qué ocurrirá con su cliente y con los demás condenados con anterioridad a mil novecientos ochenta y cuatro? No existe disposición en la ley para que se les ejecute con una inyección letal.

Adam anticipaba aquella inevitable pregunta. Sam ya se la había formulado.

—No conozco la respuesta, su señoría. Sólo puedo decirle que tengo plena confianza en la capacidad y buena voluntad de los legisladores de Mississippi para elaborar un nuevo decreto que afecte a mi cliente y a los demás condenados que se encuentran en su misma situación.

La magistrada Judy decidió intervenir.

—En el supuesto de que lo hagan, señor Hall, ¿qué argumento presentará cuando vuelva aquí dentro de tres años?

Afortunadamente se encendió la luz amarilla y a Adam le quedaba sólo un minuto.

—Algo se me ocurrirá —sonrió—. Deme tiempo para pensarlo.

—Ya hemos visto un caso como éste, señor Hall —dijo Robichaux—. A decir verdad, lo menciona usted en su informe. Un caso de Texas.

—Sí, su señoría. Solicito al tribunal que vuelva a considerar su decisión sobre dicho tema. Prácticamente todos los estados con cámara de gas o silla eléctrica han adoptado la inyección letal. La razón es evidente.

Le quedaban unos segundos, pero decidió que aquél era un buen momento para terminar. Dio las gracias al tribunal y regresó, seguro de sí mismo, a su asiento. Había terminado. Había logrado conservar el desayuno en el estómago y actuar con bastante soltura para ser novato. Sería más fácil la próxima vez.

Roxburgh ofreció un discurso riguroso, metódico y concienzudamente preparado. Intentó algunos chistes breves sobre las ratas y sus crímenes, pero con un pésimo sentido del humor. McNeely le acribilló con preguntas semejantes sobre la razón por la que tantos estados adoptaban la inyección letal. Roxburgh se mantuvo en sus trece y recitó una larga lista de casos en los que diversos circuitos federales habían confirmado la muerte en la cámara de gas, la silla eléctrica, la horca y el pelotón de ejecución. Transcurridos sus veinte minutos, regresó a su asiento con la misma diligencia que Adam.

La magistrada Judy habló brevemente de la urgencia del caso y prometió dar a conocer la decisión del tribunal en pocos días. Todo el mundo se levantó simultáneamente y los tres jueces desaparecieron del estrado. El ujier declaró que se levantaba la sesión hasta el lunes por la mañana.

Adam estrechó la mano de Roxburgh y salió de la sala antes de que le acosara un periodista que trabajaba para un periódico de Jackson y que sólo deseaba formularle un par de preguntas. Adam le respondió con cortesía, pero sin hacer ningún comentario. Trató del mismo modo a otros dos periodistas. Roxburgh, como de costumbre, tenía mucho que decir y mientras Adam se alejaba, los periodistas rodearon al fiscal general y le acercaron magnetófonos a la boca.

Adam quería salir del edificio. Se enfrentó al calor tropical y se cubrió inmediatamente los ojos con sus gafas de sol.

—¿Ha almorzado? —dijo una voz a su espalda.

Era Lucas Mann, con gafas de aviador. Se dieron la mano entre las columnas.

—Sería incapaz de comer —confesó Adam.

—Lo ha hecho muy bien. Esto es como para poner nervioso a cualquiera, ¿no cree?

—Desde luego. Pero ¿qué está haciendo aquí?

—Forma parte de mi trabajo. El alcaide me ha pedido que viniera a presenciar el debate. Esperaremos a que el tribunal tome una decisión antes de empezar los preparativos. Vamos a comer.

El chófer de Adam paró junto a la acera y ambos subieron al coche.

—¿Conoce la ciudad? —preguntó Mann.

—No. Ésta es mi primera visita.

—Al Bon Ton Café —le dijo Mann al conductor—. Es un antiguo establecimiento maravilloso, a la vuelta de la esquina. Bonito coche.

—Las ventajas de trabajar para un bufete opulento.

El almuerzo empezó con una novedad: ostras crudas sobre media concha. Adam había oído hablar de ellas, pero nunca había tenido la tentación de comerlas. Mann demostró su destreza con la mezcla adecuada de rábano picante, zumo de limón, tabasco y salsa roja, para sumergir luego las ostras en la misma. A continuación colocaba la ostra sobre una galleta salada y se la comía de un mordisco. La primera ostra de Adam resbaló de la galleta y cayó sobre la mesa, pero la segunda acabó en su boca.

—No la mastique —dijo Mann—. Déjela deslizar sencillamente por la garganta.

Las diez siguientes se deslizaron y no con excesiva rapidez para Adam. Se sintió satisfecho cuando vio la docena de conchas vacías en su plato. Tomaron cerveza Dixie y esperaron las gambas con mayonesa.

—He visto su recurso en el que alega defensa inadecuada —dijo Mann mientras mordisqueaba una galleta.

—Estoy seguro de que, de ahora en adelante, presentaré todos los recursos posibles.

—El Tribunal Supremo no ha perdido tiempo alguno.

—No, efectivamente. Parece que están hartos de Sam Cayhall. Hoy lo presentaré en el Tribunal Regional, pero no espero satisfacción alguna por parte de Slattery.

—Yo tampoco lo haría.

—¿Con qué posibilidades cuento disponiendo sólo de doce días?

—Cada vez más escasas, pero las cosas son completamente imprevisibles. Probablemente, todavía alrededor del cincuenta por ciento. Hace algunos años llegamos a estar muy cerca con Stockholm Turner. Cuando le faltaban sólo dos semanas, la ejecución parecía definitiva. Con sólo una semana, no le quedaba ningún recurso por presentar. Tenía un buen abogado, pero las posibilidades de apelación se habían agotado. Se le dio su última comida y...

—Y su visita conyugal con dos prostitutas.

—¿Cómo lo sabe?

—Me lo contó Sam.

—Es cierto. Consiguió un aplazamiento en el último momento y ahora está a años vista de la cámara de gas. Nunca se sabe.

—¿Pero qué le dice su intuición?

Mann tomó un largo trago de cerveza y se acomodó en su silla, mientras les servían dos grandes fuentes de gambas con mayonesa.

—No tengo intuición en lo referente a las ejecuciones. Puede ocurrir cualquier cosa. Siga presentando recursos y apelaciones. Se convertirá en una maratón. No puede darse por vencido. El abogado de Jumbo Parris sufrió un colapso cuando sólo faltaban doce horas y estaba ingresado en un hospital cuando ejecutaron a su cliente.

Adam se comió una gamba, seguida de un trago de cerveza.

—El gobernador quiere que hable con él. ¿Cree que debo hacerlo?

—¿Qué quiere su cliente?

—¿Usted qué cree? Odia al gobernador. Me ha prohibido que hable con él.

—Tiene que solicitar una vista de clemencia. Es lo habitual.

—¿Conoce bien a McAllister?

—No muy bien. Es un animal político con grandes ambiciones y no confiaría en absoluto en él. No obstante, tiene autoridad para conceder un indulto. Puede commutar la sentencia. Puede cambiarla por cadena perpetua, o ponerle en libertad. El estatuto le concede amplios poderes discrecionales al gobernador. Es probable que se convierta en su última esperanza.

—Dios se apiade de nosotros.

—¿Cómo están las gambas? —preguntó Mann, con la boca llena.

—Deliciosas.

Durante un rato se concentraron en la comida. Adam estaba agradecido de disfrutar de la compañía y la conversación, pero decidió limitarse a hablar de apelaciones y estrategias. Le gustaba Lucas Mann, pero no a su cliente. Como Sam solía decir, Mann trabajaba para el estado y el estado intentaba ejecutarle.

Podía haber cogido un vuelo por la tarde y llegar a Memphis a las seis y media, mucho antes de que oscureciera. Y entonces pasar más o menos una hora en el despacho antes de regresar a casa de Lee. Pero no se sentía con ánimo para ello. Disponía de una excelente habitación en un moderno hotel junto al río, pagada sin problema alguno por los chicos de Kravitz & Bane. Tenía todos los gastos pagados. Y nunca había visitado el barrio francés.

Despertó a las seis, después de una siesta de tres horas provocada por tres Dixies durante el almuerzo y una mala noche. Estaba tumbado sobre la cama con los zapatos puestos y se dedicó a contemplar el ventilador del techo durante media hora antes de moverse. Había dormido profundamente.

Lee no contestaba el teléfono. Le dejó un mensaje en el contestador, con la esperanza de que no estuviera bebiendo. Y si lo hacía, esperaba que se hubiera encerrado en su habitación, donde no podía perjudicar a nadie. Se lavó los dientes, peinó el cabello y bajó en el ascensor hasta el vasto vestíbulo, donde una orquesta de jazz amenizaba el aperitivo. Había una barra en un rincón, donde se vendían ostras abiertas a cinco centavos.

Avanzó con un calor agobiante por Canal Street hasta Royal, donde giró a la derecha y se perdió inmediatamente en un océano de turistas. Despertaba la noche del viernes en el barrio francés. Contempló boquiabierto los clubes de *strip*, intentando desesperadamente mirar en su interior. Quedó paralizado cuando se abrió una puerta y vio en el escenario una hilera de hombres desnudos, hombres con aspecto de hermosas mujeres. Le compró un huevo empanado a un vendedor chino ambulante y dio un rodeo para no tropezar con un borracho que vomitaba en la calle. Pasó una hora en una pequeña mesa de un club de jazz, escuchando a un delicioso conjunto y tomándose una cerveza de cuatro dólares. Cuando oscureció paseó hasta Jackson Square y observó a los pintores que recogían sus caballetes para retirarse. Los músicos y bailarines callejeros se habían reunido en masa frente a una antigua catedral y aplaudió entusiasmado a un cuarteto de cuerda formado por estudiantes de Tulane. Estaba todo lleno de gente bebiendo, comiendo, bailando y disfrutando de los festejos del barrio francés.

Se compró una bola de helado de vainilla y se dirigió hacia Canal Street. En otra ocasión y en circunstancias completamente distintas, puede que se hubiera dejado llevar por la tentación de asistir a un espectáculo de *strip* sentado, por supuesto, en la última fila, donde nadie pudiera verle, o de acudir a algún bar de moda en busca de una joven encantadora.

Pero no esta noche. Los borrachos le recordaban a Lee y pensó en que ojalá hubiera regresado a Memphis para verla. La música y la alegría le recordaban a Sam, recluido en aquel mismo momento en un horno húmedo, contemplando los barrotes y contando los días, y tal vez rezando, con la esperanza de que su abogado hiciera un milagro. Sam nunca vería Nueva Orleans, nunca volvería a comer ostras, judías rojas con arroz, no probaría una cerveza fría o un buen café. Nunca escucharía jazz, ni vería a los artistas pintando. Nunca volvería a volar en un avión, ni a hospedarse en un buen hotel. Nunca pescaría, conduciría, ni haría el millar de cosas que las personas libres dan por sentadas.

Aunque Sam no muriera el ocho de agosto, seguiría simplemente el proceso de fallecer día a día.

Adam abandonó el barrio francés y regresó apresuradamente a su hotel. Necesitaba descansar. La maratón estaba a punto de empezar.

TREINTA Y CUATRO

El guardia llamado Tiny esposó a Sam y abandonaron juntos la galería A. Sam llevaba consigo una bolsa de plástico completamente llena de cartas de admiradores, recibidas en las dos últimas semanas. Durante la mayor parte de su estancia en el patíbulo, había ido recibiendo todos los meses cartas de apoyo: miembros y simpatizantes del Klan, puristas raciales, antisemitas y toda clase de fanáticos. Los dos primeros años se había dedicado a contestarlas, pero con el tiempo se había hartado. ¿Qué objeto tenía? Algunos le trataban como a un héroe, pero cuantas más cartas intercambiaba con sus admiradores más descabelladas llegaban a ser. Había muchos locos en la calle. Se le había ocurrido la idea de que quizá estaba más seguro en el patíbulo que en el mundo libre.

Los tribunales federales habían decretado que la correspondencia era un derecho, no un privilegio. Por consiguiente, no se la podían retirar, aunque las autoridades tenían derecho a controlarla. Un inspector abría todas las cartas, a no ser que inconfundiblemente procedieran de un abogado; excepto cuando se le había impuesto al recluso censura de la correspondencia, las cartas no se leían. Llegaban al patíbulo a su debido tiempo y se entregaban a los presos. Las cajas y los paquetes se abrían también para ser inspeccionados.

La idea de perder a Sam era aterradora para muchos fanáticos, y su correspondencia había aumentado enormemente desde que el quinto circuito había anulado su aplazamiento. Le ofrecían su apoyo incondicional y sus oraciones. Unos pocos le ofrecían dinero. Las cartas solían ser extensas, con sus inevitables ataques contra los judíos, los negros, los liberales y otros conspiradores. Otros protestaban de los impuestos, el control de las armas o la deuda nacional. Algunos le escribían sermones.

Sam estaba harto de cartas, recibía seis cada día. Las colocó sobre el mostrador cuando le quitaron las esposas y le pidió al guardia que abriera una portezuela de la rejilla. El guardia empujó la bolsa de plástico, cerró de nuevo la portezuela y se retiró. Adam la recogió.

—¿Qué es esto? —preguntó con la bolsa en la mano.

—Cartas de mis admiradores —respondió Sam mientras se sentaba en su silla habitual y encendía un cigarrillo.

—¿Qué se supone que debo hacer con ellas?

—Léelas. Quémalas. Lo que te dé la gana. Esta mañana he limpiado mi celda y ocupan demasiado espacio. Tengo entendido que ayer estuviste en Nueva Orleans. Cuéntamelo.

Adam dejó las cartas sobre una silla y se sentó frente a Sam. La temperatura exterior era de treinta y nueve grados y no muy inferior en la sala de visitas. Era sábado y Adam llevaba vaqueros, zapatillas y una camiseta de algodón muy liviana.

—El jueves recibí una llamada del quinto circuito y dijeron que querían oír mi argumentación el viernes. Fui, les deslumbré con mi inteligencia y regresé a Memphis en el avión de esta mañana.

—¿Cuándo darán a conocer su veredicto?

—Pronto.

—¿Un tribunal de tres jueces?

—Sí.

—¿Quiénes?

—Judy, Robichaux y McNeely.

Sam pensó unos instantes en los nombres.

—McNeely es un viejo combatiente que nos ayudará. Judy es una puta conservadora, ¡oh, cuánto lo siento!, quiero decir una hembra norteamericana nombrada por los republicanos. Dudo que ayude. Robichaux no me resulta familiar. ¿De dónde es?

—Del sur de Louisiana.

—Ah, un cajun (1) norteamericano.

—Supongo. Es un quisquilloso. No nos ayudará.

—Entonces perderemos por dos a uno. Creí que les habías deslumbrado con tu inteligencia.

—Todavía no hemos perdido.

A Adam le sorprendió oír hablar a Sam con tanta familia-

_____

(1) Descendientes de los colonos franceses afincados en Louisiana. Puede tener connotaciones despectivas.

ridad de los jueces. Pero hacía tantos años que estudiaba los tribunales...

—¿Dónde está la alegación de representación inadecuada? —preguntó Sam.

—Todavía aquí, en el Tribunal Regional. Lleva unos días de retraso respecto a la anterior.

—Presentemos algo más, ¿de acuerdo?

—Lo estoy elaborando.

—Date prisa. Me quedan once días. Hay un calendario en mi celda y me paso por lo menos tres horas diarias mirándolo. Cuando despierto por la mañana, señalo el día anterior con una gran equis. Le he puesto un círculo al día ocho de agosto y mis equis se acercan cada vez más al círculo. Haz algo.

—Estoy en ello, ¿vale? En realidad, estoy elaborando una nueva teoría de ataque.

—Ése es mi chico.

—Creo que podemos demostrar que estás mentalmente desequilibrado.

—Ya se me había ocurrido.

—Eres viejo. Senil. Lo aceptas todo con excesiva tranquilidad. Debe haber algo que no funciona. Eres incapaz de comprender las razones de tu ejecución.

—Hemos estado leyendo los mismos casos.

—Goodman conoce a un especialista que dirá lo que sea necesario a cambio de unos honorarios. Estamos pensando en pedirle que venga a reconocerte.

—Estupendo. Me tiraré de los pelos y cazaré mariposas en mi celda.

—Creo que podemos presentar un caso bastante convincente de enajenación mental.

—Estoy de acuerdo. Adelante. Presenta todo lo posible.

—Lo haré.

Sam reflexionó unos minutos sin dejar de fumar. Ambos estaban sudados y Adam necesitaba aire fresco. Necesitaba meterse en su coche con las ventanas cerradas y el aire acondicionado al máximo.

—¿Cuándo volverás? —preguntó Sam.

—El lunes. Escúchame, Sam, éste no es un tema agradable, pero es imprescindible mencionarlo. Uno de estos días vas a morir. Puede que sea el ocho de agosto o dentro de cinco años. Pero con lo que fumas no puedes durar mucho.

—Fumar no es la mayor de mis preocupaciones.

—Lo sé. Pero tus parientes, Lee y yo, tenemos que organizar con tiempo tu entierro. No puede hacerse de un día para otro.

Sam contempló fijamente los diminutos triángulos de la rejilla mientras Adam tomaba notas en su cuaderno. El acondicionador de aire escupía y silbaba sin conseguir gran cosa.

—Tu abuela fue una buena mujer, Adam. Lamento que no llegaras a conocerla. Se merecía a alguien mejor que yo.

—Lee me llevó a su tumba.

—Le causé mucho sufrimiento y supo soportarlo. Enterradme junto a ella y tal vez pueda decirle cuánto lo siento.

—Me ocuparé de ello.

—Hazlo. ¿Cómo pagarás el entierro?

—Me las arreglaré, Sam.

—Yo no tengo dinero, Adam. Lo perdí hace muchos años, por razones evidentes. Perdí la casa y las tierras, de modo que no hay bienes para dejar en herencia.

—¿Has hecho testamento?

—Sí. Lo he elaborado yo mismo.

—Nos lo miraremos la próxima semana.

—Me prometes que vendrás el lunes.

—Te lo prometo, Sam. ¿Quieres que te traiga algo?

Sam titubeó unos instantes y parecía casi avergonzado.

—¿Sabes lo que realmente me gustaría? —preguntó con una sonrisa infantil.

—¿Qué? Lo que sea, Sam.

—De niño, lo más atractivo del mundo para mí era un Mágnum.

—¿Un Mágnum?

—Sí, es un polo de vainilla cubierto de chocolate. Los comí hasta que me encerraron aquí. Creo que todavía existen.

—Un Mágnum —repitió Adam.

—Sí. Todavía recuerdo su gusto. El mejor helado del mundo. ¿Puedes imaginarte lo bien que sabría en este horno?

—En tal caso, Sam, tendrás tu Mágnum.

—Trae más de uno.

—Traeré una docena. Nos los comeremos aquí mismo, mientras sudamos.

La segunda visita de Sam aquel sábado era inesperada. Se detuvo junto al puesto de guardia del portalón y mostró un permiso de conducir de Carolina del Norte, con su fotografía. Le explicó al guardia que era hermano de Sam Cayhall y que, según le habían informado, desde ahora y hasta la fecha de la ejecución podía visitar a Sam a su antojo. Había hablado el día anterior con un tal señor Holland y dicho funcionario le había asegurado que el horario de visita de Sam Cayhall se había relajado. Podía visitarle cualquier día de la semana, entre las ocho de la mañana y las cinco de la tarde. El guardia entró en su garita y llamó por teléfono.

Transcurrieron cinco minutos y el visitante esperaba pacientemente en su coche alquilado. El guardia hizo otras dos llamadas y tomó nota de la matrícula del coche. Luego le indicó que aparcara el coche, lo cerrara y esperara junto al puesto de guardia. Obedeció y, al cabo de unos minutos, apareció una furgoneta blanca de la cárcel conducida por un guardia armado y uniformado, que le indicó al visitante que subiera.

La furgoneta cruzó el doble portalón de la UMS y paró frente a la puerta principal, donde esperaban otros dos guardias. Le cachearon en los peldaños. No llevaba ninguna bolsa ni paquete.

Le acompañaron a la vuelta de la esquina, hasta la sala de visitas, que estaba vacía. Tomó asiento cerca del centro de la rejilla.

—Traeremos a Sam —dijo uno de los guardias—. Tardará unos cinco minutos.

Sam estaba mecanografiando una carta cuando los guardias se detuvieron frente a la puerta.

—Vamos, Sam. Tiene visita.

Dejó de escribir y les miró fijamente. Su ventilador giraba a toda velocidad y tenía la televisión sintonizada en un partido de béisbol.

—¿Quién es? —preguntó ásperamente.

—Su hermano.

Sam dejó la máquina de escribir cuidadosamente sobre la estantería de los libros y cogió su chándal.

—¿Qué hermano?

—No le hemos interrogado, Sam. Simplemente su hermano. Dese prisa.

Después de que le esposaron, los siguió a lo largo de la galería. Sam había tenido tres hermanos, pero el mayor había fallecido de un infarto antes de su ingreso en prisión. Donnie, que con sus sesenta y un años era el más joven, vivía ahora en Durham, Carolina del Norte. Albert, a sus sesenta y siete años, no estaba muy bien de salud y vivía en algún lugar perdido del bosque, en la zona rural del condado de Ford. Donnie era quien le mandaba los cigarrillos todos los meses, junto con algunos dólares y una nota de vez en cuando. Albert no le había escrito desde hacía siete años. Una tía soltera le había escrito hasta su muerte, en mil novecientos ochenta y cinco. El resto de los Cayhall habían olvidado a Sam.

Debía tratarse de Donnie, se dijo a sí mismo. Era el único que se preocupaba lo suficiente para visitarle. No le había visto desde hacía dos años y se le empezó a levantar el ánimo al acercarse a la sala de visitas. Qué sorpresa tan agradable.

Sam cruzó la puerta y miró al individuo sentado al otro lado de la rejilla. No reconoció su rostro. Miró alrededor de la sala y comprobó que estaba vacía a excepción de aquel personaje, que miraba fijamente a Sam con unos ojos fríos y serenos. Los guardias vigilaban atentamente mientras le quitaban las esposas y Sam saludó al desconocido con una sonrisa, antes de mirar fijamente a los guardias hasta que abandonaron la sala y cerraron la puerta. Se sentó frente al visitante, encendió un cigarrillo y no dijo nada.

Había algo en él que le resultaba familiar, pero no lograba identificarle. Se miraron mutuamente a través de la rendija.

—¿Le conozco? —preguntó finalmente Sam.

—Sí —respondió aquel individuo.

—¿De qué?

—Del pasado, Sam. De Greenville, Jackson y Vicksburg. De la sinagoga, la inmobiliaria, la casa de los Pinder y Marvin Kramer.

—¿Wedge?

El individuo asintió lentamente, Sam cerró los ojos y expulsó una bocanada de humo hacia el techo. Arrojó el cigarrillo y se hundió en su silla.

—Dios mío, esperaba que estuvieras muerto.

—Lo siento.

—Eres un hijo de puta —dijo entre dientes, con una mirada iracunda—. Hijo de puta. He deseado y soñado durante veintitrés años que estuvieras muerto. Yo mismo te he matado un millón de veces, con mis propias manos, con palos, cuchillos y todas las armas imaginadas por el hombre. Te he visto sangrar y suplicar clemencia.

—Lo siento, Sam. Pero aquí estoy.

—Te odio más de lo que nunca nadie haya podido odiar. Si tuviera una pistola ahora mismo, te mandaría de ida y vuelta al infierno. Te llenaría la cabeza de plomo y me reiría hasta que se me cayeran las lágrimas. Dios, cuánto te odio.

—¿Tratas así a todas las personas que vienen a visitarte, Sam?

—¿Qué quieres, Wedge?

—¿Aquí puede oírnos alguien?

—No les importa un comino lo que digamos.

—Pero podría haber micrófonos.

—Entonces lárgate, imbécil, lárgate.

—Lo haré dentro de un momento. Pero antes quiero que sepas que estoy aquí, que vigilo las cosas muy de cerca y me alegro muchísimo de que mi nombre no haya aparecido. Espero sinceramente que siga así. He sido muy eficaz silenciando a la gente.

—Eres muy sutil.

—Limítate a actuar como un hombre, Sam. Muere con dignidad. Tú estabas conmigo. Eres un cómplice y un conspirador, y la ley te considera tan culpable como a mí. Claro que yo estoy libre, pero nadie ha dicho que la vida sea justa. Sigue como hasta ahora, llévate el secreto a la tumba y nadie saldrá perjudicado, ¿de acuerdo?

—¿Dónde has estado?

—En todas partes. Mi nombre verdadero no es Wedge, Sam, de modo que no empieces a cabilar. Nunca me he llamado Wedge. Ni siquiera Dogan conocía mi nombre verdadero. El ejército me reclutó en mil novecientos sesenta y seis, y yo no quería ir a Vietnam. De modo que huí a Canadá y regresé clandestinamente. Y así he vivido desde entonces. No existo, Sam.

—Tú eres quien debería estar sentado aquí.

—No, te equivocas. Yo no debería estar sentado ahí, ni tú tampoco. Cometiste una estupidez regresando a Greenville. El FBI no tenía ninguna pista. Nunca nos habrían atrapado. Yo era demasiado listo. Igual que Dogan. Tú, sin embargo, resultaste ser el punto flaco de la cadena. Además, con lo de los muertos y todo lo demás, habría sido el último atentado. Había llegado el momento de terminar. Abandoné el país y no habría vuelto jamás a este lugar miserable. Tú habrías regresado a tu casa, junto a tus gallinas y tus vacas. Quién sabe qué habría hecho Dogan. Pero la razón por la que estás sentado ahí, Sam, es porque fuiste un idiota.

—Y tú eres otro idiota por haber venido hoy aquí.

—No lo creas. Nadie te creería si empezaras a dar gritos. Maldita sea, todo el mundo cree ya que estás loco. No obstante, prefiero que las cosas sigan como están. No necesito problemas. Limítate a aceptar lo que se avecina, Sam, y hazlo con discreción.

Sam encendió cuidadosamente otro cigarrillo y arrojó la ceniza al suelo.

—Lárgate, Wedge. Y no vuelvas jamás.

—Por supuesto. Lamento decirlo, Sam, pero espero que te ejecuten en la cámara de gas.

Sam se puso de pie y se acercó a la puerta a su espalda. Un guardia la abrió y salió con él.

Se sentaron en la parte trasera del cine, comiendo palomitas como un par de adolescentes. La película había sido idea de Adam. Lee había pasado tres días en su habitación, con el virus, y el sábado por la mañana se había recuperado. Él eligió un restaurante familiar para cenar, con comida rápida y sin alcohol. Lee había devorado unos barquillos de pecana con nata montada.

La película, del oeste, era políticamente correcta, con los indios como buenos y los vaqueros como basura. Todos los rostros pálidos eran malvados y acababan por morir. Lee se tomó dos grandes refrescos. Llevaba el cabello limpio y peinado hacia atrás. Tenía la mirada clara y sus ojos volvían a ser bellos. Su rostro estaba maquillado y las heridas de la semana anterior ocultas. Tenía un aspecto tan fragante como de costumbre, con sus vaqueros y camisa de algodón. Además, estaba sobria.

Poco se había comentado sobre la noche del jueves, cuando Adam durmió junto a la puerta. Habían acordado hablar de ello más adelante, en un futuro lejano cuando Lee estuviera en condiciones de hacerlo. A Adam no le importaba. Ella avanzaba con dificultad sobre la cuerda floja, al borde de otra inmersión en las tinieblas de la dipsomanía, y él la protegería del tormento y la desesperación. Haría las cosas agradables y entretenidas para ella. No volverían a hablar de Sam y sus asesinatos. Ni de Eddie. Ni de la historia de la familia Cayhall.

Era su tía y la quería muchísimo. Era frágil, estaba enferma y necesitaba una voz fuerte y unos hombros resistentes.

TREINTA Y CINCO

Phillip Naifeh despertó a primera hora del domingo por la mañana, con fuertes dolores en el pecho y le llevaron inmediatamente al hospital a Cleveland. Vivía en una casa moderna, dentro del perímetro de Parchman, con su esposa de cuarenta y un años. La ambulancia tardó veinte minutos en llegar al hospital y su estado era estable cuando ingresó en urgencias.

Su esposa esperaba angustiada en el pasillo mientras las enfermeras corrían de un lado para otro. Había esperado antes en el mismo lugar, hacía tres años, durante su primer infarto. Un joven médico de rostro sombrío le comunicó que se trataba de un pequeño ataque, que su estado era estable y no corría peligro, y que le habían administrado medicamentos para descansar. Le tendrían en observación las próximas veinticuatro horas y si reaccionaba como estaba previsto, regresaría a su casa en menos de una semana.

Se le prohibió rotundamente acercarse a Parchman, o tener algo que ver con la ejecución de Cayhall. Ni siquiera una llamada desde la cama.

Dormir empezaba a convertirse en una batalla. Adam solía leer aproximadamente una hora en la cama desde que había descubierto en la facultad que las publicaciones jurídicas eran un antídoto maravilloso contra el insomnio. Pero ahora, cuanto más leía más preocupado estaba. Su mente estaba saturada con los sucesos de las dos últimas semanas: las personas a las que había conocido, las cosas que había aprendido y los lugares donde había estado. Además, su mente se aceleraba ante las perspectivas inminentes.

El sábado durmió desasosegadamente y pasó muchos ratos despierto. Cuando por fin despertó por última vez, ya había salido el sol. Eran casi las ocho. Lee había mencionado la posibilidad de aventurarse una vez más en la cocina. Dijo que en otra época había logrado preparar unos buenos huevos con salchichas y que cualquiera podía abrir una caja de galletas, pero cuando Adam se puso los vaqueros y la camiseta, no olió a nada en la cocina.

No se oía ningún ruido. La llamó mientras examinaba una

372

cafetera medio llena. La puerta de su habitación estaba abierta y las luces apagadas. Miró en todas las habitaciones de la casa. Tampoco estaba en la terraza tomando café y leyendo el periódico. Adam empezó a sentir náuseas conforme comprobaba que una habitación tras otra estaban vacías. Corrió al aparcamiento; ni rastro de su coche. Corrió descalzo por el cálido asfalto hasta la garita del guardia de seguridad y le preguntó cuándo se había marchado. El vigilante consultó su carpeta y respondió que hacía casi dos horas. Parecía estar perfectamente, dijo.

Lo encontró en la sala de estar: un montón de siete centímetros y medio de grosor de noticias y anuncios, conocido como la edición dominical del *Memphis Press*. Estaba meticulosamente doblado, debajo de la sección metropolitana. El rostro de Lee aparecía en primera plana, fotografiado hacía unos años en una función de beneficencia. Era un primer plano de los señores Booth, ambos con radiantes sonrisas para la cámara. Lee estaba estupenda con su vestido negro sin tirantes y Phelps muy elegante con su smoking. Parecían una pareja muy feliz.

Era el último capítulo en la explotación de Todd Marks del escabroso caso Cayhall y con cada artículo la serie adquiría un tono más sensacionalista. Sus primeros matices era bastante corteses, con un resumen de los sucesos semanales relacionados con la ejecución y que hacían referencia a: McAllister, Roxburgh, Lucas Mann y el habitual «sin comentario» de Naifeh. Luego pasaba rápidamente a deleitarse en un perverso cotilleo; con el desenmascaramiento de Lee Cayhall Booth, destacada dama de la sociedad de Memphis, esposa del importante banquero Phelps Booth, de la conocida y opulenta familia Booth, benefactora social, tía de Adam Hall y, aunque pareciera imposible, ¡hija del ignominioso Sam Cayhall!

El artículo estaba escrito como si la propia Lee fuera culpable de algún terrible crimen. Citaba a supuestos amigos, evidentemente no identificados, a quienes había producido espanto descubrir su verdadera identidad. Hablaba de la familia Booth y de su dinero, y se preguntaba cómo podía un caballero de alcurnia como Phelps haberse rebajado a casarse con una componente de un clan como el de los Cayhall. Mencionaba a su hijo Walt y una vez más citaba fuentes no identificadas que especulaban sobre su negativa a regresar a Memphis. Walt no había estado nunca casado, declaraba atropelladamente, y vivía en Amsterdam.

Y luego, peor todavía, citaba otra fuente no identificada para hablar de otra función benéfica de no hacía muchos años, en la que Lee y Phelps Booth ocupaban una mesa cerca de Ruth Kramer. La fuente había asistido también a dicha cena y recordaba dónde estaba sentada la gente. Era amiga de Ruth, conocida de Lee y había quedado sencillamente atónita al descubrir el tipo de padre que esta última tenía.

Una foto más reducida de Ruth Kramer acompañaba el artículo. Era una mujer atractiva, de poco más de cincuenta años.

Después del sensacional desenmascaramiento de Lee, resumía la vista oral del viernes en Nueva Orleans y las últimas maniobras de la defensa de Cayhall.

En general, era una narración rala que sólo lograba relegar a la segunda página el resumen cotidiano de asesinatos.

Adam arrojó el periódico al suelo y tomó un sorbo de café. Lee se había levantado aquel agradable domingo por la mañana, sana y sobria por primera vez en varios días, probablemente mucho más animada, para sentarse en el sofá con una taza de café y el periódico. A los pocos minutos había recibido un bofetón en la cara, una patada en el vientre, y ahora había vuelto a desaparecer. ¿Adónde iba en esos casos? ¿Dónde se refugiaba? Se mantenía indudablemente alejada de Phelps. Tal vez tenía un novio en algún lugar, que le ofrecía cobijo y la consolaba, pero parecía dudoso. Adam esperaba que no estuviera conduciendo sin ton ni son, con una botella en la mano.

Sin duda el clan Booth debía de estar alterado aquella mañana. Su oscuro secreto había sido revelado, impreso en primera plana para que todo el mundo lo viera. ¿Cómo se enfrentarían a la humillación? Todo el mundo sabía ahora que un Booth se había casado y engendrado descendencia con una blanca de baja estopa. Puede que la familia nunca lo superara. La señora Booth estaría indudablemente disgustada y probablemente a estas alturas obligada a guardar cama.

«Lo tienen bien merecido», pensó Adam. Se duchó, vistió y bajó la capota del Saab. No esperaba ver el Jaguar castaño de Lee por las desiertas calles de Memphis, pero las recorrió de todos modos. Empezó por Front Street cerca del río y, con Springsteen a todo volumen por los altavoces, avanzó progresivamente hacia el este, frente a los hospitales de Union Street, por las opulentas zonas residenciales de la periferia, y de regreso a las viviendas municipales cerca de Auburn House.

Como era de prever no la encontró, pero le sentó bien el paseo. Al mediodía se había intensificado de nuevo el tráfico y Adam se fue a su despacho.

La única visita que recibió Sam el domingo fue de nuevo inesperada. Se frotó las muñecas después de que le quitaran las esposas y se sentó junto a la rejilla, frente a un individuo de cabello canoso, con un rostro alegre y una cálida sonrisa.

—Señor Cayhall, me llamo Ralph Griffin y soy el capellán de Parchman. Soy nuevo y no nos conocemos.

—Mucho gusto —respondió Sam con una inclinación de la cabeza.

—El gusto es mío. Estoy seguro de que conocía a mi predecesor.

—Sí, claro. El reverendo Rucker. ¿Dónde está ahora?

—Jubilado.

—Me alegro. Nunca me gustó. Dudo que acabe en el cielo.

—He oído decir que no era muy apreciado.

—¿Apreciado? Aquí todo el mundo le detestaba. Por alguna razón no confiábamos en él. No sé por qué. Tal vez porque era partidario de la pena de muerte. ¿Se lo imagina? Dios le había llamado para que nos ayudara, pero él creía que debíamos morir. Según él estaba en las escrituras. Ya sabe, aquello de ojo por ojo.

—Lo he oído en otras ocasiones.

—Estoy seguro de ello. ¿Qué clase de sacerdote es usted? ¿A qué iglesia pertenece?

—Me ordené en la anabaptista, pero ahora me definiría como asectario. Creo que el Señor está probablemente frustrado con todo ese sectarismo.

—También está frustrado conmigo, ¿sabe?

—¿Cómo es eso?

—No sé si conoce a Randy Dupree, uno de mis compañeros. A pocas celdas de la mía. Violación y asesinato.

—Sí. He leído su ficha. Había sido predicador.

—Le llamamos el joven predicador y recientemente ha adquirido el don de interpretar los sueños. También canta y cura. Seguramente jugaría con serpientes si se lo permitieran. Ya sabe, lo de las culebras del libro de Marcos, capítulo dieciséis, versículo dieciocho. En todo caso, acaba de tener un largo sueño que le ha durado más de un mes, como una especie de miniserie, y finalmente se le ha revelado que en realidad me ejecutarán y que Dios espera que ordene mis asuntos.

—Pues no sería mala idea. Me refiero a lo de ordenar sus asuntos.

—¿Qué prisa tengo? Todavía me quedan diez días.

—¿De modo que cree en Dios?

—Sí, creo en Dios. ¿Cree usted en la pena de muerte?

—No, no creo en la pena de muerte.

—¿Habla en serio? —preguntó Sam, después de observarle unos instantes.

—Matar es inicuo, señor Cayhall. Si usted es en realidad culpable de su crimen, cometió una iniquidad al matar. Es igualmente inicuo que el gobierno le mate a usted.

—Aleluya, hermano.

—Nunca he estado convencido de que Jesucristo quisiera que matáramos como castigo. No fue eso lo que nos enseñó. Nos enseñó a amar y perdonar.

—Así es como yo interpreto la Biblia. ¿Cómo diablos ha conseguido este trabajo?

—Tengo un primo en el senado estatal.

La respuesta le provocó a Sam una sonrisa y luego una carcajada.

—No durará mucho. Es demasiado sincero.

—No lo crea. Mi primo es el presidente de la junta de corrección y tiene bastante poder.

—Entonces rece para que salga reelegido.

—Lo hago todas las mañanas. Sólo he querido pasar un momento para presentarme. Me gustaría hablar con usted los próximos días. Me gustaría rezar con usted, si lo desea. Nunca he experimentado una ejecución.

—Ni yo tampoco.

—¿Le da miedo?

—Soy un anciano, reverendo. Cumpliré setenta años dentro de unos meses, si llego. A veces la idea de la muerte es bastante agradable. Abandonar este lugar olvidado de la mano de Dios será un alivio.

—Pero sigue luchando.

—Por supuesto, aunque a veces no sé por qué lo hago. Es como un prolongado cáncer. Uno empeora gradualmente y se debilita. Se muere un poco cada día y llega el momento en que la muerte sería bien recibida. Pero nadie quiere realmente morir. Ni siquiera yo.

—He leído acerca de su nieto. Eso debe llenarle de satisfacción. Sé que se siente orgulloso de él.

Sam sonrió y bajó la mirada al suelo.

—Bueno —prosiguió el reverendo—, no estaré lejos. ¿Le gustaría que volviera mañana?

—Me encantaría. Permítame que reflexione, ¿de acuerdo?

—Desde luego. Supongo que ya sabe cómo funciona esto. En sus últimas horas sólo permiten la presencia de dos personas: su abogado y su guía espiritual. Será un honor para mí acompañarle.

—Gracias. ¿Y cree que podría encontrar un momento para hablar con Randy Dupree? El pobre chico se está desmoronando y realmente necesita ayuda.

—Lo haré mañana.

—Gracias.

Adam vio un vídeo alquilado a solas, con el teléfono a mano. No había tenido noticia alguna de Lee. A las diez hizo dos llamadas a la costa oeste. La primera a Portland, para hablar con su madre. Parecía sumisa, pero dijo alegrarse de oírle. No preguntó por Sam, ni Adam se ofreció para hablar de él. Le dijo que estaba trabajando mucho, que no había perdido las esperanzas y que, con toda probabilidad, regresaría a Chicago al cabo de un par de semanas. Ella había leído los periódicos y pensaba en él. Adam le dijo que Lee estaba bien.

La segunda llamada fue a su hermana, Carmen, a Berkeley. Una voz masculina contestó el teléfono, un tal Kevin, si no recordaba mal, con quien mantenía relaciones estables desde hacía algunos años. Carmen no tardó en ponerse al teléfono y parecía muy interesada por lo que ocurría en Mississippi. Ella también había seguido de cerca las noticias y Adam le dio una visión optimista de la situación. Estaba preocupada por él, en el sur rodeado de horribles racistas y miembros del Klan. Adam insistió en que no corría peligro y que, en realidad, todo era bastante pacífico. La gente era sorprendentemente amable y tranquila. Se había instalado en casa de Lee y se lo pasaban lo mejor posible. Le sorprendió que le preguntara por Sam: cómo era, qué aspecto tenía, cuál era su actitud, si estaba dispuesto a hablar de Eddie. Preguntó si podía coger un avión y visitar a Sam antes del ocho de agosto. Era algo que a Adam no se le había ocurrido y respondió que se lo pensaría y que se lo preguntaría a Sam.

Se quedó dormido en el sofá, sin apagar el televisor.

A las tres y media de la madrugada le despertó el teléfono. Una voz que no había oído en su vida se identificó claramente como Phelps Booth.

—Tú debes de ser Adam —dijo.

—Sí, soy yo —respondió Adam, al tiempo que se incorporaba y frotaba los ojos.

—¿Has visto a Lee? —preguntó Phelps, en un tono ni urgente ni tranquilo.

—No. ¿Qué ocurre? —dijo Adam después de consultar el reloj de pared encima del televisor.

—Pues que se ha metido en un lío. Hace aproximadamente una hora me ha llamado la policía. La detuvieron anoche, a las ocho y veinte, por conducir borracha y la encerraron en el calabozo.

—Maldita sea —exclamó Adam.

—No es la primera vez. La llevaron a comisaría, se negó a soplar y la retuvieron durante cinco horas en el calabozo de los borrachos. Dio mi nombre y la policía me llamó. He ido inmediatamente a la comisaría del centro de la ciudad, pero ya se había marchado después de pagar su propia fianza. Pensé que tal vez te habría llamado.

—No. No estaba aquí cuando desperté ayer por la mañana y ésta es la primera noticia. ¿A quién puede haber llamado?

—¿Quién sabe? No me apetece empezar a llamar a sus amigos y despertarlos. Tal vez debamos limitarnos a esperar.

Adam se sintió incómodo al verse inesperadamente incluido en el proceso de decisión. Para bien o para mal, ellos estaban casados desde hacía casi treinta años y habían tenido ya experiencias semejantes. ¿Cómo podía él saber lo que convenía hacer?

—¿No habrá abandonado la comisaría en su propio coche? —preguntó tímidamente Adam, seguro de la respuesta.

—Claro que no. Alguien ha ido a recogerla, lo cual nos plantea otro problema: es preciso recoger su coche. Está en un aparcamiento junto a la comisaría. He pagado ya los gastos de la grúa.

—¿Tienes las llaves?

—Sí. ¿Puedes acompañarme a recogerlo?

De pronto Adam recordó el artículo del periódico, con la foto sonriente de Phelps y Lee, y recordó también su especulación sobre la reacción de la familia Booth. Estaba seguro de que la mayoría de la responsabilidad y de la ira la habrían dirigido contra él. Si se hubiera quedado en Chicago nada de aquello habría ocurrido.

—Por supuesto. Dime lo que...

—Espérame junto a la garita del vigilante. Estaré ahí en diez minutos.

Adam se lavó los dientes, abrochó sus Nike y pasó quince minutos charlando con Willis, el guardia del portalón. Llegó un mercedes negro, el más largo de la historia, y se detuvo. Adam se despidió de Willis y subió al coche.

Se dieron la mano, porque era lo que exigían las normas de cortesía. Phelps llevaba un chándal blanco y una gorra de los Cubs. Conducía despacio por las calles desiertas.

—Supongo que Lee te habrá contado algo de mí —dijo sin el menor vestigio de preocupación ni remordimiento.

—Algunas cosas —respondió cautelosamente Adam.

—Hay mucho que contar, de modo que no voy a preguntarte qué área ha cubierto.

«Muy buena idea», pensó Adam.

—Seguramente es preferible que hablemos de béisbol, o algo por el estilo. Parece que eres seguidor de los Cubs.

—Siempre lo he sido. ¿Y tú?

—Por supuesto. Ésta es mi primera temporada en Chicago y he estado en Wrigley una docena de veces. Vivo bastante cerca del estadio.

—¿En serio? Yo voy por allí tres o cuatro veces al año. Un amigo mío tiene un palco. Hace años que lo hago. ¿Quién es tu jugador predilecto?

—Supongo que Sandberg. ¿Y el tuyo?

—Me gustan los mayores. Ernie Banks y Ron Santo. Aquéllos eran los días gloriosos del béisbol, cuando los jugadores tenían lealtad y uno sabía quién formaría parte de su equipo de un año para otro. Ahora nunca se sabe. Me encanta el juego, pero la avaricia lo ha corrompido.

A Adam le sorprendió que Phelps Booth denunciara la avaricia.

—Tal vez, pero los propietarios la practicaron durante los primeros cien años del béisbol. ¿Qué tiene de malo que los jugadores intenten sacarle el máximo partido posible?

—¿Quién merece ganar cinco millones anuales?

—Nadie. Pero si las estrellas del rock ganan cincuenta, ¿qué tiene de malo que los jugadores de béisbol se embolsen unos cuantos millones? Es diversión. Los jugadores son el espectáculo, no los propietarios. Yo voy a Wrigley para ver a los jugadores, no porque el *Tribune* sea su actual propietario.

379

—Sí, pero fíjate en los precios de las entradas. Quince pavos para ver un partido.

—Aumenta el número de gente que acude a los estadios. A los entusiastas no parece preocuparles.

Cruzaron el centro de la ciudad, sin un alma a las cuatro de la madrugada, y en pocos minutos estaban cerca de la comisaría.

—Escúchame, Adam, no sé cuánto te ha contado Lee respecto a sus problemas con la bebida.

—Me ha dicho que era alcohólica.

—Definitivamente. Ésta es su segunda acusación por conducir borracha. Logré que la primera no apareciera en los periódicos, pero no sé si lo conseguiré con ésta. De pronto se ha convertido en un foco de interés en la ciudad. Menos mal que no ha herido a nadie —dijo Phelps al tiempo que paraba el coche junto a una verja—. Ha entrado y salido de rehabilitación media docena de veces.

—¿Media docena? Ella me contó que había recibido tratamiento tres veces.

—No se puede creer a los alcohólicos. Yo tengo conocimiento de por lo menos cinco veces en los últimos quince años. Su lugar predilecto es un suntuoso pequeño centro, exageradamente caro, llamado Spring Creek. Está junto al río, unos kilómetros al norte de la ciudad, en un sitio realmente bonito y tranquilo. Es sólo para ricos. Los secan y los miman. Excelente comida, ejercicio, saunas, ya me comprendes, los tratan a cuerpo de rey. Es un lugar tan agradable que creo que a la gente le gusta frecuentarlo. En todo caso, tengo la sensación de que hoy acabará allí. Tiene amigos que la ayudarán a ingresar. Es muy conocida en ese centro. Una especie de segunda casa.

—¿Cuánto tiempo estará allí?

—Depende. Mínimo una semana. Ha llegado a quedarse un mes. Cuesta dos mil pavos diarios y, evidentemente, me mandan la cuenta a mí. Pero no me importa. Estoy dispuesto a pagar lo que sea para ayudarla.

—¿Qué se supone que debo hacer yo?

—En primer lugar, intentaremos encontrarla. Dentro de unas horas movilizaré a mis secretarias para que empiecen a llamar por teléfono y estoy seguro de que aparecerá en algún centro de desintoxicación, probablemente en Spring Creek. Luego utilizaré mis influencias y procuraré que no aparezca en los periódicos. No será fácil después de todo lo que se ha publicado últimamente.

—Lo siento.

—Cuando la encontremos, tendrás que ir a verla. Llévale unas flores y unos bombones. Sé que estás muy ocupado y soy consciente de lo que te espera en los próximos...

—Nueve días.

—Eso es. Nueve días. Pero procura verla. Y cuando el asunto de Parchman haya terminado, sugiero que regreses a Chicago y la dejes sola.

—¿Que la deje sola?

—Sí. Parece duro, pero es necesario. Hay muchas razones para sus numerosos problemas. Admito que yo soy una de dichas razones, pero hay muchas cosas que tú no sabes. Su familia es otra de las razones. Ella te adora, pero también le evocas pesadillas y mucho sufrimiento. No te lo tomes a mal. Sé que duele, pero es la verdad.

Adam contempló la verja de tela metálica, al otro lado de la acera.

—En una ocasión llegó a permanecer sobria durante cinco años —prosiguió Phelps—. Y creímos que lo había superado para siempre. Luego condenaron a Sam y poco después murió Eddie. Cuando regresó del funeral cayó en el agujero negro y pensé muchas veces que no lograría salir del mismo. Es mejor para ella si te mantienes alejado.

—Pero yo la quiero.

—Y ella te quiere a ti. Pero es preciso que la adores a distancia. Mándale cartas y postales desde Chicago, flores el día de su cumpleaños, llámala una vez al mes y háblale de películas y de libros, pero no menciones los asuntos de familia.

—¿Quién cuidará de ella?

—Tiene casi cincuenta años, Adam, y en general es bastante independiente. Es alcohólica desde hace muchos años y no hay nada que ni tú ni yo podamos hacer para ayudarla. Ella conoce la enfermedad. Se mantendrá sobria cuando lo decida. Tú no eres una buena influencia. Ni yo tampoco. Lo siento.

Adam respiró hondo y agarró la manecilla de la puerta.

—Lo siento, Phelps. Discúlpame si os he puesto a ti y a tu familia en una situación embarazosa. No era mi intención.

Phelps sonrió y le puso una mano sobre el hombro.

—Puede que te parezca increíble, pero en muchos sentidos mi familia es menos funcional que la tuya. Hemos pasado por situaciones peores.

—Me resulta difícil creerlo.

—Es verdad —dijo Phelps al tiempo que le entregaba unas llaves y señalaba un pequeño edificio junto a la verja—. Acércate ahí y te dirán dónde está el coche.

Adam abrió la puerta y se apeó. Vio cómo el Mercedes arrancaba y desaparecía. Cuando cruzaba el portalón de la verja no logró alejar la sensación de que Phelps Booth, en realidad, quería todavía a su esposa.

TREINTA Y SEIS

El coronel retirado George Nugent apenas se alteró por la noticia del infarto de Naifeh. El anciano estaba bastante bien el lunes por la mañana, descansando cómodamente y fuera de peligro, y después de todo sólo le faltaban unos meses para la jubilación. Naifeh era un buen hombre, pero había dejado de ser útil y sólo conservaba el cargo para mejorar su pensión. Nugent podía aspirar al mismo, si lograba ordenar sus ideas políticas.

Sin embargo, ahora debía ocuparse de un asunto más urgente: faltaban sólo nueve días para la ejecución de Cayhall; en realidad sólo ocho, porque estaba programada para un minuto después de la medianoche del próximo martes, lo cual significaba que el miércoles contaba como otro día, aunque sólo se utilizara un minuto del mismo. El martes de la próxima semana era en realidad el último día.

Sobre su escritorio había un libro encuadernado en reluciente cuero, con las palabras *Protocolo de Mississippi* impresas sobre la cubierta. Era su obra maestra, el resultado de dos semanas de organización meticulosa. Las orientaciones, preceptos y pautas fortuitas, amalgamadas por Naifeh para las ejecuciones anteriores le escandalizaron. Era asombroso que hubieran llegado realmente a ejecutar a alguien. Sin embargo ahora había un plan, un proyecto detallado y cuidadosamente ordenado en el que, en su opinión, estaba todo incluido. Media cinco centímetros de grosor, constaba de ciento ochenta páginas y, evidentemente, su nombre figuraba por todas partes.

Lucas Mann entró en su despacho a las ocho y cuarto del lunes por la mañana.

—Llega tarde —exclamó Nugent, claramente al mando.

Mann no era más que un abogado, Nugent la cabeza de un equipo de ejecución. Mann estaba satisfecho con el cargo que ocupaba. Nugent tenía aspiraciones, cuyas perspectivas habían mejorado enormemente en las últimas veinticuatro horas.

—¡Y qué! —exclamó Mann junto a una silla, frente al escritorio.

Nugent llevaba su habitual pantalón verde aceituna impecablemente almidonado, una camisa también verde aceituna almidonada y una camiseta gris bajo la misma. Sus botas relucían con una generosa capa de betún. Realmente, Mann le detestaba.

—Disponemos de ocho días —declaró Nugent, como si sólo él conociera dicha información.

—Creo que son nueve —respondió Mann, cuando seguían ambos de pie.

—El próximo miércoles no cuenta. Nos quedan ocho días laborables.

—Como quiera.

—Dos cosas —dijo Nugent después de sentarse con la espalda erguida en su silla—. En primer lugar, aquí está el manual que he elaborado para las ejecuciones. El protocolo. De la A a la Z. Completamente ordenado, con índice y referencias cruzadas. Me gustaría que usted revisara los estatutos contenidos en el mismo y comprobara que son vigentes.

Mann miró las cubiertas negras, pero no las tocó.

—Y en segundo lugar, quiero un informe diario del curso de las apelaciones. A mi entender, en estos momentos no hay ningún impedimento legal.

—Es correcto, señor —respondió Mann.

—Quiero un informe por escrito a primera hora de cada mañana, con la situación actualizada.

—Entonces tendrá que buscarse otro abogado, señor. Usted no es mi jefe y no pienso escribirle un pequeño informe, para que se lo lea durante el desayuno. Le comunicaré todo lo que ocurra, pero no voy a ponerme a escribir para usted.

La frustración de la vida civil. Nugent echaba de menos la disciplina militar. Malditos abogados.

—Muy bien. ¿Tendrá la bondad de revisar el protocolo?

Mann lo abrió y hojeó.

—Sepa que se han llevado a cabo cuatro ejecuciones sin todo eso.

—Me parece francamente muy sorprendente.

—Pues a mí, francamente, no me lo parece. Lamento admitir que hemos llegado a ser bastante eficaces.

—Óigame, Lucas, esto no me gusta —dijo Nugent con avidez—. Phillip me ha encargado este asunto. Espero que le concedan un aplazamiento. Sinceramente me alegraría. Pero si no lo hacen, debemos estar preparados. Quiero que todo funcione sin contratiempos.

Mann se dio por enterado de la evidente mentira y levantó el manual. Nugent no había presenciado todavía ninguna ejecución y no contaba los días, sino las horas. Se moría de impaciencia por ver a Sam sujeto a la silla, aspirando el gas.

Lucas asintió y abandonó el despacho. En el pasillo se cruzó con Bill Monday, el verdugo estatal, que se dirigía indudablemente al despacho de Nugent para una charla preliminar.

Adam llegó a la «ramita» poco antes de las tres de la tarde. El día había empezado con la alarma de la detención de Lee por conducir borracha y no había mejorado.

Estaba en su escritorio tomando café, mimando una jaqueca e intentando investigar cuando al cabo de diez minutos Darlene le trajo un fax de Nueva Orleans y otro del Tribunal Regional. Había perdido dos veces. El quinto circuito corroboró la decisión del Tribunal Federal, en cuanto a la alegación de Sam de que la cámara de gas era anticonstitucional por cruel y obsoleta, y el Tribunal Regional denegó la alegación de que Benjamin Keyes había actuado inadecuadamente durante el juicio. La jaqueca había desaparecido de pronto. Cuando todavía no había transcurrido una hora, Adam recibió una llamada del secretario de ejecuciones, el señor Richard Olander, desde Washington, interesándose por su intención de apelar y por cualquier otra petición que contemplara la defensa. Le recordó a Adam, como si éste pudiera haberlo olvidado, que sólo faltaban ocho días laborables. Media hora después de la llamada de Olander, telefoneó un secretario de la sección de ejecuciones del quinto circuito para preguntarle a Adam cuándo se proponía apelar contra la decisión del tribunal.

Adam les explicó a los secretarios de ejecuciones de ambos tribunales que estaba preparando las apelaciones con la máxima celeridad posible, y que las presentaría al final del día. Cuando reflexionó, se percató de que era bastante molesto tener a tanta gente pendiente de su trabajo. En aquella etapa del proceso, había varios tribunales y jueces a la expectativa de su próxima movida. Había secretarios que le llamaban para preguntarle qué pensaba hacer. La razón era evidente y desalentadora. Lo que les preocupaba no era el hecho de que Adam pudiera dar con la fórmula mágica que impidiera la ejecución, sino una simple cuestión de logística. Los secretarios de ejecuciones habían recibido instrucciones de sus superiores para que controlaran los días menguantes, a fin de que los tribunales pudieran emitir sus veredictos con rapidez, habitualmente contra el acusado. A los jueces no les apetecía leer informes a las tres de la madrugada. Querían copias de todos los recursos de última hora sobre la mesa, mucho antes de su presentación oficial.

Phelps le había llamado al despacho poco antes del mediodía, con la noticia de que Lee no había sido localizada. Se había puesto en contacto con todos los centros de desintoxicación y recuperación en ciento cincuenta kilómetros a la redonda, pero en ninguno de ellos había ingresado alguien llamado Lee Booth. Seguía buscando, pero estaba muy ocupado con reuniones y cosas por el estilo.

Sam llegó a la biblioteca de la cárcel al cabo de treinta minutos, muy cabizbajo. Había oído las noticias del mediodía por la emisora de televisión de Jackson que llevaba la cuenta atrás. Sólo nueve días. Se sentó a la mesa frente a Adam, con la mirada inexpresiva.

—¿Dónde están los Mágnums? —preguntó con tristeza, como un niño a la espera de caramelos.

Adam se agachó, levantó una pequeña caja isotérmica, la colocó sobre la mesa y la abrió.

—Han estado a punto de confiscármelos en la puerta. Luego los guardias los han inspeccionado y han amenazado con tirarlos a la basura. De modo que espero que los disfrutes.

Sam cogió uno, lo admiró durante un prolongado segundo y le quitó cuidadosamente el envoltorio. Lamió la capa de chocolate y luego le dio un soberano mordisco. Lo masticó lentamente con los ojos cerrados.

Al cabo de unos minutos, el primer helado había desaparecido y Sam empezó a comerse el segundo.

—Hoy no es un buen día —dijo, mientras lamía los bordes.

—Aquí están los fallos de ambos tribunales —respondió Adam, al tiempo que le mostraba unos documentos—. Breves, concretos y claramente contrarios a nuestras peticiones. No tienes muchos amigos en esos tribunales, Sam.

—Lo sé. Por lo menos el resto del mundo me adora. No quiero leer esa basura. ¿Qué podemos hacer ahora?

—Vamos a demostrar que estás demasiado loco para ser ejecutado, que debido a lo avanzado de tu edad, no comprendes plenamente la naturaleza de tu castigo.

—No funcionará.

—El sábado te gustaba la idea. ¿Qué ha ocurrido?

—No funcionará.

—¿Por qué no?

—Porque no estoy loco. Sé perfectamente por qué me ejecutan. Tú haces lo que se os da mejor a los abogados, elaborar una teoría descabellada y luego encontrar a algún perito extravagante que la demuestre.

Le dio un enorme bocado al helado y se lamió los labios.

—¿Quieres que abandone? —replicó Adam.

Sam se contempló las uñas amarillas.

—Tal vez —respondió, antes de pasarse la lengua por el dedo.

Adam se sentó junto a él, en lugar de permanecer, como suelen hacer los abogados, al otro lado de la mesa, y le examinó atentamente.

—¿Qué ocurre, Sam?

—No lo sé. He estado pensando.

—Te escucho.

—Cuando era muy joven, mi mejor amigo murió en un accidente de coche. Tenía veintiséis años, recién casado, acababa de tener un hijo, instalarse en una nueva casa, y con toda la vida por delante. De pronto estaba muerto. He vivido cuarenta y tres años más que él. Mi hermano mayor murió a los cincuenta y seis. He vivido trece años más que él. Soy viejo, Adam. Muy viejo. Estoy cansado. Me apetece darme por vencido.

—Por Dios, Sam.

—Piensa en las ventajas. Te libera a ti de cierta presión. No tendrás que pasar la próxima semana corriendo como un loco, presentando recursos inútiles. No te sentirás fracasado cuando todo haya terminado. Yo no me pasaré los últimos días rezando para que se produzca un milagro, sino que me dedicaré a ordenar mis asuntos. Podremos pasar más tiempo juntos. Haré feliz a mucha gente: los Kramer, McAllister, Roxburgh y al ochenta por ciento de la población norteamericana partidaria de la pena de muerte. Será otro momento glorioso para la ley y el orden. Podré abandonar este mundo con cierta dignidad, en lugar de parecer un hombre desesperado a quien le da miedo morir. La idea es realmente bastante apetecible.

—¿Qué te ha ocurrido, Sam? El sábado pasado todavía estabas dispuesto a luchar como un león.

—Estoy cansado de luchar. Soy un anciano. He vivido una larga vida. ¿Y qué ocurriría si lograras salvarme el pellejo? ¿Cuál sería mi situación? No voy a ir a ninguna parte, Adam. Tú regresarás a Chicago y te sumergirás en tu profesión. Estoy seguro de que vendrás cuando puedas. Nos escribiremos cartas y mandaremos postales. Pero tengo que vivir en el patíbulo. Tú no. No tienes ni idea.

—No nos vamos a dar por vencidos, Sam. Todavía existen posibilidades.

—No eres tú quien debe decidirlo —respondió antes de acabar su segundo helado y secarse los labios con la manga.

—No me gustas en este estado, Sam. Te prefiero cuando estás furioso, iracundo y dispuesto a luchar.

—¿No comprendes que estoy cansado?

—No puedes permitir que te maten. Tienes que luchar hasta el último momento, Sam.

—¿Por qué?

—Porque no es justo. Es moralmente injusto que el estado te arrebate la vida, y ésa es la razón por la que no puedes darte por vencido.

—Pero vamos a perder de todos modos.

—Tal vez. Puede que no. Pero hace casi diez años que luchas. ¿Por qué tirar la toalla cuando falta sólo una semana?

—Porque todo ha terminado, Adam. Este proceso ha llegado a su fin.

—Quizá, pero no podemos abandonar. Te ruego que no te rindas. Maldita sea, estoy haciendo progresos. He puesto a esos payasos en acción.

Sam sonrió amablemente mientras le dirigía una mirada paternalista.

Adam se acercó y colocó una mano sobre el brazo de Sam.

—He pensado en varias nuevas estrategias —dijo con toda sinceridad—. Mañana vendrá un especialista a examinarte.

—¿Qué clase de especialista? —preguntó Sam.

—Un psiquiatra.

—¿Un psiquiatra?

—Sí. De Chicago.

—Ya he hablado con un psiquiatra. No fue muy satisfactorio.

—Éste es diferente. Trabaja para nosotros y declarará que has perdido tus facultades mentales.

—En el supuesto de que las tuviera cuando llegué aquí.

—Sí, eso se supone. Este psiquiatra te examinará mañana, luego elaborará rápidamente un informe en el que declarará que eres senil, enajenado de tus facultades mentales y en resumen un idiota, más todo lo que se le ocurra.

—¿Cómo sabes que será eso lo que declarará?

—Porque le pagamos para que lo haga.

—¿Quién le paga?

—Kravitz & Bane, esos esforzados judionorteamericanos de Chicago a los que tú odias, pero que han hecho todo lo posible para mantenerte vivo. A decir verdad, ha sido idea de Goodman.

—Debe ser un buen especialista.

—A estas alturas no podemos ser demasiado exigentes. Otros abogados del bufete lo han utilizado en diversas ocasiones y declarará lo que le digamos. Tú limítate a actuar de un modo extraño cuando hables con él.

—Eso no será difícil.

—Cuéntale todo lo horrible de este lugar. Procura causarle una impresión atroz y deplorable.

—Ningún problema.

—Háblale de tu deterioro a lo largo de los años y de lo particularmente duro que es para un hombre de tu edad. Cuéntale cómo te ha afectado, Sam, el hecho de ser mucho más viejo que todos los demás condenados. Exagera. Él redactará un informe convincente y yo lo presentaré inmediatamente ante los tribunales.

—No funcionará.

—Vale la pena probarlo.

—El Tribunal Supremo permitió que ejecutaran en Texas a un chico que era retrasado mental.

—Esto no es Texas, Sam. Cada caso es diferente. Limítate a cooperar con nosotros, ¿de acuerdo?

—¿Nosotros? ¿Quiénes son «nosotros»?

—Yo y Goodman. Me dijiste que habías dejado de odiarle y decidí que podía permitirle que cooperara. En serio, necesito ayuda. Es demasiado para un solo abogado.

Sam separó la silla de la mesa y se puso de pie, estiró los

brazos y las piernas, y empezó a caminar de un extremo a otro de la sala, contando los pasos.

—Presentaré un recurso por la mañana ante el Tribunal Supremo solicitando un auto de avocación —dijo Adam mientras comprobaba una lista en su cuaderno—. Es probable que no lo admitan, pero lo presentaré de todos modos. También finalizaré la apelación al quinto circuito sobre la alegación de representación inadecuada. Presentaré la alegación de enajenación mental el miércoles por la mañana.

—Preferiría abandonar este mundo en paz, Adam.

—Olvídalo, Sam. No nos rendimos. Anoche hablé con Carmen y quiere venir a verte.

Sam se sentó al borde de la silla y contempló el suelo. Tenía los párpados entornados y la mirada triste. Dio una calada y expulsó el humo hacia sus pies.

—¿Por qué quiere hacerlo?

—No se lo pregunté, ni tampoco se lo sugerí. Fue iniciativa suya. Le dije que te lo preguntaría.

—Nunca la he visto.

—Lo sé. Es tu única nieta, Sam, y quiere venir a verte.

—No quiero que me vea así —respondió mostrando su mono rojo con un ademán.

—A ella no le importará.

Sam metió la mano en la caja y sacó otro Mágnum.

—¿Quieres uno? —preguntó.

—No. ¿Qué me dices de Carmen?

—Déjame reflexionar. ¿Todavía tiene Lee intención de venir a verme,

—Pues, claro. No he hablado con ella desde hace un par de días, pero estoy seguro de que quiere verte.

—Creí que te alojabas en su casa.

—Así es. Pero ella ha salido de la ciudad.

—Deja que me lo piense. En estos momentos no me atrae la idea. No he visto a Lee desde hace casi diez años y no quiero que me recuerde así. Dile que me lo estoy pensando, pero de momento creo que no.

—Se lo diré —prometió Adam, sin tener la certeza de que la vería en un futuro próximo.

Si realmente había ido en busca de tratamiento, estaría recluida durante varias semanas.

—Me alegraré de llegar al fin, Adam. Estoy realmente harto de todo esto —dijo mientras le daba un enorme mordisco a su helado.

—Lo comprendo. Pero posterguémoslo todo lo posible.

—¿Por qué?

—¿Por qué? Es evidente. No quiero pasar el resto de mi carrera profesional con el trauma de haber perdido mi primer caso.

—No es una mala razón.

—Estupendo. ¿Entonces no nos damos por vencidos?

—Supongo que no. Trae a ese psiquiatra. Haré todo lo posible para parecer loco.

—Así me gusta.

Lucas Mann esperaba a Adam en el portalón de la cárcel. Eran casi las cinco, hacía todavía calor y el aire era pegajoso.

—¿Dispone de un minuto? —preguntó por la ventanilla del coche de Adam.

—Supongo. ¿Qué ocurre?

—Aparque ahí. Nos sentaremos a la sombra.

Se dirigieron a una mesa de picnic junto al centro de visitantes, bajo un gigantesco roble, a poca distancia de la carretera.

—Un par de cosas —dijo Mann—. ¿Cómo está Sam? ¿Resiste bien?

—Todo lo bien que se puede esperar. ¿Por qué?

—Interés, eso es todo. Según mis últimas noticias, hoy se han presentado quince solicitudes para entrevistarle. Se caldea el ambiente. Empieza a llegar la prensa.

—Sam no quiere hablar.

—Algunos quieren hablar con usted.

—Yo tampoco concedo entrevistas.

—De acuerdo. Tenemos un formulario que Sam debe firmar. Nos otorga poderes por escrito para mandar a los periodistas a la porra. ¿Se ha enterado de lo de Naifeh?

—Lo he leído en el periódico esta mañana.

—Se repondrá, pero no puede supervisar la ejecución. Hay un loco llamado George Nugent, el vicesuperintendente, que lo coordinará todo. Está al mando. Es un militar jubilado, un personaje muy activo.

—Me da lo mismo. No puede llevar a cabo la ejecución si el tribunal no se lo permite.

—Desde luego. Sólo quería que supiera de quién se trataba.

—Me muero de impaciencia por conocerle.

—Otra cosa. Tengo un amigo, un antiguo compañero de

la facultad que ahora trabaja en la administración del gobierno. Ha llamado esta mañana y, al parecer, el gobernador está preocupado por la ejecución de Sam. Según mi amigo, a quien sin duda le ha pedido el gobernador que me sugiriera que hablara con usted, desearían celebrar una vista de clemencia, preferiblemente dentro de un par de días.

—¿Es usted amigo del gobernador?

—No. Le detesto.

—Yo también. Al igual que mi cliente.

—Ésa es la razón por la que han utilizado a mi amigo para presionarme. Se supone que el gobernador tiene graves dudas sobre si Sam debería ser ejecutado.

—¿Le cree?

—No lo sé. El gobernador se ganó su reputación a expensas de Sam Cayhall y tengo la certeza de que está afinando su programa publicitario para los próximos ocho días. Pero ¿qué puede perder?

—Nada.

—No es mala idea.

—Soy plenamente partidario de ello. Sin embargo, mi cliente me ha dado órdenes concretas de no solicitar dicha vista.

Mann se encogió de hombros, como si en realidad no le importara lo que hiciera Sam.

—Entonces depende de Sam. ¿Ha hecho testamento?

—Sí.

—¿Y los preparativos para el funeral?

—Se están elaborando. Quiere que le entierren en Clanton.

Empezaron a andar hacia el portalón.

—El cadáver se traslada a un funeraria de Indianola, no muy lejos de aquí. Allí se hace entrega del cuerpo a la familia. Todas las visitas terminan cuatro horas antes de la hora prevista para la ejecución y a partir de entonces sólo dos personas pueden acompañar a Sam: su abogado y su guía espiritual. También debe elegir a sus dos testigos, si lo desea.

—Hablaré con él.

—Necesitamos una lista de visitas aprobadas por él, desde ahora hasta entonces. Suelen ser parientes y amigos íntimos.

—Será una lista muy corta.

—Lo sé.

TREINTA Y SIETE

Todos los ocupantes del patíbulo conocían el procedimiento, aunque nunca hubiera existido por escrito. Los veteranos, incluidos Sam, habían soportado cuatro ejecuciones a lo largo de los últimos ocho años, y en cada una el procedimiento había sufrido ligeras variaciones. Los decanos charlaban y susurraban entre sí, generalmente dispuestos a describir las últimas horas a los novatos, la mayoría de ellos con una curiosidad soterrada por la forma de hacerlo. Además, a los guardias les gustaba hablar de ello.

La última comida se recibía en una pequeña sala, cerca de la parte frontal del patíbulo, conocida simplemente como el despacho frontal. En el mismo había un escritorio, unas sillas, un teléfono y aire acondicionado, y era el lugar donde el condenado recibía sus últimas visitas. Escuchaba a su abogado, cuando éste le explicaba por qué las cosas no se desarrollaban como estaba previsto. Era una sala austera, con ventanas cerradas. Allí tenía lugar la última visita conyugal, si el condenado estaba en condiciones de recibirla. Guardias y administrativos deambulaban por el pasillo cerca de la puerta.

El cuarto no estaba diseñado para las últimas horas, pero cuando Teddy Doyle Meeks se convirtió en el primero en ser ejecutado después de muchos años, de pronto se necesitó la sala por diversos motivos. Había pertenecido primero a un teniente y luego a un director jurídico. No tenía otro nombre más que el de despacho frontal. El teléfono del escritorio era el último que utilizaba el abogado del condenado, cuando se le comunicaba que definitivamente no habría más aplazamientos ni apelaciones. Entonces hacía el largo recorrido de regreso a la galería A, al fondo de la cual su cliente esperaba en la celda de observación.

La celda de observación era como cualquier otra de la galería A, sólo a ocho puertas de la de Sam. Medía dos metros de anchura por tres de longitud, y en la misma había un catre, un lavamanos y un retrete, como en todas las demás. Era la última celda de la galería y la más próxima a la sala incomunicada, que estaba junto a la antesala de la cámara de gas. El día antes de la ejecución se sacaba por última vez al condenado de su celda y se le trasladaba a la de observación.

Se trasladaban también sus efectos personales, lo cual solía ser una operación bastante rápida. Allí esperaba. Generalmente, veía su propio drama particular por televisión, conforme las emisoras locales seguían sus apelaciones de última hora. Su abogado esperaba con él, sentado sobre el endeble catre, en la oscura celda, mientras miraban las noticias televisivas. El abogado iba y venía del despacho frontal. También permitían la presencia en la celda de un sacerdote o guía espiritual.

El patíbulo estaba oscuro y en el mismo reinaba un silencio sepulcral. Algunos de los presos estaban pegados a sus televisores. Otros se daban la mano y rezaban a través de los barrotes. Otros se acostaban sobre su catre y pensaban en cuándo les llegaría el turno a ellos. Las ventanas que daban al exterior en la parte alta del pasillo estaban siempre cerradas y atrancadas. El patíbulo permanecía aislado del exterior. Pero se oían voces entre las galerías y se veían luces del exterior. Para las personas que pasan horas en diminutas celdas, viéndolo y oyéndolo todo, el ruido de actividades inusuales era insoportable.

A las once el alcaide y su equipo entraban en la galería A y se detenían frente a la celda de observación. A estas alturas, la esperanza de un aplazamiento de última hora había prácticamente desaparecido. El condenado solía estar sentado en su cama, estrechando las manos de su abogado y su sacerdote. El alcaide le comunicaba que había llegado el momento de trasladarle a la celda incomunicada. Se abría el cerrojo y la puerta de su celda, y el condenado salía al pasillo. Se oían gritos de apoyo y aliento de los demás presos, muchos de los cuales lloraban. El condenado camina hacia la celda incomunicada, que está a seis metros escasos de la de observación, en medio de dos hileras de corpulentos y armados guardias de seguridad, los más corpulentos que el alcaide logra encontrar. Pero el reo no ofrece nunca resistencia alguna. De nada serviría.

El alcaide acompañaba al condenado a una pequeña sala, de nueve metros cuadrados, en la que sólo hay una cama plegable. El condenado se sentaba sobre la cama junto a su abogado y en ese momento, el alcaide, por alguna razón incomprensible, consideraba que debía pasar unos momentos con el condenado, como si él fuera la persona predilecta con la que el condenado deseara charlar. Por fin se marchaba. El cuarto solía estar silencioso, a excepción de algún ruido procedente de la sala contigua. A estas alturas, normalmente, las oraciones ya habían terminado. Faltaban sólo unos minutos.

Junto a la celda incomunicada se encontraba la antesala de la cámara de gas. Medía aproximadamente cinco por cuatro metros y la cámara de gas propiamente dicha estaba situada en el centro de la misma. El verdugo trabajaba afanosamente mientras el condenado rezaba a solas. El alcaide, el abogado de la cárcel, el médico y un puñado de guardias ultimaban los preparativos. Había dos teléfonos en la pared para recibir las últimas instrucciones. En una pequeña sala a la izquierda, el verdugo mezclaba los productos químicos. Detrás de la cámara había tres ventanas, de cuarenta por sesenta y siete centímetros, de momento cubiertas por unas cortinas negras. Al otro lado de las ventanas estaba la sala de testigos.

Veinte minutos antes de la medianoche, el médico entraba en la celda incomunicada y auscultaba el pecho del condenado con un estetoscopio. Cuando el doctor se ausentaba, el alcaide acompañaba al condenado a ver la cámara.

La antesala estaba siempre llena de gente, ansiosa por ayudar y dispuesta a ver morir a un hombre. Introducían al condenado de espaldas al interior de la cámara, le sujetaban, cerraban la puerta, y le mataban.

Era un procedimiento bastante sencillo que variaba ligeramente para adaptarse a cada caso. Por ejemplo, Buster Moac estaba en la silla con la mitad de las correas sujetas cuando sonó el teléfono en la antesala. Regresó a la celda incomunicada y esperó seis terribles horas hasta que volvieron a por él. Jumbo Parris fue el más listo de los cuatro. Había sido consumidor habitual de drogas durante mucho tiempo antes de llegar al patíbulo y empezó a pedirle Valium al psiquiatra varios días antes de la ejecución. Luego decidió pasar las últimas horas solo, sin abogado ni sacerdote, y cuando fueron a por él a la celda de observación, estaba sumamente drogado. Evidentemente había ingerido una reserva de Valium y tuvieron que arrastrarle a la celda incomunicada, donde durmió pacíficamente. Luego le arrastraron hasta la cámara, donde le administraron la última dosis.

Fue un procedimiento considerado y humanitario. El condenado permaneció en su celda, junto a sus compañeros, hasta el último momento. En Louisiana los separaban del patíbulo y los instalaban en un pequeño edificio conocido como la casa de la muerte. Allí pasaban sus últimos tres días, bajo vigilancia permanente. En Virginia los trasladaban a otra ciudad.

Sam estaba a ocho puertas de la celda de observación, a unos quince metros, luego a otros seis de la celda incomunicada y a otros cuatro de la cámara. Desde un punto situado en el centro de su cama, había calculado muchas veces que se encontraba aproximadamente a veinticuatro metros de la cámara de gas.

Y lo volvió a calcular el martes por la mañana, cuando marcaba meticulosamente el día en su calendario con una equis. Ocho días. Estaba oscuro y hacía calor. Había dormido sólo a ratos y pasaba la mayor parte de la noche sentado frente a su ventilador. Faltaba una hora para el desayuno y el café. Aquél sería su día número tres mil cuatrocientos cuarenta y nueve en el patíbulo, sin contar el tiempo que había pasado en la cárcel del condado en Greenville durante los dos primeros juicios. Le quedaban sólo ocho días.

Sus sábanas estaban empapadas de sudor y, acostado en la cama y con la mirada en el techo, por enésima vez pensó en la muerte. En sí, el hecho de morir no sería tan terrible. Por razones obvias, nadie conocía los efectos exactos del gas. Puede que le administraran una sobredosis que le causara la muerte mucho antes de que su cuerpo se estremeciera y contorsionara. Tal vez bastaría con aspirarlo para perder el conocimiento. En todo caso, confiaba en que fuera rápido. Había presenciado el deterioro y sufrimiento de su esposa con un cáncer. Había visto a amigos y parientes envejecer y perder el norte. Aquélla era indudablemente una mejor forma de morir.

—Sam —susurró J. B. Gullitt—. ¿Estás despierto?

Sam se acercó a la puerta y se apoyó en los barrotes. Vio las manos y los antebrazos de Gullitt.

—Sí, estoy despierto. No logro pegar ojo —respondió Sam mientras encendía el primer cigarrillo del día.

—Yo tampoco. Dime que no sucederá, Sam.

—No sucederá.

—¿En serio?

—Sí, en serio. Mi abogado está a punto de lanzar la artillería pesada. Es probable que me saque de aquí en un par de semanas.

—¿Entonces qué te impide dormir?

—La emoción de salir en libertad.

—¿Le has hablado de mi caso?

—Todavía no. Ahora tiene mucho en qué pensar. Cuando salga, nos pondremos a trabajar inmediatamente en tu caso. Tranquilízate. Procura dormir.

Gullitt retiró lentamente los brazos y las manos, y luego se oyó el crujido de su cama. Sam sacudió la cabeza ante la ignorancia de aquel muchacho. Se acabó el cigarrillo y arrojó la colilla al pasillo, lo cual suponía una infracción de las normas por la que se le abriría un expediente. Como si le importara.

Bajó cuidadosamente la máquina de escribir de la estantería. Tenía cosas que decir y cartas que escribir. Había personas en el mundo libre con las que debía hablar.

George Nugent entró en la Unidad de Máxima Seguridad como un general de división y echó una mala mirada primero al cabello y luego a las botas sin lustrar de un guardia blanco.

—Córtese el pelo —ordenó—, si no quiere que le abra un expediente. Y límpiese las botas.

—Sí, señor —respondió el muchacho, que estuvo a punto de llevarse la mano a la gorra.

Nugent movió la cabeza y luego asintió en dirección a Packer, que le condujo por el centro del patíbulo hacia la galería A.

—Número seis —dijo Packer, al tiempo que se abría la puerta.

—Quédese aquí —ordenó Nugent.

Sus tacones retumbaban en la galería mientras miraba con desdén en cada una de las celdas. Se detuvo frente a la de Sam y miró hacia el interior. Sam estaba en calzoncillos, con su delgada y rugosa piel reluciente de sudor conforme tecleaba. Miró al desconocido que le observaba a través de los barrotes y volvió a su trabajo.

—Sam, me llamo George Nugent.

Sam pulsó unas cuantas teclas. El nombre no le resultaba familiar, pero supuso que ocupaba algún cargo importante para tener acceso a las galerías.

—¿Qué desea? —preguntó Sam, sin mirarle.

—Quería conocerle.

—Mucho gusto, y ahora lárguese.

De pronto Gullitt, a su derecha, y Henshaw, a la izquierda, se acercaron a los barrotes, a pocos pasos de Nugent, y se rieron ante la respuesta de Sam.

Nugent les echó una mala mirada y se aclaró la garganta.

—Soy vicesuperintendente y Phillip Naifeh me ha ordenado que me ocupe de su ejecución. Hay varias cosas de las que debemos hablar.

Sam se concentraba en su correspondencia y blasfemó al pulsar una tecla equivocada. Nugent esperaba.

—¿Podría dedicarme unos minutos de su valioso tiempo, Sam?

—Debería llamarle señor Cayhall —sugirió Henshaw—. Es bastante mayor que usted y significa mucho para él.

—¿De dónde ha sacado esas botas? —preguntó Gullit con la mirada fija en los pies de Nugent.

—Cállense, muchachos —ordenó Nugent—. Es preciso que hable con Sam.

—Ahora el señor Cayhall está ocupado —respondió Henshaw—. Tal vez pueda volver más tarde. Tendré mucho gusto en organizarle una entrevista.

—¿Es usted algún tipo de «hijoputa» militar? —preguntó Gullitt.

Nugent se irguió y miró a ambos lados.

—Les ordeno a ambos que se retiren, ¿comprendido? Tengo que hablar con Sam.

—No recibimos órdenes —respondió Henshaw.

—¿Y qué piensa hacer al respecto? —preguntó Gullitt—. ¿Incomunicarnos? ¿Alimentarnos con castañas y raíces? ¿Encadenarnos? ¿Por qué no nos mata ya de una vez?

Sam dejó la máquina de escribir sobre la cama y se acercó a los barrotes. Dio una prolongada calada y expulsó el humo en la dirección de Nugent.

—¿Qué quiere? —preguntó.

—Necesito algunas cosas de usted.

—¿Por ejemplo?

—¿Ha hecho testamento?

—No le importa un rábano. El testamento es un documento privado que sólo puede ser visto después de su homologación, lo cual sucede únicamente después de la muerte del testamentario. Así lo dice la ley.

—¡Menudo cretino! —exclamó Henshaw.

—No puedo creerlo —agregó Gullit—. ¿Dónde ha encontrado Naifeh a este imbécil?

—¿Algo más? —preguntó Sam.

El rostro de Nugent cambiaba de color.

—Debemos saber qué quiere que hagamos con sus pertenencias.

—Se especifica en mi testamento, ¿vale?

—Espero que no nos cree dificultades, Sam.

—Su nombre es señor Cayhall —insistió Henshaw.

—¿Dificultades? —exclamó Sam—. ¿Por qué tendría que crearles dificultades? Mi propósito es el de cooperar plenamente con el estado mientras éste cumple su misión de matarme. Soy un buen patriota. Votaría y pagaría mis impuestos si pudiera. Me siento orgulloso de ser norteamericano, irlandés/norteamericano, y sigo todavía enamorado de mi maravilloso estado aunque éste intente acabar con mi vida. Soy un preso ejemplar, George. No tendrá ningún problema conmigo.

A Packer, que esperaba al fondo de la galería le divertía enormemente la situación. Nugent se mantenía rígido.

—Necesito una lista de las personas que usted desea que presencien la ejecución. Tiene derecho a elegir dos.

—Todavía no me doy por vencido, George. Esperemos unos días.

—De acuerdo. También necesito una lista de sus visitas para los próximos días.

—Pues esta tarde vendrá a verme un médico de Chicago. Es psiquiatra y viene para comprobar lo loco que estoy, a fin de que mis abogados puedan acudir luego a los tribunales y le ordenen a usted, George, que no puede ejecutarme porque estoy loco. También dispondrá de tiempo para hacerle una revisión a usted, si lo desea. No tardará mucho.

Henshaw y Gullitt soltaron unas sonoras carcajadas, y en pocos segundos los demás presos de la galería se unieron al jolgorio. Nugent retrocedió un paso y miró de un lado para otro con el entrecejo fruncido.

—¡Silencio! —ordenó, pero aumentó la jarana.

Sam siguió expulsando el humo a través de los barrotes. Entre el bullicio general se oían abucheos e insultos.

—Volveré —le gritó furioso.

—¡Volverá! —exclamó Henshaw y creció aún más el griterío.

El comandante se retiró con paso decidido.

—¡Heil Hitler! —se oía que gritaban algunos en la galería.

Sam contempló los barrotes con una sonrisa mientras amainaba el ruido. Volvió al borde de la cama, mordió una tostada seca y tomó un sorbo de café frío. Acto seguido se puso de nuevo a mecanografiar.

Conducir por la tarde a Parchman no fue particularmente agradable. Garner Goodman iba sentado delante y, mientras Adam conducía, ambos hablaban de estrategias, apelaciones y recursos de última hora. Goodman se proponía volver a Memphis el fin de semana y estar disponible durante los últimos tres días. El psiquiatra era el doctor Swinn, un individuo frío y serio que vestía traje negro. Llevaba una frondosa cabellera despeinada, unas gruesas gafas que cubrían sus ojos oscuros, y era completamente incapaz de mantener una charla superficial. Su presencia en el asiento trasero era desconcertante y no dijo una sola palabra desde Memphis hasta Parchman.

Adam y Lucas Mann habían tomado las medidas necesarias para que el reconocimiento se pudiera practicar en el hospital de la cárcel, que era extraordinariamente moderno. El doctor Swinn le había comunicado muy claramente a Adam que ni él ni Goodman podían estar presentes durante el reconocimiento de Sam, a lo cual ambos accedieron. Una furgoneta de la cárcel les recibió en el portalón y trasladó al doctor Swinn a un lugar remoto de la finca donde se encontraba el hospital.

Goodman no había visto a Lucas Mann desde hacía varios años. Se estrecharon la mano como viejos amigos y empezaron a comentar inmediatamente antiguas anécdotas sobre ejecuciones. No introdujeron a Sam en la conversación y Adam se lo agradeció.

Fueron andando desde el despacho de Mann, a través de un aparcamiento, hasta un pequeño edificio, situado en propiedad estatal, detrás del complejo administrativo. Era un restaurante diseñado al estilo de una bodega de barrio. Se llamaba The Place y servía comida sencilla a los funcionarios y empleados de la cárcel. No servían alcohol.

Tomaron té helado y hablaron del futuro de la pena de muerte. Tanto Goodman como Mann estaban de acuerdo en que las ejecuciones no tardarían en generalizarse todavía más. El Tribunal Supremo de Estados Unidos seguía decantándose a la derecha y estaba cansado de apelaciones interminables. Otro tanto ocurría con los Tribunales Federales inferiores. Además, los jurados norteamericanos reflejaban crecientemente la intolerancia de la sociedad por los crímenes violentos. Había disminuido la compasión por los condenados a muerte y aumentado el deseo de eliminar a esos cabrones. Se gastaban menos dólares del presupuesto federal para subvencionar grupos opuestos a la pena de muerte, y cada vez eran más escasos los bufetes y abogados dispuestos a grandes compromisos de beneficencia. La población de condenados a muerte crecía con mayor rapidez que la de abogados dispuestos a ocuparse de sus casos.

Adam estaba aburrido de la conversación. Había leído y oído todo aquello un centenar de veces. Se disculpó y encontró un teléfono público en un rincón. Phelps no estaba en su despacho, según le comunicó una joven secretaria, pero había dejado un recado para Adam: no se sabía nada de Lee. Se le había ordenado presetarse ante el juez dentro de dos semanas, puede que entonces apareciera.

Darlene mecanografió el informe del doctor Swinn mientras Adam y Garner Goodman redactaban la petición que lo acompañaría. El borrador del informe constaba de veinte páginas y sonaba como una suave melodía. Swinn era un arma alquilada, una prostituta dispuesta a vender su opinión al mejor postor. Adam sentía desprecio por él y por su calaña. Deambulaba por todo el país como testigo pericial, capaz de declarar hoy una cosa y mañana otra, según quien tuviera la cartera más abultada. Pero ahora eran ellos quienes pagaban sus servicios y era bastante satisfactorio. Sam padecía senilidad avanzada. Sus facultades mentales se habían deteriorado hasta tal punto que era incapaz de conocer y apreciar la naturaleza de su castigo. Carecía de la competencia mental indispensable para ser ejecutado y, por consiguiente, la ejecución no cumpliría propósito alguno. Como argumento legal, no era totalmente original, ni lo habían aceptado con claridad los tribunales. Pero como Adam se decía todos los días, ¿qué podían perder? Goodman parecía bastante optimista debido, primordialmente, a la edad de Sam. No recordaba ninguna ejecución de alguien que tuviera más de cincuenta años.

Todos ellos, incluida Darlene, trabajaron hasta casi las once.

TREINTA Y OCHO

Garner Goodman no regresó a Chicago el miércoles por la mañana. En su lugar, se desplazó en avión a Jackson, Mississippi. El vuelo duró treinta minutos, apenas lo suficiente para tomarse una taza de café y un croissant parcialmente congelado. Alquiló un coche en el aeropuerto y se dirigió inmediatamente al Capitolio Estatal. El Parlamento estaba de vacaciones y había infinidad de plazas libres en el aparcamiento. Al igual que muchos Palacios de Justicia reconstruidos después de la guerra civil, el Capitolio estaba orientado provocadoramente al sur. Se detuvo para contemplar el monumento bélico a las mujeres del sur, pero pasó más tiempo admirando las magnolias japonesas al pie de la escalinata.

Hacía cuatro años, durante los días y horas precedentes a la ejecución de Tole, Goodman había hecho aquel mismo viaje en dos ocasiones. El gobernador era otro en aquella época, así como el cliente y el crimen. Tole había asesinado a varias personas en dos días de locura y fue muy difícil que alguien se compadeciera de él. Confiaba en que Sam Cayhall fuera diferente. Era un anciano que con toda probabilidad moriría durante los próximos cinco años. Para muchos habitantes de Mississippi, su crimen había quedado relegado a la historia. Etcétera.

Goodman se había pasado la mañana ensayando su discurso. Cuando entró en la sede del Capitolio, se maravilló una vez más de su belleza. Era una versión reducida del Capitolio Nacional de Washington, en la que no habían reparado en gastos. Para su construcción, en mil novecientos diez, se habían servido de mano de obra de la cárcel y el estado había utilizado la suma obtenida en un pleito contra una empresa ferroviaria para levantar aquel monumento.

Entró en el despacho del gobernador en el primer piso y le entregó su tarjeta a una encantadora recepcionista. Le dijo que el gobernador no estaba en su despacho y le preguntó si había convenido una cita con él. Goodman le respondió amablemente que no lo había hecho, pero que se trataba de algo sumamente importante y preguntó por Andy Larramore, primer secretario del gobernador.

Esperó mientras la recepcionista hacía varias llamadas y, al cabo de media hora, apareció el señor Larramore. Después de las correspondientes presentaciones, desaparecieron juntos por un estrecho pasillo entre un laberinto de pequeños despachos. El cuchitril de Larramore estaba abarrotado y desordenado, más o menos como su propia persona. Era un individuo bajito, con una destacable curva en la cintura y desprovisto por completo de cuello. Su larga barbilla descansaba sobre su pecho y, cuando hablaba, sus ojos, nariz y boca formaban un conjunto apretujado. Era un espectáculo horrible. Goodman era incapaz de adivinar si tenía treinta años o cincuenta. Debía de ser un genio.

—Esta mañana el gobernador está haciendo un discurso en una asamblea de agentes de seguros —dijo Larramore, con una agenda en la mano, que custodiaba como una alhaja—. Y luego visitará una escuela pública en el centro de la ciudad.

—Esperaré —respondió Goodman—. Es muy importante y no me importa tener paciencia.

Larramore guardó la agenda y cruzó las manos sobre la mesa.

—¿Qué le ha ocurrido a aquel joven, el nieto de Sam?

—Sigue al cargo de la defensa. Yo soy el director de los proyectos de beneficencia de Kravitz & Bane, y estoy aquí para ayudarle.

—Seguimos muy cerca los acontecimientos —declaró Larramore con el centro de su rostro furiosamente fruncido y luego relajado al final de cada oración—. Parece que la ejecución lleva el camino de celebrarse.

—Siempre lo parece —respondió Goodman—. ¿Con qué seriedad se plantea el gobernador una vista de clemencia?

—Estoy seguro de que está dispuesto a celebrarla. La concesión de un indulto es algo completamente distinto. El estatuto es muy amplio, como usted bien sabe. Puede conmutar la pena de muerte y concederle inmediatamente la libertad condicional. También la puede conmutar por cadena perpetua o una sentencia menor.

—¿Podré hablar con él? —preguntó Goodman.

—Se supone que debe estar aquí a las once. Se lo preguntaré entonces. Probablemente almorzará en su despacho y puede que disponga de algún tiempo alrededor de la una. ¿Podrá estar usted aquí?

—Sí. Es preciso no divulgarlo. Nuestro cliente se opone categóricamente a que se celebre esta reunión.

—¿Se opone a la idea del indulto?

—Nos quedan sólo siete días, señor Larramore. No nos oponemos a nada.

El señor Larramore arrugó la nariz, mostró los dientes superiores y levantó de nuevo la agenda.

—Esté aquí a la una. Veré lo que puedo hacer.

—Gracias.

Charlaron sin ton ni son durante cinco minutos hasta que Larramore se vio asediado por una serie de llamadas telefónicas urgentes. Goodman se disculpó y abandonó el Capitolio. Volvió a detenerse junto a las magnolias japonesas y se quitó la chaqueta. Eran las vueve y media y ya llevaba la camisa húmeda en los sobacos y pegada a la espalda.

Se dirigió hacia el sur, en dirección a Capitol Street, que se encontraba a cuatro manzanas y se la consideraba la calle principal de Jackson. En pleno centro de la ciudad, rodeada de tráfico y edificios, se levantaba la majestuosa mansión del gobernador, con unos jardines impecables frente al Capitolio. Era un antiguo edificio de antes de la guerra, cercado de verjas y portalones. Un grupo de personas opuestas a la pena de muerte se había reunido en la acera durante la noche de la ejecución de Tole para vociferar contra el gobernador. Evidentemente, él no las había oído. Goodman se detuvo en la acera y recordó la mansión. Había entrado en compañía de Wiesenberg a toda prisa por un portalón a la izquierda del camino principal con su última petición, pocas horas antes de la ejecución de Tole en la cámara de gas. En aquel momento el gobernador degustaba una cena tardía con personas importantes y se sintió bastante molesto por la interrupción. Denegó su última petición de clemencia y luego, según la más exquisita tradición sureña, les invitó a cenar.

Rechazaron educadamente la invitación. Goodman le explicó a su excelencia que debían apresurarse en regresar a Parchman para acompañar a su cliente en el momento de la ejecución.

—Tengan cuidado —les dijo el gobernador antes de volver a reunirse con los demás comensales.

Goodman se preguntó cuántos manifestantes se concentrarían en aquel mismo lugar dentro de unos días con velas y pancartas para cantar, rezar y suplicarle a McAllister que le perdonara la vida al viejo Sam. Probablemente no muchos.

Nunca había habido escasez de despachos para alquilar en el centro comercial de Jackson y Goodman encontró sin dificultad lo que buscaba. Un cartel llamó su atención a unas dependencias vacantes en el tercer piso de un feo edificio. Preguntó en la recepción de una financiera de la planta baja y, al cabo de una hora, apareció el dueño y le mostró el piso en cuestión. Se trataba de un cuchitril de dos habitaciones, con una desgastada alfombra y agujeros en los tabiques. Goodman se acercó a la única ventana y contempló la fachada del Capitolio, a una distancia de tres manzanas.

—Perfecto —dijo.

—Son trescientos mensuales, más electricidad. Los servicios están al fondo del pasillo. Seis meses mínimo.

—Lo necesito sólo para dos meses —respondió Goodman, al tiempo que se sacaba un fajo de billetes meticulosamente doblados del bolsillo.

—¿A qué clase de negocios se dedica? —preguntó el propietario con la mirada fija en el dinero.

—Análisis de mercado.

—¿De dónde es usted?

—De Detroit. Estamos pensando en abrir una sucursal en este estado y necesitamos algún local para empezar. Pero sólo para dos meses. Al contado. Nada por escrito. Nos habremos marchado en un abrir y cerrar de ojos. No haremos ningún ruido.

El propietario cogió el dinero y le entregó a Goodman dos llaves, una para el despacho y otra para la puerta principal en Congress Street. Se dieron la mano y se cerró el trato.

Goodman abandonó el antro y regresó a su coche junto al Capitolio. Por el camino se rió del plan que urdía. La idea era de Adam y se trataba de otro improbable intento en una serie de estrategias desesperadas para salvar la vida de Sam. No tenía nada de ilegal. El coste sería mínimo y, en todo caso, ¿a quién le importaban un puñado de dólares a estas alturas? Él era, después de todo, el señor beneficencia del bufete, enorme fuente de orgullo y virtud entre sus compañeros. Nadie, ni siquiera Daniel Rosen, cuestionaría sus pequeños gastos de alquiler y teléfonos.

Después de tres semanas como abogado de un condenado a muerte, Adam empezaba a echar de menos la buena organización de su trabajo en el despacho de Chicago, si es que todavía tenía despacho. Antes de las diez del miércoles, había concluido una petición de clemencia poscondenatoria. Había hablado cuatro veces con los secretarios de varios juzgados y luego con un administrador. Se había comunicado dos veces con Richard Olander en Washington, respecto a la alegación de *habeas corpus* y había hablado con uno de los funcionarios del departamento de ejecuciones del quinto circuito en Nueva Orleans, con relación al recurso de representación inadecuada.

El recurso en el que se alegaba enajenación mental por parte de Sam estaba ahora en Jackson, transmitido por fax, a la espera de la llegada del original por correo urgente, y Adam se vio obligado a pedirle cortésmente al administrador del tribunal que acelerara el proceso. Dense prisa en denegarlo, le dijo en otras palabras. Si alguien iba a conceder un aplazamiento de la ejecución sería, con toda probabilidad, un juez federal.

Cada nuevo recurso aportaba un nuevo vestigio lejano de esperanza y, como Adam descubría rápidamente, también el potencial de otra derrota. Todo recurso tenía que superar cuatro obstáculos antes de extinguirse: el Tribunal Supremo de Mississippi, el Tribunal Federal de la región, el quinto circuito y el Tribunal Supremo de Estados Unidos. Por consiguiente, las probabilidades de fracaso superaban a las de éxito, especialmente en esta etapa de las apelaciones. Wallace Tyner y Garner Goodman se habían ocupado de los aspectos más elementales del caso de Sam hacía años. Lo que Adam hacía ahora era buscarle cinco patas al gato.

El secretario del quinto circuito dudaba de que el tribunal estuviera dispuesto a celebrar otra vista oral, especialmente teniendo en cuenta que Adam parecía dispuesto a presentar nuevos recursos a diario. Los tres jueces del tribunal se limitarían probablemente a reflexionar sobre los informes. Sólo se convocarían conferencias si los jueces deseaban oír su voz.

Richard Olander llamó de nuevo para comunicarle a Adam que el Tribunal Supremo había recibido su recurso de avocación y que ya había sido asignado a los jueces correspondientes. No, no creía que el tribunal estuviera dispuesto a celebrar una vista oral. No con el proceso tan avanzado. También le dijo que había recibido por fax una copia del nuevo recurso de enajenación mental y que seguiría su curso en los tribunales locales. Aseguró que le parecía interesante y le preguntó de nuevo qué otros recursos se proponía presentar, pero no le respondió.

El secretario del juez Slattery, Breck Jefferson, un tipo permanentemente enfurruñado, llamó a Adam para comunicarle que su señoría había recibido una copia por fax del recurso presentado al Tribunal Supremo de Mississippi, y a pesar de que sinceramente a su señoría no le había impresionado, lo ponderaría debidamente cuando llegara a su jurisdicción.

Adam se sentía bastante satisfecho de haber preocupado simultáneamente a cuatro tribunales.

A las once llamó Morris Henry, el nefasto «doctor muerte» de la oficina del fiscal general, para comunicarle a Adam que habían recibido la última serie de apelaciones desde el cadalso, como gustaba de llamarlas, y que el señor Roxburgh en persona había nombrado a una docena de abogados para elaborar las respuestas correspondientes. Henry era bastante amable por teléfono, pero la llamada había servido para transmitir el mensaje deseado: tenemos muchos abogados, Adam.

Se redactaban ahora enormes cantidades de documentos y la pequeña mesa de conferencias estaba cubierta de montones de papel. Darlene entraba y salía constantemente del despacho, con nuevas copias, mensajes telefónicos, café, borradores para corregir y peticiones. Se había formado en el monótono campo de los bonos gubernamentales y, por consiguiente, el volumen y precisión de los documentos no la intimidaban. Confesó en más de una ocasión que aquello suponía un cambio emocionante respecto a su hastío habitual.

—¿Hay algo más emocionante que la perspectiva de una ejecución? —preguntó Adam.

Incluso Baker Cooley logró desprenderse de las normativas más recientes de las reglas bancarias federales para echar una ojeada.

Phelps llamó alrededor de las once para preguntarle a Adam si quería almorzar con él. A Adam no le apetecía y se excusó por falta de tiempo y las idiosincrasias de los jueces. Ninguno de ellos tenía noticias de Lee. Phelps dijo que había desaparecido en otras ocasiones, pero nunca más de dos días. Estaba preocupado y pensaba en contratar a un detective privado. Se mantendría en contacto.

—Ha llegado una periodista que desea verle —dijo Darlene, al tiempo que le entregaba una tarjeta de visita con el nombre de Anne J. Piazza, corresponsal del *Newsweek*.

Era la tercera persona de la prensa que se ponía en contacto con la oficina aquel miércoles.

—Dígale que lo siento —respondió Adam sin remordimiento alguno.

—Ya se lo he dicho, pero tratándose del *Newsweek* me ha parecido que tal vez le gustaría saberlo.

—No me importa de quién se trate. Y dígale que el cliente tampoco está dispuesto a hablar.

La secretaria salió apresuradamente cuando sonó el teléfono. Era Goodman, para comunicarle desde Jackson que vería al gobernador a la una. Adam le puso al día respecto a todo lo sucedido y las llamadas telefónicas.

Darlene le trajo un bocadillo a las doce y media. Adam se lo comió apresuradamente y luego se quedó dormido en la silla mientras imprimía otro informe.

Goodman hojeaba una revista de coches mientras esperaba solo en el área de recepción adjunta al despacho del gobernador. La misma atractiva secretaria se hacía la manicura, entre llamada y llamada. Llegó y pasó la una sin comentario alguno. Lo mismo ocurrió a la una y media. La recepcionista, ahora con unas espectaculares uñas color melocotón, se disculpó a las dos. No tiene la menor importancia, respondió Goodman con una radiante sonrisa. Lo maravilloso del trabajo de beneficencia era que no se medía por el tiempo utilizado. Su éxito consistía en ayudar a la gente, independientemente de las horas que se emplearan.

A las dos y cuarto apareció como por arte de magia una joven muy seria de traje chaqueta oscuro y se acercó a Goodman.

—Señor Goodman, me llamo Mona Stark, jefe de personal del gobernador. El gobernador le recibirá ahora —sonrió amablemente.

Goodman la siguió por una doble puerta que daba a una larga y sobria sala, con un escritorio en un extremo y una mesa de conferencias en el otro.

McAllister estaba sin chaqueta de pie junto a la ventana, la corbata suelta, las mangas de la camisa arremangadas, y el aspecto de un servidor del pueblo acechado y agobiado.

—Buenas tardes, señor Goodman —dijo con la mano extendida y una radiante sonrisa.

—Mucho gusto, señor gobernador —respondió Goodman, que no llevaba maletín ni ninguno de los accesorios habituales de los abogados.

Daba la impresión de que simplemente pasaba por delante y había decidido entrar para saludar al gobernador.

—Ya conoce al señor Larramore y a la señora Stark —dijo McAllister, al tiempo que movía una mano en dirección a los aludidos.

—Sí. Nos conocemos. Gracias por recibirme sin previo aviso.

Goodman intentó emular su encantadora sonrisa, pero fue inútil. En aquel momento, se sentía sumamente humilde y agradecido sólo de encontrarse en aquel magnífico despacho.

—Sentémonos ahí —dijo el gobernador, mientras movía la mano en dirección a la mesa de conferencias y tomaba la iniciativa.

Se instalaron cada uno a un lado opuesto de la mesa. Lamarrore y Mona prepararon sus plumas y se dispusieron seriamente a tomar notas. Lo único que Goodman tenía delante eran sus manos.

—Tengo entendido que se han presentado bastantes recursos durante los últimos días —dijo McAllister.

—Sí, señor —respondió Goodman—. Sólo por curiosidad, ¿ha tenido con anterioridad alguna experiencia semejante?

—No. Afortunadamente.

—Porque esto no es inusual. Estoy seguro de que presentaremos recursos hasta el último momento.

—¿Puedo hacerle una pregunta, señor Goodman? —dijo con sinceridad el gobernador.

—Por supuesto.

—Sé que se ha ocupado de muchos casos semejantes. ¿Cuál es su pronóstico en este momento? ¿Cuánto llegará a acercarse?

—Nunca se sabe. El caso de Sam es un poco diferente del de los demás condenados a muerte porque ha tenido buenos abogados: buena representación en el juicio y una excelente labor de apelación.

—Por parte de usted, según tengo entendido.

Goodman sonrió, luego lo hizo McAllister, e incluso a Mona se le dibujó una leve sonrisa. Larramore permaneció doblado sobre su cuaderno, con el rostro contorsionado por su enorme concentración.

—Efectivamente. De modo que los tribunales ya han fallado respecto a las principales alegaciones de Sam. Lo que está viendo ahora son unos esfuerzos desesperados, pero que a menudo funcionan. Yo diría que hoy, a siete días vista, el pronóstico es de un cincuenta por ciento.

Mona se apresuró a tomar nota, como si aquello fuera de una enorme importancia jurídica. Larramore lo había escrito todo hasta ahora, palabra por palabra.

McAllister reflexionó unos segundos.

—Estoy un poco confundido, señor Goodman. Su cliente no sabe que estamos reunidos. Se opone a la idea de una vista de clemencia. Usted no quiere que se sepa que esta reunión ha tenido lugar. Entonces, ¿qué estamos haciendo aquí?

—Las cosas cambian, señor gobernador. También lo he vivido muchas veces. He observado a hombres que contaban los días que les faltaban. Esto altera la mente. Las personas cambian. Como abogado, debo cubrir todas las bases, todos los ángulos.

—¿Está usted solicitando una vista?

—Sí, señor. A puerta cerrada.

—¿Cuándo?

—¿Qué le parecería el viernes?

—Dentro de dos días —dijo McAllister mientras miraba por la ventana.

—¿Qué clase de testigos anticipan? —preguntó Larramore, después de aclararse la garganta.

—Buena pregunta. Si tuviera nombres se los daría, pero no los tengo. Nuestra presentación será breve.

—¿Quién declarará por parte del estado? —preguntó McAllister, dirigiéndose a Larramore, cuyos dientes húmedos brillaban mientras reflexionaba.

Goodman desvió la mirada.

—Estoy seguro de que los parientes de las víctimas querrán decir algo. Es habitual que se hable del crimen. Podría ser necesaria la presencia de alguien de la cárcel, para declarar acerca de su conducta en la misma. Estas vistas son bastante flexibles.

—Sé más sobre este crimen que cualquier otra persona —dijo McAllister hablando casi consigo mismo.

—Es una situación extraña —admitió Goodman—. He intervenido en numerosas vistas de clemencia y el fiscal suele ser el testigo principal que declara contra el acusado. En este caso, el fiscal era usted.

—¿Por qué quiere que la vista se celebre a puerta cerrada?

—El gobernador ha sido siempre partidario de las audiencias públicas —agregó Mona.

—Es realmente lo mejor para todos —respondió Goodman como un erudito profesor—. Supone menos presión para usted, señor gobernador, porque al no incluir al público no recibirá un sinfín de consejos no solicitados. Nosotros, evidentemente, la preferimos a puerta cerrada.

—¿Por qué? —preguntó McAllister.

—Francamente, señor gobernador, no queremos que el público oiga a Ruth Kramer hablando de sus hijos —respondió Goodman sin quitarles la vista de encima.

La verdadera razón era otra. Adam estaba convencido de que Sam sólo aceptaría la idea de una vista de clemencia si se le prometía que no se convertiría en un espectáculo público. Si la vista se celebraba a puerta cerrada, tal vez Adam lograría convencer a Sam de que le impedirían a McAllister aprovecharse de la publicidad.

Goodman conocía docenas de personas en todo el país que no tendrían ningún inconveniente en trasladarse a Jackson, sin previo aviso, para declarar a favor de Sam. Había oído los persuasivos argumentos de última hora de dichas personas contra la pena de muerte. Monjas, sacerdotes, pastores, psicólogos, asistentes sociales, escritores, catedráticos y un par de ex condenados a muerte. El doctor Swinn declararía acerca de lo deteriorado que estaba Sam en la actualidad, e intentaría convencer hábilmente al gobernador de que el estado estaba a punto de matar a una persona en estado vegetativo.

En la mayoría de los estados, el condenado tiene derecho a una vista de clemencia de última hora, habitualmente ante el gobernador. Sin embargo, en Mississippi, la vista es discrecional.

—Parece lógico —llegó a admitir el gobernador.

—Ya existe suficiente expectación —dijo Goodman, consciente de lo entusiasmado que estaba McAllister con el inminente frenesí de los medios de comunicación—. Una vista pública no beneficiaría a nadie.

Mona, la defensora a ultranza de las audiencias públicas, frunció todavía más el entrecejo y escribió algo en mayúsculas en su cuaderno. McAllister estaba meditabundo.

—Independientemente de que la vista sea pública o a puerta cerrada —dijo el gobernador—, no existe ninguna buena razón para celebrarla, a no ser que usted y su cliente tengan algo nuevo que aportar. Yo olí el humo, señor Goodman. Vi los cadáveres. No puedo cambiar de opinión, a no ser que se aporte algo nuevo.

—¿Por ejemplo?

—Por ejemplo un nombre. Usted me facilita el nombre del cómplice de Sam y accederé a la celebración de una vista. Comprenda que no le prometo un indulto, sino la celebración de una vista regular de clemencia. De no ser así, estamos perdiendo el tiempo.

—¿Cree usted que había un cómplice? —preguntó Goodman.

—Siempre lo sospechamos. ¿Qué opina usted?

—¿Tiene alguna importancia?

410

—Sí, porque yo soy quien tiene la última palabra, señor Goodman. Cuando los tribunales hayan acabado con el caso y los relojes sigan avanzando el martes por la noche, yo seré la única persona en el mundo que puede impedir la ejecución. Si Sam merece la pena de muerte, no tendré ningún inconveniente en permanecer sentado y dejar que le ejecuten. Pero de no ser así, la ejecución debe impedirse. Todavía soy joven. No deseo que me atormente el resto de mi vida. Quiero tomar la decisión correcta.

—Pero si usted cree que había un cómplice, y evidentemente lo cree, ¿por qué no impedir la ejecución de todos modos?

—Porque quiero estar seguro. Usted ha sido durante muchos años su abogado. ¿Cree usted que tenía un cómplice?

—Sí. Siempre he creído que eran dos. No sé quién mandaba y quién obedecía, pero Sam no estaba solo.

McAllister se acercó a Goodman y le miró a los ojos.

—Señor Goodman, si Sam me revela la verdad, le concederé una vista a puerta cerrada y consideraré la posibilidad del indulto. Comprenda que no le prometo absolutamente nada, a excepción de que se celebrará la vista. De no ser así, no hay ningún dato nuevo para aportar a la historia.

Mona y Larramore escribían con mayor rapidez que los taquígrafos de la audiencia.

—Sam asegura que dice la verdad.

—Entonces olvídese de la vista. Soy un hombre muy ocupado.

Goodman emitió un suspiro de frustración, pero no dejó de sonreír.

—Muy bien, volveremos a hablar con él. ¿Puedo reunirme con usted de nuevo mañana?

El gobernador miró a Mona, que consultó una agenda de bolsillo y empezó a mover la cabeza, como si al día siguiente estuviera completamente ocupado con discursos, apariciones públicas y reuniones.

—Está usted comprometido —respondió categóricamente.

—¿A la hora del almuerzo?

—Imposible. Debe pronunciar un discurso en la asamblea de la NRA.

—¿Por qué no habla conmigo? —sugirió Larramore.

—Buena idea —dijo el gobernador, que acababa de ponerse de pie y se abrochaba las mangas de la camisa.

Goodman se levantó y estrechó las manos de los tres presentes.

—Llamaré si hay alguna novedad. Pero, independientemente, solicitamos una vista cuanto antes.

—La solicitud queda denegada a no ser que Sam hable —respondió el gobernador.

—Le ruego que la solicite por escrito, si no le importa —agregó Larramore.

—Por supuesto.

Acompañaron a Goodman a la puerta y, después de que abandonara el despacho, McAllister se instaló en su sillón oficial detrás del escritorio. Volvió a desabrocharse las mangas de la camisa. Larramore se disculpó y regresó a su cubículo a lo largo del pasillo.

La señora Stark examinó un informe, mientras el gobernador contemplaba las lucecitas parpadeantes de su teléfono.

—¿Cuántas de estas llamadas hacen referencia a Sam Cayhall? —preguntó.

Ella desplazó el dedo por una columna del informe.

—Ayer recibió veintiuna llamadas relacionadas con la ejecución de Cayhall. Catorce a favor de que le ejecuten. Cinco suplicando que se le salve la vida. Dos indecisos.

—Va en aumento.

—Sí, pero el periódico ha publicado un artículo sobre los últimos esfuerzos de Sam y ha mencionado la posibilidad de una vista de clemencia.

—¿Y las encuestas?

—Sin cambios. Noventa por ciento de los blancos del estado son partidarios de la pena de muerte, así como la mitad de los negros. En conjunto, son alrededor del ochenta y cuatro por ciento.

—¿Mi nivel de popularidad?

—Sesenta y dos. Pero si indulta a Sam Cayhall, estoy segura de que descenderá a una sola cifra.

—De modo que se opone a la idea.

—No tiene absolutamente nada que ganar y mucho que perder. Olvide las cifras y las encuestas. Si indulta a uno de esos maleantes, los otros cincuenta le mandarán abogados, abuelas y predicadores a suplicar el mismo favor. Ya tiene bastante de qué preocuparse. Sería descabellado.

—Sí, tiene razón. ¿Dónde está el programa para la prensa?

—Lo tendré listo dentro de una hora.

—Debo verlo.

—Nagel le está dando los últimos toques. Creo que debería conceder de todos modos la vista de clemencia. Celébrela el lunes. Anúnciela mañana. Deje que madure durante el fin de semana.

—No puede ser a puerta cerrada.

—¡Claro que no! Queremos que Ruth Kramer llore ante las cámaras.

—Es mi vista. Sam y sus abogados no pueden imponerme sus condiciones. Si la desean, tendrá que ser como yo decida.

—Exactamente. Pero no olvide que a usted también le interesa. Montones de publicidad.

Goodman firmó un contrato de tres meses para cuatro teléfonos celulares. Utilizó una tarjeta de crédito de Kravitz & Bane y eludió hábilmente un montón de preguntas por parte de un joven y dinámico vendedor. Acudió a una biblioteca pública en State Street y encontró una sección de referencias llena de guías telefónicas. A juzgar por su espesor, seleccionó las de las ciudades más pobladas de Mississippi: poblaciones como Laurel, Hattiesburg, Tupelo, Vicksburg, Biloxi y Meridian. Luego eligió las más delgadas: Tunica, Calhoun City, Bude, Long Beach, West Point. Cambió billetes por monedas de un cuarto en recepción y pasó dos horas copiando páginas de las guías telefónicas.

Prosiguió alegremente con su trabajo. Nadie habría tomado a aquel elegante hombrecillo, con su frondosa cabellera canosa y su pajarita, por un socio de un importante bufete de Chicago, con montones de secretarias y pasantes a su disposición. Nadie habría creído que ganaba más de cuatrocientos mil dólares anuales. Y a él no le importaba en absoluto. E. Garner Goodman era feliz en su trabajo. Hacía todo lo que podía para evitar que se matara legalmente a otro ser humano.

Abandonó la biblioteca y cogió el coche para recorrer unas manzanas, hasta la Facultad de Derecho de la Universidad de Mississippi. Uno de los catedráticos, llamado John Bryan Glass, que enseñaba Derecho y Procedimiento penal, había empezado a publicar eruditos artículos contra la pena de muerte. Goodman deseaba conocerle y averiguar si tenía algunos estudiantes inteligentes a quienes pudiera interesar un proyecto de investigación.

El catedrático ya se había ausentado, pero tenía una clase a las nueve de la mañana del jueves. Goodman visitó la biblioteca de la facultad antes de marcharse. Condujo unas manzanas hasta el antiguo Capitolio Estatal, sólo para matar el tiempo, y lo visitó detenidamente. Estuvo allí media hora, y pasó la mitad de la misma en la exposición de los derechos humanos de la planta baja. Le preguntó al dependiente de la tienda de recuerdos por una pensión donde alojarse y le recomendó la Millsaps Buie House, un par de kilómetros a lo largo de la calle. Encontró la encantadora mansión victoriana que le habían recomendado y ocupó la última habitación libre. La casa había sido inmaculadamente restaurada, con enseres y muebles de la época. El mayordomo le sirvió un whisky escocés con agua y se lo llevó a su habitación.

TREINTA Y NUEVE

Auburn House abría al público a las ocho. Un endeble y hastiado guardia de seguridad abrió el portalón de la entrada y Adam fue el primero en entrar en el aparcamiento. Esperó diez minutos en su coche, hasta que otro vehículo aparcó cerca de él. Reconoció a la mujer como la asesora a la que había conocido dos semanas antes en el despacho de Lee. La alcanzó en la acera cuando estaba a punto de entrar por una puerta lateral.

—Discúlpeme —dijo—. Ya nos conocemos. Me llamo Adam Hall. Soy el sobrino de Lee. Lo siento, pero no recuerdo su nombre.

La señora llevaba un desgastado maletín en una mano y una bolsa color castaño con el almuerzo en la otra.

—Joyce Cobb —sonrió—. Ya le recuerdo. ¿Dónde está Lee?

—No lo sé. Esperaba que usted tuviera alguna información. ¿No ha tenido noticias de ella?

—No. Ninguna desde el martes.

—¿El martes? Yo no he hablado con ella desde el sábado. ¿La vio usted entonces?

—Estuvo aquí, pero yo no hablé con ella. Fue el día que publicaron aquel artículo en el periódico sobre el hecho de que conducía borracha.

—¿Dónde se alojaba?

—No lo comentó. Habló con el administrador, dijo que estaría un tiempo ausente, que necesitaba ayuda y algo por el estilo. No especificó dónde estaba ni cuándo volvería.

414

—¿Y sus pacientes?

—Las atendemos nosotras. Supone un gran esfuerzo, pero nos las arreglaremos.

—Lee no se olvidaría de esas chicas. ¿No es posible que haya hablado con ellas esta semana?

—Mire, Adam, la mayoría de esas chicas no tienen teléfono, ¿comprende? Y Lee no iría en modo alguno a sus casas. Nosotras las vemos y sé que no han hablado con ella.

Adam dio un paso atrás y contempló el portalón.

—Comprendo. Pero necesito encontrarla. Estoy realmente preocupado.

—No le ocurrirá nada. Ha hecho lo mismo en otras ocasiones y luego todo se ha solucionado —respondió Joyce, de pronto con prisa por entrar en el edificio—. Si recibo alguna noticia, se lo comunicaré.

—Se lo ruego. Estoy viviendo en su casa.

—Lo sé.

Adam le dio las gracias y se marchó. A las nueve estaba en su despacho, rodeado de documentos.

El coronel Nugent estaba sentado a la cabeza de una larga mesa, en una sala llena de guardias y funcionarios. La mesa se encontraba sobre una pequeña tarima, veinticinco centímetros más elevada que el resto del suelo, con una gran pizarra a su espalda. En un rincón había un podio portátil. Las sillas a su derecha estaban vacías, de modo que los guardias y funcionarios sentados en sillas plegables pudieran ver las caras de las personas más importantes, a la izquierda de Nugent. Allí estaba Morris Henry, de la oficina del fiscal general, con unos voluminosos informes sobre la mesa. Lucas Mann estaba en un extremo, tomando notas. Junto a Henry había dos vicesuperintendentes. Al lado de Lucas se encontraba un lacayo de la oficina del gobernador.

Nugent consultó su reloj y empezó su pequeña charla introductoria. Hacía referencia a sus notas y dirigía sus comentarios a los guardias y al personal.

—Tal como está la situación esta mañana, día dos de agosto, todos los aplazamientos han sido denegados por diversos tribunales y nada impide la ejecución. Procedemos bajo supuesto de que tendrá lugar como está previsto, un minuto después de la medianoche del próximo martes. Disponemos de seis días completos para hacer los preparativos y estoy decidido a que todo se desarrolle debidamente y sin contratiempo alguno.

»El condenado tiene en estos momentos por lo menos tres recursos y apelaciones, que se tramitan en diversos juzgados y, evidentemente, no hay forma de predecir lo que pueda ocurrir. Estamos en contacto permanente con el despacho del fiscal general. En realidad, hoy nos acompaña el señor Morris Henry. En su opinión, compartida por el señor Lucas Mann, esta ejecución se celebrará como está previsto. Podría concederse un aplazamiento en cualquier momento, pero parece dudoso. De todos modos, debemos estar preparados. También se espera que el condenado solicite una vista de clemencia ante el gobernador, pero francamente, no se augura que tenga éxito. Desde ahora hasta el próximo miércoles, estaremos listos para entrar en acción.

Las palabras de Nugent eran fuertes y claras. Estaba ante las candilejas y evidentemente su placer era inmenso. Consultó sus notas y prosiguió:

—Se está preparando la cámara de gas propiamente dicha. Es vieja y no se ha utilizado desde hace dos años, de modo que estamos siendo muy meticulosos. Esta mañana llegará un representante de los fabricantes y se dedicará hoy y mañana a hacer comprobaciones. Haremos un ensayo general de la ejecución durante el fin de semana, probablemente el domingo por la noche, en el supuesto de que no se haya concedido ningún aplazamiento. Está en mi poder la lista de voluntarios para la ejecución y esta tarde tomaré la decisión oportuna.

»Ahora los medios de información nos inundan con toda clase de peticiones. Quieren entrevistar al señor Cayhall, a su abogado, a nuestro abogado, al alcaide, a los guardias, a los otros condenados a muerte, al verdugo, a todo el mundo. Quieren presenciar la ejecución. Quieren fotografías de la celda y de la cámara. Las bobadas habituales de la prensa. Pero debemos ocuparnos de ello. No debe haber contacto alguno con ningún miembro de la prensa, a no ser que haya sido previamente autorizado por mí. Esto afecta a todos los empleados de esta institución, sin excepción alguna. La mayoría de estos periodistas no son de por aquí y les divierte caricaturizarnos como a un montón de ignorantes fanáticos sureños. No hablen con ellos. Sin excepción alguna. Haré un comunicado apropiado cuando me parezca oportuno. Tengan cuidado con ellos. Son unos buitres.

»También esperamos problemas del exterior. Hace aproximadamente diez minutos, ha llegado el primer grupo de miembros del Ku Klux Klan junto al portalón. Se les ha dirigido al lugar habitual, entre la carretera y el edificio administrativo, donde tienen lugar las manifestaciones. También hemos recibido la noticia de que otros grupos no tardarán en llegar, y al parecer se proponen protestar hasta que todo haya terminado. Les vigilaremos atentamente. Tienen derecho a manifestarse, siempre y cuando lo hagan pacíficamente. Aunque yo no estaba aquí durante las últimas cuatro ejecuciones, me han dicho que suelen aparecer grupos de partidarios de la pena de muerte, que organizan un gran escándalo. Por razones evidentes, procuraremos mantenerlos alejados de los demás grupos.

Incapaz de seguir sentado, Nugent se levantó e irguió tras la mesa. Todo el mundo estaba pendiente de él. Consultó momentáneamente sus notas.

—Esta ejecución será diferente debido a la notoriedad del señor Cayhall. Llamará mucho la atención de la prensa y de otros lunáticos. Debemos actuar como profesionales en todo momento y no toleraré ninguna infracción de las normas de conducta. El señor Cayhall y su familia merecen que se les respete durante estos últimos días. Ninguna broma sobre la cámara de gas o la ejecución. No la toleraré. ¿Alguna pregunta?

Nugent miró a su alrededor y se sintió satisfecho de sí mismo. Había cubierto todos los puntos. Ninguna pregunta.

—Muy bien. Volveremos a reunirnos a las nueve de la mañana.

Dio la sesión por concluida y despejó inmediatamente la sala.

Garner Goodman encontró al profesor John Bryan Glass cuando salía de su estudio para ir a dar una clase, pero se olvidó de los estudiantes cuando empezaron a charlar en el pasillo y a intercambiar cumplidos. Glass había leído todos los libros de Goodman, y Goodman conocía la mayoría de los artículos recientes de Glass condenando la pena de muerte. La conversación pronto giró entorno al embrollo de Cayhall y, en particular, a la urgente necesidad de Goodman de encontrar un puñado de estudiantes de Derecho concienzudos, dispuestos a colaborar en un rápido proyecto de investigación durante el fin de semana. Glass le ofreció su ayuda y acordaron almorzar juntos al cabo de unas horas, para seguir hablando del tema.

A tres manzanas de la Facultad de Derecho de la Universidad de Mississippi, Goodman encontró las pequeñas y abarrotadas oficinas del Grupo Meridional de Defensa Capital, una agencia cuasifederal con pequeñas y abigarradas sucursales en todos los estados donde se implementaba la pena de muerte. Su director era un joven negro llamado Hez Kerry, licenciado en Derecho en Yale, que había sacrificado la riqueza de los grandes bufetes para consagrar su vida a la abolición de la pena de muerte. Goodman le había visto en dos ocasiones anteriores, en conferencias. Aunque el grupo de Kerry, por cuyo nombre se les conocía, no representaba directamente a todos los condenados a muerte, tenía la responsabilidad de seguir todos los casos. Hez tenía treinta y un años y envejecía con rapidez. Sus canas demostraban la presión que suponían cuarenta y siete condenados a muerte.

Junto al escritorio de la secretaria colgaba un pequeño calendario de pared, sobre el que alguien había escrito ANIVERSARIOS EN EL PATÍBULO. Todos recibían una postal en su cumpleaños, ni más ni menos. Su presupuesto era escaso y para comprar las postales solían hacer una colecta en la oficina.

En el grupo había dos abogados que trabajaban a las órdenes de Kerry y una secretaria fija. Algunos estudiantes de la facultad trabajaban gratis unas horas semanales.

Goodman habló con Hez Kerry durante más de una hora y organizaron sus actividades para el martes siguiente; Kerry se instalaría personalmente en las oficinas del secretario del Tribunal Supremo de Mississippi. Goodman permanecería en el despacho del gobernador. Reclutarían a John Glass para que se instalara en la delegación del quinto circuito, en el edificio federal de Jackson. Uno de los antiguos compañeros de Goodman en Kravitz & Bane trabajaba ahora en Washington, y ya había accedido a esperar en el despacho del secretario de ejecuciones. Adam se quedaría en el patíbulo, con su cliente, y coordinaría las últimas llamadas.

Kerry había accedido a participar en el proyecto de análisis de mercado durante el fin de semana.

A las once Goodman regresó al despacho del gobernador en el Capitolio Estatal y le entregó al abogado Larramore una instancia solicitando una vista de clemencia. El gobernador, que tenía unos días muy ajetreados, no estaba en su despacho, pero Larramore le vería poco después del almuerzo. Goodman dejó su número de teléfono en Millsaps Buie House y prometió llamar periódicamente.

Entonces cogió el coche para ir a su nuevo despacho, ahora equipado con los mejores muebles de alquiler, por dos meses, pagados al contado. Las sillas plegables, a juzgar por los sellos estampados bajo las mismas, habían pertenecido al local social de una iglesia. Las destartaladas mesas también habían sobrevivido a innumerables bodas y recepciones.

Goodman admiró su improvisada madriguera. Tomó asiento y, con su nuevo teléfono celular, llamó a su secretaria en Chicago, al despacho de Adam en Memphis, a su esposa, y al número de emergencia del gobernador.

A las cuatro de la tarde del jueves, el Tribunal Supremo de Mississippi todavía no había denegado el recurso en el que se alegaba enajenación mental por parte de Sam. Habían transcurrido casi treinta horas desde que Adam lo había presentado. Había importunado al secretario del tribunal. Estaba harto de repetir lo evidente: necesitaba, por favor, una respuesta cuanto antes. No se respiraba el más mínimo optimismo en cuanto a que el tribunal considerara favorablemente el recurso. En la opinión de Adam, el tribunal perdía deliberadamente el tiempo para retrasar su presentación ante el Tribunal Federal. Estaba convencido de que, a esas alturas, no cabía esperar concesión alguna por parte del Tribunal Supremo estatal.

Tampoco había obtenido respuesta de los tribunales federales. El Tribunal Supremo de Estados Unidos no había fallado respecto a su alegación de inconstitucionalidad de la cámara de gas. El quinto circuito no había decidido sobre su alegación de representación jurídica inadecuada.

El jueves todo continuaba inmóvil. Los tribunales actuaban como si se tratase de pleitos comunes que serían archivados y asignados, para luego proseguir con los mismos y demorarlos durante años. Necesitaba algún tipo de acción, preferiblemente la concesión a algún nivel de aplazamiento, o por lo menos una vista oral, una oportunidad de presentar argumentos, o incluso una denegación, para poder proseguir al próximo tribunal.

Paseaba por su despacho a la espera de que sonara el teléfono. Estaba harto de pasear y del teléfono. Tirados por el despacho estaban los papeles de desecho de una docena de informes. Montones de papeles cubrían su mesa. Había papeles de color rosa y amarillo pegados a la estantería de los libros con mensajes telefónicos.

De pronto Adam sintió que detestaba aquel lugar. Necesitaba aire fresco. Le dijo a Darlene que iba a dar un paseo y salió del edificio. Eran casi las cinco, hacía todavía sol y mucho calor. Caminó hasta el hotel Peabody en la Union Street y tomó una copa en un rincón del salón, cerca del piano. Era su primera copa desde el viernes en Nueva Orleans y, aunque la disfrutó, se volvió a acordar de Lee. La buscó entre los grupos de asistentes a asambleas que pululaban por la recepción. Observó las mesas que se llenaban de gente elegantemente vestida, con la esperanza de que, por alguna razón, apareciera. ¿Dónde puede esconderse una persona de cincuenta años que huye de la vida?

Un individuo con una cola de caballo y botas de montaña se detuvo, le miró y luego se acercó.

—Discúlpeme, ¿es usted Adam Hall, el abogado de Sam Cayhall?

Adam asintió.

El individuo sonrió, evidentemente satisfecho de haber reconocido a Adam y se acercó aún más a su mesa.

—Soy Kirk Kleckner, del *New York Times* —dijo al tiempo que dejaba una tarjeta sobre la mesa—. Estoy aquí para cubrir la ejecución de Cayhall. A decir verdad, acabo de llegar. ¿Le importa que me siente?

Adam movió la mano en dirección a una silla vacía, al otro lado de la mesa redonda y Kleckner se sentó.

—Ha sido una suerte encontrarle —dijo con una radiante sonrisa.

Tenía poco más de cuarenta años y el aspecto curtido de un periodista, con una barba desaliñada, chaleco, camisa tejana y vaqueros.

—Le he reconocido por las fotografías que he visto durante el vuelo.

—Encantado de conocerle —respondió escuetamente Adam.

—¿Podemos hablar?

—¿Sobre qué?

—De muchas cosas. Tengo entendido que su cliente no concede entrevistas.

—Está en lo cierto.

—¿Y usted?

—Tampoco. Podemos charlar, pero sólo extraoficialmente.

—Me lo pone difícil.

—Francamente no me importa. No me preocupa lo difícil que sea su trabajo.

—Lo comprendo —respondió el periodista, en el momento en que se les acercó una atractiva camarera con la falda muy corta, el tiempo suficiente para que pidiera un café solo—. ¿Cuándo vio por última vez a su abuelo?

—El martes.

—¿Cuándo volverá a verle?

—Mañana.

—¿Cómo lo lleva?

—Sobrevive. La presión aumenta, pero de momento la soporta.

—¿Y usted?

—Me lo paso bomba.

—En serio. ¿Le cuesta dormir, o algo por el estilo, ya sabe?

—Estoy cansado. Duermo poco. Trabajo muchas horas y me desplazo con mucha frecuencia a la cárcel. Se dictará la orden de ejecución y los próximos días serán muy ajetreados.

—Yo cubrí la ejecución de Bundy en Florida. Menudo circo. Sus abogados pasaron varios días sin dormir.

—Es difícil relajarse.

—¿Volverá a hacerlo? Sé que ésta no es su especialidad, ¿pero estaría dispuesto a ocuparse de otro caso de un condenado a muerte?

—Sólo si descubro a otro pariente en el patíbulo. ¿Por qué cubre usted estos sucesos?

—Hace años que escribo sobre la pena de muerte. Me fascina. Me gustaría entrevistar al señor Cayhall.

Adam movió la cabeza y se terminó su copa.

—No. Imposible. No desea hablar con nadie.

—¿Le importaría preguntárselo?

—No.

Llegó el café y Kleckner lo removió con una cucharilla. Adam contemplaba a la gente.

—Ayer entrevisté a Benjamin Keyes en Washington —dijo Kleckner—. Me dijo que no le sorprendía que ahora usted alegara que había cometido errores durante el juicio. Esperaba que lo hiciera.

En aquel momento, a Adam no le importaba Benjamin Keyes, ni su opinión.

—Es lo habitual. Debo marcharme. Encantado de haberle conocido.

—Pero yo quería hablar de...

—Escúcheme, ha tenido mucha suerte en encontrarme —dijo Adam después de ponerse repentinamente de pie.

—Sólo un par de cosas —agregó Kleckner, cuando Adam se alejaba.

Salió del Peabody y paseó hasta Front Street, junto al río, entre multitud de jóvenes bien vestidos como él, todos con prisa por regresar a sus casas. Le dieron envidia. Fueran cuales fuesen sus carreras o vocaciones, o presiones del momento, no llevaban una carga tan pesada como la suya.

Comió un bocadillo y a las siete estaba de nuevo en su despacho.

Dos guardias habían capturado un conejo en los bosques de Parchman, que para la ocasión lo llamaron *Sam*. Era de color castaño con cola de peluche y el mayor de los cuatro que habían atrapado. Los otros tres ya habían acabado en la cazuela.

Ya avanzada la noche del jueves, el conejo *Sam* y sus guardianes, junto con el coronel Nugent y el equipo de ejecución, entraron en la Unidad de Máxima Seguridad con furgones y camionetas. Avanzaron lentamente por la fachada y alrededor de los corrales del lado oeste. Aparcaron junto a un edificio cuadrado de ladrillo rojo, adosado al extremo sudoeste de la UMS.

Dos puertas metálicas blancas, sin ventanas, permitían entrar en el edificio. Por una de ellas, que daba al sur, entraban los testigos de la ejecución a una estrecha sala de cinco por dos metros y medio. Allí se encontraban con una serie de cortinas negras que, cuando se abrían, permitían ver la parte posterior de la cámara propiamente dicha, a sólo unos centímetros.

La otra puerta daba a la antesala de la cámara, de cuatro por cuatro metros con suelo de hormigón pintado. La cámara de gas, de forma octogonal, situada exactamente en el centro de la misma, relucía después de una capa de esmalte plateado y olía a pintura fresca. Nugent la había inspeccionado la semana anterior y ordenado que la pintaran. La cámara de la muerte, por cuyo nombre también se la conocía, estaba impecablemente limpia. Se abrieron las cortinas negras de las ventanas.

Dejaron al conejo *Sam* en la caja de una de las camionetas, mientras dos corpulentos guardias conducían a un compañero más bajito, de altura y peso parecidos a los de Sam, a la cámara de gas. Nugent paseaba e inspeccionaba como el general Patton. Gesticulaba, asentía y fruncía el entrecejo. Primero empujaron suavemente al guardia menor al interior de la cámara, y luego se acercaron sus dos compañeros, le dieron la vuelta y le sentaron en la silla. Sin una palabra, sonrisa, ni broma alguna, sujetaron en primer lugar sus muñecas con unas correas a los brazos de la silla. A continuación sujetaron sus rodillas y sus tobillos. Luego uno de ellos le levantó unos centímetros la cabeza y la aguantó mientras su compañero la sujetaba con una correa.

Los dos guardias se retiraron cautelosamente de la cámara de gas y Nugent señaló a otro miembro del equipo, que se adelantó como para decirle algo al condenado.

—En este momento —explicó Nugent, como un director de cine aficionado—, Lucas Mann le leerá la sentencia de muerte al señor Cayhall. Luego le preguntaré si tiene alguna última palabra —agregó antes de que un guardia cerrara la gruesa puerta de la cámara—. Ábranla —exclamó.

Abrieron la puerta y soltaron al guardia bajito.

—Traigan el conejo —ordenó Nugent.

Uno de los ayudantes fue en busca del conejo *Sam* a la camioneta y les entregó la caja de tela metálica, donde el animal descansaba inocentemente, a los guardias que acababan de salir de la cámara. Lo colocaron cuidadosamente sobre la silla de madera y a continuación fingieron sujetar a un hombre imaginario. Muñecas, rodillas, tobillos, cabeza. El conejo estaba listo para ser ejecutado. Los dos guardias abandonaron la cámara.

Cerraron y sellaron la puerta. Nugent le hizo entonces una seña al verdugo, que introdujo un cartucho de ácido sulfúrico en el tubo que llegaba hasta le fondo de la cámara. Tiró de una palanca, se oyó un ruido y el cartucho se desplazó hasta el recipiente situado debajo de la silla.

Nugent se acercó a una de las ventanas y miró atentamente. Lo mismo hicieron los demás componentes del equipo. Se habían embadurnado con grasa los marcos de las ventanas para evitar filtraciones.

El gas venenoso emanó lentamente y se detectó una fina niebla que ascendía desde la silla. Al principio el conejo no reaccionó ante el vapor que inundaba su pequeña jaula, pero no tardó en hacerlo. Inhaló, dio unos cuantos saltos golpeándose contra los costados de la jaula, empezó a padecer violentas convulsiones, tembló y se contorsionó. En menos de un minuto había dejado de moverse.

Nugent consultó su reloj y sonrió.

—Ventílenla —ordenó, y abrieron una trampilla en el techo de la cámara para que saliera el gas.

Abrieron la puerta que daba al exterior y casi todos los miembros del equipo de ejecución salieron para respirar aire puro o fumarse un cigarrillo. Deberían transcurrir por lo menos quince minutos antes de abrir la cámara y retirar el conejo. Luego tendrían que rociarlo con una manguera y lavarlo. Nugent seguía en el interior, observándolo todo. Fumaron y se rieron.

A menos de veinte metros, las ventanas del pasillo de la galería A estaban abiertas. Sam oía sus voces. Eran más de las diez y las luces estaban apagadas, pero de cada una de las celdas de la galería colgaban unos brazos a través de los barrotes; catorce hombres escuchaban en la oscuridad de la noche.

Un condenado a muerte vive en una celda de seis metros cuadrados veintitrés horas diarias. Lo oye todo: el taconeo inusual de unas botas nuevas en el pasillo, el timbre y acento de una voz desconocida, el ronroneo lejano de una desbrozadora o cortadora de césped. Y oye, por descontado, el abrir y cerrar de la puerta de la cámara de gas. Oye las carcajadas de alegría y satisfacción del equipo de ejecución.

Sam se apoyó en los antebrazos y contempló las ventanas de la parte superior del pasillo. Estaban ensayando para su ejecución.

CUARENTA

Entre el lado oeste de la nacional cuarenta y nueve y el jardín delantero del edificio administrativo de Parchman había una franja de cincuenta metros llana y con césped, que en otra época había sido un trazado de ferrocarril. Era el lugar donde se concentraba y controlaba a los manifestantes contra la pena de muerte en cada ejecución. Llegaban invariablemente y solían formar pequeños grupos de almas comprometidas, sentados en sillas plegables y con pancartas de fabricación casera. Encendían velas por la noche, rezaban y lloraban cuando se anunciaba la muerte.

Algo distinto había ocurrido en las horas precedentes a la ejecución de Teddy Doyle Meeks, violador y asesino de una menor. La manifestación sombría y casi sagrada se vio alterada por numerosos coches cargados de alborotados estudiantes, que aparecieron sin previo aviso y se divirtieron de lo lindo pidiendo sangre. Tomaba cerveza y ponían música estridente. Gritaban consignas e importunaban a los aturdidos manifestantes contra la pena de muerte. La situación empeoró cuando dos grupos intercambiaron insultos. Tuvieron que intervenir los funcionarios de la cárcel para restaurar el orden.

La ejecución de Maynard Tole fue la siguiente y, cuando se efectuaban los preparativos, se asignó otra parcela a los manifestantes contra la pena de muerte, al otro lado de la entrada principal. Se tomaron medidas especiales de seguridad para garantizar el orden.

Cuando Adam llegó el viernes por la mañana, contó siete miembros del Ku Klux Klan con sus correspondientes túnicas blancas. Tres de ellos efectuaban un intento de protesta sincronizada, caminando por el borde del césped cerca de la carretera con carteles sobre los hombros. Los otros cuatro se ocupaban de levantar una gran marquesina azul y blanca. Había tubos metálicos y cuerdas esparcidas por el suelo, y dos neveras portátiles junto a varias sillas plegables. Esos individuos preparaban una prolongada estancia.

Adam los observó cuando se detuvo en el portalón principal de Parchman y perdió la noción del tiempo durante los minutos que contempló a los miembros del Klan. De modo que aquéllos eran sus orígenes, sus raíces. Aquéllos eran los hermanos de su abuelo, sus parientes y antepasados. ¿Serían algunos de ellos los mismos que aparecían en la película que él había convertido en un vídeo sobre Sam Cayhall? ¿Los habría visto antes?

Adam abrió instintivamente la puerta del coche y se apeó. Su chaqueta y maletín estaban en el asiento trasero. Se acercó lentamente a ellos y se detuvo junto a las neveras portátiles. Sus pancartas exigían la libertad de Sam Cayhall, preso político. Ejecuten a los auténticos criminales, pero liberen a Sam. Por alguna razón, sus aclamaciones no tranquilizaron a Adam.

—¿Qué desea? —le preguntó uno de ellos, con una pancarta colgada del cuello.

Los otros seis abandonaron sus respectivas actividades y le miraron fijamente.

—No lo sé —respondió sinceramente Adam.

—¿Entonces qué mira?

—No estoy seguro.

Otros tres se unieron al primero y se acercaron a Adam. Sus túnicas eran idénticas: confeccionadas con una tela muy ligera de color blanco, con cruces rojas y otras insignias. Eran casi las nueve de la mañana y ya estaban sudando.

—¿Quién diablos es usted?

—El nieto de Sam.

Los otros tres también se acercaron y los siete examinaron a Adam desde poco más de un metro.

—Entonces es uno de los nuestros —exclamó aliviado uno de ellos.

—No. No estoy con ustedes.

—Cierto —agregó otro para informar a sus compañeros—. Está con un puñado de judíos de Chicago.

Eso pareció alterarles ligeramente.

—¿Qué están haciendo aquí? —preguntó Adam.

—Intentamos salvar a Sam. No parece que usted sea capaz de lograrlo.

—Ustedes son la razón por la que está aquí.

Un joven de cara roja y abundante sudor en la frente tomó la iniciativa y se acercó aún más a Adam.

—No. Él es la razón por la que nosotros estamos aquí. Yo ni siquiera había nacido cuando Sam mató a aquellos judíos, de modo que no puede culparme a mí. Estamos aquí para protestar contra su ejecución. Se le persigue por razones políticas.

—No estaría aquí de no haber sido por el Klan. ¿Dónde están sus máscaras? Tenía entendido que ustedes ocultaban siempre la cara.

El grupo se inquietó, sin saber qué hacer a continuación. Adam era, después de todo, el nieto de Sam Cayhall, su ídolo y modelo. Era el abogado que intentaba salvar a su símbolo más preciado.

—¿Por qué no se marchan? —preguntó Adam—. Sam no quiere que estén aquí.

—¿Por qué no se va al infierno? —exclamó el más joven.

—Muy elocuente. Sugiero que se retiren. Sam tiene mucho más valor para ustedes muerto que vivo. Déjenle morir en paz y luego tendrán un maravilloso mártir.

—No nos retiraremos. Estaremos aquí hasta el último momento.

—¿Y si Sam se lo pidiera? ¿Se marcharían entonces.

—No —exclamó de nuevo antes de mirar por encima del hombro a sus compañeros, que parecían estar perfectamente de acuerdo con él—. Estamos dispuestos a hacer mucho ruido.

—Estupendo. Así saldrá su fotografía en los periódicos. Eso es lo que importa aquí, ¿no es cierto? Los payasos con atuendo extravagante llaman siempre la atención.

Se cerraron las puertas de un vehículo a su espalda y, cuando Adam volvió la cabeza, vio a un equipo de televisión que se apeaba apresuradamente de una furgoneta aparcada junto a su Saab.

—Miren por donde —dijo Adam dirigiéndose al grupo—. Sonrían, muchachos. Ha llegado su gran momento.

—Váyase al infierno —exclamó enojado el joven.

Adam les dio la espalda y regresó a su coche. Se le acercó una periodista, seguida de un cámara.

—¿Es usted Adam Hall? —preguntó con la respiración entrecortada—. ¿El abogado de Cayhall?

—Sí —respondió sin detenerse.

—¿Puedo hablar un momento con usted?

—No. Pero esos muchachos tienen muchas ganas de hablar —respondió mientras señalaba por encima del hombro.

Caminó junto a él, seguida siempre del cámara que manipulaba sus aparatos. Adam se subió al coche y dio un portazo mientras arrancaba el motor.

Louise, que estaba de guardia en el portalón, le entregó una tarjeta numerada para el salpicadero y le indicó que entrara.

Packer efectuó el cacheo obligatorio junto a la puerta principal del patíbulo.

—¿Qué lleva ahí? —preguntó, refiriéndose a una pequeña caja isotérmica que Adam llevaba en la mano izquierda.

—Son Mágnums, sargento. ¿Le apetece uno?

—Déjeme ver.

Adam le entregó la caja a Packer, que abrió la tapa sólo el tiempo necesario para contar media docena de Mágnums, todavía congelados bajo una capa de hielo.

Se la devolvió y señaló la puerta del despacho frontal, situado a pocos metros de distancia.

—De ahora en adelante se reunirán aquí —explicó, conforme entraban en la sala.

—¿Por qué? —preguntó Adam mirando a su alrededor.

Había un escritorio metálico con un teléfono, tres sillas y dos archivos cerrados.

—Porque así es como hacemos las cosas. Suavizamos las normas cuando se acerca el gran día. Sam recibirá aquí sus visitas. Además, la duración es ilimitada.

—Qué amables —exclamó Adam antes de dejar el maletín sobre la mesa y levantar el teléfono.

Packer fue en busca de Sam.

Una amable señorita de la secretaría de Jackson le comunicó a Adam que el Tribunal Supremo de Mississippi había denegado, hacía escasos minutos, la revisión de la condena de su cliente en base a su enajenación mental. Le dio las gracias, dijo de algún modo que aquello era lo que esperaba, aunque podían haberlo hecho un día antes, luego le pidió que mandara una copia por fax de la decisión del tribunal a su oficina de Memphis y otra al despacho de Lucas Mann en Parchman. Entonces llamó a Darlene a Memphis y le dijo que mandara por fax el nuevo recurso al Tribunal Federal del distrito, así como copias del mismo al quinto circuito y al ajetreado despacho del señor Richard Olander, en el departamento de ejecuciones del Tribunal Supremo de Washington. Llamó al señor Olander para advertirle de la llegada del documento y al mismo tiempo le comunicaron que el Tribunal Supremo de Estados Unidos acababa de denegar su auto de avocación, basado en la supuesta inconstitucionalidad de la cámara de gas.

Sam entró en el despacho sin esposas cuando Adam estaba al teléfono. Se estrecharon rápidamente la mano y Sam tomó asiento. En lugar de un cigarrillo, abrió la caja y sacó un helado. Se lo comió lentamente mientras escuchaba la conversación de Adam con Olander.

—El Tribunal Supremo de Estados Unidos acaba de denegar la avocación —susurró Adam, con la mano sobre el auricular.

Sam respondió con una curiosa sonrisa y examinó unos sobres que había traído consigo.

—El Tribunal Supremo de Mississippi también ha denegado nuestro recurso —agregó Adam mientras marcaba otro número de teléfono—. Pero eso era de esperar. En estos momentos presentamos el recurso ante el Tribunal Federal.

Llamaba al quinto circuito para comprobar el progreso del recurso de representación inadecuada. El secretario le informó desde Nueva Orleans de que aquella mañana el tribunal no había tomado decisión alguna. Adam colgó y se sentó al borde de la mesa.

—El quinto circuito todavía no ha decidido sobre la alegación de representación inadecuada —le comunicó a su cliente, conocedor de la ley y el procedimiento, que asimilaba sus palabras como un erudito abogado—. En general, no es una mañana muy halagüeña.

—La televisión de Jackson ha dicho esta mañana que le he solicitado al gobernador una vista de clemencia —dijo Sam mientras mordisqueaba el helado—. No puede ser verdad. No he dado mi consentimiento.

—Tranquilízate, Sam. Es pura rutina.

—¿Rutina? ¡Y una mierda! Creí que habíamos hecho un pacto. Incluso ha aparecido McAllister en pantalla, hablando de lo apenado que estaba sobre su decisión respecto a la vista de clemencia. Te lo advertí.

—McAllister es el menor de nuestros problemas, Sam. La solicitud es pura formalidad. No tenemos por qué participar.

Sam movió frustrado la cabeza. Adam le observaba atentamente. No estaba realmente enojado, ni en verdad le preocupaba lo que Adam hubiera hecho. Estaba resignado, casi derrotado. Su pequeña protesta fue instintiva. Hacía una semana se habría puesto furioso.

—¿Sabías que anoche hicieron un ensayo? Prepararon la cámara de gas, mataron una rata o algo por el estilo, todo funcionó a la perfección y ahora todos esperan emocionados mi ejecución. ¿No te parece increíble? Esos cabrones hicieron un ensayo general por mí.

—Lo siento, Sam.

—¿Sabes a qué huele el cianuro?

—No.

—A canela. Anoche se olía en el ambiente. Esos imbéciles no se acordaron de cerrar las ventanas de nuestra galería y pude olerlo.

Adam no estaba seguro de que fuera cierto. Sabía que se ventilaba la cámara durante varios minutos después de una ejecución y que el gas escapaba a la atmósfera. No le parecía posible que llegara a infiltrarse en las galerías. Puede que Sam hubiera oído algo sobre el gas a los guardias. Tal vez era un mito popular. Se sentó al borde de la mesa, moviendo relajadamente las piernas, y contempló a aquel triste anciano de brazos esqueléticos y cabello grasiento. Sería un pecado horrible matar a un ser decrépito como Sam Cayhall. Había cometido sus crímenes en otra era. Había sufrido y muerto muchas veces en su celda de seis metros cuadrados. ¿Qué beneficio obtendría el estado de matarle ahora?

Adam tenía ciertas preocupaciones, y sus últimos esfuerzos no eran la menor de ellas.

—Lo siento, Sam —repitió, en un tono eminentemente compasivo—. Pero hay algunos asuntos de los que debemos hablar.

—¿Había miembros del Klan en la puerta esta mañana? Ayer aparecieron por televisión.

—Sí. Hace unos minutos he contado siete. Perfectamente uniformados, a excepción de las máscaras.

—¿Sabes que yo también solía usarlo? —comentó como un ex combatiente que presumiera ante unos niños.

—Lo sé, Sam. Y ésta es la razón por la que estás ahora condenado a muerte, con tu abogado contando las horas que faltan para que te sujeten a la silla de la cámara de gas. Deberías detestar a esos cretinos.

—No los detesto. Pero no tienen derecho a estar ahí. Me abandonaron. Dogan fue quien me mandó aquí y, cuando declaró contra mí, era el mago imperial de Mississippi. No me dieron ni un centavo para gastos. Se olvidaron de mí.

—¿Qué esperabas de un atajo de maleantes? ¿Lealtad?

—Yo fui leal.

—Y fíjate dónde estás ahora, Sam. Deberías denunciar al Klan y pedirles que se marcharan, que se mantuvieran alejados de tu ejecución.

Sam barajó sus sobres y luego los dejó cuidadosamente sobre una silla.

—Les he dicho que se marcharan —dijo Adam.

—¿Cuándo?

—Hace unos minutos. Hemos intercambiado unas palabras. No les importas en absoluto, Sam, se limitan a utilizar esta ejecución porque serás un mártir maravilloso para ellos, alguien que les servirá de héroe y de quien podrán hablar durante muchos años. Gritarán tu nombre cuando quemen cruces y harán peregrinaciones a tu tumba. Te quieren muerto, Sam. Es una magnífica propaganda.

—¿Te has enfrentado a ellos? —preguntó Sam con un deje de humor y orgullo.

—Sí. No ha sido tan difícil. ¿Qué me dices de Carmen? Si va a venir, tiene que organizar el viaje.

Sam suspiró pensativamente.

—Me gustaría verla, pero debes advertirle cuál es mi aspecto. No quiero que se asuste.

—Tienes un aspecto maravilloso, Sam.

—Muchas gracias. ¿Y Lee?

—¿Qué quieres saber de Lee?

—¿Cómo está? Aquí recibimos los periódicos. Vi su nombre en el dominical de Memphis y el martes leí que la acusaban de conducir bebida. ¿No estará en la cárcel?

—No, está en una clínica de rehabilitación —respondió Adam, como si supiera exactamente dónde se encontraba.

—¿Puede venir de visita?

—¿Te gustaría que lo hiciera?

—Creo que sí. Tal vez el lunes. Ya veremos.

—No hay ningún inconveniente —dijo Adam, al tiempo que se preguntaba cómo diablos la encontraría—. Hablaré con ella durante el fin de semana.

Sam le entregó a Adam uno de los sobres abierto.

—Entrégales esto a la gente de la puerta. Es una lista de visitas autorizadas desde ahora hasta el fin. Adelante, ábrelo.

Adam leyó la lista. Contenía sólo cuatro nombres: Adam, Lee, Carmen y Donnie Cayhall.

—No es muy larga.

—Tengo muchos parientes, pero no quiero verles aquí. No han venido a verme en nueve años y medio y no voy a permitir que lo hagan en el último momento para despedirse. Pueden hacerlo en el entierro.

—Recibo muchas peticiones de corresponsales y periodistas para entrevistarte.

—Olvídalo.

—Eso les he dicho. Pero hay una en particular que puede interesarte. Hay un hombre llamado Wendall Sherman, escritor de cierto prestigio que ha publicado cuatro o cinco libros y ganado algunos premios. No he leído ninguno de ellos, pero sus credenciales son correctas. Es legal. Hablé con él ayer por teléfono y quiere sentarse contigo para grabar tu historia. Parece muy honrado y dice que la grabación puede durar varias horas. Llegará a Memphis hoy en avión, por si le autorizas a hacerlo.

—¿Para qué quiere grabarme?

—Quiere escribir un libro sobre ti.

—¿Una novela?

—Lo dudo. Está dispuesto a pagar cincuenta mil dólares de anticipo, y parte de los derechos de autor más adelante.

—Estupendo. Voy a ganar cincuenta mil dólares pocos días antes de morir. ¿Qué hago con el dinero?

—Yo me limito a transmitirte la oferta.

—Dile que se vaya al infierno. No me interesa.

—De acuerdo.

—Quiero que redactes un contrato, en virtud del cual te concedo todos los derechos de la historia de mi vida, y cuando ya no esté, puedes hacer con el mismo lo que se te antoje.

—No sería mala idea hacer una grabación.

—Quieres decir...

—Hablar delante de una pequeña grabadora. Puedo traerte una. Te sientas en tu celda y hablas de tu vida.

—Menudo aburrimiento —dijo Sam después de acabar de comerse el Mágnum y arrojar el palo a la papelera.

—Depende de cómo te lo mires. Ahora las cosas parecen bastante emocionantes.

—Sí, tienes razón. Una vida bastante monótona, pero con un final sensacional.

—A mí me parece un posible *bestseller*.

—Me lo pensaré.

De pronto Sam se incorporó de un brinco, dejando las sandalias de goma bajo la silla. Cruzó el despacho a grandes zancadas, sin dejar de contar ni de fumar.

—Cuatro por cinco y medio —susurró para sí, y siguió tomando medidas.

Adam tomó notas en su cuaderno y procuró hacer caso omiso del personaje de rojo que saltaba por la sala. Por fin Sam paró y se apoyó en un fichero.

—Quiero que me hagas un favor —dijo con la mirada fija en la pared y en un tono íntimo y respirando despacio.

—Te escucho —respondió Adam.

Sam se acercó a la silla y cogió un sobre. Se lo entregó a Adam y regresó junto al fichero. El sobre estaba boca abajo, de modo que Adam no podía ver lo que había escrito en el mismo.

—Quiero que entregues esto —dijo Sam.

—¿A quién?

—A Quince Lincoln.

Adam lo dejó sobre la mesa y miró atentamente a Sam. Pero Sam estaba perdido en otro mundo. Sus ojos arrugados miraban fijamente a algún punto de la pared opuesta.

—La he estado redactando durante una semana —dijo con la voz casi ronca—, pero he pensado en ello durante cuarenta años.

—¿Qué dice la carta?

—Pido disculpas. He acarreado la culpa durante muchos años, Adam. Joe Lincoln era un hombre bueno, honrado y un buen padre. Perdí la cabeza y lo maté sin razón. Y sabía antes de disparar que podía hacerlo impunemente. Siempre lo he lamentado. Muchísimo. No hay nada que pueda hacer ahora, a excepción de disculparme.

—Estoy seguro de que significará mucho para los Lincoln.

—Tal vez. En la carta les pido perdón, que a mi entender es la forma cristiana de hacer las cosas. Cuando muera, quiero tener la certeza de que he intentado decir que lo sentía.

—¿Alguna idea sobre dónde puedo encontrarle?

—Ésa es la parte más difícil. He oído por mis parientes que los Lincoln siguen en el condado de Ford. Ruby, su viuda, es posible que todavía viva. Me temo que tendrás que ir a Clanton y empezar a hacer preguntas. Tienen un sheriff africano, de modo que yo empezaría por él. Probablemente conoce a todos los africanos del condado.

—¿Y si encuentro a Quince?

—Dile quién eres. Dale la carta. Dile que fallecí con mucha culpa. ¿Podrás hacerlo?

—Con mucho gusto. No sé cuándo tendré tiempo.

—Espera a que haya muerto. Tendrás mucho tiempo cuando esto haya terminado.

Sam se acercó de nuevo a la silla y, en esta ocasión, cogió dos sobres. Se los entregó a Adam y empezó a andar lentamente, de un lado para otro de la sala. En uno de ellos estaba escrito el nombre de Ruth Kramer, sin dirección, y sobre el otro el de Elliot Kramer.

—Éstas son para los Kramer. Entrégalas, pero espera a que se haya efectuado la ejecución.

—¿Por qué esperar?

—Porque mis motivos son puros. No quiero que piensen que lo hago para despertar compasión en la hora de mi muerte.

Adam colocó las cartas de los Kramer junto a la de Quince Lincoln; tres cartas, tres cadáveres. ¿Cuántas cartas más elaboraría Sam durante el fin de semana? ¿Cuántas otras víctimas quedaban pendientes?

—Estás seguro de que vas a morir, ¿no es cierto, Sam?

Caminó hasta la puerta y reflexionó unos instantes.

—La suerte no nos favorece. Me preparo.

—Queda todavía alguna posibilidad.

—Por supuesto. Pero me preparo por si acaso. He lastimado a muchas personas, Adam, y no siempre he parado a pensar en ello. Pero cuando tienes una cita con san Pedro, piensas en el mal que has hecho.

Adam levantó los tres sobres y los observó.

—¿Hay otros?

Sam hizo una mueca y bajó la mirada al suelo.

—Eso es todo, por ahora.

El periódico de Jackson publicó un artículo en primera plana, el viernes por la manaña, sobre la solicitud de Sam Cayhall de una vista de clemencia. El artículo incluía una elegante fotografía del gobernador David McAllister, una mala de Sam, y numerosos comentarios autoenaltecedores de Mona Stark, secretaria ejecutiva del gobernador, en todos los cuales hacía hincapié en el esfuerzo del gobernador para tomar una decisión.

Puesto que McAllister era un auténtico hombre del pueblo, había instalado un costoso servicio telefónico directo poco después de su elección. El número de teléfono gratuito estaba impreso por todo el estado y sus habitantes estaban inundados de propaganda oficial para que utilizaran el teléfono del pueblo. Llame al gobernador. Su opinión le importa. Insuperable democracia. Las telefonistas están a la escucha.

Y puesto que tenía más ambición que fortaleza, McAllister y sus ayudantes analizaban las llamadas telefónicas a diario. Más que un líder, era un seguidor. Gastaba mucho dinero en encuestas y había demostrado gran habilidad para descubrir las cuestiones que preocupaban a la gente, y colocarse entonces en cabeza de la procesión.

Tanto Goodman como Adam lo sospechaban. McAllister estaba demasido obsesionado con su propio destino para lanzar nuevas iniciativas. Era un contador desvergonzado de votos y habían decidido darle algo que contar.

Goodman leyó el artículo por la mañana temprano mientras tomaba café y comía fruta, y a las siete treinta hablaba por teléfono con el profesor John Bryan Glass y Hez Kerry. A las ocho, tres alumnos de Glass tomaban café en tazas de plástico, en el mugriento despacho provisional. El análisis de mercado estaba a punto de empezar.

Goodman les explicó el plan y la necesidad de guardar el secreto. No quebrantaban ninguna ley, les aseguró, se limitaban a manipular la opinión pública. Los teléfonos celulares estaban sobre las mesas, junto a varias páginas de números de teléfono que Goodman había copiado el miércoles. Los estudiantes se sentían un poco aprensivos, pero no obstante ansiosos por empezar. Se les pagaría bien. Goodman demostró la técnica con la primera llamada. Marcó el número.

—Línea popular —respondió una agradable voz.

—Sí, oiga, llamo por lo del artículo de esta mañana en el periódico, acerca de Sam Cayhall —dijo lentamente Goodman, imitando en la medida de lo posible el deje sureño.

Los estudiantes se divertían.

—¿Cuál es su nombre?

—Sí, me llamo Ned Lancaster, de Biloxi, Mississippi —respondió Goodman, mientras leía la lista de números de teléfono—. Y voto por el gobernador, es un gran hombre —agregó para mayor seguridad.

—¿Y cuál es su opinión de Sam Cayhall?

—No creo que deban ejecutarle. Es un anciano que ha sufrido mucho y quiero que el gobernador le conceda un indulto. Déjenle que muera en paz, allá en Parchman.

—Muy bien. Me aseguraré de que el gobernador esté informado de su llamada.

—Gracias.

Goodman pulsó una tecla del teléfono e inclinó la cabeza ante su público.

—Muy sencillo. Manos a la obra.

El joven blanco eligió un número de teléfono. Su conversación con la telefonista fue más o menos la siguiente:

—Oiga, me llamo Lester Crosby, de Bude, Mississippi. Llamo por lo de la ejecución de Sam Cayhall. Sí señora. ¿Mi teléfono? El quinientos cincuenta y cinco, nueve cero ocho cuatro. Sí, Bude, Mississippi, aquí en el condado de Franklin. Eso es. Pues, no creo que deban mandar a Sam Cayhall a la cámara de gas. No soy partidario de la pena de muerte. Creo que el gobernador debería intervenir para impedir la ejecución. Sí señora, eso es. Gracias.

Le sonrió a Goodman, cuando empezaba a marcar ya de nuevo.

La mujer blanca era una estudiante de edad avanzada. Procedía del campo y hablaba naturalmente con un acento rural.

—Oiga, ¿es el despacho del gobernador? Bien. Llamo por lo del artículo sobre Cayhall en el periódico de hoy. Susan Barnes. Decatur, Mississippi. Eso es. Bueno, es un anciano que probablemente morirá dentro de unos años. ¿De qué servirá que el estado le ejecute ahora? Denle un respiro. ¿Cómo? Sí, quiero que el gobernador lo impida. He votado por él y creo que es un hombre excelente. Sí. Yo también le doy las gracias.

El estudiante negro tenía casi treinta años. Se limitó a comunicarle a la telefonista que era un negro de Mississippi, completamente opuesto a las ideas que Sam Cayhall y el Klan promulgaban, pero también opuesto a la ejecución.

—El gobierno no tiene derecho a determinar si alguien vive o muere —dijo.

No era partidario de la pena de muerte bajo ninguna circunstancia.

Y así prosiguieron. Las llamadas llegaban de todos los confines del estado, cada una de una persona diferente y con su propia lógica para detener la ejecución. Los estudiantes empezaron a ser creativos, utilizando diversos acentos y razonamientos variados. De vez en cuando la línea estaba ocupada y les divertía comprobar que habían saturado el teléfono popular. Debido a su acento norteño, Goodman adoptó el papel de forastero, una especie de abolicionista de la pena de muerte que se desplazaba por todo el país, con una sorprendente variedad de nombres y lugares de origen.

A Goodman le preocupó la posibilidad de que McAllister se pusiera lo suficientemente paranoico como para intentar localizar las llamadas de la línea popular, pero decidió que las telefonistas estarían demasiado ocupadas.

E indudablemente lo estaban. Al otro lado de la ciudad, John Bryan Glass anuló una clase y se encerró en su estudio. Se lo pasó de maravilla haciendo numerosas llamadas con diversos seudónimos. No lejos de allí, Hez Kerry y uno de los abogados que trabajaban para él, bombardeaban también la línea popular con los mismos mensajes.

Adam se apresuró en regresar a Memphis. Darlene estaba en su despacho intentando organizar la montaña de papeleo, y le señaló un montón cerca del ordenador.

—La denegación de la avocación está encima, seguida del dictamen del Tribunal Supremo de Mississippi. Luego encontrará el recurso de *habeas corpus* para presentar al Tribunal Federal del distrito. Ya lo he mandado todo por fax.

Adam se quitó la chaqueta y la arrojó sobre una silla. Entonces vio una colección de papeles rosados, con mensajes telefónicos, pegados a la estantería.

—¿Quiénes son todos ésos?

—Periodistas, escritores, chiflados, e incluso un par de abogados que ofrecen sus servicios. Uno es de Garner Goodman desde Jackson. Dice que el estudio de mercado progresa satisfactoriamente y que no le llame. ¿A qué estudio de mercado se refiere?

—No me lo pregunte. ¿Se sabe algo del quinto circuito?

—No.

Adam respiró hondo y se dejó caer en su silla.

—¿Almuerzo? —preguntó la secretaria.

—Sólo un bocadillo, si no le importa. ¿Puede trabajar mañana y el domingo?

—Por supuesto.

—Necesito que se quede aquí todo el fin de semana, pendiente del teléfono y del fax. Lo siento.

—No me importa. Le traeré un bocadillo.

Se marchó y cerró la puerta a su espalda. Adam llamó a casa de Lee y no obtuvo ninguna respuesta. Llamó a Auburn House, pero nadie había tenido noticias suyas. Llamó a Phelps Booth, pero estaba en una reunión del consejo de administración. Llamó a Carmen a Berkeley y le dijo que hiciera los preparativos necesarios para llegar a Memphis el domingo.

Repasó los mensajes telefónicos y decidió que ninguno merecía su atención.

A la una, Mona Stark habló con los periodistas que circulaban por la oficina del gobernador en el Capitolio. Declaró que después de mucha deliberación, el gobernador había decidido celebrar una vista de clemencia el lunes a las diez de la mañana, en cuyo momento consideraría las circunstancias y apelaciones para tomar una decisión justa. Era una grave responsabilidad, explicó, el hecho de sopesar la vida y la muerte. Pero David McAllister se aseguraría de que imperara la justicia y la rectitud.

CUARENTA Y UNO

Packer se presentó en la celda el sábado a las cinco y media de la madrugada y no se preocupó de las esposas. Sam le esperaba y abandonaron silenciosamente la galería A. Cruzaron la cocina, donde los presos de confianza preparaban huevos revueltos y freían tocino. Sam no había estado nunca en la cocina y andaba despacio, contando los pasos, comprobando sus dimensiones. Packer abrió una puerta y le indicó a Sam que se diera prisa. Salieron a la oscuridad del exterior. Sam se detuvo para observar la estructura cuadrada de ladrillo rojo a su derecha, donde se encontraba la cámara de gas. Packer tiró de su brazo y caminaron juntos hasta el extremo este del patíbulo, donde otro guardia vigilaba y esperaba. El guardia le entregó a Sam una gran taza de café y le condujo por un portalón a un patio semejante a los corrales del lado oeste del patíbulo. Estaba rodeado de una verja de tela metálica, con su correspondiente cesta de baloncesto y dos bancos. Packer dijo que regresaría al cabo de una hora y se marchó con el guardia.

Sam permaneció un buen rato inmóvil mientras se tomaba el café caliente y se empapaba del paisaje. Su primera celda había estado en la galería D, en el ala este, y ya había estado muchas veces en aquel patio. Conocía sus dimensiones exactas: veinte metros por treinta y dos. Vio el guardia en la torre de vigilancia bajo una luz, que le observaba. A través de las verjas y por encima del algodón, veía las luces de otros edificios. Se acercó lentamente a un banco y se sentó.

Qué amabilidad la de esa gente, al concederle su deseo de ver una última salida del sol. No había presenciado ninguna desde hacía nueve años y medio, y al principio Nugent había denegado su petición. Luego intervino Packer y le explicó al coronel que no corría ningún riesgo, que no suponía ningún peligro para la seguridad, y qué diablos, iba a morir dentro de cuatro días. Packer se hacía responsable.

Sam contemplaba el horizonte de levante, donde se insinuaba un tono anaranjado entre nubes dispersas. Durante su primera época en el patíbulo, cuando sus apelaciones eran recientes e irresolutas, pasaba horas recordando los maravillosos quehaceres de la vida cotidiana, cosas insignificantes como la ducha diaria con agua caliente, la compañía de su perro, o la miel de los bizcochos. Entonces todavía creía que algún día volvería a cazar ardillas y codornices, pescar bremas y lubinas, sentarse en la terraza para contemplar la salida del sol, tomar café en los bares de la ciudad y desplazarse a su antojo en su vieja camioneta. Su sueño en aquella primera época en el patíbulo había sido el de ir en avión a California y encontrar a sus nietos. Nunca se había subido a un avión.

Pero hacía mucho que se habían extinguido sus sueños de libertad, desplazados por la tediosa monotonía de la celda, asesinados por los categóricos dictámenes de muchos jueces.

Aquél sería su último amanecer, estaba convencido de ello. Eran demasiados los que le querían muerto. La cámara de gas no se utilizaba con la frecuencia necesaria, había llegado el momento de una ejecución, maldita sea, y él era el próximo de la lista.

Se iluminaba el firmamento y se disipaban las nubes. Aunque se veía obligado a contemplar aquel magnífico fenómeno de la naturaleza a través de una tela metálica, era enormemente placentero. Sólo unos días y las verjas desaparecerían. Los barrotes, alambres espinosos y celdas de la cárcel serían para otros.

Los periodistas fumaban cigarrillos y tomaban café de la máquina, cuando esperaban junto a la entrada sur del Capitolio, a primera hora del sábado por la mañana. Se había corrido la voz de que el gobernador pasaría muchas horas en su despacho, deliberando sobre el asunto de Cayhall.

A las siete y media se detuvo en un lugar cercano un Lincoln negro y el gobernador se apeó rápidamente del vehículo. Dos elegantes guardaespaldas le acompañaron a la entrada del edificio, seguidos a pocos pasos de Mona Stark.

—Señor gobernador, ¿piensa asistir a la ejecución? —preguntó atropelladamente el primer periodista.

McAllister sonrió y levantó las manos, como para indicar que le encantaría detenerse a charlar, pero tenía demasiados asuntos importantes que atender. Entonces vio una cámara colgada del cuello de otro periodista.

—Todavía no lo he decidido —respondió después de detenerse un momento.

—¿Declarará Ruth Kramer en la vista de clemencia del lunes?

La cámara estaba levantada y a punto de disparar.

—No puedo asegurárselo en este momento —respondió, mientras le sonreía al objetivo—. Lo siento, muchachos, ahora no puedo seguir charlando con ustedes.

Entró en el edificio y subió en el ascensor hasta su despacho en el primer piso. Los guardaespaldas ocuparon sus puestos en el vestíbulo, tras los periódicos de la mañana.

El abogado Larramore esperaba con las últimas informaciones. Les explicó al gobernador y a la señora Stark que no había habido ningún cambio en los diversos recursos y apelaciones de Cayhall, desde las cinco de la tarde del día anterior. No había ocurrido nada durante la noche. En su opinión, las apelaciones eran cada vez más desesperadas y los tribunales las denegarían con mayor rapidez. Había hablado ya con Morris Henry, de la fiscalía general y, según la erudita opinión del «doctor muerte», había ahora un ochenta por ciento de probabilidades de que la ejecución tuviera lugar.

—¿Cómo está lo de la vista de clemencia del lunes? ¿Se sabe algo de los abogados de Cayhall? —preguntó McAllister.

—No. Le he pedido a Garner Goodman que pase por mi despacho a las nueve de esta mañana. He pensado que podríamos hablar con él del tema. Estaré en mi despacho si me necesita.

Larramore se disculpó. La señora Stark se ocupaba como todas las mañanas de hojear los periódicos de todo el estado y los iba colocando sobre la mesa de conferencias. De los nueve periódicos que observó, la historia de Cayhall aparecía en primera plana en ocho de ellos. La noticia de la vista de clemencia era de especial interés el sábado por la mañana. Tres de ellos publicaban la misma fotografía de los miembros del Klan, asándose bajo el agobiante sol de agosto, junto a Parchman.

McAllister se quitó la chaqueta, se subió las mangas de la camisa y empezó a repasar los periódicos.

—Traiga las cifras —ordenó.

Mona abandonó el despacho y regresó en menos de un minuto con una copia impresa del ordenador que, evidentemente, traía pésimas noticias.

—Escucho —dijo el gobernador.

—Las llamadas cesaron anoche alrededor de las nueve, la última tuvo lugar a las nueve y siete minutos. El total del día es de cuatrocientas ochenta y seis, y por lo menos el noventa por ciento expresaron una fuerte oposición a la ejecución.

—Noventa por ciento —repitió con incredulidad McAllister.

No obstante, ya no estaba atónito. A mediodía del día anterior, las telefonistas ya le habían informado sobre la recepción de un número inusual de llamadas y a la una de la tarde, Mona había analizado los resultados. Habían pasado buena parte de la tarde observando las cifras, considerando el próximo paso. El gobernador había dormido poco.

—¿Quiénes son esas personas? —preguntó, sin dejar de mirar por la ventana.

—Sus electores. Las llamadas llegan de todos los confines del estado. Los nombres y los números parecen legítimos.

—¿Cuál ha sido el número máximo alcanzado con anterioridad?

—No lo sé. Creo que llegamos a tener cerca de un centenar en un solo día, cuando los parlamentarios se otorgaron a sí mismos un aumento de sueldo. Pero nada parecido a lo de ahora.

—Noventa por ciento —farfulló de nuevo.

—Y hay algo más. Se recibieron también muchas llamadas a otros números de la oficina. Mi secretaria registró alrededor de una docena.

—Todas sobre Sam, ¿no es cierto?

—Sí, todas opuestas a la ejecución. He hablado con algunos de nuestros empleados y todos se vieron acosados por el teléfono. Roxburgh me llamó anoche a mi casa y dijo que su despacho se había visto inundado de llamadas contra la ejecución.

—Estupendo. Me alegro de que él también sufra.

—¿Cerramos la línea popular?

—¿Cuántas telefonistas trabajan sábado y domingo?

—Sólo una.

—No. Déjela abierta hoy. Veamos lo que ocurre entre hoy y mañana —respondió al tiempo que se acercaba a otra ventana y se aflojaba la corbata—. ¿A qué hora empieza la encuesta?

—A las tres de la tarde.

—Estoy impaciente por ver esas cifras.

—Podrían ser igualmente nefastas.

—Noventa por ciento —repitió una vez más, sin dejar de mover la cabeza.

—Más del noventa por ciento —agregó Mona.

La sala de guerra, después de un largo día de estudio de mercado, estaba repleta de cajas de pizzas y latas de cerveza. Una fuente de buñuelos frescos y una serie de tazas de plástico llenas de café esperaban a los analistas, dos de los cuales acababan de llegar con periódicos. Garner Goodman estaba junto a la ventana con unos prismáticos nuevos observando el Capitolio a una distancia de tres manzanas, y prestando particular atención a las ventanas del despacho del gobernador. El día anterior, durante un momento de aburrimiento, había ido a unas galerías en busca de una librería. Descubrió los prismáticos en el escaparate de una peletería y por la tarde se divirtieron intentando ver al gobernador cabilando por la ventana, preguntándose sin duda de dónde procedían todas aquellas llamadas.

Los estudiantes devoraron los buñuelos y los periódicos. Había un análisis concienzudo, aunque breve, de algunos defectos de procedimiento evidentes en los estatutos de desagravio poscondenatorio de Mississippi. A las ocho llegó el tercer miembro de aquel turno, un estudiante de primer curso oriundo de Nueva Orleans, y empezaron las llamadas.

Fue evidente de inmediato que la línea popular no funcionaba con la misma eficacia que el día anterior. No era fácil conseguir línea. No importaba. Usaron números alternativos: la centralita de la mansión del gobernador y las líneas de las coquetonas oficinas regionales repartidas por todo el estado, fundadas por él con mucho bombo y platillo, a fin de permanecer, como hombre del pueblo, cerca de su gente.

La gente llamaba.

Goodman salió del despacho y se dirigió por Congress Street hacia el Capitolio. Oyó que alguien hacía pruebas con un altavoz y luego vio a los miembros del Klan. Se estaban organizando, por lo menos una docena de ellos plenamente ataviados, alrededor del monumento a una mujer confederada frente a la escalinata del Capitolio. Goodman saludó incluso a uno de ellos cuando pasaba, para poder decir a su regreso a Chicago que había hablado con auténticos miembros del Klan.

Los dos periodistas que habían esperado la llegada del gobernador contemplaban ahora el espectáculo desde los peldaños. Cuando Goodman entraba en el Capitolio, llegó un equipo de la televisión local.

Mona Stark le dijo que el gobernador estaba demasiado ocupado para recibirle, pero que el señor Larramore disponía de unos minutos. Goodman se alegró enormemente al comprobar que parecía estar algo decaída. La siguió al despacho de Larramore, donde el abogado hablaba por teléfono. Goodman esperaba que fuera una de sus llamadas. Tomó obedientemente asiento, Mona se retiró y cerró la puerta.

—Buenos días —dijo Larramore cuando colgó.

Goodman asintió educadamente.

—Gracias por la vista —dijo—. Después de lo que dijo el miércoles, no esperaba que el gobernador nos la concediera.

—Está bajo mucha presión. Todos lo estamos. ¿Está su cliente dispuesto a hablar de su cómplice?

—No. No ha habido ningún cambio.

Larramore se pasó los dedos por su pegajosa cabellera y movió frustrado la cabeza.

—¿Entonces cuál es el propósito de una vista de clemencia? El gobernador no cambiará de actitud, señor Goodman.

—Estamos intentando convencer a Sam. Hablamos con él. Preparemos la vista para el lunes. Puede que Sam cambie de opinión.

Sonó el teléfono y Larramore lo levantó enojado.

—No, éste no es el despacho del gobernador. ¿Con quién hablo? —preguntó antes de escribir un nombre y un número de teléfono—. Éste es el departamento jurídico del gobernador —agregó con los ojos cerrados, al tiempo que movía la cabeza—. Sí, sí, estoy seguro de que votó por el gobernador. Gracias, señor Hurt. Comunicaré su llamada al gobernador. Sí, gracias.

Colgó el teléfono.

—De modo que el señor Gilbert Hurt, de Dumas, Mississippi, está contra la ejecución —declaró aturdido, con la mirada fija en el teléfono—. Los teléfonos se han vuelto locos.

—¿Reciben muchas llamadas? —preguntó Goodman, en tono compasivo.

—Le parecería increíble.

—¿A favor o en contra?

—Aproximadamente la mitad de cada, diría yo —respondió Larramore, antes de levantar el teléfono y marcar el número del señor Gilbert Hurt, de Dumas, Mississippi, sin obtener respuesta alguna—. Es curioso —agregó después de colgar—. Ese individuo acaba de llamarme, me ha dado un número correcto y ahora no contesta.

—Puede que haya salido. Pruébelo más tarde —dijo Goodman, con la esperanza de que no tuviera tiempo de hacerlo.

Durante la primera hora del estudio de mercado del día anterior, Goodman había introducido un pequeño cambio en la técnica. Les había dicho a sus colaboradores que llamaran primero a los números en cuestión, para asegurarse de que no contestaban. Así se evitaba que alguien curioso como Larramore, o tal vez alguna telefonista chismosa de la línea popular, llamara y hablara con la auténtica persona, que con toda probabilidad sería partidaria de la pena de muerte. Eso hacía que su labor fuera un poco más lenta, pero de ese modo Goodman se sentía más seguro.

—Estoy haciendo los preparativos para la vista —dijo Larramore—, por si acaso. Probablemente se celebrará en la sala de juntas de asuntos internos, al final del pasillo.

—¿Se celebrará a puerta cerrada?

—No. ¿Supone eso un problema para ustedes?

—Nos quedan sólo cuatro días, señor Larramore. Todo supone un problema. Pero el gobernador es quien tiene la palabra. Estamos simplemente agradecidos de que nos la haya concedido.

—Tengo sus números de teléfono. Nos mantendremos en contacto.

—No me marcharé de Jackson hasta que esto haya terminado.

Se estrecharon rápidamente la mano y Goodman abandonó el despacho. Se sentó en los peldaños durante media hora y observó cómo se organizaban los miembros del Klan y atraían a los curiosos.

CUARENTA Y DOS

Aunque de joven había usado una túnica blanca y capirote, Donnie Cayhall se mantuvo alejado de los miembros del Klan que patrullaban por el césped, cerca de la puerta principal de Parchman. Las medidas de seguridad eran rigurosas, con guardias armados que vigilaban a los manifestantes. Junto a la marquesina donde se habían reunido los miembros del Klan, había un reducido grupo de cabezas rapadas con camisas castañas. Llevaban pancartas en las que se exigía la libertad de Sam Cayhall.

Donnie contempló un momento el espectáculo, antes de seguir las indicaciones de un guardia de seguridad y aparcar el coche junto a la carretera. Se comprobó su nombre en el puesto de guardia y al cabo de unos instantes vino a por él una furgoneta de la cárcel. Hacía nueve años y medio que su hermano estaba en Parchman, y había procurado visitarle por lo menos una vez al año. Pero le avergonzaba admitir que su última visita había tenido lugar hacía dos años.

Donnie Cayhall tenía sesenta y un años, y era el más joven de los hermanos Cayhall. Habían seguido todas las enseñanzas de su padre y se habían afiliado al Klan de adolescentes. Había sido una decisión sencilla, con escasa premeditación, puesto que era lo que se esperaba de toda la familia. Más adelante se había afiliado al ejército, luchado en Corea y viajado por el mundo. Durante dicho período, desapareció su interés por las túnicas y la quema de cruces. Abandonó Mississippi en mil novecientos sesenta y uno, y se fue a trabajar para una fábrica de muebles en Carolina del Norte. Ahora vivía cerca de Durham.

A lo largo de nueve años y medio, le había mandado a Sam todos los meses una caja con cigarrillos y una pequeña cantidad de dinero. Le había escrito algunas cartas, pero ni a él ni a Sam les interesaba la correspondencia. Pocas personas de Durham sabían que tuviera un hermano condenado a muerte.

Le cachearon después de cruzar el portalón y le condujeron al despacho frontal. Trajeron a Sam al cabo de escasos minutos y les dejaron a solas. Eran de una altura y corpulencia parecidas, aunque Sam tenía el aspecto de llevarle veinte años. Sam se sentó al borde del escritorio y Donnie cogió una silla.

Encendieron ambos un cigarrillo y desviaron la mirada.

—¿Alguna buena noticia? —preguntó finalmente Donnie, seguro de la respuesta.

—No. Ninguna. Los tribunales deniegan todas las peticiones. Lo harán, Donnie. Van a matarme. Me llevarán a la cámara de gas y me sacrificarán como a un animal.

—Lo siento, Sam —respondió Donnie muy compungido.

—Yo también lo siento, pero maldita sea, me alegraré cuando todo haya terminado.

—No digas eso.

445

—Hablo en serio. Estoy harto de vivir en una jaula. Soy un anciano y ha llegado mi hora.

—Pero tú no mereces que te maten, Sam.

—Eso es lo más duro. No es el hecho de morir, maldita sea, todos morimos. No soporto la idea de que esos cretinos acaben por dominarme. Me habrán vencido. Y su premio consiste en sujetarme a una silla y ver cómo me asfixio. Es repugnante.

—¿No puede hacer nada tu abogado?

—Lo está intentando todo, pero parece inútil. Quiero que le conozcas.

—He visto su fotografía en los periódicos. No se parece a nadie de nuestra familia.

—Tiene suerte. Ha salido más a su madre.

—¿Es listo?

—Sí, es un fenómeno —logró sonreír Sam—. Realmente le afecta todo esto.

—¿Vendrá hoy?

—Probablemente. No he tenido ninguna noticia suya. Se aloja en casa de Lee, en Memphis —respondió Sam, con un toque de orgullo. Gracias a él, su hija y su nieto habían intimado, y en realidad vivían pacíficamente juntos.

—He hablado con Albert esta mañana —dijo Donnie—. Dice que está demasiado enfermo para venir.

—Me alegro. No quiero verle aquí. Ni tampoco me apetece ver a sus hijos ni a sus nietos.

—Quiere presentar sus respetos, pero no puede.

—Dile que se los reserve para el entierro.

—Por Dios, Sam.

—Nadie llorará por mí cuando esté muerto. Tampoco quiero que nadie finja antes de entonces.

»Necesito algo de ti, Donnie. Y costará un poco de dinero.

—Por supuesto. Lo que sea.

Sam tiró de la cintura de su mono rojo.

—¿Ves este maldito atuendo? Lo llaman chándal rojo y lo he usado a diario desde hace casi diez años. Esto es lo que el estado de Mississippi espera que lleve puesto cuando me maten. Pero, en realidad, tengo derecho a usar lo que quiera. Significaría mucho para mí morir con una ropa bonita.

A Donnie, de pronto, le embargó la emoción. Intentó hablar, pero se le atragantaron las palabras. Se le habían humedecido los ojos y le temblaban los labios.

—Por supuesto, Sam —logró asentir.

—¿Sabes esos pantalones que se utilizan para trabajar, esos que se conocen como Dickies? Son de una especie de color caqui. Los usé muchos años.

Donnie seguía asintiendo.

—Unos como ésos estaría bien, con algún tipo de camisa blanca, no de las que se ponen por la cabeza, sino con botones. La talla de camisa pequeña, y la del pantalón también, ochenta y uno de cintura. Unos calcetines blancos y unos zapatos baratos. Maldita sea, sólo los utilizaré una vez, ¿no te parece? Si vas a Wal Mart u otro lugar por el estilo, probablemente podrás conseguirlo todo por menos de treinta dólares. ¿Te importa?

—No, Sam —intentó sonreír Donnie, mientras se frotaba los ojos.

—Estaré muy elegante, ¿no te parece?

—¿Dónde van a enterrarte?

—En Clanton, junto a Anna. Estoy seguro de que esto trastornará su pacífico descanso. Adam se ocupa de los preparativos.

—¿Qué más puedo hacer por ti?

—Nada. Procura conseguirme la ropa.

—Lo haré hoy mismo.

—Tú eres la única persona en el mundo que se ha preocupado por mí a lo largo de estos años, ¿lo sabías? La tía Barb me escribió durante mucho tiempo hasta que murió, pero sus cartas eran siempre frías y lejanas, y pensé que sólo lo hacía para podérselo contar a sus vecinas.

—¿Quién diablos era la tía Barb?

—La madre de Hubert Cain. Ni siquiera estoy seguro de que fuéramos parientes. Apenas la conocía hasta que llegué aquí y entonces empezó esa horrible correspondencia. Estaba simplemente muy disgustada de que uno de los suyos estuviera en Parchman.

—Que en paz descanse.

Sam soltó una carcajada y recordó una antigua anécdota de su infancia, que contó con gran regocijo y, al cabo de unos minutos, ambos hermanos se tronchaban de risa. Entonces Donnie recordó otra y así sucesivamente durante una hora.

Cuando llegó Adam, ya avanzada la tarde del sábado, hacía horas que Donnie se había marchado. Le condujeron al despacho frontal, donde colocó varios documentos sobre la mesa. Trajeron a Sam, sin esposas, y los guardias cerraron la puerta después de retirarse. Adam se percató inmediatamente de que Sam traía más sobres.

—¿Más recados? —preguntó con cierto recelo.

—Sí, pero pueden esperar hasta que todo haya terminado.

—¿Para quién?

—Uno es para la familia Pinder, en cuya casa de Vicksburg coloqué una bomba. Uno para la sinagoga que destruí en Jackson. Y uno para el agente inmobiliario también de Jackson. Puede que haya otros. Pero no hay prisa, porque sé que estás muy atareado en estos momentos. Sin embargo, cuando haya fallecido, te agradecería que te ocuparas de ello.

—¿Qué dicen esas cartas?

—¿Qué crees que pueden decir?

—No lo sé. Que lo lamentas, supongo.

—Eres muy listo. Reconozco la maldad de mis actos, me arrepiento de mis pecados y les pido que me perdonen.

—¿Por qué lo haces?

Sam dejó de moverse y se apoyó en un fichero.

—Porque paso el día en una pequeña jaula. Porque tengo una máquina de escribir y mucho papel. Porque me aburro como una ostra y, qué diablos, me da por escribir. Porque tengo conciencia, aunque no mucha, y cuanto más me acerco a la muerte, más culpable me siento de lo que he hecho.

—Lo siento. Llegarán a sus destinatarios —dijo Adam mientras señalaba algo en su lista de encargos—. Nos quedan dos apelaciones. El quinto circuito todavía no ha decidido sobre la representación inadecuada. Esperaba saber algo a estas alturas, pero no ha ocurrido nada en los dos últimos días. La de enajenación mental está en el tribunal federal del distrito.

—Es inútil, Adam.

—Tal vez, pero no me doy por vencido. Presentaré otra docena de recursos si es necesario.

—No pienso firmar nada más. No podrás presentarlos si no los firmo.

—Sí puedo. Hay formas de hacerlo.

—Entonces estás despedido.

—No puedes despedirme, Sam. Soy tu nieto.

—Tenemos un contrato en virtud del cual puedo despedirte cuando se me antoje. Está por escrito.

—Es un documento improcedente, redactado por un recluso muy versado en leyes, pero no obstante deficiente.

Sam dio unos bufidos y empezó a caminar de nuevo de un lado para otro. Paseó media docena de veces frente a Adam, su abogado hoy, mañana y para el resto de su vida. Sabía que no podía prescindir de sus servicios.

—Tenemos una vista de clemencia programada para el lunes —dijo Adam con la mirada en su cuaderno, a la espera de la explosión.

Pero Sam no se inmutó, ni perdió el paso.

—¿Cuál es el propósito de una vista de clemencia? —preguntó.

—Suplicar clemencia.

—¿A quién?

—Al gobernador.

—¿Y tú crees que el gobernador estará dispuesto a otorgarme clemencia?

—¿Qué podemos perder?

—Contesta a mi pregunta, listillo. Con toda tu formación, experiencia y genialidad jurídicas, ¿esperas seriamente que el gobernador esté dispuesto a considerar la idea de otorgarme clemencia?

—Tal vez.

—Tal vez y una mierda. Eres un imbécil.

—Gracias, Sam.

—De nada —dijo después de detenerse frente a su nieto y señalarle con un dedo torcido—. Te he dicho desde el primer momento que yo, como cliente y por tanto con derecho a cierta consideración, no quiero tener nada que ver con David McAllister. No apelaré a la clemencia de ese cretino. No suplicaré su perdón. No tendré contacto alguno con él. Ésta es mi voluntad, joven, y te lo dejé claro desde el primer momento. Tú, por otra parte, como abogado, has hecho caso omiso de mis deseos y has manejado alegremente el asunto a tu antojo. Tú eres el abogado, ni más ni menos. Yo, por otra parte, soy el cliente, y no sé qué te enseñaron en la facultad, pero soy yo quien toma las decisiones —agregó antes de acercarse a una silla, levantar un sobre y entregárselo a Adam—. Esto es una carta al gobernador solicitando la anulación de la vista de clemencia del lunes. Si te niegas a entregarla, distribuiré copias de la misma a los periodistas. Os pondré a ti, a Garner Goodman y al gobernador en ridículo. ¿Está claro?

—Como el agua.

Sam volvió a dejar el sobre en la silla y encendió otro cigarrillo.

Adam dibujó otro círculo en su lista.

—Carmen estará aquí el lunes. En cuanto a Lee, no estoy seguro.

Sam se acercó a una silla y se sentó, sin mirar a Adam.

—¿Está todavía en rehabilitación?

—Sí, y no estoy seguro de cuándo saldrá. ¿Quieres que venga a verte?

—Me lo pensaré.

Piénsatelo rápido, ¿de acuerdo?

—Muy gracioso. Mi hermano Donnie ha venido hoy a verme. Es mi hermano menor, ¿lo sabías? Quiere conocerte.

—¿Era miembro del Klan?

—¿Qué clase de pregunta es ésa?

—Una que se puede responder con un simple sí o no.

—Sí, estaba en el Klan.

—Entonces no quiero conocerle.

—No es una mala persona.

—En tu opinión.

—Es mi hermano, Adam. Quiero que conozcas a mi hermano.

—No me apetece conocer a ningún Cayhall, Sam, particularmente a los que llevaban túnicas y capirotes.

—¿En serio? Hace tres semanas querías saberlo todo sobre la familia. No lograbas saciarte.

—Me doy por vencido, ¿vale? Ya he oído bastante.

—Pues hay mucho más.

—Basta, basta. No me interesa.

Sam refunfuñó algo y sonrió para sus adentros. Adam consultó su cuaderno.

—Te complacerá saber que a los miembros del Klan de la puerta se han unido ahora grupos de nazis, arios y cabezas rapadas, entre otros. Están todos junto a la carretera, exhibiendo pancartas a los coches que pasan. En sus carteles se pide evidentemente la libertad de Sam Cayhall, su héroe. Es un verdadero circo.

—Lo he visto por televisión.

—También se manifiestan en Jackson, alrededor del Capitolio estatal.

—¿Es culpa mía?

—No. Es tu ejecución. Ahora te has convertido en un símbolo. Y pronto en un mártir.

—¿Qué se supone que debo hacer?

—Nada. Limítate a morir y todos serán felices.

—¿No estás un poco imbécil hoy?

—Lo siento, Sam. La presión empieza a ser excesiva.

—Arroja la toalla. Yo ya lo he hecho. Te lo recomiendo encarecidamente.

—Olvídalo. Tengo a esos payasos en la cuerda floja, Sam. Todavía no he empezado a luchar.

—Sí, has presentado tres recursos y un total de siete tribunales te los han denegado. Cero sobre siete. Me pregunto qué ocurrirá cuando empieces a luchar en serio —dijo Sam con una perversa sonrisa, que le provocó a Adam una carcajada y se sintieron ambos un poco más relajados.

—Tengo una gran idea para un pleito cuando hayas fallecido —declaró Adam, con fingido entusiasmo.

—¿Cuando haya fallecido?

—Exactamente. Les demandaremos por muerte indebida. Acusaremos a McAllister, Nugent, Roxburgh y al estado de Mississippi. Haremos que comparezcan todos.

—Nunca se ha hecho —dijo Sam mientras se frotaba la cabeza como si estuviera muy pensativo.

—Lo sé. Se me ha ocurrido a mí solito. Puede que no les saquemos un centavo, pero piensa en lo que me divertiré atosigando a esos cabrones durante los próximos cinco años.

—Cuentas con mi permiso para el pleito. ¡Demándalos!

Desaparecieron lentamente las sonrisas y se esfumó el buen humor. Adam encontró algo más en su lista.

—Sólo un par de cosas más. Lucas Mann me ha encargado que te pregunte por los testigos. Tienes derecho a elegir dos de ellos, llegado el momento.

—Donnie no quiere intervenir. No voy a permitir que tú estés presente. No se me ocurre nadie que desee presenciarlo.

—De acuerdo. A propósito, he recibido por lo menos treinta solicitudes de entrevista. Prácticamente todos los periódicos y revistas importantes quieren hablar contigo.

—No.

—De acuerdo. ¿Te acuerdas del escritor del que hablamos la última vez, Wendall Sherman? El que quería grabar tu historia en cinta y...

—Sí. Por cincuenta mil pavos.

—Ahora se han convertido en cien mil. Su editor pondrá el dinero. Quiere grabarlo todo, presenciar la ejecución, investigar a fondo y luego escribir un voluminoso libro.

—No.

—De acuerdo.

—No quiero pasar los próximos tres días hablando de mi vida. Me niego a que un desconocido vaya husmeando por el condado de Ford. Ni tampoco necesito particularmente cien mil dólares en este momento de mi vida.

—Me parece bien. En cierta ocasión mencionaste la ropa que querías usar...

—Donnie se ocupa de ello.

—Perfecto. Próxima cuestión. A no ser que se conceda un aplazamiento, tienes derecho a que te acompañen dos personas durante tus últimas horas. Como es de suponer, la cárcel dispone de un formulario que debes firmar designando a dichas personas.

—Siempre son el abogado y el sacerdote, ¿no es cierto?

—Así es.

—Entonces tú y Ralph Griffin, supongo.

Adam rellenó los nombres en el formulario.

—¿Quién es Ralph Griffin?

—El nuevo capellán de la cárcel. Es contrario a la pena de muerte, ¿no te parece increíble? Su predecesor creía que debían ejecutarlos a todos, naturalmente en nombre de Jesucristo.

Adam le entregó el formulario a Sam.

—Firma aquí.

Sam estampó su nombre y le devolvió el documento.

—Tienes derecho a una última visita conyugal.

Sam soltó una sonora carcajada.

—Válgame Dios, hijo. Soy un anciano.

—Es uno de tus derechos. Hace un par de días Lucas Mann me recordó que te lo mencionara.

—De acuerdo. Ya me lo has mencionado.

—Aquí tengo otro formulario para tus efectos personales. ¿A quién deben entregarse?

—¿Te refieres a mis bienes?

—Más o menos.

—Esto es muy morboso, Adam. ¿Por qué nos ocupamos de esto ahora?

—Soy tu abogado, Sam. Cobro para ocuparme de los detalles. Es simple papeleo.

—¿Quieres mis cosas?

Adam reflexionó unos instantes. No quería herir la susceptibilidad de Sam, pero al mismo tiempo era incapaz de imaginar lo que haría con unas prendas de ropa vieja, libros desgastados, un aparato de televisión portátil y unas sandalias de goma.

—Por supuesto —respondió.

—Entonces, tuyas son. Cógelas y quémalas.

—Firma aquí —dijo Adam, al tiempo que le colocaba el formulario sobre la mesa.

Sam lo firmó, se incorporó de un brinco y empezó a andar de nuevo de un lado para otro.

—Realmente me gustaría que conocieras a Donnie.

—De acuerdo. Como quieras.

Adam guardó su cuaderno y los formularios en su maletín. Los pequeños detalles estaban ahora resueltos y el maletín parecía mucho más pesado.

—Volveré por la mañana —dijo Adam.

—Tráeme buenas noticias, ¿de acuerdo?

El coronel Nugent paseaba marcialmente por el borde de la carretera, seguido de una docena de guardias armados. Miró fijamente a los miembros del Klan, veintiséis según el último recuento, y echó una mala mirada a los diez nazis de camisa castaña. Se detuvo para contemplar un grupo de cabezas rapadas mezclados entre los nazis. Prosiguió al borde del césped, donde se encontraban los manifestantes, y paró para hablar unos momentos con dos religiosas católicas bajo una sombrilla, lo más lejos posible de los demás. La temperatura era de treinta y nueve grados y las monjas se asaban a la sombra. Tomaban agua helada, con las pancartas apoyadas en sus rodillas y de cara a la carretera.

Las monjas le preguntaron quién era y qué quería. Les explicó que era el alcaide en funciones de la cárcel y que se limitaba a asegurarse de que la manifestación transcurriera ordenadamente.

Le pidieron que se marchara.

CUARENTA Y TRES

Tal vez porque era domingo, o quizá porque llovía, Adam tomó su café matutino con inesperada serenidad. Todavía no había amanecido y las gotas calientes de un chaparrón veraniego en la terraza eran embelesadoras. Estaba junto a la puerta abierta, escuchando el chapoteo del agua. Era demasiado temprano y todavía no había empezado el tráfico en Riverside Drive. Tampoco se oía ningún remolcador en el río. Estaba todo tranquilo y apacible.

Además aquel día, tercero antes de la ejecución, no tenía mucho que hacer. Iría en primer lugar al despacho, con el propósito de elaborar otra petición de último momento. La apelación era tan absurda que a Adam casi le daba vergüenza presentarla. Luego iría a Parchman y pasaría un rato con Sam.

Era improbable que ocurriera algo en los tribunales el domingo. Cabía indudablemente la posibilidad, puesto que los secretarios de ejecuciones y su personal estaban permanentemente de guardia cuando una ejecución era inminente. Pero el viernes y el sábado habían transcurrido sin ningún fallo por parte de los tribunales y hoy esperaba la misma inactividad. En su opinión desinformada e inexperta, mañana sería diferente. Mañana sería un auténtico frenesí. Y el martes, que evidentemente estaba previsto como el último día de vida para Sam, sería una pesadilla.

Pero el domingo por la mañana era extraordinariamente tranquilo. Había dormido casi siete horas, todo un récord en los últimos tiempos. Tenía la mente clara, el pulso normal y respiraba relajadamente. Su cabeza estaba bien organizada y compuesta.

Hojeó el dominical, repasando los titulares, pero sin leer ningún artículo. Había por lo menos dos sobre la ejecución de Cayhall, uno de ellos con más fotografías del creciente circo frente a la cárcel. La lluvia cesó cuando salió el sol y se quedó sentado durante una hora en una mecedora mojada, repasando las revistas de arquitectura de Lee. Después de un par de horas de paz y tranquilidad, Adam estaba aburrido y listo para entrar en acción.

Quedaba algo pendiente en el dormitorio de Lee, un asunto que Adam había intentado olvidar en vano. Desde hacía ahora diez días, libraba una batalla en su alma respecto al libro del cajón. Estaba ebria cuando le habló de la fotografía del linchamiento, pero sus palabras no eran las meras divagaciones de una borracha. Adam sabía que el libro existía. Había un verdadero libro con la auténtica fotografía de un joven negro ahorcado, y bajo el mismo, un grupo de orgullosos blancos, posando para la cámara, inmunes ante la justicia. Adam había reconstruido mentalmente la fotografía, añadiendo rostros, esbozando el árbol, dibujando la cuerda y escribiendo una leyenda. Sin embargo, había cosas que desconocía, aspectos que era incapaz de visualizar. ¿Era visible el rostro del muerto? ¿Llevaba zapatos o iba descalzo? ¿Era el joven Sam fácilmente reconocible? ¿Cuántos rostros blancos aparecían en la fotografía? ¿Y qué edad tenían? ¿Había mujeres? ¿Armas? ¿Sangre? Lee dijo que había sido azotado. ¿Se veía el azote en la fotografía? Hacía ahora varios días que pensaba en la fotografía y había llegado el momento de echar un vistazo al libro. No podía dejarlo para más adelante. Lee podría regresar triunfalmente en cualquier momento. Tal vez cambiara el libro de lugar, volviera a ocultarlo. Tenía previsto quedarse todavía dos o tres noches, pero una simple llamada telefónica podía alterar su programa. Podía verse obligado a trasladarse apresuradamente a Jackson, o a dormir en su coche en Parchman. Cosas tan mundanas como almorzar, cenar y dormir se habían convertido de pronto en imprevisibles, ahora que a su cliente le quedaba menos de una semana de vida.

Aquél era el momento perfecto y decidió que estaba listo para enfrentarse al linchamiento. Se dirigió a la puerta principal y examinó el aparcamiento para asegurarse de que no se le había ocurrido aparecer. Cerró incluso la puerta del dormitorio con llave y abrió el cajón superior. Estaba lleno de ropa interior y se sintió avergonzado por su intrusión.

El libro estaba en el tercer cajón, sobre un jersey descolorido. Era grueso y encuadernado en tela verde: *Los negros del sur y la gran depresión*. Publicado en mil novecientos cuarenta y siete por Toffler Press, Pittsburgh. Adam lo cogió y se sentó al borde de la cama. Sus páginas eran inmaculadas, como si nadie lo hubiera tocado ni leído. ¿A quién, en el sur, podía interesarle leer aquel libro? Y si hacía varias décadas que pertenecía a la familia Cayhall, Adam estaba seguro de que nadie lo habría leído. Examinó la cubierta y se preguntó el motivo por el que habían puesto aquel libro al amparo de la familia Cayhall.

Tenía tres secciones de ilustraciones. La primera consistía en una serie de fotografías de chabolas y dilapidadas cabañas, en las que los negros se veían obligados a vivir en las plantaciones. Había fotos familiares con docenas de niños a la puerta de su casa y las instantáneas obligatorias de labriegos agachados en los campos de algodón.

La segunda sección estaba en el centro del libro y constaba de veinte páginas. Había dos fotografías de linchamientos, la primera era una escena terriblemente repugnante de dos miembros del Klan, con sus correspondientes túnicas y capirotes, rifles en sus manos, y posando para la cámara. Un negro desvencijado colgaba de una soga con los ojos semiabiertos y la cabeza cubierta de polvo y sangre. «Linchamiento del KKK, Mississippi central, mil novecientos treinta y nueve», decía la leyenda, como si dichos ritos pudieran definirse simplemente con una fecha y un lugar.

Después de contemplar horrorizado la ilustración, Adam volvió la página y se encontró con la escena de otro linchamiento, casi apocada comparada con la anterior. El cuerpo sin vida del muchacho que colgaba de una soga sólo se veía de pecho hacia abajo. Su camisa parecía desgarrada, probablemente por los azotes, si los había recibido. El negro estaba muy delgado y llevaba unos pantalones excesivamente holgados, sujetos a la cintura. Iba descalzo. No se veía sangre.

En el fondo se veía la soga de la que colgaba, atada a una rama inferior. El árbol era enorme, con gruesas ramas y robusto tronco.

Un alegre grupo se había reunido a escasos centímetros por debajo de sus pies. Hombres, mujeres y niños haciendo payasadas ante la cámara, algunos con poses exageradas de ira y hombría, el entrecejo exageradamente fruncido, mirada iracunda y labios apretados, como si estuvieran dotados de un poder ilimitado para proteger a sus mujeres de la agresión negra. Otros sonreían y parecían divertirse, especialmente las mujeres, dos de las cuales eran bastante atractivas. Un niño tenía una pistola en la mano, con la que apuntaba amenazadoramente a la cámara. Había un joven con una botella, que sostenía de modo que se viera la etiqueta. La mayoría de los presentes parecían satisfechos de lo ocurrido. Adam contó diecisiete personas en el grupo, todas las cuales mirando a la cámara sin remordimiento ni preocupación, sin el más ligero indicio de haber cometido una atrocidad. Eran completamente inmunes ante la justicia. Acababan de matar a otro ser humano y era dolorosamente evidente que lo habían hecho sin el menor temor a las consecuencias.

Estaban celebrando una fiesta. Era de noche, el tiempo era cálido, había alcohol y mujeres bonitas. Con toda seguridad habían traído cestas de comida y estaban a punto de abrir manteles sobre el suelo, alrededor del árbol.

«Linchamiento en una zona rural de Mississippi, mil novecientos treinta y seis», rezaba la leyenda.

Sam estaba en primera fila, agachado con una rodilla en el suelo, entre otros dos jóvenes, los tres posando para la cámara. Tenía quince o dieciséis años, con un rostro delgado que intentaba desesperadamente parecer peligroso: labios y ceño apretados, barbilla erguida. La bravuconada de un joven que intentaba emular a los maleantes más maduros que le rodeaban.

Era fácil reconocerle, porque alguien había dibujado una línea en tinta azul descolorida hasta el margen de la fotografía y escrito en mayúsculas el nombre de Sam Cayhall. La línea cruzaba los cuerpos y caras de los demás, y llegaba hasta la oreja izquierda de Sam. Eddie. Tuvo que haber sido Eddie. Lee dijo que Eddie había encontrado aquel libro en el desván y Adam imaginó a su padre oculto en la oscuridad, llorando por la fotografía, e identificando a Sam con una flecha acusatoria.

Lee también le había dicho que el padre de Sam era el cabecilla de aquella pequeña banda de bellacos, pero Adam no logró identificarle. Puede que Eddie tampoco lo lograra, porque no había otras señales. Por lo menos siete de los presentes tenían la edad suficiente para ser el padre de Sam. ¿Cuántos de ellos pertenecerían a la familia Cayhall? Según Lee, sus hermanos formaban también parte de la pandilla y puede que uno de los jóvenes se pareciera a Sam, pero era imposible estar seguro.

Examinó los ojos claros y hermosos de su abuelo, y le dolía el corazón. Era sencillamente un joven, nacido y criado en una familia donde odiar a los negros, entre otros, no era más que un estilo de vida. ¿Hasta qué punto era culpa suya? Todos los que le rodeaban, su padre, sus parientes, amigos y vecinos, eran probablemente trabajadores pobres y honrados, inmortalizados en aquella fotografía al final de una cruel ceremonia, habitual en su sociedad. Sam no tuvo otra alternativa. Aquél era el único mundo que conocía.

¿Cómo podría Adam llegar a reconciliar el pasado con el presente? ¿Cómo podía juzgar imparcialmente a aquella gente y su horrible acto, cuando él podría haberse encontrado perfectamente entre ellos, si por un capricho del destino hubiera nacido cuarenta años antes?

Cuando contemplaba sus rostros, se sintió invadido por un extraño alivio. Aunque Sam era evidentemente un participante gustoso, no era más que uno de los miembros de la pandilla, sólo parcialmente culpable. Claramente los mayores, con sus severos rostros, habían instigado el linchamiento, y los demás se habían unido a la fiesta. Al ver la foto, era inconcebible imaginar que Sam y sus jóvenes compañeros hubieran iniciado aquella brutalidad. Sam no había hecho nada para impedirla. Pero puede que tampoco hubiera hecho nada para alentarla.

La escena planteaba un centenar de preguntas sin respuesta. ¿Quién era el fotógrafo, y por qué estaba allí con una cámara? ¿Quién era el joven negro? ¿Dónde estaba su familia, su madre? ¿Cómo le habían cogido? ¿Estaba en la cárcel y las autoridades le habían entregado al populacho? ¿Qué hicieron con el cadáver cuando todo hubo terminado? ¿Era la presunta víctima de la violación una de las jóvenes que sonreían ante la cámara? ¿Era su padre uno de aquellos hombres? ¿Sus hermanos?

Si Sam participaba en linchamientos a una edad tan temprana, ¿qué podía esperarse de él al llegar a adulto? ¿Con qué frecuencia se reunía aquella gente para aquel tipo de celebración en la zona rural de Mississippi?

¿Cómo diablos podía Sam Cayhall haber dejado de ser él mismo? Nunca tuvo otra alternativa.

Sam esperaba pacientemente en el despacho frontal, tomando café de otra cafetera. Era fuerte y aromático, no como la infusión aguada que recibían los presos cada mañana. Packer se lo había entregado en una gran taza de plástico. Estaba sentado sobre la mesa, con los pies en una silla.

Se abrió la puerta y entró el coronel Nugent, seguido de Packer. Se cerró la puerta. Sam se irguió y le saludó con brío.

—Buenos días, Sam —dijo sombríamente Nugent—. ¿Cómo está usted?

—Estupendo. ¿Y usted?

—No puedo quejarme.

—Sí, ya sé que tiene muchas preocupaciones. No es fácil para usted ocuparse de organizar mi ejecución, procurando asegurarse de que no haya ningún tropiezo. Difícil tarea. Me descubro ante usted.

Nugent hizo caso omiso del sarcasmo.

—He de hablar con usted de unas cuantas cosas. Sus abogados dicen ahora que está usted loco y he querido comprobar personalmente cómo se encuentra.

—Me siento como un millón de dólares.

—Tiene ciertamente buen aspecto...

—Caramba, muchas gracias. Usted también está muy elegante. Bonitas botas.

Las botas negras de combate estaban impecables, como de costumbre. Packer bajó la mirada y sonrió.

—Según el psiquiatra —dijo Nugent después de sentarse en una silla y consultar una hoja de papel—, usted no coopera.

—¿Quién? ¿Ene?

—La doctora Stegall.

—¿Esa gorda asquerosa de nombre incompleto? Sólo he hablado con ella una vez.

—¿Se negó a cooperar?

—Por supuesto. Hace casi diez años que estoy aquí y sólo se le ocurre interesarse por mí ahora que tengo un pie en la tumba. Lo único que pretende es administrarme algún medicamento para embriagarme para que esté ebrio cuando esos payasos, que son ustedes, vengan a por mí. Les facilitaría la labor, ¿no es cierto?

—Sólo pretendía ayudarle.

—Entonces que Dios la bendiga. Dígale que lo siento. No se repetirá. Menciónelo en mi expediente.

—Tenemos que hablar de su última comida.

—¿Por qué está aquí Packer?

Nugent miró de reojo a Packer antes de concentrarse de nuevo en Sam.

—Son las normas.

—Está aquí para protegerle a usted, ¿no es cierto? Tiene miedo de mí. Teme quedarse a solas conmigo en este cuarto, ¿no es verdad, Nugent? Tengo casi setenta años, estoy terriblemente débil, medio muerto por los cigarrillos y usted tiene miedo de mí, un asesino convicto.

—En absoluto.

—Le pegaría una terrible paliza, Nugent, si me lo propusiera.

—Estoy muerto de miedo. Escúcheme, Sam, ocupémonos de lo que importa. ¿Qué le apetece para su última comida?

—Hoy es domingo. Mi última comida está prevista para el martes por la noche. ¿Por qué me molesta ahora con esa bobada?

—Tenemos que organizarnos. Puede pedir lo que quiera, dentro de ciertos límites.

—¿Quién lo preparará?

—Se preparará aquí, en la cocina del centro.

—¡Maravilloso! Los mismos cocineros geniales que me han servido rancho durante nueve años y medio. ¡Vaya forma de despedirse de la vida!

—¿Qué le apetece, Sam?, procuro ser razonable.

—¿Qué le parece tostadas y zanahorias hervidas? Lamentaría molestarles con algo nuevo.

—De acuerdo, Sam. Cuando lo decida, dígaselo a Packer y él se lo comunicará a los cocineros.

—No habrá última comida, Nugent. Mañana mi abogado disparará la artillería pesada. A ustedes, payasos, les cogerá desprevenidos.

—Espero que tenga razón.

—Es un cabrón mentiroso. Se muere de impaciencia por llevarme a la cámara y sujetarme a la silla. Le emociona la perspectiva de preguntarme si tengo alguna última palabra y luego hacer una seña a uno de sus esbirros para que cierre la puerta. Y cuando todo haya terminado, hablará con la prensa compungido y les comunicará que «a las doce quince de esta mañana, ocho de agosto, Sam Cayhall ha sido ejecutado aquí, en la cámara de gas de Parchman, en cumplimiento de la orden del Tribunal Regional del condado de Lakehead, Mississippi». Será su momento de gloria, Nugent. No me mienta.

El coronel no levantó en ningún momento la mirada de su hoja de papel.

—Necesitamos su lista de testigos.

—Hable con mi abogado.

—Y necesitamos saber qué hacer con sus enseres personales.

—Hable con mi abogado.

—De acuerdo. Tenemos numerosas solicitudes de entrevistas con la prensa.

—Hable con mi abogado.

Nugent se puso de pie y abandonó el despacho. Packer aguantó la puerta unos segundos y luego dijo tranquilamente:

—Un momento, Sam, hay alguien más que desea verle.

Sam sonrió y le guiñó un ojo al sargento.

—¿Me traerá un poco más de café, Packer?

Packer cogió la taza y regresó al cabo de unos minutos con café recién hecho. También le entregó a Sam el dominical de Jackson y éste empezó a leer diversos artículos sobre su ejecución, cuando llamó a la puerta el capellán, Ralph Griffin, y entró en la sala.

Sam dejó el periódico sobre la mesa y examinó al sacerdote. Griffin llevaba unas zapatillas blancas, vaqueros descoloridos y una camisa negra con un cuello blanco eclesiástico.

—Buenos días reverendo —dijo Sam mientras tomaba un sorbo de café.

—¿Cómo está, Sam? —preguntó Griffin, al tiempo que acercaba una silla a la mesa y se sentaba.

—En estos momentos mi corazón está lleno de odio —respondió gravemente Sam.

—Lo siento. ¿Contra quién?

—El coronel Nugent. Pero se me pasará.

—¿Ha rezado, Sam?

—A decir verdad, no.

—¿Por qué no?

—¿Qué prisa tengo? Todavía me queda hoy, mañana y el martes. Supongo que usted y yo rezaremos mucho el martes por la noche.

—Si lo desea... Depende de usted. Aquí estaré.

—Quiero que esté conmigo hasta el último momento, reverendo, si no le importa. Usted y mi abogado. Ambos están autorizados a pasar conmigo las últimas horas.

—Será un honor para mí.

—Gracias.

—¿Sobre qué le interesa rezar exactamente, Sam?

Sam tomó un largo trago de café.

—En primer lugar, me gustaría saber que cuando abandone este mundo, se me habrá perdonado todo lo malo que he hecho.

—¿Sus pecados?

—Eso es.

—Dios espera que le confesemos nuestros pecados e imploremos su perdón.

—¿Todos? ¿Uno por uno?

—Sí, los que recordemos.

—Entonces será mejor que empecemos ahora. Tardaremos bastante.

—Como quiera. ¿Sobre qué otra cosa quiere rezar?

—Mi familia, por lo que es. Esto será un trago difícil para mi nieto, mi hermano y tal vez mi hija. No se derramarán muchas lágrimas por mí, ¿comprende?, pero deseo aliviar su aflicción. Y también quiero rezar por mis compañeros del patíbulo. Ellos se lo tomarán muy a pecho.

—¿Alguien más?

—Sí. Quiero rezar una buena oración por los Kramer, especialmente Ruth.

—¿La familia de las víctimas?

—Eso es. Y también los Lincoln.

—¿Quiénes son los Lincoln?

—Es una larga historia. Otras víctimas.

—Muy bien, Sam. Debe sacárselo del corazón, limpiar su alma.

—Tardaría años en limpiar mi alma, reverendo.

—¿Otras víctimas?

Sam dejó la taza sobre la mesa y se frotó suavemente las manos. Buscó la mirada cálida y confiada de Ralph Griffin.

—¿Y si hubiera otras víctimas? —preguntó.

—¿Muertos?

Sam asintió muy lentamente.

—¿Personas a las que usted mató?

Sam siguió asintiendo.

Griffin suspiró y dedicó unos instantes a la contemplación.

—Sam, para serle completamente sincero, yo no querría morir sin confesar esos pecados e implorar el perdón de Dios.

Sam no dejaba de asentir.

—¿Cuántas? —preguntó Griffin.

Sam se bajó de la mesa y se puso sus sandalias de goma. Encendió lentamente un cigarrillo y empezó a caminar de un lado para otro de la sala, a la espalda de Griffin. El reverendo cambió de posición, para poder ver y oír a Sam.

—Está Joe Lincoln, pero ya he escrito una carta a su familia para decirles que lo lamentaba.

—¿Usted le mató?

—Sí. Era un africano que vivía en nuestra finca. Siempre lo he lamentado. Ocurrió alrededor de mil novecientos cincuenta.

Sam se detuvo y se apoyó en un fichero. Le hablaba al suelo como si estuviera aturdido.

—Y había también otros dos hombres, blancos, que mataron a mi padre en un funeral, hace muchos años. Pasaron algún tiempo en la cárcel y, cuando salieron, mis hermanos y yo esperamos pacientemente. Les matamos a ambos, pero para serle sincero, nunca lo lamenté. Eran una escoria y habían matado a nuestro padre.

—Matar es siempre malo, Sam. Usted lucha en estos momentos para que no le maten legalmente.

—Lo sé.

—¿Les descubrieron a usted y a sus hermanos?

—No. El viejo sheriff sospechaba de nosotros, pero no podía demostrar nada. Fuimos muy cautelosos. Además, eran una verdadera purriela y a nadie importaban.

—Eso no lo justifica.

—Lo sé. Siempre pensé que habían recibido su merecido y luego acabé en este lugar. La vida adquiere otro valor cuando uno está condenado a muerte. Se percata de lo valiosa que es. Ahora lamento haber matado a aquellos muchachos. Lo lamento muchísimo.

—¿Alguien más?

Sam se desplazó a lo largo de la sala, contando los pasos, y regresó junto a su archivo. El pastor esperaba. Ahora el tiempo no significaba nada.

—Hubo un par de linchamientos, hace muchos años —respondió Sam, sin poder mirar a Griffin a los ojos.

—¿Dos?

—Creo que sí. Tal vez tres. No, espere, fueron tres, pero en el primero yo era muy joven, sólo un niño, y lo único que hice fue mirar, oculto entre los matorrales. Era un linchamiento del Klan, en el que mi padre estava involucrado, y mi hermano Albert y yo nos escondimos entre los arbustos para observar. De modo que supongo que éste no cuenta.

—No.

Sam hundió la espalda contra la pared. Cerró los ojos y agachó la cabeza.

—El segundo fue un caso típico de populacho. Creo que yo tenía unos quince años y estaba en pleno corazón de la acción. Una niña fue violada por un africano, o por lo menos ella dijo que la había violado. Su reputación dejaba mucho que desear y al cabo de dos años tuvo un hijo que era medio africano. De modo que ¿quién sabe? En todo caso, ella señaló al muchacho, nosotros le agarramos y le linchamos. Yo fui tan culpable como el resto de la pandilla.

—Dios le perdonará, Sam.

—¿Está usted seguro?

—Completamente.

—¿Cuántos asesinatos perdonará?

—Todos los cometidos. Implore sinceramente su perdón y Él borrará sus pecados. Está en las escrituras.

—Es demasiado bello para ser cierto.

—¿Qué ocurrió con el otro linchamiento?

Sam empezó a sacudir la cabeza, con los ojos cerrados.

—Ahora no puedo hablar de eso, reverendo —respondió con un profundo suspiro.

—No tiene por qué hablar de ello conmigo, Sam. Limítese a contárselo a Dios.

—No estoy seguro de poder contárselo a nadie.

—Claro que puede. Limítese a cerrar los ojos una noche, entre ahora y el martes, cuando esté en su celda, y confiéselo todo a Dios. Él le perdonará inmediatamente.

—Comprenda que no parece justo. Se mata a alguien y luego, en unos minutos, Dios le perdona a uno. Así de simple. Es demasiado fácil.

—Debe estar verdaderamente arrepentido.

—Lo estoy. Se lo juro.

—Dios lo olvida, Sam, pero no el hombre. Nosotros respondemos de nuestros actos ante Dios, pero también ante las leyes de los hombres. Dios le perdonará, pero usted sufrirá las consecuencias según las reglas dictadas por el gobierno.

—A la mierda el gobierno. De todos modos estoy a punto de abandonar este lugar.

—Entonces asegurémonos de que esté listo, ¿de acuerdo?

Sam se acercó a la mesa y se sentó en una esquina, junto a Griffin.

—No se aleje, ¿de acuerdo, reverendo? Necesitaré ayuda. Hay algunas cosas muy malas sepultadas en mi alma. Puede que tarde un poco en sacarlas a la superficie.

—No le será difícil, Sam, si está realmente listo.

Sam le dio unos golpecitos en la rodilla al reverendo.

—De todos modos no se aleje, ¿de acuerdo?

CUARENTA Y CUATRO

El despacho frontal estaba lleno de humo cuando entró Adam. Sam fumaba incesantemente sentado sobre el escritorio, mientras leía acerca de sí mismo en el dominical. Sobre la mesa había tres tazas vacías de café y varios envoltorios de caramelos.

—Parece que te has acomodado como Pedro por su casa —comentó Adam al comprobar el estado de la sala.

—Sí, he estado aquí todo el día.

—¿Muchos invitados?

—Yo no les llamaría invitados. El primero ha sido Nugent, de modo que hemos empezado por estropearlo todo. El capellán ha venido para comprobar si había estado rezando. Creo que se ha marchado un poco deprimido. Luego ha venido el médico, para asegurarse de que estoy lo suficientemente sano para que me maten. A continuación, mi hermano Donnie me ha hecho una breve visita. Quiero realmente que le conozcas. Dime que has traído buenas noticias.

Adam movió la cabeza y se sentó.

—No. Nada ha cambiado desde ayer. Los tribunales se han tomado fiesta el fin de semana.

—¿Son conscientes de que los sábados y los domingos también cuentan? ¿De que el reloj no deja de avanzar para mí durante el fin de semana?

—Podría ser una buena noticia. Puede que estén deliberando sobre mis excelentes apelaciones.

—Tal vez, pero sospecho que sus señorías están con mayor probabilidad en sus segundas residencias junto al lago, tomando cerveza y asando costillas. ¿No crees?

—Sí, es probable que tengas razón. ¿Qué dice el periódico?

—La repetición de viejas noticias sobre mí y mi crimen brutal, fotografías de esos que se manifiestan en la puerta y comentarios de McAllister. Nada nuevo. Nunca he visto tanto alboroto.

—Eres el hombre del momento, Sam. Wendall Sherman y sus editores han subido ahora la oferta a ciento cincuenta mil, pero la fecha límite es hoy a las seis de la tarde. Está en Memphis, con sus magnetófonos, ansioso por venir aquí. Dice que necesitará por lo menos dos días completos para grabar tu historia.

—Estupendo. ¿Qué se supone que voy a hacer con el dinero?

—Dejárselo a tus queridos nietos.

—¿Hablas en serio? ¿Te lo gastarías? Lo haré si piensas gastártelo.

—No. Era sólo una broma. No quiero el dinero y Carmen no lo necesita. Sería incapaz de gastármelo sin remordimientos de conciencia.

—Me alegro. Porque lo que menos me apetece entre ahora y el martes por la noche es sentarme con un desconocido y hablar del pasado. No me importa la cantidad de dinero que tenga. Prefiero que no se escriba ningún libro sobre mi vida.

—Ya le he dicho que lo olvide.

—Ése es mi chico.

Sam se puso de pie y empezó a andar de un lado para otro. Adam se instaló al borde del escritorio y empezó a leer la sección deportiva del periódico de Memphis.

—Me alegraré cuando todo haya terminado, Adam —dijo Sam agitando las manos y sin dejar de andar—. Esta espera me resulta insoportable. Te juro que preferiría que fuera esta noche —agregó de pronto nervioso e irritado, levantando la voz.

—Vamos a ganar, Sam. Confía en mí —respondió Adam mientras dejaba el periódico sobre la mesa.

—¡Ganar qué! —exclamó irritado—. ¿Un aplazamiento? ¡Estupendo! ¿Qué ganamos con eso? ¿Seis meses? ¿Un año? ¿Sabes lo que eso significa? Que algún día volveremos a estar en esta misma situación. Volveré a pasar de nuevo por este maldito trago: contar los días, no poder dormir, elaborar estrategias de última hora, escuchar a Nugent o a algún otro imbécil, hablar con el psiquiatra, susurrar con el capellán, recibir unas palmaditas en la espalda y venir a este cuchitril porque me he convertido en alguien especial —agregó antes de detenerse frente a Adam y mirarle fijamente con expresión de ira y amargura—. ¡Estoy harto de todo esto, Adam! ¡Escúchame! Esto es peor que morir.

—No podemos darnos por vencidos, Sam.

—¿Podemos? ¿De quién diablos estás hablando? Es mi pellejo el que está en juego, no el tuyo. Si consigo un aplazamiento, tú regresarás a tu elegante despacho de Chicago y vivirás tu vida. Serás un héroe, porque habrás salvado a tu cliente. Publicarán tu fotografía en el *Lawyer's Quaterly*, o lo que sea que leáis. La joven estrella que ha vencido en Mississippi. Ha salvado a su abuelo que, dicho sea de paso, era un despreciable miembro del Klan. Tu cliente, por otra parte, regresará a su pequeña jaula, donde empezará a contar de nuevo los días —dijo Sam antes de arrojar el cigarrillo al suelo y agarrar a Adam por los hombros—. Mírame, hijo. No puedo soportar esto otra vez. Quiero que lo pares todo. Abandónalo. Llama a los tribunales y diles que retiramos todos los recursos y apelaciones. Soy un anciano. Por favor, déjame morir con dignidad.

Le temblaban las manos. Respiraba con dificultad. Adam buscó sus brillantes ojos azules, rodeados de oscuras arrugas, y vio una lágrima solitaria que se deslizaba de una esquina y descendía lentamente por su mejilla hasta perderse en su barba gris.

Por primera vez, Adam logró oler a su abuelo. Un olor a nicotina que, mezclado con el sudor seco, resultaba desagradable. Pero no era repugnante, como lo habrían sido en una persona con acceso a abundante agua caliente, jabón; aire acondicionado y desodorante. Al cabo de un instante dejó de importarle.

—No quiero que mueras, Sam.

—¿Por qué no? —preguntó el abuelo, al tiempo que le estrujaba con mayor fuerza los hombros.

—Porque acabo de encontrarte. Eres mi abuelo.

Sam le siguió mirando fijamente unos instantes y luego se relajó. Soltó a Adam y retrocedió un paso.

—Lamento que me hayas encontrado en este estado —dijo, al tiempo que se secaba los ojos.

—No te disculpes.

—Pero debo hacerlo. Lamento no ser mejor abuelo. Fíjate en mí —dijo, después de bajar la mirada a sus piernas—. Un viejo andrajoso con un mono rojo. Un asesino convicto, a punto de ser sacrificado como un animal. Y fíjate en ti. Un joven apuesto con una excelente educación y un radiante futuro. ¿En qué diablos me equivoqué? ¿Qué me ocurrió? Me he pasado la vida odiando a la gente y fíjate en las consecuencias. Tú no odias a nadie y no hay más que ver el rumbo que llevas. Somos de la misma sangre. ¿Por qué estoy yo aquí?

Sam se sentó lentamente en una silla, apoyó los codos sobre las rodillas y se cubrió los ojos. Permanecieron ambos inmóviles y sin decir palabra durante un buen rato. De vez en cuando se oía la voz de algún guardia en el pasillo, pero reinaba el silencio en la sala.

—Sabes una cosa, Adam, preferiría no morir de un modo tan horrible —declaró Sam con una voz ronca, los puños apoyados en las sienes y la mirada todavía perdida en la lejanía—. Pero la muerte en sí ha dejado de preocuparme. Hemos sabido desde hace mucho tiempo que moriría aquí pero mi miedo era el de fallecer sin saber que a alguien le preocupaba. Es una idea terrible, ¿sabes? Morir sin que a nadie le importe, sin nadie que llore de aflicción en el funeral y en el entierro. En sueños he visto mi ataúd de madera barata en la funeraria de Clanton, sin ni un alma en la sala que me acompañara. Ni siquiera Donnie. En el mismo sueño, el cura se reía durante el funeral, porque sólo estábamos él y yo en la capilla, a solas con hilera tras hilera de bancos vacíos. Pero ahora es distinto. Sé que a alguien le importo. Sé que estarás triste cuando muera porque te importo y sé que estarás presente cuando me entierren para asegurarte de que todo se haga debidamente. Ahora estoy realmente listo para abandonar esta vida, Adam. Estoy listo.

—De acuerdo, Sam, respeto tu opinión. Y te prometo que estaré aquí hasta el último momento, me afligiré y acongojaré, y cuando todo haya terminado, me aseguraré de que te entierren debidamente. Nadie te maltratará, Sam, mientras yo esté presente. Pero te ruego que lo veas a través de mis ojos. Debo hacer cuanto esté en mi mano, porque soy joven y tengo el resto de mi vida por delante. No me obligues a abandonarte sabiendo que pude haber hecho algo más por ti. No es justo para mí.

Sam cruzó los brazos sobre el pecho y miró a Adam. Su pálido rostro estaba sereno y había todavía humedad en sus ojos.

—Hagamos lo siguiente —dijo Sam, con la voz todavía grave y dolorida—. Estoy listo para abandonar esta vida. Dedicaré mañana y el martes a mis últimos preparativos. Doy por sentado que ocurrirá el martes a medianoche y estaré listo. Tú, por otra parte, trátalo como un juego. Si lo ganas, mejor para ti. Si lo pierdes, yo estaré en condiciones de aceptar mi destino.

—¿De modo que cooperarás?

—No. Ninguna vista de clemencia. No más recursos ni apelaciones. Tienes bastantes papeles flotando por ahí para mantenerte ocupado. Quedan dos peticiones todavía irresolutas. No pienso firmar otro documento.

Cuando Sam se incorporó, le temblaban sus endebles rodillas. Se acercó a la puerta y se apoyó contra la misma.

—¿Qué ocurre con Lee? —preguntó con ternura, mientras se sacaba los cigarrillos del bolsillo.

Adam tuvo la tentación de decirle la verdad. Parecía una chiquillada mentirle a Sam en las últimas horas de su vida, pero todavía tenía la esperanza de que apareciera antes del martes.

—Sigue en rehabilitación —mintió—. ¿Quieres verla?

—Creo que sí. ¿Puede salir?

—Puede que no sea fácil, pero lo intentaré. Está más enferma de lo que supuse al principio.

—¿Es alcohólica?

—Sí.

—¿Eso es todo? ¿Nada de drogas?

—Sólo alcohol. Me contó que hace muchos años que vive con ese problema. Rehabilitación no es nada nuevo para ella.

—Que Dios la bendiga. Mis hijos no tuvieron ninguna oportunidad.

—Es una persona maravillosa. Ha tenido dificultades en su matrimonio. Su hijo se marchó de casa muy joven y nunca ha regresado.

—Se llama Walt, ¿no es cierto?

—Exactamente —respondió Adam.

Menuda tristeza la de aquella gente. Sam ni siquiera estaba seguro del nombre de su nieto.

—¿Qué edad tiene?

—No estoy seguro. Creo que más o menos la misma que yo.

—¿Sabe algo acerca de mí?

—No lo sé. Se marchó hace muchos años. Vive en Amsterdam.

Sam levantó una taza de la mesa y tomó un trago de café frío.

—¿Y Carmen? —preguntó.

Adam consultó instintivamente su reloj.

—Debo recogerla en el aeropuerto de Memphis dentro de tres horas. Vendrá a verte por la mañana.

—Eso me produce un miedo atroz.

—Tranquilízate, Sam. Es una persona encantadora. Es inteligente, ambiciosa, atractiva y se lo he contado todo acerca de ti.

—¿Por qué lo has hecho?

—Porque ella quería saberlo.

—Pobre chica. ¿Le has hablado de mi aspecto?

—No te preocupes, Sam. A ella no le importa tu aspecto.

—¿Le has dicho que no soy ningún monstruo salvaje?

—Le he dicho que eres un encanto, una dulzura, un personaje delicado con un pendiente, una cola de caballo, muñeca caída y esas elegantes sandalias de goma en las que de algún modo te deslizas.

—¡Vete a la mierda!

—Y que eres el chico realmente predilecto entre los demás reclusos.

—¡Mientes! ¡No se lo has dicho!

Sam sonreía, pero con un deje de seriedad y su preocupación era divertida. Adam se rió, un poco exageradamente, pero el humor fue bien recibido. Soltaron ambos sonoras carcajadas, e hicieron un esfuerzo para divertirse de lo lindo con su propio ingenio. Intentaron extenderse, pero no tardó en esfumarse la ligereza y la gravedad en aposentarse. Pronto se sentaron ambos al borde de la mesa, el uno junto al otro, cada uno con los pies en una silla y la mirada fija en el suelo, mientras flotaban sobre sus cabezas nubes de humo de tabaco en el aire inmóvil.

Había mucho de qué hablar y, sin embargo, muy poco que decir. Las teorías y maniobras legales habían sido apuradas hasta sus últimas consecuencias. La familia era un tema del que habían hablado hasta el límite de su atrevimiento. El tiempo sólo servía para cinco minutos de especulación. Y ambos sabían que pasarían buena parte de los próximos dos días y medio juntos. Los asuntos serios podían esperar. Podían guardar todavía algún tiempo los temas desagradables. En dos ocasiones Adam consultó el reloj y dijo que debería marcharse, pero en ambos casos Sam insistió en que se quedara, porque cuando Adam se marchara, vendrían a por él para devolverle a su celda, su pequeña jaula donde la temperatura pasaba de los treinta y nueve. Por favor, no te vayas, le suplicó.

Tarde, por la noche, ya de madrugada, mucho después de que Adam le hubiera hablado a Carmen de Lee y de sus problemas, de Phelps y de Walt, de McAllister y de Wyn Lettner, y de la teoría del cómplice, horas después de haber terminado una pizza y de haber hablado de su madre, de su padre, de su abuelo y de todos los componentes de su triste familia, Adam le contó que un momento que nunca olvidaría era cuando estaban ambos sentados sobre la mesa, pasando el tiempo en silencio mientras un reloj invisible avanzaba inexorablemente, y Sam le dio unos golpecitos en la rodilla. Era como si tuviera la necesidad de acariciarme con afecto, le explicó a su hermana, como un buen abuelo acariciaría a su querido nieto.

Carmen ya había oído bastante por una noche. Hacía cuatro horas que estaba en la terraza, soportando la humedad y absorbiendo la desolada historia oral de la familia de su padre.

Pero Adam había sido muy cauteloso. Había eludido las cumbres tenebrosas y ocultado los valles borrascosos, no había hecho mención alguna a Joe Lincoln ni a los linchamientos, ni insinuado la existencia de otros delitos. Describió a Sam como un hombre violento, que había cometido errores terribles y estaba ahora corroído por el remordimiento. Se le había ocurrido la posibilidad de mostrarle su vídeo de los juicios de Sam, pero decidió no hacerlo. Se lo mostraría más adelante. Había un límite respecto a lo que podía asimilar en una noche. En algunos momentos le parecía increíble lo que había oído en las últimas cuatro semanas. Habría sido una crueldad descargarlo todo en una velada. Quería muchísimo a su hermana. Disponían de muchos años para hablar del resto de la historia.

CUARENTA Y CINCO

Lunes, seis de agosto, a las seis de la madrugada. Faltaban cuarenta y dos horas. Adam entró en su despacho y cerró la puerta con llave.

Esperó hasta las siete y llamó al despacho de Slattery, en Jackson. No obtuvo ninguna respuesta, evidentemente, pero tenía la esperanza de encontrar un mensaje grabado que le dirigiera a otro número, que le condujera a su vez a alguien que pudiera darle alguna noticia. Slattery deliberaba sobre el recurso de enajenación mental, pero lo demoraba como si se tratara simplemente de una pequeña e insignificante querella.

Llamó a información y obtuvo el número de F. Flynn Slattery, pero decidió no molestarle. Esperaría hasta las nueve.

Adam había dormido menos de tres horas. Le palpitaba el pulso, estaba cargado de adrenalina. A su cliente le quedaban sólo cuarenta y dos horas y, maldita sea, Slattery debería tomar cuanto antes algún tipo de decisión. No era justo entretener el recurso cuando podría presentarlo ante otros tribunales.

Sonó el teléfono y lo levantó inmediatamente. El secretario de ejecuciones del quinto circuito le comunicó que el tribunal había denegado la apelación de representación inadecuada durante el juicio. El tribunal opinaba que la alegación era improcedente, que debía haberse presentado hacía muchos años. El tribunal no llegó a considerar los méritos del recurso.

—Entonces ¿por qué han tardado una semana? —preguntó Adam—. Podían haber mencionado ese tecnicismo hace diez días.

—Le mandaré una copia por fax ahora mismo —dijo el secretario.

—De acuerdo, usted perdone. Gracias.

—Manténgase en contacto, señor Hall. Aquí estamos a su disposición.

Adam colgó y fue en busca de café. Darlene llegó a las siete y media, cansada y agobiada. Le trajo el fax del quinto circuito y un bollo con pasas. Adam le pidió que mandara el recurso de representación inadecuada por fax al Tribunal Supremo de Estados Unidos, solicitando auto de avocación. Lo tenían preparado desde hacía tres días y el señor Olander le había dicho a Darlene desde Washington que el tribunal había empezado ya a examinarlo.

A continuación, Darlene le trajo dos aspirinas y un vaso de agua. Tenía una terrible jaqueca. Guardó la mayor parte del sumario de Cayhall en un gran maletín y una caja de cartón y le entregó a Darlene una lista de instrucciones.

En aquel momento abandonó las dependencias, la sucursal de Memphis de Kravitz & Bane, para no volver nunca más.

El coronel Nugent esperó impaciente a que se abriera la puerta y entró apresuradamente en el pasillo, seguido de ocho miembros seleccionados de su equipo de ejecución. Irrumpieron en el sosiego de la galería A, con la delicadeza de una patrulla de la Gestapo, ocho corpulentos individuos, cuatro de uniforme y otros cuatro de paisano, marcando el paso. El coronel se detuvo frente a la celda número seis, donde Sam estaba tumbado sobre la cama, sin meterse con nadie. Los demás presos prestaron inmediatamente atención, con sus brazos colgados a través de los barrotes.

—Sam, ha llegado el momento de ir a la celda de observación —dijo Nugent, como si aquello realmente le preocupara.

Sus hombres estaban apostados contra la pared, a su espalda, bajo la hilera de ventanas.

Sam se levantó lentamente de la cama y se acercó a los barrotes.

—¿Por qué? —preguntó sin dejar de mirar fijamente a Nugent.

—Porque yo lo ordeno.

—Pero ¿por qué trasladarme ocho puertas a lo largo de la galería? ¿Qué sentido tiene?

—Son las ordenanzas, Sam. Está en el libro.

—¿De modo que no tiene ninguna buena razón para ello?

—No la necesito. Dese la vuelta.

Sam se acercó al fregadero de su celda y se cepilló prolongadamente los dientes. Luego se dirigió al retrete y orinó con las manos en las caderas. A continuación se lavó las manos, mientras Nugent y sus muchachos le observaban y se impacientaban. Encendió un cigarrillo, se lo colocó entre los dientes, se llevó las manos a la espalda y las sacó por la abertura de la puerta. Nugent le colocó las esposas en las muñecas, e hizo una seña al fondo de la galería para que abrieran la puerta. Sam salió al pasillo. Saludó con la cabeza a J. B. Gullitt, que miraba horrorizado y a punto de llorar. Le guiñó un ojo a Hank Henshaw.

Nugent le cogió del brazo y le condujo hacia el fondo del pasillo, por delante de Gullitt, Loyd Eaton, Stock Turner, Harry Ross, Buddy Lee Harris y, por último, el joven predicador, que en aquel momento estaba tumbado boca abajo en la cama, llorando. El pasillo acababa con un muro de barrotes, idénticos a los de las celdas, y una robusta puerta en el centro del mismo. Al otro lado había otro grupo de esbirros de Nugent, que observaban en silencio y saboreaban encantados todos los detalles. Un estrecho pasillo a su espalda conducía a la celda incomunicada. Y luego, a la cámara de gas.

Trasladaron a Sam dieciocho metros más cerca de la muerte. Cuando se apoyó contra la pared jadeaba y observaba con un silencio estoico. Aquello no tenía nada de personal, sólo formaba parte de la rutina.

Nugent regresó a la celda seis y dio órdenes. Cuatro de los guardias entraron en la celda de Sam y empezaron a recoger sus posesiones: libros, máquina de escribir, ventilador, televisor, artículos de limpieza y ropa. Levantaron los artículos como si estuvieran contaminados y los trasladaron a la celda de observación. Un robusto guardia de paisano se ocupó de doblar el colchón y las sábanas, pero al trasladarlo pisó una sábana que arrastraba por el suelo y la rasgó.

Los reclusos observaban aquel inesperado estallido de actividad con una curiosidad melancólica. Sus diminutas y abigarradas celdas eran como una capa adicional de piel, y presenciar la violación despiadada de una de ellas era doloroso. Podía ocurrirle a cualquiera de ellos. La realidad de la ejecución empezaba a imponerse, se hacía patente en las pesadas botas que circulaban por el pasillo y en las severas voces acalladas del equipo de ejecución. Hace una semana, apenas nadie se habría percatado de un portazo lejano. Ahora, provocaba un sobresalto que alteraba los nervios.

Los agentes recorrieron varias veces el camino entre ambas celdas con las posesiones de Sam, hasta que la celda seis quedó vacía. Fue un trabajo rápido. Dejaron las pertenencias en su nuevo hogar, sin el menor cuidado.

Ninguno de los ocho trabajaba en el patíbulo. Nugent había leído en las confusas notas de Naifeh que todos los miembros del equipo de ejecución debían ser completamente desconocidos del reo. Era preciso que pertenecieran a otras secciones. Treinta y un funcionarios y guardias se habían ofrecido voluntarios para la misión. Nugent había elegido sólo a los mejores.

—¿Ha sido todo trasladado? —le preguntó el coronel a uno de ellos.

—Sí, señor.

—Muy bien. Es todo suyo, Sam.

—Caramba, muchas gracias, señor —se mofó Sam al entrar en la celda.

Nugent hizo una seña hacia el extremo del pasillo y se cerró la puerta. Entonces se acercó y agarró los barrotes con ambas manos.

—Ahora escúcheme —dijo en un tono severo, dirigiéndose a Sam, que estaba apoyado de espaldas contra la pared, sin mirar al coronel—. Aquí estaremos por si necesita algo, ¿comprendido? Le hemos trasladado aquí para poder atenderle mejor. ¿Puedo hacer algo por usted?

Sam seguía mirando a otra parte, sin prestarle atención alguna.

—Muy bien —agregó Nugent antes de retroceder un paso y mirar a sus hombres—. Vámonos.

Se abrió la puerta de la galería, a menos de tres metros de Sam, y el equipo de ejecución abandonó la estancia. Sam esperó. Nugent miró de un lado para otro del pasillo y se retiró.

—¡Eh, Nugent! —exclamó de pronto Sam—. ¡Qué le parece si me quita las esposas!

Nugent quedó paralizado y su equipo se detuvo.

—¡Eh, imbécil! —exclamó de nuevo Sam, mientras Nugent regresaba apresuradamente, buscando las llaves y dando órdenes, entre carcajadas, abucheos y sonoros pitos procedentes de las celdas—. ¡No puede dejarme esposado! —gritó en dirección al pasillo.

Nugent llegó a la puerta de Sam con los dientes apretados y echando maldiciones, hasta que encontró la llave apropiada.

—Vuélvase de espaldas —ordenó.

—¡Ignorante hijo de puta! —exclamó Sam, a pocos palmos del colérico rostro del coronel.

Las carcajadas subieron de tono.

—¡Y usted es quien está a cargo de mi ejecución! —agregó Sam enojado, con el volumen suficiente para que lo oyeran los demás—. ¡Es probable que se mate a sí mismo!

—No apueste nada por si acaso —respondió gravemente Nugent—. Ahora vuélvase de espaldas.

—¡Barney Fife! —exclamó alguien, tal vez Hank Henshaw o Harry Ross Scott, e inmediatamente empezaron todos a cantar.

—¡Barney Fife! ¡Barney Fife! ¡Barney Fife!

—¡Silencio! —chilló Nugent.

—¡Barney Fife! ¡Barney Fife!

—¡Silencio!

Por fin se dio la vuelta y sacó las manos para que Nugent pudiera alcanzarlas. Después de retirar las esposas, el coronel abandonó rápidamente la galería.

—¡Barney Fife! ¡Barney Fife! ¡Barney Fife! —cantaban al unísono, hasta que se oyó el cerrojo de la puerta y quedó vacío el pasillo de la galería.

Se acallaron de pronto sus voces y cesaron las carcajadas. Los brazos desaparecieron lentamente de los barrotes.

Sam se quedó mirando el pasillo, concentrado en los dos guardias que le vigilaban desde la puerta de la galería. Pasó unos minutos ordenando sus enseres: conectó el ventilador y el televisor, organizó meticulosamente sus libros, como si fueran a ser utilizados, comprobó la cadena del retrete y el grifo del agua. Luego se sentó sobre la cama y examinó la sábana rasgada.

Ésta era su cuarta celda en el patíbulo y, sin duda, la que menos tiempo ocuparía. Evocó reminiscencias de las dos primeras, especialmente la segunda, en la galería B, junto a la de su mejor amigo Buster Moac. Un buen día fueron a por Buster y le trasladaron aquí, a la celda de observación, donde le vigilaron día y noche para que no se suicidara. Sam lloró cuando se llevaron a su compañero.

Prácticamente todos los presos que habían llegado a este punto habían alcanzado también la próxima etapa. Y luego la última y definitiva.

Garner Goodman fue la primera visita del día, en la espléndida antesala del despacho del gobernador. Firmó incluso en el libro de huéspedes de honor, charló amigablemente con la atractiva recepcionista y sólo pretendía que el gobernador supiera que estaba a su disposición. La recepcionista estaba a punto de decirle algo cuando sonó un teléfono en la centralita. Pulsó un botón, hizo una mueca, escuchó, miró a Goodman con el entrecejo fruncido y luego dio las gracias por teléfono.

—Esa gente —suspiró.

—¿A qué se refiere? —preguntó Goodman con toda ingenuidad.

—Me han inundado de llamadas sobre la ejecución de su cliente.

—Sí, es un caso muy emotivo. Parece que por aquí la mayoría de la gente está a favor de la pena de muerte.

—No en este caso —respondió mientras registraba la llamada en un papel rosado—. Casi todo el mundo que llama es contrario a la ejecución.

—No me diga. Qué sorpresa.

—Le comunicaré a la señora Stark que está usted aquí.

—Gracias —dijo Goodman, al tiempo que se acomodaba en su silla habitual de la sala de espera.

Repasó una vez más los periódicos de la mañana. El sábado, un periódico de Tupelo había cometido el error de iniciar una encuesta telefónica para evaluar la opinión pública respecto a la ejecución de Cayhall. Publicaron en primera plana un número de teléfono gratuito con las correspondientes instrucciones y, evidentemente, Goodman y su equipo de analistas de mercado lo habían bombardeado a llamadas durante todo el fin de semana. La edición del lunes publicaba por primera vez los resultados, que eran asombrosos. De un total de trescientas veinte llamadas, trescientas dos eran contrarias a la ejecución. Goodman sonrió para sus adentros mientras hojeaba el periódico.

No muy lejos de allí, el gobernador estaba sentado junto a la larga mesa de su despacho y examinaba el mismo periódico. Tenía aspecto de estar inquieto. Su mirada era triste y preocupada.

Mona Stark cruzó el suelo de mármol con una taza de café.

—Garner Goodman está aquí. Espera en el vestíbulo.

—Que espere.

—La línea popular ya está inundada de llamadas.

McAllister consultó tranquilamente su reloj. Las nueve menos once minutos. Se rascó la barbilla con los nudillos. Entre las tres de la tarde del sábado y las ocho de la tarde del domingo, su encuestador había llamado a más de doscientos habitantes de Mississippi. El setenta y ocho por ciento estaba a favor de la pena de muerte, lo cual no era sorprendente. Sin embargo, el cincuenta y uno por ciento de los encuestados creían que Sam Cayhall no debía ser ejecutado. Sus razones variaban. Muchos consideraban que era demasiado viejo para ello. Hacía veintitrés años que había cometido su crimen, en una época diferente a la actual. De todos modos no tardaría en morir en Parchman, por tanto era preferible dejarle tranquilo. Se le perseguía por razones políticas. Además, era blanco y tanto McAllister como sus encuestadores sabían que aquél era un factor muy importante, aunque no se mencionara.

Ésas eran las buenas noticias. Las malas estaban en el impreso junto a los periódicos. Trabajando con una sola telefonista, la línea popular había recibido doscientas treinta y una llamadas el sábado y ciento ochenta el domingo. Cuatrocientas once en total. Más del noventa y cinco por ciento opuestas a la ejecución. Desde el viernes por la mañana, la línea popular había recibido oficialmente ochocientas noventa y siete llamadas relacionadas con el viejo Sam, con más del noventa por ciento contra la ejecución. Y ahora la línea volvía a estar saturada.

Pero eso no era todo. Las oficinas regionales decían haber recibido un aluvión de llamadas, casi todas contrarias a la ejecución de Sam. Los miembros del personal contaban que habían pasado un largo fin de semana junto al teléfono. Roxburgh llamó para comunicar que sus líneas habían estado saturadas.

El gobernador estaba ya cansado.

—Tengo algo a las diez de esta mañana —dijo dirigiéndose a Mona, pero sin mirarla.

—Sí, una reunión con un grupo de Boy Scouts.

—Anúlela. Ofrézcales mis disculpas. Organícela para otro día. Esta mañana no estoy de humor para fotografías. Será preferible que me quede aquí. ¿Almuerzo?

—Con el senador Pressgrove. Se supone que deben hablar del pleito contra las universidades.

—Pressgrove me resulta insoportable. Anúlelo y pida que me traigan pollo. Y, pensándolo mejor, tráigame a Goodman.

Mona se dirigió a la puerta, desapareció unos minutos, y regresó con Garner Goodman. McAllister estaba junto a la ventana, contemplando los edificios del centro de la ciudad. Volvió la cabeza y le brindó una cansada sonrisa.

—Buenos días, señor Goodman.

Se estrecharon la mano y se sentaron. A última hora del domingo por la tarde, Goodman le había entregado a Larramore una petición por escrito para anular la vista de clemencia, obedeciendo las exigencias de su cliente.

—Sigue sin querer la vista, ¿no es cierto? —dijo el gobernador, con otra agobiada sonrisa.

—Nuestro cliente se niega. No tiene más que añadir. Lo hemos intentado todo.

Mona le entregó a Goodman una taza de café solo.

—Es muy testarudo. Supongo que siempre lo ha sido. ¿Dónde están ahora las apelaciones? —preguntó con toda sinceridad McAllister.

—Proceden según las previsiones.

—Usted ha pasado antes por este trance, señor Goodman. Yo no. ¿Cuál es su pronóstico en este momento?

Goodman removió el café y consideró la pregunta. Dadas las circunstancias, no tenía nada de malo ser sincero con el gobernador.

—Soy uno de sus abogados y, por consiguiente, me inclino por el optimismo. Diría que existe un setenta por ciento de posibilidades de que le ejecuten.

El gobernador reflexionó unos instantes. Casi podía oír los teléfonos que sonaban a través de las paredes. Incluso sus propios empleados estaban nerviosos.

—¿Sabe lo que quiero, señor Goodman?

«Por supuesto —pensó Goodman— quiere que esos malditos teléfonos dejen de sonar.»

—Dígame.

—Me gustaría hablar con Adam Hall. ¿Dónde está?

—Probablemente en Parchman. He hablado con él hace una hora.

—¿Puede pasar hoy por aquí?

—Sí. En realidad, proyecta venir a Jackson esta tarde.

—Me alegro. Le esperaré.

Goodman reprimió una sonrisa. Tal vez se había abierto una pequeña brecha en el dique.

Pero, curiosamente, fue en un frente completamente distinto e improbable donde emergió el primer indicio de optimismo.

A seis manzanas, en la Audiencia Federal, Breck Jefferson entró en el despacho de su jefe, su señoría F. Flynn Slattery, que hablaba por teléfono bastante perturbado con un abogado. Breck traía consigo una petición bastante gruesa de *habeas corpus* y un cuaderno lleno de notas.

—¡Sí! —exclamó Slattery, antes de colgar el teléfono.

—Hemos de hablar de Cayhall —declaró sombríamente Breck—. Como usted sabe, tenemos su recurso en el que alega enajenación mental.

—Deneguémoslo y nos lo sacamos de encima. Estoy demasiado ocupado para preocuparme de eso. Dejemos que lo presente al quinto circuito. No quiero esa maldita petición en mi audiencia.

Breck parecía turbado y sus palabras emergieron lentamente.

—Pero hay algo que debe examinar.

—Por Dios, Breck. ¿De qué se trata?

—Puede que su recurso sea válido.

Cambió la expresión en el rostro de Slattery y se le hundieron los hombros.

—Vamos. ¿Bromea? ¿A qué se refiere? Debemos empezar un juicio dentro de treinta minutos. Tenemos un jurado esperando.

Breck Jefferson había sido el número dos de su promoción en Emory. Slattery confiaba plenamente en él.

—Alegan que Sam carece de las facultades mentales necesarias para enfrentarse a una ejecución, basándose en un estatuto de Mississippi bastante amplio.

—Todo el mundo sabe que está loco.

—Disponen de un perito que está dispuesto a declarar. No es algo que podamos ignorar.

—No puedo creerlo.

—Será mejor que lo vea.

Su señoría se frotó la frente con la punta de los dedos.

—Siéntese. Déjeme verlo.

—Ya falta poco —dijo Adam, mientras aceleraba en dirección a la cárcel—. ¿Cómo te sientes?

Carmen apenas había hablado desde Memphis. Había pasado su primera visita a Mississippi contemplando la vastedad del delta, admirando sus frondosos cultivos de algodón y judías, observando asombrada las avionetas fumigadoras que acariciaban la superficie de los campos, y moviendo la cabeza cuando pasaban junto a grupos de míseras cabañas.

—Estoy nerviosa —confesó.

Habían hablado brevemente de Berkeley, de Chicago y de lo que podían depararles los próximos años. No habían mencionado a su madre ni a su padre. Tampoco se habían preocupado de Sam, ni de su familia.

—Él también está nervioso.

—Es una situación muy extraña, Adam. Nos desplazamos a toda velocidad por esta carretera entre cultivos para reunirnos apresuradamente con un abuelo que está a punto de ser ejecutado.

—Haces lo que debes hacer —respondió Adam al tiempo que le daba una firme palmada en la rodilla.

Carmen llevaba un pantalón deportivo muy holgado, botas de montaña y una camisa roja descolorida. Tenía el aspecto típico de una estudiante posgraduada de psicología.

—Ahí está —dijo Adam.

A ambos lados de la carretera había multitud de coches aparcados. El tráfico era lento, debido a la mucha gente que andaba hacia la cárcel.

—¿Qué es todo eso? —preguntó Carmen.

—Un circo.

Pasaron junto a tres miembros del Klan, que caminaban al borde del arcén. Carmen les miró fijamente y movió la cabeza con incredulidad. Avanzaron lentamente, un poco más de prisa que la gente que acudía a las manifestaciones. En medio de la carretera, frente a la entrada de la penitenciaría, dos policías estatales dirigían el tráfico. Le indicaron a Adam que girara a la derecha y obedeció. Un guardia de Parchman señaló una zona junto a la cuneta.

Se dirigieron hacia la entrada de la cárcel cogidos de la mano y se detuvieron momentáneamente para contemplar a docenas de miembros del Klan, agrupados con sus túnicas frente al portalón. Alguien pronunciaba un apasionado discurso a través de un megáfono que fallaba con mucha frecuencia. Había un grupo de camisas castañas, hombro contra hombro, con pancartas cara al tráfico. Al otro lado de la carretera había nada menos que cinco furgonetas de la televisión. Las cámaras estaban por todas partes. Un helicóptero de la prensa sobrevolaba la zona.

Al llegar al portalón, Adam presentó a Carmen a su nueva amiga Louise, encargada del papeleo. Estaba nerviosa y agitada. Había habido un par de altercados entre los miembros del Klan, los periodistas y los guardias. La situación era ahora delicada y, en su opinión, no mejoraría.

Un guardia uniformado les acompañó a una furgoneta de la cárcel y abandonaron apresuradamente el portalón.

—Increíble —dijo Carmen.

—Empeora cada día. Espera a mañana.

La furgoneta redujo la velocidad por el camino principal arbolado, frente a las pulcras casas blancas. Carmen no se perdía detalle.

—Esto no tiene aspecto de cárcel —dijo.

—Es una granja de siete hectáreas. En estas casas viven empleados de la cárcel.

—Con niños —agregó Carmen, al comprobar la presencia de patines y bicicletas en los jardines—. Es un lugar muy tranquilo. ¿Dónde están los presos?

—Ya lo verás.

La furgoneta giró a la izquierda. Entraron en un camino sin asfaltar. El patíbulo estaba delante.

—¿Ves esas torres? —preguntó Adam—. ¿Las verjas y el alambre espinoso?

Carmen asintió.

—Ésta es la Unidad de Máxima Seguridad. El hogar de Sam durante los últimos nueve años y medio.

—¿Dónde está la cámara de gas?

—Aquí.

Dos guardias miraron al interior de la furgoneta e hicieron una seña para que entrara por el doble portalón. Paró cerca de la puerta principal, donde Packer esperaba. Adam le presentó a Carmen, que ahora era apenas capaz de hablar. Entraron en el edificio, donde Packer les cacheó superficialmente. Otros tres guardias les observaban.

—Sam ya está aquí —dijo Packer mientras movía la cabeza en dirección al despacho frontal—. Pasen.

Adam agarró a su hermana fuertemente de la mano. Carmen asintió y se acercaron a la puerta. Adam la abrió.

Sam esperaba al borde del escritorio, como de costumbre. Los pies le colgaban de la mesa y estaba fumando. El aire de la sala era fresco y limpio. Miró a Adam y luego a Carmen. Packer cerró la puerta.

Carmen soltó la mano de Adam, se acercó al escritorio y miró a Sam fijamente a los ojos.

—Soy Carmen —dijo suavemente.

Sam se puso de pie.

—Yo soy Sam, Carmen. Tu descarriado abuelo.

Se dieron un abrazo.

Adam tardó unos segundos en percatarse de que Sam se había afeitado la barba. Llevaba el cabello más corto y mucho más pulcro. La cremallera de su chándal estaba subida hasta el cuello.

Sam le estrujó los hombros y examinó su cara.

—Eres tan bella como tu madre —dijo con la voz ronca.

Sus ojos estaban húmedos y Carmen hacía un esfuerzo para contener las lágrimas.

Se mordió el labio y procuró sonreír.

—Gracias por venir —dijo Sam con un intento de sonrisa—. Lamento que me hayas encontrado en estas circunstancias.

—Tienes un aspecto maravilloso —respondió Carmen.

—No empieces a mentir, Carmen —dijo Adam para romper el hielo—. Y dejemos de llorar antes de que perdamos todos el control.

—Siéntate —dijo Sam indicando una silla.

Él se sentó junto a ella y le cogió la mano.

—Hablemos primero de negocios, Sam —dijo Adam, inclinado sobre el escritorio—. El quinto circuito ha denegado nuestra petición a primera hora de esta mañana y, por consiguiente, se nos abren nuevas perspectivas.

—Tu hermano es bastante buen abogado —dijo Sam dirigiéndose a Carmen—. Me da la misma noticia todos los días.

—Evidentemente. No tengo mucho en que basarme —respondió Adam.

—¿Cómo está tu madre? —preguntó Sam dirigiéndose siempre a Carmen.

—Muy bien.

—Salúdala de mi parte y dile que guardo muy buen recuerdo de ella.

—Lo haré.

—¿Se sabe algo de Lee? —le preguntó Sam a Adam.

—No. ¿Quieres verla?

—Creo que sí. Pero si no puede, lo comprenderé.

—Veré lo que puedo hacer —respondió convincentemente Adam.

Phelps no había respondido a sus dos últimas llamadas y, francamente, en estos momentos no disponía de tiempo para buscar a Lee.

—Adam me ha contado que estudias psicología —dijo Sam después de acercarse a su nieta.

—Eso es. Estoy haciendo un doctorado en Berkeley, California, y...

Un decidido golpe en la puerta interrumpió su conversación. Adam la abrió y vio el rostro angustiado de Lucas Mann.

—Disculpadme un momento —les dijo Adam a Sam y a Carmen antes de salir al pasillo.

—¿Qué ocurre?

—Garner Goodman le está buscando —respondió Mann en un susurro—. Quiere que vaya inmediatamente a Jackson.

—¿Por qué? ¿Qué ocurre?

—Parece que uno de sus recursos ha dado en el blanco.

A Adam se le paró el corazón.

—¿Cuál? —preguntó.

—El juez Slattery quiere hablar de la enajenación mental. Ha decidido celebrar una vista a las cinco de esta tarde. No me hable del caso, porque puede que yo comparezca como testigo de la acusación.

Adam cerró los ojos y se golpeó suavemente la cabeza contra la pared. Un millar de ideas le pululaban por la mente.

—¿A las cinco de esta tarde? ¿Slattery?

—Parece increíble. Pero es preciso que se dé prisa.

—Necesito un teléfono.

—Ahí hay uno —respondió Mann, mientras indicaba con la cabeza una puerta a la espalda de Adam—. Escúcheme, Adam, no es de mi incumbencia, pero yo no se lo diría a Sam. Las probabilidades son todavía mínimas y no sería justo avivar sus esperanzas. Si la decisión fuera mía, esperaría hasta después de la vista.

—Tiene razón, Lucas. Gracias.

—De nada. Nos veremos en Jackson.

Adam regresó a la sala, donde ahora hablaban de la vida en la zona de la bahía.

—Nada importante —dijo Adam con el entrecejo fruncido, mientras se acercaba tranquilamente al teléfono.

Marcó un número, sin prestar atención a su relajada conversación.

—Garner, soy Adam. Estoy aquí con Sam. ¿Qué ocurre?

—Venga aquí cuanto antes, amigo —respondió sosegadamente Goodman—. Las cosas se mueven.

—Le escucho —dijo mientras Sam describía su primer y único viaje a San Francisco, hacía un montón de décadas.

—En primer lugar, el gobernador quiere hablar con usted en privado. Parece que está sufriendo. Le hemos atosigado con los teléfonos y empieza a sentirse incómodo. Pero lo más importante es que, precisamente Slattery, está atrancado con el recurso de enajenación mental. He hablado con él hace media hora y está sencillamente muy confundido. Yo no le he facilitado las cosas. Quiere celebrar una vista a las cinco de esta tarde. He hablado ya con el doctor Swinn, y está listo para intervenir. Llegará a Jackson a las tres y media, dispuesto a declarar.

—Salgo inmediatamente —dijo Adam, de espaldas a Sam y a Carmen.

—Reúnase conmigo en el despacho del gobernador.

Adam colgó.

—Debo presentar las apelaciones —le explicó Adam a Sam, que en aquel momento permanecía totalmente indiferente—. Tengo que trasladarme a Jackson.

—¿Por qué tanta prisa? —preguntó Sam, como si le quedaran muchos años de vida sin nada que hacer.

—¿Prisa? ¿Has dicho prisa? Son las diez del lunes por la mañana, Sam. Nos quedan exactamente treinta y ocho horas para encontrar un milagro.

—No habrá milagros, Adam —dijo antes de concentrarse de nuevo en Carmen, sin soltarle la mano—. No te hagas ilusiones, querida.

—Tal vez...

—No. Ha llegado mi hora, ¿comprendes? Y estoy preparado. No quiero que estés triste cuando todo haya acabado.

—Debemos marcharnos, Sam —dijo Adam, con la mano en su hombro—. Volveré tarde esta noche o mañana por la mañana.

Carmen se inclinó y le dio un beso a Sam en la mejilla.

—Mi corazón está contigo, Sam —susurró.

Le dio un fuerte abrazo y luego se puso de pie junto al escritorio.

—Cuídate, niña. Estudia mucho y todo eso. Y no pienses mal de mí, ¿de acuerdo? Estoy aquí por una sola razón. No es culpa de nadie, sino mía. Me espera una vida mejor lejos de este lugar.

Carmen se puso de pie y le dio otro abrazo. Lloraba cuando salieron de la sala.

CUARENTA Y SEIS

A las doce del mediodía, el juez Slattery había asimilado plenamente la gravedad de la situación, y aunque hacía un gran esfuerzo por disimularlo, disfrutaba enormemente de aquel breve intervalo en el centro de la tormenta. En primer lugar, había despedido al jurado y a los abogados del juicio civil que tenía entre manos. Había hablado dos veces con el secretario del quinto circuito en Nueva Orleans, y luego con el magistrado McNeely en persona. El momento cumbre había tenido lugar pocos minutos después de las once, cuando el magistrado del Tribunal Supremo, Edward F. Allbright, había llamado desde Washington para que le pusiera al corriente de la situación. Allbright seguía el caso hora por hora. Hablaron de leyes y teorías. Ninguno de ellos era contrario a la pena de muerte y a ambos les resultaba problemático el estatuto de Mississippi en cuestión. Les preocupaba que cualquier condenado a muerte que se fingiera loco y encontrara a un médico chiflado dispuesto a seguirle la corriente pudiera abusar del mismo.

Los periodistas no tardaron en averiguar que había algún tipo de vista en perspectiva y no sólo asediaron con llamadas el despacho de Slattery, sino que invadieron la oficina de su recepcionista. Tuvieron que llamar a la policía nacional para dispersar a los periodistas.

No transcurría un solo minuto sin que la secretaria le trajera algún mensaje. Breck consultó infinidad de textos jurídicos y cubrió con documentos la mesa de conferencias. Slattery habló con el gobernador, con el fiscal general y con Garner Goodman docenas de veces. Sus zapatos estaban bajo su enorme escritorio. Caminaba alrededor de la mesa, con el teléfono pegado al oído, y disfrutando enormemente de aquella locura.

Si en el despacho de Slattery había ajetreo, en el del fiscal general era puro caos. Roxburgh se había puesto vehemente con la noticia de que uno de los palos de ciego de Cayhall había dado en el blanco. Después de luchar contra esas amenazas durante diez años, ascendiendo y descendiendo los peldaños de la apelación, saliendo de un juzgado para entrar en otro, batallando con las ingeniosas mentes jurídicas del ACLU y otras organizaciones similares, utilizando suficiente papel para destruir una selva tropical, cuando está por fin a punto de caer, presenta una tonelada de apelaciones de última hora, y una de ellas llama la atención de un juez en algún lugar, que a la sazón está de un humor compasivo.

Había salido con cajas destempladas al pasillo para dirigirse al despacho de Morris Henry, el «doctor muerte» en persona, y entre ambos habían reunido apresuradamente un equipo de sus mejores cerebros criminalistas. Se reunieron en una enorme biblioteca, con hilera tras hilera de los textos jurídicos más recientes. Revisaron la petición de Cayhall y la ley aplicable al caso, y elaboraron una estrategia. Necesitaban testigos. ¿Quién había visto a Cayhall durante el último mes? ¿Quién podía declarar acerca de lo que hacía y decía? No disponían de tiempo para que le examinara uno de sus especialistas. El condenado tenía médico, pero ellos no. Esto suponía un problema considerable. Para que un doctor respetable le examinara, el ministerio fiscal se vería obligado a solicitar un aplazamiento. Y esto significaba un aplazamiento de la ejecución. El aplazamiento era impensable.

Los guardias le veían todos los días. ¿Quién más le veía? Roxburgh llamó a Lucas Mann y éste le sugirió que hablara con el coronel Nugent. Nugent respondió que había visto a Sam hacía sólo unas horas y que no tendría ningún inconveniente en declarar. Ese hijo de puta no estaba loco. Era simplemente un malvado. Y el sargento Packer le veía todos los días. Y la psiquiatra de la cárcel, la doctora N. Stegall, se había entrevistado con Sam y también podría declarar. Nugent estaba ansioso por ayudar. También sugirió al capellán de la cárcel. Y pensaría en otros.

Morris Henry organizó un equipo de ataque formado por cuatro abogados, cuya única misión era la de hurgar en la vida del doctor Anson Swinn en busca de algo comprometedor. «Encuentren otros casos en los que haya participado. Hablen con otros abogados en cualquier lugar del país. Consigan transcripciones de sus declaraciones. Ese individuo no es más que un charlatán a sueldo, un testigo profesional. Encuentren material para desacreditarle.»

Cuando Roxburgh dispuso de un plan de ataque y de otros para hacer el trabajo, bajó en el ascensor hasta el vestíbulo del edificio para charlar con los periodistas.

Adam aparcó en un espacio libre, junto al Capitolio Estatal. Goodman le esperaba a la sombra de un árbol, sin chaqueta, con las mangas de la camisa arremangadas y su impecable pajarita estampada. Adam presentó inmediatamente a Carmen al señor Goodman.

—El gobernador quiere verle a las dos. Acabo de salir de su despacho, por tercera vez esta mañana. Demos un paseo hasta nuestras oficinas —dijo mientras indicaba, con un ademán, el centro de la ciudad—. Están sólo a un par de manzanas.

»¿Ha visto a Sam? —agregó, dirigiéndose a Carmen.

—Sí. Esta mañana.

—Me alegro de que lo haya hecho.

—¿Qué se propone el gobernador? —preguntó Adam.

Andaban demasiado despacio para su gusto. «Tranquilízate —se dijo a sí mismo—. Relájate.»

—¿Quién sabe? Quiere reunirse con usted en privado. Tal vez el análisis de mercado haya llegado a afectarle. Puede que prepare un espectáculo para la prensa. Quizá sea sincero. Soy incapaz de interpretar sus intenciones. Pero desde luego parece cansado.

—¿Llegan las llamadas?

—De maravilla.

—¿Nadie sospecha?

—Todavía no. Francamente, les estamos golpeando con tanta rapidez y dureza que dudo que logren localizar las llamadas.

Carmen le dirigió una mirada interrogativa a su hermano, que estaba demasiado preocupado para prestarle atención.

—¿Qué es lo último que se sabe de Slattery? —preguntó Adam cuando cruzaban la calle, antes de detenerse un momento en silencio para observar la manifestación que se organizaba en la escalinata del Capitolio.

—Nada desde las diez de la mañana. Su secretaria le ha

llamado a Memphis y en la oficina le han dado mi número aquí. Así es como me han encontrado. Me ha contado lo de la vista y me ha dicho que Slattery quiere a los abogados a las tres en su despacho, para organizarlo todo.

—¿Eso qué significa? —preguntó Adam, con el ferviente deseo de que su maestro le dijera que estaban a punto de conseguir una gran victoria.

Goodman intuyó el anhelo de Adam.

—Francamente, no lo sé. Es una buena noticia, pero nadie sabe lo duradera que será. Las vistas a estas alturas no son inusuales.

Cruzaron otra calle y entraron en el edificio. Había mucho ajetreo en el despacho, puesto que cuatro estudiantes de derecho charlaban por teléfonos inalámbricos. Dos de ellos estaban sentados con los pies sobre la mesa. Otro estaba junto a la ventana y hablaba en un tono sincero. El cuarto, una chica, paseaba a lo largo de la pared del fondo, con el teléfono pegado a la oreja. Adam se detuvo en el umbral de la puerta e intentó asimilar el espectáculo. Carmen estaba terriblemente confundida.

Goodman le explicó la situación en un severo susurro.

—Realizamos unas sesenta llamadas por hora. Marcamos muchas más veces, pero las líneas permanecen evidentemente ocupadas. Nosotros somos responsables de la saturación y eso impide que otros logren comunicar. Ha sido mucho más lento durante el fin de semana. En la línea popular había una sola telefonista —dijo, como un orgulloso director de fábrica exhibiendo sus más recientes automatismos.

—¿A quién llaman? —preguntó Carmen.

Se les acercó uno de los estudiantes y se presentó, primero a Adam y luego a Carmen. Dijo que se lo estaba pasando de maravilla.

—¿Les apetece comer algo? —preguntó Goodman—. Tenemos bocadillos.

Adam no tenía apetito.

—¿A quién llaman? —volvió a preguntar Carmen.

—A la línea popular del gobernador —respondió Adam, sin dar ninguna explicación.

Escucharon al que tenían más cerca, que cambió el tono de su voz y leyó un nombre de la guía telefónica. Se había convertido ahora en Benny Chase, de Hickory Flat, Mississippi, que había votado por el gobernador y no creía que Sam Cayhall debiera ser ejecutado. Había llegado el momento de que interviniera el gobernador y se hiciera cargo de la situación.

Carmen le lanzó una mala mirada a su hermano, pero él no le prestó atención.

—Son estudiantes de la Facultad de Derecho de Mississippi —aclaró Goodman—. Hemos utilizado aproximadamente una docena de estudiantes desde el viernes, de edades diferentes, blancos y negros, hembras y varones. El profesor Glass ha sido de una gran ayuda para encontrarlos. Él también se ha dedicado a hacer llamadas, así como Hez Kerry y sus ayudantes del grupo de defensa. Hemos tenido por lo menos veinte personas haciendo llamadas.

Acercaron tres sillas al extremo de la mesa y se sentaron. Goodman encontró unos refrescos en una nevera portátil y los puso sobre la mesa.

—John Bryan Glass está investigando en este mismo momento. A las cuatro habrá redactado un informe. Hez Kerry también trabaja. Está comprobando con sus compañeros, en otros estados donde también se aplica la pena de muerte, si se han utilizado recientemente estatutos similares.

—¿Kerry es el negro? —preguntó Adam.

—Sí, es el director del grupo meridional de defensa capital. Muy listo.

—Un abogado negro esforzándose por salvarle la vida a Sam.

—Para Hez este caso no se diferencia de cualquier otro. Se trata de otro condenado a muerte.

—Me gustaría conocerle.

—Le conocerá. Estarán todos en la vista.

—¿Y todas esas personas trabajan gratis? —preguntó Carmen.

—Más o menos. Kerry cobra un sueldo. Parte de su trabajo consiste en vigilar todos los casos de condena a muerte del estado, pero puesto que Sam tiene sus propios abogados, no ha tenido que ocuparse de su caso. Ahora hace donación de su tiempo, pero a gusto. El profesor Glass cobra un sueldo de la Facultad de Derecho y ésta es una actividad definitivamente al margen de sus obligaciones profesionales. A estos estudiantes les pagamos cinco dólares por hora.

—¿Quién les paga? —preguntó Carmen.

—Los buenos de Kravitz & Bane.

—Carmen tiene que coger un avión esta tarde —dijo Adam, al tiempo que cogía una guía telefónica y hojeaba las páginas amarillas.

—Yo me ocuparé de ello —respondió Goodman antes de quitarle la guía de las manos—. ¿Adónde?

—A San Francisco.

—Veré lo que hay disponible. Hay una cafetería a la vuelta de la esquina. ¿Por qué no van a comer algo? Iremos al despacho del gobernador a las dos.

—Debo ir a alguna biblioteca —dijo Adam, al tiempo que consultaba su reloj.

Era casi la una.

—Vaya a comer algo, Adam. Y procure relajarse. Más tarde tendremos tiempo para pensar y hablar de estrategias. Lo que necesita ahora es relajarse y comer algo.

—Tengo hambre —dijo Carmen, que anhelaba pasar unos minutos a solas con su hermano.

Abandonaron la sala y cerraron la puerta a su espalda. Carmen obligó a su hermano a detenerse en el mugriento pasillo antes de llegar a la escalera.

—Te ruego que me lo expliques —insistió, después de cogerle del brazo.

—¿Qué?

—Lo de esa pequeña sala.

—¿No te parece bastante evidente?

—¿Es legal?

—No es ilegal.

—¿Es ético?

Adam respiró hondo y miró a la pared.

—¿Qué se proponen hacer con Sam?

—Ejecutarle.

—Ejecutarle, matarle, exterminarle, llámalo como quieras. Pero es un asesinato, Carmen. Un asesinato legal. No es justo e intento evitarlo. Es un campo en el que se juega sucio y si tengo que quebrantar alguna norma ética, no me importa.

—Apesta.

—También la cámara de gas.

Carmen movió la cabeza y se tragó sus palabras. Veinticuatro horas antes estaba almorzando con su novio en la terraza de un café de San Francisco. Ahora no estaba segura de dónde se encontraba.

—No me condenes por esto, Carmen. Éstos son unos momentos de desesperación.

—De acuerdo —dijo antes de empezar a bajar por la escalera.

El gobernador y el joven abogado estaban solos en el extenso despacho, sentados en cómodos sillones de cuero, con las piernas cruzadas y casi tocándose los pies. Goodman acompañaba a Carmen al aeropuerto. Mona Stark brillaba por su ausencia.

—Es curioso que sea usted su nieto y haga menos de un mes que le conoce —decía McAllister, en un tono sosegado y cansado—. Sin embargo, yo hace muchos años que le conozco. En realidad, hace mucho que forma parte de mi vida. Y siempre había creído que me alegraría cuando llegara este momento. Quería que muriera, ¿comprende?, que recibiera su castigo por matar a aquellos niños —prosiguió, mientras se apartaba el cabello de la frente y se frotaba los ojos, con la sinceridad propia de un buen amigo que hablaba de los viejos tiempos—. Pero ahora no estoy seguro. No quiero ocultárselo, Adam, la presión me está agobiando.

O bien era brutalmente sincero, o un actor de mucho talento. Adam era incapaz de descifrarlo.

—¿Qué habrá demostrado el estado si Sam muere? —preguntó Adam—. ¿Será éste un lugar mejor donde vivir cuando salga el sol el miércoles por la mañana y él ya esté muerto?

—No. Pero usted no cree en la pena de muerte. Yo sí.

—¿Por qué?

—Porque debe haber un castigo definitivo para el asesinato. Póngase en la situación de Ruth Kramer y lo verá de otro modo. Su problema, Adam, y el de la gente como usted, es que se olvidan de las víctimas.

—Podríamos discutir durante muchas horas sobre la pena de muerte.

—Tiene razón. Dejémoslo. ¿Le ha dicho Sam algo relacionado con el atentado?

—No estoy autorizado a divulgar lo que Sam me ha contado. Pero la respuesta es no.

—Puede que actuara solo, no lo sé.

—¿Qué puede importar eso hoy, un día antes de la ejecución?

—Para serle sincero, no lo sé. Pero si yo supiera que Sam

no era más que un cómplice, que otra persona era la responsable de las muertes, me resultaría imposible permitir que le ejecutaran. Usted sabe que podría evitarlo. Podría hacerlo. Me causaría muchos problemas. Sufriría políticamente. El daño podría ser irreparable, pero no me importaría. Empiezo a estar harto de la política. Y no me gusta encontrarme en el trance de concederle o quitarle la vida a alguien. Pero podría indultar a Sam si supiera la verdad.

—Usted cree que alguien le ayudó. Ya me lo ha dicho. El agente del FBI encargado de la investigación también lo cree. ¿Por qué no actúa en consonancia con lo que cree y le otorga clemencia?

—Porque no estamos seguros.

—¿De modo que bastaría con una palabra por parte de Sam, un nombre arrojado en el último momento y, abracadabra, estamparía su firma y le salvaría la vida?

—No, pero podría conceder un aplazamiento para que se investigara el nombre.

—No sucederá, señor gobernador. Lo he intentado. Se lo he preguntado con tanta frecuencia y lo ha negado tantas veces, que ya no lo mencionamos.

—¿A quién está protegiendo?

—No tengo ni idea.

—Puede que nos equivoquemos. ¿Le ha facilitado en alguna ocasión los detalles del atentado?

—Ya sabe que no puedo revelarle nuestras conversaciones. Pero se hace plenamente responsable.

—¿Entonces qué razón puede haber para considerar un indulto? Si el propio condenado se declara culpable del crimen y afirma haber actuado solo, ¿cómo puedo ayudarle?

—Puede ayudarle porque es un anciano, que en todo caso no tardará en morir. Puede ayudarle porque es lo justo y en lo más hondo de su corazón es lo que desea hacer. Se necesita valor.

—Él me odia, ¿no es cierto?

—Sí, pero cabe la posibilidad de que cambie de parecer. Concédale un indulto y se convertirá en su más ferviente admirador.

McAllister sonrió y desenvolvió un caramelo de menta.

—¿Está realmente loco?

—Así lo afirma nuestro perito. Haremos todo lo posible para convencer al juez Slattery.

—Lo sé, ¿pero es verdad? Usted ha pasado muchas horas con él. ¿Es consciente de lo que está ocurriendo?

En aquel momento, Adam decidió dejar de ser sincero. McAllister no era su amigo y no podía en modo alguno confiar en él.

—Está bastante triste —confesó Adam—. Francamente, me sorprende que alguien pueda conservar el juicio, después de unos meses en el patíbulo. Sam era ya viejo cuando llegó y se ha marchitado lentamente. Ésa es una de las razones por las que se ha negado a conceder entrevistas. Es bastante lamentable.

Adam era incapaz de discernir si el gobernador le creía, pero ciertamente iba asimilando sus palabras.

—¿Qué tiene previsto para mañana? —preguntó McAllister.

—No tengo ni idea. Depende de lo que ocurra en la sala de Slattery. Pensaba pasar la mayor parte del día con Sam, pero puede que pase el día presentando recursos de última hora.

—Ya le di mi número privado. Mantengámonos en contacto mañana.

Sam comió tres cucharadas de alubias y un poco de pan de maíz antes de dejar la bandeja al pie de la cama. El mismo imbécil de guardia le vigilaba con la mirada en blanco, a través de los barrotes de la puerta de la galería. La vida era ya bastante desagradable en aquellos apretujados cubículos, pero que le trataran como a un animal y le vigilaran le resultaba insoportable.

Eran las seis, la hora de las noticias de la tarde. Estaba ansioso por saber lo que el mundo decía de él. La emisora de Jackson inició el telediario con la sorprendente noticia de una vista de última hora ante el juez F. Flynn Slattery. Pasaron entonces la conexión a la puerta de la Audiencia Federal de Jackson, donde un ávido joven explicó, micrófono en mano, que la vista se había retrasado un poco por las discusiones de los abogados en el despacho de Slattery. Intentó resumir el tema. La defensa alegaba ahora que el señor Cayhall carecía de la capacidad mental necesaria para comprender por qué se le ejecutaba. Era senil y había perdido el juicio, según alegaba la defensa, que presentaría a un conocido psiquiatra en aquel último intento para impedir la ejecución. Se esperaba que la vista empezara en cualquier momento y nadie sabía cuándo tomaría una decisión el juez Slattery. De regreso a los estudios, la presentadora dijo que, entretanto, en la penitenciaría de Parchman, todo estaba preparado para la ejecución. De pronto apareció en la pantalla otro joven con un micrófono en la mano, en algún lugar cercano a la puerta principal de la cárcel, describiendo las nuevas medidas de seguridad. Señaló a su derecha y la cámara mostró la zona próxima a la carretera, donde parecía celebrarse un auténtico carnaval. Había una presencia masiva de policía, dirigiendo el tráfico y mirando desconfiadamente a varias docenas de miembros del Ku Klux Klan. Entre los demás manifestantes había varios grupos de defensores de la supremacía blanca y, según él, los partidarios habituales de la abolición de la pena de muerte.

La cámara volvió a enfocar al presentador, junto a quien se encontraba ahora el coronel George Nugent, superintendente en funciones de Parchman y encargado de la ejecución. Nugent respondió ceñudamente a varias preguntas, afirmó que todo estaba perfectamente bajo control y que si los tribunales daban la luz verde, la ejecución se llevaría a cabo como lo preveía la ley.

Sam apagó el televisor. Adam le había llamado hacía un par de horas para hablarle de la vista, y por consiguiente estaba preparado para oír que era senil, que no estaba en posesión de sus facultades mentales y Dios sabe qué más. Pero no le gustaba. Si ya era bastante penoso esperar a que le ejecutaran, cuestionar públicamente su cordura con tanto descaro le parecía una invasión cruel de su intimidad.

La galería estaba caldeada y silenciosa. Los televisores y las radios funcionaban a bajo volumen. Cerca de allí el joven predicador cantaba suavemente *Con la vieja cruz a cuestas* y no era desagradable.

En un ordenado montón junto a la pared estaba su nuevo atuendo: una camisa blanca de algodón, un pantalón deportivo castaño, calcetines blancos y un par de mocasines castaños. Donnie había pasado una hora con él por la tarde.

Apagó la luz y se acostó. Le quedaban treinta horas de vida.

La sala principal de la audiencia en el edificio federal estaba abarrotada de gente, cuando por fin Slattery permitió que los abogados abandonaran su despacho por tercera vez. Aquélla había sido la última de una serie de agitadas conferencias que habían durado casi toda la tarde. Faltaba ahora poco para las siete.

Entraron en la sala y ocuparon sus puestos tras sus respectivas mesas. Adam estaba sentado junto a Garner Goodman. Sentados a su espalda se encontraban Hez Kerry, John Bryan Glass y tres de sus alumnos. Roxburgh, Morris Henry y media docena de ayudantes se habían apretujado junto a la mesa de la acusación. Dos filas detrás de ellos, en la galería pública, se encontraba el gobernador con Mona Stark a un lado y Larramore al otro.

El resto de los presentes eran mayoritariamente periodistas; las cámaras no estaban permitidas en la sala. Había también algunos curiosos, estudiantes de Derecho y otros abogados. La audiencia era pública. En la última fila, con una cómoda chaqueta deportiva y corbata, se encontraba Rollie Wedge.

Slattery entró en la sala y todo el mundo se puso de pie.

—Siéntense —dijo después de acercarse al micrófono—. Conste en acta —agregó, dirigiéndose al taquígrafo.

Hizo un breve resumen de la solicitud y de la ley aplicable, y esbozó los parámetros de la vista. No estaba de humor para prolongados argumentos ni preguntas inconsecuentes, de modo que les ordenó a los abogados agilizar el proceso.

—¿Está listo el solicitante? —preguntó en dirección a Adam.

—Sí, señor —respondió Adam nervioso, después de ponerse de pie—. El solicitante llama al doctor Anson Swinn.

Swinn se levantó de la primera fila y subió al estrado, donde se le tomó juramento. Adam se acercó al podio, en el centro de la sala, con sus notas en la mano y apelando a su propia fortaleza. Las notas, que eran el resultado de una excelente investigación y preparación por parte de Hez Kerry y John Bryan Glass, estaban meticulosamente mecanografiadas. Ambos, además de los ayudantes de Kerry, habían dedicado el día entero a Sam Cayhall y a los preparativos de la vista. Asimismo, estaban dispuestos a trabajar por la noche y todo el día siguiente.

Adam empezó por formularle a Swinn algunas preguntas básicas sobre su formación. Swinn respondía con un marcado acento del alto medio oeste, lo cual no suponía ningún inconveniente. Los especialistas debían hablar de un modo distinto a los demás y viajar grandes distancias para gozar de una buena reputación. Con su cabello negro, barba negra, gafas negras y traje negro, tenía efectivamente el aspecto de ser una eminencia en su campo. Las preguntas preliminares fueron rápidas y concisas, pero sólo debido a que Slattery había examinado ya sus credenciales y decidido que podía declarar como perito. La acusación podía cuestionar sus títulos y referencias cuando le interrogara, pero su testimonio constaría en acta.

Bajo la dirección de Adam, Swinn habló de las dos horas que había pasado con Sam Cayhall el martes anterior. Describió su estado físico de un modo tan minucioso, que definió a Sam como a un cadáver. Era probable que estuviera mentalmente enajenado, aunque el término «enajenación mental» era jurídico y no médico. Le resultaba difícil responder a preguntas tan básicas como ¿qué ha comido para desayunar?, ¿quién ocupa la celda adjunta a la suya?, ¿cuándo falleció su esposa?, ¿quién fue su abogado en su primer juicio?, etcétera.

Swinn se curó en salud repitiendo varias veces que dos horas no bastaban para elaborar un diagnóstico completo del señor Cayhall. Se necesitaba más tiempo.

En su opinión, Sam Cayhall no era plenamente consciente del hecho de que estaba a punto de morir, no comprendía por qué pretendían ejecutarle, e indudablemente no se percataba de que le castigaran por haber cometido un crimen. En algunas ocasiones Adam tuvo que apretar los dientes para no hacer una mueca, pero Swinn era ciertamente convincente. El señor Cayhall estaba perfectamente tranquilo y relajado, sin la menor sospecha de lo que le deparaba el destino, marchitándose en una celda de seis metros cuadrados. Era muy lamentable. Uno de los peores casos con los que se había encontrado.

En otras circunstancias, a Adam le habría aterrorizado llamar a un testigo tan descaradamente falso. Pero en aquel momento, se sentía sumamente orgulloso de aquel curioso hombrecillo. Estaba en juego una vida humana.

Slattery no tenía intención alguna de limitar el testimonio del doctor Swinn. Aquel caso sería revisado inmediatamente por el quinto circuito, y tal vez por el Tribunal Supremo de Estados Unidos, y no quería que ningún superior discrepara de su parecer. Goodman lo sospechaba y le había aconsejado a Swinn que se extendiera. De modo que con la venia de la sala, Swinn detalló las causas probables de los problemas de Sam. Describió los horrores de pasar veintitrés horas al día en una celda de seis metros cuadrados, de saber que la cámara de gas está a pocos metros de distancia, y de verse privado de compañerismo, comida decente, sexo, movimiento, ejercicio y aire fresco. Había trabajado con muchos condenados a muerte a lo largo y ancho del país, y era buen conocedor de sus problemas. Sam, evidentemente, era bastante diferente debido a su edad. La edad media de los condenados a muerte era de treinta y un años, y por término medio esperaban cuatro años a que les llegara la muerte. Sam tenía sesenta años cuando ingresó en Parchman. No estaba preparado física ni mentalmente para ello. Era inevitable que se deteriorara.

Swinn siguió las directrices de Adam durante cuarenta y cinco minutos. Cuando agotó sus preguntas, se sentó. Steve Roxburgh se acercó ostentosamente al estrado y miró fijamente a Swinn.

Swinn sabía lo que se avecinaba y no le preocupaba en absoluto. Roxburgh empezó por preguntarle quién pagaba sus servicios y cuánto cobraba. Swinn respondió que trabajaba para Kravitz & Bane y que sus honorarios eran de doscientos dólares por hora. No importaba. No hablaban ante ningún jurado. Slattery sabía que todos los peritos cobraban, o de lo contrario no declaraban. Roxburgh intentó menospreciar las credenciales profesionales de Swinn, pero no logró nada. Era un psiquiatra experimentado, con una formación excelente. Qué importaba que desde hacía algunos años hubiera decidido que podía ganar más dinero como testigo pericial. Sus referencias eran impecables. Y Roxburgh no estaba dispuesto a discutir sobre medicina con un doctor.

Las preguntas eran cada vez más extrañas cuando Roxburgh empezó a interesarse por otros pleitos en los que el doctor Swinn había declarado. Había el caso de un niño que había sufrido quemaduras en un accidente de tráfico en Ohio, y Swinn había declarado que en su opinión el niño no estaba en posesión de sus facultades mentales. Una opinión que nada tenía de extraño.

—¿Qué pretende demostrar? —interrumpió Slattery, levantando la voz.

Roxburgh consultó sus notas antes de responder.

—Con la venia de su señoría, intentamos desacreditar a este testigo.

—Eso ya lo sé. Pero no lo está logrando, señor Roxburgh. La sala es consciente de que este testigo ha declarado en muchos juicios a lo largo y ancho del país. ¿Adónde pretende llegar?

—Intentamos demostrar que está dispuesto a expresar opiniones bastante descabelladas si la remuneración es adecuada.

—Los abogados lo hacen a diario, señor Roxburgh. —Se oyeron algunas risas entre el público, pero muy reservadas—. Eso no me interesa —agregó Slattery—. Prosiga.

Roxburgh debió haber regresado a su asiento, pero quiso aprovechar la euforia del momento. Penetró en el siguiente campo minado y empezó a formular preguntas sobre el reconocimiento que Swinn le había practicado a Sam. No llegó a ninguna parte. Swinn respondió elocuentemente a todas sus preguntas, y sólo logró que ampliara su declaración inicial. Repitió buena parte de la triste descripción de Sam Cayhall. Roxburgh no marcó ningún punto y, por fin derrotado, regresó a su asiento. Swinn abandonó el estrado.

El próximo y último testigo del solicitante fue una sorpresa, aunque Slattery había concedido ya su aprobación. Adam llamó al señor E. Garner Goodman al estrado.

Goodman tomó juramento y se sentó. Adam le preguntó por la representación de su bufete de Sam Cayhall y Goodman hizo un breve resumen del historial para que constara en acta. Slattery ya lo sabía casi todo. Goodman sonrió cuando relató los esfuerzos de Sam para prescindir de los servicios de Kravitz & Bane.

—¿Representa Kravitz & Bane al señor Cayhall en este momento? —preguntó Adam.

—Efectivamente.

—¿Y usted está ahora aquí, en Jackson, trabajando en el caso?

—Desde luego.

—En su opinión, señor Goodman, ¿cree que Sam Cayhall les ha contado a sus abogados todo lo referente al atentado de Kramer?

—No, creo que no.

Rollie Wedge se incorporó ligeramente y prestó mucha atención.

—¿Podría explicarse?

—Por supuesto. Siempre han existido pruebas circunstanciales de que otra persona acompañaba a Sam Cayhall en el atentado de Kramer y en otros atentados precedentes. El señor Cayhall se negó en todo momento a hablar de ello conmigo, su abogado, e incluso ahora no coopera con sus letrados. Evidentemente, en esta etapa del proceso, es esencial que se lo revele todo a sus abogados. Pero es incapaz de hacerlo. Hay cosas que deberíamos saber, pero no nos las cuenta.

Wedge estaba a la vez nervioso y aliviado. Sam se mantenía en sus trece, pero sus abogados exploraban todas las posibilidades.

Adam formuló otras pocas preguntas y se sentó. Roxburgh hizo una sola pregunta:

—¿Cuándo habló usted con el señor Cayhall por última vez?

Goodman titubeó y pensó en la respuesta. Sinceramente no lo recordaba.

—No estoy seguro. Hace dos o tres años.

—¿Dos o tres años? ¿Y es usted su abogado?

—Soy uno de sus abogados. Ahora el señor Hall es el abogado principal del caso y ha pasado innumerables horas con el cliente durante el último mes.

Roxburgh se sentó y Goodman regresó a su mesa.

—No disponemos de más testigos, su señoría —declaró Adam.

—Llame a su primer testigo, señor Roxburgh —dijo Slattery.

—La acusación llama al coronel George Nugent —prorrumpió Roxburgh.

El ujier encontró a Nugent en la antesala y le acompañó al estrado. Llevaba una camisa y un pantalón color aceituna impecablemente planchados y unas botas relucientes. Declaró quién era y qué hacía.

—He salido de Parchman hace una hora —dijo después de consultar su reloj—. Acabo de llegar en un helicóptero oficial.

—¿Cuándo ha visto por última vez a Sam Cayhall? —preguntó Roxburgh.

—Ha sido trasladado a la celda de observación a las nueve de esta mañana. He hablado con él entonces.

—¿Estaba mentalmente despierto, o en un rincón balbuceando como un imbécil?

Adam empezó a ponerse de pie para protestar, pero Goodman le agarró el brazo.

—Sumamente despierto —respondió Nugent con gran avidez—. Muy atento. Me ha preguntado por qué se le trasladaba a otra celda. Comprendía lo que ocurría. No le gustaba, pero actualmente a Sam no le gusta nada.

—¿Le vio ayer?

—Sí.

—¿Y era capaz de hablar, o estaba simplemente ahí como un vegetal?

—Todo lo contrario, charlaba por los codos.

—¿De qué hablaron?

—Tenía una lista de cuestiones que debía resolver con Sam. Su actitud era muy hostil, incluso me amenazó físicamente. Es una persona muy hosca, con una lengua viperina. Se tranquilizó un poco y hablamos de su última comida, sus testigos, y de cómo disponer de sus efectos personales. Cosas por el estilo. Hablamos de la ejecución.

—¿Es consciente de que va a ser ejecutado?

—¿Qué clase de pregunta es ésa? —exclamó Nugent con una carcajada.

—Limítese a responderla —dijo Slattery sin sonreír.

—Por supuesto que lo es. Sabe perfectamente lo que ocurre. No está loco. Me dijo que la ejecución no tendría lugar porque, en sus propias palabras, sus abogados estaban a punto de lanzar la artillería pesada. Ellos lo han planeado todo —dijo, al tiempo que levantaba ambas manos en dirección a la sala.

Roxburgh le preguntó sobre ocasiones anteriores en las que había hablado con Sam y Nugent no ahorró ningún detalle. Parecía recordar todas y cada una de las palabras de Sam durante las dos últimas semanas, especialmente su agudo sarcasmo y sus cáusticos comentarios.

Adam sabía que era todo cierto. Consultó en voz baja a Garner Goodman y decidieron no interrogar al testigo. Tenían poco que ganar.

Nugent abandonó el estrado y la sala con paso marcial. Tenía una misión que cumplir. Se le necesitaba en Parchman.

El segundo testigo de la acusación era la doctora N. Stegall, psiquiatra del departamento de corrección. Subió al estrado, mientras Roxburgh consultaba a Morris Henry.

—Declare su nombre para que conste en acta —dijo Slattery.

—Doctora N. Stegall.

—¿Anna? —preguntó su señoría.

—No. Ene. Es una inicial.

Slattery la miró antes de dirigir la mirada a Roxburgh, que se encogió de hombros como si no supiera qué decir.

El juez se acercó al borde del estrado y miró fijamente a la testigo.

—Escúcheme, doctora, no he preguntado por su inicial, sino por su nombre. Tenga la bondad de decirlo para que conste en acta y no nos haga perder el tiempo.

La doctora bajó la mirada, se aclaró la garganta, titubeó y por fin dijo:

—Neldeen.

«No me sorprende —pensó Adam—. ¿Por qué no habría cambiado de nombre?»

Roxburgh aprovechó la ocasión y le formuló una serie de preguntas rápidas sobre sus títulos y formación. Slattery ya la había considerado apta como testigo pericial.

—Dígame, doctora Stegall —dijo Roxburgh, evitando cuidadosamente toda referencia a Neldeen—, ¿cuándo conoció usted a Sam Cayhall?

Consultó una hoja de papel que llevaba consigo.

—El jueves, veintiséis de julio.

—¿Con qué propósito?

—Forma parte de mi trabajo; visito habitualmente a los condenados a muerte, especialmente cuando su ejecución es inminente. Les proporciono asesoramiento y medicamentos, si lo solicitan.

—Describa el estado mental del señor Cayhall.

—Sumamente despierto, muy atento, muy locuaz, casi al borde de los malos modales. En realidad, fue bastante mal educado conmigo y dijo que no deseaba volver a verme.

—¿Hablaron de su ejecución?

—Sí. Sabía perfectamente que le quedaban trece días y me acusó de intentar administrarle medicamentos para que no causara problemas cuando llegara el momento. También me expresó su preocupación por otro preso, Randy Dupree, que Sam cree que se deteriora mentalmente. Estaba sumamente preocupado por el señor Dupree y se enojó conmigo por no haberle visitado.

—En su opinión, ¿padece algún tipo de disminución de sus facultades mentales?

—En absoluto. Tiene una mente muy despierta.

—No hay más preguntas —dijo Roxburgh, antes de sentarse.

Adam se acercó decididamente al estrado.

—Cuéntenos, doctora Stegall, ¿cómo progresa Randy Dupree? —preguntó levantando la voz.

—Pues... No he tenido oportunidad de verle todavía.

—Sam le habló de él hace once días, y no se ha molestado en verle.

—He estado ocupada.

—¿Cuánto hace que ocupa este cargo?

—Cuatro años.

—Y en cuatro años, ¿cuántas veces ha hablado con Sam Cayhall?

—Una.

—No parecen preocuparle mucho los condenados a muerte, ¿no es cierto, doctora Stegall?

—Claro que me preocupan.

—¿Cuántos presos hay actualmente en el patíbulo?

—Pues... no estoy segura. Creo que alrededor de cuarenta.

—¿Con cuántos ha hablado? Denos algunos nombres.

No se supo si era el miedo, la ira o la ignorancia, pero Neldeen quedó paralizada. Hizo una mueca, ladeó la cabeza, evidentemente intentando sacar un nombre de la pura nada, y lógicamente incapaz de lograrlo. Adam guardó unos momentos de silencio.

—Gracias, doctora Stegall —dijo por fin, antes de dar media vuelta y regresar lentamente a su asiento.

—Llame a su próximo testigo —ordenó Slattery.

—La acusación llama al sargento Clyde Packer.

El ujier fue en busca de Packer a la antesala y le acompañó al estrado. Llevaba todavía puesto el uniforme, pero le habían retirado el arma. Juró decir la verdad y ocupó su puesto en el estrado.

A Adam no le sorprendió el efecto del testimonio de Packer. Era un hombre honrado que se limitaba a contar lo que había visto. Conocía a Sam desde hacía nueve años y medio, y era igual hoy que cuando le vio por primera vez. Se pasaba todo el día mecanografiando cartas y documentos jurídicos, y leía muchos libros, especialmente de Derecho. Redactaba documentos para sus compañeros del patíbulo, y cartas para novias y esposas de algunos analfabetos. Era un fumador empedernido, con la esperanza de acabar con su vida antes de que lo lograran las autoridades. Prestaba dinero a sus amigos. En su modesta opinión, Sam tenía una mente tan despierta en la actualidad, como a su llegada hacía nueve años y medio. Y un cerebro muy ágil.

Slattery se acercó al borde del estrado cuando Packer describió las partidas de damas de Sam con Henshaw y Gullitt.

—¿Suele ganar? —interrumpió su señoría.

—Casi siempre gana.

Tal vez el momento decisivo de la vista fue cuando Packer contó que Sam había querido ver salir el sol antes de morir. Había ocurrido la semana anterior, cuando Packer hacía su ronda por la mañana. Sam se lo solicitó discretamente. Sabía que estaba a punto de morir, estaba listo para abandonar este mundo, y le apetecía salir una mañana temprano al patio del este para ver salir el sol. Packer se ocupó de organizarlo y el sábado pasado Sam había pasado una hora tomando café, a la espera del amanecer. Luego se mostró muy agradecido.

Adam no tenía ninguna pregunta para Packer. Se le disculpó y abandonó la sala.

Roxburgh declaró que su próximo testigo era Ralph Griffin, el capellán de la cárcel. Griffin subió al estrado y miró con nerviosismo a su alrededor. Dio su nombre y ocupación, y miró desconfiadamente a Roxburgh.

—¿Conoce usted a Sam Cayhall? —preguntó Roxburgh.

—Sí, le conozco.

—¿Le ha asesorado recientemente?

—Sí.

—¿Cuándo le ha visto por última vez?

—Ayer, domingo.

—¿Y cómo describiría su estado mental?

—No puedo hacerlo.

—¿Cómo ha dicho?

—He dicho que no puedo describir su estado mental.

—¿Por qué no?

—Porque actualmente soy su sacerdote y todo lo que dice o hace en mi presencia es estrictamente confidencial. No puedo declarar contra el señor Cayhall.

Roxburgh se entretuvo unos instantes mientras intentaba decidir lo que haría a continuación. Era evidente que ni él ni sus eruditos ayudantes habían previsto aquella situación. Tal vez habían supuesto que, puesto que el capellán trabajaba para el estado, cooperaría con ellos. Griffin se mantuvo a la expectativa de un ataque por parte de Roxburgh.

—Tiene toda la razón, señor Roxburgh —intervino inmediatamente Slattery—. Este testigo no debería estar aquí. ¿Quién es el siguiente?

—No tenemos más testigos —respondió el fiscal general, ansioso por abandonar el estrado y regresar a su asiento.

Su señoría tomó varias notas y miró a la abarrotada sala.

—Deliberaré debidamente sobre el caso y emitiré un veredicto, probablemente a primera hora de la mañana. Cuando haya tomado una decisión se la comunicaremos a los abogados. No tienen por qué permanecer aquí. Les llamaremos. Se levanta la sesión.

Todo el mundo se puso de pie para dirigirse apresuradamente a la puerta posterior de la sala. Adam se acercó al reverendo Ralph Griffin y le dio las gracias antes de volver a la mesa junto a Goodman, Hez Kerry, el profesor Glass y sus alumnos. Hablaron entre sí en voz baja hasta que se despejó la sala y emprendieron la retirada. Alguien habló de comida y bebida. Eran casi las nueve.

Unos periodistas esperaban junto a la puerta de la sala. Adam se disculpó atentamente, sin detenerse. Rollie Wedge avanzaba sigilosamente a la espalda de Adam y de Goodman mientras se abrían paso entre la muchedumbre que abarrotaba el vestíbulo. Desapareció cuando salieron del edificio.

Había dos grupos de cámaras en la calle. En la escalinata, Roxburgh se dirigía a un grupo de periodistas, y cerca de allí, en la acera, se explayaba el gobernador. Cuando Adam pasó junto a él, oyó que McAllister decía que se consideraba la posibilidad de un indulto y que sería una larga noche. El día siguiente sería todavía peor. Alguien le preguntó si asistiría a la ejecución, pero Adam no oyó la respuesta.

Se reunieron en Hal and Mal, un bar restaurante popular del centro de la ciudad. Hez encontró una gran mesa en un rincón, cerca de la entrada, y pidió una ronda de cerveza. En el fondo había una orquesta de blues. Tanto el bar como el comedor estaban abarrotados de gente.

Adam se sentó en una esquina, junto a Hez, y se relajó por primera vez en muchas horas. La cerveza entraba con facilidad y le tranquilizaba. Pidieron judías rojas con arroz y comentaron la vista. Hez dijo que su actuación había sido maravillosa y los estudiantes no hacían más que brindarle cumplidos. El ambiente era optimista. Adam les dio las gracias por su ayuda. Goodman y Glass estaban en un extremo de la mesa, enfrascados en otro caso de un condenado a muerte. El tiempo transcurría lentamente y Adam atacó el plato cuando llegó.

—Probablemente éste no es el mejor momento —dijo Hez en voz baja, porque quería que sólo Adam le oyera.

La música había subido ahora de volumen.

—Supongo que regresará a Chicago cuando todo haya terminado —prosiguió, con la mirada fija en Goodman, para asegurarse de que hablaba todavía con Glass.

—Supongo —respondió Adam sin convicción, pues no había tenido tiempo para pensar en lo que haría pasado mañana.

—Pues sólo para su buen conocimiento, hay una vacante en nuestra oficina. Uno de mis ayudantes se pasa al campo privado y estamos buscando a otro abogado. Sólo nos ocupamos de condenados a muerte.

—Tiene razón —respondió Adam—. Éste no es el mejor momento.

—El trabajo es duro pero gratificante. También es conmovedor. Y necesario —dijo Hez mientras mordía una salchicha y tomaba un trago de cerveza—. El sueldo es paupérrimo comparado con el de un bufete. Presupuesto limitado, muchas horas de trabajo y muchísimos clientes.

—¿Cuánto?

—De momento podría ofrecerle treinta mil.

—Actualmente gano sesenta y dos y con la perspectiva de seguir aumentando.

—Yo también he pasado por allí. Yo ganaba setenta en un gran bufete de Washington cuando lo dejé para venir aquí. Estaba en la vía rápida para convertirme en socio, pero fue fácil abandonarlo. El dinero no lo es todo.

—¿Le gusta esto?

—Uno se acostumbra. Hay que tener convicciones morales muy sólidas para luchar de este modo contra el sistema. Piénselo.

Goodman miraba ahora hacia ellos.

—¿Piensa regresar a Parchman esta noche? —preguntó en voz alta.

Adam se estaba terminando su segunda cerveza. Tomaría sólo una tercera. El agotamiento empezaba a apoderarse de él.

—No. Esperaré hasta saber algo por la mañana.

Comieron, bebieron y escucharon las batallitas de Goodman, Glass y Kerry sobre otras ejecuciones. Abundaba la cerveza y el ambiente pasó de optimista a confidencial.

Sam estaba acostado en la oscuridad, a la espera de la medianoche. Había visto las últimas noticias, sabía que la vista había terminado y que el reloj avanzaba inexorablemente. No había aplazamiento. Su vida estaba en manos de un juez federal.

Un minuto después de la medianoche cerró los ojos y rezó una oración. Le pidió a Dios que ayudara a Lee con sus problemas, que cuidara de Carmen y que le concediera a Adam las fuerzas necesarias para superar lo inevitable.

Le quedaban veinticuatro horas de vida. Cruzó las manos sobre el pecho y se quedó dormido.

CUARENTA Y SIETE

Nugent esperó exactamente hasta las siete y media para cerrar la puerta y empezar la reunión. Caminó hasta el frente de la sala y pasó revista a su tropa.

—Acabo de regresar de la UMS —declaró sombríamente—. El recluso está despierto y atento, en nada se parece al muerto viviente sobre el que hemos leído en el periódico de esta mañana.

Hizo una pausa y sonrió, a la expectativa de que todo el mundo admirara su humor. Pasó desapercibido.

—En realidad, ya ha desayunado y está reclamando su hora libre. De modo que por lo menos algo es normal en este lugar. No se ha recibido ninguna noticia del Tribunal Federal de Jackson y, por consiguiente, el programa sigue adelante si no hay contraorden. ¿Estoy en lo cierto, señor Mann?

Lucas estaba sentado junto a una mesa al otro lado de la sala, leyendo el periódico y procurando hacer caso omiso del coronel.

—Así es.

—Ahora bien, hay dos sectores preocupantes. El primero es el de la prensa. He nombrado al sargento Moreland, aquí presente, para que se ocupe de esos cabrones. Los reuniremos en el centro de visitantes, junto al portalón, y procuraremos que no se muevan de allí. Los rodearemos de guardias y que salgan si se atreven. A las cuatro de la tarde, celebraré un sorteo para elegir a los periodistas que podrán presenciar la ejecución. Hasta el día de ayer, había doscientos nombres en la lista de solicitudes. Se les otorgan cinco localidades.

»El segundo problema lo constituye lo que ocurre frente al portalón. El gobernador ha consentido en asignarnos tres docenas de policías hoy y mañana, que llegarán en breve. Debemos mantenernos a una distancia prudencial de esos locos, especialmente los cabezas rapadas. Esos hijos de puta son unos locos, pero al mismo tiempo debemos mantener el orden. Ayer tuvieron lugar dos peleas y la situación pudo haberse complicado rápidamente de no haber estado atentos. Si la ejecución tiene lugar puede que haya algunos momentos de tensión. ¿Alguna pregunta?

No hubo ninguna.

—Muy bien. Espero que todo el mundo actúe hoy de un modo profesional y desempeñe responsablemente su obligación. Pueden retirarse.

Saludó marcialmente a la concurrencia y observó con orgullo cómo abandonaban la sala sus subordinados.

Sam se sentó a horcajadas en el banco con el tablero de damas delante de él, y esperó pacientemente a que J. B. Gullitt entrara en el patio. Sorbió los restos rancios de una taza de café.

Gullitt cruzó la puerta y se detuvo para que le retiraran las esposas. Se frotó las muñecas, se cubrió los ojos para protegerse del sol y miró a su amigo sentado a solas. Se acercó al banco y se instaló frente al tablero.

Sam no levantó en ningún momento la mirada.

—¿Alguna buena noticia, Sam? —preguntó Gullitt nervioso—. Dime que no ocurrirá.

—Limítate a mover —dijo Sam con la mirada fija en el tablero.

—No puede ocurrir, Sam —suplicó.

—Te toca a ti empezar. Mueve.

Gullitt bajó lentamente la mirada al tablero.

La teoría predominante de la mañana era la de que cuanto más tardara Slattery en resolver la petición, mayor era la probabilidad de un aplazamiento. Pero ése era el saber popular de los que rogaban por el perdón. Nada se sabía a las nueve de la mañana, ni a las nueve y media.

Adam esperaba en el despacho de Hez Kerry, convertido en centro de operaciones durante las últimas veinticuatro horas. Goodman estaba al otro lado de la ciudad, supervisando el asedio implacable de la línea popular del gobernador, tarea que parecía deleitarle. John Bryan Glass se había aparcado frente al despacho de Slattery.

En el supuesto de que Slattery denegara el aplazamiento,

apelarían inmediatamente al quinto circuito. El recurso de apelación estaba listo, por si acaso, a las nueve. Kerry también había preparado una petición de auto de avocación para el Tribunal Supremo de Estados Unidos en el caso de que lo denegara el quinto circuito. Los documentos estaban listos. Todo estaba a la espera.

Para ocupar su mente, Adam llamó a todo el mundo que se le ocurrió. Telefoneó a Carmen a Berkeley. Dormía y estaba bien. Llamó a la casa de Lee pero, naturalmente, no obtuvo respuesta alguna. Llamó al despacho de Phelps y habló con una secretaria. Llamó a Darlene para decirle que no tenía ni idea de cuándo regresaría. Llamó al número privado de McAllister, pero estaba ocupado. Puede que Goodman hubiera saturado también su línea.

Llamó a Sam y le habló de la vista del día anterior, haciendo hincapié en el reverendo Ralph Griffin. Packer también había declarado y se había limitado a decir la verdad. Nugent, naturalmente, había actuado como un cretino. Le dijo que iría a verle alrededor de las doce del mediodía. Sam le suplicó que se diera prisa.

A las once, difamaban y maldecían el nombre de Slattery con profundo fervor. Adam estaba harto. Llamó a Goodman para decirle que se iba a Parchman. Se despidió de Hez Kerry y le dio nuevamente las gracias.

Luego abandonó apresuradamente la ciudad de Jackson, hacia el norte por la nacional cuarenta y nueve. Parchman estaba a dos horas de camino sin exceder la velocidad autorizada. Encontró una emisora de radio en la que daban noticias cada media hora y escuchó una discusión interminable sobre los casinos de Mississippi. No hubo ninguna noticia sobre la ejecución de Cayhall en las noticias de las once y media.

Conducía a ciento cuarenta y ciento cincuenta, y adelantaba en línea continua, curvas y puentes. Cruzó a gran velocidad diminutos pueblos y arrabales. No estaba seguro de qué le impulsaba a llegar a Parchman con tanta rapidez. Poco era lo que podía hacer cuando llegara. Las maniobras jurídicas se efectuaban en Jackson. Se sentaría con Sam a contar las horas. O tal vez celebrarían el magnífico regalo del Tribunal Federal.

Acababa de abandonar una estación de servicio cercana a la pequeña ciudad de Flora, donde se había detenido para repostar y comprar un zumo de fruta, cuando oyó la noticia. El monótono y aburrido presentador de un debate adquirió de pronto una enorme animación para relatar la última noticia relacionada con el caso de Cayhall. El juez del Tribunal Federal del distrito F. Flynn Slattery acababa de denegar la última petición de Cayhall, en la que alegaba enajenación mental. La apelación se dirigiría al quinto circuito en menos de una hora. Sam Cayhall acababa de dar un paso gigantesco hacia la cámara de gas de Mississippi, declaró con sumo dramatismo el presentador.

En lugar de pisar el acelerador, Adam redujo considerablemente la velocidad y tomó un trago de zumo de fruta. Apagó la radio y abrió un poco la ventana para que circulara el aire caliente. Maldijo durante muchos kilómetros a Slattery, hablando en vano con el parabrisas y evocando una generosa diversidad de insultos. Pasaban ahora unos minutos de las doce. Con justicia, Slattery podía haber emitido su veredicto cinco horas antes. Maldita sea, si hubiera tenido agallas podía haberlo hecho anoche. Su recurso podría encontrarse ya ante el quinto circuito. Por las dudas, maldijo también a Breck Jefferson.

Sam le había dicho desde el primer momento que Mississippi quería una ejecución. Se habían quedado rezagados respecto a Louisiana, Texas y Florida, e incluso Alabama, Georgia y Virginia mataban a un ritmo más envidiable. Algo había que hacer al respecto. Las apelaciones eran interminables. Los criminales mimados. La delincuencia alarmante. Había llegado el momento de ejecutar a alguien y demostrarle al resto del país que en este estado se respetaba la ley y el orden.

Adam acabó por creerlo.

Después de un rato dejó de blasfemar. Se acabó el refresco y arrojó la botella vacía por encima del coche a la cuneta, quebrantando flagrantemente las leyes de Mississippi que prohibían arrojar basura. Era difícil expresar su opinión actual sobre Mississippi y sus leyes.

Veía a Sam sentado en su celda, mirando la televisión, oyendo las noticias.

A Adam le dolía el alma por el anciano. Había fracasado como abogado. Su cliente estaba a punto de morir a manos del gobierno y no podía hacer absolutamente nada para evitarlo.

La noticia electrificó al ejército de periodistas y fotógrafos que ocupaba ahora el pequeño centro de visitantes junto a la entrada. Agrupados alrededor de televisores portátiles, seguían la información de sus emisoras en Jackson y Memphis. Por lo menos cuatro de ellos transmitieron fragmentos en directo desde Parchman, mientras los demás circulaban por la zona. El pequeño territorio que se les había asignado estaba cercado por cuerdas y barricadas, bajo la atenta vigilancia de las tropas de Nugent.

Aumentó considerablemente el escándalo junto a la carretera cuando se divulgó la noticia. Los miembros del Klan, que ahora eran un centenar, empezaron a dar voces en dirección al edificio administrativo. Los cabezas rapadas, los nazis y los arios insultaban a cualquiera que les escuchara. Las monjas y otros manifestantes silenciosos permanecían bajo sus sombrillas y procuraban no prestar atención a sus escandalosos vecinos.

Sam oyó la noticia cuando tenía un plato de acelgas en las manos, su penúltima comida. Con la mirada fija en la televisión, vio cómo la escena cambiaba de Jackson a Parchman y luego de nuevo a Jackson. Un joven abogado negro al que nunca había visto hablaba con los periodistas y les explicaba lo que él y el resto del equipo de defensa de Cayhall harían a continuación.

Su amigo Buster Moac se había quejado de que había tantos abogados involucrados en su caso en los últimos días, que ya no sabía quién intentaba protegerle y quién matarle. Pero Sam estaba seguro de que Adam dirigía la operación.

Acabó de comerse las acelgas y dejó el plato en una bandeja al pie de la cama. Se acercó a los barrotes y le hizo una mueca al guardia con la expresión en blanco, que le vigilaba desde el otro lado de la puerta de la galería. El pasillo estaba silencioso. Los televisores funcionaban en todas las celdas, a bajo volumen, y los presos estaban pendientes de los mismos con un interés morboso. No se oía una sola voz, lo cual era, de por sí, sumamente inusual.

Se quitó su mono rojo por última vez y, como un fardo, lo arrojó a un rincón; ocultó de un puntapié sus sandalias de goma bajo la cama, para no volver a verlas jamás. Colocó cuidadosamente su nuevo atuendo sobre la cama, lo ordenó con sumo esmero, luego desabrochó los botones de su camisa de manga corta y se la puso. Le ajustaba a la perfección. Introdujo las piernas en los pantalones deportivos de color caqui, se subió la cremallera y abrochó la cintura. Puesto que al pantalón le sobraban cinco centímetros de largo, se sentó sobre la cama y lo dobló meticulosamente. Los calcetines de algodón eran gruesos y suaves, y los zapatos, un poco holgados, no le caían mal.

La sensación de vestir ropa perfectamente normal le evocó de pronto dolorosos recuerdos del mundo libre. Aquél era el tipo de pantalón que había usado durante cuarenta años, hasta ser encarcelado. Los compraba en una antigua tienda de la plaza de Clanton y siempre guardaba cuatro o cinco pares en el último cajón de su enorme cómoda. Su esposa se los planchaba sin almidonar y después de media docena de lavados, daban la sensación de un viejo pijama. Se los ponía para trabajar y para ir a la ciudad. Los llevaba cuando salía a pescar con Eddie y cuando se sentaba en el zaguán para mecer a la pequeña Lee. Se los ponía para ir al café y para asistir a las reuniones del Klan. Sí, los había usado incluso en un nefasto viaje a Greenville, para perpetrar un atentado en el despacho de un judío radical.

Se sentó en la cama y tiró de los irreprochables pliegues bajo las rodillas. Hacía nueve años y medio que no usaba unos pantalones como aquéllos. Le pareció apropiado ponérselos ahora para la cámara de gas.

Los cortarían para separarlos de su cadáver, los guardarían en una bolsa y los incinerarían.

Adam paró primero en el despacho de Lucas Mann. Louise, en el portalón, le había entregado una nota para advertirle que era importante. Mann cerró la puerta y le ofreció una silla. Adam prefirió permanecer de pie. Estaba ansioso por ver a Sam.

—El quinto circuito ha recibido la apelación hace treinta minutos —dijo Mann—. He pensado que querría utilizar mi teléfono para llamar a Jackson.

—Gracias. Prefiero llamar desde el patíbulo.

—De acuerdo. Hablo cada media hora con el despacho del fiscal general, de modo que si me entero de algo le llamaré.

—Gracias —respondió Adam nervioso.

—¿Quiere Sam una última comida?

—Se lo preguntaré dentro de un momento.

—Bien. Llámeme, o simplemente dígaselo a Packer. ¿Y los testigos?

—Sam no quiere testigos.

—¿Y usted?

—No. No me lo permite. Lo acordamos hace tiempo.

—De acuerdo. No se me ocurre nada más. Aquí tengo fax y teléfono, y puede que este lugar esté un poco más tranquilo. Mi despacho está a su disposición.

—Gracias —respondió Adam mientras abandonaba el despacho.

Condujo despacio hasta el patíbulo y aparcó por última vez en la arena junto a la verja. Se acercó lentamente a la torre de vigilancia e introdujo las llaves en el cubo.

Hacía sólo cuatro semanas que había estado allí por primera vez, viendo cómo descendía el cubo rojo, y había pensado en lo simple pero eficaz del sistema. ¡Sólo cuatro semanas! Parecían haber transcurrido años.

Esperó a que se abriera el portalón doble y se reunió con Tiny en los peldaños.

Sam estaba ya en el despacho frontal, sentado al borde del escritorio, admirando sus zapatos.

—Fíjate en mi nuevo calzado —dijo con orgullo, cuando Adam entró en la sala.

Adam se acercó y admiró su atuendo, desde la camisa hasta los zapatos. Sam sonreía de oreja a oreja. Iba perfectamente afeitado.

—Muy elegante. Sí señor, muy elegante.

—Estoy hecho un verdadero lechuguino, ¿no te parece?

—Estás muy apuesto, Sam, realmente muy apuesto. ¿Te ha traído Donnie esta ropa?

—Sí. La ha comprado en Todo a un Dólar. Yo le había pedido prendas de diseño de Nueva York, pero qué diablos. No es más que una ejecución. Ya te dije que no permitiría que me mataran con uno de esos monos rojos de la cárcel. Me lo he quitado hace un rato para no volvérmelo a poner jamás. Debo confesar, Adam, que la sensación ha sido muy agradable.

—¿Has oído las últimas noticias?

—Por supuesto. Todas las emisoras hablan de lo mismo. Lamento lo de la vista.

—Ahora la apelación está en el quinto circuito y tengo un buen presentimiento. Creo que allí nuestras posibilidades son buenas.

Sam sonrió y desvió la mirada, como si el nieto le contara al abuelo una mentira piadosa.

—He visto a un abogado negro en el telediario del mediodía que dice que trabaja para mí. ¿Qué diablos está ocurriendo?

—Probablemente era Hez Kerry —respondió Adam antes de dejar el maletín sobre la mesa y sentarse.

—¿También le pago?

—Sí, Sam, le pagas los mismos honorarios que a mí.

—Simple curiosidad. ¿Es cierto que aquel loquero, cómo se llama, Swinn, me dejó como un cromo en la sala?

—Fue bastante triste, Sam. Cuando acabó de declarar todos los presentes en la sala te imaginaban flotando por tu celda, rascándote los dientes y meando en el suelo.

—Bueno, ya falta poco para que alivien mi sufrimiento —dijo en un tono alto y fuerte, casi desafiante, sin el menor indicio de temor—. Tengo que pedirte otro pequeño favor —agregó, al tiempo que le entregaba otro sobre.

—¿Para quién es esto?

—Quiero que lo lleves a la carretera, junto a la puerta de la cárcel, que encuentres al jefe de esa pandilla del Klan y se lo leas. Procura que lo capten las cámaras, porque quiero que la gente sepa lo que dice.

—¿Qué dice? —preguntó Adam con suspicacia.

—Es un mensaje claro y conciso. Les pido que se vayan a casa. Que me dejen tranquilo para que pueda morir en paz. Nunca he oído hablar de algunos de esos grupos y se están aprovechando de mi muerte.

—Comprenderás que no puedes obligarles a que se marchen.

—Lo sé. Ni espero que lo hagan. Pero la televisión los presenta como si fueran amigos y camaradas. No conozco a uno solo entre ellos.

—No estoy seguro de que sea una buena idea en este momento —dijo Adam, pensando en voz alta.

—¿Por qué no?

—Porque en estos mismos momentos, estamos alegando ante el quinto circuito que eres básicamente como un vegetal, incapaz de estructurar ideas como ésta.

De pronto Sam se enojó.

—Vosotros, los abogados —refunfuñó—. ¿No os dais nunca por vencidos? Todo ha terminado, Adam, déjate de jueguecillos.

—No ha terminado.

—En lo que a mí concierne, sí lo ha hecho. Y ahora coge esta maldita carta y haz lo que te digo.

—¿Ahora mismo? —preguntó Adam, mientras consultaba su reloj.

Era la una y media.

—¡Sí! Ahora mismo. Esperaré aquí.

Adam aparcó junto al puesto de guardia del portalón y le explicó a Louise lo que estaba a punto de hacer. Estaba nervioso. Louise miró con suspicacia el sobre blanco que llevaba en la mano y llamó a dos guardias uniformados, que acompañaron a Adam por el portalón hacia el lugar de la manifestación. Algunos periodistas le reconocieron y se le acercaron inmediatamente. Avanzó decididamente con los guardias junto a la verja, sin prestar atención a sus preguntas. Tenía miedo, pero no le faltaba tesón y se sentía más que aliviado con sus nuevos guardaespaldas.

Avanzó directamente hacia la marquesina azul y blanca que servía de cuartel general al Klan y cuando se detuvo, le esperaba un grupo de túnicas blancas. Los periodistas rodearon a Adam, a los guardias y a los miembros del Klan.

—¿Quién es el jefe? —preguntó Adam, aguantándose la respiración.

—¿Quién quiere saberlo? —respondió un robusto joven, de barba negra y mejillas quemadas por el sol.

Le caía el sudor de las cejas cuando se acercó.

—Aquí tengo un comunicado de Sam Cayhall —dijo Adam en voz alta.

El círculo se comprimió. Se dispararon las cámaras. Los periodistas levantaron micrófonos y magnetófonos alrededor de Adam.

—Silencio —chilló alguien.

—¡Atrás! —exclamó uno de los guardias.

Un inquietante grupo de miembros del Klan, todos con túnicas idénticas pero la mayoría sin capirotes, se apiñó frente a Adam. No reconoció a ninguno de ellos de su enfrentamiento del viernes. No parecían demasiado amigables.

Cesó el jolgorio a lo largo del césped, conforme la muchedumbre se acercaba para oír al abogado de Sam.

Adam sacó el papel del sobre y lo levantó con ambas manos.

—Me llamo Adam Hall y soy el abogado de Sam Cayhall. Esto es un comunicado de Sam —repitió—. Está fechado hoy y dirigido a todos los miembros del Ku Klux Klan y a todos los demás grupos que se manifiestan hoy aquí en su nombre. Dice así: «Por favor, márchense. Su presencia aquí no es un consuelo para mí. Utilizan mi ejecución en pro de sus propios intereses. No conozco a ninguno de ustedes, ni deseo hacerlo. Les ruego que se retiren inmediatamente. Prefiero morir sin la asistencia de su función.»

Adam contempló los rostros severos de los miembros del Klan, todos acalorados y empapados de sudor.

—El último párrafo dice lo siguiente —prosiguió—: «Ya no pertenezco al Ku Klux Klan. Repudio dicha organización y todos sus principios. Hoy sería un hombre libre si nunca hubiera oído hablar del Ku Klux Klan. Firmado: Sam Cayhall.»

Adam dio la vuelta al papel y se lo mostró a los miembros del Klan, que estaban todos aturdidos y sin habla.

El de la barba negra y mejillas quemadas por el sol se acercó a Adam, e intentó arrebatarle el papel.

—¡Démelo! —exclamó.

Pero Adam lo retiró rápidamente. El guardia de su derecha intervino inmediatamente y se interpuso en el camino del joven, que le empujó. El guardia respondió con otro empujón y, durante unos momentos aterradores, los guardaespaldas de Adam forcejearon con los miembros del Klan. Otros guardias que vigilaban atentamente intervinieron en escasos segundos. No tardaron en restablecer el orden. La muchedumbre se retiró.

—¡Lárguense! —chilló Adam, al tiempo que miraba con ceño a los miembros del Klan—. ¡Ya han oído lo que dice Sam! ¡Se avergüenza de ustedes!

—¡Váyase a la mierda! —exclamó el jefe.

Los dos guardias agarraron a Adam y se lo llevaron, antes de que volviera a excitarlos. Avanzaron rápidamente hacia el portalón, abriéndose paso con los codos entre periodistas y fotógrafos. Entraron casi corriendo, a través de otra línea de guardias y otro grupo de periodistas hasta llegar por fin junto al coche de Adam.

—Procure no volver por aquí, ¿de acuerdo? —le suplicó uno de los guardias.

Era sobradamente sabido que el despacho de McAllister tenía más filtraciones que un viejo retrete. A última hora de la tarde del martes, el chismorreo más difundido por Jackson era el de que el gobernador consideraba seriamente ejercer clemencia respecto a Sam Cayhall. El chisme no tardó en llegar a los periodistas que esperaban frente al Capitolio, quienes lo transmitieron a otros periodistas y curiosos, no como chisme, sino como rumor fundado. En menos de una hora el rumor había alcanzado casi el rango de certeza.

Mona Stark se reunió con los periodistas en la rotonda y les prometió que más tarde el gobernador haría una declaración. Les explicó que los tribunales todavía no habían terminado con el caso. Sí, efectivamente, el gobernador estaba sometido a una enorme presión.

CUARENTA Y OCHO

El quinto circuito tardó menos de tres horas en transferir la postrera de las apelaciones de última hora al Tribunal Supremo de Estados Unidos. A las tres se celebró una breve conferencia telefónica. Hez Kerry y Garner Goodman se trasladaron apresuradamente del Capitolio al despacho de Roxburgh. El fiscal general disponía de un equipo telefónico lo suficientemente sofisticado para conectarse al mismo tiempo con Goodman, Kerry, Adam y Lucas Mann en Parchman, el juez Robichaux en Lake Charles, la jueza Judy en Nueva Orleans, y el juez McNeely en Amarillo, Texas. El tribunal les permitió a Adam y Roxburgh que presentaran sus argumentos antes de dar la conferencia por concluida. A las cuatro, el secretario del tribunal llamó a los interesados para comunicarles el veredicto negativo del tribunal, antes de confirmárselo por fax. Kerry y Goodman mandaron inmediatamente la apelación al Tribunal Supremo de Estados Unidos, también por fax.

Sam recibía su último reconocimiento médico cuando Adam concluyó su breve conversación con el secretario. Colgó lentamente el teléfono. Sam miraba con ceño al doctor joven y asustado, que le tomaba la presión sanguínea. A instancias del médico, Packer y Tiny estaban al alcance de la mano. Con cinco personas presentes, el despacho frontal estaba abarrotado.

—El quinto circuito acaba de denegar la apelación —anunció Adam con solemnidad—. Ahora se presenta al Tribunal Supremo.

—No es exactamente la tierra prometida —dijo Sam, sin dejar de mirar al médico.

—Me siento optimista —dijo Adam con dudosa convicción, en atención a Packer.

El médico guardó rápidamente sus instrumentos en el maletín.

—He terminado —dijo de camino a la puerta.

—¿Estoy lo suficientemente sano para que me maten? —preguntó Sam.

El médico abrió la puerta y se retiró, seguido de Packer y Tiny. Sam se puso de pie y se desperezó, antes de empezar a caminar lentamente a lo largo de la sala. Los zapatos se le salían de los talones y afectaban su paso.

—¿Estás nervioso? —preguntó con una perversa sonrisa.

—Por supuesto. Y supongo que tú también lo estás.

—Morir no puede ser peor que esperar. Maldita sea, estoy listo. Me gustaría terminar ya de una vez.

Adam estuvo a punto de hacer un comentario trivial sobre sus probabilidades en el Tribunal Supremo, pero no estaba de humor para un chasco. Sam paseaba y fumaba; no estaba de humor para charlar. Adam, para no perder la costumbre, empezó a hablar por teléfono. Llamó a Goodman y a Kerry, pero sus conversaciones fueron breves. Había poco que decir y ningún optimismo.

El coronel Nugent se situó en la entrada del centro de visitantes y pidió silencio. Reunidos ante él en el césped había una pequeña legión de ávidos corresponsales y periodistas, a la espera del sorteo. Junto a él, sobre una mesa, había un cubo metálico. Todos los periodistas llevaban una placa naranja numerada, suministrada por la administración penitenciaria como credencial. El grupo estaba inusualmente callado.

—Según la normativa penitenciaria —explicó lentamente Nugent, orgulloso de ocupar el centro del escenario, con una voz que llegaba casi a la calle—, se conceden ocho localidades a los miembros de la prensa. Una se otorga al corresponsal de AP, otra al de la UPI y una tercera al de la red de Mississippi. Quedan cinco para elegir al azar. Sacaré cinco números del cubo y si alguno de ellos corresponde al de su credencial, será su día afortunado. ¿Alguna pregunta?

De pronto, a varias docenas de periodistas no se les ocurrió ninguna pregunta. Muchos miraron su placa naranja, para comprobar el número. Una ola de emoción embargó el grupo. Nugent introdujo teatralmente la mano en el cubo y sacó un pequeño papel.

—Número cuatro ocho cuatro tres —declaró, con la pericia de un consumado director de bingo.

—¡Aquí! —exclamó emocionado un joven, al tiempo que tiraba de su afortunada placa.

—¿Su nombre? —preguntó Nugent.

—Edwin King, de la *Arkansas Gazette*.

Un ayudante junto a Nugent escribió su nombre y el de su periódico. Sus colegas miraron a Edwin King con admiración.

Nugent cantó rápidamente los otros cuatro números y completó la lista. Un detectable manto de decepción se cernió sobre el grupo al oír el último número. Los perdedores estaban devastados.

—A las once en punto llegarán aquí dos furgonetas —dijo Nugent, al tiempo que señalaba el camino principal—. Los testigos presenciales deben estar presentes y listos. Se les conducirá a la Unidad de Máxima Seguridad para presenciar la ejecución. No se permiten las máquinas de fotografiar ni ningún tipo de magnetófono. Se les cacheará a su llegada. Alrededor de las doce y media, las mismas furgonetas les traerán de regreso aquí. Luego se celebrará una conferencia de prensa en el salón de actos del nuevo edificio administrativo, que se abrirá a partir de las nueve para su comodidad. ¿Alguna pregunta?

—¿Cuántas personas presenciarán la ejecución? —preguntó alguien.

—Habrá trece o catorce personas en la sala de los testigos. Y en la antesala de la cámara estaremos yo, un sacerdote, un médico, el verdugo estatal, el abogado de la cárcel y dos guardias.

—¿Presenciarán la ejecución los familiares de las víctimas?

—Sí. Está prevista la asistencia del señor Elliot Kramer, abuelo de las víctimas.

—¿Asistirá el gobernador?

—El estatuto le concede al gobernador dos localidades en la sala de los testigos, que utiliza a su discreción. Se ha cedido una de ellas al señor Kramer. No se me ha informado de la intención del gobernador.

—¿Y la familia del señor Cayhall?

—No. Ninguno de sus parientes presenciará la ejecución.

Nugent se había metido en un berenjenal. Por todas partes emergían preguntas y tenía mucho que hacer.

—No más preguntas, lo siento —dijo antes de dar media vuelta y alejarse.

Donnie Cayhall llegó para su última visita poco antes de las seis. Le condujeron directamente al despacho frontal, donde se encontró a su elegante hermano riéndose con Adam Hall. Sam les presentó.

Adam se había esforzado hasta ahora en eludir al hermano de Sam. Donnie resultó ser una persona limpia y pulcra, de buenos modales y bien vestida. También se parecía a Sam, ahora que éste se había afeitado, cortado el cabello y librado de su mono rojo. Eran de la misma altura y, aunque Donnie no estaba gordo, Sam era mucho más delgado.

Evidentemente Donnie no era el patán que Adam temía. Le llenó sinceramente de felicidad conocer a Adam y le enorgullecía que fuera abogado. Era un individuo agradable, con una sonrisa a flor de labios y una buena dentadura, aunque en aquel momento su mirada era triste.

—¿Qué perspectivas hay? —preguntó después de unos minutos de conversación superficial, refiriéndose a las apelaciones.

—El Tribunal Supremo tiene la palabra.

—¿De modo que todavía hay esperanza?

Sam hizo una mueca ante tal sugerencia.

—Algo —respondió Adam, plenamente resignado a los designios del sino.

Se hizo una prolongada pausa, mientras Adam y Donnie buscaban un tema de conversación menos delicado. A Sam realmente no le importaba. Estaba sentado tranquilamente en una silla, con las piernas cruzadas y un cigarrillo entre los labios. Su mente estaba ocupada con pensamientos que no eran siquiera capaces de imaginar.

—Hoy he pasado por casa de Albert —dijo Donnie.

—¿Cómo está su próstata? —preguntó Sam, sin levantar la vista del suelo.

—No lo sé. Creía que ya estabas muerto.

—Típico de mi hermano.

—Tampoco he visto a la tía Finnie.

—Tenía entendido que ya había muerto —sonrió Sam.

—Casi. Tiene noventa y un años. Está muy afectada por

todo lo que te ha ocurrido. Dice que siempre fuiste su sobrino predilecto.

—Me detestaba y yo la detestaba a ella. Maldita sea, hacía cinco años que no nos veíamos cuando me trajeron aquí.

—El caso es que está completamente abatida por todo esto.

—Se repondrá.

De pronto se dibujó una enorme sonrisa en el rostro de Sam y empezó a reírse.

—¿Te acuerdas de cuando la vimos entrar en el cobertizo, detrás de la casa de la abuela, y apedreamos el tejado? Salió dando gritos y gemidos.

De pronto Donnie recordó la anécdota y empezó a troncharse de risa.

—Sí, el tejado era de hojalata —dijo entre carcajadas— y el impacto de cada piedra parecía la explosión de una bomba.

—Sí, éramos yo, tú y Albert. Tú debías de tener menos de cuatro años.

—No obstante lo recuerdo.

El relato se prolongó y la risa se hizo contagiosa. A Adam le divertía ver a aquellos dos ancianos riéndose como chiquillos. La anécdota de tía Finnie en el cobertizo condujo a otra sobre su marido, tío Garland, que era mezquino y lisiado. Siguió la risa.

La última comida de Sam fue un desaire premeditado a los desmañados cocineros de la UMS y a la odiosa comida con que le habían atormentado durante nueve años y medio. Pidió algo ligero, en una caja de cartón, y que se encontraba con facilidad. A menudo le había maravillado el hecho de que sus predecesores pidieran comidas de siete platos: chuletas, langostas, pastel de queso... Buster Moac consumió dos docenas de ostras crudas, seguidas de una ensalada griega, una enorme chuleta y otros varios platos. Nunca había comprendido cómo podían tener tanto apetito poco antes de morir.

No tenía ni una pizca de hambre cuando Nugent llamó a la puerta, a las siete y media. A su espalda estaba Packer y un preso de confianza con una bandeja. En medio de la bandeja había una gran fuente con tres Mágnums y, junto a la misma, un pequeño termo con café francés, el predilecto de Sam. Dejaron la bandeja sobre la mesa.

—Una comida muy ligera, Sam —dijo Nugent.

—¿Puedo comérmela en paz o piensa quedarse ahí con sus comentarios idiotas?

Nugent irguió la espalda y le lanzó una mala mirada a Adam.

—Regresaremos dentro de una hora. Entonces su invitado tendrá que marcharse y le llevaremos de nuevo a la celda de observación. ¿Comprendido?

—Lárguese —respondió Sam después de sentarse sobre la mesa.

—Maldita sea, Sam —exclamó Donnie, cuando se retiraron los funcionarios—, ¿por qué no has pedido algo que pudieras disfrutar? ¿Qué clase de última comida es ésa?

—Es *mi* última comida. Cuando llegue tu hora, pide lo que se te antoje.

Cogió un tenedor y separó cuidadosamente la vainilla y el chocolate del palo. Dio un gran mordisco y se sirvió lentamente una taza de café. Era negro y fuerte, con un rico aroma.

Donnie y Adam estaban sentados en unas sillas junto a la pared, contemplando a Sam de espaldas mientras deglutía lentamente su última comida.

Habían empezado a llegar a las cinco de la tarde. Procedían de todos los confines del estado, todos solos en sus respectivos vehículos cuatro por cuatro, de colores diversos, con afiligranados escudos y emblemas en puertas y parachoques. Algunos llevaban numerosas luces de emergencia sobre el techo, otros, escopetas en soportes especiales sobre los asientos delanteros. Todos llevaban grandes antenas que se mecían al viento.

Eran los sheriffs, elegido cada uno en su propio condado para proteger a los ciudadanos de la delincuencia. En su mayoría llevaban muchos años de servicio y casi todos habían participado antes en el rito oficioso de la cena de la ejecución.

Una cocinera llamada señorita Mazola preparaba el manjar, cuya composición era siempre la misma. Freía grandes pollos en grasa animal, hervía frijoles con jarretes de cerdo y preparaba auténticos bizcochos con crema de leche, del tamaño de un pequeño plato. Su cocina estaba en la parte posterior de una pequeña cafetería, cerca del principal edificio administrativo. La cena se servía siempre a las siete, independientemente del número de sheriffs que estuvieran presentes.

Su número sería hoy el más copioso, desde el fallecimiento en mil novecientos ochenta y dos de Teddy Doyle Meeks. La señorita Mazola lo había previsto, porque leía los periódicos y todo el mundo había oído hablar de Sam Cayhall. Contaba con la presencia de por lo menos cincuenta sheriffs.

Cruzaron el portalón como dignatarios y aparcaron desordenadamente alrededor de la cafetería. En su mayoría eran individuos corpulentos, con grandes estómagos y apetitos voraces. Estaban muertos de hambre después del largo viaje.

Su charla era superficial durante la cena. Después de comer como leones, se retiraron a la parte frontal del edificio, donde contemplaron el crepúsculo sentados sobre los capós de sus vehículos. Escarbaron fragmentos de pollo de sus dientes y alababan la cocina de la señorita Mazola. Escuchaban el carraspeo de sus radios, como si estuvieran a punto de recibir la noticia de la muerte de Cayhall. Hablaban de otras ejecuciones, de horribles crímenes cometidos en sus respectivos condados y de chicos del pueblo condenados a muerte. La maldita cámara de gas no se utilizaba con la frecuencia deseable.

Contemplaban atónitos a los centenares de manifestantes que tenían delante, cerca de la carretera. Después de escarbarse un poco más los dientes, volvieron a entrar en el edificio para comer pastel de chocolate.

Era una hermosa noche para ajusticiar.

CUARENTA Y NUEVE

Con la oscuridad, un escalofriante silencio impregnó la carretera frente a Parchman. Los miembros del Klan, ninguno de los cuales había pensado en retirarse después de que Sam se lo pidiese, esperaban sentados en sillas plegables sobre el pisoteado césped. A las monjas y demás activistas se había reunido un contingente de Amnistía Internacional. Encendieron velas, rezaron y tararearon canciones. Procuraban mantenerse alejados de los grupos violentos. Como en cualquier otra ocasión, independientemente de la identidad del reo, comparecería esa misma gente odiosa pidiendo sangre.

Se interrumpió momentáneamente el sosiego cuando una

furgoneta cargada de adolescentes redujo la velocidad junto a la entrada.

—¡Al paredón! ¡Al paredón! ¡Al paredón! —chillaron todos a una.

Chirriaron los neumáticos y el vehículo se alejó. Algunos de los miembros del Klan se incorporaron de un brinco, dispuestos a entrar en acción, pero los chiquillos ya habían desaparecido y no se les volvería a ver el pelo.

La impresionante presencia de la policía nacional mantenía la situación bajo control. Los agentes formaban pequeños grupos que observaban el tráfico y vigilaban de cerca a los miembros del Klan y a los cabezas rapadas. Un helicóptero patrullaba por las alturas.

Goodman dio finalmente por terminado el análisis de mercado. En cinco largos días habían efectuado más de dos mil llamadas. Pagó a los estudiantes, recogió los teléfonos celulares y les dio efusivamente las gracias. Ninguno de ellos parecía dispuesto a tirar la toalla y le acompañaron al Capitolio, en cuya escalinata tenía lugar otra vigilia con velas. El gobernador permanecía en su despacho del primer piso.

Uno de los estudiantes se ofreció voluntario para llevarle un teléfono a John Bryan Glass, que estaba al otro lado de la calle, en el Tribunal Supremo de Mississippi. Goodman le llamó, antes de llamar a Kerry y luego a Joshua Cladwell, un viejo amigo que había accedido a esperar en el despacho del secretario de ejecuciones en Washington. Los teléfonos no dejaban de funcionar. Llamó a Adam. Sam estaba terminando su última comida y no deseaba hablar con Goodman. Pero le agradeció todo lo que había hecho.

Después de acabarse el café y el helado, Sam se puso de pie y estiró las piernas. Hacía mucho rato que Donnie guardaba silencio. Sufría y quería marcharse. Nugent no tardaría en aparecer y deseaba despedirse ahora.

Sam se había manchado su nueva camisa con el helado y Donnie intentó limpiársela con una servilleta de tela.

—No tiene importancia —le dijo Sam a su hermano.

—Sí, tienes razón —respondió Donnie, sin dejar de frotar—. Será mejor que me retire, Sam. Llegarán de un momento a otro.

Los hermanos se dieron un prolongado abrazo, golpeándose suavemente en la espalda.

—Lo siento, Sam —dijo Donnie con la voz temblorosa—. Lo siento muchísimo.

Se separaron, agarrados todavía por los hombros, con los ojos húmedos pero sin lágrimas. Ninguno de ellos se atrevía a llorar ante el otro.

—Cuídate —dijo Sam.

—Tú también. Reza, Sam, ¿de acuerdo?

—Lo haré. Gracias por todo. Has sido el único que se ha preocupado por mí.

Donnie se mordió el labio y ocultó sus ojos de los de Sam. Estrechó la mano de Adam, pero fue incapaz de decir palabra. Pasó a la espalda de Sam para dirigirse a la puerta y se retiró.

—¿No se sabe nada del Tribunal Supremo? —preguntó inesperadamente Sam, como si de pronto creyera que había alguna esperanza.

—No —respondió Adam compungido.

Se sentó sobre el escritorio, con las piernas colgando de la mesa.

—Quiero que esto termine, Adam —dijo sopesando cuidadosamente cada palabra—. Es una crueldad.

A Adam no se le ocurría nada que decir.

—En China se acercan sigilosamente por la espalda y te dan un tiro en la nuca. Ningún último plato de arroz, ni despedidas, ni esperas. No es mala idea.

Adam consultó su reloj por enésima vez en la última hora. Desde el mediodía, había habido períodos durante los cuales las horas parecían haberse esfumado, luego, de pronto, el tiempo se detenía. Después de volar, avanzaba con penosa lentitud. Alguien llamó a la puerta.

—Adelante —repondió débilmente Sam.

Entró el reverendo Ralph Griffin y cerró la puerta. Había visto a Sam dos veces durante el día y evidentemente se lo tomaba muy a pecho. Era su primera ejecución y ya había decidido que sería la última. Su primo del Senado estatal tendría que encontrarle otro trabajo. Saludó con la cabeza a Adam y se sentó junto a Sam sobre la mesa. Eran casi las nueve.

—El coronel Nugent está en el pasillo, Sam. Dice que le espera.

—En tal caso, no salgamos. Quedémonos aquí sentados.

—Me parece bien.

—Sabe una cosa, cura, en estos últimos días he sentido emociones que nunca imaginé posibles. Pero, maldita sea, detesto a ese cretino del pasillo. No puedo remediarlo.

—El odio es algo terrible, Sam.

—Lo sé. Pero no puedo evitarlo.

—Para serle sincero, a mí tampoco me gusta particularmente.

Sam le sonrió al sacerdote y le puso un brazo sobre los hombros. Las voces en el pasillo crecieron de tono y Nugent irrumpió en la habitación.

—Sam, ha llegado el momento de regresar a la celda de observación —dijo el coronel.

Adam se puso de pie, con las rodillas temblorosas por el miedo, el estómago revuelto y el corazón enormemente acelerado. Sin embargo Sam permanecía sereno.

—Vámonos —dijo después de saltar de la mesa.

Salieron del despacho detrás de Nugent y se encontraron en el estrecho pasillo con algunos de los guardias más corpulentos de Parchman, que esperaban contra la pared. Sam agarró la mano de Adam y avanzaron lentamente seguidos del reverendo.

Adam estrechó la mano de su abuelo, sin prestar atención a los rostros que les observaban. Cruzaron el centro del patíbulo, por dos juegos de puertas y luego los barrotes al fondo de la galería A. La puerta de la galería se cerró a su espalda y siguieron a Nugent por delante de las celdas.

Sam contempló los rostros de los hombres a los que tanto conocía. Le guiñó un ojo a Hank Henshaw, saludó valientemente con la cabeza a J. B. Gullitt, que tenía lágrimas en los ojos, y le sonrió a Stock Turner. Estaban todos junto a los barrotes, con la cabeza gacha y el miedo estampado en sus facciones. Sam les miró con toda la valentía de la que fue capaz.

Nugent se detuvo frente a la última celda y esperó a que se abriera la puerta del fondo de la galería. Se oyó el sonoro ruido del cerrojo, antes de que empezara a deslizarse. Sam, Adam y Ralph entraron en la celda, y Nugent hizo una señal para que cerraran la puerta.

La celda estaba a oscuras, con su única luz y el televisor apagados. Sam se sentó en la cama, entre Adam y el reverendo. Se apoyó sobre los codos y dejó caer la cabeza.

Nugent le observó unos instantes, pero no supo qué decir. Regresaría dentro de un par de horas, a las once, para conducir a Sam a la sala incomunicada. Todos sabían que regresaría. Habría sido excesivamente cruel decirle a Sam en aquel momento que se retiraba pero que volvería. De modo que optó por salir por la puerta de la galería en silencio, donde sus guardias esperaban y vigilaban en la semioscuridad. Inspeccionó la sala incomunicada, donde se había instalado una cama plegable para la última hora del reo. Cruzó la pequeña sala y penetró en la antesala de la cámara, donde se efectuaban los últimos preparativos.

El verdugo estatal estaba ocupado y lo tenía todo bajo control. Era un individuo robusto y bajito, llamado Bill Monday, de incuestionable destreza, que recibiría quinientos dólares por sus servicios si la ejecución tenía lugar. Según el estatuto, lo nombraba el gobernador. Estaba en un pequeño cubículo conocido simplemente como el cuarto químico, a menos de un metro y medio de la cámara de gas. Consultaba una lista en una carpeta. Delante de él, sobre una superficie, había una lata de medio kilo de comprimidos de cianuro, un frasco de cuatro kilos de ácido sulfúrico, un recipiente de medio kilo de ácido cáustico, un recipiente de veinticinco kilos de anhídrido de amoníaco y otro con veinticinco litros de agua destilada. A su lado, sobre una superficie de menores dimensiones, había tres máscaras de gas, tres pares de guantes de goma, un embudo, jabón, toallas y una fregona. Entre los dos mostradores había un recipiente para mezclar el ácido, conectado a un tubo de cinco centímetros que penetraba en el suelo, cruzaba la pared y reaparecía junto a la cámara, cerca de las palancas.

En realidad, Monday tenía tres listas a comprobar. Una contenía las instrucciones para mezclar los productos químicos: el ácido sulfúrico se mezclaría con el agua destilada, en una proporción aproximada del cuarenta y uno por ciento, la solución de sosa cáustica se preparaba disolviendo medio kilo de ácido cáustico en doce litros de agua, y había otro par de emulsiones que también era preciso preparar, para limpiar la cámara después de la ejecución. Una de las listas contenía todos los ingredientes y productos químicos necesarios. En la tercera se detallaba el procedimiento a seguir durante la ejecución.

Nugent habló con Monday; todo evolucionaba tal como estaba previsto. Uno de los ayudantes de Monday embadurnaba con grasa los marcos de las ventanas de la cámara. Un miembro del equipo de ejecución de paisano, verificaba las correas y sujetadores de la silla de madera. El médico manipulaba el monitor de su electrocardiógrafo. Se abrió la puerta que daba al exterior, junto a la cual estaba ya aparcada una ambulancia.

Nugent repasó una vez más las listas, aunque hacía tiempo que se las había aprendido de memoria. En realidad, había escrito incluso una lista adicional, que consistía en un cuadro orientativo para registrar la ejecución. Lo utilizarían Nugent, Monday y su ayudante. Era una lista numerada y cronológica de los pasos de la ejecución: agua y ácido mezclados, el preso entra en la cámara, se cierra la puerta de la cámara, el cianuro sódico entra en contacto con el ácido, el gas llega a la cabeza del preso, preso aparentemente inconsciente, preso definitivamente inconsciente, movimiento del cuerpo del preso, último movimiento visible, paro cardíaco, cese de la respiración, apertura de la válvula de escape, válvulas de drenaje abiertas, válvula de ventilación abierta, puerta de la cámara abierta, preso retirado de la cámara, preso certificado muerto. Junto a cada suceso había un espacio en blanco, para registrar el tiempo transcurrido desde el anterior.

Y he ahí un programa de ejecución, una lista de veintinueve etapas para completar la tarea desde el principio. Evidentemente, la lista de ejecución iba acompañada de un apéndice, con otras quince etapas a seguir posteriormente, la última de las cuales consistía en depositar el cadáver en la ambulancia.

Nugent conocía todos los pasos de todas las listas. Sabía cómo mezclar los productos químicos, cómo abrir las válvulas, cuánto tiempo debían permanecer abiertas y cómo cerrarlas. Lo sabía todo.

Salió para hablar con el conductor de la ambulancia y respirar un poco de aire fresco y regresó luego a la galería A por la sala incomunicada. Como todos los demás, esperaba a que el maldito Tribunal Supremo emitiera un veredicto u otro.

Mandó a los dos guardias más altos a la galería para cerrar las ventanas que daban al exterior. Al igual que el resto del edificio, las ventanas tenían treinta y seis años, y no se cerraban silenciosamente. Los guardias las empujaron hasta lograrlo y el ruido de cada una retumbó por toda la galería. Treinta y cinco ventanas en total, todos los presos conocían el número exacto, y con cada ventana que se cerraba la galería quedaba más oscura y silenciosa.

Por fin concluyeron los guardias su tarea y se retiraron. El patíbulo estaba ahora perfectamente aislado: todos los presos en sus celdas, todas las puertas y ventanas cerradas.

Sam había empezado a temblar al oír que se cerraban las ventanas. Agachó todavía más la cabeza. Adam colocó un brazo sobre sus frágiles hombros.

—Siempre me habían gustado esas ventanas —dijo Sam, con una voz débil y ronca.

A menos de cinco metros un grupo de guardias miraba por la puerta de la galería, como chiquillos en un parque zoológico, y Sam no quería que le oyeran. Era difícil imaginar que a Sam pudiera gustarle algo de aquel lugar.

—Cuando llovía en abundancia, el agua salpicaba en las ventanas y parte de la misma llegaba al suelo. Siempre me ha gustado la lluvia. Y la luna. A veces, cuando el cielo estaba despejado, desde un punto preciso en mi celda llegaba a vislumbrar la luna por esas ventanas. Siempre me pregunté por qué no tendrían más ventanas en este lugar. Maldita sea (lo siento, padre), pero si pretenden que uno pase el día entero en una celda, ¿por qué no poder mirar al exterior? Nunca lo comprendí. Supongo que son muchas las cosas que no llegué a comprender. Qué le vamos a hacer.

Su voz se perdió en la lejanía y no volvió a hablar durante un buen rato.

En la oscuridad se oyó la melodiosa voz de tenor del joven predicador, que cantaba *Sólo un paseo más cerca de ti*. Era bastante agradable.

> *Sólo un paseo más cerca de ti,*
> *concédemelo, Jesús, para mí,*
> *caminar a diario cerca de ti...*

—¡Silencio! —chilló un guardia.

—¡Déjele tranquilo! —replicó Sam, sobresaltando a Adam y a Ralph—. Sigue, Randy —agregó Sam, después de bajar el tono de su voz, para que sólo se le oyera desde la celda contigua.

El joven predicador, evidentemente ofendido, tardó un poco en volver a empezar.

En algún lugar se oyó un portazo y Sam se sobresaltó. Adam le estrujó los hombros y se tranquilizó. Tenía la mirada perdida en algún lugar de la oscuridad del suelo.

—Supongo que Lee ha optado por no venir —dijo con una voz que parecía de ultratumba.

Adam reflexionó unos instantes y decidió contarle la verdad.

—No sé dónde está. Hace diez días que no hablo con ella.

—Creí que estaba en una clínica de rehabilitación.

—Eso creo yo también, pero no sé dónde. Lo siento. He intentado encontrarla por todos los medios.

—He pensado mucho en ella estos últimos días. Por favor, díselo.

—Lo haré.

Si algún día volvía a verla, tendría que hacer un esfuerzo para no retorcerle el pescuezo.

—Y también he pensado mucho en Eddie.

—Escúchame, Sam, no nos queda mucho tiempo. Hablemos de algo agradable si no te importa.

—Quiero que me perdones por lo que le hice a Eddie.

—Ya te he perdonado, Sam. Está todo resuelto. Tanto Carmen como yo no te guardamos ningún rencor.

—Tal vez haya otras personas en las que debamos pensar también, Sam —dijo Ralph después de agachar la cabeza.

—Tal vez luego —respondió Sam.

Se abrió la puerta de la galería al fondo del pasillo y se oyeron unos pasos que se acercaban apresuradamente. Lucas Mann, seguido de un guardia, se detuvo frente a la última celda y contempló las tres oscuras siluetas acurrucadas sobre la cama.

—Adam, una llamada para usted —dijo nervioso—. En el despacho frontal.

Las tres siluetas se irguieron a la vez. Adam se incorporó de un brinco y, cuando se abrió la puerta, salió de la celda sin decir palabra. Tenía un terrible nudo en el estómago mientras avanzaba casi corriendo por la galería.

—Póngalos en su lugar, Adam —dijo J. B. Gullitt, cuando le vio pasar.

—¿Quién es? —le preguntó Adam a Lucas Mann, que permanecía en todo momento junto a él.

—Garner Goodman.

Serpentearon por el centro de la UMS, hasta llegar a toda prisa al despacho frontal. El teléfono estaba descolgado sobre la mesa. Adam levantó el auricular y se sentó sobre el escritorio.

—Garner, soy Adam.

—Estoy en el Capitolio, Adam, en la rotonda junto al despacho del gobernador. El Tribunal Supremo acaba de denegar todas nuestras apelaciones. Se han agotado todas las posibilidades en los juzgados.

Adam cerró los ojos e hizo una pausa.

—Supongo que éste es el fin —dijo al tiempo que miraba a Lucas Mann.

Lucas frunció el entrecejo y agachó la cabeza.

—No perdamos las esperanzas. El gobernador está a punto de emitir un comunicado. Le llamaré dentro de cinco minutos.

Goodman desapareció, Adam colgó y se quedó mirando fijamente el teléfono.

—El Tribunal Supremo lo ha denegado todo —le comunicó a Mann—. El gobernador está a punto de emitir un comunicado. Volverá a llamarme dentro de un par de minutos.

—Lo siento, Adam —dijo Mann después de sentarse—. Lo siento muchísimo. ¿Cómo está Sam?

—Creo que Sam lo asimila mucho mejor que yo.

—Es curioso, ¿no le parece? Ésta es mi quinta ejecución y siempre me asombra su tranquilidad. Abandonan cuando oscurece. Toman su última comida, se despiden de su familia y adquieren una extraña placidez respecto a todo lo que ocurre. Yo patalearía, chillaría y lloraría. Necesitarían veinte hombres para sacarme de la celda de observación.

Adam logró brindarle una leve sonrisa antes de percatarse de la presencia de una caja de zapatos abierta sobre la mesa. Estaba forrada con papel de aluminio y había unos restos de galletas en el fondo de la misma. No estaba allí cuando abandonaron el cuarto una hora antes.

—¿Qué es esto? —preguntó desinteresadamente.

—Son las galletas de la ejecución.

—¿Las galletas de la ejecución?

—Sí, una señora que vive cerca de aquí las prepara siempre que hay una ejecución.

—¿Por qué?

—No lo sé. A decir verdad, no tengo ni idea.

—¿Quién se las come? —preguntó Adam mientras contemplaba los restos y migajas de las galletas como si estuvieran envenenadas.

—Los guardias y los presos de confianza.

Adam movió la cabeza. Estaba demasiado preocupado para analizar el propósito de un puñado de galletas.

Para la ocasión, David McAllister se puso un traje azul marino, una camisa blanca recién almidonada y una corbata color borgoña oscuro. Se peinó y fijó el cabello, se cepilló los dientes y entró en su despacho por una puerta lateral. Mona Stark estaba haciendo cálculos.

—Por fin han cesado las llamadas —dijo con cierto alivio.

—No quiero oírlo —dijo McAllister mientras contemplaba sus dientes y su corbata frente a un espejo—. Vámonos.

Abrió la puerta y salió a la antesala, donde le esperaban dos guardaespaldas que le escoltaron hasta la rotonda, iluminada por unos focos. Una legión de periodistas y fotógrafos se acercó para oír el comunicado. El gobernador subió a una tarima improvisada para colocarse tras una docena de micrófonos. Parpadeó ante los focos, esperó a que todo el mundo guardara silencio y empezó a hablar.

—El Tribunal Supremo de Estados Unidos acaba de denegar las últimas apelaciones de Sam Cayhall —declaró con mucho dramatismo, como si los periodistas no lo supieran, antes de hacer otra pausa mientras se disparaban las cámaras—. Por consiguiente, después de tres juicios ante jurado, nueve años de apelaciones ante todos los tribunales previstos por nuestra constitución, y de que no menos de cuarenta y siete jueces revisaran el caso, ha llegado por fin el momento de que Sam Cayhall rinda cuentas ante la justicia. Cometió su crimen hace veintitrés años. Puede que la justicia sea lenta, pero todavía funciona. Muchos han sido los que me han pedido que perdone al señor Cayhall, pero no puedo hacerlo. No puedo oponerme a la sabiduría del jurado que le sentenció, ni imponer mi juicio al de nuestros distinguidos tribunales. Tampoco estoy dispuesto a contradecir los deseos de mis buenos amigos, que son los Kramer —dijo en un tono melódico, evidentemente ensayado de antemano, antes de hacer otra pausa—. Es mi ferviente deseo que la ejecución de Sam Cayhall contribuya a borrar un doloroso capítulo de la torturada historia de nuestro estado. Llamo a todos los habitantes de Mississippi para que, a partir de esta triste noche, luchen por la unidad y la igualdad. Que Dios se apiade de su alma.

Se retiró entre un aluvión de preguntas. Los guardaespaldas abrieron una puerta lateral y desapareció. Bajaron apresuradamente por la escalera y salieron por la puerta norte, donde un coche les esperaba. A dos kilómetros, esperaba también un helicóptero.

Goodman salió a la calle y se detuvo junto a un viejo cañón, que apuntaba incomprensiblemente a los altos edificios del centro de la ciudad. En la plaza, al pie de la escalinata, había un gran grupo de manifestantes con velas encendidas. Llamó a Adam para comunicarle la noticia y luego cruzó entre la gente y las velas para abandonar los jardines del Capitolio. Empezó a oír un himno cuando cruzaba la calle y siguió oyéndolo a lo largo de dos manzanas, hasta que se perdió lentamente en la lejanía. Paseó un rato sin rumbo fijo antes de dirigirse al despacho de Hez Kerry.

CINCUENTA

El camino de regreso a la celda de observación se le hizo mucho más largo que antes. Adam, que circulaba ahora por terreno conocido, volvió solo. Lucas Mann desapareció en algún punto del laberinto del patíbulo.

Cuando Adam esperaba frente a una puerta de gruesos barrotes en el centro del edificio, se percató repentinamente de dos cosas. En primer lugar, había mucha más gente por todas partes: más guardias, más desconocidos con placas de plástico y pistolas a la cintura, y más individuos de rostro severo, con camisas de manga corta y corbatas de poliéster. Aquello era un gran suceso, un fenómeno singular demasiado emocionante para perdérselo. Dedujo que cualquier funcionario de la cárcel, con suficiente graduación e influencia, tenía que estar presente en el patíbulo cuando se llevara a cabo la ejecución de Sam Cayhall.

Lo segundo de lo que se percató fue de que su propia camisa estaba empapada y se le pegaba al cuello. Se soltó la corbata mientras se oía el clic del cerrojo, seguido del zumbido de un motor eléctrico oculto, conforme se deslizaba la puerta. Un guardia, en algún lugar de aquel laberinto de muros de hormigón, ventanas y barrotes, vigilaba y pulsaba los botones necesarios. Cruzó la puerta, sin dejar de tirar del nudo de su corbata e intentar desabrocharse el botón del cuello, hasta llegar al próximo muro de barrotes que conducía a la galería A. Se tocó la frente, pero no estaba sudada. Se llenó los pulmones de aire pesado y pestilento.

Con las ventanas cerradas, el patíbulo era ahora sofocante. Otro sonoro clic, otro zumbido eléctrico y penetró en un estrecho pasillo que, según Sam le había contado, medía dos metros y medio de anchura. Tres míseros fluorescentes proyectaban sombras en el techo y en el suelo. Arrastró sus pesados pies frente a las oscuras celdas, todas ocupadas por despiadados asesinos que rezaban, meditaban e incluso un par de ellos lloraban.

—¿Buenas noticias, Adam? —suplicó J. B. Gullitt desde la oscuridad.

Adam no respondió. Sin dejar de andar, levantó la mirada a las ventanas con diferentes capas de pintura acumuladas a lo largo de los años, y se preguntó cuántos abogados antes que él habrían hecho aquel mismo recorrido, desde el despacho frontal a la celda de observación, para comunicarle al condenado que su último vestigio de esperanza había desaparecido. La historia de aquel lugar era rica en ejecuciones y llegó a la conclusión de que muchos antes que él debían haber padecido el mismo trance. El propio Garner Goodman había sido portador de las últimas noticias a Maynard Tole, y esto contribuyó a darle a Adam las fuerzas que tanto necesitaba.

No prestó atención a las miradas curiosas del pequeño grupo que le contemplaba ensimismado al fondo de la galería. Paró frente a la última celda, esperó y se abrió obedientemente la puerta.

Sam y el reverendo permanecían acurrucados sobre la cama, susurrándose al oído, con sus cabezas casi unidas en la oscuridad. Miraron a Adam, que se sentó junto a Sam y le colocó el brazo sobre los hombros, unos hombros que parecían ahora todavía más frágiles.

—El Tribunal Supremo lo ha denegado todo —dijo con la voz muy baja, casi entrecortada.

El reverendo emitió un doloroso gemido. Sam asintió, como si aquello fuera ciertamente lo esperado.

—Y el gobernador acaba de denegar el indulto.

Sam intentó levantar valientemente los hombros, pero le abandonaron las fuerzas. Quedó aún más decaído.

—Dios misericordioso —invocó Ralph Griffin.

—Entonces todo ha terminado —dijo Sam.

—No queda nada —susurró Adam.

Se oían excitados susurros del equipo de ejecución, reunido al fondo de la galería. Por fin, la ejecución se celebraría después de todo. Sonó un portazo en algún lugar a su espalda, en dirección a la cámara, y a Sam le temblaron las rodillas.

Permaneció unos momentos en silencio, pero Adam no pudo determinar si transcurrieron uno o quince minutos. El reloj seguía dando saltos y deteniéndose.

—Supongo, padre, que ha llegado el momento de rezar —dijo Sam.

—Eso creo. Ya hemos esperado bastante.

—¿Cómo quiere que lo hagamos?

—Bueno, Sam, ¿sobre qué exactamente le apetece rezar?

Sam reflexionó unos instantes.

—Me gustaría asegurarme de que Dios no esté enojado conmigo cuando muera —respondió por fin.

—Buena idea. ¿Y qué le hace suponer que Dios pudiera estar enojado con usted?

—Es bastante evidente, ¿no le parece?

Ralph se frotó las manos.

—Supongo que la mejor forma de resolverlo consistiría en confesar sus pecados e implorar el perdón de Dios.

—¿Todos?

—No tiene que enumerarlos, sólo pedirle a Dios que se los perdone.

—Una especie de arrepentimiento global.

—Sí, eso es. Y surtirá efecto si lo hace con la debida seriedad.

—Para mí es tan serio como el infierno.

—¿Cree en el infierno, Sam?

—Sí.

—¿Cree en el cielo?

—Sí.

—¿Cree que todos los cristianos van al cielo?

Sam reflexionó durante mucho tiempo, luego asintió ligeramente y preguntó:

—¿Lo cree usted?

—Sí, Sam. Lo creo.

—Entonces aceptaré su palabra.

—Muy bien. Confíe en mí, ¿de acuerdo?

—Compréndalo, parece demasiado fácil. Me limito a rezar una breve oración y todo queda perdonado.

—¿Por qué le preocupa?

—Porque he cometido verdaderas atrocidades.

—Todos hemos hecho cosas malas. Nuestro Dios es el Dios del amor infinito.

—Usted no ha hecho lo mismo que yo.

—¿Se sentirá mejor si habla de ello?

—Sí, nunca podré sentirme bien si no lo hago.

—Aquí estoy, Sam.

—¿Es preferible que me ausente un minuto? —preguntó Adam.

—No —respondió Sam mientras le agarraba por la rodilla.

—No disponemos de mucho tiempo, Sam —dijo Ralph, al tiempo que echaba una ojeada entre los barrotes.

Sam respiró hondo y se expresó con una voz baja y monótona, procurando que sólo Adam y Ralph pudieran oírle.

—Maté a Joe Lincoln a sangre fría. He dicho ya lo mucho que lo sentía.

Ralph musitaba para sí mientras escuchaba. Estaba rezando.

—Y ayudé a mis hermanos a matar a los dos hombres que habían asesinado a nuestro padre. Sinceramente, nunca lo he lamentado hasta ahora. La vida humana parece mucho más valiosa en estos momentos. Estaba equivocado. Y participé en un linchamiento cuando tenía quince o dieciséis años. Sólo formaba parte de la pandilla y probablemente no habría podido impedirlo aunque me lo hubiera propuesto. Pero no me lo propuse y me siento culpable.

Sam dejó de hablar. Adam se aguantó la respiración con la esperanza de que la confesión hubiera terminado. Después de mucho esperar, Ralph preguntó:

—¿Es eso todo, Sam?

—No. Hay algo más.

Adam cerró los ojos y apeló a sus fuerzas. Estaba mareado y sentía náuseas.

—Hubo otro linchamiento. Un joven llamado Cletus. No recuerdo su apellido. Un linchamiento del Klan. Yo tenía dieciocho años. Es cuanto puedo decir.

«Esta pesadilla es interminable», pensó Adam.

Sam respiró hondo y guardó varios minutos de silencio. Ralph estaba inmerso en sus oraciones. Adam se limitaba a esperar.

—Y no maté a los hermanos Kramer —dijo Sam con la voz entrecortada—. No tenía por qué haber estado allí, e hice mal en involucrarme en aquel lío. Lo estoy lamentando desde hace años. Fue un error pertenecer al Klan, odiar a todo el mundo y cometer atentados. Pero yo no maté a aquellos niños. No tenía intención de lastimar a nadie. Aquella bomba debía haber estallado en plena noche, cuando no hubiera nadie en los alrededores. Eso era realmente lo que yo creía. Pero no fui yo quien la colocó, sino otro. Yo no era más que el vigía, el chófer, el lacayo. La otra persona preparó la bomba para que estallara mucho más tarde de lo que yo suponía. Nunca he sabido con certeza si realmente se proponía matar a alguien, pero sospecho que sí.

Adam oyó las palabras, las absorbió y las asimiló, pero estaba demasiado aturdido para moverse.

—Pude haberlo impedido y esto me convierte en culpable. Aquellos niños estarían hoy vivos, si yo hubiera actuado de otro modo después de la colocación de la bomba. Mis manos están manchadas con su sangre y lo he lamentado desde hace muchos años.

Ralph colocó suavemente una mano sobre la nuca de Sam.

—Rece conmigo, Sam.

Sam se cubrió los ojos con ambas manos y apoyó los codos en las rodillas.

—¿Cree que Jesucristo es el hijo de Dios, que nació de una madre virgen, que vivió en este mundo sin pecado, que fue perseguido y que murió en la cruz por nuestra salvación eterna? ¿Lo cree, Sam?

—Sí, sí.

Ralph soltó la cabeza de Sam y se secó las lágrimas de los ojos. Sam permaneció inmóvil, pero le temblaban los hombros. Adam le abrazó con más fuerza.

Randy Dupree empezó a silbar otra estrofa de *Sólo un paseo más cerca de ti*. Sus notas, claras y precisas, impregnaban agradablemente el aire.

—Dígame, padre —preguntó Sam mientras enderezaban la espalda—, ¿estarán los hermanos Kramer en el cielo?

—Sí.

—Pero son judíos.

—Todos los niños van al cielo, Sam.

—¿Podré verlos cuando esté allí?

—No lo sé. Hay mucho sobre el cielo que no sabemos. Pero la Biblia nos promete que no habrá tristeza cuando lleguemos.

—Me alegro. En tal caso espero verlos.

La voz inconfundible del coronel Nugent interrumpió la calma. La puerta de la galería hizo un clic, seguido de un traqueteo y se abrió. Avanzó dos pasos hasta la celda de observación. Tenía seis guardias a la espalda.

—Sam, ha llegado el momento de ir al cuarto incomunicado —dijo—. Son las once.

Se levantaron los tres al mismo tiempo. Se abrió la puerta de la celda y Sam salió. Le sonrió a Nugent y luego se volvió para darle un abrazo al reverendo.

—Gracias —dijo Sam.

—¡Te quiero, hermano! —exclamó Randy Dupree desde su celda, a tres metros escasos.

Sam miró a Nugent y preguntó:

—¿Puedo despedirme de mis amigos?

Una desviación. El manual decía claramente que el preso debía ser trasladado directamente de la celda de observación al cuarto incomunicado, sin que se mencionara un paseo de última hora por la galería. Nugent estaba estupefacto, pero al cabo de unos instantes se recuperó brillantemente.

—Por supuesto. Pero dese prisa.

Sam dio unos pasos y estrechó las manos de Randy a través de los barrotes. Luego pasó a la próxima celda y le dio la mano a Harry Ross Scott.

Ralph Griffin avanzó entre los guardias y abandonó la galería. Encontró un rincón oscuro y lloró como un niño. No volvería a ver a Sam. Adam se quedó en la puerta de la celda, junto a Nugent, y ambos observaron a Sam avanzando por la galería, parándose delante de cada celda y susurrándole algo a su ocupante. Con J. B. Gullitt, cuyos sollozos eran audibles, fue con quien pasó más tiempo. Luego dio media vuelta y regresó valientemente hacia ellos, contando los pasos conforme avanzaba y sonriendo a sus compañeros cuando pasaba.

—Vámonos —le dijo a Nugent después de coger a Adam de la mano.

Había tantos guardias agrupados al fondo de la galería, que no fue fácil abrirse camino. Nugent iba en cabeza, seguido de Sam y de Adam. La masa humana agregaba varios grados a la temperatura y empeoraba la calidad del aire ya viciado de por sí. El despliegue de fuerzas hubiera sido evidentemente necesario para someter a un preso rebelde, o tal vez para garantizar su sumisión mediante el miedo, pero con un débil anciano como Sam Cayhall parecía absurdo.

Tardaron sólo unos segundos en trasladarse de un cuarto a otro, pero Adam sufrió con cada uno de sus dolorosos pasos. Cruzaron el túnel humano de guardias armados, la pesada puerta de acero y entraron en la pequeña estancia. La puerta de la pared opuesta estaba cerrada. Era la puerta que conducía a la cámara.

Habían traído un endeble catre para la ocasión. Adam y Sam se sentaron sobre el mismo. Nugent cerró la puerta y se agachó delante de ellos. Estaban los tres a solas. Adam volvió a colocar el brazo sobre los hombros de Sam.

La expresión de Nugent era terriblemente dolorosa. Colocó una mano sobre la rodilla de Sam y dijo:

—Sam, vamos a vivir juntos esta experiencia. Escúcheme...

—Estúpido mequetrefe —exclamó Adam, asombrado de sus propias palabras.

—No puede evitarlo —agregó Sam dirigiéndose a Adam—. Es un idiota. Y ni siquiera es consciente de ello.

Nugent se sintió brutalmente rechazado e intentó pensar en algo apropiado que decir.

—Sólo pretendo cumplir con mi obligación, ¿de acuerdo? —le dijo a Adam.

—¿Sabe lo que le digo, Nugent? —intervino Sam—. He leído toneladas de textos jurídicos, montones de páginas de normas penitenciarias, y no he visto nada, en ningún lugar, que me obligue a pasar mi última hora con usted. Ninguna ley, ningún estatuto, ninguna reglamentación, nada.

—Lárguese —exclamó Adam, dispuesto a darle un puñetazo si era necesario.

Nugent se incorporó de un brinco.

—El médico entrará por esa puerta a las once cuarenta. Le colocará un estetoscopio en el pecho y se retirará. A las once cincuenta y cinco entraré yo, también por esa puerta. Entonces pasaremos a la antesala de la cámara. ¿Alguna pregunta?

—No. Márchese —respondió Adam mientras movía una mano en dirección a la puerta.

Nugent se retiró apresuradamente.

De pronto estaban a solas. Y con menos de una hora por delante.

Dos furgonetas idénticas de la cárcel pararon frente al centro de visitantes, y los ocho afortunados periodistas y un solo sheriff subieron a las mismas. La ley permitía, aunque no exigía, que el sheriff del condado donde se había cometido el delito presenciara la ejecución.

Hacía quince años que había muerto el individuo que ocupaba el cargo de sheriff del condado de Washington en mil novecientos sesenta y siete, pero el sheriff actual no estaba dispuesto a perderse la función. Aquel mismo día, le había comunicado a Lucas Mann que estaba plenamente decidido a ejercer el derecho que le otorgaba la ley. Dijo que lo consideraba un deber para con la población de Greenville y del condado de Washington.

El señor Elliot Kramer no estaba presente en Parchman. Planeaba el viaje desde hacía años, pero su médico había intervenido en el último momento. Su corazón estaba débil y lo consideraba demasiado arriesgado. Ruth Kramer nunca se habían planteado seriamente presenciar la ejecución. Estaba en Memphis, en su casa con unos amigos, a la espera de que todo terminara.

Por tanto, no habría ningún miembro de la familia de las víctimas presente para presenciar la ejecución de Sam Cayhall.

Las furgonetas fueron largamente fotografiadas y filmadas cuando se alejaban por el camino central. Al cabo de cinco minutos, pararon junto a los portalones de la UMS. Tuvieron que apearse uno por uno y los guardias comprobaron que no llevaran consigo cámaras ni magnetófonos. Volvieron a subir a las furgonetas, entraron en el recinto de la UMS, rodearon los patios del ala oeste y se detuvieron muy cerca de la ambulancia.

El propio Nugent les esperaba. Los periodistas se apearon de los vehículos y empezaron a mirar instintivamente a su alrededor, para describirlo todo más adelante. Se encontraban junto a un edificio cuadrado de ladrillo rojo, de algún modo adosado a una estructura baja y plana, que era la UMS. En el pequeño edificio había dos puertas. Una estaba cerrada y la otra les esperaba abierta.

Nugent no estaba de humor para los fisgones de los periodistas y les condujo rápidamente a través de la puerta. Llegaron a una pequeña estancia, con dos filas de sillas plegables de cara a un siniestro muro cubierto por unas cortinas negras.

—Siéntense, por favor —dijo el coronel sin contemplaciones, al tiempo que contaba ocho periodistas y un sheriff, con lo cual quedaban tres sillas libres—. Ahora son las once y diez —agregó en tono dramático—. El preso está en el cuarto incomunicado. Ante ustedes, al otro lado de esas cortinas, está la cámara. Traerán al preso a las doce menos cinco, le sujetarán y se cerrará la puerta. Las cortinas se abrirán exactamente a medianoche, por lo que cuando vean la cámara, el preso estará ya en la misma, a medio metro de las ventanas. Verán sólo su nuca. Compréndanlo, no he sido yo quien la ha diseñado. Tardará probablemente unos diez minutos en ser declarado muerto, en cuyo momento se cerrarán las cortinas y ustedes regresarán a las fugonetas. Tendrán que esperar bastante y lamento que esta sala no disponga de aire acondicionado. Cuando se abran las cortinas, todo sucederá con mucha rapidez. ¿Alguna pregunta?

—¿Ha hablado con el preso?

—Sí.

—¿Cómo aguanta?

—No pienso hablar de eso ahora. Tendrá lugar una conferencia de prensa a la una y responderé entonces a ese tipo de preguntas. Ahora estoy ocupado.

Nugent abandonó la sala de los testigos y dio un portazo a su espalda. Dobló velozmente la esquina y entró en la antesala de la cámara de gas.

—Disponemos de menos de una hora —dijo Sam—. ¿De qué te apetece hablar?

—De muchas cosas. Pero la mayoría desagradables.

—Me parece difícil mantener una conversación divertida en esta situación.

—¿En qué estás pensando ahora, Sam? ¿Qué ocupa tu mente?

—En todo.

—¿De qué tienes miedo?

—Del olor a gas. De si dolerá. No quiero sufrir, Adam. Espero que sea rápido. Quiero tomar una buena bocanada y tal vez salga flotando. No le temo a la muerte, Adam, pero en este momento tengo miedo de morir. Ojalá ya hubiera pasado. Esta espera es cruel.

—¿Estás listo?

—En mi duro corazoncito reina la paz. He cometido algunas maldades, hijo, pero presiento que Dios tendrá misericordia de mí, aunque sin duda no me la merezco.

—¿Por qué no me hablaste del individuo que estaba contigo?

—Es una larga historia. No disponemos de tiempo suficiente.

—Pudo haberte salvado la vida.

—No, nadie se lo habría creído. Reflexiona. Después de veintitrés años cambio mi versión de los hechos y se lo atribuyo todo a un misterioso desconocido. Habría sido absurdo.

—¿Por qué mentirme a mí?

—Tengo mis razones.

—¿Para protegerme?

—Ésa es una de ellas.

—Todavía circula, ¿no es cierto?

—Sí. Nunca se aleja. En realidad, probablemente ahora está entre esos chiflados de la puerta. Vigilando. Pero tú nunca le verás a él.

—¿Mató a Dogan y a su esposa?

—Sí.

—¿Y al hijo de Dogan?

—Sí.

—¿Y a Clovis Brazelton?

—Probablemente. Es un asesino de mucho talento, Adam. Es letal. Nos amenazó a mí y a Dogan durante el primer juicio.

—¿Tiene algún nombre?

—A decir verdad, no. Además, no te lo diría. Nunca debes repetir una palabra de lo que has oído.

—Vas a morir por el crimen de otro.

—No. Yo pude haber salvado a esos niños. Y Dios sabe que he cometido mi porción de asesinatos. Me lo merezco, Adam.

—Nadie se lo merece.

—Es mucho mejor que vivir. Si me devolvieran ahora a mi pequeña celda y me dijeran que voy a permanecer ahí hasta que muera, ¿sabes lo que haría?

—¿Qué?

—Me suicidaría.

Después de pasar la última hora en una celda, Adam no se lo podía discutir. Era incapaz siquiera de empezar a comprender el horror de vivir veintitrés horas diarias en una diminuta jaula.

—He olvidado mis cigarrillos —dijo Sam, después de tocarse el bolsillo de la camisa—. Supongo que éste es un buen momento para dejar de fumar.

—¿Pretendes hacerte el gracioso?

—Sí.

—No lo has logrado.

—¿Te ha mostrado Lee el libro con la fotografía de mi linchamiento?

—No me lo mostró. Me dijo dónde estaba y yo lo encontré.

—Has visto la fotografía.

—Sí.

—Una verdadera fiesta, ¿no te parece?

—Muy lamentable.

—¿Has visto la fotografía del otro linchamiento, en la página anterior?

—Sí. Dos miembros del Klan.

—Con túnicas y capirotes.

—Sí, la he visto.

—Aquéllos somos Albert y yo. Yo me ocultaba tras una de esas máscaras.

La percepción de Adam había superado la posibilidad de espanto. Reprodujo en su mente la horrenda fotografía e intentó borrarla.

—¿Por qué me lo cuentas, Sam?

—Porque me hace sentir bien. Nunca lo he confesado antes y siento un alivio al enfrentarme a la verdad. Ya me siento mejor.

—No quiero oír nada más.

—Eddie nunca lo supo. Encontró aquel libro en el desván y de algún modo dedujo que yo estaba en la fotografía de grupo. Pero no sabía que yo fuera uno de los encapuchados.

—No hablemos de Eddie, ¿vale?

—Buena idea. ¿Qué me dices de Lee?

—Estoy furioso con ella. Nos ha abandonado.

—Habría sido agradable verla. Duele. Pero me alegro muchísimo de que Carmen viniera.

«Por fin un tema agradable.»

—Es una persona encantadora —dijo Adam.

—Una gran chica. Me siento muy orgulloso de ti, Adam, y de Carmen. Heredasteis los buenos genes de vuestra madre. Soy muy afortunado de tener dos nietos maravillosos.

Adam escuchaba, sin intentar responderle. Se oyó un ruido al otro lado de la pared y ambos se sobresaltaron.

—Nugent debe de estar jugando con sus aparatos —dijo Sam mientras empezaban a estremecérsele de nuevo los hombros—. ¿Sabes lo que duele?

—¿Qué?

—He estado pensando mucho en ello, realmente atormentándome este último par de días. Te miro a ti y a Carmen, y veo a dos jóvenes inteligentes sin prejuicios y con un corazón abierto. No odiáis a nadie. Sois tolerantes, abiertos, educados, ambiciosos, y andáis por la vida sin el peso con el que yo nací. Y te miro a ti, mi nieto, de mi misma sangre, y me pregunto por qué no me convertí en otro tipo de persona. Alguien como tú y Carmen. Es difícil creer que realmente seamos.parientes.

—Por Dios, Sam. No me hagas esto.

—No puedo evitarlo.

—Te lo ruego, Sam.

—De acuerdo, de acuerdo. Algo agradable.

Su voz se perdió en la lejanía y dobló la espalda. Tenía la cabeza muy gacha, casi entre las piernas.

A Adam le apetecía hablar en profundidad del cómplice misterioso. Quería saberlo todo: los verdaderos detalles del atentado, la desaparición, cómo y por qué Sam había sido capturado. También deseaba saber qué podía haber sido de aquel individuo, especialmente porque estaba ahí, vigilando y esperando. Pero esas preguntas no obtendrían respuesta y las olvidó. Sam se llevaría muchos secretos a la tumba.

La llegada del helicóptero del gobernador creó un revuelo en la puerta de Parchman. Aterrizó al otro lado de la carretera, donde esperaba otra furgoneta de la cárcel. Con un guardaespaldas a cada codo y seguido de Mona Stark, McAllister subió apresuradamente a la furgoneta.

—¡Es el gobernador! —chilló alguien.

Los himnos y las plegarias se interrumpieron momentáneamente. Las cámaras se apresuraron a filmar la furgoneta, que entró velozmente por el portalón principal y desapareció.

Poco después, paró cerca de la ambulancia detrás de la UMS. Los guardaespaldas y la señora Stark permanecieron en la furgoneta. Nugent recibió al gobernador y le acompañó a la sala de los testigos, donde ocupó un asiento de la primera fila. Saludó con la cabeza a los demás testigos, ahora todos empapados de sudor. La sala era como un horno. De las paredes rebotaban mosquitos negros. Nugent le preguntó al gobernador si deseaba algo.

—Palomitas de maíz —bromeó, sin que nadie se riera.

Nugent frunció el entrecejo y abandonó la sala.

—¿Por qué ha venido? —preguntó inmediatamente uno de los periodistas.

—Sin comentario —respondió afectadamente McAllister.

Los diez permanecieron sentados en silencio, con la mirada fija en las cortinas negras y sin dejar de consultar ávidamente sus relojes. La charla provocada por los nervios había concluido. Evitaban mirarse directamente a los ojos, como si se avergonzaran de participar en un suceso tan macabro.

Nugent se paró en la puerta de la cámara de gas y consultó una lista. Eran las once cuarenta. Le dijo al médico que entrara en el cuarto incomunicado, luego salió al exterior y dio la señal, para que los guardias se retiraran de las cuatro torres alrededor de la UMS. Las posibilidades de que el gas expulsado después de la ejecución perjudicara al guardia de alguna torre, eran ínfimas, pero a Nugent le encantaban los detalles.

El golpe a la puerta fue realmente muy suave, pero en aquel momento sonó como un martillo de demolición. Rompió el silencio, sobresaltando tanto a Adam como a Sam. Se abrió la puerta. El joven doctor entró en el cuarto, intentó sonreír, se agachó y le pidió a Sam que se desabrochara la camisa. Pegó un estetoscopio redondo sobre su pálida piel, con un corto cable que le colgaba hasta la cintura.

Al médico le temblaban las manos. No dijo palabra.

CINCUENTA Y UNO

A las once y media, Hez Kerry, Garner Goodman, John Bryan Glass y dos de sus alumnos abandonaron la charla y unieron sus manos alrededor del abigarrado escritorio de Kerry. Cada uno de ellos rezó en silencio por Sam Cayhall y luego Hez rezó en voz alta para todo el grupo. Permanecieron sentados, silenciosos, meditabundos y le dedicaron otra breve oración a Adam.

El fin llegó con rapidez. El reloj, que había avanzado a trompicones durante las últimas veinticuatro horas, de pronto se aceleró.

Durante unos pocos minutos después de que se retirara el médico, mantuvieron una charla ligera y nerviosa, al tiempo que Sam comprobaba dos veces la longitud del cuarto hasta apoyarse contra la pared opuesta a la cama. Hablaron de Chicago, de Kravitz & Bane, y a Sam le resultaba difícil imaginar cómo podían convivir trescientos abogados en un mismo edificio. Soltaron un par de nerviosas carcajadas y algunas tensas sonrisas, mientras esperaban la temida próxima llamada a la puerta.

Tuvo lugar a las once cincuenta y cinco en punto. Se oyeron tres sucesiones de golpes, seguidos de una pausa. Nugent esperó antes de irrumpir en el cuarto.

Adam se puso inmediatamente de pie. Sam respiró hondo y apretó los dientes.

—Escúchame —dijo con firmeza mientras señalaba a Adam con el dedo—. Puedes acompañarme, pero no permito que te quedes.

—Lo sé. No quiero quedarme, Sam.

—Bien.

Bajó el dedo torcido, relajó la mandíbula y agachó la cabeza. Sam extendió los brazos y cogió a Adam por los hombros. Adam le acercó a su cuerpo y le abrazó con ternura.

—Dile a Lee que la quiero —dijo Sam, con la voz entrecortada, antes de separarse ligeramente de Adam y mirarle a los ojos—. Dile que he pensado en ella hasta el último momento. Y no le reprocho que no haya venido. Yo tampoco querría venir aquí si pudiera evitarlo.

Adam asintió con rapidez e hizo un enorme esfuerzo para no llorar. «Lo que tú digas, Sam, lo que tú digas.»

—Dale recuerdos a tu madre. Siempre me gustó. Y mi cariño a Carmen, es una gran muchacha. Lamento todo esto, Adam. Es una herencia terrible para vosotros.

—Saldremos adelante, Sam.

—Sé que lo haréis. Moriré con mucho orgullo, hijo, gracias a vosotros.

—Te echaré de menos —dijo Adam, ahora con lágrimas que le rodaban por las mejillas.

Se abrió la puerta y el coronel entró en el cuarto.

—Ha llegado la hora, Sam —dijo con tristeza.

Sam le miró con una valiente sonrisa.

—¡Adelante! —exclamó con decisión.

Nugent salió primero, seguido de Sam y luego de Adam. Entraron en la sala de la cámara, que estaba llena de gente.

Todo el mundo miró fijamente a Sam y después desviaron la mirada con rapidez. Estaban avergonzados, pensó Adam. Avergonzados de estar ahí, tomando parte en aquel nefasto suceso. No se atrevían a mirar a Adam.

Monday, el verdugo, y su ayudante estaban junto al cuarto de los productos químicos. Dos guardias uniformados les custodiaban. Lucas Mann y un vicealcaide se encontraban cerca de la puerta. El médico estaba atareado a su derecha, ajustando su electrocardiógrafo y procurando parecer tranquilo.

En el centro de la sala, rodeada ahora de numerosos participantes, se encontraba la cámara propiamente dicha: un tubo octogonal con una resplandeciente capa de pintura plateada. Su puerta estaba abierta, la fatídica silla a la espera y una hilera de ventanas cubiertas en la parte posterior.

La puerta que daba al exterior estaba también abierta, pero el aire no circulaba. La sala parecía una sauna y todo el mundo estaba empapado de sudor. Dos guardias condujeron a Sam a la cámara. Contó los pasos, sólo cinco desde la puerta, y de pronto se encontró en su interior, sentado, mirando a su alrededor en busca de Adam. Los guardias se movían con destreza.

Adam se había quedado junto a la puerta. Le flaqueaban las rodillas y buscó el apoyo de la pared. Contempló a los presentes en la sala, la cámara, el suelo, el electrocardiógrafo. ¡Estaba todo tan pulcro! Las paredes recién pintadas. El suelo de hormigón reluciente. El médico con sus aparatos. La pequeña cámara limpia y esterilizada con su resplandeciente lustre. El olor a desinfectante del cuarto de los productos químicos. ¡Todo tan higiénico e impecable! A juzgar por la pulcritud podría haberse tratado de una clínica, a la que las personas acudían para curarse.

«¿Y si vomitara aquí, en el suelo, a los pies del buen doctor, qué efecto causaría en su pequeña sala esterilizada, Nugent? ¿Qué prevé su manual, Nugent, para el caso de que arrojara aquí mismo, frente a la cámara?» Adam se agarró el estómago.

Dos correas en cada brazo de Sam, otras dos en las piernas, una sobre sus relucientes mocasines nuevos, y luego la horrenda sujeción de la cabeza para que no se lastimara cuando aspirara el gas. Perfectamente sujeto y listo para los vapores. Todo pulcro, impecable y desinfectado, sin ningún derramamiento de sangre. Nada que contaminara aquel asesinato ético e irreprochable.

Los guardias se retiraron de la estrecha puerta, orgullosos de haber cumplido con su misión.

Adam le miró ahí sentado. Se cruzaron sus miradas y, por un momento, Sam cerró los ojos.

Entonces le tocó el turno al médico. Nugent habló con él, pero Adam no oyó lo que le decía. El doctor se acercó a Sam y conectó el cable que colgaba del estetoscopio. Actuó con rapidez.

Lucas Mann avanzó con un papel en la mano y se detuvo en la puerta de la cámara.

—Sam, ésta es la sentencia de muerte. La ley me obliga a que se la lea.

—Dese prisa —refunfuñó Sam con los labios apretados.

Lucas levantó el papel y lo leyó:

—A raíz del veredicto de culpabilidad y la pena de muerte impuesta por el quinto circuito del condado de Washington el catorce de febrero de mil novecientos ochenta y uno, se le condena a morir por inhalación de gas letal en la cámara de gas del centro penitenciario estatal de Parchman, en Mississippi. Que Dios se apiade de su alma.

Lucas se retiró y se acercó al primero de los dos teléfonos adosados a la pared. Llamó a su despacho, para comprobar si había habido alguna novedad milagrosa de última hora. Ninguna. El segundo teléfono estaba conectado a una línea directa con el despacho del fiscal general en Jackson. Nada impedía que prosiguiera la ejecución. Pasaban ahora treinta segundos de la medianoche, miércoles ocho de agosto.

—Ningún aplazamiento —dijo, dirigiéndose a Nugent.

Sus palabras retumbaron en todas direcciones de la húmeda sala. Adam miró por última vez a su abuelo. Tenía los puños cerrados y los párpados firmemente apretados, como si fuera incapaz de volver a mirar a Adam. Movía los labios, como para aprovechar el tiempo con una última oración.

—¿Alguna razón por la que la ejecución no deba proseguir? —preguntó formalmente Nugent, de pronto ávido por recibir la debida confirmación jurídica.

—Ninguna —respondió Lucas, con sincero pesar.

Nugent se acercó a la puerta de la cámara.

—¿Alguna última palabra, Sam?

—No para usted. Ha llegado el momento de que Adam se retire.

—Muy bien.

Nugent cerró lentamente la puerta, cuya gruesa junta de

547

goma impidió que hiciera ruido alguno. Silenciosamente, Sam estaba ahora sujeto y encerrado. Tenía los párpados apretados. Dense prisa, por favor.

Adam pasó por detrás de Nugent, que estaba todavía frente a la puerta de la cámara. Lucas Mann abrió la puerta que daba al exterior y salieron ambos apresuradamente. Adam volvió la cabeza, para ver la sala por última vez. El verdugo acercaba la mano a una palanca. Su ayudante se le acercaba, para no perderse la función. Los dos guardias buscaban la mejor posición, para ver morir a ese viejo cabrón. Nugent, el vicealcaide y el médico estaban agrupados junto a la otra pared, moviendo sus respectivas cabezas, con el temor de haber olvidado algo.

El exterior parecía fresco, a pesar de sus treinta y dos grados. Adam caminó hasta el extremo de la ambulancia y se apoyó en ella.

—¿Se siente bien? —preguntó Lucas.

—No.

—Descanse.

—¿No va a presenciar la ejecución?

—No. Ya he presenciado cuatro. Con eso me basta. Ésta me resulta particularmente difícil.

Adam miró fijamente la puerta blanca, en el centro del muro de ladrillo. Había tres furgonetas aparcadas cerca de allí. Un grupo de guardias fumaban y susurraban junto a los vehículos.

—Deseo marcharme —dijo Adam, que temía que iba a vomitar.

—Vámonos —respondió Lucas mientras le cogía del codo para acompañarle a la primera furgoneta.

Habló con el guardia y éste se colocó al volante. Adam y Lucas se instalaron en un banquillo, en el centro del vehículo.

Adam sabía que en aquel preciso momento su abuelo se estaba asfixiando en la cámara, con los pulmones abrasados por el veneno. Allí mismo, en aquel pequeño edificio de ladrillo rojo, en aquel mismo momento, aspiraba el gas, procurando absorber la mayor cantidad posible, con la esperanza de flotar a un mundo mejor.

Echó a llorar. La furgoneta rodeó los patios de recreo y avanzó por el césped frente al patíbulo. Se cubrió los ojos y lloró por Sam, por su sufrimiento en aquel momento, por la forma repugnante en que se veía obligado a morir. Inspiraba tanta tristeza sentado ahí con su ropa nueva, atado como un animal. Lloró por él y por los últimos nueve años y medio que había pasado entre rejas, intentando vislumbrar la luna, preguntándose si alguien en el exterior sentía algún afecto por él. Lloró por todos los miembros de la lamentable familia Cayhall y por su mísera historia. Y lloró por sí mismo, por la angustia que le embargaba, por la pérdida de un ser querido, y por su incapacidad para detener aquella locura.

Lucas le dio unos suaves golpecitos en el hombro, cuando el vehículo se detuvo, avanzó y volvió a detenerse.

—Lo siento —repitió en varias ocasiones.

—¿Es éste su coche? —preguntó Lucas cuando pararon junto al portalón.

El aparcamiento estaba completamente lleno. Adam abrió la puerta y salió sin decir palabra. Le daría las gracias más adelante.

Avanzó por el camino sin asfaltar entre campos de algodón, hasta llegar al camino principal. Condujo velozmente hacia la puerta principal, reduciendo sólo un poco la velocidad para cruzar dos controles y paró junto al puesto de guardia, a fin de que le revisaran el maletero. A su izquierda se encontraba el enjambre de periodistas. Estaban todos de pie, a la espera impaciente de noticias del patíbulo. Las cámaras listas para filmar.

Después de comprobar que no había nadie en su maletero, tuvo que cruzar otro control policial y casi atropelló a un guardia, que no se apartó con la suficiente rapidez. Se detuvo al llegar al cruce de la carretera y contempló la manifestación con velas que tenía lugar a su derecha. Centenares de velas. Y desde algún lugar, se oía un himno.

Aceleró junto a un grupo de policías nacionales que disfrutaban del descanso. Circuló entre coches aparcados en ambos arcenes a lo largo de tres kilómetros y Parchman pronto quedó a su espalda. Apretó el acelerador y se puso inmediatamente a ciento cincuenta.

Por alguna razón se dirigía hacia el norte, aunque no tenía intención de ir a Memphis. Cruzó velozmente poblaciones como Tutwiler, Lambert, Marks, Sledge y Crenshaw. Bajó las ventanas y el aire caliente circuló alrededor de los asientos. El parabrisas estaba cubierto de bichos e insectos aplastados; la plaga del delta, según le habían dicho.

Se limitaba a conducir sin rumbo fijo. Su viaje no estaba previsto. No había pensado adónde iría inmediatamente después del fallecimiento de Sam porque nunca creyó realmente que ocurriera. Tal vez ahora hubiera estado en Jackson, bebiendo y celebrándolo con Garner Goodman y Hez Kerry, emborrachándose porque habían logrado sacar un conejo de la chistera. Tal vez hubiera estado en el patíbulo, hablando todavía por teléfono, en un intento desesperado por obtener los detalles de un aplazamiento de última hora, que más adelante se convertiría en permanente. Tal vez muchas cosas.

No se atrevía a regresar a casa de Lee porque cabía la posibilidad de que la encontrara. Su próximo encuentro sería desagradable y prefería postergarlo. Decidió buscar un buen motel donde pasar la noche e intentar dormir. Hacer planes mañana, cuando hubiera salido el sol. Cruzó velozmente docenas de pueblos y arrabales, sin habitaciones para alquilar en ninguno de ellos. Redujo considerablemente la velocidad. Una carretera conducía a otra. Estaba perdido pero no le importaba. ¿Cómo puede estar perdido alguien que no sabe adónde va? Reconocía nombres en los cruces y giraba en una u otra dirección. Le llamó la atención una estación de servicio abierta toda la noche en las afueras de Hernando, no lejos de Memphis. No había ningún coche en el aparcamiento. Detrás del mostrador, una mujer madura, con el cabello negro como el azabache, fumaba, mascaba chicle y hablaba por teléfono. Adam se acercó a la nevera y cogió un paquete de seis latas de cerveza.

—Lo siento, amigo, no puede comprar cerveza después de las doce.

—¿Cómo? —exclamó Adam, al tiempo que se llevaba la mano al bolsillo.

A la mujer no le gustó su actitud y dejó cuidadosamente el teléfono junto a la caja.

—No podemos vender cerveza después de la medianoche. Es la ley.

—¿La ley?

—Sí. La ley.

—¿Del estado de Mississippi?

—Exactamente —dijo en tono relamido.

—¿Sabe la opinión que me merece en este momento la ley de este estado?

—No, amigo. Y francamente no me importa.

Adam dejó un billete de diez dólares sobre el mostrador y se llevó la cerveza al coche. La mujer vio cómo se marchaba, se guardó el dinero en el bolsillo y levantó de nuevo el teléfono. ¿Para qué molestar a la policía por media docena de cervezas?

Había emprendido de nuevo camino, ahora hacia el sur por una pista de dos carriles, sin exceder el límite de velocidad y saboreando su primera cerveza. De nuevo en busca de una habitación limpia, con el desayuno incluido, piscina, televisión por cable, servicio de bar y amenidades infantiles.

Quince minutos para morir, quince minutos para ventilar la cámara, diez minutos para limpiarla con amoníaco. Rociar el cuerpo sin vida, más muerto que una piedra, según el joven médico y su electrocardiógrafo. Nugent señalando a un lado y a otro: traigan las máscaras, cojan los guantes, llévense a esos malditos periodistas de aquí.

Adam imaginaba a Sam, con la cabeza ladeada, sujeto todavía por aquellas enormes correas. ¿De qué color tendría ahora la piel? Seguro que sería tan pálida como durante los últimos nueve años y medio. Con el gas tendría ahora los labios morados y la piel rosada. La cámara estaría ahora limpia y segura. Entren en la cámara, diría Nugent, desátenlo. Cojan los cuchillos. Corten su ropa. ¿Habría ensuciado los calzoncillos? Solían hacerlo. Tengan cuidado. Aquí tienen las bolsas de plástico. Guarden en ellas su ropa. Rocíen el cuerpo desnudo.

Adam veía su nueva ropa: el pantalón caqui, los zapatos excesivamente grandes, los impecables calcetines blancos. Con lo orgulloso que se había sentido Sam de usar de nuevo ropa normal, convertida ahora en trapos, metida en bolsas verdes de basura, tratada como ponzoña y a punto de ser incinerada por un preso de confianza.

¿Dónde está el uniforme de la cárcel, el pantalón azul y la camiseta blanca? Tráiganlo. Entren en la cámara. Vistan al cadáver. Los zapatos no son necesarios. Tampoco los calcetines. Maldita sea, sólo va a una funeraria. Dejen que la familia se preocupe de vestirle adecuadamente para el funeral. La camilla. Sáquenlo de aquí. Llévenlo a la ambulancia.

Adam estaba en algún lugar cerca de un lago, cruzó un puente, y llegó a un valle donde el aire era de pronto fresco y húmedo. Estaba otra vez perdido.

CINCUENTA Y DOS

El primer indicio de la salida del sol fue un fulgor rosado en una colina, por encima de Clanton. Se abría paso entre los árboles, para adquirir un tono amarillo y luego anaranjado. No había ninguna nube, sólo colores brillantes contra la oscuridad del firmamento.

Quedaban dos cervezas por abrir sobre el césped. Había arrojado tres latas vacías contra una lápida cercana. La primera lata vacía estaba todavía en el coche.

Amanecía. Se proyectaban hacia él las sombras de hileras de lápidas. El propio sol no tardó en asomarse entre los árboles.

Hacía un par de horas que estaba allí, aunque había perdido la noción del tiempo. Jackson, el juez Slattery y la vista del lunes habían quedado relegados a la historia. Sam acababa de morir hacía unos minutos. ¿Había muerto? ¿Habían cometido ya su acto atroz? El tiempo era todavía como un juego.

No había encontrado ningún motel, aunque tampoco se había esforzado por hacerlo. Se había encontrado cerca de Clanton y atraído hacia aquel lugar, donde había localizado la lápida de Anna Gates Cayhall, contra la que ahora descansaba. Se había tomado la cerveza caliente y arrojado las latas vacías contra el monumento más voluminoso a su alcance. No le importaba que le encontrara allí la policía y le encerrara en la cárcel. Había estado ya en una celda.

«Sí, acabo de salir de Parchman —les contaría a sus compañeros de celda—. Vengo ahora mismo del patíbulo —diría, y le dejarían tranquilo.»

Evidentemente, la policía estaba ocupada en otro lugar. El cementerio era un lugar seguro. Alguien había clavado cuatro banderitas rojas junto a la fosa de su abuela y Adam las vio cuando empezó a elevarse el sol. Una nueva fosa para cavar.

Se cerró la puerta de un coche en algún lugar a su espalda, pero no lo oyó. Alguien se le acercó, pero Adam no era consciente de su presencia. Avanzaba con sigilo, escudriñando el cementerio con cautela, en busca de algo.

El crujido de una ramita sobresaltó a Adam. Lee estaba junto a él, con la mano sobre la lápida de su madre. Levantó la cabeza y luego desvió la mirada.

—¿Qué estás haciendo aquí? —preguntó Adam, demasiado aturdido para sorprenderse.

Lee se agachó lentamente, primero de cuclillas, para sentarse luego muy cerca de Adam, con la espalda apoyada en la lápida de su madre. Rodeó el brazo de Adam con el suyo.

—¿Dónde diablos te habías metido, Lee?

—Bajo tratamiento.

—Podías haber llamado, maldita sea.

—No te enojes, Adam, te lo ruego. Necesito un amigo —dijo al tiempo que apoyaba la cabeza sobre su hombro.

—No estoy seguro de ser tu amigo, Lee. Lo que has hecho es horrible.

—Quería verme, ¿no es cierto?

—Sí, quería verte. Pero tú, evidentemente, estabas perdida en tu pequeño mundo, autocompadeciéndote como de costumbre, sin pensar un solo momento en los demás.

—Por favor, Adam, he estado sometida a tratamiento. Sabes lo débil que soy. Necesito ayuda.

—Entonces búscala.

Lee vio las dos latas de cerveza y Adam las alejó inmediatamente.

—No bebo —dijo con suma tristeza, en un tono vacío y lamentable.

Su atractivo rostro estaba cansado y arrugado.

—He intentado verle —dijo.

—¿Cuándo?

—Anoche. Estuve en Parchman, pero no me permitieron entrar. Dijeron que era demasiado tarde.

Adam bajó la cabeza y se suavizó considerablemente. No ganaría nada enojándose con ella. Era una alcohólica que luchaba para controlar a los demonios con los que él esperaba no encontrarse jamás. Además era su tía, su querida tía.

—Preguntó por ti en el último momento. Me encargó que te transmitiera su amor y te dijera que no estaba enojado contigo por no haber venido.

Lee empezó a llorar silenciosamente. Se secó las mejillas con el reverso de las manos y lloró durante mucho tiempo.

—Se despidió con mucha valentía y dignidad —dijo Adam—. Era muy valiente. Dijo que su corazón estaba con Dios y que no odiaba a nadie. Sentía mucho remordimiento por los actos que había cometido. Era todo un campeón, Lee, un viejo luchador dispuesto a dar el próximo paso.

—¿Sabes dónde he estado? —preguntó entre sollozos, como si no hubiera oído nada de lo que había dicho.

—No. ¿Dónde?

—En nuestra antigua casa. Fui allí anoche, después de estar en Parchman.

—¿Por qué?

—Porque quería incendiarla. Y ardió maravillosamente. La casa y los hierbajos de su alrededor. Una enorme hoguera. Todo convertido en cenizas.

—Por Dios, Lee.

—Es cierto. Creo que casi me descubrieron. Me parece que me crucé con un coche a la salida. Pero no me preocupa. Compré la finca la semana pasada. Le pagué trece mil dólares al banco. Si es tuyo, puedes quemarlo, ¿no es cierto? Tú eres abogado.

—¿Hablas en serio?

—Ve y compruébalo con tus propios ojos. Me aparqué frente a una iglesia, a un par de kilómetros, para esperar a los bomberos. Nunca llegaron. La casa más cercana está a unos tres kilómetros. Nadie vio el incendio. Acércate y echa una ojeada. No queda más que la chimenea y un montón de cenizas.

—Cómo...

—Gasolina. Mira, huele mis manos —respondió, al tiempo que se las acercaba a la nariz. Desprendían un inconfundible olor.

—¿Pero por qué?

—Debí haberlo hecho hace muchos años.

—Eso no responde a mi pregunta. ¿Por qué?

—Allí ocurrieron cosas malignas. El lugar estaba lleno de espíritus y demonios, y ahora han desaparecido.

—¿De modo que han muerto con Sam?

—No, no están muertos. Se han ido a atormentar a otro.

Adam decidió inmediatamente que no tendría ningún sentido prolongar el tema. Deberían marcharse, regresar tal vez a Memphis para que volviera a algún centro de rehabilitación y recibiera alguna terapia. Se quedaría con ella y se aseguraría de que recibía la ayuda necesaria.

Una sucia comioneta entró en el cementerio, por un portalón de hierro en el sector antiguo, y avanzó penosamente por el camino de hormigón entre viejos monumentos. Paró junto a un pequeño cobertizo en un rincón del campo. Se apearon lentamente tres negros y se desperezaron.

—Ése es Herman —dijo Lee.

—¿Quién?

—Herman. Desconozco su apellido. Hace cuarenta años que se dedica a cavar fosas.

Observaron a Herman y a sus dos acompañantes, a través del valle de lápidas. Apenas oían sus voces cuando lentamente hacían sus preparativos.

Lee dejó de llorar. El sol estaba muy por encima de las copas de los árboles y sus rayos les llegaban directamente a la cara. Hacía calor.

—Me alegro de que hayas venido —dijo Lee—. Sé que ha significado mucho para él.

—He perdido, Lee. Le he fallado a mi cliente y ahora está muerto.

—Has hecho todo lo que has podido. Nadie podía haberle salvado.

—Tal vez.

—No te atormentes. En tu primera noche en Memphis me dijiste que había una posibilidad muy remota. Has estado a punto de lograrlo. Has hecho un buen papel en el campo de batalla. Ahora debes regresar a Chicago y proseguir con tu vida.

—No pienso volver a Chicago.

—¿Cómo?

—Voy a cambiar de trabajo.

—Pero hace sólo un año que eres abogado.

—Seguiré trabajando de abogado, pero con otro tipo de clientes.

—¿Qué piensas hacer?

—Dedicarme a la defensa penal de condenados a muerte.

—Parece horrible.

—Sí, lo es. Especialmente en este momento de mi vida. Pero me acostumbraré. No estoy hecho para los grandes bufetes.

—¿Dónde ejercerás?

—En Jackson. Pasaré más tiempo en Parchman.

Lee se frotó la cara y echó su pelo atrás.

—Supongo que sabes lo que te haces —dijo sin ocultar sus dudas.

—No estés tan segura.

Herman caminaba junto a una destartalada pala mecánica amarilla, aparcada bajo un árbol junto al cobertizo. La examinó atentamente, mientras uno de sus acompañantes cargaba un par de palas. Volvieron a desperezarse, se rieron de algo y dieron un puntapié a los neumáticos delanteros.

—Tengo una idea —dijo Lee—. Hay un pequeño café al norte de la ciudad. Se llama Ralph's. Sam me llevó...

—¿Ralph's?

—Sí.

—El sacerdote de Sam se llamaba Ralph. Estuvo con nosotros anoche.

—¿El sacerdote de Sam?

—Sí. Un buen cura.

—El caso es que Sam solía llevarnos allí, a mí y a Eddie,
cuando cumplíamos años. Existe desde hace cien años. Co-
míamos uns bizcochos enormes y tomábamos chocolate caliente. Vamos a ver si está abierto.

—¿Ahora?

—Sí —respondió emocionada y poniéndose de pie—. Vamos. Tengo hambre.

Adam se agarró a la lápida para levantarse. No había dormido desde el lunes por la noche y tenía las piernas pesadas
y entumecidas. La cerveza se le había subido a la cabeza.

A lo lejos, arrancó un motor. Su escape sin silenciador retumbó por todo el cementerio. Adam quedó paralizado. Lee
volvió la cabeza. Herman había puesto en funcionamiento la
pala mecánica, con una nube de humo azul que emergía del
escape. Sus dos acompañantes iban sentados delante, con las
piernas colgando. Muy lentamente, la máquina empezó a avanzar por el camino entre hileras de tumbas. Paró y giró.

Venía hacia ellos.

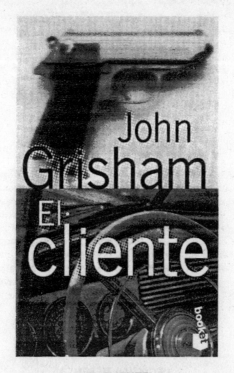

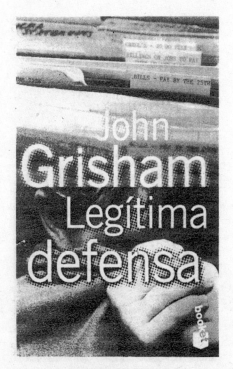

Otros títulos de **John Grisham**

TIEMPO DE MATAR

Un padre dispara contra los violadores
de su hija matándolos en el acto.
Mientras se celebra el proceso el
jurado tendrá que decidir entre crimen
o ejecución, entre justicia o venganza.
950 ptas.